Friedrich Christoph Schlosser

Weltgeschichte für das deutsche Volk.

Friedrich Christoph Schlosser

Weltgeschichte für das deutsche Volk.

ISBN/EAN: 9783741165498

Hergestellt in Europa, USA, Kanada, Australien, Japan

Cover: Foto ©Andreas Hilbeck / pixelio.de

Manufactured and distributed by brebook publishing software
(www.brebook.com)

Friedrich Christoph Schlosser

Weltgeschichte für das deutsche Volk.

Fr. Chr. Schlosser's

Weltgeschichte

für

das deutsche Volk.

—⁘—

Zweite Ausgabe.

Zweite unveränderte Auflage.

———

Mit Zugrundelegung der Bearbeitung von Dr. G. L. Kriegk

besorgt von

Dr. Oscar Jäger u. Prof. Dr. Th. Creizenach.

Fortgeführt bis auf die Gegenwart von Dr. Th. Bernhardt.

—

Erster Band.

———

Oberhausen und Leipzig.
Ad. Spaarmann'sche Verlagshandlung.
1870.

Vorwort.

Die erste Ausgabe von Schlosser's „Weltgeschichte für das deutsche Volk, unter Mitwirkung des Verfassers bearbeitet von Dr. G. L. Kriegk" (Frankfurt 1844—1857), ist seit geraumer Zeit völlig vergriffen, nachdem dieses Werk in allen Schichten der Nation eine weite Verbreitung gefunden und eine Wirksamkeit entfaltet hat, deren sich nicht viele historische Bücher unter uns haben rühmen können.

Dieses Werk, welches hier in erneuerter Gestalt seine, durch Umstände, deren nähere Darlegung kein allgemeines Interesse hat, unterbrochene Wirksamkeit wieder aufnehmen soll, ist die reife und letzte Frucht eines langen Manneslebens, welches fast ausschließlich historischen Studien gewidmet war. Mit wenigen Zügen vergegenwärtigen wir uns das Bild und den Lebensgang des mächtigen Geistes, dem es seine Entstehung verdankt.

Die äußeren Ereignisse, an denen dieses innerlich so reiche Leben verläuft, sind bald erzählt. Friedrich Christoph Schlosser ist am 17. Novbr. 1776 zu Jever im Oldenburgischen geboren, der Sohn eines dortigen Advokaten, das jüngste von 12 Kindern. Das Schicksal versagte ihm die Gunst, in wohlgeordneten Verhältnissen, in friedlichem, einträchtigem Familienkreise aufzuwachsen; schon im sechsten Jahre seines Lebens verlor er den Vater, der sein Geschäft vernachlässigt, sein Vermögen vergeudet und mit der Mutter in Zwietracht gelebt hatte. Der Knabe ward einem Verwandten auf dem Lande übergeben und offenbarte bald jenen außerordentlichen und selbstständigen Lerneifer, dem er bis in's höchste Greisenalter treu blieb, und in regelloser Lesewuth hatte er, während er als Fünfzehnjähriger das Gymnasium seiner Vaterstadt Jever besuchte, schon

4

Masse von Bücher durchlaufen, ehe sein heller Verstand ihm die
Nothwendigkeit eines geregelten Studiums der auf der Schule
getriebenen Wissenschaften, der Mathematik und der alten Sprachen
vor Allem, einleuchtend machte. Um Theologie zu studiren, bezog
er im Jahre 1794 mit 18 Jahren* die Universität Göttingen, wo
er bei den Männern lernte, welche damals die Zierde dieser
Hochschule bildeten — den Spittler, Planck, Heeren, Eichhorn,
Meiners — von denen die beiden erstgenannten am tiefsten auf ihn
gewirkt zu haben scheinen. Er fungirte alsdann eine kurze Zeit
als Candidat der Theologie im Waldeck'schen, kehrte 1796 nach Jever
zurück und wurde hier Hauslehrer bei dem Grafen von Bentinck-
Rhoone, der die Grafschaft Varel unter oldenburgischer Hoheit,
die Herrschaft Knyphausen als Souverän, regierte.

Mit einigen kräftigen Strichen zeichnet Schlosser selbst das
Leben dieses kleinen Hofes: „Leichter Ton, Verdorbenheit, falsche
Empfindsamkeit, prahlerische Wohlthätigkeit, scheinbare Feinheit,
wahre Rohheit, oberflächliche Bildung, Verachtung aller Gründlich-
keit und Gelehrsamkeit als Pedanterie — die Züge des elenden
Geschlechts, von dem ich, als der nouvelle cour angehörig, im Gegensatz
der ancienne cour, dort so viel reden hörte, lernte ich hier im 21.
Jahre an der Quelle kennen." Die Zeit, welche ihm seine Zöglinge
übrig ließen, widmete er philosophischen Studien, indem er sich vorzugsweise in Plato und Kant vertiefte, zugleich aber dem Studium
der älteren Mystik zuwandte, deren beschauliche Idealität ihn stets
gemüthlich ansprach. Er verließ dann 1798 die ihm wenig zusagende
Stelle, lebte kurze Zeit als Hülfsprediger auf dem Lande, dann,
da ein Plan, nach Rußland zu gehen, sich als unausführbar erwies,
wieder als Hauslehrer in der Nähe von Altona, von wo er im
Jahre 1800 nach Frankfurt a. M. in gleicher Eigenschaft übersiedelte.

Hier, in der reichen, anregenden Umgebung warf er sich mit
ganzer Kraft in mannigfache Studien und er zog in diese Studir-
wuth seine Zöglinge mit hinein: „Wir lasen", schreibt er, „den
größten Theil der klassischen Autoren, trieben Mathematik, Physik,
Chemie, besonders mehrere Jahre lang Botanik; ich las alle
berühmtere neuere Historiker, von Hume und Rapin an bis auf
Voltaire und Johannes von Müller." Er verließ Frankfurt im
Jahre 1808 auf kurze Zeit, um in seiner Vaterstadt Jever die
Konrektorstelle am Gymnasium zu übernehmen, kehrte aber schon

im folgenden Jahre nach Frankfurt zurück, wo er nun, im Mittelpunkt der Ereignisse, die kritische Zeit, welche den Thron Napoleons stürzte und Deutschland sich selbst zurückgab, verlebte. Seine ersten Schriften waren erschienen: Abälard und Dulcin 1807; Leben des Theodor de Beza und Peter Martyr Vermili 1809; Geschichte der bilderstürmenden Kaiser des oströmischen Reichs 1812. Zuerst ertheilte er geschichtliche Lehrstunden am Gymnasium; sodann verlieh ihm der damalige Herr von Frankfurt, der Fürst Primas Karl von Dalberg eine Professur an dem neuen Lyceum (1812), für welche er, als diese Schöpfung schon nach zwei Jahren sammt der Herrschaft des Fürsten Primas von den Wogen des großen Völkerkampfes verschlungen ward, durch die Stelle eines Stadtbibliothekars entschädigt wurde. Wir wissen aus der Selbstbiographie eines ihm nahestehenden Schülers und Freundes, G. Eilers, welch' eine bedeutende Gestalt er in dem damals besonders reich sich gestaltenden Leben Frankfurts war, in welcher Achtung er in diesem ehrwürdigen Sitze deutschen Bürgerthums, der eben damals seiner deutschen Bedeutung aufs Neue inne ward, stand. Es wird dort eine Anekdote erzählt, wie er selbst einem Manne, vor dem alle gewöhnlichen Menschen zu verschwinden schienen, dem Freiherrn vom Stein gegenüber sich in seiner harten friesischen Selbstständigkeit behauptete. „Ich war zufällig zugegen", erzählt Eilers, „als diese harten Köpfe, Stein und Schlosser, einmal gegeneinander stießen. Schlosser war Bibliothekar, die Bücher standen im Kaisersaale. Stein drängte sich, die Andern bei Seite schiebend, stürmisch an die Barriere, innerhalb deren Schlosser stand. „„Geben Sie mir rasch das Buch."" Schlosser mit dem grellsten Tone: „„Nein!"" Stein stand einen Augenblick wie verdutzt, besann sich dann und sprach fast sanftmüthig: „„Erweisen Sie mir doch die Gefälligkeit, mir das Buch zu geben."" „„Nun will ich es Ihnen geben"", antwortete Schlosser und damit war die Sache abgemacht." Bekannter ist, wie er um dieselbe Zeit in einem Gespräche mit demselben großen Manne, dem sein Standesbewußtsein so wohl anstand, mit voller Unbefangenheit das Glück seines oldenburgischen Heimathlandes rühmte, „weil sie dort vom Adel nichts wüßten". Diese Freimüthigkeit hatte nichts Gemachtes und Tendentiöses, sie war der natürliche Ausdruck innerer Unabhängigkeit, die er überall, nicht den Großen allein gegenüber behauptete; und diese innere

Unabhängigkeit einer starken Natur und eines geschlossenen Charakters gab auch seinen historischen Werken von Anfang an eine Bedeutung, wie sie kein bis dahin erschienenes deutsches Geschichtsbuch besessen.

Schon in Frankfurt faßte er den großartigen Gedanken einer quellenmäßigen Darstellung der ganzen Weltgeschichte. Hier erschien 1815 der erste Band seiner „Weltgeschichte in zusammenhängender Erzählung", die er aber nicht stetig fortsetzte und die ein Torso geblieben ist: ihr letzter Band (1841) ist durch einen Zeitraum von 26 Jahren und durch die Abfassung seiner beiden großartigsten Werke, der universalhistorischen Uebersicht der Geschichte der alten Welt und ihrer Kultur (9 Bände, 1826—32) und der Geschichte des 18. Jahrhunderts (1836—43, 9 Bände, 5. Auflage 1863) von dem ersten getrennt. Den Gedanken selbst, das Ganze der Weltgeschichte darzustellen, hielt er fest; er verwirklichte ihn, freilich in anderer Weise, als er ihn ursprünglich gedacht, in dem vorliegenden Werke, von dem er hoffte, daß es in weiten Kreisen der Nation eine ähnliche Wirksamkeit entfalten könne, wie er sie von seiner Art, die Geschichte zu behandeln, in dem nächsten Kreise seiner Thätigkeit, in Heidelberg, wohin er im Jahre 1819 als Professor der Geschichte berufen wurde, wahrnehmen konnte.

Dort zu Heidelberg lebte er seit jener Zeit ununterbrochen seinem akademischen Berufe, der sich durch seine Schriften ergänzte und ohne daß er es suchte, zu dem größeren eines Lehrers der gesammten Nation erweiterte. Sein äußeres Leben floß ruhig und ohne besondere Ereignisse, erst seit er das 50. Lebensjahr erreicht hatte, an der Seite einer feingebildeten und liebenswürdigen Gattin dahin: selten, wie 1822, wo er zum Zwecke seiner Geschichte des 18. Jahrhunderts einen längern Aufenthalt in Paris nahm, durch Reisen unterbrochen. Zu seinen Füßen sammelte sich eine zahlreiche Zuhörerschaft, welche dem frei, ohne äußeren Schmuck und ohne schriftliche Hülfsmittel, aus den Tiefen einer reichen Welterfahrung und Menschenkenntniß, einer warmen, begeisterten Seele, einer unermeßlichen Belesenheit sich hervorringenden Vortrage zu dauerndem Gewinn sich hingab. Einen auserwählten Kreis liebte er Abends in seinem Hause zu vereinigen, wo er wohl, etwa über der Erklärung des Dante, den er mehr als dreißig mal gelesen, mehr als zwanzig mal erklärt hat, ganz dem Pathos seines Gegenstandes hingegeben, in tiefer

Begeisterung sich selbst und seine Umgebung völlig vergessen konnte. Vom frühen Morgen bis in die späte Nacht der Arbeit hingegeben, aber jedem zugänglich; streng sich auf den Beruf des Gelehrten beschränkend, aber den Blick frei und sicher auf das Leben und seine Bedürfnisse gerichtet; ohne thätige Mitwirkung an der mehr und mehr sich in den Vordergrund drängenden Politik, aber stets mit patriotischem Antheil und mit unerschrockenem Wort die Geschicke seiner Nation begleitend; ohne voreilige Hoffnungen und ohne mürrisches Verzagen in die Zukunft schauend: so lebte er in kraftvoller, nie gestörter Gesundheit, in freundlicher Umgebung, in vertrautem Umgang mit allem Großen der Vorzeit und im Bewußtsein einer mächtigen und dauernden Wirksamkeit, ein glückliches, in strenger Regelmäßigkeit wohlgeordnetes Leben, aus dem ihn am 23. September 1861 ein schmerzloser Tod abrief.

Es ist hier nicht unsere Aufgabe, die Bedeutung dieses außerordentlichen Mannes für seine Zeit und für die deutsche Geschichtschreibung ausführlich zu würdigen, um so weniger, als der hervorragendste und ihm am meisten geistesverwandte seiner Schüler, Gervinus, mit Meisterhand das Bild dieses Mannes unter uns aufgerichtet hat, den ein anderer seiner Schüler, G. Eilers, der auf seinem Lebensgange einer ungewöhnlichen Zahl bedeutender Menschen begegnete, neben Stein und Eichhorn als den Bedeutendsten aller, die er kennen gelernt habe, nennen durfte.[1])

Daran wenigstens ist nicht zu zweifeln, daß er unter allen deutschen Historikern bis jetzt die tiefgehendste Wirksamkeit ausgeübt hat, daß er bis jetzt der gelesenste und populärste derselben gewesen ist. Er verdankte diese Popularität nicht irgend welchen Vorzügen glänzender Darstellung, künstlerischer Gestaltung des Stoffes, denn er wollte sein Leben lang von irgend einer solchen Kunst der Darstellung weder bei sich, noch bei andern etwas wissen und verdammte mit harter und ungerechter Kritik Alles, was ihm bei alten oder neuen Geschichtsdarstellern nach solcher Rhetorik, wie er es nannte, aussah. Er verdankt seine Popularität auch nicht der Anbequemung an irgend eine herrschende wissenschaftliche, religiöse oder politische Zeitströmung, in deren Sinn er Geschichte geschrieben hätte. Obgleich

---

[1]) Friedrich Christoph Schlosser, ein Nekrolog, von G. G. Gervinus, Leipzig 1861. G. Eilers, Meine Wanderung durch's Leben. Bd. 1, p. 272 ff.

kein Anderer die Litteratur und Dichtung der Zeiten und Völker
in so umfangreicher Weise in den Zusammenhang mit dem Gange
der Weltbegebenheiten gezogen hat, wie er, so war ihm doch die
anderweitig so beliebte, so populäre ästhetische Betrachtungsweise
ganz fremd und er würdigte selbst diejenigen litterarischen Kunstwerke, an denen er in seinem Kämmerlein am liebsten sich erbaute,
in seinen Schriften nur nach ihrem historischen Werth und Einfluß.
An der physiologischen Auffassung jüngerer Historiker, welche
sich seitdem einen so breiten Raum erobert hat, nahm er nicht
minder Anstoß, wie an der ebenso weit verbreiteten national-
ökonomischen Betrachtungsweise, welche „von den Menschen wie
von Gänse- und Schaafheerden spreche!" Gleichermaßen blieb ihm
die eigentlich philosophische Geschichtsbetrachtung fremd, die eben
um die Zeit, in der seine Hauptwerke erschienen, ihre Triumphe
feierte. Und endlich schrieb er niemals Geschichte nach dem Sinne
irgend einer der großen Parteien, welche auf kirchlichem oder poli-
tischem Gebiete dominirten und denen es so leicht wird, solchen,
die in ihrem Geist und Geschäftsinteresse Geschichte schreiben, Ruh-
meskränze zu verleihen. Man hat allerdings mit Recht gefunden,
daß ein gewisser demokratischer Zug durch sein Wesen und seine
Werke gehe, und daß er überall mit Vorliebe es hervorhebe, „wie
es Söhne von Hirten und Zimmerleuten, von Bildhauern und
Bergmännern, arme Fischer und verfolgte Missionare waren, die
die Menschheit von den Wunden geheilt, die ihr Stolz und Ueppigkeit und Barbarei geschlagen": aber demokratisch im Sinne der
politischen Partei, welche diesen Namen trägt, ist seine Geschichtschreibung so wenig, als sie monarchisch oder aristokratisch ist: und
wenn er allerdings durch seine große That der „Geschichte des
18. Jahrhunderts" mehr vielleicht als irgend ein einzelner Mann
dazu beigetragen hat, den fürstlichen Absolutismus im Bewußtsein
der leitenden Kreise unserer Nation kritisch zu vernichten, so zeichnet
er auf der andern Seite mit nicht minderer, vielleicht mit herberer
Strenge die rasche Entartung der Demokratieen des Alterthums.
Es ist endlich nicht forcirtes Deutschthum, in welchem sich der
populäre und man darf wohl sagen nationale Charakter seiner
Geschichtschreibung äußert; denn wenn ein Volk von seiner rauhen
und harten Schellrede getroffen wurde, so ist es neben dem englischen sein eigenes Volk gewesen, dem er in allen seinen Stän-

den, Personen und Parteien keinen Fehler und keine Schwäche nachsah.

Was diese Geschichtschreibung so populär machte, waren keine auf der Oberfläche liegenden und für die Oberfläche berechneten Vorzüge, sondern ernstere Tugenden — Tugenden, bei denen man gerne übersah, daß die Tugenden des Mannes zuweilen zu Fehlern des Geschichtschreibers wurden. Es war zunächst eben die kräftig ausgesprochene Subjectivität seiner Darstellungsweise, die ihn zum populären Schriftsteller machte; es war dies, daß Schlosser für seine Geschichtserzählung überall eintrat mit dem ganzen Gewicht seiner Persönlichkeit, mit dem Nachdruck eines starken, nicht vorurtheilsfreien, aber überall ehrlichen, tapferen und reinen Charakters; es war die Betonung des sittlichen Standpunktes bei der Beurtheilung der Menschen und der Dinge, welche dem ruhigen Gang seiner Erzählung Wärme und Leben gab; es war die vollkommene Unabhängigkeit, mit welcher man ihn gegen jeden äußeren Einfluß, von oben oder unten, von wissenschaftlichen und politischen Coterieen und Parteischlagwörtern gewappnet wußte, und welche in der That seit Thucydides kein Geschichtschreiber in diesem Maaße besessen zu haben scheint. Dazu kam der universelle Charakter seiner Studien, welche sehr früh auf eine Darstellung des ganzen ungeheuren Gebietes der Menschengeschichte sich richteten, und der auch den ausführlichen Darstellungen einzelner Zeitabschnitte jenes „universalhistorische“ Gepräge gab, der uns Deutschen besonders zuzusagen scheint. Jeder Andere wäre verzagt bei dem Gedanken, mit den Kräften eines einzelnen Menschendaseins eine auf Kenntniß der ersten Quellen beruhende Darstellung der gesammten Weltgeschichte zu geben. Nicht so Schlosser, der mit einer eisernen Beharrlichkeit, mit einem Fleiße ohne Gleichen und einer niederzagenden Geistesfrische diesen Plan durchgeführt hat, so weit er überhaupt durchführbar war. Endlich aber ist seine Geschichtschreibung darum so populär, weil sie von vornherein das Leben und seine Bedürfnisse im Auge hatte, nicht für Gelehrte und solche, die wieder Bücher schreiben, bestimmt war, sondern für alle, die aus der Erkenntniß der Vergangenheit Kraft und Einsicht für die Aufgaben der Gegenwart ziehen wollen.

Diese Eigenthümlichkeiten, — Tugenden und Fehler — finden sich in dem vorliegenden Werke vereint, dem er selbst den Namen gegeben hat: „Friedrich Christoph Schlosser's Weltgeschichte für das deutsche Volk" und die in der That in hohem Grade das wirklich geworden ist, was dieser stolze Name sagen wollte.

Es leuchtet ein, daß dieses Vermächtniß eines der Nation theuren und um ihre Bildung hochverdienten Mannes, ehe es zum zweitenmale in die Oeffentlichkeit trat, einer Durchsicht und da und dort einer ergänzenden oder berichtigenden Hand bedurfte, wenn es der ernsten und strengen Auffassung wahrheitsgetreuer geschichtlicher Darstellung, welche den rastlos forschenden Verfasser und den ersten Bearbeiter beseelt hat, treu bleiben und bei der so rasch fortschreitenden Erkenntniß auf allen Gebieten der Geschichte seiner hohen Bestimmung werth bleiben sollte. Da der verdiente und gelehrte Mann, der das Vertrauen des großen Historikers, wie des Publikums in so hohem Maaße gerechtfertigt hat, Herr Dr. Kriegk, die nochmalige Durchsicht und Weiterführung des Werkes zu übernehmen Bedenken trug, so wendete sich der jetzige Verleger an die Unterzeichneten, welche mit wenigen Worten darlegen wollen, wie sie sich zu dieser Aufgabe stellten.

Was sie zur Uebernahme der mühevollen und aus einleuchtenden Gründen nicht überall dankbaren Aufgabe bewog, war der Gedanke, daß man ein Werk wie diese Geschichte, in welcher ein wahrheitsliebender, von Gunst und Abgunst der Großen und der Menge in ungewöhnlichem Grade unabhängiger Mann die Ergebnisse eines eisernen, von wenigen Menschen irgendwo und irgendwann auch nur annähernd erreichten Fleißes für sein Volk niedergelegt hat, nicht umkommen lassen dürfe, sondern ihm die Möglichkeit einer fortwährenden Wirksamkeit erhalten müsse. Es mag sein, wie eingewendet worden ist, daß in Stoff und Methode, im Ganzen der Auffassung wie in manchen Einzelnheiten, diese Darstellung von den raschen Fortschritten einer Zeit, in welcher auf allen Gebieten und von den verschiedensten Punkten der Betrachtung aus an der Aufhellung vergangener Zeiten gearbeitet wird, überholt worden ist; es mag auch sein, daß, wie Andere bedächtig erinnert haben, die Zeit, wo eine „Weltgeschichte" im strengsten Sinn geschrieben werden kann, noch gar nicht gekommen ist: allein schon der Versuch einer solchen, ausgeführt von einem solchen Manne, ist so großartig, daß er die fortdauernde Aufmerksamkeit aller, die nach Erkenntniß der

Vergangenheit streben, in hohem Maaße verdient: und die Fortschritte der Wissenschaft in allen Ehren, so glauben wir doch nicht,
daß die große Menge derer, welche geschichtlicher Belehrung bedürfen,
in den 12 Jahren, welche seit dem ersten Abschluß dieses Werkes
verflossen sind, so weise geworden ist, um nicht von einem Manne
wie Schlosser noch lernen zu können, selbst auf die Gefahr hin,
auf manchen Seiten nicht eben das Allerneueste und auf mancher
andern ein Urtheil zu lesen, welches zwar immer der Ausdruck
einer wohlgeprüften und ehrlichen Ueberzeugung, darum aber noch
nicht unbedingt richtig ist. Dem ersten Mangel kann und soll
eben durch erneuerte Durchsicht nach Möglichkeit abgeholfen, es
sollen die gesicherten und unzweifelhaften Ergebnisse neuerer Forschung
in die Schlosser'sche Weltgeschichte eingetragen werden; und was
das zweite, die einseitigen, harten, herben Urtheile betrifft, so
berichtigt sie der Kenntnißreichere leicht, und der minder Kenntniß-
reiche mag sich trösten, daß er bis zu besserer Belehrung mit einem
Manne irrt, der was immer andere iu einzelnen Partieen der
Geschichte geleistet haben, doch das Ganze der Geschichte gründlicher
durchgearbeitet hat, als irgendwer vor ihm, und der, wo er irrte,
ebenso wie in den weit zahlreichern Fällen, wo sein hartes Urtheil
gegründet ist, ein gerader, wahrhaftiger, sittenstrenger, für alles
Edle tief und rein begeisterter Mann war.

Das vorliegende Werk darf als das eigenste Werk des großen
Historikers anerkannt werden und ist von ihm selbst auch in den
Partieen, wo er nicht uumittelbar, sondern wo der Mann seines
Vertrauens, Herr Dr. Kriegl, nach seinen Materialien arbeitete,
als solches anerkannt worden. Als solches, als Schlosser's Werk
und Worte soll es auch in dieser neuen Ausgabe bestehen bleiben.
Die Herausgeber haben sich in die Arbeit so getheilt, daß Dr. Jäger
die 4 (jetzt 3) ersten Bände, die Geschichte des Alterthums, und die
3 letzten, die Geschichte von 1700—1815 enthaltend — Professor
Dr. Treitzenach die übrigen besorgen wird; die Fortführung bis zur
Gegenwart wird Herr Dr. Theodor Bernhardt in Bonn übernehmen, der durch selbstständige und anerkannte historische Arbeiten
und durch Herausgabe der verdienstlichen „Neuesten Geschichte",
von Lorenz, für die Ausgabe ausgerüstet ist. Die Arbeit der
Unterzeichneten ist redaktioneller Art; mit sachter Hand ist, wo es
nöthig schien, offenbar Irriges berichtet, unklar Ausgedrücktes deut-

licher gesagt, sind wichtige und unzweifelhafte Ergebnisse neuerer
Forschung eingeschaltet: nur an einzelnen Stellen haben längere
Abschnitte gänzlich umgearbeitet werden müssen. Im ersten Bande
ist der Abschnitt über die Indier ganz, der über die Aegypter und
Perser zum Theil neu bearbeitet worden; wo dies in den folgenden
Bänden nöthig war, wird es in kurzen Vorbemerkungen Erwähnung
finden, nicht aber im Texte selbst, da dies der Zweck, den Schlosser
das Werk bestimmte, nicht gestattet.

Eine solche Arbeit macht den Unterzeichneten eine große Resig-
nation zur Pflicht, wie sie in musterhafter Weise der erste Bearbeiter, Herr Dr. Kriegk geübt hat; sie glauben ein Recht auf die
Nachsicht der Leser zu haben.

So mag dieses Vermächtniß eines freien und guten Mannes,
der streng sich bescheidend in der Stille seines Studirzimmers für
sein Volk gewirkt und gearbeitet hat, seinen Weg zum zweitenmal
antreten und in einer Zeit, die geneigt ist, das Leben der Menschen
und der Völker in eine Reihe bloßer Naturprozesse aufzulösen,
die Geschichte der Menschheit unter dem ernsteren Gesichtspunkte
sittlicher Verantwortlichkeit aufs Neue vor die Seele stellen.

O. Jäger.

Th. Creizenach.

Köln, 10. März 1870.

Frankfurt a. M., 20. März 1870.

Geschichte der alten Welt.

I. Orientalische Völker.

Die Weltgeschichte, welche in die Geschichte des Alterthums, des Mittelalters und der neueren Zeit eingetheilt zu werden pflegt, zerfällt für den ersten dieser Abschnitte in zwei Haupttheile, in die Zeit der älteren orientalischen Völker und in die griechisch-römische Zeit. Die Entwickelung des Menschengeschlechts ist nämlich, ihrem Hauptgange nach, dem täglichen Laufe der Sonne gefolgt. In Asien, wo dasselbe entstanden ist, und in dem benachbarten Aegypten blühte zuerst eine Cultur auf, und diese blieb eine lange Reihe von Jahrhunderten hindurch auf den Orient beschränkt. Etwa tausend Jahre vor Christi Geburt trat Europa in die weltgeschichtliche Entwickelung ein und während hierauf die orientalischen Völker immer mehr sanken, ward durch die Griechen und Römer jener Erdtheil zum Mittelpunkt der Weltbegebenheiten gemacht. Durch diese beiden Hauptvölker des älteren Europa und durch das Christenthum wurde in der letzten Zeit des Alterthums die menschliche Cultur ebenso über die westliche Hälfte Europa's verbreitet, wie tausend Jahre später dieselbe ihrem Gange von Osten nach Westen weiter folgend über die Grenze der alten Welt hinaus nach Amerika fortschritt.

Der Hauptunterschied jener beiden Zeiträume des Alterthums besteht darin, daß die Cultur der früheren orientalischen Völker stets mehr oder weniger im Zustande der Gebundenheit blieb, mit dem Auftreten des griechischen Volkes aber eine neue und wahrhaft freie Entwickelung des Menschengeschlechts begann. Einige Völker des Orients haben jenen Charakter der älteren Zeit bis auf unsere Tage unverändert beibehalten. Es sind die Chinesen und die Indier, die beiden ältesten aller noch jetzt in besonderen Staaten bestehenden Völker. Beide können deswegen auch am besten Zeugniß geben, wie die Staaten der Urzeit beschaffen waren, und welche Folgen es für die Menschheit gehabt haben würde, wenn dieselben fortgedauert hätten. Von diesen beiden Völkern gehört das erste dem mongolischen, das zweite dem kaukasischen Menschenstamm an, und ihre Geschichte führt uns deshalb auch in die ersten Zeiten derjenigen zwei Haupt-Abtheilungen unseres Geschlechts ein, welche vorzugsweise die Geschichte der Menschheit bestimmten. Die Chinesen sind zugleich noch dadurch für die geschichtliche Belehrung von Wichtigkeit, daß sie als das gebildetste aller mongolischen Völker uns den Haupt-Charakterzug dieses Menschenstammes in seiner höchsten Entwickelung zu erkennen geben. Die mongolischen Völker haben zwar in China, Hinterindien und Japan sich zu einem gewissen Grade von Civilisation erhoben, aber sie sind, nachdem dies geschehen war, auf der von ihnen betretenen Stufe durch alle Jahrhunderte hindurch stehen geblieben. Die übrigen Völker dieses Stammes haben den nomadischen Zustand niemals verlassen.

Von den Völkern des kaukasischen Menschenstammes hat nur das indische die Cultur der Urzeit ohne bedeutende weitere Entwickelung bis zur gegenwärtigen Stunde bewahrt: ein Volk, grundverschieden von dem chinesischen, aber wie dieses eine Welt für sich bildend, welche lange Zeit von den Einflüssen des Westens so gut wie unberührt geblieben ist. Alle übrigen Völker dieses Stammes, welche eine höhere Civilisation erhielten, sind aus dem Charakter jener Zeit herausgetreten. Sie haben, während die Indier sich von diesem Zusammenhange lostrennten, durch eine Art von gemeinsamer Arbeit eine fortschreitende Cultur entwickelt, in welcher bald das eine, bald das andere Volk den übrigen voranging. Dadurch ist dieser Stamm, welcher schon in der ältesten Zeit sich über den andern erhoben hatte, auch in allen späteren Zeiträumen an der Spitze unseres Geschlechtes geblieben und er bildet, von den ersten Tagen der Geschichte an bis auf die gegenwärtige Zeit herab, ohne irgend eine Unterbrechung gleichsam den Kern der Menschheit und den Angelpunkt, um welchen sich die ganze Weltgeschichte dreht.

Anders, als mit diesen beiden Menschenstämmen, verhält es sich mit der dritten Haupt-Abtheilung der Bewohner der alten Welt, oder mit dem Negerstamm. Diese zahlreiche Völkergruppe, welche immer auf den afrikanischen Welttheil beschränkt blieb, hat fast gar keinen unmittelbaren Einfluß auf die Geschicke der übrigen Menschheit gehabt. Die meisten Negervölker haben sich nie zu einer eigentlichen Cultur erhoben und die wenigen, welche bis zur ersten Stufe derselben emporgestiegen, haben nur in so geringem Grade eine Entwickelung erhalten, daß ihre Geschichte fast blos aus einem Wechsel von zufälligen äußeren Ereignissen besteht. Der Negervölker wird daher auch, zum Unterschied von den Hauptvölkern der beiden anderen Menschenstämme, im Verlauf der Weltgeschichte kaum einige wenige Male gedacht. Nur in uralter Zeit scheint, nach einer zu den Griechen gedrungenen dunkeln Kunde, ein Theil der Negervölker eine höhere Stufe der Gesittung und Bildung erreicht und dadurch im nördlichen Afrika eine bedeutende Rolle gespielt zu haben. Deshalb ist es am angemessensten, hier, bei dem Eintritt in die Geschichte der Urstaaten, dieses Menschenstammes zu gedenken, welcher seit jener Zeit gleichsam im Vorhofe der Weltgeschichte steht.

Die Griechen, welche alle im Süden von Aegypten und im mittleren Afrika wohnenden Völker Aethiopen nannten, hatten eine alte Sage, daß in der Urzeit die aethiopischen Völker des nördlichen Afrika, durch

ihre engere Verbindung mit einander und durch eine unter ihnen entstandene höhere Cultur, eine große Macht erlangt hätten, und daß sie
damals unter einem Könige, welcher Tearko hieß, erobernd bis an
die Küsten des Mittelmeeres vorgedrungen seien. Diese Macht, durch
welche sie eine Zeitlang selbst den Europäern im Osten wie im äußersten
Westen unseres Erdtheils gefahrdrohend wurden, zerfiel jedoch bald
wieder, und die Negerstaaten sanken schon früh in den Zustand zurück,
in welchem sie bis auf den heutigen Tag geblieben sind. Ja, es ist nicht
einmal mit unzweifelhafter Gewißheit zu sagen, daß alle Völker Tearko's
wirkliche Neger waren, weil die Griechen mit dem Namen Aethiopen
nicht blos die Menschen dieses Stammes bezeichneten, sondern alle Bewohner des ihnen bekannten äußersten Südens überhaupt. Eben deswegen ist es auch nicht gewiß, ob ein berühmter aethiopischer Staat, der
schon in uralter Zeit eine Cultur besaß, dem Negerstamme angehörte.
Dies ist der Staat Meroe, welcher im Süden des Landes Nubien
lag, schon in der ältesten Zeit der Aegypter blühte und bis kurz vor
Christi Geburt bestand. Es war ein von Priestern geleitetes Reich mit
einem Könige an der Spitze, der aber ganz von jenen abhängig war.
In der gleichnamigen Hauptstadt befand sich ein berühmtes Orakel,
und sie bildete zugleich den Mittelpunkt eines lebhaften Karawanen-
handels zwischen Aegypten und dem inneren Afrika.

Wie es sich nun auch mit diesem uralten Staate und mit den Neger-
völkern der Urzeit verhalten haben mag, gewiß ist: diejenigen Völker,
deren Geschichte gleichbedeutend ist mit der Entwicklungsthätigkeit der
Menschheit selbst, diejenigen Völker, deren Geschichte zu erzählen der
Mühe lohnt, gehören alle entweder dem kaukasischen oder dem mongolischen Menschenstamme an. Doch ist die Bedeutung des Letzteren gering im Vergleich mit der des Ersteren. Alle mongolischen
Völker, welche eine Cultur erlangten, haben schon früh jede weitere
Entwickelung derselben aufgegeben und nehmen deshalb nur die zweite
Hauptstufe menschlicher Cultur ein. Aus diesem Grunde und weil das
gebildetste mongolische Volk seine jetzige Civilisation schon in der Urzeit
erhalten hat, beginnen wir die Geschichte der älteren Staaten mit den
Chinesen. Von der Darstellung des bei ihnen am höchsten entwickelten
mongolischen Cultur-Elements aber geht sie zunächst zu den Indiern
über, weil dieses Volk von allen Gliedern des kaukasischen Stammes
am meisten in seinem älteren Cultur-Zustande zurückgeblieben ist, und
durch die Unveränderlichkeit desselben einen Haupt-Charakterzug der
mongolischen Völker angenommen hat. Die übrigen Hauptvölker unseres
Stammes haben fortschreitend die höheren Stufen der Entwickelung
bestiegen und auf diesem Wege nicht nur sich selbst die Herrschaft der
Welt erworben, sondern auch für die gesammte Menschheit die Mittel

und Formen eines beſſeren Daſeins geſchaffen; denn den Völkern des kaukaſiſchen Stammes gehört die Erfindung oder Ausbildung alles beſſen an, was in den Einrichtungen der Staaten, des geſelligen Verkehrs und des häuslichen Lebens, ſowie in den Wiſſenſchaften und Künſten von edlerer Art und eines vernünftigen Weſens wahrhaft würdig iſt.

Die Chineſen.

Die Chineſen ſtehen, als der gebildetſte Theil des mongoliſchen Menſchenſtamms, an der Spitze dieſer großen, dem öſtlichen Aſien angehörenden Abtheilung unſeres Geſchlechts. Die Cultur der Chineſen iſt uralt und ihr Staat der ältſte von allen noch jetzt beſtehenden. Sie haben in der Weltgeſchichte beſonders dadurch eine Bedeutung, daß der Charakter ihrer ſpäteren Cultur dem ihrer Urzeit ſehr ähnlich iſt und daß ſie das Beiſpiel eines Volkes darbieten, welches, trotz ſeiner frühen und nicht geringen Cultur, ſtets auf einer und derſelben Stufe geiſtiger Entwickelung ſtehen geblieben iſt.

Die Griechen und Römer, durch deren Schriften wir ſonſt die meiſten zuverläſſigen Nachrichten über die Völker des Alterthums erhalten, berichten uns nichts über die Chineſen. Sie kamen mit dieſem Volke, welches bei ihnen den Namen der Serer führte, in gar keine Berührung, außer daß ſie, ſeit den Zeiten Alexander's des Großen, von chineſiſchen Kaufleuten in der Bucharei Seide erhielten. Dagegen beſitzen die Chineſen ſelbſt Geſchichtswerke, deren Abfaſſung bis mehrere Jahrhunderte vor Chriſti Geburt hinaufreicht. Von jener Zeit an bis auf unſere Tage iſt bei ihnen die Geſchichte China's ununterbrochen in beſonderen Werken niedergeſchrieben worden. Aus den früheren Zeiten haben ſich bei den Chineſen nur unſichere Nachrichten und fabelhafte Sagen erhalten, welche jedoch von ihnen als ein Theil ihrer wirklichen Geſchichte in jene Werke mit aufgenommen ſind. Auf dieſe Weiſe reichen zwar die Begebenheiten, die in den chineſiſchen Geſchichtsbüchern erzählt werden, bis zum Jahre 3082 vor Chriſtus hinauf; die zuverläſſigen Nachrichten aber gehen nicht weiter, als bis zum Jahr 782 vor unſerer Zeitrechnung zurück.

Aller Wahrſcheinlichkeit nach ſind die Urväter des chineſiſchen Volks von dem Gebirge Kuenlün oder Kullun her, welches im Weſten des nördlichen China liegt, in China eingewandert. Wann dies geſchah, iſt durchaus unbekannt. Die Chineſen waren aber nicht die erſten Anſiedler in jenem Lande, ſondern ſie fanden daſſelbe ſchon von einem Volke bewohnt, das von ihnen erſt unterworfen und theilweiſe ausge-

rottet ward, und von welchem noch jetzt Ueberreste, die Miaotse
genannt, als Wilde in den Gebirgen des südlichen China leben. Der
mittlere Theil des Landes China war es, wo zuerst die Voreltern der
heutigen Chinesen sich niederließen und zuerst eine Cultur zu entwickeln
begannen. Die Zeit dieses ersten Anfangs der chinesischen Cultur ist nicht
zu ermitteln; nur das steht über allem Zweifel, daß dieselbe uralt ist.

Von dem, was die Sagen der Chinesen über ihre ersten Zeiten
berichten, ist das Bemerkenswertheste, daß auch sie von großen Ueberschwemmungen reden, durch welche das Menschengeschlecht bis auf
geringe Reste vertilgt worden sei. Sie führen zwei solcher Ueberschwemmungen oder Sündfluthen an: die eine soll um das Jahr
2600 v. Chr., zur Zeit des chinesischen Herrschers Fu-hi, Statt
gehabt haben, die andere dagegen zur Zeit des Herrschers Jao, dessen
Regierung man in die Zeit um das Jahr 2350 v. Chr. verlegt. Beide
Männer wurden von den Chinesen zugleich als die ersten Gründer
ihrer Cultur und als große Gesetzgeber gerühmt. Von den übrigen
Regenten jener dunkeln Zeiten, welche die chinesische Sage anführt, ist
nur der Kaiser Wu-wang bemerkenswerth. Dieser war ursprünglich
ein dem chinesischen Kaiser unterworfener Fürst einer Provinz, empörte
sich aber in Verbindung mit andern Großen gegen seinen Herrn,
stürzte denselben (im Jahre 1122 v. Chr.) und schwang sich selbst auf
den Thron. Da er und seine Nachkommen diesen zu behaupten wußten,
so ist er dadurch zugleich auch der Gründer einer neuen Dynastie
geworden, welche den Namen Dynastie der Tschehu führt und
von 1122 bis 248 v. Chr. herrschte. Etwa von der Mitte der Zeit
dieser neuen Herrscherfamilie an beginnen die Nachrichten der chinesischen Geschichtsbücher zuverlässig zu werden.

Bis auf Wu-wang war die Regierungsform des chinesischen Volks
dieselbe, welche wir bei allen Völkern des früheren Alterthums als die
älteste finden, und die auch später wieder von den Chinesen angenommen ward und seitdem sich bei ihnen allein von allen alten Völkern
bis auf unsere Tage erhalten hat. Diese Regierungsform ist die patriarchalische und besteht darin, daß das ganze Volk als eine
Familie und der Herrscher als der Vater derselben angesehen wird,
welchem ebenso wie dem Haupte jeder Familie alle Einzelnen mit
unbedingtem Gehorsam untergeben sind. Während der Herrschaft der
Dynastie Tschehu war diese Regierungsform in China aufgehoben und
durch eine andere ersetzt. Weil nämlich Wu-wang nur mit Hülfe
anderer Großen den Thron erlangte, so erkannten diese ihn nicht als
unumschränkten Herrscher an, sondern das ganze Land ward unter sie
vertheilt und zerfiel so in eine Anzahl Fürstenthümer, deren Gebieter
den Kaiser zwar als ihren Oberherrn ansahen, ihm aber nicht in allen

Stücken zu Gehorsam verpflichtet waren, sondern in den meisten Fällen
frei und nach eigener Willkür in ihren Herrschaften walteten. Diese
Verfassung hatte für China den Nachtheil, daß dadurch die Kraft der
obersten Staatsleitung geschwächt ward, gewährte aber andererseits
den Vortheil, daß durch die vielen einzelnen Herrschaften die Civilisation sich mehr über das ganze Land verbreitete. Durch die vielen
Hofhaltungen wurden die Künste, die Gewerbe und der Handelsverkehr
zugleich in vielen Gegenden des Reichs belebt. Dadurch vermehrte sich
in dem überaus fruchtbaren Lande die Bevölkerung rasch; statt daß es
bisher nur Dörfer und Flecken im Lande gegeben hatte, entstanden
jetzt aus den Residenzen der einzelnen Fürsten Städte, und mit dem
Steigen der Gewerbe und des Handels nahm auch die Zahl der Städte
immer mehr zu. Auf diese Weise erhielt China damals zuerst einen
Theil des eigenthümlichen Ansehens, welches ihm bis zum heutigen
Tage geblieben ist: es entstand nämlich neben dem Ackerbau die erste
Industrie und es begann jene ungeheure Bevölkerung, welche uns so
sehr in Staunen setzt und die im eigentlichen China größer ist, als in
irgend einem andern Lande der Welt.

Die Herrschaft der Dynastie Tschchu ist auch dadurch merkwürdig,
daß unter ihr der größte und berühmteste Mann des chinesischen Volkes
auftrat. Dies war Kong-fu-tse oder, wie er in Europa gewöhnlich
genannt wird, Konfucius. Die Zeit seines Lebens ist nicht ganz
sicher bekannt, nach der wahrscheinlichsten Angabe aber lebte er um
das Jahr 551 v. Chr. Dieser Mann ist der Gründer der chinesischen
Litteratur, der Stifter eines religiösen Glaubens und der eigentliche
Schöpfer der heutigen Staatsverfassung China's; man verfährt aber
richtiger, wenn man in dieser dreifachen Beziehung ihn nicht einen
Schöpfer, sondern einen Reformator nennt. Seine große Wirksamkeit
war keine Einführung neuer Ideen, neuer Lebensweisen und neuer
Staatsformen; sondern gleich den meisten großen Männern, mit deren
Auftreten ein neues Zeitalter beginnt, wirkte er dadurch auf die Geschicke seines Volkes mit bleibendem Erfolge ein, daß er dasjenige,
was der chinesischen Nation von jeher eigenthümlich war, erkannte,
und nicht sowohl nach seinen eigenen Ideen und Ansichten, als vielmehr nach dem eigentlichen Wesen und Charakter seines Volkes, das
religiöse Leben, die geistige Bildung und die Staatsverhältnisse desselben einrichtete. Er suchte die Ideen über höhere Dinge, welche seit
aller Zeit im chinesischen Volke herrschend waren, auf, sammelte die
Lehren, welche die Weisen der chinesischen Vorzeit gegeben hatten und
erforschte die gleichsam zur andern Natur gewordenen Gewohnheiten
seines Volkes; und indem er dasjenige, was davon ganz oder theilweise untergegangen war, wieder herstellte, oder durch Neues von ver-

wandter Art ersetzte, verband er alles dies zu einem Ganzen und bildete daraus gleichsam das neu angefachte Lebens-Element seines Volkes. So ist also Konfucius nicht ein Schöpfer der Cultur, der Religion und der Staatsverfassung der Chinesen zu nennen, sondern er wirkte als Sammler, Ordner und Wiederhersteller des Alten und des der Nation ursprünglich Eigenthümlichen. Das Konfucius, welcher noch jetzt als der größte Mann des chinesischen Volks in vielen ihm errichteten Tempeln verehrt wird, für die geistige Bildung und den religiösen Glauben seines Volkes that, wird unten näher angegeben werden. In Bezug auf die Form des chinesischen Staats ist sein Auftreten dadurch besonders wichtig und erfolgreich gewesen, daß er die Chinesen wieder an die frühere patriarchalische Einrichtung gewöhnte und so die Wiederherstellung derselben veranlaßte, welche für das gesammte Reich erst zwei Jahrhunderte nach seinem Tode Statt fand. Balb nach Konfucius trat ein anderer Mann Namens Mung-tse auf, welcher im Geiste jenes Reformators lehrte und von den Chinesen für den größten Weisen nach Konfucius gehalten wird.

Etwa 200 Jahre nach des Konfucius Tode, nämlich im Jahre 248 v. Chr. Geburt, stürzte der mächtigste der verschiedenen chinesischen Fürsten, Tschwang-siang-wang, seinen Oberherrn und machte der Dynastie der Tschehu ein Ende. Er ließ sich selbst zum Kaiser ausrufen und ward der Stifter einer neuen Dynastie, welche die der Tsin heißt, aber schon im Jahre 206 wieder vom Throne verdrängt wurde. Er und sein nächster Nachfolger, Tsching-wang, verjagten die einzelnen Fürsten des Landes, vereinigten so alle Theile desselben zu einem Ganzen und stellten die frühere patriarchalische Regierungsweise wieder her. Außerdem erweiterte Tsching-wang auch das Reich durch Eroberungen. Eben demselben Kaiser, einem der berühmtesten der chinesischen Geschichte, schreibt man auch die Aufführung jener großen Mauer zu, welche jetzt im Zustande des Verfalls ist und die, mit vielen Krümmungen über Berge und Thäler hinziehend, den Nordosten des eigentlichen China gegen die benachbarten räuberischen Völkerschaften der Tartaren schützen sollte. Diese an manchen Stellen doppelte oder dreifache Mauer hat eine durchschnittliche Höhe von 26 und eine Breite von 15—16 Fuß, und zieht in einer Längen-Ausdehnung von etwa 400 deutschen Meilen bis zum Meere. Uebrigens hat Tsching-wang nicht die ganze Mauer erbauen lassen, sondern schon vor ihm hatten zwei jener kleineren Fürsten, welche als Vasallen des kaiserlichen Thrones in China herrschten, einzelne Theile derselben zum Schutze ihrer Länder errichtet; Tsching-wang ließ diese mit einander verbinden und durch eine Fortsetzung derselben das große Werk vollenden. Von Tsching-wang wird ferner erzählt, daß er, um unum-

schränkt regieren zu können und jede Erinnerung an frühere Rechts-
Gewohnheiten zu vernichten, alle Schriften außer denen, die von dem
Ackerbau, der Arzneiwissenschaft und anderen ihm nicht bedenklich
scheinenden Dingen handelten, habe verbrennen lassen; wahrscheinlich
ist aber diese Angabe eine Erdichtung.

Auch die Dynastie der Tsin ging durch eine Empörung unter und
es folgte nun in den nächsten vierzehn Jahrhunderten eine Reihe neuer
Dynastieen, von welchen nur die der Song namentlich hervorzuheben
ist. In diesem langen Zeitraum sind Folgendes die bemerkenswerthesten
Begebenheiten. Im Jahre 57 v. Chr. kamen zum ersten Male die
Japanesen mit China in Berührung. Zu jener Zeit nämlich erschienen
Gesandte dieses Volkes, welches ebenfalls zum mongolischen Menschenstamm gehört, in China und brachten dem chinesischen Kaiser Geschenke.
Nach den Berichten der Chinesen waren die Japaner damals noch
halbe Wilde; von dieser Zeit an aber erhielten sie von China her, mit
welchem Lande sie nun in Verbindung blieben, eine eigentliche Cultur.
Um eben dieselbe Zeit wurde die Macht eines räuberischen und streitbaren Volkes gebrochen, welches im Norden China's wohnte und
bereits seit einigen Jahrhunderten das Land oft bedrängt hatte. Dies
waren die Hiong-nu, ein Volk des türkischen Völkerstammes, welches
kurz vor jener Zeit seine verheerendsten Einfälle in China machte, aber
mit Hülfe eines anderen mittelasiatischen Volkes, das den Chinesen
verbündet war, in dem Zeitraum mehrerer Jahrzehnte vor und nach
Christi Geburt theils unterworfen, theils nach dem Westen verjagt
wurde. Man hat die Hiong-nu mitunter für die in der europäischen
Geschichte berühmt gewordenen Hunnen gehalten; allein es ist für
diese Annahme kein anderer Beweis zu finden, als die Aehnlichkeit
des Namens. Im Jahr 386 nach Christi Geburt zerfiel das Land in
zwei verschiedene Reiche, welche man nach ihrer Lage das des Nordens
und das des Südens zu benennen pflegt, und von denen jedes seine
besonderen Kaiser hatte. Im Jahr 581 wurden dieselben wieder in
eins vereinigt. Türkische und mongolische Horden brachen in jenen
Zeiten, so wie schon vorher und auch nachher noch, öfters verheerend
in das Reich ein. Spätestens um das Jahr 930 unserer Zeitrechnung
ward die Buchdruckerkunst in China erfunden; dieselbe war aber und
ist noch von der unsrigen ganz verschieden, denn sie besteht nicht aus
dem Zusammensetzen von einzelnen Lettern, sondern die Bücher werden
vermittelst Holzplatten gedruckt, in welche die Schrift jeder ganzen
Seite eines Werkes eingeschnitten ist.

Die letzte Dynastie des angegebenen langen Zeitraums ist die der
Song. Die Herrscher dieses Geschlechts, welches von 960—1280
n. Chr. den Thron besaß, zeichneten sich großentheils durch ihre Liebe

zur Wissenschaft und Kunst aus, so wie dadurch, daß sie der Freiheit des Denkens und dem Verkehr mit fremden Völkern keine Schranken setzten. Sie wurden aber eben deshalb von den Chinesen aller späteren Zeiten bitter getadelt, weil sie, wie man ihnen vorwarf, von der guten alten Sitte des Landes abgewichen und deswegen von Barbaren-Völkern des Auslands nicht allein selbst gestürzt worden wären, sondern auch das Vaterland mit in ihren Sturz verwickelt hätten. Hätte das Streben dieser Kaiser, deren Schicksal in China noch jetzt häufig als ein abschreckendes Beispiel gegen jede Neuerung und jeden Verkehr mit Fremden angeführt wird, Wurzel gefaßt: dann würde vielleicht das chinesische Volk eine fortschreitende Entwickelung erhalten haben und wieder mit der Gesammtheit des Menschengeschlechts, von der es seit vielen Jahrhunderten sich getrennt hat, in Verbindung getreten sein. Uebrigens herrschten die Song nur in dem südlichen und mittleren Theile von China; im Norden behaupteten sich einige andere Herr-schergeschlechter unabhängig. Der letztere Theil des Landes wurde alsbald von den Mongolen unterworfen, und diese breiteten hierauf ihre Herrschaft auch nach Süden hin aus und zwangen dort die Kaiser der Song-Dynastie, ihnen Tribut zu zahlen. Endlich gründete der große Eroberer Dschingiskhan, welcher aus türkischen und mon-golischen Stämmen sich eine Macht gebildet hatte, sein großes Reich; und der Waffengewalt seiner Völker erlag das gesammte China: im Jahre 1280 wurde der letzte Kaiser aus dem Hause Song gestürzt, und das ganze chinesische Volk mußte Dschingiskhan's Enkel, Ku-blaikhan, als seinen Herrn anerkennen.

Die Herrschaft der Mongolen in China währte von 1280 bis 1368. Die mongolischen Kaiser dieses Landes, deren Dynastie den Namen der Ymen führte, hatten ganz andere Sitten als die Chinesen. Sie gestatteten, wie die Song, den freien Verkehr mit Fremden; zu jener Zeit wurden deshalb auch vom Abendlande her christliche Bischöfe als Missionäre nach China gesendet, wo sie bis nach dem Sturz der Mongolen blieben, und der berühmte Venetianer Marco Polo unter-nahm damals (1271) seine Reise nach China, deren Beschreibung noch jetzt eine der Hauptquellen für unsere Kenntniß dieses Landes bildet. Auch die Religion der Ymen, der sogenannte Lamaismus, schlug damals in China festere Wurzeln. So war also China unter der mongolischen Herrschaft in eine noch nähere Berührung mit fremder Cultur und Sitte gebracht worden, als zur Zeit der Song; allein dessen ungeachtet trat auch damals in dem Wesen der Chinesen keine Aenderung ein, sondern alles Fremde, was in China Eingang fand, ging damals wie zu jeder andern Zeit entweder alsbald wieder unter, oder es erhielt ein ganz chinesisches Gepräge.

Im Jahre 1368 empörten sich die Chinesen und warfen, unter der Anführung eines Mannes von geringer Herkunst Namens Tschu oder, wie er nachher als Kaiser hieß, Hong-wu, das mongolische Joch ab. Hong-wu wurde der Stifter einer kaiserlichen Dynastie, welche die der Ming heißt. Dieses Herrschergeschlecht erlag im Jahre 1644 einer Empörung und den durch dieselbe herbeigezogenen Fremden. Als nämlich ein unternehmender gemeiner Chinese mit Glück die Fahne der Empörung aufgepflanzt hatte, rief man das nordöstlich von China wohnende Volk der Manbschu, welches zu dem sogenannten tungusischen Zweige des mongolischen Menschenstammes gehört, zu Hülfe. Diese erschienen und stürzten den Usurpator, erhoben aber ihren eigenen Fürsten auf den chinesischen Thron. Von den Nachkommen dieses Manbschu-Kaisers, dessen Dynastie den Namen der Tai Tsin führt, und noch jetzt die Herrschaft besitzt, sind der von 1661 bis 1722 regierende Rang-hi und der von 1736 bis 1799 regierende Kirulong die berühmtesten. Auch diese Herrscher haben, obgleich sie selbst von fremder Abkunst sind, keine Aeußerung in dem Charakter des chinesischen Volks hervorgebracht, sondern es ist vielmehr ihr eigenes nationales Wesen ganz und gar in jenen umgewandelt worden.

Dies sind die bemerkenswerthesten Punkte der chinesischen Geschichte und schon aus diesen wenigen Notizen läßt sich der Hauptcharakter des chinesischen Wesens erkennen. Die Abgeschlossenheit, durch welche das chinesische Volk seit alter Zeit sich von den übrigen Theilen der Menschheit getrennt hält, ist allein durch die ungeheure Ausdehnung seines Reiches möglich gewesen. Man berechnet die Größe desselben mit allen dazu gehörenden zinsbaren Ländern auf mindestens das Doppelte und die des eigentlichen China auf mehr als die Hälfte des Flächeninhalts von Europa. Die Bevölkerung des Reichs beträgt, nach der Zählung des Jahres 1813, nahe an 370 Millionen Seelen, (414 Millionen 1842), d. h. über 100 Millionen mehr als die von Europa. Wegen jener großen Ausdehnung begreift das chinesische Reich eine solche Mannigfaltigkeit des Bodens, der Producte und des Klima's in sich, daß es der fremden Erzeugnisse und des Verkehrs mit dem Ausland viel mehr entbehren kann, als dies selbst unserm ganzen Welttheil, seitdem er civilisirte Völker enthält, jemals möglich gewesen wäre.

Der wichtigste Charakterzug des chinesischen Wesens besteht in der Unveränderlichkeit desselben oder in dem seit alter Zeit dasselbe auszeichnenden Mangel einer fortschreitenden Entwickelung. Das Staatswesen, die herrschenden Ideen und die Gewerbsthätigkeit im Allgemeinen sind der Hauptsache nach seit drittehalbtausend Jahren dieselben geblieben und haben sich nur in untergeordneten Dingen geändert. Die Chinesen zeichnen sich durch eine in der Geschichte der Völker

beispiellose Zähigkeit und Starrheit aus, mit welcher sie an dem Ueberlieferten und Gewohnten festhalten. Diese Eigenschaft ihrer Natur ist
so mächtig, daß, selbst wenn sie einmal Fremdes annahmen, sie durch
dasselbe nie auf eine andere Bahn geführt wurden, sondern vielmehr
dieses selbst stets alsbald seines Wesens entkleideten und dem ihrigen
nicht allein unterwarfen, sondern dasselbe auch ganz und gar in die
Eigenthümlichkeiten desselben einzugehen zwangen.

Der zweite Haupt-Charakterzug des chinesischen Volks, durch welchen
es in ebenso hohem Grade, als durch den vorher angegebenen, von
den Völkern des Abendlands verschieden ist, besteht darin, daß bei ihm
Gemüth und Phantasie nur äußerst wenig entwickelt sind. Das chinesische Volk ist, wie keine andere Nation, ein eigentliches Verstandes-
volk. Phantasie und Gemüth, auf denen die Eigenthümlichkeit unseres
nationalen Wesens mehr als zur Hälfte beruht, haben in China von
jeher so wenig Einfluß auf den Nationalcharakter gehabt, daß bei den
Chinesen alles dasjenige, was darin seine Wurzel hat, größtentheils
abgeht. Ihre Litteratur besteht der Hauptsache nach aus Werken des
bloßen Verstandes; solche Producte der höheren Poesie aber, um deret-
willen sie andern geistig großen Völkern an die Seite gestellt werden
könnten, fehlen ihnen so gut wie ganz; ihr Leben entbehrt des höheren
poetischen Genusses und die Dichtung, die bei uns in ihren mannigfaltigen Gestalten einen Hauptschmuck des Lebens bildet und in die
wichtigeren Momente desselben verherrlichend eingreift, spielt bei ihnen
eine untergeordnete Rolle und ist ihnen im Grunde nur Gegenstand
der Unterhaltung und Zerstreuung, nicht aber die Quelle eines tieferen
und nachhaltigeren Genusses, wenn es ihnen auch an fein empfundenen
und zierlich gesetzten Liedern nicht fehlt. Ebenso ist in den Producten
ihrer bildenden Kunst das Nützliche, das Zweckmäßige, das Künstliche
und überhaupt das Berechnete und von Verstand und Fleiß Ausgehende in demselben Grade das Vorherrschende, in welchem diese
Dinge bei unseren Kunstwerken umgekehrt den Forderungen der Idee
des Schönen untergeordnet sind. Ihre Religion wurzelt nicht in dem
Gemüthe, sondern in dem Verstande, und ist deshalb bei dem gemeinen
Volke eine bloße Sache abergläubischer Vorstellungen und Gebräuche,
bei den Gebildeten bloße Philosophie und Moral. Ebenso fehlt ihnen
im Allgemeinen der Sinn für höhere Ehr. Wir vermissen deswegen
auch in ihrer Geschichte jene allgemeine Vaterlandsliebe und National-
begeisterung und jene kriegerische Tapferkeit, durch welche so viele
andere Völker ganze Zeitalter hindurch sich selbst über die übrigen
Nationen zu erheben und vor Mit- und Nachwelt zu ehren strebten.
Der dritte Haupt-Charakterzug der Chinesen endlich besteht in dem
Vorherrschen des sinnlichen Bedürfnisses, oder darin, daß die stets

überwiegende Rücksicht auf den Nutzen für das äußere Leben die Bestrebungen der Einzelnen wie der Gesammtheit leitet. Wegen dieses vorherrschenden Sinnes finden wir auch in China alles, was dem äußeren Leben und seinen Bedürfnissen dient, wie z. B. die Industrie, den Ackerbau, das Kanalwesen, schon sehr früh in einem bedeutenden Grade entwickelt und vervollkommnet, während dagegen alles, was das Gemüth und die Phantasie anregt und hebt, zu allen Zeiten roh und unbeholfen war.

Der Grund-Charakter der in China bestehenden Regierung ist von jeher der patriarchalische gewesen, wiewohl dieses aus der Urzeit herrührende Regierungssystem der Hauptsache nach schon längst nur noch als eine bloße Form besteht. Das Volk bildet gleichsam nur eine einzige große Familie, welcher der Kaiser als das alleinige Haupt derselben mit unumschränkter Gewalt vorsteht. Dem Kaiser wird die größte Ehrerbietung gezollt, die sich selbst bis auf den bloßen Namen, den Palast und die Kleidung desselben erstreckt und nun so tiefer begründet ist, da der Herrscher zugleich auch als ein Sohn des Himmels angesehen und mit diesem Titel benannt wird. Unbedingter Gehorsam, gleich dem der Kinder gegen den Vater, ist das höchste und heiligste Gesetz; auf der andern Seite wird der Kaiser für Alles, was geschieht, selbst für die Naturereignisse, Mißwachs oder Erdbeben, verantwortlich gemacht. Auch gibt es unter den Bürgern des Staats keine erblichen Vorrechte und die kaiserliche Familie ist der einzige Adel des Landes; außer ihr haben nur die Nachkommen des Konfucius erbliche Vorzüge, sonst sind von Geburt aus Alle einander gleich. Ungeachtet der angegebenen Grundzüge des chinesischen Staats und ungeachtet der großen Ehrfurcht vor dem Kaiser und seiner dem Namen nach unumschränkten Gewalt ist das Reich doch keine reine Monarchie, sondern der Kaiser selbst ist abhängig von jenem unveränderlichen Geiste, der seit aller Zeit das chinesische Volk durchdringt und beherrscht, und von den uralten Einrichtungen, Sitten und Gewohnheiten der Nation. Die Verwaltung des Landes ist in den Händen von Gelehrten, aus denen allein die Beamten gewählt werden und von welchen die allergelehrtesten den hohen Staatsrath bilden, der, vom Kaiser präsidirt, die Gesetze gibt und alle Angelegenheiten in höchster Instanz entscheidet. Unter jener bloßen Form einer Monarchie besteht also in China die Herrschaft einer Aristokratie, wiewohl keiner erblichen. Diese ist eine Aristokratie der Gelehrsamkeit. Die Gelehrten, d. h. nicht etwa das, was wir die gebildete Klasse nennen, sondern diejenigen, welche eine bestimmte, durch Prüfungen von immer steigender Strenge bewährte Masse von Wissen in sich aufgenommen haben, bilden den angesehensten Theil des chinesischen Volks; und die Mandarinen oder Beamten, welche nur aus ihnen genommen werden, sind die dem Range nach höchste Klasse desselben. Alle übrigen Bürger des Staats stehen tief unter diesen und namentlich ist die gewerbtreibende Klasse oder der eigentliche Bürgerstand, welcher in Europa den Kern der Völker bildet, und dem unsere Staaten ihre Macht und Größe verdanken, in China verachtet und wird gleichsam bloß als große Masse oder als Pöbel angesehen. Die Mandarinen selbst sind unter sich in neun verschiedene Rangordnungen eingetheilt, je nach dem Grade ihrer Kenntnisse und den davon abhängenden höheren oder niederen Stellen. Dieser Rangunterschied wird auch in der äußeren Erscheinung jedes Mandarinen angezeigt und zwar hauptsächlich durch die Beschaffenheit des auf seiner Mütze befindlichen Knopfes. Die Mandarinen sind nach ihrem verschiedenen Range einander untergeordnet und so stufenweise von einander abhängig: jeder einzelne ist der Sklave seines Vorgesetzten und der Gebieter des ihm untergebenen Beamten.

Wie die Beamten eine Anzahl von Abtheilungen bilden, welche stufenförmig über einander stehen, so sind auch die Provinzen, Städte und Dörfer des Reichs nach einer bestimmten Rangordnung eingetheilt. Die Verwaltung des Landes ist bis ins Einzelnste an bestimmte Regeln und Vorschriften gebunden. Alle Verhandlungen werden seit alter Zeit schriftlich geführt, und haben folglich den Nachtheil, daß sie umständlich sind. Auch ein sehr großer Theil der Privatangelegenheiten ist nach gesetzlichen Vorschriften geregelt; ja, man kann geradezu sagen, daß in China fast alles, was geschieht, vorgeschrieben ist. Keiner darf öffentlich auf die ihm genehme Weise leben, sondern er muß sich auch darin an bestimmte Regeln binden. Selbst die Kleidung und die Hauseinrichtung sind großentheils vorgeschrieben; ebenso müssen die Häuser je nach dem Rang ihrer Besitzer in gesetzlich bestimmten Formen und Verhältnissen gebaut werden, und ein Privatmann darf, wenn er auch noch so reich ist, nicht anders bauen, als wie es für die Leute seines Standes erlaubt ist. Der Staat ist auf diese Weise im Grunde nur eine große Polizei-Anstalt. Die Hauptmittel, durch welche derselbe geleitet und erhalten wird, sind die moralischen Lehrsätze, welche man die Jugend lernen läßt, der Reiz der Standesauszeichnung und endlich die Stockschläge. Die Letzteren sind ein sehr gewöhnliches Strafmittel und alle Stände sind demselben unterworfen.

So hat in China der Staat einen geregelten Gang, der auf überlieferten Gesetzen und Einrichtungen beruht und durch polizeiliche Gewalt geschützt und erhalten wird. Leben ist in einem solchen Staate nicht und politische Entwickelung ist ein dem chinesischen Volke ganz und gar unbekannter Begriff. Das Ganze ist gleichsam eine Maschine, deren Räder aus den verschiedenen Klassen dieses Volkes und den vielen Abstufungen seiner Beamten und Landestheile bestehen und

welche von dem an der Spitze ſtehenden Fürſten mit ſeinem Staatsrath geleitet wird, von der aber, um jede Störung dieſes Uhrwerks zu
vermeiden, alles Neue, das nicht zu den überlieferten Regeln und Einrichtungen paßt, ferne gehalten werden muß. Oder wie ein Chineſe
ſelbſt es bildlich ausdrückt, der chineſiſche Staat iſt ein ſtets denſelben
Weg fahrender Wagen, bei welchem der Kaiſer der Fuhrmann, die
höchſten Beamten deſſen Hände, die anderen aber die Zügel ſind, und
bei dem die Geſetze den Zaum, die Strafen die Peitſche bilden.

Wie der Staat, ſo ſind von jeher auch Induſtrie und Gewerbe hauptſächlich vom Herkommen abhängig und zeichnen ſich
beſonders dadurch aus, daß ſie meiſtens uralt und wenig veränderlich
ſind. Ein Theil derſelben iſt zu einer großen Vollkommenheit gebracht,
war aber ſchon vor vielen Jahrhunderten ebenſo beſchaffen, wie heut'
zu Tage; ein anderer Theil iſt noch jetzt ebenſo unvollkommen, wie er
in uralter Zeit geweſen war. Der Ackerbau z. B. wird noch immer
nach den Vorſchriften getrieben, welche in den älteſten Büchern der
Chineſen gegeben ſind; das zur Feldarbeit wenig tüchtige Thier, welches
man den Waſſerſtier nennt, iſt nie durch ein anderes Zugvieh erſetzt
worden; Menſchen ziehen noch immer den Pflug; und ebenſo iſt die
Art und Weiſe des Flußbaues und des Kanalweſens unverändert dieſelbe geblieben. Man prägt noch immer keine anderen Münzen, als
ganz kleine, etwa einen halben Pfennig Werth haltende, durchlöcherte
Stücke aus einer Miſchung von Kupfer und Zinn, und behilft ſich für
größere Zahlungen theils mit dieſen Münzen, von welchen je 100 auf
einer Schnur zuſammengereiht werden, theils mit Stücken Silber, die
nach dem Gewichte geſchätzt werden, theils endlich mit den von Europa
her erhaltenen ſpaniſchen Thalern. Dagegen verfertigt man ſeit ſehr
langer Zeit gutes Porcellan. Bequemere Schreibmaterialien, als viele
der älteren Völker je kennen gelernt haben, bereiteten die Chineſen
ſchon in den Zeiten, die der Periode ihrer zuverläſſigen Geſchichte vor-
angehen; und dasjenige Papier, welches ſie gegenwärtig gebrauchen,
war in China ſchon 150 Jahre v. Chr. erfunden. Die Bereitung
wollener und baumwollener Zeuge und die Verfertigung vieler Werkzeuge und Hausgeräthe reichen ebenfalls bis in die Urzeit hinauf.
Ebenſo verhält es ſich mit der Seide, deren Bereitung eine Erfindung
dieſes Volkes iſt und ſchon vor mehr als dritthalbtauſend Jahren in
China verfertigt wurde. Ihre Bereitung blieb ſehr lange ein alleiniges
Eigenthum der Chineſen und die Seide war außerhalb ihres Landes
im ganzen Alterthum ein ſeltener und koſtbarer Stoff, den die Griechen
und Römer über die Bucharei her von ihnen bezogen. Erſt im ſechſten
Jahrhundert unſerer Zeitrechnung fing man im öſtlichen Europa an,
Seide zu ziehen, und erſt im zwölften wurde dieſelbe in Italien producirt.

Auch das g e i ſt i g e Leben der Chineſen iſt, dem Grundzuge ihres Charakters gemäß, von dem unſrigen ſehr verſchieden. Alles Lernen und Wiſſen iſt der Hauptſache nach eine auf äußeren Nutzen berechnete Gedächtnißſache; und die Erziehung der Jugend hat nur den Zweck, die Sittenlehre und das von den Voreltern überlieferte Wiſſen aus- wendig lernen zu laſſen und ſo die nächſte Generation fähig zu machen, daſſelbe zu treiben, was die vorhergehende getrieben hat. Von einer Entwickelung des jugendlichen Geiſtes zum ſelbſtſtändigen Denken und zur Befähigung, alles menſchlich Wichtige zu erkennen und zu beur- theilen, iſt keine Rede. Statt deſſen geſtattet man, außer dem bloßen Wiſſen und der Geſchäftsgewandtheit, blos Spitzfindigkeiten und leere Grübeleien. Auch iſt die Beſchaffenheit der chineſiſchen Schrift ein großes Hinderniß für die Entwickelung einer wahren und ſelbſtſtändigen geiſtigen Bildung. Dieſe beſteht nämlich nicht aus Buchſtaben, d. h. aus Zeichen für die einzelnen Laute, ſondern aus lauter ſolchen Zeichen, die einen beſtimmten Begriff ausdrücken. Es gibt alſo für jedes Wort ein beſonderes Zeichen. Doch laſſen ſich alle dieſe Zeichen wieder in eine kleinere Zahl von ſogenannten Grundzeichen oder Schlüſſeln zer- legen, welche durch ihre verſchiedene Verbindung mit einander die ver- ſchiedenen Wörter ausdrücken. Dadurch iſt nun zwar das Erlernen der chineſiſchen Schrift nicht ſo ſchwierig, als man unter uns dies ge- wöhnlich ſich vorſtellt; allein immer erfordert daſſelbe doch eine viel längere Zeit, als das Leſen-Lernen bei den Völkern, welche eine alpha- betiſche Lautſchrift haben.

Das blos auswendig Gelernte alſo und die Fähigkeit, es zum Nutzen des äußeren Lebens anzuwenden, iſt dasjenige, was man unter den Chineſen Bildung nennt; geiſtige Unabhängigkeit aber, Poeſie und ſchöne Kunſt haben und geben bei ihnen kein Anſehen. Dazu kommt nun noch als ein anderer Hauptzug der chineſiſchen Cultur, daß Bildung und Wiſſenſchaft ganz und gar von der Regierung ab- hängig ſind und von derſelben ebenſo regulirt werden, wie etwa bei uns Maß und Gewicht. Das geiſtige Gut der Nation iſt dort kein freies Eigenthum, an welchem jeder Antheil nehmen darf und von dem jeder die freie Nutznießung hat, ſondern die Regierung beſtimmt die Art und den Inhalt des Unterrichts, läßt die nöthigen Bücher machen, unterwirft diejenigen, welche die wiſſenſchaftliche Laufbahn betreten haben, öfteren Prüfungen und gewährt ihnen als Gelehrten die Stellung und das Anſehen, welche bei uns nur von dem Urtheil der gebildeten Klaſſe abhängen. Jeder wird examinirt, der Krieger wie der Civilbeamte; und die ganze gelehrte Welt iſt in Stufen und Rangordnungen eingetheilt, deren keine überſprungen werden darf und für welche es die genaueſten geſetzlichen Vorſchriften gibt. An der Spitze der Bildung zu stehen und durch sein Urtheil Einfluß auf den Geist seiner Nation zu haben, ist nur demjenigen gestattet, welcher alle diese Stufen erstiegen und dabei nach jenen Vorschriften seinen Geist gemodelt hat.

Uebrigens ist auch die geistige Bildung der Chinesen eine uralte. Der Mann, welcher jenen Charakter derselben zuerst fest begründete, war Konfucius. Seine Werke sind deshalb auch stets ein Hauptgegenstand des Unterrichts und des Studiums gewesen, und bei den Prüfungen kommt es sehr darauf an, daß man nicht nur in den Ansichten und der Denkweise, sondern auch sogar in der Schreibart ihm ähnlich zu werden sich bestrebt hat.

Die wichtigsten Schriften der chinesischen Litteratur sind die sogenannten King's, d. h. fünf Werke, welche die ältesten erhaltenen Schriften der Chinesen sind, und als unübertreffliche und gewissermaßen heilige Bücher angesehen werden. Sie sind von Konfucius theils verfaßt, theils aus den Schriften der Vorzeit von ihm oder seinen Schülern zusammengetragen, und heißen der Y-king, der Tschu-king, der Tschi-king, der Li-king und der Tschun-tsieu. Der Inhalt derselben besteht in Lehren der Moral und der bürgerlichen Pflichten, in Gedichten und in der Darstellung der älteren Geschichte China's. Das berühmteste und wichtigste dieser Werke ist der Tschu-king, eine bis zum Jahre 620 v. Chr. reichende Geschichte China's, die Konfucius in der Absicht schrieb, die wahre Regierungsweisheit und die ächten Grundsätze für das bürgerliche Leben zu lehren, und welche deswegen reich an Denksprüchen, Klugheitsregeln und Reden großer Männer ist. Außer den King's besitzen die Chinesen noch viele andere Werke aus älterer Zeit, von welchen einige ihrem Ansehen nach unmittelbar unter jene gestellt werden und den Namen der kleinen King's führen. Eines der wichtigsten Werke der chinesischen Litteratur sind die Reichs-Annalen, welche etwa ein Jahrhundert v. Chr. begonnen und bis auf die gegenwärtige Dynastie fortgesetzt wurden. Sie umfassen gewöhnlich sechzig sehr starke Bände und enthalten nicht blos die Geschichte des Staats, sondern auch die des Handels, der Erfindungen und der Litteratur, sowie statistische und geographische Angaben.

Wie die Bildung, so ist auch die Religion in China dem Zweck des Staates untergeordnet, oder vielmehr sie ist demselben von jeher geopfert worden. Jeder muß der Form und dem Namen nach die Religion des Kaisers annehmen, ebenso wie in England bis vor wenigen Jahren (1828) Jeder, der ein öffentliches Amt oder einen Sitz im Parlamente erhalten wollte, die sogenannte Test-Acte oder gewisse Dogmen der englischen Staatskirche beschwören mußte; ob er daran glaubt, ist gleichgültig. Deswegen kann auch in China jede Religion, die sich dem Staate fügt und dem chinesischen Wesen anpaßt, bestehen; aus eben demselben Grunde aber konnte das Christenthum, welches seiner innersten Natur nach eine Religion für selbstständige, denkende Menschen ist, dort nicht Wurzel fassen. Vollkommene Freiheit ist dem Bekenntniß jedes Glaubens gewährt, welcher nicht gegen die Autorität der Regierung und den Geist des Staates auftritt. Ein eigentlich religiöses Bedürfniß kann bei einem Volke, in welchem das Gemüth so wenig und der Verstand in so überwiegendem Maße entwickelt ist, nur in geringem Grade vorhanden sein; und wirklich besteht auch bei den Chinesen die Religion blos in der Ausübung moralischer Pflichten und außerdem nur entweder in philosophischen Lehren oder in einem bloßen äußeren Cultus. Aus diesem Grunde waltet auch nur eine geringe Feindschaft zwischen den drei Religionen, welche in China die herrschenden sind; ja, Viele aus dem Volke besuchen abwechselnd die Tempel von allen dreien, um zu beten. Diese Religionen sind die Lehre des Konfucius, die des Lao-tse und die des Fo. Die Erstere ist die Religion der meisten Gebildeten oder Gelehrten, und weil diese den Staat leiten, so muß man dieselbe als die eigentliche Staatsreligion ansehen, zumal da sie von denselben Principien ausgeht, auf welchen das Regierungssystem beruht. Sie erkennt zwar einen unsichtbaren Gott an, welcher Schang-ti genannt wird und der im sichtbaren Himmel Tien gegenwärtig erscheint; allein sie ordnet keine bestimmte Anbetungsweise desselben an und macht die Pflichten des Menschen nicht von seinem Verhältniß zur Gottheit abhängig, so daß deßhalb auch ein Anhänger der Lehre des Konfucius zugleich einer andern Religion huldigen kann. Ebenso wenig wollte Konfucius über das Geheimniß des göttlichen Wesens und aller übersinnlichen Dinge oder über den Zustand des Menschen nach dem Tode Licht gewähren. Er hatte es nur mit dieser Welt und ihren Verhältnissen zu thun. Seine Lehre ist eine Anweisung zum wahren Glücke, welches nach ihm in der Selbsterkenntniß, in der errungenen Herrschaft des edleren Theils unserer Natur, in der Pflicht-Erfüllung und dem Wohlwollen gegen Andere besteht. Auch in dieser Religion gilt, wie im chinesischen Volk überhaupt, Gehorsam gegen die Eltern und den Staat für eine der höchsten Tugenden; und daraus ist bei ihren Bekennern die Verehrung der Ahnen und großer Männer der Vorzeit entsprungen, wie denn unter Andern auch dem Konfucius sehr viele Tempel errichtet sind. Der Gottheit selbst opfert nur der Kaiser, welcher der Sohn des Himmels und gleichsam der Stellvertreter Gottes ist.

Die zweite herrschende Religion ward kurz vor dieser Lehre von Lao-tse oder Lao-kiün, einem älteren Zeitgenossen des Konfucius, gestiftet. Ihre Bekenner nennen sich Tao-tse. Sie ist aus einer

uralten, in Ostasien einheimischen Weltansicht entsprungen, nach welcher
ein höchstes und ewiges geistiges Wesen der Urgrund aller Dinge ist,
und die Seelen nur Ausflüsse (Emanationen) desselben sind. Lao-tse
lehrte dieser Vorstellung gemäß die Seelenwanderung oder den auch
bei andern Völkern vorkommenden Glauben, daß die Seele des Menschen, wenn sie von Sünden rein bleibt, beim Tode wieder in das
göttliche Wesen zurückkehrt, daß sie aber, wenn sie während des Lebens
entartet, am Ende desselben an andere Formen der Körperwelt gebunden wird. Er predigte deswegen auch die Geringschätzung des Aeußeren
und die Unterdrückung der Begierden und Leidenschaften, und erklärte
den daraus hervorgehenden Seelenfrieden für das höchste Gut. Seine
Nachfolger haben sich mit dieser Lehre nach und nach in ein Gewirre
des ärgsten Aberglaubens verirrt, und die Religion der Tao-tse ist
jetzt ein Gemisch von Glauben an Zaubereien und Vorbedeutungen
und von den wunderlichsten Ideen und Bestrebungen, wie z. B. derjenigen, einen Trank der Unsterblichkeit oder den Stein der Weisen
aufzufinden.

Die am allgemeinsten verbreitete Religion ist die des Fo, welche
nichts Anderes ist, als die in Indien entstandene und in China um-
geänderte Lehre des Buddha, den die Chinesen Fo nennen und der
vielleicht ein Zeitgenosse des Lao-tse war. Sie kam im Jahre 58 unserer
Zeitrechnung nach China, erhielt aber dort erst im Jahr 265 eine
allgemeinere Verbreitung. Diese Religion, deren Priester Bonzen
heißen, ist also eine Abart des bei den Mongolen, den hinterindischen
Völkern und den Tibetanern herrschenden und ebenfalls durch Aberglauben sehr entstellten Buddhaismus, den man in Europa oft auch
Lamaismus nennt und von welchem in dem nachfolgenden Abschnitt
über die Indier das Nähere angegeben werden wird. Sie ist in ihrer
jetzigen Gestalt eine Religion des Truges, vermittelst deren eine
Menge Priester, Mönche und Nonnen, die angeblich mit den Göttern
in der nächsten Berührung stehen, auf Kosten des Volks in träger
Ruhe leben, und welche statt einer eigentlichen Moral abergläubische
Gebräuche und Gehorsam gegen die Priesterschaft predigt.

Die Indier.

Das Volk der Indier, obgleich demselben Völkerstamme entsprossen, wie die Perser, die Griechen und die italischen Völker, die
Celten und die Germanen, hat doch an dem Leben und der Kulturentwicklung dieser westlichen Völker keinen Antheil genommen. Früh

von dem indogermanischen Hauptstamm sich lösend, hat es in der
fernen, auf drei Seiten vom Meere umflossenen, nach Norden durch
das höchste Hochgebirge der Erde, die Kette des Himalaya abgesperrten
Halbinsel, die ihm zum Wohnort und Erbtheil zufiel, eine eigene Welt
für sich gestaltet, wie die Chinesen, aber freilich eine von diesen völlig
und in allen ihren Grundlagen verschiedene Welt. Wie bei diesen
Alles den Charakter trockener, berechnender Verständigkeit trägt, Alles
geregelt, geordnet, nach pedantisch beschränkten Maaßen zugeschnitten
ist, so waltet bei den Indiern vielmehr die Phantasie, die Neigung
zum Maaßlosen, Ueppigen, Ungeheuerlichen vor: und nur das haben
sie gemeinsam, daß ein wirkliches organisches Fortschreiten hier wie
dort bald unmöglich wurde und beide Völker den Wandlungen der
Zeiten zum Trotz wesentlich auf derselben Stufe bis auf den heutigen
Tag stehen geblieben sind.

Die vorderindische Halbinsel ist von dem Rumpfe des asiatischen
Kontinents durch das Himalayagebirge geschieden, welches bei einer
durchschnittlichen Breite von 50 Meilen, in einer Länge von etwa
350 Meilen von Osten nach Westen sich erstreckt, und sie ist die mittlere
der drei großen Halbinseln, welche der Welttheil Asien nach Süden
vorstreckt und denen in Europa die pyrenäische, die Apenninen- und
die Balkanhalbinsel entsprechen. Mächtige Ströme, der Indus, Ganges
und Brahmaputra entspringen jenem gewaltigen Alpenlande, das wie
eine riesige Mauer sich erhebt, und bilden zwei umfangreiche Tiefländer, die Indus- und die Gangesebene, welche durch eine
Wüste von einander getrennt sind. Den südlichen Theil des großen
Dreiecks, welches die Halbinsel bildet, nimmt das Hochland des
Dekan ein, welches im Norden durch das Windhjagebirge, westlich
und östlich von den „die Ghats" genannten Bergen eingefaßt, gegen
Westen nur einen schmalen, gegen Osten dagegen einen breiteren
Küstensaum frei läßt: zuerst das Indus-, später das Gangesland und
jener östliche Küstensaum bilden die Gebiete, auf welchen die Geschichte
des eigenthümlichen Volkes spielt.

Den Griechen kam durch Herodot (um 450 v. Chr.) und etwa 30 Jahre
später durch Ktesias, der Leibarzt bei dem persischen Könige Artaxerxes
Mnemon (um 400 v. Chr.) war, Kunde von diesem Volke: und obwohl
die Fabeln und abenteuerlichen Berichte des letzteren allmälig helleren
Einsichten Platz machten, so blieb ihnen doch das entlegene Land mit
seiner gewaltigen Bevölkerung, die gegenwärtig für die gesammte
Halbinsel auf etwa 160 Millionen geschätzt wird, mit seinen mächtigen
Strömen, seiner eigenthümlichen Thierwelt von Elephanten, Tigern,
Rhinoceroten, Affen, Papageien, Pfauen, seinen Riesenbäumen, unter
deren Schatten wohl Heere von 10,000 Mann lagerten, ein Land

der Wunder, und erst den neueren Zeiten war es vorbehalten, durch
das genaue Studium der Sprache und der Litteraturdenkmale des alten
Indiens die Schicksale und Eigenthümlichkeiten dieses Volkes klar zu
legen, die zerstreuten Andeutungen der griechischen Schriftsteller zu
berichtigen und zu ergänzen.

Ein wesentlicher Punkt ist schon den Griechen aufgefallen: der
Unterschied einer hellfarbigen und einer dunkleren Race der Bevölkerung. Die letztere, wenig kultivirte, physisch und geistig untergeordnete
Klasse bilden die Ureinwohner des Landes; die erstere, die „weißen
Inder", sind die vom Nordwesten eingewanderten Stämme,
welche im Besitz einer höheren Begabung und Bildung, sich zum herrschenden Volke gemacht haben. Diese Einwanderer bezeichneten sich mit
demselben Namen, den auch die Völker des iranischen Hochlands, die
Perser, Meder und ihre Verwandte sich beilegen, als Arier, d. h. als die
ersten, die hervorragenden; ihre Sprache, das Alt-indische oder Sanskrit,
ihre Anschauungsweise, ihre Götter und ihre Religionsvorstellungen
überhaupt sind wesentlich dieselben wie die der Iranier und berühren sich
in unzweideutigen Anklängen ursprünglicher Familieneinheit mit denen
der europäischen Hauptvölker. Ostiranische Stämme also waren
es, welche — um 2000 v. Chr. etwa muß es geschehen sein — von
dem Hauptstock ihres Volkes sich trennten und über die Berge hinab-
stiegen in das Land des Indus und seiner Nebenflüsse, das fruchtbare,
weidereiche, wasserreiche „Land der fünf Ströme", um dort zu einem
neuen und eigenen Volke zu werden.

Vom Leben dieser Stämme im Fünfstromlande während der ersten
Jahrhunderte nach ihrer Einwanderung gibt uns das älteste Buch in
der Sammlung der heiligen Schriften der Indier, der Rigveda,
einige Kunde. Das Volk erscheint in viele Stämme getheilt, mit
Stammfürsten (Viçpati) an der Spitze. Ihren vornehmsten Besitz
bilden ihre Heerden, Viehzucht ihre Hauptbeschäftigung. Doch trieben
sie auch Ackerbau und Gewerbe in ihren vielen Dörfern und wenigen
Städten; um Viehheerden und gute Weidestrecken kämpfen sie, ein
muthiges und streitbares, doch nicht vorzugsweise kriegerisches Volk,
in gelegentlichen Fehden. Die religiösen Vorstellungen, denen die
Gebete und Lobgesänge des Rigveda Ausdruck geben, sind noch einfacher Art. Die Geister des Wassers und des Feuers, welches das Dunkel
der Nacht und die Raubthier verscheucht, die Nachtgespenster oder
Rakshasas, welche im Finstern ihr Wesen treiben, Vritra, der Geist
der dunkeln Wolken, welche das Licht einhüllen, Rudra, der Herr des
tropischen Orkans, dessen Furchtbarkeit das Volk in dem neuen Lande
kennen lernte, — sind die Wesen, welche ihre Gedankenwelt beherrschen.
Unter den hellen Göttern, den Devas oder den Leuchtenden, tritt

besonders Indra hervor, ein Gott des lichten Himmels, wie der griechische Zeus: schwungvolle Lieder feiern seine Siege, wenn er im Gewitter
mit den Dämonen kämpft, wenn sein Blitz die dunkeln Wolken spaltet, daß
der befruchtende Regen niederströmt. Als göttliches Zwillingspaar, wie
die Griechen ihre Dioskuren, begrüßen sie die beiden Açvinen, die
ersten Lichtstrahlen der ersehnten Morgenfrühe; andere Lieder preisen
Savitar, den Gott der Sonne, Mithra, den Gott des Lichts, den
sie mit den Persern gemeinsam hatten; Varuna, dessen Namen wir
im griechischen Uranus wiederfinden, den Gott des allumfassenden
Himmelsgewölbes. Diese lichten Götter, die Alles wissenden, Alles
sehenden, werden auch als sittliche Mächte, als Hüter und Beschützer
reinen Sinns und reinen Wandels verehrt. Besonders häufig wird
in den Liedern des Rigveda Agni, der Gott des Feuers, angerufen.
Um das Feuer des Heerdes sammelt sich die Familie: so ist Agni der
Freund und Genosse der Menschen, deren Opfer und Gebete er mit
der lodernden Flamme zu den Göttern emporträgt. In einer Ueberfülle von Bildern strömt der phantasievolle Geist des Volks seine Andacht aus und von der Kraft des Opfers, namentlich des Soma-
tranks, den man aus einer narkotischen Pflanzenart bereitete, hegt
man die ausschweifendsten Vorstellungen. Doch war der Gottesdienst
noch einfach. Das Opfer wurde im Haus oder im Freien dargebracht,
Tempel und Götterbilder waren noch unbekannt. Die Todten wurden
zur Erde bestattet oder verbrannt und ihr Gedächtniß gefeiert. Jama,
der erste Mensch, der auch als der erste den Tod erfahren, wurde später
zum Todtengott. Die Weisen, die Beter und Sänger spielen neben
den Kriegern in diesen alten Liedern eine große Rolle; man kennt
Vorbeter und Sängergeschlechter, aber noch keinen geschlossenen
Priesterstand, so wenig als das griechische Volk in den Zeiten Homer's,
mit deren schlichter, von gesunder Kraft getragener, vom milden Lichte
der Poesie erhellter Sitte diese Jugendzeit des indischen Volkes eine
wohlthuende Familienähnlichkeit nicht verleugnet.

Dieses einfache Leben aber erhielt sich nicht. Die kriegerischen
Hirtenstämme erwuchsen allmälig zum großen Volke, dem das Land
zu enge ward. Am Saum der großen Wüste, welche die beiden nördlichen Tiefländer der Halbinsel trennt, hinziehend, erreichten die auswandernden arischen Stämme und Schaaren das Gangesland. Sie
drangen vor, „unwiderstehlich wie abwärts strömende Wasser", seit
1500 v. Chr. etwa und setzten sich im oberen und mittleren Theile des
Stromgebietes fest. Geschichtliche Ueberlieferungen im eigentlichen
Sinne besitzen wir über diese Eroberung des Gangeslandes nicht, denn
es hat niemals in Indien Geschichtschreiber gegeben, da dem phan-
tastischen Volke sich das wirklich Geschehene sofort ins Abenteuerliche

und Fabelhafte umsetzte, wohl aber legte die friedlichere Zeit, welche
der Eroberung folgte, die Erinnerungen und den allgemeinen Eindruck,
welche von dieser heroischen Epoche zurückgeblieben waren, in Heldengedichten nieder. Zwei große epische Dichtungen, das Mahabharata
und das Ramayana, beide durch spätere Zudichtungen und Einschiebungen zu mächtigem Umfang angeschwollen, geben uns eine Anschauung vom Leben und der Vorstellungsweise des indischen Volkes
in dieser wichtigen Periode seiner Geschichte. Das erste und ältere
dieser Gedichte verherrlicht die Kriegsthaten der Bharata, eines Volkes
am oberen Ganges und in den Vorbergen des Himalaya, und ihres
Helden und zeigt einen kriegerischen und heroischen Geist; das zweite,
welches einem priesterlichen Sänger Valmiki zugeschrieben wird, ist
jünger und trägt schon stark die Spuren priesterlichen Einflusses. Die
Tugenden seines Helden, des Königssohnes Rama, sind andere, als
die des Bharata; unterwürfiger Gehorsam, treue Liebe, aufopfernde
Hingebung treten an die Stelle kriegerischer Kraft und der einfachere
Charakter weicht der Neigung zum Ungeheuerlichen und Abenteuerlichen.
Ihre jetzige Gestalt haben übrigens die beiden Gedichte, von denen uns
die schönsten Partieen durch vielfache und zum Theil wohlgelungene
Uebersetzungen zugänglich gemacht worden sind, erst in den letzten
Jahrhunderten v. Chr. erhalten.

Durch die Eroberungen im Gangesland erhoben sich, indem die
Kraft der Einwanderer gegenüber den Eingeborenen straff zusammen-
gefaßt werden mußte und die Nothwendigkeit umfassenderer politischer
Organisation eintrat, größere Reiche mit mächtigen Königen an der
Stelle der alten Stämme und ihrer Stammfürsten: und bei diesen neuen
Staatsbildungen trat auch der Unterschied der Stände schärfer
hervor, als dies im Fünfstromlande der Fall gewesen war. Die Masse
des siegreichen Volks wurden Vaiçja oder Stammesgenossen genannt.
Das fruchtbare Land, in dessen Besitz sie gelangt waren, lud zu einem
ruhigen Leben des Erwerbs und des Ackerbaues ein, und so wurde der
Schutz des Reiches, die Führung der Kriege einem eigenen Stande,
den Kshatrias überlassen, welche das Waffenhandwerk als eine vom
Vater auf den Sohn erbende Beschäftigung trieben und so, mit reich-
lichem Grundbesitz ausgestattet, einen kriegerischen Adel bildeten. Ein
Ansatz zu einem eigenen Priesterstande ferner war schon im In-
dusland vorhanden und das Bedürfniß wie der gläubige Sinn des
Volkes kam einem Stande entgegen, der es verstand, durch Opfer und
Gebete, in richtiger Form vollzogen, die Gnade der Götter zu sichern,
deren man in den Kriegen besonders zu bedürfen glaubte. Was aber
besonders dazu beitrug, diesen Unterschied der Stände, welche man
mit einem portugiesischen Worte Kasten nennt und welche die Indier

selbst Varnani oder Farben nannten, zu schärfen, das war das Verhältniß
zu den Unterworfenen, welche von anderem Stamme, anderer Farbe
waren, als die herrschenden Arier, mit denen demgemäß die Sieger
Gemeinschaft der Ehe und der Götter zu pflegen zu stolz waren und die
deshalb den drei reinen und oberen Kasten, den Vaiçjas, Kshatrias
und Brahmanen gegenüber, als Sudras eine dienende und gering
geachtete Klasse bildeten.

In der ersten Zeit nach der Eroberung behaupteten die Kshatrias, aus
deren Mitte der König stammte, einen Vorrang vor den Priestern oder
Brahmanen. Allein dieß änderte sich bald. Die friedliche Zeit, das
erschlaffende Klima begünstigten den beschaulichen Hang, der von Anfang
an im Volke lag und die Priester, welche vorzugsweise im Besitze der geistigen Waffen waren, gewannen, indem sie sich enge zusammenschlossen,
allmälig die Oberhand. Sie bildeten die eigenthümliche, auf einem sehr
verständigen Princip beruhende Schrift, das Devanagari, aus und
gestalteten die Litteratur in ihrem Sinne um, indem sie die religiösen
Lieder und die Formeln des mehr und mehr sich verwickelnden Opfer-
rituals zu einer Sammlung, dem Veda d. h. Wissen, vereinigten und
den Heldengedichten durch Ueberarbeitungen und Einschiebungen einen
andern Charakter verliehen. Der Veda zerfällt in drei Theile, den
Rigveda, Samaveda und Jadschurveda, denen in später Zeit noch ein
vierter, der Atharvaveda, hinzutrat; sie bildeten die heiligen Schriften
der Indier und waren die Grundlage aller späteren Theologie und Philosophie der Indier, deren Pflege vorzugsweise den Brahmanen anheimfiel.

Die Kenntniß und die Pflege dieser Litteratur begründeten einen
weiteren Vorzug und bildeten eine weitere Quelle der Macht für die
Brahmanen. Indeß blieben diese nicht dabei stehen, die alten Vor-
stellungen zu sammeln und in ihrem Sinne umzudeuten. Sie schufen
eine neue Lehre und einen neuen Gott, Brahmanaspati, den
„Herrn des Heiligen“, indem sie den Geist des Gebets, die Kraft der
Andacht personificirten. In weiterem Fortschritt faßten sie dann diesen
Geist des Gebets als ein abstraktes, unpersönliches Wesen, als das
Heilige oder Göttliche, als Brahma schlechthin. Dieses höchste Wesen,
so glaubten und lehrten sie, schwebt über Allem und wirkt in Allem.
Die Götter selbst vollbringen ihre Thaten in seiner Kraft. Aber weder
das Volk noch der große Hause der Priester selbst konnte diesen Gottes-
begriff in seiner Reinheit festhalten. Ihnen wurde diese Alles umfassende Gottheit selbst wieder zu einem einzelnen Gott, nur daß er
als der mächtigste und höchste der Götter gedacht wurde. Doch blieb
die dem neuen Gott der Priester zu Grunde liegende Idee der Einen,
Alles durchdringenden, in Allem sich offenbarenden Gotteskraft nicht
verloren und man findet diesen Pantheismus der indischen Spekulation

nicht selten in tiefen und schwungvollen Liedern und Sprüchen aus-
geprägt. Alle Geschöpfe, so ist die neue priesterliche Lehre, gehen aus
Brahma hervor und allen Erscheinungen liegt das Eine Göttliche zu
Grunde und bildet ihr wahres Wesen. Dabei aber vergessen die Priester
die Rangstufen der Wesen nicht und schärfen ein, daß die Brahmanen
aus Brahma's Munde, die Kshatrias aus seinen Armen, die Vaiçjas
aus seinen Schenkeln und die Sudras aus seinen Füßen hervorgegangen sind.

Indeß waren die Priester nicht gewillt, die alten Götter zu stürzen,
die im Volksbewußtsein lebendig blieben: vielmehr verschmolzen sie
alten und neuen Glauben und Aberglauben und gaben demselben, ihn
weiter ausbildend, nur diejenige Richtung, welche ihrer Herrschaft
über die Gemüther die günstigste war. Dazu dienten ihnen besonders
die Vorstellungen vom Leben nach dem Tode; indem Jama zum Todten-
richter und Todtengott gemacht wurde, eröffnete sich der Phantasie ein
weites Feld von Schrecknissen, mit denen man die Sünder bedrohen
und die eifrige Verehrung der Priester und ihrer Satzungen einschärfen
konnte. Sie gefielen sich in der Ausmalung der Qualen der Hölle und
fügten denselben ein zweites Schreckniß hinzu in der Lehre von den
Wiedergeburten. Der Sünder, lehrten sie, macht erst die Qualen
der Hölle durch, deren Dauer nach Jahrtausenden und Jahrmillionen
bemessen wird, alsdann wird er in einer niederen Existenz, als Ele-
phant, Löwe, Tiger, Wurm oder auch als Sudra wiedergeboren, um
allmälig in einer Reihe sich folgender neuer Existenzen, wenn es gut
geht, wieder in die Höhe zu kommen. Mit allen Pönen schärfen sie die
Verehrung des priesterlichen Standes ein; wer einen Brahmanen getödtet hat, wird erst so viele Jahre, als das rinnende Blut des Getödteten
Sandkörner geröthet hat, in der Hölle von wilden Thieren zerfleischt
und dann als eines der niedersten Thiere wiedergeboren.

So bekamen die Brahmanen den Schlüssel zu Himmel und Hölle
in ihre Hände. Besonderer Werth wurde jetzt auf den Begriff der
Reinheit gelegt. Nahrung, Kleidung, alle Funktionen des Lebens
wurden mit peinlichen und subtil ausgeklügelten Satzungen und Ord-
nungen geregelt und durchwoben: und hier war es, wo das brahmanische
System seine schrecklichsten Fesseln um das Volk ebenso wie um seine
eigenen Erfinder und Vertreter schlang. Wer gegen eines dieser peinlichen und zum Theil aberwitzigen Gesetze verstößt, für den gibt es
Bußen und Sühnungen, Gebete, Fasten, neue Reinigungen und Pei-
nigungen, welche wohl bis zu freiwilliger Selbsttödtung gesteigert
werden; überall aber ist die Ehre, die dem Priester gebührt, das letzte
und höchste: „hat ein Kshatria einen Brahmanen absichtlich getödtet,
so lasse er sich selbst von Bogenschützen erschießen oder werfe sich dreimal

mit dem Kopfe ins Feuer, bis er todt ist." Man muß hinzufügen, daß
die Brahmanen selbst als Hüter und Vollstrecker dieser Gesetze am
meisten gefesselt waren; mit der peinlichsten Genauigkeit ist ihnen vorgeschrieben, in welcher Stellung sie die ihnen erlaubte Nahrung genießen,
unter welchen Ceremonien und Vorbehalten sie mit Leuten anderer
Kaste verkehren, wie sie die Geschäfte ihres Haushalts verrichten dürfen,
und für jedes kleinste Vergehen gab es Bußübungen, Strafen und
Wiedergeburten von endloser Länge. Das letzte Ziel, das dem Menschen gesteckt ist, ist die Rückkehr zu Brahma, wodurch er, der Qual
fernerer Wiedergeburten enthoben, endlich die ersehnte Ruhe findet.
Dazu ward das Studium der Veden und eine Menge guter Werke
empfohlen und da man den Körper als ein Hemmniß dieser Rückkehr
zu Brahma auffaßte, so wurde auf die Ascese ein hoher Werth gelegt und
das Verlassen der Welt anempfohlen. Das Leben eines Einsiedlers im
Walde mit allerlei ausschweifenden und sinnlosen Büßungen, tage-
langem, unaufhörlichem Aufstehen und Niedersitzen, Wälzen auf der
Erde, vollständigem Schweigen, unbeweglichem Stehen auf den Fuß-
spitzen und ähnlicher Thorheit galt für besonders preiswürdig, und im
Bewußtsein des geknechteten Volkes traten an die Stelle der alten
Kampfesheroen jetzt die frommen Büßer, die großen Heiligen, die durch
die Kraft ihrer Buße Dinge vollbringen, welche selbst die Götter nicht
vermögen, Zeit und Raum, Himmel und Erde aus ihren Angeln heben.

Wie sich das Staats- und Volksleben in den indischen Reichen um
diese Zeit und unter diesen Einflüssen gestalteten, darüber gibt uns ein
ausführliches Gesetzbuch Kenntniß, dessen Redaktion in die zweite Hälfte
des siebenten Jahrhunderts v. Chr. gesetzt wird, — die Gesetze des
Manu. In ausführlichen und scharfgefaßten Bestimmungen regelt
es das gesammte Leben. Es behandelt Recht und Macht der Könige,
ihre Weihe und Thronfolge, die Verwaltung des Landes, die Beamten
und deren Beaufsichtigung, die Preise der Waaren und die Besteuerung.
Gerichte, Strafrecht, Beweisverfahren und Gottesurtheile, Hochverrath,
Diebstahl, Mord, auswärtige Politik und Kriegführung, Rechte und
Pflichten der einzelnen Kasten, der reinen und der unreinen, die Misch-
ehen zwischen Leuten verschiedener Kasten, — bei dem peinlichen
Standesgefühl der Indier ein überaus verwickeltes Kapitel, — Stellung
der Frauen und Pflichten der Kinder, Erbrecht.

Das Stammfürstenthum ist verschwunden, ein König mit unbeschränkter Gewalt, „eine große Gottheit in menschlicher Form" steht
an der Spitze. Seine Pflichten werden im Gesetzbuch ausführlich
erörtert, er wählt sich seine Räthe, die ihm einen besonderen Eid der
Treue leisten, doch mag er neben ihnen einen Brahmanen von hoher
Einsicht um Rath fragen. Die unterste Einheit des Staatsganzen

bilden Geſchlechtsverbände und lokale Gemeinden; auch Korporationen z. B. der Kaufleute gibt es, welche Beſchlüſſe faſſen können, die für ihre Mitglieder bindende Kraft haben. Ueber jedes Dorf aber iſt ein königlicher Beamter geſetzt; dann ein höherer über je 16—20 Dörfer, welche zuſammen einen Kreis bilden; 5 oder 10 Kreiſe bilden einen Bezirk und eine Anzahl Bezirke wieder ein Gebiet mit einem oberſten Vorſteher. Dieſe königlichen Beamten erhalten ein regelmäßiges Gehalt, „weil ſie in der Regel Schelme ſind", wie das Geſetzbuch hinzufügt; eine ſtrenge Polizei überwacht das Verkehrsleben und regelt die Preiſe der Waaren; Trunk und Spiel ſind unterſagt und ſtehende Truppen geben den Verordnungen der Obrigkeit Nachdruck. Die Steuern ſind nicht übermäßig hoch, doch können ſie in Fällen der Noth, oder wie das Geſetzbuch ſich ausdrückt, „wenn der König ſein Volk mit aller Macht ſchützt", bis zum vierten Theile der Jahresernte geſteigert werden. Dem König wird der Rath ertheilt, den jährlichen Tribut nur in kleinen Portionen zu erheben, „wie der Baum und der Blutigel nur nach und nach ihre Nahrung einſaugen", nur von den Brahmanen ſoll der König niemals Tribut erheben, auch wenn er Hungers ſtürbe: ſie entrichten ihr Sechstheil in Fürbiten. Die ſtrafende Gerechtigkeit wird beſonders eingeſchärft und die Strafen namentlich für Verletzungen des Eigenthumsrechts ſind ſtreng. Die Richter ſollen, „da der König doch nicht Alles allein thun kann", aus den drei oberen Kaſten genommen werden. Die Strafen ſind jedoch für die verſchiedenen Klaſſen nicht gleich und hier iſt es ebenſo verkehrt wie bezeichnend, daß je niederer der Stand, deſto ſchwerer die Strafe bemeſſen wird. Aus den gemiſchten Ehen, den Verbindungen von Individuen aus verſchiedenen Kaſten, deren Rangordnung genau geregelt und unter Anderem auch durch die Kleidung kenntlich gemacht war, gingen dann wieder beſondere Kaſten hervor; außer- oder unterhalb aller Kaſten waren die Parias und die Tſchandalas, mit denen der Brahmane keine Art von Verkehr haben durfte. Die Frauen werden in ſtrengſter Unterwürfigkeit gehalten, wie überall im Orient. Das Geſetz behandelt ſie durchaus als Unmündige. Als der erſte Stand erſcheint allenthalben der prieſterliche. Die Macht der Kſhatrias, des alten kriegeriſchen Adels, iſt gebrochen, wenn ſie auch den unteren Ständen gegenüber ihre beſonderen Privilegien haben.

So waren die Zuſtände um das ſechste Jahrhundert v. Chr. Die Lehre der Brahmanen drückte ſchwer auf dem Volke und dieſer Druck ward immer härter; aber auch die Prieſter ſelbſt wurden ihrer Macht und ihres Lebens nicht froh; ſie waren, einmal auf der abſchüſſigen Bahn eines aberwitzigen Syſtems begriffen, eifrig an der Arbeit, die Bande, in welche ſie das Leben des Volks und ihr eigenes geſchlagen, immer feſter zu schlingen und immer verwickelter zu gestalten. Es ist für dieses Volk unter solcher Leitung charakteristisch, daß, während andere gesunde Nationen langes Leben für ein Gut halten und in reineren oder trübsten Formen ein Leben nach dem Tode erhoffen, den Glauben an die Unsterblichkeit der menschlichen Seele nähren und an diesem Glauben sich aufrichten und stählen, die Indier vielmehr als letztes Ziel ihrer Wünsche und ihrer Tugendmühen die Ruhe des Todes ohne ein Wiedererwachen ersehnten.

Eine Erlösung aus dieser schweren und schrecklichen Geisteslnechtschaft zeigte sich um die Mitte des siebenten Jahrhunderts v. Chr. Um das Jahr 623 v. Chr. wurde einem Fürsten im Nordosten des Landes der Koçala, in den Vorbergen des Himalaya, vom Stamme der Çatja, dem Geschlecht der Gotama, ein Sohn geboren, des Namens Sibartha. Der junge Prinz erhielt die gewöhnliche Erziehung eines indischen Königsjohns und lebte, als er zu seinen Jahren gekommen, anfangs das Leben eines vornehmen Mannes. Aber betroffen vom Eindruck des ihn umgebenden menschlichen Elends, versank er in Nachdenken über die Entstehung des Uebels und der Dinge überhaupt, wie sich denn der spekulative Sinn der Indier auch seither schon mit diesen Problemen abgemüht und aus der Grundanschauung des Brahmaismus heraus verschiedene, zum Theil entgegengesetzte, philosophische Systeme herausgebildet hatten, von denen zwei, die Bedanta- und die Santja-lehre, eine weite Verbreitung gefunden hatten. Sibartha zog sich in die Einsamkeit zurück und lebte, alle Aufforderungen zur Rückkehr an den väterlichen Hof zurückweisend, als bedürfnißloser Bettler. Ohne Beruhigung zu finden, besuchte er nun die Schulen berühmter Brahmanen und zog sich dann abermals, unter dem bescheidenen Namen des Einsiedlers aus dem Geschlechte Çatja, Çakjamuni, in die Einsamkeit zurück, wo er sich Betrachtungen und Bußübungen hingab, die ihn aber auf die Dauer dennoch nicht befriedigten. Endlich aber reiste in ihm die Erkenntniß, die ihm ein volles Genüge that und er war sicher, die Wahrheit gefunden zu haben; er ward zum Erleuchteten, zum Bubbha, und nicht begnügt mit dem einsamen Besitze dieser Erkenntniß, begann er alsbald auch Anderen dasjenige zu predigen, was ihm als Wahrheit aufgegangen war.

Vom Umtriebe der Welt geängstet, hatte er die Ruhe und den Tod ohne die Nothwendigkeit, von Neuem geboren zu werden, gesucht. Warum, so hatte er sich gefragt, sind die Uebel da und wie lassen sie sich vernichten? Er sah, daß Alles fließe, Alles unbeständig und eitel sei, daß aber dieser beständige Wandel, der Jugend zum Alter, der Gesundheit zur Krankheit, mit Schmerzen verbunden sei und daß diese Schmerzen überall, daß sie ein Allgemeines seien. Was ist die Quelle dieser Uebel? Er antwortet: das Verlangen. Das Verlangen aber wurzelt in der Empfindung und die Empfindung im Körper: von seiner Herrschaft muß sich die Seele befreien. Aber nicht etwa durch Selbstmord und nicht durch die gewöhnlichen Mittel, mit denen man die Sinne bändigt, soll es geschehen, sondern auf eine viel wirksamere, viel gründlichere Weise, durch Aufgebung der Individualität, durch ein Aufgehen in's Allgemeine. Nur indem er sich vom Ich befreit, gelangt der Mensch „an's jenseitige Ufer", in jenen Zustand vollkommener Einheit mit dem Allgemeinen, den Buddha als Nirwana, als Verlöschung oder Verwehung bezeichnete. Mit einem heroischen Entschlusse warf der Weise die ganze phantastische Welt des Brahmaismus, seine Götter, seine Bußübungen, das harte und unerträgliche Joch seiner Satzungen ab: er verlangt nicht sinnlose Bußübungen, nicht endlose Gebete, Waschungen, Fasten, Reinigungen, Selbstquälereien, sondern daß man mit ernstem Entschlusse der Welt, dem Gewinn, dem Ehrgeiz, der Sinnenlust den Rücken kehre: Keuschheit und Armuth waren die Tugenden, die er verlangte.

Es war keine fröhliche, aber es war eine einfache Weltanschauung, die Buddha dem gequälten Volke brachte, und weittragend waren ihre Folgen. Dieser Anschauung, welche der Betrachtung des vielgestaltigen Elends der Menschen entsprungen war, erschien die Welt als ein Jammerthal, worin alle Menschen nur eine große Leidensgenossenschaft bildeten: vor dieser dem Anscheine nach so trostlosen Idee brach die viel trostlosere Wirklichkeit, der Kastenzwang und die selbstquälerischen Forderungen der Priesterreligion zusammen, siegreich brach sich der erhabene Gedanke Bahn, daß die Menschen aller Kasten, selbst die Sklaven und die Parias, jene verachteten Klassen, deren bloße Berührung den Brahmanen verunreinigte, Brüder seien, und indem diese Lehre ihre schärfste Spitze gegen das Ich, gegen den Egoismus kehrte, erhoben sich die milden Tugenden der Nachsicht, des Mitgefühls, der Barmherzigkeit für alle Menschen. Mein Gesetz, sagte der Weise, ist ein Gesetz der Gnade für Alle.

Buddha fand Widerspruch, aber noch mehr Anhang. Bettelnd wie er, zogen seine Schüler von Ort zu Ort und trugen die Botschaft dieser milden Lehre allenthalben in die Straßen der Städte und in die Hütten der Ausgestoßenen: und ehe die Brahmanen noch den vollen Umfang der Gefahr ermaßen, mit welcher diese Lehre ihre Herrschaft bedrohte, hatte sie schon unausrottbar Wurzel gefaßt.

In dem Kampfe, der sich nun zwischen Brahmaismus und Buddhismus, zwischen dem neuen und der alten Religion entspann, hatte die buddhistische Lehre große Vortheile voraus. Durch die Verneinung des Kastenunterschiedes übte sie eine große Anziehungskraft auf die gedrückten Klassen des Volkes aus, durch die Aussicht auf die Ruhe des Todes ohne Wiedergeburten, durch die Einfachheit ihrer Moral übte sie diese Anziehungskraft auf Alle. Die Brahmanen waren anspruchsvoll und ihre Verkettung mit Familienpflichten hemmte sie: die buddhistischen Apostel waren frei von solchen Familienbanden, sie kannten keine Rücksichten, weil sie wenig Bedürfnisse und eine kräftige Begeisterung hatten. Indeß, einmal in weitere Kreise eingedrungen, konnte die buddhistische Lehre ihren einfachen Charakter nicht völlig bewahren. Die Forderungen des neuen Systems waren in ihrer ganzen Strenge, welche gänzliche Weltentsagung von Jedem forderte, nicht durchführbar: so bildete sich ein Unterschied der Geweihten, der Geistlichen, gegenüber der Menge, und innerhalb der Geweihten selbst, da der Lehrer dem Schüler, der Aeltere dem Jüngeren, der völlig Entsagende dem weniger Entschlossenen gegenüber einen Vorrang behauptete, eine Rangordnung, eine Hierarchie, welche bei wachsender Macht und Ausdehnung der neuen Lehre, in großen Versammlungen oder Concilien dem buddhistischen Glauben bestimmtere Formen gab.

Die ursprüngliche Lehre Buddhas kannte keine Götter, überhaupt keine Gottheit — ein seltsames, in sich widersprechendes Beispiel einer Religion ohne Gott: aber die Religion bedurfte eines Kultus und der Kultus eines Gegenstandes, und so wurde nun Buddha selbst, der Stifter der neuen Religion, eine Art Gott für die Buddhisten und der Gegenstand ihrer religiösen Verehrung. Ein Reliquiendienst kam auf, der die Stätten, wo der Weise gelebt und gelehrt hatte, seinen Almosentopf, seinen Wasserkrug mit besonderer Andacht ehrte und dasselbe mit den Hervorragendsten seiner Schüler that. Die alten brahmanischen Vorstellungen, an welche die Masse des Volkes einmal gewöhnt war, drangen durch allerlei Hinterthüren wieder ein und auch die alten Götter, welche die neue Lehre nicht vernichtet, sondern nur in Schatten gestellt hatte, traten bald, nur in veränderter Gestalt, neben den neuen Heiligen wieder hervor. Immerhin aber war der Buddhismus eine reinere Religionsform und wirkte erfrischend auf das Leben des indischen Volkes.

In dem Kampfe der Brahmareligion und der Buddhareligion konnte auch die erstere nicht einfach stehen bleiben. Der Brahmaismus nahm Einzelnes, wie die Sitte der Wallfahrten, vom Buddhismus in sein religiöses Leben herüber: und vor Allem suchte er Eins sich anzueignen oder einen Ersatz dafür zu finden, was der buddhistischen Lehre einen nicht geringen Theil ihrer Macht über die Gemüther verlieh. Dies war der Umstand, daß der Stifter des Buddhismus und der Gegenstand ihrer gläubigen Verehrung kein unnahbarer Gott, sondern ein wirklicher Mensch gewesen war. Diese ersetzten die Brahmanen durch eine neue Doktrin, die Lehre von den Avataren oder Menschwer-

dungen des Gottes Vischnu, der in dem alten Göttersystem keine
hervorragende Stellung eingenommen hatte, nunmehr aber in Folge
von Einflüssen, die sich im Einzelnen nicht mehr nachweisen lassen, im
Bewußtsein des Volkes als ein lebenerhaltender, freundlicher Gott in
den Vordergrund trat. Von diesem Gotte lehrten die Brahmanen, daß
er von Zeit zu Zeit menschliche Gestalt annehme, als Mensch auf Erden wandle und wirke: „so oft Erschlaffung des Rechts und Erhebung
des Unrechts eintritt", sagen sie, „erschafft Vischnu sich selbst". Diesen
Gott der Erhaltung stellten sie mit seinem Gegenbilde Çiva, dem
Gotte der Zerstörung und mit Brahma, an dessen Idee sie festhielten, zu einer obersten Dreiheit, Trimurti, zusammen.

So führten sie den Kampf mit der neuen Lehre weiter und errangen
auch endlich in Indien selbst den Sieg über dieselbe. Die Reiche, in
denen der Buddhismus Staatsreligion geworden, zerfielen wieder;
aber buddhistische Missionare hatten sie längst über die Gränzen der
Halbinsel hinausgetragen. In den Nachbarländern Tibet und Hinterindien schlug sie Wurzel: seit dem ersten Jahrhundert v. Chr. drang
sie auch in China vor und behauptete sich, freilich nicht in ihrer ursprünglichen Reinheit, sondern in mancherlei verschiedenen Formen,
Umgestaltungen und Verzerrungen, in diesen Ländern: und heute zählt
der Buddhismus, während die Brahmareligion auf Indien beschränkt
geblieben ist, in seinen verschiedenen Gebieten mehr als 300 Millionen
Anhänger und ist so neben dem Christenthum die am meisten verbreitete
Religion der Erde.

Die Eroberung der Halbinsel war mittlerweile vollendet worden: auch
die große Nebeninsel Vorderindiens, Ceylon, war im Laufe des sechsten
Jahrhunderts v. Chr. in den Besitz des arischen Volkes gekommen:
nur das Innere der Halbinsel, die schwer zugänglichen Thäler, Berge
und Schluchten des weiten Gebirgslandes des Vindhja, behielt seine
Selbstständigkeit. Der Schwerpunkt des indischen Lebens war im
Gangeslande: die Bevölkerung des Induslandes wurde von den
Wandlungen, denen wir gefolgt sind, weit weniger berührt, und das
Volk des Gangeslandes sah mit einer gewissen Geringschätzung auf
diese in den alten Stammsitzen zurückgebliebene Bevölkerung herab,
deren Zustände wir bei Gelegenheit des indischen Feldzuges Alexan-
ders des Großen kennen lernen werden.

Das Leben der westlichen orientalischen und europäischen Völker
berührte sich mit den Indiern am Ganges so gut wie gar nicht. Diese
bildeten eine Welt für sich, welche auf den Gang der Kulturentwicklung
im Abendlande keinen Einfluß ausgeübt und ebensowenig während
des Alterthums in irgend einem nennenswerthen Umfang Einflüsse
von dorther empfangen hat.

Erst seitdem in neueren Zeiten die europäischen Völker dorthin vorgedrungen sind und unter ihnen die Engländer eine große und dauernde
Herrschaft in Ostindien gegründet haben, hat man die Sprache der
Indier, das Sanskrit, welche aber nicht mehr gesprochen wird, sondern auch bei den Indiern selbst Gegenstand gelehrter Studien ist, in
ihrer großen Wichtigkeit erkannt und die gelehrte Forschung hat sich
der unermeßlich reichen und mannigfaltigen Litteratur bemächtigt, welche
das indische Volk hervorgebracht hat: der Veden und der aus ihnen
hervorgegangenen theologischen und philosophischen Schriften, der Heldengedichte, der Lehrgedichte, der Fabeln, Märchen und Spruchdichtung,
der lyrischen und der gleichfalls reichen dramatischen Litteratur: und
überall muß man den Reichthum, den poetischen Schwung, die tiefe
und sinnvolle philosophische Kraft des indischen Geistes anerkennen.
Man hat auch den Kunstbestrebungen der Indier Aufmerksamkeit zu-
gewendet, jenen eigenthümlichen, kuppelförmigen, steinernen Gebäuden
oder Stupas, welche bestimmt waren, die Reliquien der buddhistischen Heiligen aufzunehmen und die wunderbaren Felsen- und
Grottentempel auf der Insel Elefante bei Bombay und im Gebirge bei Ellora, welche in den Berg hineingearbeitet sind: aber allenthalben, in der Religion wie in der Dichtung, im Staatsleben wie in
der Architektur und namentlich der Skulptur hat das Phantastische,
die Sinnbildnerei, die mit Zierrathen überladene Masse den Sieg da-
vongetragen über das Einfach-Schöne, das dem Volke im Leben wie
in der Kunst durch die Ueberfülle der ihn umgebenden Natur und
durch die einseitige Pflege der religiösen Interessen verloren gegangen ist.

Die Babylonier und Assyrer.

Das südwestliche Asien ist der Stammsitz einer zu dem kaukasischen
Menschenstamm gehörenden Völkergruppe, welche hauptsächlich durch
den eigenthümlichen Charakter ihrer Sprachen von den indo-germanischen
Völkern verschieden ist, aber zugleich mit ihnen den für die Entwickelung
unseres Geschlechts wichtigsten Theil der Menschheit bildet. Diese zweite
Hauptgruppe von Völkern erhielt den Namen des semitischen oder
aramäischen Völkerstamms, mit Beziehung auf Sem, den biblischen Stammvater derselben, und wegen des Landes Aram oder Syrien,
eines Haupt-Wohnsitzes der semitischen Völker. Zu den semitischen
oder aramäischen Völkerstamm gehörten unter den Völkern des Alterthums vornehmlich die Juden, die Araber, die Syrer, die Phönicier und die Punier oder Karthager. Gewöhnlich zählt man

auch die Babylonier, Assyrer und Aegypter zu den Semiten; manche Gelehrte bezweifeln zwar nach den Ergebnissen der neuesten Sprachforschungen die Richtigkeit dieser Annahme, sie sind aber nicht im Stande, für jene Völker eine nähere Verwandtschaft mit denen irgend eines anderen Stammes nachzuweisen. Von den Völkern der neueren Zeit sind, außer den Juden und Arabern, die Kopten, die Nestorianer in Kurdistan, die Maroniten, die Drusen und einige andere kleine Stämme in Syrien semitischer Abkunft. Auch die Abyssinier gehören der Mehrzahl nach zu diesem Stamme.

Im Osten der syrischen Wüste, an den Flüssen Euphrat und Tigris, befand sich der Mittelpunkt zweier Staaten, welche in der älteren Geschichte des Orients unter dem Namen des babylonischen und des assyrischen Reichs eine große Rolle spielen. Das Hauptland des einen, oder das eigentliche Babylonien, lag zwischen den beiden genannten Flüssen, war im Norden von Mesopotamien, im Süden vom persischen Meerbusen begrenzt und hatte das vom Euphrat durchströmte, im Süden der heutigen Stadt Bagdad gelegene Babylon oder Babel zur Hauptstadt. Assyrien dagegen lag jenseit des Tigris im Osten von Mesopotamien und seine Hauptstadt war Ninive am Tigris, in der Nähe der jetzigen Stadt Mosul. Babylonien, dessen südwestlicher, an Arabien grenzender Theil Chaldäa hieß, ist dasjenige Land, welches heut' zu Tage Irak Arabi genannt wird; Assyrien entspricht größtentheils dem heutigen Kurdistan und Mosul. Das letztere Land ist im Norden gebirgig, in seinem größeren südlichen Theile aber eine von Flüssen reichlich bewässerte und darum meist fruchtbare Ebene. Das Land Babylonien dagegen ist eine durchaus berglose Fläche, ein Niederland, welches alljährlich den Ueberschwemmungen des Euphrat und Tigris, besonders des Ersteren, ausgesetzt ist; und wenn, was im Alterthum geschah, diese Ueberschwemmungen durch Kanäle geregelt und so die Ländereien gegen Versumpfung geschützt und in gehöriger Weise bewässert werden, so ist es eines der fruchtbarsten Länder des Erdbodens.

Die ältesten bekannten Bewohner beider Länder bildeten schon früh unter dem Namen Babylonier und Assyrer besondere Völker. Das babylonische Volk und Reich ist das ältere; denn Assyrien ward nach dem ersten Buch Mosis erst von Babylonien aus bevölkert und die Gründung der Stadt Babel oder Babylon fällt, nach eben derselben Geschichtsquelle, noch in die frühesten Zeiten des Menschengeschlechts.

Die ältere Geschichte beider Reiche ist in Dunkel gehüllt und durch Sagen entstellt. Als der erste Beherrscher von Babylonien wird Nimrod angeführt, der ein gewaltiger Jäger gewesen sein soll, und dessen Namen in dieser Beziehung sprichwörtlich geworden ist. Die Baby-

lonier wurden schon früh ein Ackerbau und Gewerbe treibendes Volk,
das in Folge dieser Beschäftigungen einen sanfteren Charakter annahm
und an Schwelgerei sich gewöhnte, deshalb aber auch viel von den
umwohnenden roheren und kräftigeren Völkern zu leiden hatte. Zuletzt
erlag es der Macht des assyrischen Reichs unter dem sagenhaften
König Ninus, welcher der Gründer dieses Reichs und der Erbauer
der Stadt Ninive genannt wird; und nun bildete Babylonien Jahrhunderte lang eine Provinz von Assyrien. Ninus, über welchen das
Alterthum uns nur fabelhafte Nachrichten überliefert hat, wird durch
diese als ein großer Eroberer dargestellt. Er lebte, nach einer der
verschiedenen Angaben über ihn, etwa 2000 Jahre v. Chr. Geburt,
nach einer andern aber gegen 800 Jahre später, und soll das ganze
westliche und mittlere Asien sich unterworfen haben. Als er auch das
in der heutigen großen Bucharei gelegene ältere Reich Baktrien erobern
wollte, war er im Kampfe mit demselben lange unglücklich. Zuletzt
gelang es ihm aber, die Baktrier zu besiegen und ihr Land, bis auf
ihre Hauptstadt Baktra, zu unterwerfen. Diese belagerte er lange vergebens, bis endlich Semiramis, die Gemahlin eines seiner Generale,
einen Weg entdeckte, durch welchen man in die Stadt gelangen und sie
überrumpeln konnte. Ninus vermählte sich nach der Eroberung Baktra's
mit dieser Frau. Die von ihm gegründete Stadt Ninive hatte in
späteren Zeiten einen Umfang, den man auf 11—12 deutsche Meilen
berechnet, und eine Bevölkerung, welche nach dem Propheten Jonas
auf etwa 2 Millionen Seelen anzuschlagen ist. Ihre Mauern sollen
100 Fuß hoch und so breit gewesen sein, daß auf ihnen drei Wagen neben
einander fahren konnten, und enthielten nicht weniger als 1500 Vertheidigungsthürme. Ninive ward, etwas über 600 Jahre vor unserer
Zeitrechnung, von den vereinigten Medern und Babyloniern zerstört;
in der Folgezeit aber wurde entweder an eben derselben Stelle oder
in ihrer Nähe eine neue Stadt des Namens Ninive erbaut, von welcher
noch heut' zu Tage Trümmer vorhanden sind.

Nach des Ninus Tode übernahm seine Gemahlin Semiramis
als Vormünderin ihres Sohnes Ninyas die Regierung, trat dieselbe
aber erst nach mehreren Jahrzehnten an diesen ab. Auch ihre Geschichte
ist durch Fabeln und Sagen entstellt. Das Alterthum dachte sich die
Königin Semiramis als eine zum Herrschen geborene, unternehmende
und kriegerische Frau, und schrieb ihr dieser Vorstellung gemäß eine
Menge Werke und Thaten zu. Sie soll erobernd bis nach Indien
einerseits und bis in das Innere von Afrika andererseits vorgedrungen
sein, die Stadt Babylon neu gegründet und mit den großartigsten
Bauten geschmückt, in ihrem Lande viele Kunststraßen und Kanäle angelegt und überall, wohin sie auf ihren Zügen kam, ähnliche Bauwerke

errichtet haben. In der späteren Zeit pflegte man dieser Sage gemäß in vielen Gegenden Asiens alle großen Werke dieser Art, deren Ursprung man nicht kannte, der Semiramis zuzuschreiben. Die Stadt Baby- lon, welche nach den Sagen des Orients Semiramis durch ihre Bauten zu einem der Wunderwerke der Welt gemacht haben soll, deren groß- artige Bauwerke aber nach andern und wahrscheinlicheren Nachrichten dem viel späteren babylonischen Könige Nebukadnezar zuzuschreiben sind, hatte nach den Berichten der Alten einen Umfang von 12 deutschen Meilen und eine sie umschließende Mauer von 350 Fuß Höhe und 87 Fuß Dicke. 25 Thore führten auf jeder Seite in die ein großes Viereck bildende Stadt, und einige hundert Vertheidigungsthürme waren auf der Stadtmauer errichtet. Mitten durch die Stadt floß der Euphrat, an dessen Ufern zwei große königliche Paläste erbaut waren. In der Mitte Babylon's befand sich ein hoher Thurm, welcher dem Gott Belus zu Ehren errichtet war. Das berühmteste Werk in dieser Stadt aber waren die sogenannten hängenden Gärten, d. h. eine große aufgemauerte Steinmasse mit vier ungeheuren Terrassen, welche mit Erde bedeckt und als Gärten angelegt waren. Von dem einst so großen Babylon, das bereits zur Zeit von Christi Geburt fast ganz in Ruinen zerfallen und veröbet war, finden sich jetzt nur noch Schutthügel und Trümmerhaufen als Ueberreste. Die Trümmerstücke sind zum Theil mit einer eigenthümlichen Art von Schriften bedeckt, welche ein von der aegyptischen und der aus dieser entstandenen phönicischen Schrift ganz verschiedenes System darstellt und die Laute und Silben durch verschieden gestellte Keilfiguren bezeichnet. Diese Keilschrift haben die Assyrer und nachmals die Meder und Perser von den Babyloniern angenommen und wieder auf ihre Weise ausgebildet.

Um 1240 v. Chr. etwa erlag Babylon den Assyrern, welche ihre Herrschaft auch über Armenien, Medien und einen großen Theil des iranischen Hochlands ausdehnten. Auch nach Westen dehnten sie ihre Eroberungen aus und so kamen diese Völker im Anfang des achten Jahr- hunderts auch mit den Juden in feindliche Berührung. Damals herrschte ein König, der in dem alten Testament Phul genannt wird, über Assyrien. Dieser griff im Jahre 773 den Staat Israel und das dem- selben benachbarte Reich Syrien oder Damaskus an, ließ sich aber durch Geld wieder zum Frieden bewegen. Ihm folgte Tiglath Pi- leser auf dem Throne nach und diesen bat der damalige König von Juda, Ahas, um Hülfe, als die Beherrscher von Israel und Syrien sich gegen ihn mit einander verbündet hatten (740). Tiglath Pileser leistete mit Freuden die gewünschte Hülfe und eroberte bei dieser Ge- legenheit ganz Syrien und den größten Theil von Israel. Die unter- worfenen Länder wurden zu einer Provinz des assyrischen Reichs gemacht, der angesehenste Theil ihrer Bewohner aber in die Nähe des kaspischen Meeres geschleppt und dort angesiedelt. Der König von Juda huldigte dem Beherrscher von Assyrien, ward tributpflichtig und räumte einem der assyrischen Götzenbilder einen Platz im Jehova-Tempel ein.

Von jetzt an, wo die Bewohner Palästina's von dem assyrischen Reiche abhängig geworden waren, gerieth dieses in feindliche Berührung mit den Aegyptern; Palästina wurde der Kampfplatz beider Mächte und das Reich Israel fiel zuerst als das Opfer ihrer gegenseitigen Eifersucht. Hosea, der letzte König desselben, ward durch Salmanassar, den Nachfolger Tiglath Pileser's, zum Tribut gezwungen, verweigerte denselben aber alsbald und suchte sich durch ein Bündniß mit Aegypten gegen die Uebermacht der Assyrer zu schützen. Salmanassar richtete hierauf seine siegreichen Waffen sogleich von neuem gegen ihn, eroberte nach dreijähriger Belagerung die Hauptstadt Samaria und machte Israel zu einer Provinz seines Reiches (730—722). Auch Phönicien, mit Ausnahme der Inselstadt Tyrus, mußte damals dem assyrischen König huldigen.

Dem Salmanassar folgte Sanherib auf dem assyrischen Throne nach. Dieser hatte zuerst eine Empörung zu unterdrücken, welche unter Merodach Baladan in Babylonien ausgebrochen war. Hierauf beschloß er, die Aegypter in ihrem eigenen Lande anzugreifen und auch dieses Volk der assyrischen Herrschaft zu unterwerfen. Schon war er mit seinen Truppen bis zur Grenze Aegyptens gekommen, als er von seinen Feinden zu einem schnellen Rückzug genöthigt ward. In Palästina verlor er durch ausbrechende Pest den größten Theil seines Heeres, und als der zugleich über Aegypten und Aethiopien herrschende König Thirhaka gegen ihn heranzog, eilte Sanherib nach Assyrien zurück (um 712 v. Chr.). Hier wurde er bald darauf von zweien seiner Söhne ermordet. Dies benutzte Assarhaddon, der assyrische Vice-König von Babylonien, um sich des Thrones zu bemächtigen. Die Mörder Sanherib's waren genöthigt, aus dem Lande zu entfliehen und Assarhaddon herrschte nun acht Jahre lang über Assyrien und Babylonien. Nach ihm regierte Sammuges 21 Jahre lang und nach diesem der durch seine Schwelgerei sprichwörtlich gewordene Sarbanapal.

Unter Sarbanapal war ein unternehmender Mann, welcher Rabopolassar oder Nebukabnezar I. genannt wird, assyrischer Statthalter in Babylonien. Dieser machte sich (610 v. Chr.) in seiner Provinz unabhängig. Er verband sich hierauf mit dem medischen König Cyaxares, dessen Tochter sich mit seinem Sohne Nebukabnezar vermählte, und griff mit ihm das assyrische Reich an. Sarbanapal unterlag im Kampfe mit diesen Feinden: er wurde von ihnen in Ninive belagert, und als durch das Anschwellen des Tigris ein Theil der Mauern der Stadt einstürzte, verbrannte er sich mit seinen Weibern und Schätzen. Die Stadt wurde zerstört und das assyrische Reich zwischen den Eroberern getheilt.

In Babylonien, welches nun einer der herrschenden Staaten in Vorder-Asien wurde, waren zu einer uns unbekannten Zeit von den Assyrern die Chaldäer angesiedelt worden, ein kriegerisches Volk, das seither in den nördlich von Assyrien gegen das schwarze Meer hin liegenden Gebirgen gewohnt hatte und lange Zeit den Kern des assyrischen Heeres bildete. Es ist höchst wahrscheinlich dasselbe Volk, welches heut' zu Tage den Namen der Kurden führt und dem persischen Völkerzweig des kaukasischen Menschenstamms angehört. Dieses kräftige, kriegslustige Volk wurde alsbald der vorherrschende Theil der Bevölkerung des Landes Babylonien, in welchem sogar die Priesterkaste nach ihm ihren Namen erhielt, so daß also das Wort Chaldäer eine doppelte Bedeutung hat und bald jenes Volk, bald die Mitglieder der babylonischen Priesterkaste bedeutet. Auch Nabopolassar, der Gründer der neuen babylonischen Dynastie, gehörte diesem Volke an.

Nabopolassar gerieth in einen Krieg mit dem aegyptischen König Necho. Diesem gelang es für eine Zeitlang, seine Herrschaft erobernd bis zum Euphrat auszubreiten. Nebukadnezar II. aber, Nabopolassar's Sohn, der anfangs als dessen Mitregent herrschte, brachte 604 v. Chr. dem aegyptischen König bei der Stadt Karchemisch oder Circesium am Euphrat eine vollständige Niederlage bei, unterwarf die von diesem eroberten Länder Asiens wieder, und zwang auch den König Jojakim von Juda, ihm zu huldigen. Die Juden fielen mehrere Male von ihm ab, wurden aber jedes Mal wieder unterworfen; zuletzt zerstörte er ihre Hauptstadt Jerusalem (585), und ließ den größten Theil von ihnen nach Babylonien wegführen. Die Phönicier unterwarfen sich ihm gleich anfangs freiwillig, mit Ausnahme von Tyrus. Der babylonische König bekriegte zwar die heldenmüthigen Bewohner dieser Stadt drei Jahre lang, vermochte aber nicht, sie zu besiegen. Dieser große Eroberer ist es wahrscheinlich gewesen, welcher die von dem Alterthum als Wunderwerke angestaunten und gewöhnlich der Semiramis zugeschriebenen Bauwerke in Babylonien, nämlich die ungeheuren Mauern, die prächtigen Thore, die königlichen Paläste und die hängenden Gärten, errichten ließ. Er war der größte der babylonischen Regenten und ließ sich auch die Künste des Friedens angelegen sein, hob Ackerbau und Handel, führte große Kanalbauten aus und schützte seine Hauptstadt durch ein wohlberechnetes Befestigungssystem. Er starb 561 v. Chr.

Nach dem Tode dieses Königs, welchem sein Sohn Evilmerodach

in der Regierung nachfolgte, sank das babylonische Reich schnell von
seiner Höhe herab, während das der Meder und Perser sich hob und
an Umfang zunahm. Nachdem noch einige Könige über Babylonien
geherrscht hatten, griff der Perser-König Cyrus dieses wankende Reich
an, dessen letzter Beherrscher mit dem kurz zuvor von Cyrus besiegten
lydischen König Krösus gegen die Perser verbündet gewesen war. Nach
einer Niederlage des babylonischen Heeres wurde Babylon von Cyrus
belagert. Die Stadt gerieth, wie es heißt, dadurch in die Gewalt der
Feinde, daß diese den durch Babylon fließenden Euphrat ableiteten
und sodann, in dem trocken gelegten Bette desselben vordringend, nächt-
licher Weile in die Stadt einbrachen. Babylonien verlor seine Selbstständigkeit und wurde zu einer persischen Provinz gemacht (539 v. Chr.).

Dies ist die Geschichte der beiden Reiche, welche vom Euphrat und
Tigris her abwechselnd einen großen Theil von Vorder-Asien beherrschten. Ueber Sitten, bürgerliches Leben und Religion der Assyrer sind
uns wenige Nachrichten überliefert worden, welche aber in neuerer
Zeit durch umfassende Ausgrabungen vervollständigt worden sind.
Ebenso sind wir durch dieselben Mittel über die Verhältnisse Babylons
unterrichtet. In beiden Reichen herrschten die Könige mit unumschränkter
Gewalt und ihre Verfassung war also dieselbe, welche seitdem in
der westlichen Hälfte Asiens herrschend geblieben ist, d. h. die einer rein
despotischen Regierung. Die assyrischen Könige herrschten über ein
kriegerisches Volk, bei dem der Priesterstand nicht zu eigentlicher Uebermacht gelangte. Auf den ausgegrabenen Abbildungen erscheinen die
Könige höher als die übrigen Figuren, auch als die Priester: und mit
Vorliebe stellt man sie in kriegerischer Thätigkeit, auf Streitwagen,
Feinde erlegend, Flüsse überschreitend, Städte bestürmend dar. Ihre Religion war derjenigen der Babylonier ähnlich, welche die Gestirne, besonders Sonne und Mond, sowie die hervorbringende Kraft der Erde als
Hauptgottheiten ehrten. Die Leitung des Gottesdienstes und die ganze
höhere Bildung dieses Volkes war im Besitz einer Priesterkaste, neben
welcher jedoch keine andere Kaste bestand, weil das Kasten-Wesen nur
in den Zeiten der Priesterherrschaft zu gedeihen pflegte, auch in Babylonien aber schon sehr früh eine despotische Monarchie sich gebildet
hatte, vor der auch das Priesterthum sich beugte. Die babylonische
Priesterkaste, deren Zustand in den älteren Zeiten wir nicht kennen,
bestand später nicht, wie die indische und aegyptische, blos aus solchen
Mitgliedern, welche durch Geburt ihr angehörten, sondern es wurden
auch Leute aus dem übrigen babylonischen Volk und mitunter sogar
Ausländer, wie z. B. der Prophet Daniel, ihrer Kenntnisse wegen oder
in Folge eines Befehls des Königs, in dieselbe aufgenommen. Ihre
Mitglieder, welche in der späteren Zeit der babylonischen Geschichte

4*

den Gesammtnamen der Chaldäer führten, und in der Bibel auch mit dem im alten Persien für die Priesterkaste gebräuchlichen Namen Magier benannt werden, waren im Lande vertheilt und lebten von bestimmten ihnen angewiesenen Gütern. Sie hatten ein vom König ernanntes Oberhaupt und zerfielen nach ihren besonderen Beschäftigungen in eine Anzahl Unterabtheilungen oder Klassen. Die Griechen und Römer schrieben den Chaldäern große astronomische Kenntnisse zu. Da in Babylonien die Gestirne als Götter verehrt wurden, da es dort Brauch war, daß nach der Stellung derselben von den Chaldäern für jede vorzunehmende Handlung die glückliche Stunde bestimmt ward, und da endlich die jährlichen Ueberschwemmungen und das Kanalwesen schon früh eine genauere Beachtung der Zeiten des Jahres nöthig machten: so mußte man freilich in Babylonien schon in uralter Zeit sich mit der Sternkunde befassen. Allein sehr weit hatten es die Chaldäer, die dort allein sich mit Wissenschaften beschäftigten, in der Astronomie nicht gebracht. Auch ihre Geometrie, welche sie wegen des Baues der Kanäle und Dämme schon früh trieben, war nichts weiter, als eine ganz einfache Feldmeßkunst, die nicht über die ersten Elemente hinausreichte. Uebrigens befaßten sich die Chaldäer auch mit Traumdeuten, mit Zauberei und mit Arzneikunde und ihr Maaß- und Gewichtsystem, das sie mit besonderer Genauigkeit feststellten, ist von den Phöniciern und weiterhin auch von den Griechen angenommen worden.

Die frühe Entstehung der Baukunst in Babylonien und die ungeheuren Werke derselben lassen sich aus der Lage und Beschaffenheit des Landes leicht erklären. Dieses war nämlich nicht durch Gebirge geschützt und doch lange Zeit von kriegerischen Nomadenvölkern umgeben; man war also schon früh genöthigt, Festungswerke zu errichten. Da aber das Land keine Bausteine enthielt, so wurden dadurch die Babylonier auf die Kunst, Backsteine und Ziegel zu bereiten, geführt; und wollten sie vermittelst Backsteinmauern sichere Befestigungswerke erbauen, so mußten sie diese sehr dick und massiv machen. Ihre Könige gefielen sich, wie meist die despotischen Herrscher des Orients, in der Herstellung kolossaler Prachtbauten, weil aber das Material weniger dauerhaft war, so sind sie weit mehr in Trümmer zerfallen, als die Bauwerke des alten Aegyptens.

Das Land war, mit Hülfe der Bewässerungsanstalten, schon in früher Zeit gut angebaut. Die vielen großen Städte aber, welche sich in demselben befanden, sowie der Umstand, daß auch während der Unterwerfung Babyloniens unter Assyrien die Residenz oft in Babylon war, und endlich der Luxus, den die glänzende Hofhaltung der dortigen despotischen Herrscher hervorrief, machten die städtischen Gewerbe nicht allein nothwendig, sondern förderten auch ihre Entwickelung und Vervielfältigung. Webereien in Leinwand und Wolle, Stickereien, Färbereien, die Verfertigung von Teppichen und wohlriechenden Wassern und andere Manufacturen und Fabriken blühten schon früh in Babylon. Ebenso trieb man dort von aller Zeit her einen ziemlich lebhaften Handel nach Medien und Persien einerseits und nach Vorder-Asien andererseits. Dagegen ist es nicht wahrscheinlich, daß die Babylonier mit Indien in directem Verkehr standen.

Die Bewohner Babyloniens erscheinen vom Anfang ihrer Geschichte an als ein unkriegerisches und weichliches Volk, welches Pracht und Schwelgerei liebte und überhaupt sittlich sehr gesunken war.

Die Aegypter.

In dem Lande Aegypten, dessen heutige Bevölkerung gering an Zahl ist und größtentheils im Elende lebt, bestand einst Jahrtausende hindurch eine Blüthe der Cultur, deren Trümmer noch jetzt die Welt mit Bewunderung erfüllen. Die Ueberreste dieser alt-aegyptischen Cultur enthalten die gewaltigsten Bauwerke aller Zeiten und überraschen außerdem durch ihre auffallend große Zahl. Noch staunenswerther aber, als die außerordentliche Größe und Menge dieser Werke, ist das hohe Alterthum derselben und die frühe Zeit, in welcher Aegypten eine blühende Cultur entwickelt hat; denn ein Theil jener Baureste bildet die ältesten Denkmale der Menschheit und die geschichtlichen Nachrichten aus der Vorwelt zeigen uns keinen Staat, der mit Zuverlässigkeit für älter zu halten wäre, als der aegyptische. Schon zu Abrahams Zeit, mit welchem die Geschichte der Juden als eines besonderen Volkes erst ihren Anfang nahm, bestand nach den Büchern Mosis, einer der ältesten und sichersten Quellen aller Geschichte, in Aegypten ein hoch civilisirter Staat; und schon zur Zeit Joseph's, wo die Juden noch im Zustande des Nomadenlebens sich befanden, hatte die aegyptische Cultur fast ihre höchste Blüthe erreicht.

Das Wesen der alten Aegypter war mehr, als das irgend eines andern Volkes, durch die eigenthümliche Beschaffenheit ihres Landes bedingt; und man kann den Charakter dieser Nation und ihrer Cultur nicht verstehen, ohne von den Verhältnissen des Landes Kenntniß zu haben. Aegypten beginnt nahe an der Grenze der heißen Zone und erstreckt sich von da bis zum mittelländischen Meere in einer Ausdehnung, welche beinahe eben so groß ist, als die Breite Deutschlands von der Nordsee an bis zum adriatischen Meere. Der nördlichste Theil des

Landes oder Unter-Aegypten ist eine große Fläche, welche von dem dort
in mehrere Arme zerfließenden Nil-Fluß durchströmt wird und die im
Westen mit der libyschen, im Osten mit der arabischen Wüste zusam-
menhängt. Der viel größere übrige Theil des Landes oder Mittel-
und Ober-Aegypten ist ein langes, vom Nil durchströmtes Thal, das
von zwei Gebirgszügen eingeschlossen wird, von denen das der Westseite
den Namen der libyschen, das der Ostseite dagegen den der arabischen Kette führt. Diese Gebirge, welche bald mehr, bald weniger
von einander entfernt sind, bestehen an der südlichen Grenze Aegyptens
hauptsächlich aus Granit, weiter nach Norden zu aus Sandstein und
von der Gegend der alten Stadt Theben an bis zur Grenze von Unter-
Aegypten aus Kreide und Kalkstein. Sie sind von geringer Höhe und
mit Ausnahme einzelner weniger Sträucher, die sich hier und da finden,
zeigt sich auf ihnen keine Vegetation. Auch diese Gebirge werden auf
ihrer äußeren Seite von Wüsten begrenzt, die im Osten bis zum arabischen Meere reichen, im Westen aber mit der großen libyschen Wüste,
der Sahara, zusammenhängen.

Aegypten ist also ein langer, im Norden sich fächerartig ausbrei-
tender Streifen fruchtbaren Landes, welcher inmitten von Wüsten
liegt. Auch nach Süden zu ist Aegypten fast ganz von der übrigen
Welt abgeschlossen, da der Nil dort ebenfalls von Wüsten umgeben ist
und überdies in geringer Entfernung von der Grenze des Landes durch
Klippen und Stromschnellen unfahrbar gemacht wird. Im Osten
Aegyptens enthält die Wüste bis zum rothen Meer keine einzige Stätte
fruchtbaren Landes; im Westen dagegen liegen, bald mehr, bald weniger
von dem Thale des Nil entfernt, wie Inseln im öden Sandmeer,
einige vereinzelte Strecken Landes, welche Quellen und, indem so zur
Wärme die belebende Feuchtigkeit kommt, eine reichliche Pflanzendecke
enthalten. Diese Strecken, von den Arabern Wah's oder Wadi's, von
den Europäern aber nach einem alt-aegyptischen Worte Oasen genannt,
sind vertiefte Stellen der Wüste, in welchen aus dem Fuß des umliegenden höheren Landes Quellen hervorbrechen und so dem Pflanzen-
leben eine Stätte bereitet ist. Die wichtigsten derselben sind: die am
weitesten von Aegypten entfernte Oase Siwah oder, wie sie im Alterthum hieß, die Oase des Ammoniums, die Oasen el Bahrych, Ja-
rafreh und Dathel, und die am südlichsten gelegene Oase el Khargeh,
die bei den Alten den Namen der großen Oase führte. Alle diese
Oasen gehörten in aller Zeit zum aegyptischen Reiche. Die berühmteste
derselben war die zuerst genannte, weil sie einen Tempel hatte, der
wegen seiner Orakelsprüche auch außerhalb der Grenzen Aegyptens
großes Ansehen besaß. Der Tempel war vorzugsweise dem Gotte
Ammon-Ra, dem höchsten der von den Aegyptern verehrten Götter,

gewidmet, der mit einem Widderkopfe dargestellt und von den Griechen und Römern Zeus oder Jupiter Ammon genannt wurde. Dem Dienste dieses Gottes und seinem Orakel stand eine zahlreiche Priesterschaft vor, welche zugleich die Regierung auf der Oase führte. Von dem Tempel haben sich noch bis auf den heutigen Tag Trümmer erhalten.

Aegypten selbst würde eine Wüste sein, wie die es begrenzenden Landstriche, wenn es nicht vom Nil durchflossen wäre; denn mit Ausnahme einzelner schwacher Regenschauer gibt es im unteren Theile dieses Landes nur selten Regen, in Ober-Aegypten aber regnet es nur alle 15—20 Jahre einmal und es würde daher nirgends eine Pflanze gedeihen können, wenn nicht der Nil den Boden des Landes regelmäßig befeuchtete, welches ein griechischer Schriftsteller deßhalb als ein „Geschenk des Nils" bezeichnete. Dieser Fluß, dessen Wasser auch das alleinige Trinkwasser für die Bewohner des Landes ist, steigt jedes Jahr von Ende Juni an bis zur Tag- und Nachtgleiche des Herbstes, bleibt dann etwa vierzehn Tage auf seiner höchsten Wasserhöhe stehen und fällt hierauf wieder mit langsamer, bis Ende Mai des nächsten Jahres dauernder Abnahme. Während seines höchsten Standes hält der Nil eine Zeit lang einen Theil des Landes zu beiden Seiten seiner Ufer überschwemmt. Soweit nun diese Ueberschwemmung reicht, ist das Land fruchtbar, unmittelbar an der Grenzlinie derselben aber beginnt die pflanzenlose Wüste. Der Nil hat also in Aegypten zwei Betten, ein großes, das er ein Mal im Jahr bei Hochwasser einnimmt, und ein kleines, welches er zu jeder Zeit ausfüllt. Alles, was außerhalb seines größeren Bettes liegt, ist Wüste; und die Grenze zwischen ihr und dem Pflanzen-tragenden Lande ist meistens so scharf bestimmt, daß man fast mit dem einen Fuße in dem letztern, mit dem andern in der Wüste stehen kann. Jedoch nicht allein Feuchtigkeit gibt der Nil dem Boden, sondern er düngt denselben auch. Er enthält nämlich während der Zeit seines jährlichen Hochwassers einen ungemein fruchtbaren Schlamm, den er auf das überschwemmte Land niederlegt. Das regelmäßige Steigen des Nils kommt von den in der heißen Zone zu einer bestimmten Zeit des Jahres eintretenden starken und anhaltenden Regengüssen her, und der Schlamm desselben besteht wahrscheinlich aus zersetzten vulkanischen Steinen, welche in Abyssinien durch jene Regengüsse in ihn geschwemmt werden und die überall eine fruchtbare Erde bilden.

Der Nil hat durch den jährlichen Niederschlag dieses Schlammes nach und nach den Boden Aegyptens immer mehr erhöht und in uralter Zeit sogar ganz Unter-Aegypten zuerst geschaffen. Die alten Aegypter behaupteten, daß in den frühesten Zeiten ihrer Geschichte Unter-Aegypten noch ein bloßer Sumpf gewesen sei und erst später, durch den fortwährend abgesetzten Nil=Schlamm, weil genug erhöht worden sei, um ein trockenes und bewohnbares Land zu bilden. In ganz Aegypten wird aus eben demselben Grunde der Boden beständig erhöht, so daß jetzt die Straßen der noch in Ruinen erhaltenen alten Städte nicht mehr über, sondern unter der Erde sich befinden. Diese Erhöhung ist indessen nicht überall im Lande gleich, sondern je weiter flußabwärts, um so geringer ist sie; an der südlichen Grenze Aegyptens vergehen etwa 188 Jahre, bis das Land einen Fuß höher geworden ist, dagegen steigt der Boden da, wo die alte Stadt Theben lag, erst in 244 Jahren um einen Fuß. Man hat in neuerer Zeit diesen Umstand benutzt, um zu berechnen, wann die Gebäude, deren Trümmer noch vorhanden sind, errichtet wurden, und um so die Zuverlässigkeit der geschichtlichen Berichte zu prüfen, die von ihrer Erbauung reden. Auch diese Berechnungen bewähren es, daß schon in den ersten Zeiten, von welchen die Geschichte uns bestimmte und sichere Nachricht gibt, Aegypten von einem alten und seit lange civilisirten Volke bewohnt wurde.

Der Nil steigt nicht jedes Jahr gleich hoch; ja manchmal erhebt sich derselbe so wenig, daß er nur einen sehr kleinen Theil des Landes überschwemmt. Dann tritt eine Mißernte ein; denn der Boden Aegyptens kann ohne diese Befeuchtung nichts hervorbringen. Um die Fruchtbarkeit desselben zu vergrößern, sowie um das Wasser des Flusses an solche abgelegene Stellen, die dasselbe sonst nicht erreichen würde, zu bringen, hat man schon in sehr·alter Zeit viele Dämme und Kanäle erbaut. Durch diese wurde zugleich auch die Befeuchtung und Düngung des Bodens geregelt und es konnte namentlich das Wasser länger auf den Feldern zurück gehalten werden, als es von selbst da geblieben wäre. In neuerer Zeit sind diese Anstalten sehr vernachlässigt worden, und deshalb kann das Land nicht mehr so viel hervorbringen, als im Alterthum. Wie groß aber damals die Fruchtbarkeit war, geht schon daraus hervor, daß zu Joseph's Zeit der Ueberfluß von sieben guten Jahren hinreichte, um in sieben auf einander folgenden Mißjahren davon leben zu können.

Aegypten, dessen Ackerland außer der Sorge für eine geregelte Bewässerung fast jede andere Arbeit überflüssig macht, konnte einst eine so große Bevölkerung ernähren, daß die griechischen Schriftsteller die Zahl seiner größeren Ortschaften zur Zeit der Eroberung des Landes durch die Perser auf 20,000 anschlugen. Diese Annahme ist zwar offenbar übertrieben, allein schon die Größe der Uebertreibung zeigt, wie stark das alte Aegypten im Vergleich mit andern Ländern bevölkert sein mußte. Die damalige Einwohnerzahl wird auf 7 Millionen geschätzt, während die Berechnungen der heutigen Bevölkerung zwischen 2 und 3½ Millionen schwanken. Auch das Klima Aegyptens ist gesund und es herrschen daselbst nicht einmal jene Fieberkrankheiten, welche anderwärts, wo regelmäßige Ueberschwemmungen Statt finden, so häufig wüthen, weil der fast stets wolkenlose Himmel und die brennende Sonne die Bodenfeuchtigkeit nach dem Zurücktreten des Nils schnell auftrocknen.

Das Land zerfällt in zwei natürliche Haupttheile, welche Ober- und Unter-Aegypten genannt wurden. Das Erstere umfaßte den südlichen Theil und hatte Theben zur Hauptstadt, das Letztere aber begriff den größeren nördlichen Theil, von da wo der Nil in eine Menge verschiedener Arme auseinandergeht, mit der Hauptstadt Memphis in sich. Später schied man von Unter-Aegypten alles das, was noch zwischen den beiden Gebirgsketten lag und nannte es Mittel-Aegypten, so daß Unter-Aegypten seitdem nur die zwischen dem Meere und dem nördlichen Ende jener Gebirge liegende Ebene umfaßte. Als die Hauptstadt von Mittel-Aegypten wurde Memphis, als die von Unter-Aegypten aber Heliopolis angesehen. Das untere Aegypten im späteren engern Sinne des Wortes nannten die alten Griechen auch das Delta, weil der dort in zwei Hauptarme getheilte Nil demselben die Form eines Dreiecks gibt, dessen dritte Seite aus der Meeresküste besteht; Delta aber ist der Name, den bei den Griechen der Buchstabe D führt, und dieser hat in der griechischen Schrift die Gestalt eines Dreiecks.

Die merkwürdigsten Orte des alten Aegyptens waren die nachfolgend verzeichneten. In Ober-Aegypten, welches nach seiner Hauptstadt auch Thebais hieß, war Philä die südlichste Stadt. Sie lag auf einer gleichnamigen Insel des Nils. In ihrer Nähe befand sich, ebenfalls auf einer Insel des Flusses, die Stadt Elephantine. Nahe bei diesen Inseln beginnen die sogenannten Nilkatarrhakte, d. h. Stromschnellen oder Stellen im Flußbette, wo Felsen dasselbe durchsetzen und das Wasser eine Strecke weit über die durch diese gebildeten Klippen hinabstürzt. Keiner dieser Wasserstürze ist höher als 5 bis 8 Fuß und an der linken Uferseite ist der Fall des Wassers so beschaffen, daß die Schiffe dort, wiewohl nicht ganz ohne Gefahr und nur mit gehöriger Vorsicht, sowohl abwärts fahren, als auch vermittelst eines Seils aufwärts gezogen werden können. Unterhalb des nördlichsten Katarrhakts, in der Nähe des heutigen Ortes Assuan, lag die Stadt Syene, von welcher eine dem Granit sehr ähnliche Felsart den Namen Syenit führt.

Von den übrigen Städten Ober-Aegyptens war Theben, die Hauptstadt desselben, die größte und berühmteste. Diese Stadt lag auf beiden Seiten des Nils und erstreckte sich vier Stunden lang an demselben hin. Wie von den vorhergenannten Orten, so sind auch von

Theben noch bis zum heutigen Tage Ueberreste vorhanden. Zu diesen gehören die großen auf der rechten Seite des Nils liegenden Tempel von Luror und Karnal, welche diese Namen von den zwei jetzt auf ihnen stehenden Dörfern erhalten haben. Der Tempel von Luror hat eine Länge von 500 Fuß. Der über eine halbe Stunde lange Raum zwischen ihm und dem Tempel von Karnal enthielt förmliche Alleen von kolossalen Sphinr-Statuen, und zwar in so großer Zahl, daß eine dieser Alleen aus nicht weniger als 600 solchen Kolossen bestand. In jener Gegend sind auch die Ruinen des Palastes von Karnal, dessen Hauptsaal 318 Fuß lang und 159 Fuß breit ist, und der 134 Säulen enthält, von welchen die dicksten 11 Fuß Durchmesser, die Kapitäle derselben aber 64 Fuß im Umfang haben, so daß auf der eine jede bedeckenden Platte 100 Menschen bequem beisammen stehen können. Auf der linken Seite des Flusses liegen die gleichfalls höchst großartigen Tempel- und Palast-Ruinen von Medinet-Abu, sowie andere Tempel-Trümmer, welche, wie zuweilen die ganze westliche Seite der Stadt Theben, das Memnonium heißen. Dort stehen auch zwei berühmte, 61 Fuß hohe Statuen eines Königs, deren jede aus einem einzigen Steine besteht. Sie heißen die Memnon-Säulen und erhielten diesen Namen aus dem Grunde, weil die alten Griechen sie für Darstellungen des in ihrer Sagengeschichte vorkommenden Helden Memnon, eines Sohnes der Aurora, hielten. Die eine derselben war bei den Griechen und Römern besonders berühmt, weil sie, wie man allgemein glaubte, jeden Morgen bei Sonnenaufgang harmonische Töne von sich gab. Diese Töne, mit denen, wie man sagte, Memnon seine Mutter begrüßte, mochten vielleicht von losen Blättchen und Körnern des Granits der Statue herrühren, welche durch die von der aufgehenden Sonne erwärmte Luft in Bewegung gebracht wurden. Auf der linken Seite des Flusses befinden sich auch die Ueberreste einer doppelten aus steinernen Sphinren bestehenden Allee, sowie die großartigen Ruinen vom Grabe des Königs Osymandyas und die Trümmer einer Statue dieses Königs, welche von der einen Schulter bis zur andern 21 Fuß breit ist und an der sich als Aufschrift die Worte befunden haben sollen: „Ich bin Osymandyas, der König der Könige; wer wissen will, wie groß ich war und wo ich ruhe, der übertreffe mich in einem meiner Werke!" Endlich sind noch die Ueberreste der unterirdischen Bauwerke von Theben anzuführen, oder die berühmten Felsengräber dieser Stadt. In dem Gebirge der Westseite von Theben nämlich sind, einige Stunden weit, von Strecke zu Strecke die Felsen zu größeren und kleineren Räumen ausgehauen, welche, zum Theil mit einander durch Gänge verbunden, sich weithin in das Innere des Gebirgs verbreiten und zur Aufbewahrung der Todten dienten. Die merk-

würdigsten dieser zahlreichen Felsengräber sind die sogenannten Königsgräber von Theben, welche namentlich in dem den Namen
Biban el Moluk führenden Thale jenes Gebirges sich befinden. Sie
dienten wirklich zu Grabstätten der königlichen Leichen und zeichnen
sich durch ihre Pracht und Größe aus; sie sind aber schon seit sehr
langer Zeit ein Gegenstand der Zerstörung und Plünderung der späteren Bewohner Aegyptens gewesen.

Von Theben abwärts gelangt man zu den Ruinen der Stadt Tentyra,
welche in neuester Zeit besonders wegen des im Inneren eines Tempels
derselben abgebildeten Thierkreises berühmt geworden sind. Dieser
Thierkreis, der sich jetzt in Paris befindet, ist aber kein Werk der alten
Aegypter, sondern rührt, wie der Tempel selbst, aus der Zeit der
römischen Herrschaft her.

In Mittel-Aegypten ist zuerst die große, runde Ebene zu bemerken, welche in dem Gebirge der Westseite des Landes ringsum von
Bergen und Wüsten eingeschlossen liegt und im Alterthum nach ihrer
Hauptstadt Arsinoe benannt wurde, in neuerer Zeit aber el Fayum
heißt. Diese höchst fruchtbare Ebene hängt durch eine Schlucht, die
den einzigen natürlichen Zugang zu ihr bildet, mit dem Nil-Thal zusammen. Ein großer Kanal, den man den Joseph-Kanal zu nennen
pflegt, setzt die Ebene mit dem Nil in Verbindung und befruchtet dieselbe durch dessen Wasser. Er endigt in den sogenannten See Möris,
der in sehr alter Zeit unter einem gleichnamigen König durch Menschen-
hand geschaffen worden sein soll, vielleicht aber ein natürliches Wasser-
Bassin ist und unter diesem König nur erweitert wurde. Der See
Möris hatte einst einen Umfang von mehr als 24 deutschen Meilen
und aus seiner Mitte erhoben sich damals zwei hohe Pyramiden. Er
regelte sowohl bei zu geringem wie bei zu großem Anschwellen des
Nils die Ueberschwemmung und sicherte dadurch die Fruchtbarkeit des
Bodens nicht allein in der Ebene von Fayum, sondern auch in einem
Theile von Mittel-Aegypten. An der Seite jener Ebene, einige Stun-
den südöstlich von der Stadt Medinat el Fayum, befinden sich gewaltige
Schutt- und Steinmassen, welche man für die Ueberreste des berühmten
Labyrinths hält. Dieses war nach den Beschreibungen der alten
Griechen das größte Gebäude der Welt und von so außerordentlichem
Umfang, daß alle Bauwerke Griechenlands zusammengenommen ihm
nicht gleich kamen. Es soll aus einer Vereinigung von zwölf Palästen
bestanden und 3000 Zimmer enthalten haben, in deren jedem die Decke
nur aus einem einzigen Stein bestand. Das Ganze bildete ein Viereck,
an welchem jede Seite gegen 650 Fuß lang gewesen sein soll. Wegen
der Menge der Gänge und Gemächer dieses Gebäudes, in welchem
man ohne Führer sich nicht zurecht finden konnte, ist der Namen des-

selben zur Bezeichnung jedes in ähnlicher Weise aus Irrgängen bestehenden Raumes gebräuchlich geworden. Der Zweck dieses Gebäudes ist nicht sicher bekannt. Nach einer unwahrscheinlichen Angabe altgriechischer Schriftsteller wäre es von zwölf, einst zugleich herrschenden Königen Aegyptens als eine Vereinigung von ebenso vielen Palästen erbaut worden.

Memphis, die Hauptstadt von Mittel-Aegypten, lag im Süden der heutigen Stadt Kairo, am Ende des Thales, welches die beiden den Nil bis zum Anfang des Delta hin begleitenden Gebirge bilden. Sie war einst ebenso groß als Theben, bietet aber jetzt nicht gleich dieser Stadt eine Menge von Ueberresten dar, weil ihre Trümmer durch den Schlamm des Nils und den Sand der Wüste ganz und gar bedeckt worden sind. In der Nähe des Ortes, wo einst Memphis lag, nämlich im Westen dieser Stadt und des Nil-Flusses, befinden sich die größten aegyptischen Pyramiden. Sie bilden mehrere Gruppen, und ihre gesammte Zahl beträgt etwa vierzig. Die größten und berühmtesten sind drei von derjenigen Gruppe, die man nach einem neueren Orte die Pyramiden von Ghize zu nennen pflegt. Sie sind von zahllosen Felsengräbern umgeben und werden nach ihren angeblichen Erbauern die Pyramide des Cheops, die des Chephren und die des Mycerinus genannt. Die größte von ihnen und das größte bekannte Gebäude der Welt überhaupt ist die Pyramide des Cheops. Sie besteht aus 203 Steinschichten, hat eine senkrechte Höhe von 468 Pariser Fuß und auf jeder ihrer vier Seiten eine Länge von 716½ Fuß. Oben bildet sie in ihrem jetzigen Zustand eine Fläche von fast 31 Fuß Durchmesser. In einer Höhe von 38 Fuß befindet sich der Eingang in das Innere. Die Pyramide des Chephren ist 428 und die des Mycerinus 307 Fuß hoch. Nach der Erzählung des griechischen Geschichtschreibers Herodot waren mit dem Transport des Bau-Materials für die Pyramide des Cheops und mit der Erbauung derselben 100,000 Menschen 20 Jahre lang beschäftigt. Wie diese Pyramide, so haben auch die andern hoch oberhalb ihres Fußes, und zwar immer auf der Nordseite, eine Oeffnung, welche durch einen niedrigen Gang in das Innere führt. In der Pyramide des Cheops findet man einen tiefen Schacht, auf- und absteigende, zum Theil sehr steile Gänge und einige Kammern, in deren einer ein länglicher steinerner Kasten steht, welcher für einen königlichen Sarkophag gilt und früher eine Mumie enthalten haben soll. In ähnlicher Weise ist das Innere der anderen Pyramiden Aegyptens beschaffen, in welche man gedrungen ist. Nahe bei den Pyramiden von Ghize befindet sich die aus dem Felsen der Erde selbst gehauene und also mit dem Boden verwachsene Statue der Sphinx, welche eine Länge von 117 Pariser Fuß hat und jetzt bis

an den Hals vom Sande verschüttet ist. Der aus demselben hervorragende Theil hat etwa 27 Fuß Höhe und der Umfang des Kopfes
beträgt um die Stirn herum 81 Fuß. Zwischen den Vorderbeinen
und dem Hals hat man in neuester Zeit eine Oeffnung gefunden, die
aber jetzt wieder durch den Sand verdeckt ist. Sie soll, wie Manche
annehmen, durch unterirdische Gänge bis in die größte der Pyramiden
führen.

In Unter-Aegypten war Heliopolis die Hauptstadt. Es
erhielt diesen Namen, der soviel als Sonnenstadt bedeutet, von den
Griechen, weil Heliopolis der Gottheit der Sonne geweiht war, welche
daselbst ihren berühmtesten Tempel hatte. Der aegyptische Name der
Stadt war On und unter diesem wird sie auch in der Bibel bei
der Erzählung der Geschichte Joseph's erwähnt. Sie war, wie auch
Theben und Memphis, durch eine wissenschaftliche Schule der Priester
berühmt und wurde gleichsam als eine der Universitäten von Aegypten
angesehen. Kanopus im Westen und Pelusium im Osten waren
die beiden Städte, bei welchen die zwei äußersten der sieben Arme des
unteren Nils mündeten. Sais, welches im Inneren des Delta lag,
war nächst Heliopolis die berühmteste Stadt von Unter-Aegypten und
gleich diesem durch seine Priesterschule ausgezeichnet. Dort hatte Amasis,
einer der letzten Könige des alten Aegyptens, einen kleinen Tempel aufstellen lassen, der aus einem einzigen Steine bestand und mit dessen
Transport von der Insel Elephantine, wo er verfertigt ward, bis nach
Sais 3000 Arbeiter drei Jahre lang beschäftigt waren. Er hatte 34
Fuß Länge, und war 24½ Fuß breit und 12 Fuß hoch. Die berühmteste Stadt von Unter-Aegypten, Alexandria, wurde erst einige
Jahrhunderte nach dem Untergang der Selbstständigkeit Aegyptens von
Alexander dem Großen erbaut.

Die Quellen für die aegyptische Geschichte sind die Angaben des
alten Testaments, welche von allen Berichten über dieselbe die zuverlässigsten sind; die auf mündliche Aussagen hin mitunter etwas leicht-
gläubig angenommenen Nachrichten altgriechischer Geschichtschreiber,
die erhaltenen Bruchstücke einer ebenfalls wenig zuverlässigen Geschichte,
welche Manetho, ein aegyptischer Priester, im dritten Jahrhundert
vor unserer Zeitrechnung aus den Tempel-Archiven seines Vaterlandes zusammengetragen hatte; ferner einige aufgefundene alt-aegyp-
tische Manuscripte, und vor Allem die Bau-Denkmale des Landes
und das auf die Wände dieser Gebäude in Hieroglyphen niederge-
schriebene, das auf unerwartete Weise über diese uralte Geschichte des
merkwürdigen Volkes Licht verbreitet.

Die Aegypter rühmten sich selbst, das älteste aller Völker zu sein
und bis zum Jahre 3500 v. Chr. zurück kann man in der That ihre

Geschichte verfolgen. Das Volk, von den Negerstämmen Afrika's bestimmt unterschieden, gehörte dem semitischen Zweige des kaukasischen
Völkerstammes an und seine Einwanderung erfolgte von Asien aus: wie
und wann diese Einwanderung geschah, ist nicht mehr sicher zu ermitteln.

Der älteste Staat hatte Memphis zum Mittelpunkt und als sein
erster König wird Menes genannt, dessen Regierungsansang ins Jahr
3233 gesetzt wird. Oberaegypten mit dem Mittelpunkte Theben, anfangs von Memphis abhängig, machte sich selbstständig und errang
sogar die Herrschaft über das Reich von Memphis. Seine Herrscher
werden auf den Inschristen als „Herren der beiden Länder" bezeichnet
und tragen die rothe und die weiße Krone, die Abzeichen des nördlichen und des südlichen Landes, und der erste dieser Herrscher über
das vereinigte Reich war Amenemha I. um 2391 v. Chr. Die Denkmale geben Kunde von rühmlicher Thätigkeit dieses Königs und seiner
Nachfolger in Krieg und Frieden. Die Unterwerfung Nubiens, große
Bauten wie der Reichspalast oder das Labyrinth und die Ausgrabung
des Moerissees, fallen in diese Zeit und die Felsengräber von Beni-
hassan, welche gleichfalls dieser Periode angehören, geben uns ein
anschauliches Bild eines entwickelten Culturlebens: so rühmen unter
anderem deren Inschriften einen Beamten von Hermopolis in Ober-
aegypten, er habe die Arbeiten für den König ausgeführt, die Tribute
seines Bezirks richtig abgeliefert, er habe den Bezirk geliebt, Wittwen
und Waisen nicht betrübt, Fischer und Hirten nicht gestört, für die
Kanäle gesorgt und Hungersnoth abgewehrt, habe alle Felder bestellen
lassen und seine Wohlthaten Großen und Kleinen gleichmäßig zu Gute
kommen lassen.

Diese gedeihliche Entwicklung wurde vor 2090 v. Chr. gewaltsam
gestört durch den Einbruch der Hakschasu oder Hyksos, eines No-
madenvolkes semitischer Abstammung, welches von da an 511 Jahre
in Aegypten herrschte. Indeß berührte diese Fremdherrschaft das alt-
aegyptische Wesen weniger als man denken sollte. Die höhere Kultur,
welche das aegyptische Volk besaß, bewies dem rohen Hirtenvolke
gegenüber ihre überlegene Kraft, schon 260 Jahre nach dem Einbruch
der Hirten gab es in Oberaegypten wieder einheimische Könige, welche
die Hyksos mehr und mehr flußabwärts drängten, deren letzte Schaaren
um 1580 unter Kapitulation das Land verließen.

So war Aegypten sich selbst zurückgegeben und eine neue Zeit der
Blüthe begann. Von Oberaegypten war die Befreiung des Landes
ausgegangen und zu Theben war die Residenz einer neuen Reihe
kriegerischer und siegreicher Fürsten, deren Thaten und Eroberungen
die griechischen Berichterstatter unter dem Namen des Einen Helden-
königs Sesostris zusammenfassen. Unter Ramses III. (1285—1273)

erreichte das Reich von Theben seine höchste Blüthe. Im Süden gegen
die Negervölker, im Westen gegen die libyschen Stämme, im Norden
gegen die Völker Syriens, dehnten die thebaischen Könige ihre Eroberungen aus und mehr als einmal drangen ihre Heere bis zum
Euphrat vor. Eine dunkle Kunde von der Riesenstadt am oberen Nil,
von deren Pracht und Größe wir jetzt aus den Ruinen eine deutlichere
Anschauung gewinnen, drang auch zu den Griechen, deren Dichter von
dem 100thorigen Theben zu erzählen wissen. Die Thaten Ramses II.
gegen die Chetiter preist ein schwungvolles aegyptisches Gedicht, das
uns in zwei Exemplaren, einer Papyrusrolle und auf der südlichen
Wand der Tempelruinen von Karnak enthalten ist.

Die nächste Zeit der aegyptischen Geschichte ist in Dunkel gehüllt,
und wird nur hier und da durch die Berichte des alten Testaments
erhellt. Innere Unruhen, Einfälle fremder Völker und die völlige
Eroberung des Landes durch nubische und aethiopische Könige erschüt-
terten und verwirrten das uralte Reich, welches um diese Zeit allmälig
aufhörte, isolirt dazustehen, und in eine fortdauernde Berührung mit
den vorderasiatischen Reichen gerieth. Nach dem Tode des 14ten
Ramses um 1095 v. Chr. bestieg eine neue Dynastie mit König
Smendes den Thron. Mit dem jüdischen König Salomo stand der
gleichzeitige Beherrscher oder Pharao von Aegypten anfangs in einer
freundschaftlichen Verbindung, am Ende seiner Regierung aber wandelte
sich dieses freundliche Verhältniß beider Reiche in Feindschaft um;
denn es brach (981 v. Chr.) in Aegypten unter dem 6ten Nachfolger
des Smendes eine Revolution aus, durch welche es dem Rebellen Se-
sonchis, wie ihn die Griechen, oder Schischak, wie ihn die Hebräer
nennen, gelang, seinen König zu stürzen und sich selbst auf den Thron
zu schwingen. Dieser neue König unterstützte den Jerobeam gegen
Salomo's Sohn Rehabeam, brandschatzte das jüdische Land, bemächtigte sich auch der Stadt Jerusalem und beraubte den dortigen Tempel
aller seiner Kostbarkeiten (971 v. Chr.). Unmittelbar nach diesem
König ist die aegyptische Geschichte schon wieder dunkel und verwirrt.
Unter Assa, dem dritten Beherrscher des Reiches Juda, erscheint zwar
von Aegypten her ein König Serach als Feind desselben in Judäa
und wird von ihm besiegt (947 v. Chr.); allein die Bibel nennt denselben einen Kuschiten, und da unter diesem Namen bald die arabischen
Stämme auf beiden Seiten des rothen Meeres, bald die Aethiopier
verstanden werden, so ist es ungewiß, ob Serach ein aethiopischer König
war, welcher Aegypten erobert hatte, oder der Beherrscher eines zwischen
Aegypten und dem rothen Meer entstandenen Reichs.

Gegen die Mitte des achten Jahrhunderts vor unserer Zeitrechnung
unterwarfen die Aethiopier, unter der Anführung ihres Königs Sabako,

sich das Laub Aegypten (726 v. Chr.). Damals war das Reich Israel
durch die assyrischen Könige Tiglath Phileser und Salmanassar sehr
bedrängt und der israelitische König Hosea wandte sich an Sabako
um Hülfe; dieser hatte aber keine Lust, sich mit dem mächtigen assyrischen Reich in Krieg einzulassen und Israel erlag der Uebermacht
seiner Feinde. Dadurch wurden die Grenzen des assyrischen Reichs
bis in die Nähe von Aegypten vorgerückt und diese beiden Staaten
kamen nun nothwendiger Weise in eine fortdauernde feindliche Berührung miteinander. Nach dem Berichte eines griechischen Geschichts-
schreibers warfen die Aegypter bei Sabako's Tod das aethiopische Joch
wieder ab und ein Mann aus der Priesterkaste, welcher Sethos
genannt wird, bestieg bald nachher den aegyptischen Thron und behauptete ihn längere Zeit; nach viel wahrscheinlicheren anderen Berichten aber, die auch mit den Angaben der Bibel übereinstimmen,
folgte Sabako's Sohn, Sebichos, seinem Vater in der Regierung
nach und nach dessen Tod bemächtigte sich der aethiopische König Tharak
oder Thirhaka (700—672) der Herrschaft von Aegypten. Der
Letztere, welcher zugleich Aegypten, Aethiopien und die benachbarten
Völker der Wüste beherrschte, gerieth mit Sanherib, dem damaligen
Könige von Assyrien, in Krieg. Dieser wollte Aegypten erobern und
rückte mit einem mächtigen Heere gegen dasselbe heran, Thirhaka aber
zog ihm mit einer noch größeren Macht entgegen und Sanherib, der
in Palästina den größten Theil seines Heeres durch die Pest verlor,
mußte unverrichteter Sache nach Assyrien zurückeilen.

In der nächsten Zeit, deren Geschichte wieder nicht im Zusammenhange erkannt werden kann, ward der aethiopische Königsstamm von
den Aegyptern gestürzt; es entstand aber zugleich Anarchie im Lande
und mit dieser eine Vielherrschaft, bis es zuletzt, um die Mitte des
siebenten Jahrhunderts v. Chr., einem dieser vielen Herrscher, Psammetich aus Sais, gelang, die übrigen Fürsten zu verdrängen und
eine neue, das ganze Land beherrschende Dynastie zu gründen. Die
Griechen nannten die Zeit unmittelbar vor Psammetich die Dodek-
archie oder Zwölf-Herrschaft, weil das Land in zwölf verschiedene
Theile mit eben so vielen Oberhäuptern zerfallen war. Einer der
griechischen Geschichtschreiber erzählt von dieser Zeit Folgendes, was
offenbar nur eine romanhafte Ausschmückung der einfachen Thatsache
ist, daß Psammetich mit Hülfe fremder Söldnertruppen die andern
Herrscher im Lande verdrängte. Die zwölf Fürsten verbanden sich
nach dieser Erzählung zu einer gemeinschaftlichen Regierung und erbauten zum Zeichen ihrer innigen Freundschaft das großartige, aus
zwölf Palästen bestehende Labyrinth, welches Gebäude aber nach andern Berichten erst später von Psammetich allein, und nach noch

anderen sogar schon viel früher errichtet wurde, und irgend einen andern
Zweck, vielleicht blos den eines Staunen erregenden ungeheuren Werkes
hatte. Ein Orakel sagte den Fürsten, daß derjenige von ihnen, welcher
in einem gewissen Tempel aus einem ehernen Gefäße opfern würde,
berufen sei, Alleinherrscher zu werden. Nun feierten eines Tages die
Zwölf ein gemeinsames Opferfest in jenem Tempel und als der Oberpriester zu dem gewohnten Trankopfer jedem der Fürsten eine goldene
Schale darreichte, waren aus Versehen nur elf Schalen in den Tempel
gebracht worden. Da nahm Psammetich, welcher der Letzte war und
deshalb leer ausging, seinen ehernen Helm vom Kopfe und bediente
sich desselben zur Opferspende. Die anderen Fürsten sahen in diesem
Verfahren Psammetich's eine absichtliche Beziehung auf jenen Orakelspruch, beraubten ihn der Herrschermacht und verbannten ihn in eine
Gegend von Unter-Aegypten. Er aber, entschlossen, Rache zu nehmen,
befragte deshalb ein Orakel und erhielt die Antwort, daß eherne
Männer aus dem Meere kommen würden, um ihn zu rächen. Dieser
Spruch, den er anfangs nicht verstand, erhielt seine Erfüllung dadurch, daß einst griechische und karische Seeräuber, welche eherne
Rüstungen trugen, in Unter-Aegypten landeten. Psammetich erkannte
in ihnen die Vollstrecker seiner Rache, erwarb sie durch glänzende Versprechungen für seinen Dienst und besiegte an ihrer Spitze die andern
elf Beherrscher des Landes.

Psammetich, der mit Hülfe fremder, in Bewaffnung und Tapferkeit den Aegyptern überlegener Söldner die Herrschaft über Aegypten
erlangte, hielt sich auch nach dem Sturz seiner Gegner ein aus solchen
Ausländern bestehendes Heer, welches ihm ganz und gar ergeben war
und mit dem er seine neue Herrschaft befestigte. Darüber aufgebracht,
wanderte ein großer Theil der einheimischen Krieger aus und ließ
sich in Aethiopien nieder. Psammetich's Regierung ist besonders dadurch merkwürdig, daß er gegen die seitherige Gewohnheit der Aegypter,
welche sich von dem Verkehr mit der übrigen Welt so viel als möglich
abgeschlossen hatten und Fremde nur ungern in ihrem Lande sahen,
den Zutritt der Fremden erleichterte und beförderte. Er suchte besonders den Handel mit den rüstigen und gewerbthätigen Griechen zu
beleben und so die Vorzüge, welche diese vor den Aegyptern voraus
hatten, auch seinem Volke zu verschaffen. Uebrigens strebte Psammetich
auch nach der Erweiterung seines Reiches gegen die asiatische Seite
hin. Er griff zu diesem Behufe die Philister an, konnte sie aber erst
nach einem sehr langen und hartnäckigen Kampfe besiegen. Unmittelbar nachher wurde er durch den Tod an der weiteren Verfolgung
seines Planes gehindert.

Ihm folgte sein Sohn Necho (610—595 v. Chr.) nach, ein

König, der seine ganze Aufmerksamkeit auf die Erweiterung des Handels und auf Eroberungen richtete. Er schuf wieder eine aegyptische
Seemacht und machte des Handels wegen auch den Versuch, das rothe
Meer durch einen Kanal mit dem mittelländischen zu verbinden. Der
von ihm angelegte Kanal, welcher aus dem oberen Theile des östlichsten
Nil-Armes nach dem Hintergrunde des rothen Meeres gehen sollte,
wurde nicht vollendet; der Grund, warum Necho das begonnene Werk
wieder aufgab, ist unbekannt. Necho setzte die von seinem Vater begonnene Unternehmung zur Erweiterung des Reiches mit dem größten
Eifer fort. Er zog zur Eroberung des babylonischen Reiches aus,
schlug unterwegs den jüdischen König Josias, der ihn auf seinem
Marsche aufzuhalten versuchte, in einer Schlacht bei Megiddo (608 v.
Chr.) und zwang ihn, dem aegyptischen Reiche tributpflichtig zu werden.
Gegen die Babylonier war er anfangs glücklich: er unterwarf sich den
ganzen Landstrich von Palästina an bis zum Euphrat; im Jahre 605
aber wurde er bei Karchemisch am Euphrat von Nebukadnezar total
geschlagen. In Folge dieser Niederlage gingen alle gemachten Eroberungen wieder verloren und Necho's Reich war am Ende seiner
Regierung auf die Grenzen Aegyptens beschränkt.

Necho's Nachfolger und Sohn, Psammis oder Psammetich II.,
welcher von 595 bis 589 v. Chr. regierte, unternahm einen Zug nach
Aethiopien, von welchem nichts Näheres gemeldet wird, der aber nicht
gerade glücklich gewesen sein kann, weil keine Spur eines errungenen
Vortheils wahrgenommen wird. Sein Sohn Apries oder Hophra
dagegen, welcher von 589 bis 563 regierte, nahm wieder Psammetich's
und Necho's Plan auf. Er wandte seine Waffen gegen die Phönicier
und war im Kampfe mit ihnen auch glücklich. Allein seine kriegerischen
Unternehmungen, seine Willkür und Grausamkeit und seine Begünsti-
gung der Fremden, die einen großen Theil des Heeres bildeten, erweckten
allgemeine Unzufriedenheit in Aegypten; und als er die im Westen
dieses Landes gelegene griechische Kolonie Cyrene angriff und dabei
eine Niederlage erlitt, fiel der aegyptische Theil seines Heeres von ihm
ab und rief den Amasis, einen der Generale, zum König aus. Es
kam zwischen Beiden zu einer Schlacht, in welcher die dem Apries
allein treu gebliebenen fremden Söldner zwar sehr tapfer fochten, zuletzt aber doch der Uebermacht der aegyptischen Truppen erlagen.
Apries selbst gerieth in Gefangenschaft. Amasis, welcher mit seinem
Gefangenen alsbald nach Saïs, der damaligen Residenz, zog, hatte
zwar die Absicht, ihn am Leben zu lassen und behandelte ihn in der
Gefangenschaft königlich; allein er mußte zuletzt dem Ungestüm des
gegen Apries aufs höchste erbitterten Volkes nachgeben. Der gestürzte
König wurde dem Pöbel der Hauptstadt ausgeliefert und von diesem

erwürgt. In jener Zeit, wahrscheinlich während des Kampfes zwischen Apries und Amasis, war Aegypten von dem König Nebukadnezar bedroht und kurze Zeit nahe daran, den Babyloniern unterworfen zu werden. Das rasche Sinken der babylonischen Macht, welches mit dem Tode jenes Königs begann, rettete damals die Aegypter vor dem bleibenden Verluste ihrer politischen Selbstständigkeit.

Amasis, welcher, wie die Könige der von ihm gestürzten Dynastie, zu Saïs residirte, regierte von 563 bis 525 v. Chr. Er stellte die in der letzten Zeit wankend gewordene und durch die gewaltsame Thronveränderung noch mehr erschütterte Ordnung wieder her, leitete mit kräftiger Hand die Verwaltung des Landes und nahm gleich seinen nächsten Vorgängern bald wieder griechische Söldner in Dienst, weil er, wie jene, wohl einsah, daß die Griechen weil bessere Kriegsleute waren, als die aegyptische Kriegerkaste. Er suchte auch den Handel auf jede Weise zu beleben, schloß zu diesem Behufe Bündnisse mit verschiedenen griechischen Staaten und beförderte den Verkehr mit den Griechen mehr, als irgend einer der früheren Könige Aegyptens; denn er gestattete ihnen nicht nur bleibende Niederlassungen im Lande zum Zwecke des Handels, sondern erlaubte ihnen auch, sich eigene Tempel in Aegypten zu erbauen und daselbst öffentlich ihren Gottesdienst zu halten. Ja, er machte sogar einigen Tempeln in Griechenland kostbare Geschenke und gab namentlich zur Wiederherstellung des berühmten Tempels zu Delphi eine sehr bedeutende Unterstützung. Unter seinen griechischen Verbündeten ist keiner berühmter geworden, als Polykrates, der Beherrscher der Insel Samos. Dieser war in allen seinen Unternehmungen so unausgesetzt vom Glücke begünstigt, daß sein Freund Amasis darüber in Sorgen gerieth. Im Gedanken an die Unsicherheit aller menschlichen Dinge, in der Ueberzeugung, daß kein Mensch beständig glücklich sein könne und daß, je größer sein Glück sei, um so härter nachher das unausbleibliche Unglück ihn treffe, bat Amasis den Polykrates, sich selbst einen Schmerz zuzufügen, um so gleichsam das neidische Schicksal zufrieden zu stellen und sich den Wechsel von Leid und Freud zu schaffen, aus welchem das menschliche Leben, wenn es jenen „Neid der Gottheit" nicht herausfordern solle, nothwendiger Weise bestehen müsse. Polykrates befolgte den gegebenen Rath und warf, was ihm das liebste seiner Besitzthümer war, einen kostbaren Ring in das Meer. Wenige Tage nachher machte ein Fischer dem Polykrates einen besonders schönen Fisch, den er gefangen hatte, zum Geschenk, und als dieser für die fürstliche Tafel zubereitet wurde, fand sich in seinem Bauche jener Ring. Polykrates glaubte hierin eine besondere Gunst der Götter, deren er sich zu erfreuen habe, erkennen zu müssen und schrieb in diesem Sinne einen Brief an Amasis, in welchem er ihm das

Ereigniß erzählte. Amasis aber erschrak hierüber noch mehr und hielt sich gerade wegen dieses Uebermaßes von Glück überzeugt, daß Polykrates später ein um so größeres Unglück werde erleiden müssen. Er kündigte ihm sogleich die Freundschaft auf, um, wie der griechische Schriftsteller Herodot, der uns diese Geschichte überliefert, sagt, sich selbst vor dem Schmerze zu bewahren, den er würde empfinden müssen, wenn Polykrates bei dem einst über ihn einbrechenden Unglücke noch sein Freund wäre. Auch blieb der Tag des Unglücks für den Beherrscher von Samos nicht aus: ein Perser beraubte ihn bald nachher durch List seiner Herrschaft und ließ ihn erwürgen.

Aegypten befand sich, nach allen Berichten, unter des Amasis Regierung in einer glücklichen Lage; sein Wohlstand nahm in Folge der durch Ansiedlung der Griechen gesteigerten Handelsthätigkeit sehr zu und Amasis wurde durch denselben in den Stand gesetzt, einige Städte des Landes, besonders Memphis und Sais, mit neuen großartigen Bauwerken zu schmücken und mehrere Tempel durch neue Statuen zu verherrlichen. Allein auch Aegypten sollte den Wankelmuth des Glückes und den raschen Wechsel menschlicher Dinge erfahren; denn noch unter Amasis brach der Sturm los, welcher dieses Land seiner Unabhängigkeit beraubte. In Asien war während der Regierung des Amasis das große persische Reich durch Cyrus gegründet worden und der zweite Beherrscher desselben, Kambyses, hatte kaum den Thron bestiegen, als er auch Aegypten seinem Scepter zu unterwerfen beschloß. Amasis selbst entging durch den Tod der drohenden Gefahr; aber noch ehe er starb hatte Kambyses bereits die Rüstungen zum aegyptischen Kriege beendigt, und sechs Monate nach Amasis Tode war Aegypten eine persische Provinz. Die Phönicier, wahrscheinlich auf den blühenden Handel der von Amasis begünstigten Griechen eifersüchtig, Polykrates von Samos und die Bewohner von Cypern, welche Amasis früher unterworfen hatte, schlossen sich bereitwilligst an seine Feinde an und unterstützten die Perser mit ihrer Flotte. Ein General der griechischen Soldtruppen, welchen Amasis beleidigt hatte, entfloh zu Kambyses und war durch seine Kenntniß der aegyptischen Verhältnisse den Persern bei der Entwerfung des Feldzugsplanes behülflich.

Psammenit, Amasis Sohn, bestieg den Thron nur, um ihn an die Perser zu verlieren; denn kaum sechs Monate nach seines Vaters Tode war er ein Gefangener des persischen Königs (525 v. Chr.). Die Perser zogen zu Lande gegen Aegypten und Psammenit hatte deshalb an der östlichen Grenze bei der Stadt Pelusium ein Lager aufgeschlagen. Hier kam es, sobald die Perser erschienen waren, unter der Anführung der beiderseitigen Könige zu einer blutigen Schlacht, in welcher die Aegypter nach einem langen und hartnäckigen Kampfe geschlagen wurden. Noch siebenzig Jahre nachher sah der griechische Geschichtschreiber Herodot das Schlachtfeld mit den Gebeinen der in jener Schlacht Gefallenen bedeckt. Unter diesen glaubte er die Schädel der Perser durch ihre Zerbrechlichkeit von den steinharten Köpfen der Aegypter unterscheiden zu können; und man erklärte ihm dies daher, daß die Perser stets eine Kopfbedeckung trügen, in Aegypten aber die untere Volksklasse von früher Jugend an das Haupthaar scheere und den Kopf der Luft und den Sonnenstrahlen aussetze. Das geschlagene aegyptische Heer zog sich nach Memphis zurück, diese Stadt wurde aber bald von Kambyses erobert und der aegyptische König gerieth mit seinem Heere in persische Gefangenschaft. Die Aegypter hatten vor der Einnahme der Stadt einen an sie abgeschickten persischen Unterhändler sammt der Bemannung des Schiffes, in welchem er angekommen war, ermordet, und es ist wohl möglich, daß, wie berichtet wird, zur Strafe dafür, in Folge eines Spruchs der persischen Heeresrichter, eine große Zahl junger Aegypter in Memphis hingerichtet wurde. Der König Psammenit selbst ward von Kambyses auf die schonendste Weise behandelt, mit welcher die Perser der älteren Zeit stets besiegte Fürsten zu behandeln pflegten; er erhielt eine Herrschaft in der Nähe der persischen Stadt Susa und durfte sich sechstausend Aegypter auswählen, um sie zu seiner Gesellschaft dahin mitzunehmen. Nach einem anderen Berichte, der aber viel unwahrscheinlicher ist, hätte Psammenit ein hartes Loos zu erdulden gehabt. Es heißt nämlich, auch sein einziger Sohn sei mit jenen jungen Aegyptern hingerichtet worden; Psammenit habe ihn gefesselt an seinem Hause vorüberführen sehen, aber keine Thräne vergossen. Ebenso seien seine Augen ohne Thränen geblieben, als seine Tochter in Sklaventracht jammernd vor seinem Fenster vorübergegangen sei, um Wasser zu tragen. Als er aber einen ihm befreundeten greisen Aegypter, aller seiner Habe beraubt, habe Almosen betteln sehen, da sei er in einen Strom von Thränen ausgebrochen und habe laut jammernd das Schicksal seines Freundes beweint. Kambyses, davon benachrichtigt, heißt es weiter, habe den Psammenit um den Grund dieses sonderbaren Verhaltens befragen lassen und von ihm die Antwort erhalten, daß er nur über das Unglück eines Freundes habe weinen können, daß aber sein Schmerz über das Schicksal seiner Kinder für Thränen zu groß gewesen sei. Da habe Kambyses Mitleid empfunden und seitdem den Psammenit nicht allein freundlich behandelt, sondern sogar zu seinem Statthalter in Aegypten gemacht; Psammenit aber habe alsbald eine Verschwörung angezettelt und deshalb den Tod erleiden müssen.

Auch viele andere barbarische Handlungen wurden später von den Aegyptern dem persischen König Schuld gegeben. Namentlich soll er

eine Menge Tempel und Gräber beraubt und zerstört und die religiösen
Vorstellungen und Gebräuche der Aegypter verhöhnt haben. Diese
Erzählungen sind offenbar theils erdichtet, theils übertrieben, und
rühren wohl meistentheils von dem großen, auch noch lange nach
Kambyses Tode fortlebenden Hasse der Aegypter gegen ihn wie gegen
die persische Nation überhaupt her. Unter Anderm soll Kambyses in
Sais das Grab des Amasis haben öffnen und seine Leiche heraus-
werfen lassen. In ebenso barbarischer Weise soll er, als einst bei
seiner Rückkehr von einem unglücklichen Zuge in die Wüste das Volk
in Memphis gerade ein Freudenfest über die Geburt eines heiligen
Stiers feierte, den Stier spottend erstochen, die Bürger mißhandelt
und über die Priester die Strafe der Geißelung verhängt haben. Kambyses wollte auch die Oase Siwah mit ihrem Ammonstempel
unterwerfen und schickte deshalb einen Theil seines Heeres dahin ab;
dieser verirrte aber in der Wüste und kam bis auf den letzten Mann
um, ohne daß man erfuhr wie. Kambyses selbst zog mit den meisten
übrigen Truppen nach Aethiopien, um auch dieses Land sich zu unterwerfen es ging ihm aber nicht viel besser; denn das Heer hatte den
mitgenommenen Proviant schon nach wenigen Tagen aufgezehrt, man
lebte hierauf von dem Fleisch der Zugthiere und von Gräsern und
Wurzeln und schon fing ein Theil des Heeres an, einzelne Soldaten
auszuloosen, um sie zu schlachten, als Kambyses seinen Plan aufgab
und nach Aegypten zurückeilte.

Aegypten blieb eine persische Provinz, bis zwei Jahrhunderte später
Alexander der Große den Osten umgestaltete und nun auch dieses
Land unter einer Dynastie griechischer Könige wieder auf längere Zeit
frei ward. Das alte aegyptische Wesen erhielt sich zwar durch die
Zeit der persischen Herrschaft hindurch und sogar noch lange nachher,
aber es erlangte seine frühere Bedeutung nicht wieder. Aegypten war
einer jener Staaten der Urzeit gewesen, in welchen die Völker nur
durch priesterliche Pflege entwickelt wurden; allein ein neues Zeitalter
der Welt hatte begonnen und in ihm konnte nur das aufblühen und
gedeihen, was diesem neuen Geiste angemessen war. Die Grundsätze
und Formen, welche eine lange Reihe von Jahrhunderten hindurch in
Aegypten gewaltet hatten, paßten nicht in den Geist der neuen Zeit
und darum blieb die uralte Cultur dieses Landes das, was sie seit der
Eroberung durch die Perser geworden ist — eine nur noch für die
Belehrung der Geschichte lebende Trümmermasse.

Der wesentlichste Charakterzug des aegyptischen Staates war, wie
der der meisten Urstaaten, das patriarchalisch-despotische Königthum,
der mächtige Einfluß der Priesterschaft und das Kasten-Wesen. Die
Zahl der Kasten, in welche das aegyptische Volk zerfiel, wird zwar

verschieden angegeben; es ist aber als gewiß anzunehmen, daß vier
Haupt-Kasten in Aegypten bestanden und daß alle anderen Stände-
Unterschiede nur Unterabtheilungen derselben waren. Die beiden ersten
und vornehmsten Kasten waren die der Priester und der Krieger; die
beiden letzten umfaßten die ganze arbeitende Klasse der Aegypter, ohne
daß man angeben kann, wie dieselbe in diese beiden Kasten vertheilt
war, weil hierüber die Berichte der alten Schriftsteller sich widersprechen.

Die Priesterkaste war die angesehenste von allen und beherrschte durch ihren überwiegenden Einfluß das ganze Volk. Ihr
gehörten alle Priester und jede Art von Dienern der Religion an.
Sie war allein im Besitz aller Religionsgeheimnisse, aller Wissenschaften
und selbst des Schlüssels zu allen Künsten und Gewerben. Sie hatte
das ganze bürgerliche Leben auch dadurch in ihrer Gewalt, daß aus
ihr allein die Richterstellen besetzt wurden, daß die Priester den höchsten
Rath des Königs bildeten und daß sie in allen Zweigen der Verwaltung die obersten Aemter bekleideten. Auch der König mußte gleich
bei seiner Thronbesteigung Mitglied der Priesterkaste werden. Die
Priesterkaste hatte endlich eine ganz unabhängige Stellung im Staate,
indem sie abgabenfrei und im Besitz besonderer Ländereien war, welche
ein Drittel des gesammten aegyptischen Culturbodens betragen haben
sollen. Das Haupt der Kaste war der Oberpriester, nächst dem König
die angesehenste Person im Lande. Es gab verschiedene Kollegien von
Priestern und die vornehmsten derselben waren die von Theben, Memphis
und Heliopolis, aus welchen auch stets die höchsten Richter des Landes
genommen werden mußten. Die Mitglieder der Priesterkaste zerfielen
in viele Abtheilungen von vornehmerer und geringerer Art, welche nach den
Gottheiten, in deren Dienst die einzelnen Mitglieder standen und nach
den besonderen Beschäftigungen derselben sich von einander unterschieden. Außerdem gab es aber auch für die geheimen Religionslehren viele Stufen der Erkenntniß, welche jeder Priester nur nach
einander beschreiten durfte und nach denen deshalb ebenfalls eine
Verschiedenheit des Ansehens unter den Mitgliedern der Priesterkaste
bestand. Zu der höchsten Stufe der Erkenntniß gelangten immer nur
Wenige. In diese Religionsgeheimnisse wurde stets auch der König
bei seiner Thronbesteigung eingeweiht. Außer ihm ward Niemand aus
einer andern Kaste mit denselben bekannt gemacht; nur in der späteren
Zeit kamen Ausnahmen vor, aber auch dann ließ man einen Laien
blos zu den unteren Graden zu. Uebrigens gab es, was früher
zweifelhaft war, durch neuere Forschungen aber zur Gewißheit erhoben
ist, auch Priesterinnen, und diese wurden aus der Priesterkaste oder
aus der königlichen Familie genommen. Die Priester der einzelnen
Gottheiten hatten in den Tempelgebäuden ihre Wohnung und waren

insgesammt manchen Pflichten unterworfen, welche nur für die Mitglieder ihrer Kaſte vorgeſchrieben waren. So war z. B. Reinlichkeit
ihre wichtigſte äußere Tugend, und ſie durften deshalb keine wollenen
Stoffe tragen und mußten durch häufiges Raſiren alle Haare von
ihrem Körper entfernen, weswegen denn auch die Prieſter auf den
bildlichen Darſtellungen ſtets an ihrem nackten Scheitel und Geſicht
zu erkennen ſind.

Die Kriegerkaſte war dem Range nach der erſte Stand nach
den Prieſtern. Sie hatte in Aegypten ein größeres Anſehen, als ſonſt
der Kriegerſtand in Prieſterſtaaten zu haben pflegte, weil Aegypten,
als ein reiches und von armen Landſtrichen und unciviliſirten Völkern
umgebenes Land, beſtändigen Raubangriffen ausgeſetzt war. Die
Kriegerkaſte war nur von dem König abhängig und gab dadurch dieſem
eine Macht in die Hand, ohne welche derſelbe leicht nur ein Werkzeug
der Prieſter geworden ſein würde. Auch die Kriegerkaſte war frei von
Abgaben und beſaß Ländereien, welche unter die einzelnen Familien
derſelben vertheilt waren. Außerdem ſollen die Männer dieſer Kaſte
im Kriege noch einen beſonderen Sold erhalten haben. Nach den Angaben griechiſcher Schriftſteller belief ſich um die Mitte des fünften
Jahrhunderts die Zahl der Krieger auf mehr als 400,000, von welchen
aber im Frieden nur etwa 180,000 im Durchſchnitt unter den Waffen
waren. Dieſe bildeten die Beſatzung in einigen Städten und in den
Grenzfeſtungen, wechſelten öfters ihre Garniſon und wurden nach
einer gewiſſen Zeit im Dienſte abgelöſt. Das Land war in militäriſcher
Hinſicht in zwei Theile getheilt und die Krieger wurden, je nach ihrer
Anſiedelung in dem einen oder dem andern, Kalaſirier und Hermo-
tybier genannt. Oberanführer im Kriege war in der Regel der König
ſelbſt, Generale waren die Prinzen und einzelne Vornehme der Kriegerkaſte. Außer den Mitgliedern der Kriegerkaſte hob man bei größeren
Kriegen auch aus den unterworfenen Ländern Truppen aus. Das
Heer beſtand aus Fußgängern und Wagenkämpfern. Reiter kommen
in den unzähligen Abbildungen aegyptiſcher Truppen auf den alten
Denkmalen nicht ein einziges Mal vor, wiewohl man ſich der Pferde zum
Reiten bediente und die aegyptiſchen Pferde wegen ihrer Trefflichkeit
in der älteren Zeit ſogar außerhalb des Landes berühmt waren. Da
indeſſen in dem alten Teſtament und in andern Schriften der aegyptiſchen Reiter öfters Erwähnung geſchieht, ſo muß man annehmen, daß
auch dieſe Truppe im alten Aegypten gebräuchlich war, wiewohl ſie
nur eine untergeordnete Bedeutung gehabt haben kann. Der Kern
des Heeres waren die Bogenſchützen, welche theils zu Fuß, theils zu
Wagen kämpften. Die Kriegswagen waren zweiräderig und nur zum
Stehen eingerichtet. Die Waffen beſtanden aus Panzer, Schild, Helm,

Schwert, Lanze, Wurfspeer, Streitart, Keule und Schleuder, die Kriegsmusik aus Trompeten und Trommeln. Auch Fahnen und Standarten hatte das Heer; die Zeichen derselben waren von sehr verschiedener Art.

Die Volkskasten, wie man die beiden übrigen Kasten nennen kann, waren der gehorchende und Abgaben zahlende Theil des Staats. Sie enthielten den Handelsstand und die gesammte arbeitende Klasse, von den Aderbauern an, welche das in Aegypten am meisten geachtete Gewerbe trieben, bis zu den Hirten, deren Geschäft für das niedrigste von allen galt und unter denen die Schweinehirten am meisten verachtet waren. Man hatte auch Sklaven und zwar sowohl weiße als schwarze; und nicht nur die Kriegsgefangenen verfielen in Sklaverei, sondern es wurde, wie die Geschichte Joseph's zeigt, auch eigentlicher Sklavenhandel getrieben. Unterworfene Völker wurden meistens als Leibeigene des Staats angesehen und häufig im Dienste desselben als Arbeiter beschäftigt.

Die Kasten-Einrichtung wurzelte im aegyptischen Volke so fest und war mit den Ansichten und Gewohnheiten desselben so innig verschmolzen, daß sie sich auch nach dem Untergang der Selbstständigkeit Aegyptens noch Jahrhunderte lang erhielt. Hatte sie sich ja doch schon vorher, ungeachtet der öfteren Zwistigkeiten zwischen den beiden oberen Kasten und dem König, beständig erhalten! Einmal namentlich war es in früherer Zeit sogar zu einem blutigen Kampfe zwischen den Kriegern und den Priestern gekommen, weil die Letzteren sich die weltliche Herrschaft angemaßt hatten; und unter Psammetich wanderte, wie wir sahen, ein großer Theil der Kriegerkaste aus, weil dieser König seine Herrschaft auf fremde Truppen stützte.

An der Spitze des Staates stand ein König, welcher der Kriegerkaste angehörte, bei seiner Thronbesteigung aber in die Priesterkaste aufgenommen wurde. Er war das Oberhaupt zugleich des Staates und der Religion; denn Beides war in Aegypten nie von einander getrennt. Der Thron war erblich und der König hatte dem Anschein nach eine unumschränkte Gewalt; allein da er stets von Priestern als seinen höchsten Beamten umgeben war, und da die Sitten, Gewohnheiten und alten Gesetze des Landes von dem gesammten Volk als heilige, durch das Gebot der Götter bestehende Einrichtungen angesehen wurden, so war der Wille des Herrschers sehr gebunden. Ja, ein Theil jener alten Gesetze erstreckte sich sogar auf das Privatleben des Königs: seine Beschäftigungen wie seine Vergnügungen waren durch dieselben für jeden Tag und jede Stunde vorgeschrieben; unter dem Volke, das ängstlich auf Reinheit bedacht war, mußte er der Reinste, in Allem, was das Volk hoch hielt, Vollkommenste sein; nicht einmal

die tägliche Speise hing von seiner Wahl ab und der Wein, welcher
im alten Aegypten gern und von Jedermann getrunken wurde, war dem
Könige entweder ganz verboten, oder doch nur in geringem Maße erlaubt. Die königliche Gewalt war also in Wirklichkeit sehr beschränkt.
Allein in Folge anderer eigenthümlicher Verhältnisse des Landes, vor
Allem der unbedingten Verehrung, welche das Volk seinen Königen
entgegentrug, konnte ein kräftiger Regent sich leicht eine größere und
selbstständigere Macht verschaffen. Die Kriegerkaste war nicht den
Priestern, sondern dem König untergeben und die Nachbarschaft roher
Völker machte öfters Kriegszüge nöthig. Wenn nun ein König als
glücklicher Führer im Kriege die zweite Kaste ganz für sich gewann, so
konnte er, auf diese gestützt, den Einfluß und die Macht der Priester
brechen und willkürlicher herrschen. War ja doch zu Joseph's Zeit der
aegyptische König so wenig von der Priesterschaft und den alten Gewohnheiten des Landes abhängig, daß er einen Fremden zu seinem
Minister machen konnte!

Der König wurde, wie überall im Orient, von Allen mit der größten
Ehrerbietung behandelt und bei seiner Thronbesteigung auf eine sehr
feierliche Weise in seine Würde eingesetzt. Eine besondere Tracht, der
Hirtenstab und der über ihn gehaltene Fächer von Straußfedern waren
die Haupt-Abzeichen seiner Würde. In den Malereien und Sculpturen,
sowie auf den königlichen Bannern wurde dieselbe durch das Bild des
Habichts und der Weltkugel allegorisch dargestellt; dies war eigentlich
das Emblem der Sonne und sollte andeuten, daß, wie die Sonne am
Himmel, so der König auf der Erde der höchste Herrscher sei. Daher
rührt auch der in der Bibel so häufig vorkommende Name **Pharao**,
welcher eigentlich **Phra** lautete und in der aegyptischen Sprache so viel
als Sonne bedeutete: in der übertreibenden Sprache orientalischer
Unterwürfigkeit, welche den Aegyptern mit den übrigen Völkern des
Morgenlandes gemeinsam ist, erscheint er selbst als der höchste Gott
des Landes. Der königliche Palast war in der Nähe eines Tempels
und mit demselben verbunden. Obgleich er aus schönen und vielen
Gebäuden bestand, so war er doch nicht so prachtvoll, als die für die
Leichen der Könige bestimmten Wohnungen. Die Ehre des Königs
im Tode beschränkte sich übrigens nicht allein auf die glänzende Ausschmückung seiner Leiche und seines Grabes, sondern es wurde auch
72 Tage lang eine Landestrauer gehalten, während welcher alle Tempel
geschlossen waren und das ganze Volk Trauerzeichen trug, Gebete
verrichtete und sich des Genusses von Fleisch und Wein enthielt. Ein
sehr merkwürdiger Gebrauch fand am Ende dieser Trauerzeit Statt.
Die einbalsamirte Leiche des Königs wurde nämlich am Eingang seines
Grabmales aufgestellt. Hier hielt ein Priester vor dem versammelten

Volke eine Lobrede auf ihn. Wenn nun das Volk mit der Regierung des Verstorbenen unzufrieden gewesen war und das Lob desselben mit Murren aufnahm, so wurde der König der Ehre eines königlichen Grabes verlustig und konnte gleich einem Manne aus dem Volke nur in einem gemeinen Grabe bestattet werden.

Die Verwaltung des Landes geschah auf eine sehr einfache Weise. Dasselbe war in eine Anzahl sogenannter Nomen oder Districte eingetheilt und über jeden von diesen war ein Beamter gesetzt, welcher alle Regierungsangelegenheiten zu leiten hatte. Die Nomen zerfielen wieder in kleinere Theile, an deren Spitze ebenso Beamte von geringerem Ansehen standen. Wie es in Aegypten sich mit der Gesetzgebung verhielt, ist nicht bekannt; sie scheint übrigens höchst selten erneut worden zu sein oder Zusätze erhalten zu haben. Von den Gesetzen selbst wird uns manches gemeldet, was die eigenthümlichen Ansichten der alten Aegypter über das Recht zu erkennen gibt. Ein Hauptgrundsatz der aegyptischen Gesetzgebung bestand darin, daß man einem Verbrecher die Möglichkeit, sein Vergehen zu wiederholen, nehmen müsse. Deshalb wurden z. B. die Verfälscher von Papieren und die Falschmünzer mit dem Verlust beider Hände, als der Werkzeuge ihres Verbrechens, bestraft, und wenn Jemand dem Feinde Staatsgeheimnisse verrieth, so wurde ihm die Zunge abgeschnitten. Ein anderer Grundsatz war der, daß man Verbrechen verhindern müsse und daß Jeder, der dies unterlasse, strafbar sei. Dem gemäß wurde Jeder, der einen Mord begehen sah und ihn nicht zu hindern suchte, mit derselben Strafe, wie der Mörder belegt; ferner hatte Jedermann nicht allein das Recht, sondern auch die Pflicht, ein Verbrechen, welches vor seinen Augen begangen wurde, zur Anklage zu bringen, und wer dies unterließ, wurde mit Ruthen gepeitscht und mußte drei Tage lang fasten. Dagegen erlitt der falsche Ankläger dieselbe Strafe, welche auf das von ihm zur Anklage gebrachte Verbrechen gesetzt war. Eine dritte Eigenthümlichkeit der aegyptischen Gesetzgebung bestand darin, daß man einen Verbrecher auch noch im Tode anklagen konnte und daß Jeder, welchem dann noch ein Verbrechen nachgewiesen wurde, die Ehre des Begräbnisses verlor. Ferner wurde der Mord nach den aegyptischen Gesetzen härter bestraft, als nach den griechischen und römischen; denn selbst die Tödtung eines Sklaven, wenn sie mit Vorbedacht geschah, mußte mit dem Leben gebüßt werden. Ausgenommen war der Kindermord; Eltern, welche ihr Kind umbrachten, wurden blos damit bestraft, daß sie drei Tage und drei Nächte hindurch die Leiche ihres Kindes im Arme halten mußten, wobei Soldaten sie bewachten. Man scheint bei dieser Ausnahme von dem Gedanken ausgegangen zu sein, daß, wer einem Wesen das Leben gegeben habe, durch die Tödtung des-

selben nicht eben so schuldig werde, als durch die Ermordung eines
anderen Menschen. Die gerichtlichen Verhandlungen im alten
Aegypten zeichneten sich durch die sonderbare Einrichtung aus, daß
zwar der Kläger und Angeklagte denselben beiwohnten, aber nichts
sprechen durften, sondern daß der Erstere seine Auflage schriftlich ein-
reichte und der Letztere ebenso seine Vertheidigung vor Gericht nieder-
schrieb und übergab, worauf dann der Urtheilsspruch erfolgte; überhaupt
sehen wir das Schreiben eine große Rolle spielen, was bei der schwer-
fälligen Art ihrer Schrift überraschen muß.

Die Lebensweise des gemeinen Volkes war einfach und dem
Klima angemessen. Das gewöhnliche Brod, von welchem man neuerdings noch einiges in Gräbern gefunden hat, war aus dem Durrah
oder der Moorhirse bereitet. Außerdem hatte man auch Brod von
anderen Getreidearten und von dem Samen des Lotus, einer Sumpf-
pflanze, von welcher auch die Wurzel gegessen ward und deren Blume
ihres Duftes wegen sehr beliebt war. Sonst bestand die Nahrung
hauptsächlich in Fleisch von verschiedener Art, in Obst und in einer
großen Zahl von Küchengewächsen; Schweinefleisch war verboten.
Wein wurde von den vornehmeren Klassen viel getrunken; auch hatte
man ein aus Gerste bereitetes Bier. Das gewöhnliche Getränk war
das Nil-Wasser, welches noch jetzt für ein sehr gesundes Wasser gilt
und das die Aegypter für die Zeit der Ueberschwemmung, wo der Fluß
durch Schlamm getrübt war, in besonderen Gefäßen einsammelten.
Die Wohnungen der höheren Stände waren zum Theil prachtvoll
ausgeschmückt und mit den mannigfaltigsten Möbeln versehen; und
nach den Darstellungen, welche sich auf den Denkmälern finden, hatten
die Aegypter auch große und schön angelegte Lustgärten.

Die Frauen hatten eine unabhängigere und freiere Stellung, als
sonst im Orient; doch war die Vielweiberei erlaubt, obgleich sie nur
selten vorkam. Auch erschienen die Frauen, gegen die vorherrschende
Sitte des Orients, mit den Männern in Gesellschaft.

Die Religion der Aegypter war ihrem ursprünglichen Wesen
nach eine sehr einfache Lehre. Sie bestand in dem Glauben an ein
einziges, unsichtbares, höchstes Wesen, und die vielen Götter, welche
man verehrte, waren eigentlich nichts Anderes, als die Personification
der verschiedenen Eigenschaften und Aeußerungen jenes Wesens. Alles
war also in dieser Religion sinnbildlich. So sahen dieselbe aber nur
die wenigen Priester an, welche in die Erkenntniß des eigentlichen
Wesens der aegyptischen Religion eingeweiht waren. Die große Masse
des Volkes dagegen glaubte an die wirkliche Existenz aller jener Götter,
hielt die von ihnen erzählten Mythen, welche eigentlich auch nur alle-
gorische Darstellungen der Glaubenslehren hatten sein sollen, für buch-

stäblich wahr und hatte somit einen reinen Götzendienst. Da die Priester absichtlich die Wahrheit von dem Volke fern hielten, so entwickelte sich daraus der ärgste Aberglaube. Dazu kam noch, daß die Vorstellungen von dem Leben nach dem Tode das Volk in der Erfüllung seiner Religionsgebräuche sehr ängstlich machten, daß es dadurch immer abergläubischer wurde und daß so die aegyptische Religion zuletzt in einen Unsinn ausartete, der selbst den übrigen Völkern des Alterthums ein Gräuel war und in welchem die ursprüngliche reinere Quelle sich kaum noch entdecken ließ. In Betreff des Lebens nach dem Tode glaubten die Aegypter an eine Seelenwanderung. Nach ihrer Ansicht nämlich hat jede menschliche Seele vor der Geburt die verschiedenen Gattungen von Land-, Wasser- und Luft-Geschöpfen durchwandert; nach dem Tode aber kommt sie in die Unterwelt, Amenthi genannt, und wird hier von Osiris, dem Gott derselben, gerichtet. Wenn sie rein und gut befunden wird, so gelangt sie in eine schönere Welt, in welcher sie ungestört glücklich lebt; ist sie aber mit Sünden belastet, so wird sie an einem höllischen Orte mit Qualen bestraft, kommt hierauf in den Leib eines Thieres und muß mindestens 3000 Jahre lang wieder die verschiedenen Thierarten durchwandern; dann aber kehrt sie zur Menschheit, und zwar in ihren eigenen früheren Leib zurück.

Das höchste Wesen, dessen Attribute und Eigenschaften, nach der Geheimlehre der Priester, durch die vielen von den Aegyptern verehrten Götter dargestellt wurden, hatte bei den Aegyptern keinen Namen und wurde unter keiner bestimmten Gestalt gedacht. Die übrigen aber zerfielen in acht große und viele kleinere Götter, und außerdem verehrte man noch besondere Schutzgötter von Städten, Gegenden, Monaten und Tagen.

Auch gab es einen Gott des Bösen; sein Name war Typhon. Von allen Gottheiten aber waren Isis und Osiris diejenigen, welche am meisten und in allen Städten verehrt wurden, und sie sind deßhalb auch außerhalb Aegypten die berühmtesten geworden. Ueber die Erklärung des Wesens der einzelnen Götter waren schon die Schriftsteller des Alterthums verschiedener Meinung: so hielt man z. B. Osiris und Isis bald für Sonne und Mond, bald für Sonne und Natur, bald für die Personification des fruchtbringenden Nil-Wassers und der Erde. Erschwert wird die sichere Erkenntniß des Wesens der einzelnen Götter namentlich dadurch, daß die alten Aegypter oft den Charakter und die Attribute der einen Gottheit auf eine andere übertrugen.

Die Tempel waren gewöhnlich mehreren Göttern zugleich gewidmet, und die aegyptischen Götter zerfielen somit in viele Gruppen. Diese waren in den einzelnen Städten verschieden.

Die allgemeinen Kennzeichen oder Attribute der Götter, welche in der bildlichen Darſtellung derſelben ſelten fehlten, waren das Scepter, der ſogenannte Nil-Schlüſſel und bei männlichen Göttern eine aufwärts gerichtete Bartflechte am Kinn. Dasjenige Abzeichen, welches man den Nil-Schlüſſel nennt, beſteht aus einem kleinen Stab und einem an deſſen oberem Ende befindlichen Querſtabe, welcher mit jenem die Form eines großen lateiniſchen T bildet; es wird vermittelſt einer Handhabe, welche auf dem Querſtabe angebracht iſt, in der einen Hand gehalten. Dieſes Abzeichen war das Symbol des Lebens. Früher hatten die Gelehrten ſich die irrthümliche Vorſtellung gebildet, es würde durch daſſelbe die Wohlthat angedeutet, welche die Gottheit durch die regelmäßigen Ueberſchwemmungen des Nils den Aegyptern erweiſe; und daher kommt es, daß man dieſem Attribut den Namen Nil-Schlüſſel gab. Die einzelnen Götter wurden in dreifacher Weiſe dargeſtellt: nämlich entweder in reiner Menſchengeſtalt, welcher jedoch die beſonderen Attribute der Gottheit beigefügt waren, oder mit einem menſchlichen Leibe und dem Kopf des dem Gotte geweihten Thieres, oder endlich in der ganzen Geſtalt dieſes Thieres, welches dann aber mit den üblichen Attributen des Gottes geſchmückt war. Daß man Thiere für heilig hielt und verehrte, geſchah wahrſcheinlich aus verſchiedenen Gründen: hauptſächlich wohl wegen des Nutzens, den manche Thiere den Menſchen gewähren, wegen des Glaubens an eine Seelenwanderung, oder weil ein Thier aus irgend einer Urſache als das Sinnbild einer gewiſſen göttlichen Eigenſchaft angeſehen wurde. Uebrigens gab es eine Menge derſelben und ebenſo viele heilige Pflanzen. Von den erſteren war ein mit beſonderen Zeichen geborener Stier, den man Apis nannte, das wichtigſte. Dieſer Thierdienſt artete allmälig in eine ſinnloſe und abſcheuliche Fraze aus. Wer mit Abſicht ein heiliges Thier tödtete, mußte ſterben; wer ohne Abſicht, mußte eine Buße zahlen, und wo ein Tempelthier ſtarb, trauerte der ganze Bezirk, um den Apisſtier das ganze Land. Der Gottesdienſt war voll Schaugepränge und beſtand zum Theil aus abſcheulichen Gebräuchen. Religiöſe Feſte und Proceſſionen waren ſehr häufig und für die Tempel der Götter und die bildliche Darſtellung ihrer Mythen wurden ungeheure Ausgaben gemacht und die ganze Thätigkeit und Kraft der niederen Kaſten in Anſpruch genommen.

Mit dem religiöſen Glauben der Aegypter hing bei ihnen gebräuchliche Einbalſamirung der Todten enge zuſammen. In neuerer Zeit hat ein franzöſiſcher Gelehrter die Meinung aufgeſtellt, daß die Rückſicht auf die Geſundheit der Lebenden die Prieſter der älteſten Zeit zu der Einführung dieſes Gebrauchs bewogen habe. Die jährlichen Ueberſchwemmungen des Nils nämlich, durch welche der Boden bis in eine gewiſſe Tiefe aufgeweicht wird, bringen eine ſchnelle

Fäulniß der in der Erde begrabenen Körper, diese aber eine Verpestung der Luft hervor. Um nun den daraus möglicher Weise entstehenden Krankheiten vorzubeugen, ward, wie jener Gelehrte meint, der Gebrauch eingeführt, die Leichen der Menschen und der in Aegypten am zahlreichsten vorkommenden Thiere einzubalsamiren; und diese Sitte wurde von den schlauen Priestern, welche den eigentlichen Grund geheim hielten, mit dem religiösen Glauben in Verbindung gebracht, weil dieser mehr, als alle Strenge der bürgerlichen Gesetze, die Befolgung gegebener Vorschriften bewirkt. Den Beweis glaubt jener Gelehrte darin zu finden, daß die heut' zu Tage im Orient so oft wüthende Pest jedes Mal in Aegypten entsteht, daß sie nicht früher vorkam, als im sechsten Jahrhundert unserer Zeitrechnung, wo zuerst das Einbalsamiren der Todten in Aegypten ganz aufhörte, und daß diese mörderische Krankheit noch nie Ober-Aegypten heimgesucht hat, weil dort der Nil schon lange nicht mehr über seine Ufer tritt. Diese Annahme ist jedoch nicht im mindesten wahrscheinlich und zwar schon aus dem einfachen Grunde, weil man jenen Zweck viel leichter dadurch erreicht haben würde, daß man die Todten in der nahen Wüste begraben hätte, wo sie schnell vertrocknet wären. Auch bedarf es soweit hergeholter Gründe nicht, um den aegyptischen Gebrauch der Einbalsamirung der Todten zu erklären. Kein Volk der Erde hat mehr für seine Todten gethan, als das aegyptische, keines war mit mehr Sorgfalt auf die Erhaltung derselben bedacht, bei keinem hat der Gegensatz von Tod und Leben so sehr alle Vorstellungen beherrscht, wie denn dieser Gegensatz dem Volke durch die Natur des Landes, das fruchtstrotzende Nilthal und hart daneben die starre Wüste, besonders nahe gerückt war. Es kann daher auch kein bloß äußerer Grund gewesen sein, der den Gebrauch der Einbalsamirung veranlaßte, sondern die Entstehung derselben muß mit dem innersten Wesen des aegyptischen Volks, mit seiner eigenthümlichen Ansicht vom Leben und mit seinen religiösen Vorstellungen zusammenhängen. Vermuthlich war der Glaube, daß die Seele einst wieder in ihren Leib zurückkehre, der hauptsächlichste, wiewohl nicht der einzige Grund dieses Gebrauchs.

Die Art der Einbalsamirung war je nach dem Vermögen einer Familie verschieden. Die Leichen der Aermsten wurden blos einige Wochen hindurch in eine Flüssigkeit, welche die Fäulniß abwandte, gelegt und dann mit einem groben Tuch oder einer Matte umhüllt; die der Reichen dagegen wurden nicht allein durch die Anwendung der kostbarsten chemischen Stoffe gegen die Verwesung geschützt, sondern auch in viele und zum Theil sehr feine leinene Tücher eingeschlagen und in schön verzierten Särgen von Stein oder Holz aufbewahrt. Die Mumien der Aermeren wurden in gemeinschaftlichen, öffentlichen Grä-

bern beigeſetzt, die der Reicheren aber in beſonderen Grabmälern, welche
oft aus mehreren Gemächern beſtanden und auf das prachtvollſte mit
Malereien und Bildhauerarbeit verziert waren; denn die Behauſung
der Todten iſt, nach der Anſicht der alten Aegypter, die eigentliche und
ewige Wohnung der Menſchen, das von ihm während des Lebens be-
wohnte Haus aber blos eine Herberge. Noch jetzt findet ſich in den
Gräbern Aegyptens eine zahlloſe Menge von Mumien; die reichſten
und ſchönſten derſelben ſind längſt ihrer Koſtbarkeiten beraubt und der
übrigen bedienen ſich in Ober-Aegypten die Araber ſchon ſeit langer
Zeit als eines wohlfeilen Brennmaterials ſtatt des in dieſem Lande
ſeltenen Holzes. Die Todten wurden von den Hinterbliebenen noch
oft durch Opfer, die man ihnen brachte, geehrt, und blieben, indem
man für die Erhaltung ihres Körpers Sorge trug, gewiſſermaßen in
Verbindung mit ihrer Familie. Die Vernachläſſigung derſelben von
Seiten der Ihrigen galt für entehrend. Eine eigenthümliche Sitte,
welche die Vertrautheit der Aegypter mit dem Gedanken an den Tod
und ihre ernſte Anſicht vom Leben zu erkennen gibt, waltete öfters bei
feſtlichen Mahlen: man trug nämlich mitten in der Freude derſelben
plötzlich ein aus Holz geſchnitztes Bild, das eine Mumie vorſtellte, oder
auch eine wirkliche Mumie an den Gäſten vorüber, nicht um, wie
Manche glaubten, ihnen damit zu ſagen, daß das Leben kurz ſei und
deshalb Jeder daſſelbe genießen möge, ſondern, um die Anweſenden
zur Mäßigung aufzufordern und an die höheren Zwecke des Lebens
zu erinnern.

Die Wiſſenſchaft war in Aegypten der prieſterlichen Pflege
anheimgegeben; ja, es beſchäftigten ſich ſogar nur die Mitglieder der
Prieſterkaſte mit ihr. Dieſe Beſchränkung der höheren Bildung auf
einen beſtimmten Theil des Volkes hemmte von Anfang an ihre Entwickelung. Andere Hinderniſſe lagen in der Koſtbarkeit des Schreib-
materials und der Beſchaffenheit der Schrift. Die Aegypter hatten
ein Papier, welches in uralter Zeit bei ihnen erfunden worden war
und durch ſie auch außerhalb Aegyptien in Gebrauch kam. Sie ſelbſt
bedienten ſich nur dieſes Papiers und auch in den civiliſirten Ländern
von Europa dauerte es ſehr lange, bis daſſelbe durch das im zweiten
Jahrhundert vor Chriſto erfundene Pergament gänzlich verdrängt
ward. Man bereitete es aus einer Waſſerpflanze, welche Papyrus
heißt, indem man den Stamm derſelben in dünne Blättchen zerlegte,
und dieſe auf und an einander leimte. Von jener Pflanze erhielt es
nicht allein ſelbſt ſeinen Namen, ſondern dieſer wurde in den Sprachen
der civiliſirten Völker des Abendlandes auch auf andere Schreibmaterialien übertragen.

Die Schrift der Aegypter war eine dreifache, nämlich die hiero-

glyphische, die hieratische und die demotische oder gemeine Schrift.
Diese drei Arten sind eine aus der andern hervorgegangen. Die
ursprüngliche Hieroglyphen-Schrift war eine Zeichnung
und bestand aus den Figuren der Gegenstände, von welchen man
redete; es gibt in den Ueberresten aegyptischer Schriften etwa 800
solcher Figuren. Die hieratische Schrift war nur eine Abkürzung
der hieroglyphischen oder der erste Uebergang der Aegypter vom Zeichnen
zum Schreiben. Statt nämlich eine Figur ganz zu zeichnen, stellte
man nur einen Theil derselben dar, z. B. statt des Bildes eines Löwen
blos den Hintertheil seines Leibes. Die demotische Schrift ist
eine Abkürzung der hieratischen und entstand dadurch, daß man für
den Gebrauch des täglichen Lebens größere Schnelligkeit im Schreiben
nöthig hatte. Nicht nur waren in ihr die Zeichen abgekürzt, sondern
man hatte auch eine geringere Zahl derselben, als in der hieratischen,
in welcher es noch ebenso viele gab, als in der hieroglyphischen. Es
ist leicht einzusehen, daß man, um auch nur einen einzigen Satz zu
schreiben, sich der Hieroglyphen-Schrift in ihrer ursprünglichen Beschaffenheit, in welcher sie nur bei uncivilisirten Völkern sich erhalten
kann, nicht bedienen konnte. Dieselbe mußte also in Aegypten schon
in alter Zeit außer den bloßen Abbildungen von Gegenständen noch
andere Zeichen enthalten, welche entweder sinnbildlich irgend eine
Sache bezeichneten, oder den Laut des sie ausdrückenden Wortes wie-
dergaben; ja, um Eigennamen schreiben zu können, hatte man sogar
schon früh zur Erfindung von Buchstaben d. h. Lautzeichen übergehen
müssen. Die aegyptische Hieroglyphen-Schrift verlor also ihre ursprüngliche Beschaffenheit schon früh und bestand aus drei verschiedenen
Arten von Zeichen: sie enthielt eine Anzahl abbildlicher Zeichen, außerdem
aber sowohl sinnbildliche, wie z. B. aufgehobene Hände für den Begriff
„opfern", als auch sogenannte phonetische, d. h. solche bestimmte Zeichen,
welche blos den Laut eines ganzen Wortes oder auch eines einzelnen
Buchstabens ausdrückten. Die aegyptischen Buchstaben sind so entstanden, daß man die sinnbildlichen oder abbildlichen Zeichen von Gegenständen als Zeichen desjenigen Lautes gebrauchte, mit welchem die
Namen derselben anfingen: z. B. das Zeichen des Adlers, welcher im
Alt-Aegyptischen Ahom hieß, für den Buchstaben A. Doch war es
nur eine gewisse Zahl von Wörtern, deren bildliche Zeichen so zugleich
als Buchstaben gebraucht wurden; allein für jeden Buchstaben gab es
mehrere Zeichen und erst ein weiterer Schritt, den aber die Aegypter
nicht machten, war der, für jeden Laut nur ein bestimmtes einziges Zeichen und damit ein sicheres und unverrückbares Alphabet
festzustellen.

So unterscheiden sich also die Hieroglyphen der Aegypter von

unserer Schrift durch die größere Zahl von Buchstaben und durch die
Verbindung derselben mit abbildlichen und symbolischen Zeichen. In
neuester Zeit ist man endlich dahin gekommen, diese Schrift theilweise
lesen zu können. Ein unlängst (1798) aufgefundener Stein nämlich,
die Inschrift von Rosette genannt, enthält drei Inschriften, deren eine
griechisch ist und unter Andern die Anzeige enthält, daß sie zugleich
auch in hieroglyphischer und demotischer Schrift auf den Stein ein-
gehauen sei. Obgleich nun unglücklicher Weise an der hieroglyphischen
Schrift dieses Steins der Anfang zertrümmert war, so brachte man
doch ein hieroglyphisches Alphabet heraus, namentlich dadurch, daß
man die mehrmals vorkommenden Eigennamen aufsuchte und aus
ihrer Vergleichung mit einander die einzelnen Buchstaben ermittelte.

Was schließlich noch den Gebrauch der drei aegyptischen Schrift-
arten betrifft, so war die hieroglyphische nicht, wie man öfters glaubt,
eine geheime, blos den Priestern bekannte Schrift, sondern die Schriftsteller des Alterthums versichern, daß jeder Mann von guter Erziehung
sie zu lesen verstanden habe, und in den aegyptischen Gräbern findet sie
sich auf den Geräthschaften der geringsten Handwerker in einer solchen
Weise gebraucht, daß man danach annehmen muß, auch diese Leute
haben dieselbe verstanden. Sie wurde hauptsächlich bei den Aufschriften
öffentlicher Gebäude angewandt. Die hieratische Schrift war diejenige,
deren sich die Priester beim Schreiben gewöhnlich bedienten. Die demotische diente für den Gebrauch des täglichen Lebens.

Die alten Aegypter hatten zwar Wissenschaften, allein der
Grad, bis zu welchem sie dieselben ausbildeten, war keineswegs ein
hoher. Sie trieben z. B. schon sehr früh Medicin, wurden aber in
derselben von den Griechen weit übertroffen und konnten auch aus
dem Grunde in der Arzneiwissenschaft nie weit gelangen, weil sie weder
Chemie kannten, noch sich mit der Anatomie beschäftigten. Ebenso
verhielt es sich mit ihrer Mathematik. Sie wurden zwar durch die
Nil-Ueberschwemmungen und den Ackerbau schon früh zur Feldmeßkunst geleitet, allein ihre Geometrie ging, da sie nicht einmal den Pythagoreischen Lehrsatz und andere Punkte der Elementar-Geometrie
kannten, nicht über die ersten Anfänge und die einfachste praktische
Anwendung hinaus. Die in ihrem Lande so wichtige Bewässerung
wurde in allen Zeiten auf eine und dieselbe Weise getrieben. Ihre
Mathematik war ebenfalls unvollkommen. Es muß uns zwar in Erstaunen setzen, daß eine in Theben liegende Statue, die aus einer
Entfernung von mehr als fünfzig Stunden dahin transportirt worden
ist, eine Schwere von 17,740 Centnern hat, und daß das Gewicht
eines anderen aus einem einzigen Stein bestehenden Werkes, welches
in einem Tempel von Unter-Aegypten aufgestellt war, auf mehr als

100,000 Centner berechnet wird; allein diese ungeheuren Blöcke vermochten die Aegypter nicht anders als durch Menschenmenge und eine
äußerst einfache Maschinerie fortzubewegen, und sie brauchten dazu
sehr viele Zeit.

In den Gewerben waren die Aegypter weit gekommen und die
in ihren Denkmälern gefundenen Geräthschaften und Stoffe zeigen
eine frühe und sehr vorgeschrittene Entwickelung des äußeren Lebens,
welche Staunen erweckt; aber wir sehen auch zugleich, daß die Aegypter
in ihren Gewerben ebenso, wie in allen andern Dingen, schon früh
auf einem gewissen Punkt der Vollkommenheit stehen geblieben sind
und nicht weiter vorangingen. Was sie von da an arbeiteten, war
nur eine Wiederholung des Früheren oder ein Rückschritt von demselben. Ferner sehen wir dabei eine Vertheilung der Arbeiten bis ins
Kleinste, so daß, wie jetzt in unseren Fabrikgegenden eine Klasse von
Arbeitern immer nur einen bestimmten Theil der Waare verfertigt,
ebenso auch in Aegypten jede Abtheilung der Kasten Generationen
hindurch immer eine und dieselbe Arbeit oder auch wohl nur einen
bestimmten Theil derselben trieb. Dadurch erlangte das Volk zwar
eine große Fertigkeit, aber dasselbe ward zugleich zu einer bloßen
Maschine herabgewürdigt. Die Erzeugnisse der aegyptischen Gewerbsthätigkeit waren sehr mannigfaltig. Man hatte, wie die in Aegypten
gefundenen Gegenstände zeigen, sehr vielfache Hausgeräthe, Waffen
und Kleidungsstoffe. Man verfertigte Gewebe, welche zum Theil sehr
fein, stark und prächtig waren, und zwar aus Flachs, Wolle, Baumwolle und einer Mischung der beiden letzteren Stoffe; und die Schriften
des Alterthums rühmten namentlich ein Zeug, welches man Byssus
nannte und von dem es nicht recht klar ist, ob es aus Baumwolle
oder aus Flachs bereitet war. Die Aegypter waren ferner im Besitz
einer vollständigen Vergoldungskunst. Außerdem finden sich schon in
den ältesten Gräbern ihres Landes Abbildungen der Glas-Bereitung,
sowie gläserne Gefäße und Zierrathe; auch wußte man auf eine sehr
geschickte Weise gefärbtes Glas und unechte Edelsteine zu machen.
Ebenso verstanden sie die Verfertigung von Glas-Porcellan und Email.
Das Leder gerbten sie auf dieselbe Art wie wir; sie mußten es in
Formen zu pressen, verzierten ihre Lederarbeiten mit hervorstehenden
Figuren und machten auch eine Art Corduan. Für dieses Leder und
andere Arbeiten hatten sie einen eigenen Firniß erfunden. Ihre
Farben dagegen, von welchen sie Grün, Roth, Blau und Gelb am
meisten anwandten, wußten sie nur in unvollkommener Weise zu be-
reiten und zu mischen.

Die Kunst der Aegypter zeigt, wie ihre ganze Cultur überhaupt,
denselben Charakter des Stillstands und der mangelnden Entwickelung.

6*

Sie war, wie Alles, mit der Religion in die engſte Verbindung gebracht und deshalb an die Geſetze, welche die Prieſter gegeben hatten,
gebunden; auch bezog ſie ſich meiſt blos auf den Religions-Cultus und
deſſen Pracht, und diente nur in geringerem Grade den übrigen Le-
bensverhältniſſen. Die Aegypter blieben in ihrer Kunſt im Ganzen
bei den unvollkommenen Muſtern ihrer Vorfahren ſtehen; es ſoll ſogar
den Künſtlern verboten geweſen ſein, die Figuren und Formen religiöſer Gegenſtände anders zu zeichnen, als es von alten Zeiten her
gebräuchlich und vorgeſchrieben war. Darum ſind denn auch die
aegyptiſchen Kunſtwerke zu allen Zeiten einander ſo ſehr gleich geblieben,
daß ſchon Plato ſagt, die Gemälde und Statuen, welche die Aegypter
vor Jahrtauſenden gemacht hätten, ſeien in keiner Beziehung beſſer
oder ſchlechter, als die der Gegenwart. Werke, deren Verfertigung
weit von einander entlegenen Jahrhunderten angehört, ſehen oft ſo
aus, als wenn ſie von einem und demſelben Menſchen gemacht wären.
Auch ſpäter, als die Aegypter einer griechiſchen Herrſcherfamilie unterworfen waren und mit den Werken der griechiſchen Kunſt bekannt
wurden, blieben ſie deſſen ungeachtet ihrem alten Kunſtſtyl treu und
arbeiteten in denſelben Formen fort, welche von jeher bei ihnen gebräuchlich geweſen waren. Nur die einzige Verſchiedenheit zeigt ſich
in ihren Kunſtwerken, daß dieſelben, je älter ſie ſind, ſich um ſo mehr
im Plan und Entwurf, wie in der Ausführung auszeichnen.

Die Darſtellungen lebender Weſen, ſowohl in der Bildhauer-
kunſt als in der Malerei, ſind weit entfernt von der unübertreff-
lichen Schönheit griechiſcher Kunſtwerke und verrathen bei den Aegyptern eigenthümliche Unfähigkeit, das Ideal der Schönheit in den
Geſtalten der Körperwelt zu erkennen und wiederzugeben, ſie müſſen
ſich begnügen, es ſinnbildlich anzudeuten und gerathen dabei in jene
widerwärtigen Zerrbilder, menſchliche Körper mit Thierhäuptern,
Sperber-, Katzen- oder Hundsköpfen zu bilden. In allen dieſen Darſtellungen vermißt man die Harmonie, durch welche die einzelnen
Theile eines Körpers zu einem Ganzen verbunden ſind und den
eigentlichen Charakter deſſelben. Ebenſo verhält es ſich mit der Darſtellung von Scenen; denn in dieſen iſt weder eine Perspective, noch
eine eigentliche Gruppirung zu finden. Mit ſehr ſeltenen Ausnahmen
ſind ferner alle Figuren ſtets im Profil gezeichnet. Sie drücken außerdem nur eine Handlung im Allgemeinen aus, aber es zeigt ſich in
ihnen kein eigentliches Leben, kein Ausdruck einer Empfindung oder
Leidenſchaft: der Krieger z. B. iſt vom Prieſter nur durch ſein Kleid
und ſeine äußeren Abzeichen verſchieden, und das Geſicht eines Königs
iſt ebendaſſelbe, er mag als Kämpfer in der Schlacht oder als ein
Opfernder in einem Tempel dargeſtellt ſein. Auch die Grazie iſt den

aegyptischen Bildwerken fremd und elegante Formen gewahrt man nur bei manchen ihrer Möbel und Geräthschaften, sowie in einzelnen architektonischen Verzierungen. Uebrigens ist zu bemerken, daß die Thiere meistens mit mehr Wahrheit und Leben dargestellt sind, als die Menschen.

Die Bildhauerkunst der Aegypter zeichnet sich durch kolossale Schöpfungen aus, leidet aber an allen den Mängeln, welche so eben angeführt wurden. Ihre Reliefs sind im Grunde nur Copieen von Gemälden und wurden auch meist so gearbeitet, daß man Bilder an die Wand zeichnete und den Stein rund um die Figuren wegmeißelte. Auch sind diese Reliefs stets mit Farben bemalt. Ein Phantasie-Gebilde, welches die Aegypter oft in Stein darstellten, bedarf einer speziellen Beschreibung, weil es sehr häufig erwähnt wird. Es ist die Sphinx oder die Darstellung eines Löwen-Leibes mit dem Kopfe irgend eines anderen Thieres oder mit einem menschlichen Haupt. Die häufigsten Arten von Sphinxdarstellungen sind der Löwe mit dem Menschenkopf, der mit dem Widderkopf und der mit dem Kopf eines Habichts. Die erstere Art, welche die Verbindung von Weisheit und Körperkraft ausdrücken soll, istdiejenige, welche am häufigsten von unsern Künstlern nachgeahmt wird. Die Sphinxe überhaupt waren Sinn-bilder der Könige und der Göt:r und wurden als das der Letzteren an den diese bezeichnenden Thierköpfen und deren Schmuck erkannt; im Fall aber eine Sphinx einen König bedeuten sollte, wurde dessen Name an ihrer Seite angebracht.

Auch die Werke der aegyptischen Architectur erwecken weniger durch eigentliche Kunst Bewunderung, als vielmehr durch das Unge-heure ihrer räumlichen Verhältnisse, durch die Größe der mechanischen Arbeit und durch die technischen Fertigkeiten, die sich an ihnen zu er-kennen geben. Die öffentlichen Gebäude Aegyptens, deren Trümmer noch jetzt alle Reisenden in Staunen setzen, waren Werke einer priester-lichen und despotischen Zeit, in welcher die gesammte Kraft einer Nation für solche Unternehmungen in Anspruch genommen wurde und eine ganze Volksmasse gleichsam wie eine lebendige Maschine an Einem Werke arbeitete. Außerdem verwendete man zuweilen auch noch schutz-bedürftige oder bezwungene fremde Völker zu solchen Bauten. Die Ausdauer und Geduld, welche zu solchen Werken erfordert wurden, sind um so staunenswerther, als die Aegypter gerade die härtesten Steine, wie Granit, Syenit und Basalt, bearbeiteten. Sie thaten dieß schon in solchen Zeiten, wo sie, wie wir mit ziemlicher Gewißheit an-nehmen können, noch keine eisernen Werkzeuge hatten; und da sie damals auch ohne dieselben ihre Bilderschrift bis zu mehr als zwei Zoll Tiefe mit der größten Schärfe einzuhauen vermochten, so ist es wahrhaft unbegreiflich, durch welche Mittel sie kupferne und bronzene Instrumente bis zu diesem Grade zu härten im Stande waren.

Die ältesten Werke der aegyptischen Baukunst befinden sich in Ober-Aegypten. Man baute theils in Felsen, indem man diese aushöhlte, theils mit Ziegelsteinen, welche in der Sonne getrocknet waren, theils mit Werksteinen. Die Letzteren wurden namentlich zum Bau der Tempel angewandt und man verarbeitete dieselben zum Theil in so großen Stücken, daß z. B. in den Ruinen des Palastes von Karnak sich ein Sandsteinblock eingemauert findet, welcher eine Länge von vierzig Fuß hat und fünf Fuß dick ist. In Holz wurde sehr wenig gebaut, was schon wegen der Holzarmuth des Landes natürlich war: mit äußerst seltenen Ausnahmen bestanden die Decken aller Tempel aus horizontalen Quadersteinen. Die Kunst des Wölbens findet sich erst kurz vor der Zeit der Eroberung Aegyptens durch die Perser angewandt. Obgleich dessenungeachtet Manche annehmen zu dürfen glauben, daß die Aegypter diese Kunst schon viel früher verstanden hätten, so ist doch wenigstens so viel gewiß, daß Gewölbe nicht früher vorkommen und daß die ganze aegyptische Baukunst auf gewölbte Formen durchaus nicht angelegt war. Die aegyptischen Gebäude sind fast durchgehends, sowohl an ihren äußeren Wänden, als auch im Inneren, mit lebhaften Farben ausgeschmückt und sehr oft mit gemalten Figuren und mit Bilderschrift bedeckt. Die Säulen sind derjenige Theil dieser Bauwerke, in welchem allein einige bedeutendere Verschiedenheiten vorkommen. Sie brachten in den Tempeln durch ihre Masse, ihre Zahl, ihre Bildwerke und ihre Farben eine imponirende und überwältigende Wirkung hervor.

Die berühmtesten Werke aegyptischer Baukunst sind die Felsengräber, die Pyramiden, die Tempel und die Obelisken, von welchen jedoch die Letzteren eigentlich nur in so fern, als sie Theile von Tempelgebäuden waren, zu diesem Zweige der Kunst gehören. Die Felsengräber waren in großer Menge in den Gebirgen zu beiden Seiten des Nils, am meisten aber in dem der Westseite angebracht. Die größten und am sorgfältigsten gearbeiteten sind die sogenannten Königsgräber bei Theben, von denen man bis jetzt etwa fünfundzwanzig wieder aufgefunden hat und welche wahre Todtenstädte bildeten. Die Felsengräber waren unter einander sehr verschieden, sowohl in Bezug auf ihre Größe und die Zahl ihrer Gemächer und Gänge, als auch in der Pracht ihrer Ausschmückung. Sie haben insgesammt nur eine einzige enge Thüröffnung und werden nie durch das Tageslicht erhellt. Ihre Wände sind mit Inschriften, Sculpturen und Malereien bedeckt und diese enthalten Darstellungen von Allem, was den Menschen im Leben umgab, von den verschiedenen Handwerken, den Geschäften des

Ackerbaus, der Jagd, den Scenen des häuslichen Lebens. Man findet in diesen Gräbern außerdem alle möglichen Geräthschaften, bis auf die Spielsachen der Kinder herab, welche den Todten mitgegeben zu werden pflegten. Durch alles dies kennt man jetzt das äußere Leben der alten Aegypter mit fast allen seinen Einzelnheiten und zwar genauer, als das irgend eines andern Volkes des Alterthums.

Die Pyramiden sind vierseitige Gebäude, deren Seitenflächen Dreiecke bilden und oben in eine Spitze zusammenlaufen. Es sind gleichsam künstliche Berge, welche zu Begräbnissen bestimmt waren. Die meisten Pyramiden befanden sich bei der Stadt Memphis auf einem Felsenplateau, etwa zwei Meilen westlich von dieser Stadt: sie wurden hier von einer königlichen Dynastie, welche Memphis zu ihrer Residenz machte, in der Absicht gebaut, um den vielbewunderten Felsengräbern Ober-Aegyptens ein Riesenwerk anderer Art, das aber dem gleichen Zwecke diente, an die Seite zu setzen. Die Pyramiden, deren man etwa 70 zählt, sind mit ihren Seiten genau nach den vier Weltgegenden gerichtet. Meist sind sie aus Kalksteinen erbaut; einige sind aber aus ungebrannten Ziegelsteinen aufgeführt und andere bestehen nur an den Kanten aus Quadersteinen und im Uebrigen aus solchen Ziegelsteinen. Sie hatten früher meistens eine glatte Bekleidung von Granit oder Marmor, welche aber jetzt zum größten Theil verschwunden ist.

Die Tempel der Aegypter enthalten viele größere und kleinere Räume und haben oft eine Menge Nebengebäude. Die größte Pracht derselben ist gewöhnlich in den Vorhallen und in den Pylonen zu finden. Die Letzteren sind zwei sehr hohe, vor dem Tempelhof stehende massive Gebäude, zwischen denen das Haupt-Portal sich befindet; sie sind der am höchsten hervorragende Theil eines Tempels, kommen aber nicht bei allen Tempeln vor. Vor einem Pylon waren gewöhnlich zwei Obelisken oder Spitzsäulen aufgestellt. Diese den Aegyptern eigenthümlichen Denkmäler bestehen immer nur aus einem einzigen Stein und sind hohe, viereckige Säulen, welche von unten nach oben sich allmälig zuspitzen, zuletzt aber mit plötzlichem Uebergang in die Form einer kleinen Pyramide endigen. Weil der erste Obelisk, welcher von Aegypten nach Rom gebracht wurde, aus der dem Sonnengott geweihten Stadt Heliopolis genommen war, so entstand in Europa die Meinung, alle Obelisken seien zu Ehren des Sonnengottes errichtete, gleichsam nach ihm hinauf deutende Säulen. Dies ist aber nicht der Fall, sondern die Obelisken hatten den Zweck, durch die Inschriften, mit denen ihre Seitenflächen stets bedeckt waren, dem in einen Tempel Eintretenden über die Erbauung oder Vergrößerung desselben Nachricht zu geben und den Namen dessen, der sich dadurch

verdient gemacht hatte, zu verewigen. Die Obelisken ſind insgeſammt
aus den härteſten Steinen gearbeitet und haben, obgleich ſie nur aus
einem einzigen Stücke beſtehen, mitunter eine Höhe von 100 bis 150
Fuß. Der vor einigen Jahren nach Paris gebrachte Obelisk von
Luxor ſtand vor einem großen Palaſt zu Theben und hat eine Höhe
von 70 Pariſer Fuß.

So zeichnen ſich die Hauptſchöpfungen der aegyptiſchen Kunſt durch
den Charakter des Koloſſalen und Staunen-Erregenden aus. Noch mehr
aber herrſcht in den Kunſtwerken dieſes ſonderbaren Volkes ein anderer
Zug vor, welcher der Grundzug ſeines ganzen Weſens und Lebens iſt,
— das Feſthalten an dem Ueberlieferten. Eigentliche Entwicklung,
dieſer Charakterzug der abendländiſchen Völker und der neueren Zeit,
war den Aegyptern und den Prieſterſtaaten der Vorzeit fremd; und
darum fehlt ihren Schöpfungen auch jene geiſtige Friſche und Leben-
digkeit, ſowie ihrem nationalen Leben jene Mannigfaltigkeit der Indi-
vidualitäten und Zuſtände, durch die der Wechſel der Ereigniſſe auch
für das innere Weſen eines Volkes förbernd und fruchtbringend wird.
Ihre Zuſtände wie ihre Werke und ihr geiſtiges Leben blieben der
Hauptſache nach dieſelben durch die ganze lange Zeit ihrer Geſchichte
hindurch. Ja, ſo tief wurzelte Alles, was dieſem Volke einmal eigenthümlich geworden war, daß das Kaſten-Weſen der Aegypter, der
Charakter ihrer Kunſt, das Gewirre ihrer mythologiſchen Bilder und
Vorſtellungen, ihre Beziehung des ganzen Lebens auf den Tod und
ihre ungemein große Sorgfalt für die Todten noch Jahrhunderte
lang fortdauerten, obgleich längſt der Geiſt der Zeiten ſich geändert
hatte und die Aegypter unter perſiſcher, griechiſcher und römiſcher
Herrſchaft mit anderen Grundſätzen und Formen des Lebens bekannt
geworden waren. Erſt als das Chriſtenthum, das die ganze Welt
umgeſtaltete, auch in jenem Lande feſte Wurzeln geſchlagen hatte, ging
endlich das alte aegyptiſche Weſen unter, nachdem ſeine Rieſenwerke
ſchon längſt Ruinen geworden waren.

Die Israeliten.

Die Israeliten ſind das wichtigſte Volk des Orients; denn nicht
nur erhielten ſie durch die Macht, welche ſie unter ihren Königen
David und Salomo ſich erwarben, großen Einfluß auf die Staaten
der weſtlichen Hälfte Aſiens, ſondern ihre Geſchichte und Litteratur
hat auch, durch das unter ihnen entſtandene Chriſtenthum, eine außerordentlich große und bleibende Wichtigkeit für die Völker aller Klimate
und Zungen erhalten. Außerdem ſind auch die von ihnen uns über-

lieferten Bücher die zuverlässigsten und am besten geordneten Schriften
über die ältere Geschichte der Menschheit und zum Theil sogar die
ältesten Geschichtswerke, welche es gibt. Da das Einzelne der älteren
israelitischen Geschichte Jedermann bekannt ist, so bedarf es hier keiner
Erzählung der Ereignisse selbst, sondern nur einer Darstellung des
Entwickelungsganges, den das jüdische Volk genommen hat.

Die Geschichte dieses Volkes knüpft sich auf das engste an seine
Religion an, aber in ganz anderer Weise, als bei den übrigen Urstaaten.
Die Israeliten waren kein Volk, das durch den Mißbrauch der Religion
von einem kleinen, die Priesterkaste bildenden Theile abhängig gemacht
wurde, sondern es sah sich als eine Familie von gleich berechtigten
Brüdern an, deren Haupt und Leiter Gott selbst war. Das Volk war
nach den Begriffen der Israeliten nie eines Menschen, sondern Gottes
Eigenthum und der Staat hatte keinen andern Endzweck, als den der
Religion. Um diese bewegt sich der ganze Verlauf der Geschichte des
jüdischen Volkes. Auch wurde die Geschichte der Israeliten von ihnen
selbst stets nur als die Geschichte einer Erziehung durch die Gottheit
dargestellt und Jehova als der Herr und Lenker angesehen, der sein
Volk strafend und belohnend, durch wechselnde Ereignisse hindurch,
dem höchsten Ziele entgegenführe. Mit dieser Grund-Idee, welche das
israelitische Volk und seine Geschichte von Anfang an durchdringt,
hängt eine andere Vorstellung zusammen, die schon in der ältesten
Schrift dieses Volkes angedeutet ist und in dem weiteren Verlauf
seiner Geschichte immer mächtiger und bedeutungsvoller hervortritt.
Es ist die Idee eines Messias oder eines Erlösers und Retters, der
einst, als des unsichtbaren Gottes sichtbarer Gesandter und Stellvertreter, unter den Juden erscheinen, dieselben weltlich und geistlich
erneuern und ein ewiges, die ganze Menschheit umfassendes Reich
gründen werde.

Die Israeliten sind das Hauptvolk der semitischen oder aramäischen
Völkergruppe und stammen aus dem Lande um den oberen Euphrat
und Tigris her, von wo sie über Mesopotamien nach Palästina wanderten. Ihr ältester Name ist Hebräer. Dieser Name wird ge-
wöhnlich so erklärt, daß er die von jenseits Gekommenen oder die
Fremdlinge bedeute und den Israeliten bei ihrer Uebersiedelung nach
Palästina von den dort schon vor ihnen einheimischen Nomadenstämmen
gegeben worden sei. Später trat an die Stelle desselben der Name
Israeliten, welcher in der Zeit des größten Glanzes der jüdischen
Nation der herrschende ward und den ersteren nach und nach ganz
verdrängte. Gegen das Ende der israelitischen Geschichte wurde der
Name Juden gebräuchlich, während neben ihm zugleich der älteste
Name Hebräer wieder aufkam.

Die Geſchichte der Jsraeliten beginnt mit Abraham, welcher über 2000 Jahre vor Chriſti Geburt lebte. Erſt von dieſer Zeit an erſcheinen ſie als ein Volt oder als ein beſonderer Theil der Menſchheit, welcher für ſich ſelbſt beſteht und durch eine eigenthümliche Entwickelung ſich von den übrigen unterſcheidet. Abraham und die Seinen waren Nomaden, welche eine große Familie oder einen kleinen Stamm bildeten, der von einem Oberhaupte oder Patriarchen geleitet wurde. Unter Abraham wanderte dieſer Nomadenſtamm ans Meſopotamien nach Paläſtina oder Kanaan aus. Er führte hier wie in Meſopotamien ein Leben wandernder Hirten. Einmal zog der kleine Stamm, durch Mißwachs genöthigt, auch nach Aegypten, verließ dieſes Land aber bald wieder und kehrte nach Paläſtina zurück, welches fortan die eigentliche Heimath und das Vaterland der Juden blieb. Als ſchlichtes Hirtenvolt mit unverdorbenen Sitten und durch die Verehrung eines einzigen Gottes vor den ſie umgebenden Völkern ausgezeichnet, ſetzten die Juden hier, unter Abraham's Sohn Iſaal und unter ſeinem Enkel Jakob, der auch Jsrael hieß, ihr Nomaden-Leben fort.

Jakob hatte zwölf Söhne, welche die Stammväter der zwölf Stämme wurden, in die das israelitiſche Volt nachmals für immer getheilt erſcheint. Von ihnen war einer der jüngſten, Joſeph, als Sklave nach Aegypten gebracht worden und ſtieg dort durch wunderbare Fügungen bis zur Würde des höchſten königlichen Beamten empor. Er ließ auch ſeine Angehörigen und Stammgenoſſen nach Aegypten kommen, wo ihnen das weidereiche Land Goſen in Unter-Aegypten als Wohnſitz eingeräumt wurde, um 1900 Jahre vor unſerer Zeitrechnung. Hier blieben die Jsraeliten vierhundert dreißig Jahre und vermehrten ſich im Lanſe dieſer Zeit zu einer der Zahl nach anſehnlichen Völkerſchaft. Sie waren aber den Aegyptern, die das Hirtenleben anf's tiefſte verachteten und denen ſie auch als Fremde und Andersgläubige zuwider waren, ſehr verhaßt; und da ſie durch die große Volkszahl, zu welcher ſie nach und nach anwuchſen, auch für den aegyptiſchen Staat gefährlich zu werden ſchienen, ſo begann man den härteſten Druck gegen ſie auszuüben. Man zwang ſie zu ſchweren Frohndienſten, ſuchte auf jede Weiſe ihre Zahl zu mindern und ging zuletzt ſo weit, daß man ſie gänzlich auszurotten beſchloß. Dieſe Zeit des härteſten Druckes und der grauſamſten Verfolgung ward aber für die Jsraeliten die Zeit ihrer Befreiung und Wiedererhebung. Von den Feinden ſeines Volkes ſelbſt in allen Wiſſenſchaften unterrichtet und in ihre Religionsgeheimniſſe eingeweiht, ſtand Moſe in ſeinem vierzigſten Lebensjahre als Retter ſeines Volkes auf, und zwar als Retter in mehr denn einer Weiſe. Er gab den Jsraeliten, welche nicht blos die ärgſte Knechtſchaft erdulbeten, ſondern unter dieſem Drucke auch religiös und ſittlich ent

artet waren, ihre Freiheit, ihren alten Glauben und ihr früheres
Vaterland wieder und übermachte ihnen eine Gesetzgebung, durch welche
nicht allein ihre Religion und ihre politische Freiheit gegen einen als-
baldigen neuen Untergang sicher gestellt, sondern das israelitische Volk
auch zu einem der Hauptvölker der Erde erhoben wurde. Moses und
sein Bruder Aaron führten die Israeliten, welche damals aus etwa
drei Millionen Seelen bestanden, aus Aegypten nach dem nördlichen
Arabien. Hier zog der große Gesetzgeber, um seine Nation aus ihrer
religiösen Entartung und ihrem gesunkenen sittlichen Zustand zuerst
wieder zu einer edleren Gesinnung und zur Reinheit des alten Glaubens
zu erheben, mit ihnen lange Zeit nomadisirend umher; und erst nach
vierzigjähriger Wanderung und nach Mosis Tode gelangte das jüdische
Volk in sein altes Vaterland zurück. An dem Berge Sinai ertheilte
Moses den Israeliten die heiligen Gesetze, nach welchen sie fortan
leben und in Kanaan ihren Staat einrichten sollten.

Durch die Mosaische Gesetzgebung wurden Religion und Staat
auf eine ganz andere Weise mit einander verbunden, als bei den
übrigen älteren Völkern des Orients, deren Staats-Einrichtungen
denen der Israeliten weit nachstehen. Die Befestigung des Glaubens
an einen einzigen Gott, die Herstellung eines wahren Cultus oder
einer Verehrungsweise der Gottheit, welche nicht, wie die der Aegypter
und Indier, in blos sinnliche Gebräuche und in sittenverderbliche Ceremonien ausarten konnte, die Ueberführung der Israeliten vom Hirtenleben zum Ackerbau und die Beschützung der Freiheit des Einzelnen
gegen Despotie und Priesterherrschaft — dies waren die Hauptzwecke,
welche Moses in seiner Gesetzgebung verfolgte. Jehova selbst sollte
als das alleinige Haupt des Staates angesehen werden, die Stamm-
ältesten aber in seinem Namen regieren und eine erbliche Priesterschaft
ihnen mit ihrem Rathe beistehen und zugleich über die Erhaltung der
Staatsverfassung wachen. Die Richter bestanden aus den Priestern
und den Aeltesten jeder Stadt. Zur Priesterschaft wurde einer der
zwölf Stämme, der Stamm Levi, bestimmt, und dieser in zwei
Klassen getheilt, von denen die eine blos Aaron's Familie in sich
begriff und die eigentlichen Priester mit einem Hohenpriester an ihrer
Spitze enthielt, die andere aber nur aus Priestergehülfen, Gesetzkun-
bigen, Richtern und Aerzten bestand. Während unter die übrigen
Stämme, deren Zahl zwölf durch die Theilung des einen derselben in
zwei erhalten ward, das Land Kanaan vertheilt wurde, blieb der
Stamm Levi ohne Landbesitz; er wurde in dem Gebiet aller übrigen
Stämme zerstreut angesiedelt und erhielt den Zehnten vom Ertrage
des Bodens. So wurde zwar auch unter den Israeliten eine Priesterkaste gegründet; aber diese bildete nicht, wie bei den Indiern und

Aegyptern, einen Gegensatz gegen die weltlichen Stände, sondern
gehörte vielmehr selbst ihnen halb an und das gesammte israelitische
Volk war dadurch für immer gegen eine Herabwürdigung gesichert,
wie sie in Aegypten und Indien die unteren Kasten zu erdulden hatten.
Die Religion wurde auf das innigste mit dem Staat und dem Leben
seiner Bürger in Verbindung gebracht und durch das Verbot des
Handels und des Bilderdienstes, sowie durch die religiösen Vorschriften
und Lehren ward dafür gesorgt, daß Ausartung zum Götzendienst und
moralische Verderbniß so viel als möglich ferne gehalten werde.

Moses starb um das Jahr 1480 v. Chr. Der von ihm zur Führung
der Israeliten auserkorene Josua eroberte Kanaan. Hier wurden die
einheimischen Völker großentheils ausgerottet und das Land unter die
zwölf Stämme vertheilt. Die ersten dreihundert Jahre nach der Niederlassung in Kanaan (bis zur Mitte des zwölften Jahrhunderts vor
unserer Zeitrechnung) nennt man die Zeit der Richter. Es ist
in Beziehung auf das von Moses verkündigte religiöse und bürgerliche
Gesetz eine Zeit des Schwankens. Die Israeliten fielen öfters in das
nomadische Wesen, welches Moses verbannt hatte, so wie durch die
Berührung mit benachbarten Völkern in das Gaukelwerk des Götzen-
dienstes zurück. Die zwölf Stämme oder Staaten, in welche sie nach
der Anordnung Moses' geschieden waren, hatten durch die Gleichheit
der Abstammung, des Glaubens, der Gesetze und der Sitten mit einander verbunden bleiben sollen; allein es brach häufig Zwietracht unter
ihnen aus und mancher Stamm ward im Kampfe mit den heidnischen
Nachbarn muthlos oder im Verkehr mit ihnen von ihrem Götzendienst
angelockt und so durch Abtrünnigkeit von dem Glauben oder durch
Unterwerfung unter die Feinde von den übrigen Stämmen getrennt.
Da traten von Zeit zu Zeit begeisterte Helden auf, die den sinkenden
Patriotismus und Glauben aufrichteten, die Feigen ermuthigten und
im Kampfe mit den Heiden ihre Landsleute von der Herrschaft derselben befreiten. Sie standen theils an der Spitze eines einzigen
Stammes, theils mehrerer verbündeter, theils aller Stämme. Weil
sie gewöhnlich nach beendigtem Kriege auch als oberste Beamten an
der Spitze des Staates blieben, so nennt man sie Richter oder Suf-
feten. Die berühmtesten derselben waren Othniel, die Prophetin
Debora, Gideon, Jephtha und Simson: und namentlich der
letztere lebte durch seine kühnen Thaten und Abenteuer im Kampfe gegen
das Nachbarvolk der Philister als israelitischer Nationalheld in den
Erinnerungen des Volkes. Zuletzt ward, gegen die Mosaische Anordnung, nach welcher die geistliche und weltliche Macht von einander
getrennt bleiben sollten, die Würde des Richters oder weltlichen Ge-
walthabers mit der des Hohenpriesters vereinigt, indem man dem

Hohenpriester Eli das Richteramt übertrug. Allein das israelitische Volk sank gerade damals auf das tiefste, Eli's beide Söhne erlaubten sich, das Ansehen des Vaters mißbrauchend, die ärgsten Frevel, und die Nation schien zugleich dem sittlichen Verderben und der Uebermacht der Philister, welche in der südwestlichen Niederung am mittelländischen Meere hin wohnten, erliegen zu sollen. Da starb Eli und an seine Stelle ward 1090 v. Chr. als Richter ein Mann ernannt, der die Israeliten vom Untergang errettete.

Dieser Retter war Samuel, durch dessen Ernennung das Richter-amt wieder von der Hohenpriesterwürde getrennt wurde und unter welchem endlich der von Moses verkündigte Glaube feste Wurzeln schlug. Er, ein Mann von wahrer Frömmigkeit, strenger Gerechtigkeit und hoher Einsicht, wußte den Patriotismus und Muth der Israeliten zur Abwehr der ihnen von den Philistern drohenden Gefahr zu ent-flammen und belebte den halb erloschenen Nationalsinn von neuem. Er befestigte denselben namentlich durch die Stiftung der sogenannten Propheten-Schulen, in welchen junge Männer eine höhere geistige und moralische Bildung erhielten und zur Leitung und Belehrung des Volkes befähigt wurden. Aus diesen Schulen gingen nicht allein die größten Dichter der Nation, sondern auch jene begeisterten Patrioten und Oppositions-Männer hervor, welche später unter dem Namen Propheten das Mosaische Gesetz und Recht mit kühnem Muthe gegen die Gewalt der Herrscher vertheidigten.

Der kriegerische Sinn, der damals, in Folge des neu auflebenden Nationalsinnes und einzelner Erfolge über gefürchtete Feinde unter dem Volke Wurzel gefaßt hatte, trieb dasselbe zu dem Wunsche, einen König zu haben, „wie alle Heiden ringsumher“, der als alleiniges und bleibendes Oberhaupt die Stämme vereinigt halten und im Kriege an-führen könne. Die Erfüllung dieses Wunsches stand im Widerspruche mit der Mosaischen Gesetzgebung, nach welcher Jehova allein das Haupt des Staates war und dieser nur nach seinen Geboten gelenkt werden sollte. Samuel bot daher Alles auf, um sein Volk von jenem Begehren abzubringen; allein es gelang ihm nicht: er mußte seinem dringenden Verlangen nachgeben und ernannte Saul, einen Mann aus dem Stamme Benjamin, zum König, welcher, nach einem über die Ammoniter erfochtenen Siege, auch allgemein als solcher anerkannt wurde (um 1080 v. Chr.). Dieser, obgleich ein tapferer Mann und durch siegreiche Kriege mit den Feinden des Landes sich auszeichnend, war der Aufgabe eines Herrschers über das Volk Jehovas nicht gewachsen und beging manche Fehler, durch welche er sich mit Samuel entzweite. Als er starb, bestieg der als Prophet, Dichter und Kriegsheld aus-gezeichnete und von Samuel bereits geweihte David aus dem mächtigen Stamme Juda den Thron (1058). Die meisten Stämme hielten zwar anfangs zu dem einzigen übrigen Sohne Saul's, aber nach und nach fielen auch sie zu David ab und 1048 wurde dieser endlich allgemein als König von Israel anerkannt.

Die Regierung David's und die darauf folgende seines Sohnes Salomo bildeten den Glanzpunkt der Geschichte des israelitischen Volkes. Unter diesen Königen stand dasselbe am mächtigsten da und war das Hauptvolk der vorderen Hälfte von Asien. Unter ihnen entflammten Handel und Gewerbe bei den Israeliten, und ein großer Wohlstand verbreitete sich durch Palästina. Unter ihnen endlich, welche selbst Schriften verfaßten, nahm das goldene Zeitalter der israelitischen Litteratur seinen Anfang. David regierte von 1058 bis 1018 und ist unstreitig als Mensch und als König der trefflichste Herrscher, den das israelitische Volk je hatte. Er führte glückliche Kriege mit den benachbarten Völkern, machte aber seine Kriegsunternehmungen nicht, um erobernd sein Reich bis zur Größe einer Weltmacht zu erweitern, sondern nur, um dessen Grenzen durch besiegte Feinde zu decken. Da er ferner einsah, daß sein Volk fortan des Handels bedürfe, so öffnete er nach verschiedenen Seiten hin Wege für denselben und legte so den Grund zu der großen Handelsthätigkeit, welche nachher Salomo in seinen Staaten entwickelte.

Die Anordnungen, welche David in der inneren Staatsverwaltung machte, waren fern von aller Despotie, klug und gerecht; er behielt die Stammfürsten bei, ließ den Aeltesten die Verwaltung in ihren Districten und ernannte die Richter und Beamten aus den angesehensten Bürgern der Städte; er stellte an die Spitze seines Heeres nur solche Männer, welche, wie sein berühmter Feldherr Joab, in der Zeit der Noth sich ihm bewährt hatten; er blieb, obgleich er von der Grenze Aegyptens an bis zu der wichtigen Handelsstadt Thapsalus oder Thipsach am Euphrat hin über ein mächtiges Reich gebot, doch einfach in seinen Sitten und seiner Lebensweise; er sorgte endlich trefflich für die Finanzverwaltung seines Staates. David gab ferner den Israeliten eine an einem günstigen Orte gelegene Hauptstadt und Festung, indem er das erst durch ihn den Jebusitern abgenommene Jerusalem befestigte, seine Residenz dahin verlegte und diese Stadt dadurch, daß er Israel's größtes Heiligthum, die Bundeslade, welche seither, wie die wechselnde Zeit es mit sich brachte, an verschiednen Orten aufgestellt worden war, dort aufstellen ließ, zum Mittelpunkt der Gottesverehrung machte. Auch einen Tempel wollte er daselbst erbauen, allein daran hinderte ihn der Prophet Nathan. Endlich wirkte der begeisterte fromme und demüthige Sinn des Königs auch sehr folgenreich auf die Poesie und die Art der Gottesverehrung seines

Volkes ein; denn er ist der Schöpfer der lyrischen Dichtkunst der
Israeliten und zugleich der Stifter der hebräischen Kirchenmusik. Das
Ende seiner Regierung wurde durch Empörungen getrübt, an deren
Spitze namentlich sein Sohn Absalom stand, der dabei das Leben verlor.
Salomo, welcher von 1018 bis 978 v. Chr. regierte, ist der
glänzendste der israelitischen Herrscher. Er, ein Mann von unter-
nehmendem Geiste, durch dichterische Begabung, Bildung und Liebe
zu Wissenschaft und Kunst ausgezeichnet, hob Israel zu großem Ansehen unter den Völkern und regierte mit einer Gerechtigkeit, Weisheit
und Pracht, welche sprichwörtlich geworden sind. Der Wohlstand seines
Volkes und die große Macht, welche dasselbe errungen hatte, gewährten
ihm die Möglichkeit, eine glänzende Hofhaltung einzurichten, neue
Städte anzulegen und prächtige Paläste zu bauen. Die wichtigsten
und berühmtesten seiner Bauwerke waren der Tempel von Jerusalem
und die von ihm gegründete Stadt Tadmor oder Palmyra. Die
letztere ward von ihm des Handels wegen auf einer Oase der syrischen
Wüste, zwischen Damaskus und dem Euphrat, angelegt, und wurde
einer der Hauptstapelplätze für den Karawanenhandel des Alterthums
und dadurch eine der reichsten und prachtvollsten Städte von West-
asien. Der große Jehovatempel wurde zu Jerusalem auf dem Berge
Morijah erbaut und zwar durch ausländische Künstler und Arbeiter,
besonders aus der gewerbreichen phönicischen Stadt Tyrus; denn die
Israeliten selbst waren in den Künsten und Gewerben noch zu sehr
zurückgeblieben. Der Tempel, welcher durch viele, zu Priesterwoh-
nungen und zu anderen Zwecken dienende Nebengebäude eine große
Ausdehnung erhielt, war nicht durch die künstlerische Schönheit seines
Baues, sondern durch seine außerordentliche Pracht und die ungeheure Masse der auf seine Ausschmückung verwandten edlen Metalle
ausgezeichnet.
    Salomo trat mit den benachbarten Phöniciern und Aegyptern in
enge Verbindung und machte in Gemeinschaft mit dem ersteren Volke
große Handelsunternehmungen. Diese trugen ihm selbst zwar viel
Geld ein, waren aber für die israelitische Nation nachtheilig, weil die
Beschäftigung mit dem Handel ihrer Verfassung entgegen war und
weil derselbe nicht durch Israeliten, sondern durch Phönicier und auf
phönicischen Schiffen getrieben wurde. Der Salomonische Seehandel
ging vom arabischen Meerbusen aus und wurde mit einem Lande getrieben, welches den Namen Ophir trug, dessen Lage aber nicht sicher
ermittelt ist: Manche halten ein Stück von Arabien, Andere einen
Theil der Ostküste von Afrika für das Land Ophir; in der neuesten
Zeit sind Viele geneigt, den Namen Ophir als gleichbedeutend mit
Ostindien anzusehen. Wie Salomo in Verbindung mit den Phöniciern

Handel trieb, obgleich die Mosaische Gesetzgebung diesen aus Palästina verbannt haben wollte, so änderte er nach dem Vorbild des aegyptischen Staats auch das Heerwesen; er führte nämlich die von Moses verbotene Reiterei ein, wozu er die Pferde aus Aegypten kommen ließ, da Arabien damals noch keine Pferdezucht hatte. Auch verfiel Salomo im Laufe seiner Regierung immer mehr in das an den despotischen Höfen des Orients herrschende Wesen und entfremdete sich dadurch seinem Volke. Er steigerte die Schwelgerei und Pracht bis zu einem für die Nation sehr drückenden Grade, nahm eine Menge Frauen, von welchen die meisten Ausländerinnen waren und führte zuletzt sogar den Götzendienst der benachbarten Völker an seinem Hofe ein. Es ist daher nicht zu verwundern, daß gegen das Ende seiner Regierung eine Empörung ausbrach, an deren Spitze Jerobeam, einer seiner ersten Beamten, stand. Die Empörung wurde zwar wieder unterdrückt, allein Jerobeam entfloh nach Aegypten und wußte den König dieses Landes für sich zu gewinnen, so daß von dorther neue Gefahren drohten.

Unmittelbar nach Salomo's Tode brach das von ihm herbeigezogene Verderben über Palästina herein. Die Aeltesten von zehn Stämmen traten zusammen, um der Fortsetzung des unter Salomo entstandenen Despotismus vorzubeugen. Sie stellten an dessen Sohn Rehabeam die Forderung, daß er dem von seinem Vater geübten willkürlichen Regiment entsage und die seitherige Bedrückung des Volkes aufhebe; und als Rehabeam dies mit dem drohenden Worte, daß, wie sein Vater sie mit Peitschen gezüchtigt habe, er sie mit Skorpionen züchtigen werde, zurückwies, erhoben sie Jerobeam auf den Thron. Nur Juda und Benjamin erkannten Salomo's Sohn als König an (978). So zerfiel das israelitische Reich in zwei Theile, von welchen der von Jerobeam beherrschte größere Theil den Namen Israel behielt, das Reich Rehabeam's aber den Namen Juda führte. Das letztere hatte Jerusalem zur Hauptstadt, für das Erstere aber war zuerst Sichem, dann Thirza und endlich das etwa 60 Jahre nach jener Theilung erbaute Samaria Residenz und Hauptstadt. Das Reich Israel bestand 253 Jahre, unter zwanzig Königen, von denen schon der Dritte nicht mehr zu Jerobeam's Familie gehörte; das Reich Juda ging erst nach 390 Jahren unter, nachdem es ebenfalls zwanzig Könige gehabt hatte, welche sämmtlich Nachkommen Rehabeam's aus dem Hause Davids waren.

Mit dieser Theilung des israelitischen Volkes, dessen Reich gerade unmittelbar vor derselben den höchsten Grad von Macht und Glanz erlangt hatte, beginnt sein Untergang. Doch ist es nicht diese Theilung selbst und ebenso wenig die Macht seiner Feinde gewesen, durch welche das israelitische Volk unterging, sondern vielmehr das schon mit Salomo's Regierung beginnende Schwinden des Nationalsinnes und die Vernach-

läffigung der in dem Mosaischen Gejetze gegebenen Mittel, den Patriotismus anzufachen. Die Könige von Israel fielen gleich bei der
Entstehung ihres Reiches von dem Glauben ihrer Väter ab und huldigten insgesammt dem Götzendienst, welcher abwechselnd von den
Aegyptern, Phöniciern, Assyrern und Syrern entlehnt ward. Sie
verboten, um einen Abfall an die Könige von Juda zu verhindern,
ihren Unterthanen sogar die Reise nach Jerusalem, wo der Tempel
und die Bundeslade des von ihren Vätern verehrten Gottes sich befanden. Zwar kehrte ihr Volk zuweilen zu seinem nationalen Glauben
zurück; aber sie selbst hatten, statt der von wirklichem Nationalsinn
und Patriotismus begeisterten wahren Propheten, eine Pflanzschule
von Hof-Propheten, d. h. von Lügnern und feilen Schmeichlern errichtet und so sich des Mittels, die Stimmung des Volkes zu erfahren,
beraubt. Nur selten traten echte Propheten mit der Stimme der
Wahrheit vor ihnen auf, wie z. B. Elias und Elisa. Auch die
Könige von Juda, bei denen stets das wahre Prophetenthum in
Männern, wie Amos, Micha, Jesaja u. A. sich erhielt, fielen,
ihrer Bündnisse mit fremden Völkern wegen, oft zu dem Götzendienst
der Aegypter, Babylonier oder Phönicier ab. Beide Reiche verbanden sich zu ihrem eigenen Verderben häufig mit fremden Völkern, von
denen einige unter David und Salomo den Israeliten unterworfen
worden waren, aber zum Theil schon im Augenblick der Trennung des
israelitischen Reiches sich wieder frei gemacht hatten; beide führten fast
beständig Krieg mit einander; beide endlich hatten das Unglück, in der
Mitte zweier mächtiger Reiche, des aegyptischen einerseits und des
assyrisch-babylonischen andererseits, zu liegen, und so in dem Kampf
dieser Mächte, die vom Euphrat und vom Nil her in Palästina
einander begegneten, dem Sieger als Opfer anheimzufallen.

Das Reich Israel wurde im Jahre 722 v. Chr. durch den assyrischen König Salmanassar vernichtet. Der letzte König desselben, Hosea,
und der größere Theil des Volkes mußten Palästina verlassen und
wurden in entlegene Gegenden von Salmanassar's Reich versetzt,
welches Schicksal man die assyrische Gefangenschaft zu nennen
pflegt. Dagegen wurden Einwohner von Babylonien und aus der
Gegend um Sidon gezwungen, nach Palästina überzusiedeln. Diese
wurden von Leviten belehrt, verschmolzen mit den zurückgebliebenen
Israeliten und wurden so die Stammväter der von den reinen Israeliten gehaßten Samaritaner, bei denen der Jehovadienst nur in
einer durch mancherlei fremden Aberglauben getrübten Gestalt fortlebte.
Das Reich Juda erlag dem babylonischen König Nebukadnezar, welcher
585 v. Chr. Jerusalem zerstörte und die meisten Bewohner desselben
sammt ihrem letzten Könige Zedekia nach Babylonien versetzte, nach-

dem ſchon kurze Zeit vorher ein Theil der Juden dorthin geſchleppt
worden war. In dieſem ſogenannten babyloniſchen Exil, welches von
604, als dem Jahre der erſten Wegführung von Juden nach jenem Lande,
gerechnet wird, blieben die Juden bis 535, wo der Perſerkönig Cyrus
ihnen die Rückkehr erlaubte. Von dieſer Zeit an lebten ſie als perſiſche
Unterthanen wieder in ihrem Vaterlande. Die Zurückgekehrten waren
jedoch insgeſammt nur Leviten und Leute aus den beiden Stämmen
Juda und Benjamin, und deswegen ward auch ſeitdem der Name Juden zur Bezeichnung des israelitiſchen Volkes überhaupt gebräuchlich.
Was aus den übrigen zehn Stämmen geworden, iſt durchaus unbekannt. Die ſpätere Geſchichte der Juden gehört der griechiſch-römiſchen
Zeit des Alterthums an.

—————

Die Phönicier.

Die Phönicier, ein gleich den Juden dem ſemitiſchen Stamm
angehörendes Volk, bewohnten ſchon ſeit der älteſten Zeit, bis zu
welcher man ihre Geſchichte verfolgen kann, das nach ihnen benannte,
wenig umfangreiche, aber von der Natur auf mannigfaltige Weiſe
begünſtigte Land, welches im Norden von Paläſtina und im Südweſten
von Syrien ſich zwiſchen dem Libanon-Gebirge und dem Mittelmeer
ausbreitet. Sie wandten ſich ſchon früh dem Handel und der
Induſtrie zu, entwickelten dieſe Thätigkeit zu einem für die ältere Zeit
des Alterthums ſehr hohen Grade und erhielten dadurch eine große
Bedeutung für die Geſchichte von Aſien und Europa. Ihre eigene
Geſchichte, über welche ſich von ihnen ſelbſt keine ſchriftlichen Werke
erhalten haben, dreht ſich vornämlich um die zwei Städte Sidon und
Tyrus, in welchen jene Thätigkeit ihren Mittelpunkt hatte und die
abwechſelnd an der Spitze des geſammten Volkes ſtanden. Dieſes
Volk war nämlich nie in einen einzigen Staat vereinigt, ſondern jede
Stadt beſtand unabhängig für ſich, doch waren die einzelnen Städte
oft mit einander verbündet und noch öfters hielt diejenige von ihnen,
welche am meiſten Reichthum und Macht erlangt hatte, die übrigen in
Abhängigkeit. In den Städten ſelbſt herrſchte meiſtens ein durch eine
Ariſtokratie beſchränktes Oberhaupt, deſſen Herrſchaft bald erblich, bald
blos lebenslänglich, bald nur für eine beſtimmte Zeit übertragen war.

Im Anfang der phöniciſchen Geſchichte iſt Sidon die mächtigſte
Stadt und der Hauptſitz des Handels und der Induſtrie des Volkes.
Es wird ſchon zur Zeit Joſeph's als ein mit Aegypten Handel treiben-

der Ort erwähnt: schon als die Juden aus Aegypten auswanderten, erscheint es als eine weithin im Lande herrschende Stadt; und die bunten Kleiderstoffe von Sidon waren unter den Griechen schon zu Homer's Zeit als die besten berühmt. Schon früh hatte Sidon Colonien an andern Punkten Phöniciens gegründet, namentlich das nachher so mächtig gewordene Tyrus. Selbst also damals, als Phönicien land-einwärts noch überall von bloßen Nomadenvölkern und unangebauten Landstrichen umgeben war, besaß dasselbe eine schon hochentwickelte Cultur. Als aber die Israeliten Palästina einnahmen und, zum Ackerbau-Leben übergehend, den harten Felsenboden dieses Landes in Gärten umwandelten, und als zu gleicher Zeit auch die benachbarten Bewohner von Syrien zu einer Cultur gelangten, da blühte die für diese Länder Bedürfniß werdende Industrie und Handelsthätigkeit Phöniciens noch viel rascher auf und begann die mächtig angewachsene Bevölkerung zu überseeischen Colonisationen zu drängen.

In jenen Zeiten hob sich auch zuerst Tyrus und wurde nach und nach so mächtig, daß es zur Zeit David's und Salomo's die glänzendste Stadt Vorderasiens war, an der Spitze Phöniciens stand und sogar über Sidon herrschte. Die Tyrier hatten damals den Alleinhandel mit Glas, mit Purpur und mit Kermes oder der besten rothen Farbe, welche das Alterthum kannte. Gießkunst, Goldschlägerei, Weberei, Stickerei und die Verfertigung von Bildwerken und Ornamenten wurden zu Tyrus ganz im Großen betrieben. Die Tyrier hatten große Schiffe, mit welchen sie des Handels wegen zu den Küstenländern des östlichen Mittelmeeres, sowie vom rothen Meer aus nach dem Lande Ophir fuhren. Ihr König Hiram schloß ein Bündniß mit David und Salomo, in Folge dessen die von den Juden gemachten Erobe-rungen dem tyrischen Handel sehr zu Statten kamen, und tyrische Meister wurden die Leiter des Salomonischen Tempelbaues. Neben dem See-handel blühte auch der Landhandel, welcher in das innere Asien hinein hauptsächlich über das neu gegründete Tadmor oder Palmyra und den alten, am Euphrat gelegenen Handelsplatz Thapsakus ging. In der folgenden Zeit hob sich der tyrische Handel noch mehr. Damals wurde die erste phönicische Colonie an der Nordwest-Küste von Afrika, die mauretanische Stadt Auza, gegründet (920 v. Chr.), nachdem die Tyrier schon vorher auf Cypern sich angesiedelt hatten. Damals breiteten sich dieselben auf Kreta, Rhodus, Thasos und andern Inseln des griechischen Meeres aus, wo sie unter Anderm auch Bergbau trieben, kamen dort und an den Küsten des Festlandes mit den Griechen in Verkehr und legten, stets weiter bringend, auch auf Sicilien, Sar-dinien und Korsika Colonieen an.

Zu jener Zeit (um das Jahr 880) gründeten die Tyrier auch die

7*

berühmteſte aller phöniciſchen Colonieen, das in dem heutigen Lande
Tunis gelegene Karthago. Dido, die Schweſter des Beherrſchers
von Tyrus, Pygmalion, war die Gründerin dieſer wichtigen Handelsſtadt. Sie wanderte, erzählt die Sage, als ihr Bruder, aus Gier
nach den Schätzen ihres Gemahls Sychäus, dieſen ermordet hatte,
mit einer Anzahl Mißvergnügter aus und erhielt das Gebiet für die
zu gründende Stadt dadurch, daß ſie von den nahen libyſchen Eingeborenen ſo viel Land kaufte, als mit einer Ochſenhaut umſpannt werden
könne, und dann mit der in Streifen geſchnittenen Haut des beim
Bundesopfer geſchlachteten Stiers einen bedeutenden Strich einfaßte.
Um die Zeit der Gründung Karthago's dehnten die Phönicier ihre
Fahrten bis an das äußerſte Ende des Mittelmeers aus, ſchifften nach
Spanien und legten auch dort Pflanzſtädte an, von denen das heutige
Cadix und das untergegangene Tarteſſus, beide im heutigen An-
daluſien gelegen, die berühmteſten waren.

Bei der Ausbreitung der Reiche Aſſyrien und Babylonien, durch
welche die Israeliten ihre Unabhängigkeit verloren, kam auch Phönicien
ins Gedränge. Salmanaſſar, der Zerſtörer des Reiches Israel, zwang
die Phönicier, ihm zu huldigen. Nur die Tyrier wieſen ſeine Aufforderungen und Drohungen zurück und widerſtanden mit ſiegreichem
Muthe ſeinem Angriffe. Zwar fiel ihre Stadt in ſeine Gewalt; allein
der Kern ihrer Bewohner zog ſich auf eine kleine, vor derſelben gelegene
Inſel zurück, welche von jetzt an Neu-Tyrus hieß und der Hauptſitz
der tyriſchen Herrſchaft ward. Dieſer Kern des tyriſchen Volkes zeigte
hier, daß Vaterlandsliebe, wenn ſie mit Ausdauer und Geſchicklichkeit
verbunden und nicht ganz vom Glücke verlaſſen iſt, jedem Angriff der
Gewalt ſiegreich zu widerſtehen vermag. Mit ſechszig größeren Schiffen
und achthundert Schaluppen verſuchten die Aſſyrer auf der Inſel zu
landen, mit zwölf Schiffen dagegen verhinderten die Tyrier ſie daran.
Fünf Jahre lang vertheidigten ſie ſich und obgleich die Uebermacht
der Feinde ſehr groß war und die Inſel an Trinkwaſſer Mangel litt,
ſo wurden die Aſſyrer doch endlich genöthigt, unverrichteter Sache abzuziehen. Tyrus blühte von neuem auf; ja ſein Reichthum erreichte
gerade in den Zeiten der aſſyriſchen und babyloniſchen Macht den
höchſten Grad. Sidonier und Araber dienten den Tyriern als Matroſen auf ihren Schiffen und von der Nordküſte Afrika's, vom rothen
Meer und von Perſien her warben ſie Söldner, aus welchen ihre
Kriegsmacht gebildet wurde; ſie beſaßen eine große Handelsflotte und
ihre Schiffe waren zum Theil auf das prachtvollſte verziert; ja, es
wird berichtet, daß manche derſelben mit koſtbarem Holze getäfelt, mit
Buchs und Elfenbein eingelegt und, bei feſtlichen Gelegenheiten, mit
Segeln von feinen baumwollenen Zeugen verſehen waren.

Von neuem aber kamen die Tyrier in große Gefahr, als Nebukadnezar, der Zerstörer von Jerusalem, über das babylonische Reich herrschte; aber auch damals retteten sie durch Muth und Ausdauer ihre Freiheit. Die übrigen Phönicier huldigten, wie einst zu Salmanassar's Zeit, dem mächtigen Herrscher; die Tyrier dagegen zogen sich wieder auf ihre Inselstabt zurück, und obgleich das babylonische Heer dreizehn Jahre lang in Phönicien stehen blieb und die Tyrier bekriegte, so behaupteten diese doch ihre Unabhängigkeit. Nur Alt-Tyrus fiel in die Gewalt Nebukadnezar's, welcher alle Einwohner, die sich dort fanden, nach Babylonien in die Gefangenschaft schleppen ließ.

Als später die Perser unter Cyrus ihre Herrschaft über Vorderasien ausbreiteten, unterwarf sich ihnen auch das gesammte Volk der Phönicier freiwillig, obgleich, wie es scheint, nur unter gewissen Bedingungen. Die phönicischen Städte waren unter der persischen Herrschaft zum Seedienst und zu gewissen Abgaben verpflichtet, sonst aber fast ganz frei: sie verwalteten sich selbst, behielten ihre seitherigen Einrichtungen und ordneten auf einem Kongreß von Deputirten der einzelnen Städte, der von Zeit zu Zeit in Tyrus gehalten wurde, ihre gemeinschaftlichen Angelegenheiten. Nur die Bedrückungen, welche persische Statthalter und Officiere sich erlaubten, machten die Lage der Phönicier sehr schlimm; diese waren vorzugsweise in Sidon fühlbar, welches damals wieder über Tyrus emporragte und der Mittelpunkt des phönicischen Seewesens ward. Uebrigens bildeten die Phönicier, zugleich mit den unterworfenen kleinasiatischen Griechen, den Kern der persischen Seemacht. Um die Mitte des vierten Jahrhunderts v. Chr. schlossen sich die Phönicier, von Sidon aufgeregt und geleitet, an eine große Empörung an, die in Aegypten ausbrach und sich von da nach Asien verbreitete. Diese Empörung mißlang und die Phönicier mußten sich der persischen Herrschaft von neuem fügen. Damals unterwarfen sich, bei der Annäherung des persischen Heeres, die phönicischen Städte freiwillig; nur Sidon befolgte das Beispiel, das früher zweimal seine Nebenbuhlerin Tyrus gegeben hatte: die Sidonier verbrannten ihre Schiffe, damit Niemand an die Flucht denken könne, und als durch den Verrath eines mit ihnen verbündeten Fürsten ihre Stadt in die Hände des Perserkönigs fiel, und dieser sogleich die edelsten Bürger ermorden ließ, zündeten sie selbst die Stadt an und verbrannten sich und ihre Schätze. Zwar wurde Sidon alsbald wieder aufgebaut, und schon zwanzig Jahre nachher finden wir die Stadt wieder bevölkert und blühend; allein Tyrus schwang sich damals durch seinen Handel von neuem über sie empor.

Als um das Jahr 333 v. Chr. Alexander der Große das persische Reich eroberte, unterwarfen sich die phönicischen Städte ihm freiwillig, mit alleiniger Ausnahme von Tyrus, welches damals allein aus der Inselstadt bestand. Mit dem ausdauerndsten Muthe leisteten die Tyrier den belagernden Feinden Widerstand; Alexander mußte seine ganze Kriegskunst und den ganzen Muth seines Heeres aufbieten, um sie zu unterwerfen, und doch konnte er erst nach einer Belagerung von sieben Monaten und nach großem Verlust die Stadt einnehmen. Die Tyrier wurden grausam bestraft: Alexander ließ alle, die in seine Gewalt fielen, entweder als Sklaven verkaufen oder ans Kreuz schlagen. Die Stadt erhob sich zwar auch damals bald wieder; allein die Zeit der Phönicier war abgelaufen: der Welthandel zog sich nach der von Alexander gegründeten neuen Hauptstadt Aegyptens und Phönicien verlor damit den letzten Rest seiner commerciellen Bedeutung und blieb seitdem stets ein unselbstständiger Theil fremder Reiche.

Der Handel und die Schifffahrt, durch welche die Phönicier eine so große Wichtigkeit in der Weltgeschichte erlangt haben, sind zuweilen mit Uebertreibung dargestellt worden. Die Phönicier haben zuerst von allen Völkern im Westen des alten Continents die See befahren und eine Schifffahrtskunst entwickelt; allein sie haben so weite Fahrten, als man von ihnen erzählt, theils gar nicht, theils nicht in sehr früher Zeit gemacht. Bis nach Spanien sind sie höchstwahrscheinlich nicht vor dem neunten Jahrhundert v. Chr. gefahren, obgleich man das schon im ersten Buch Mosis vorkommende Wort Tarschisch für gleichbedeutend mit Tartessus zu halten pflegt und somit diese Fahrten schon viele Jahrhunderte früher beginnen läßt. Ebenso sind die Phönicier auch an die Nordwestküste Europa's, wo sie auf den sogenannten Kassiteriden, d. h. den Scillyinseln an der Südwestküste von England, Zinn holten, erst in späterer Zeit geschifft. Nicht über allen Zweifel erhaben sind ihre Fahrten bis in die Ostsee und diejenige, welche ihre Landsleute in Diensten des aegyptischen Königs Necho einst um Afrika herum gemacht haben sollen. Den in älterer Zeit dem Golde gleich geschätzten Bernstein, welcher von den Küsten der Ostsee her ihnen zukam, holten sie gewiß nicht selbst dort, sondern sie kauften ihn an der Küste der Nordsee, wohin er durch Tauschhandel der in Norddeutschland wohnenden Völker gelangte. Was ihre Fahrt um Afrika betrifft, so erzählt Herodot, daß König Necho phönicische Männer auf dem rothen Meer an Bord gehen hieß, mit dem Auftrage, durch die Säulen des Herkules, d. h. die Straße von Gibraltar nach Aegypten, zurückzukehren: und wenn er dann als etwas ihm Unglaubliches erzählt, daß sie bei dieser Fahrt die Sonne zur Rechten erblickt hätten, so sehen wir daraus so viel, daß sie den Aequator allerdings überschritten haben müssen, die Sonne wirklich zur Rechten, d. h. im Norden erblickten. Die wichtigsten Waaren, welche sie außer ihren eigenen Fabrikaten zu

Wasser und zu Land verführten und von denen ein Theil bis von Ostindien her ihnen zukam, sind Weihrauch, Elfenbein, Zinn, edle Metalle, Eisen, Ebenholz, Zimmt, Bernstein, Wolle, Pferde, Getreide, Wein und Sklaven.

Die Industrie der Phönicier war sehr mannigfaltig und für ihre Zeit staunenswerth. Die wichtigsten Erzeugnisse derselben sind die oben als Handelsgegenstände oder Fabrikate der Tyrier angeführten, sowie außerdem ihre gefärbten Stoffe, die sidonische Leinwand und die aus edlen Metallen, Elfenbein, Ebenholz und Bernstein verfertigten Geräthschaften. Das Glas sollen die Phönicier zuerst bereitet haben, und zwar leitete der Sage nach der Zufall sie auf diese Erfindung, indem beim Anfachen eines Feuers auf Sandboden die zufälliger Weise zur Unterlage des Topfes genommenen Salpeterstücke mit dem Sand und der Asche zusammenschmolzen und so sich Glas erzeugte. Auch die Entdeckung des im Alterthum gebräuchlichen Purpurs wird den Phöniciern zugeschrieben. Sie sollen dieselbe ebenfalls dem Zufall verdankt haben, indem sie zuerst durch einen Hund, der an der Meeres-küste Muschelthiere fraß und dadurch seine Schnauze röthete, auf die jene Farbe liefernden Seemuscheln aufmerksam gemacht wurden.

Um die höhere Cultur haben die Phönicier sich ebenfalls durch Erfindungen verdient gemacht. Das Alterthum schrieb ihnen nämlich die Erfindung der Rechenkunst und der Buchstabenschrift zu, und gewiß ist wenigstens, daß die Griechen und durch sie die Römer, sowie durch diese wir, die letztere erhalten haben. — Auch einheimische Geschicht-schreiber der Phönicier werden erwähnt; der berühmteste derselben hieß Sanchuniathon und schrieb eine phönicische Urgeschichte, von welcher aber nur geringe Fragmente in griechischer Uebersetzung sich erhalten haben.

Die Religion der Phönicier war ein mit Menschenopfern ver-bundener Götzendienst, bei welchem der Gott der Sonne, Baal genannt, und ein anderer Gott, den die Griechen mit ihrem Herkules verglichen, die Hauptrolle spielten: daneben eine weibliche Gottheit, welche sie mit den übrigen syrischen Stämmen gemein hatten, Astarte oder Aschera, deren sittenloser und unkeuscher Dienst auch in den Schriften des alten Testaments erwähnt wird.

Die Meder und Perser.

Zwischen den Stromthälern des Euphrat und Tigris im Westen, des Indus im Osten, im Süden begränzt vom indischen Ocean, im

Norden vom kaspischen Meer und dem Steppenlande des Orus, liegt ein weites Hochland, dessen Flächenraum etwa 50,000 Quadratmeilen beträgt und welches man als das iranische bezeichnet. Es war von einer großen Zahl von Völkern bewohnt, welche aber sämmtlich zu Einem Stamme gehörten, in verschiedenen Dialekten Eine Sprache redeten und sich selbst die Aria nannten, wie die Inder, welche von ihnen ausgingen. Die wichtigsten und am häufigsten genannten dieser Stämme waren die Baktrier, die Perser, die Meder, die Gebrosier, Karamanier, Parther, Sogdianer, Hyrkanier u. a., Stämme, welche übrigens auf sehr verschiedenen Stufen der Kultur standen. Ihre Lebensweise bestimmte die Natur des Bodens. Die Wüste durchzogen nomadische Stämme; auf den Weiden der Gebirgsabhänge trieben seßhafte Hirtenstämme ihre Heerden; in den zahlreichen und zum Theil großen Oasen der Wüste, in den fruchtbaren Thälern der Flüsse, am Fuße der Gebirge gedieh der Ackerbau.

Das geistige Leben dieser Stämme erhielt, so viel wir sehen können, seinen Anstoß vom Norden her. Unter einem der nordöstlichen Stämmen, den Baktriern, trat ums Jahr 1300 ein religiöser Reformator, Zarathustra oder Zoroaster auf, welcher den Religionsvorstellungen dieser Stämme eine bestimmtere Gestalt gab, welche sich bald über alle iranischen Stämme und so auch zu den Persern und Medern verbreitete. Unsere Hauptquelle für die Kenntniß dieser iranischen Religionsanschauungen und der von denselben vorausgesetzten Volksvorstellungen, ist das Zendavesta, heilige Bücher, in der jetzt nicht mehr gesprochenen altpersischen oder Zendsprache abgefaßt, von denen sich ansehnliche Bruchstücke erhalten haben: Bruchstücke, die, wenn auch mit jüngern Bestandtheilen vermischt, doch im Wesentlichen den Kern der zoroastrischen Lehre enthalten, wie dieß durch die gelegentlichen Nachrichten der Griechen über persische Religionsvorstellungen und aus dem, was sich auf den neuerdings entdeckten persischen Inschriften findet, unzweifelhaft hervorgeht.

Die Grundvorstellung dieser Religion ist der schroffe Gegensatz einer Welt des Lichts und einer Welt der Finsterniß. Den iranischen Stämmen wurde der Kampf um das tägliche Leben nicht leicht gemacht, Wüste und fruchtbares Land, Sommerhitze und Winterkälte wechseln in ihren Gränzen in schroffen Gegensätzen: und so glaubten sie, daß jene Welt des Lichts und die der Finsterniß auf allen Gebieten des äußeren wie des inneren Lebens in hartem und unversöhnlichem Kampfe liegen. Der oberste Gott der lichten Welt ist Ahuramazda oder Ormuzd, dem andere zur Seite stehen, ihm zunächst der Sonnengott Mithra, der mit seinen 1000 Augen, 1000 Ohren Alles sieht und hört, der die Finsterniß und die Kälte zerstreut, die Lüge und ihre Dämonen überwindet. Um Ormuzd's Thron stehen die Amescha Cpenta

oder Amschaspand, sechs hohe Lichtgeister, an deren Spitze er selbst als der
siebente: doch war die Phantasie des Volkes nicht reich genug, um, wie die
Griechen oder die Inder bei ihren Göttern thaten, diesen göttlichen Wesen
bestimmtere Gestalt zu leihen. Ormuzd hat die Welt rein geschaffen, und
so ehren sie auch die Naturkräfte, das fließende Wasser der Ströme, das
Feuer, das Räuber und Raubthiere und nächtliches Dunkel verscheucht,
und das sie den reinen Sohn Ormuzd's nennen, und die fruchttragende
Erde: „die heilige Unterwürfige, die schöne Tochter Ormuzd's". In diese
reingeschaffene Welt aber hat ein mächtiger Geist, den sie den „Uebles
sinnenden", Angramainyus oder Ahriman nennen, mannigfache Uebel
gebracht: eine eigene Welt des Schädlichen und Unreinen hat er der
Welt des Ormuzd entgegengestellt. Wo die Sonne untergeht, im Westen
oder im kalten Norden, in dunkeln Klüsten hausen seine Devas oder
Dämonen, welche nicht aufhören, schädliche Plane gegen Ormuzd und
seine Diener zu spinnen. Der Kampf dieser beiden Reiche und ihrer
Fürsten ist ein unaufhörlicher und erfüllt allenthalben die Welt: in
seine Mitte ist der Mensch selbst gestellt, um dessen Seele Ormuzd und
Ahriman streiten. Der Kampf gegen diesen und seine Dämonen ist
seine Lebensaufgabe. Dazu muß er die Reinigungen vollziehen, welche
das Gesetz vorschreibt und er schützt sich gegen den Einfluß der Dämonen, indem er häufig die Gebetsformeln wiederholt: aber dieß allein
genügt nicht und die Lehre Zoroaster's ist keine Religion müßiger
Betrachtung, sondern die Religion für ein arbeitsames, ritterliches,
thatkräftiges Volk. Der Bekenner Ormuzd's muß nach Kräften die
fruchttragende Erde bebauen: die Wüste, das unfruchtbare Land, ist
der Acker Ahriman's, dessen Dämonen nichts mehr scheuen, als das
wohlbestellte Kornfeld, das in vollen Aehren steht; er muß Brücken
über fließendes Wasser schlagen und das Feuer nähren, dessen Glanz
Gespenster und Raubthiere verscheucht. Die Thiere Ahriman's,
Raubthiere und Ungeziefer, Eidechsen, Schlangen, Wölfe, Läuse, muß
er ausrotten und dagegen die nützlichen Hausthiere pflegen, das
Rind, den Hahn, den Hund, welche Thiere Ormuzd's sind. Körperliche
Reinheit ist allen Bekennern Ormuzd's geboten und den Griechen fiel
der strenge Anstand auf, dessen sich die Perser bei den natürlichen
Dingen befleißigten: bei einem Sterbefall mußten sich die Bewohner
des Hauses, in welchem die Leiche lag, dreimal Leib und Kleidung
waschen. Die Leiche selbst aber wurde weder begraben noch verbrannt,
damit nicht Feuer oder Erde durch sie verunreinigt werde, sondern
entfernt von den menschlichen Wohnungen, in offenem Sarg, den
Vögeln und Hunden zum Fraße hingestellt. Mehr noch als die äußere
Reinheit schärft Zoroaster's Gesetz die innere Reinheit ein und besonders die Lüge war ihm ein Greuel. Götterbilder, Tempel und Altäre

kannten die Iranier nicht: auf der Höhe der Berge, unter freiem Himmel brachten sie ihre Opfer dar. Die heiligen Dienste waren einem eigenen Stande, den Magiern, vertraut, welche aber nicht in so schroffer Kastenabgeschlossenheit lebten, wie die indischen Brahmanen. Die eigentliche Geschichte dieser iranischen Völker, welche im bewußten Gegensatz gegen die Völker Turans, die scythischen Steppenländer im Norden ihres Hochlandes, standen, beginnt im achten Jahrhundert vor unserer Zeitrechnung. Damals nämlich, ums Jahr 714 v. Chr., machte sich eines von ihnen, das wie die übrigen den Assyriern unterworfen war, von dem Joch derselben frei. Dieses Volk waren die Meder. Die seither von einander getrennten Stämme, aus welchen dasselbe bestand, verbanden sich damals zu Einem Ganzen, erwählten einen aus ihrer Mitte, Dejoces (708), zu ihrem gemeinsamen Oberhaupt und Richter und erbauten ihm die Residenz Ekbatana, welche seitdem die Hauptstadt von Medien geblieben ist. Der Sohn und Nachfolger dieses neuen medischen Herrschers, Phraortes (655—633 v. Chr.), unterwarf sich das stammverwandte Volk der eigentlichen Perser; als er aber auch die Assyrer zu bekriegen wagte, wurde er besiegt und verlor in einer Schlacht das Leben. Sein Sohn Cyaxares (633—593) griff, in Verbindung mit dem babylonischen König Nabopolassar, das assyrische Reich an, vernichtete es und theilte mit seinem Bundesgenossen die Länder desselben. Hierauf befreite er Medien von den scythischen Raubhorden, welche ganz Vorderasien bis zu den Grenzen Aegyptens plündernd durchzogen hatten und auch in Medien eingebrochen waren. Zuletzt gerieth Cyaxares noch mit dem kleinasiatischen Volke der Lydier in einen Krieg, welcher nach einigen Jahren durch einen Frieden und durch die Vermählung seines Sohnes Astyages mit der Tochter des lydischen Königs Alyattes beendigt ward (610). Cyaxares ist der eigentliche Begründer der medisch-persischen Oberherrschaft in Asien, welche nun an die Stelle der assyrischen und babylonischen trat; aber er ist dies nicht blos durch jene Kriege und die Erweiterung des den Medern unterworfenen Landes, sondern namentlich auch dadurch, daß er in seinem Volke die alten Einrichtungen und Sitten wieder herstellte, welche seit uralter Zeit den Völkern Iran's eigenthümlich waren.

Mit Cyaxares beginnen diese Völker die Oberherrschaft in der westlichen Hälfte Asiens zu erlangen; sie fangen aber zu gleicher Zeit auch an, allmälig einer rein despotischen Regierung sich zu unterwerfen, welche seit der ersten großen babylonischen Monarchie dort bei allen Völkern die gewöhnliche ist und bis auf den heutigen Tag einen Hauptunterschied zwischen Asien und Europa bildet. Neben diesem Charakterzug des mittleren und westlichen Asiens zeigt sich von jener

Zeit an noch eine andere Erscheinung, die daselbst ebenfalls bis zu unseren Tagen sich ununterbrochen wiederholt hat. Es folgte nämlich in der Oberherrschaft über die Länder vom Indus an bis zum Mittelmeer stets ein Volk dem andern und jedes behauptete sich in derselben so lange, bis seine kriegerische Kraft durch die Schwelgerei erschlafft war, zu der jedes im Besitze jener Oberherrschaft alsbald herabsank. Ebenso ist auch die Geschichte der Herrscherfamilien aller dieser Völker dieselbe: es entarteten nämlich stets auch die einzelnen Dynastien zu Weichlichkeit und Kraftlosigkeit und ein kühner Usurpator benutzte dies, um sie zu stürzen und eine neue Dynastie zu gründen, welche ihrerseits sehr bald dem gleichen Schicksale verfällt.

Des Cyaxares Sohn und Nachfolger, Astyages (593—559), ist der letzte medische König. Gegen ihn nämlich empörte sich das den Medern unterworfene Volk der Perser und es gelang demselben, nicht nur frei zu werden, sondern auch die Meder und ihr Reich zu unterjochen (559 v. Chr.). Die Perser waren bei ihrer Empörung von Cyrus geleitet, einem Manne, welcher von väterlicher Seite her dem Hause der Achämeniden, der vornehmsten persischen Familie, angehörte. Seine Mutter war eine Tochter des Astyages, und nach einer von den Griechen uns überlieferten Sage soll Cyrus auf Befehl seines Großvaters, der einer Traumdeutung nach seinen Sturz durch seinen Enkel voraussah und diesen verhindern wollte, als Kind ausgesetzt, aber durch einen Hirten gerettet und auferzogen, und nachher von Astyages als sein Enkel erkannt und wieder aufgenommen worden sein. Angeregt durch den von Astyages beleidigten medischen Feldherrn Harpagus und der Verrätherei desselben im Fall eines Krieges gewiß, soll Cyrus hierauf seine persischen Landsleute zur Empörung aufgerufen und durch den Uebertritt jenes Feldherrn seinen Großvater besiegt und vom Throne gestürzt haben. Astyages wurde als Gefangener von Cyrus mit Achtung und Milde behandelt und erhielt eine Provinz in Ostpersien zu seinem Unterhalt angewiesen.

Das persische Volk trat auf diese Weise an die Stelle des medischen und erhielt die Oberherrschaft in Vorderasien. Doch ist das persische Reich eigentlich eins und dasselbe mit dem medischen; denn die Perser und die Meder waren blos verschiedene Stämme einer und derselben Nation und schon der Umstand, daß der medische König Astyages seine Tochter einem Perser zur Gemahlin gegeben hatte, zeigt, daß beide Stämme nahe verwandt und einander gleichgestellt waren. Auch Cyrus behandelte, nachdem er die Herrschaft erlangt hatte, die Meder als ein den Persern gleichstehendes Volk. Die Perser wohnten in dem eigentlichen Lande Persis, von den medischen Bergen bis zum persischen Golf, trieben theils Viehzucht, theils Ackerbau und zerfielen in zehn Stämme, von welchen drei als eblere einen Vorrang vor den andern hatten; unter diesen war wieder einer, welcher die Pasar- gaben genannt wurde, der vornehmste. Als die Perser zur Herrschaft gelangten, erhielten zwar die drei ebleren Stämme derselben, welche gleichsam den höchsten Adel bildeten, den Rang vor den Medern; allein dieser Unterschied wurde dadurch wieder ausgeglichen, daß alle Mit- glieder der persischen Priesterschaft Meder waren und blieben, und daß diese großes Ansehen beim Volke und einen gewissen Einfluß auf die Regierung hatten. Uebrigens gab es außer diesen Priestern oder Magiern weder bei den Medern noch bei den Persern eine Kaste.

Cyrus vergrößerte das medisch-persische Reich durch verschiedene Eroberungen. Zuerst unterwarf er sich das Land Baktrien. Dann richtete er seine Waffen gegen Kleinasien, welches damals größtentheils den Beherrscher des lydischen Reichs als seinen Oberherrn aner- kannte. Dieses Reich bestand schon seit längerer Zeit und hatte gerade damals unter dem König Krösus (563—549), dem Sohne des Alyattes, die höchste Stufe seiner Macht erreicht. Es war aus ver- schiedenen Ländern Kleinasiens zusammengesetzt, welche folgende Namen führten: an der westlichen Küste lagen Bithynien, Mysien, Lydien, Karien und die Colonien, welche von den Griechen dort angelegt worden waren und nach denen die dortigen Landstriche, den Stämme- Namen der angesiedelten Griechen gemäß, Aeolien, Jonien und Doris genannt wurden; an der Südküste lagen Lycien, Pamphylien, Pisidien, Isaurien und Cilicien; im Norden am schwarzen Meer und im Osten lagen die Länder Pontus, Paphlagonien und Kappadocien, im inneren Lande endlich Phrygien. Alle diese Länder waren dem König Krösus unterworfen, mit Ausnahme von Cilicien und Lycien, welche ihre Un- abhängigkeit behauptet hatten.

Krösus besaß einen großen Reichthum, der zum Sprüchwort ge- worden ist, seine Truppen waren an Kriegskunst und Disciplin denen des Cyrus überlegen und die ihm unterworfenen Völker, denen er ihre Verfassung und ihre Regierungsform unverändert gelassen hatte, waren ihm mit Treue ergeben. Er hatte daher bei dem bevorstehenden Kampfe große Vortheile vor dem persischen Könige voraus. Allein sein Heer war aus den Truppen aller jener Länder Kleinasiens zusam- mengesetzt und diese wurden von ihren eigenen Fürsten, den Vasallen des Krösus, befehligt, während dagegen der Kern des persischen Heeres aus Medern und Persern bestand und sammt den übrigen Theilen desselben an unbedingten Gehorsam gewöhnt war. Krösus stürzte sich durch seine zu geringe Meinung von den Persern selbst ins Verderben. Er glaubte nämlich, daß das persische Heer aus einer an Ordnung nicht gewöhnten Masse bestehe und deswegen entweder nicht schnell

genug in Bewegung gesetzt werden könne, oder doch an den Grenz-
pässen seines Landes leicht durch eine geringe Truppenzahl den Winter
über aufzuhalten sein würde; und in dieser Meinung entließ er die
Truppen seiner Vasallen. Cyrus benutzte dies und drang mit seinem
Heere schnell durch die schwachbesetzten Grenzen des lydischen Reiches
in dasselbe ein, eroberte nach kurzer Belagerung die Hauptstadt Sardes
und nahm den lydischen König selbst gefangen (549 v. Chr.). Krösus,
der einst, als er noch im stolzen Gefühl seiner Herrschergröße schwelgte,
der griechische Weise Solon warnend an die Unbeständigkeit menschlicher Dinge erinnert hatte, war überraschend schnell von dem Gipfel
des Glückes herabgestürzt worden. Cyrus beschloß sogar, wie griechische
Geschichtschreiber versichern, anfangs seinen Tod. Schon stand Krösus
auf dem Scheiterhaufen, um in Gegenwart des Perserkönigs verbrannt
zu werden, als er dreimal den Namen Solon ausrief. Um die Ursache
befragt, gab Krösus die Antwort, daß einst der weise Solon, nicht
geblendet von seiner Macht und seinem Reichthum, in den Tagen des
Glückes ihn auf die Wandelbarkeit desselben aufmerksam gemacht und
ihm gesagt habe, Niemand solle sich glückselig dünken, da er eines guten
Ausganges nicht versichert sei, und daß jetzt der Ausgang seines Schicksals ihm die schmerzliche Ueberzeugung von der Wahrheit dieses Aus-
spruches gebe. Die Worte des lydischen Königs machten auf Cyrus
einen tiefen Eindruck und im Gedanken an jene Unbeständigkeit des
Schicksals, der auch er gleich allen andern Menschen unterworfen war,
ließ er sich zur Schonung des Mannes bewegen, dessen Unglück sein
Glück war, und schenkte ihm das Leben. Der gestürzte König wurde
von Cyrus nachher stets sehr achtungsvoll und großmüthig behandelt;
er ward, wie die Griechen erzählen, sein Freund, und der persische
König ließ sich in seinen späteren Unternehmungen häufig von dem
Rathe des erfahrungsreichen Krösus leiten.

Der persische König ließ nun zunächst durch einen Theil seines
Heeres die griechischen Pflanzstädte erobern, welche allein von allen
Gliedern des lydischen Reiches die persische Herrschaft nicht anerkennen
wollten. Mit Ausnahme von zweien fügten sich alsbald alle der persischen Uebermacht. Cyrus ließ ihnen ihre Verfassung, so daß sie in
der seitherigen Weise sich selbst regierten und nur ein von ihm ernannter
Perser oder Meder die Oberaufsicht in jeder Stadt führte. Dieses
Verfahren war bei den Völkern des Orients in der älteren Zeit allgemein üblich und ist es dort zum Theil noch jetzt: man dachte bis zu
den Zeiten nach Cyrus nie daran, bei einem unterworfenen Volke die
Verfassung der Sieger einzuführen, sondern man ließ jedem Volke
seine alten Einrichtungen und seine gewohnte Verwaltung; und wenn
man etwa der Treue einer besiegten Nation nicht traute, so schwächte

man sie lieber durch Versetzung eines Theiles der Bevölkerung in entfernte Gegenden, als daß man in jenen Dingen eine Aenderung vornahm. Zwei griechische Städte Kleinasiens, Teos und Phokäa, wollten nicht blos in ihrer gewohnten Weise sich ferner selbst regieren, sondern auch unabhängig und von fremder Oberherrschaft frei bleiben, und verließen daher lieber ihre Heimath, als daß sie den Persern tributpflichtig wurden. Die Bewohner von Teos segelten mit Weibern und Kindern nach der thraeischen Küste, ließen sich dort nieder und gründeten die Stadt Abdera, welche später das Unglück hatte, gleich den deutschen Städten Schilda, Hirschau und anderen, wegen der vorgeblichen Dummheit ihrer Einwohner sprichwörtlich zu werden.

Die Bürger Phokäa's brachten, als sie gegen die Uebermacht der Perser sich nicht länger halten konnten, ihre Weiber, Kinder und Götterbilder zu Schiffe und fuhren nach der von Griechen bewohnten Insel Chios. Hier gestatteten ihnen die Bewohner derselben, aus Eifersucht auf den gewerbsthätigen, unternehmenden Sinn der Phokäer, die gewünschte Ansiedelung nicht. Sie beschlossen nun, sich auf der fernen Insel Corsika niederzulassen, wo sie zwanzig Jahre früher eine Colonie angelegt hatten. Ehe sie aber dahin fuhren, landeten sie noch einmal bei ihrer alten Vaterstadt, nahmen dort durch Tödtung der überrumpelten persischen Besatzung Rache an ihren Feinden und leisteten dann insgesammt einen Schwur, daß sie alle nicht eher in die ihrer Freiheit verlustig gewordene Heimath zurückkehren wollten, als bis ein Stück Eisen, das sie ins Meer warfen, auf dessen Oberfläche schwimmen würde. Sie hatten jedoch die Fahrt nach Corsika kaum angetreten, als die meisten von ihnen sich durch die Sehnsucht nach der heimischen Erde dennoch überwältigen ließen. Mehr als die Hälfte der Auswanderer segelte, ihres Eides uneingedenk, nach der Vaterstadt zurück und unterwarf sich der persischen Herrschaft. Die Uebrigen dagegen fuhren nach Corsika und blieben mehrere Jahre in ihrer dortigen Pflanzstadt, bestiegen aber, durch die in dem toscanischen Meere herrschenden Karthager und Etrusker beunruhigt, wieder ihre Schiffe und ließen sich an der Küste von Unteritalien nieder. Auch hier konnten sie sich nicht halten und schifften deshalb nach Massilia, dem heutigen Marseille, welches hundert Jahre früher von ihnen gegründet worden war und von jetzt an sich nach und nach zu einer der bedeutendsten Handelsstädte im Westen des mittelländischen Meeres erhob.

In das Schicksal des lydischen Reiches wurde auch Babylonien verwickelt, weil dessen Beherrscher mit Krösus ein Bündniß gegen Cyrus geschlossen hatte. Derselbe wurde unter der persönlichen Anführung des Cyrus geschlagen, seine Hauptstadt erobert und sein Land zu einer

Provinz des persischen Reiches gemacht (539 v. Chr.). Auch an einen
Zug nach Aegypten scheint Cyrus gedacht zu haben; denn an der den
Juden gegebenen Erlaubniß, aus Babylonien nach Palästina zurück-
zukehren, hatte zwar wohl ein Gefühl des Mitleids mit jenem unglück-
lichen Volke Antheil; allein offenbar lag dabei auch die Absicht zu
Grunde, durch die Ansiedelung dieses Volkes auf dem Wege nach
Aegypten, sich eine sichere Straße dorthin zu bahnen. Phönicien, wel-
ches seither den Babyloniern unterworfen gewesen war, erkannte den
Perserkönig freiwillig als Herrn an.

Nachdem so Cyrus die verschiedenen Völker Vorderasiens den
Persern unterworfen hatte, gründete er eine neue Hauptstadt für sein
großes Reich, da Ekbatana zu weit von dem Mittelpunkt desselben
entfernt lag und das als zur Hauptstadt von Vorderasien sehr geeignete
Babylon die Stadt eines unterjochten und den Persern fremden Volkes
war. Diese neue Hauptstadt erhielt den Namen Susa und ward im
Südwesten des eigentlichen Persiens erbaut.

Ueber die letzte kriegerische Unternehmung des Cyrus und über
seinen 529 v. Chr. erfolgten Tod widersprechen sich die aus dem Alterthum überlieferten Nachrichten. Nach den wahrscheinlicheren Berichten
unternahm der König einen Zug gegen das kriegerische Nomadenvolk der
Derbiker, welches östlich vom kaspischen Meer im heutigen Turkmanen-
Lande umherstreifte, und ward von ihnen geschlagen und im Kampfe verwundet; als er hierauf, von einer den Derbikern von jeher feindlichen
scythischen Völkerschaft unterstützt, noch einmal gegen jene zog, siegte
er zwar, wurde aber in der Schlacht verwundet und starb an dieser
Wunde. Nach einem andern Berichte griff Cyrus das scythische Volk
der Massageten an, welches damals von einer Königin, Tomyris,
beherrscht ward und ebenfalls im Osten des kaspischen Meeres wohnte.
In ihrem Lande angekommen, machte er alsbald einen Schein-Rückzug,
ließ aber dabei vielen Wein zurück; die ihn verfolgenden Massageten
berauschten sich mit demselben und wurden hierauf von Cyrus theils
getödtet, theils gefangen genommen. Der feindliche Anführer, ein
Sohn der Tomyris, der sich unter den Gefangenen befand, entleibte
sich selbst; Tomyris aber stellte sich an die Spitze eines neu gesammelten
Heeres und brachte den Persern eine furchtbare Niederlage bei, in
welcher Cyrus selbst das Leben verlor. Tomyris ließ, wie die Sage
hinzufügt, höhnend des Königs Leiche enthaupten und seinen Kopf in
einen Sack mit Menschenblut stecken, damit er, der Unersättliche, daran
endlich genug habe. Die Leiche des Cyrus wurde, was wenigstens den
letzten Theil dieses Berichtes aufhebt, in den Königsgräbern der Perser
zu Pasargadä beigesetzt, wo zwei Jahrhunderte später Alexander der
Große sich dieselbe zeigen ließ und auf dem Grabmal die Worte ein-

gehauen fand: „O Mensch, ich bin Cyrus, der den Persern die Oberherrschaft erwarb und über Asien gebot; darum beneide mir dieses
Grab nicht!"

Dem Cyrus folgte in der Regierung sein Sohn Kambyses nach,
welcher von 530 bis 522 v. Chr. herrschte. Dieser stand seinem jüngeren Bruder Smerdis oder wie er auf persischen Inschriften heißt,
Bartja, an Talent nach und war schon vorher seiner harten Gemüthsart
wegen bei den Persern weniger beliebt: Cyrus, sagten sie, sei ihnen
ein Vater gewesen, Kambyses ein Herr. Smerdis herrschte, nach der
von Cyrus getroffenen Verfügung, mit fast unumschränkter Gewalt
als Statthalter seines Bruders im nordöstlichen Theile der persischen
Monarchie. Ein Magier, welchen er bald nach des Cyrus Tode beleidigt hatte, reiste, um sich zu rächen, zu Kambyses, der damals auf
einem Feldzuge in Aegypten war und aus Mißtrauen schon vorher
seinen Bruder dorthin entboten hatte. Der Verläumder, welcher dem
Smerdis herrschsüchtige Absichten Schuld gab, fand um so leichter
Gehör, als Smerdis jenem Befehle nicht Folge geleistet und so dem
Argwohn des Königs Nahrung gegeben hatte. Kambyses ertheilte dem
Magier den Auftrag, durch Vorzeigung eines königlichen Befehls einige
Großen in Ostpersien zur Ermordung des Smerdis zu bewegen, den
Mord aber geheim zu halten und unter dem Namen des Prinzen die
Regierung so lange fortzuführen, bis er selbst aus Aegypten zurück-
kehren würde. Alles geschah so, wie Kambyses geboten hatte und
Niemand ahnte etwas von dem Geschehenen; denn der Magier, welcher
sich für Smerdis ausgab und deshalb in der Geschichte gewöhnlich
Pseudo-Smerdis (d. i. der unächte Smerdis) genannt wird, verließ
das Innere des Palastes nicht und der König selbst nannte ihn
öffentlich seinen Bruder.

Kambyses eroberte unterdessen Aegypten mit leichter Mühe und
nahm den König dieses Landes, Psammenit, gefangen. Der Sieger
behandelte den unglücklichen König auf dieselbe schonende Weise, mit
welcher wir überall in der früheren Geschichte der Perser die Besiegten
von diesen behandelt sehen: er erlaubte ihm, sich sechstausend Aegypter
auszuwählen und wies ihm eine Herrschaft in der Nähe von Susa
an, in welcher er, umgeben von jener Schaar Landsleute, den Rest
seines Lebens zubrachte. Zwar wird, wie wir sahen, nach einer andern
Erzählung dem persischen Könige eine sehr grausame Behandlung
Psammenit's und seiner Familie Schuld gegeben, allein diese hat viel
weniger Wahrscheinlichkeit für sich. Ebenso verhält es sich mit der
Nachricht eines griechischen Geschichtschreibers, daß Kambyses in Aegypten durch die ihn öfters heimsuchende fallende Krankheit und durch
übermäßiges Trinken am Verstande gelitten habe, und dadurch zu

immer ärgeren Grausamkeiten verleitet worden sei; denn da in seinen
Handlungen bis zuletzt eine verständige Rücksichtsnahme auf Lage und
Umstände wahrzunehmen ist, so kann jenes nicht der Fall gewesen sein.
Auch ist wohl zu beachten, daß jener Geschichtschreiber seine meisten
Nachrichten über Kambyses von aegyptischen Priestern erhalten hat und
daß Kambyses, als der Vernichter der aegyptischen Selbstständigkeit,
auch nach seinem Tode von den Aegyptern stets ein Gegenstand des Hasses
war, wie denn überhaupt zwischen Persern und Aegyptern Feindschaft
bestand, die in der Verschiedenheit ihres Nationalcharakters und ihrer
Religionsanschauungen ihren Grund hatte. Zu läugnen ist übrigens
nicht, daß diesem Könige von Natur ein mißtrauischer Sinn und ein
zur Härte geneigtes Gemüth eigen war, und daß deshalb wohl manches
von dem, was in Betreff seiner Grausamkeit erzählt wird, der Wahrheit
gemäß sein mag. Er soll unter Anderm eine seiner eigenen Schwestern
im Zorn durch einen Fußtritt getödtet, vornehme persische Krieger aus
bloßer Laune umgebracht, einmal, um seine sichere Hand und seinen
festen Blick zu beweisen, einem seiner Höflinge den eigenen Sohn vor
den Augen des Vaters mit einem Pfeilschusse getödtet haben. Uebrigens
unterwarfen sich die dem aegyptischen Reiche seither untergebenen afrikanischen Volksstämme ihm freiwillig; ein Zug nach der Oase des
Ammoniums aber, den er durch einen Theil seines Heeres machen
ließ, scheiterte gänzlich: die Truppen kamen insgesammt durch die
Sandwehen in der Wüste ums Leben. Wenig besser erging es dem
Hauptheer, mit welchem Kambyses selbst zur Unterwerfung der Aethiopier auszog: es mußte, nachdem die mitgenommenen Lebensmittel
verzehrt waren, nicht ohne großen Verlust an Menschen unverrichteter
Sache wieder nach Aegypten zurückkehren.
Auf dem Rückmarsch nach Persien verwundete Kambyses eines
Tages zufälliger Weise sich selbst, entweder, als er mit gezücktem Schwerte
sich auf das Pferd schwang, oder als er ein Stück Holz mit einem
Schlage durchhauen wollte. Die Wunde war tödtlich und der König
starb kurze Zeit nachher. Vor seinem Tode theilte er seiner Umgebung
mit, wie es sich mit dem Schicksal seines Bruders und mit dem unter
dessen Namen herrschenden Manne verhalte; denn er selbst hinterließ
keine Kinder und mußte also erwarten, daß ohne diese seine Mit-
theilung der falsche Smerdis als der scheinbar nächste Thronerbe sich
der Regierung bemächtigen werde. Pseudo-Smerdis soll sich sogar
schon zu Lebzeiten des Kambyses gegen ihn empört und unter dem
Namen seines Bruders zum König aufgeworfen haben. Nach des
Kambyses Tode wußte er sich durch die Unterstützung der Priesterschaft
neun Monate lang zu behaupten, indem das Volk bei der bekannten
Feindschaft, welche zwischen Kambyses und seinem Bruder bestanden

halte, jener Erklärung des Ersteren keinen rechten Glauben schenkte
und außerdem nach den nun schon so lange dauernden Kriegen Jedermann sich darüber freute, daß der neue Herrscher den Frieden liebte
und die seither für den Krieg erhobenen Abgaben erlassen hatte. Endlich
verschworen sich sieben der angesehensten Großen aus dem Stamm der
Pasargaden gegen den Thronräuber. Sie überzeugten sich, wie es
heißt, mit Hülfe einer Gemahlin des Magiers, von der Wahrheit dessen,
was Kambyses vor seinem Tode ausgesagt hatte. Der Magier hatte
nämlich noch unter der Regierung des Cyrus wegen eines Vergehens
seine Ohren eingebüßt; und eine Person aus der näheren Umgebung
des Königs konnte also leicht Auskunft geben, ob dieser wirklich des
Cyrus Sohn sei, während die übliche Kopfumhüllung jeden Anderen,
der des Königs ansichtig wurde, über jene Verstümmelung in Zweifel
ließ. Nachdem die Verschworenen hierüber Gewißheit erlangt hatten,
drangen sie eines Tages bewaffnet in den Palast ein und ermordeten
sowohl den Thronräuber, als auch die übrigen Magier, welche mit
ihm verbunden gewesen waren (521 v. Chr.).

Die Verschworenen erwählten, da keine männlichen Nachkommen
des Cyrus mehr am Leben waren, einen aus ihrer Mitte zum König,
und zwar Darius, des Hystaspis Sohn, weil dieser zu der Familie
der Achämeniden gehörte und überdies mit Atossa, einer Tochter des
Cyrus, vermählt war. Eine bloße Erdichtung ist die Erzählung, daß
jene Sieben zuerst darüber berathschlagt hätten, ob man eine demokratische Republik, eine Adelsherrschaft, oder eine Monarchie einführen
solle; und ebenso ist es höchst unwahrscheinlich, daß, wie gleichfalls
berichtet wird, dieselben beschlossen hätten, durch eine Art Gottesgericht
den König erwählen zu lassen. Es sollte nämlich nach dieser Erzählung
derjenige von ihnen König werden, dessen Pferd bei einem gemeinschaftlichen Ritte der aufgehenden Sonne zuerst entgegen wiehern würde,
und Darius hätte, wie es heißt, Abends zuvor an einer Stelle gleich
zu Anfang des Weges seinem Pferde reichlich Futter geben lassen
und so bewirkt, daß dasselbe dort in Erinnerung daran vor Freude
gewiehert habe.

Darius I. oder Darius Hystaspis, — Darjawusch nennen
ihn die Inschriften — wie dieser Gründer einer neuen persischen Dynastie
genannt wird, regierte von 521 bis 485 v. Chr. und ist sowohl wegen
seiner Eroberungen und Kriegsthaten, als auch wegen seiner neuen
Organisation des persischen Reiches einer der wichtigsten Regenten desselben. Die Verwirrungen, welche unter Kambyses dadurch hatten
entstehen müssen, daß der König abwesend und das Verhältniß der
Statthalter, Befehlshaber und unterworfenen Fürsten zu einander sehr
unbestimmt war, hatten wahrscheinlich den Mangel einer eigentlichen

Staatsverfassung fühlbar gemacht und dies brachte den Darius auf den Gedanken, der Verwaltung des Reiches eine feste und bestimmte Form zu geben. Nachdem er erst durch Niederwerfung verschiedener Aufstände und Empörungen seinen Thron gesichert hatte, gründete er diese auf die alt-persischen Gewohnheiten und Gesetze, und brachte seine Staatseinrichtung mit jenen alten Religionslehren in Verbindung, welche auch den medischen König Cyaxares in einem ähnlichen Fall geleitet hatten und die von Zoroaster neu ins Leben gerufen worden waren. Allein es trat auch damals bei den Persern ein, was häufig zu geschehen pflegt: die zum Theil vortrefflichen Vorschriften der Zoroa-strischen Lehre wurden zwar durch Darius zum eigentlichen Landes-gesetz gemacht, und die aufgestellten Grundsätze der Regierung und Verwaltung waren zwar an und für sich gut, aber die Ausführung war von der Theorie sehr verschieden und das meiste von dem, was im Staate geschah, stand mit jenen Vorschriften und Grundsätzen geradezu im Widerspruch. Des Darius Staatseinrichtung war eine auf Reli-gionsvorschriften gegründete Despotie, in welcher der Regent wie ein geheiligtes Wesen hoch über das Volk erhoben, aber zugleich auch unzugänglich gemacht war, und in der das Reich in zwanzig Statt-halterschaften oder Satrapieen eingetheilt, die Verwaltung der einzelnen Satrapieen unter je einen Statthalter gestellt und die regelmäßigen Abgaben einer jeden fest bestimmt waren. Dies Alles machte zwar die Verwaltung sehr einfach, aber auch sehr einförmig und willkürlich: Alles hing in den Satrapieen von einem einzigen Manne ab, jeder Statthalter hatte bald seine eigene Hofhaltung, verdarb durch das Beispiel der Pracht und Schwelgerei und durch ein Regiment nach Willkür und Laune die Gesinnungen und Moral des ganzen Volkes, und handelte außerdem oft nach einer Politik, die mit der des benach-barten Statthalters im grellsten Widerspruch stand; ja, in der Zeit nach Darius waren sogar die Satrapen fast immer einander feind und die Statthalterschaften des Reiches bildeten ebenso viele besondere Staaten, welche nur durch ein sehr loses Band mit einander ver-bunden waren.

Darius setzte die Eroberungen fort, durch welche seine beiden Vor-gänger die Perser zum herrschenden Volke in Asien gemacht hatten. Eines seiner Heere drang in Nordafrika bis an die große Syrte, d. h. bis zu dem zwischen Barka und Tripolis liegenden Meerbusen vor, mußte aber, von den Bewohnern der griechischen Colonie Cyrene und von afrikanischen Horden geschlagen, mit großem Verluste wieder nach Aegypten zurückkehren. Ein in Diensten des persischen Königs stehender karischer Seemann, Sky1ax, fuhr auf Befehl des Darius zur Er-forschung des westlichen Indiens den Indus-Fluß hinab; und als er

8*

von dort durch den indischen Ocean und das rothe Meer wieder zurückgekommen war, zog Darius mit einem Heere nach Indien und machte
sich den Westen dieses Landes theilweise zinsbar. Auch auf der entgegengesetzten Seite seines Reiches erweiterte Darius die Grenzen. Er
zog mit einem großen Heere auf einer über die Straße von Konstantinopel geschlagenen Brücke nach Europa hinüber, als der erste Asiate,
der unseren Welttheil bekriegte (515 v. Chr.). Dieser Zug galt jenen
Nomaden-Völkern, welche die Griechen mit einem Gesammtnamen
Scythen nannten und welche stets räuberische Angriffe auf das persische Gebiet am schwarzen Meere machten. Darius marschirte durch
den nördlichen Theil der jetzigen europäischen Türkei in das Land der
Scythen, welches an der unteren Donau seinen Anfang nahm. Die
Unternehmung mißglückte jedoch und hätte beinahe mit dem Untergang des persischen Heeres geendigt, da die Scythen, statt sich in einen
Kampf einzulassen, mit ihren Heerden und Zelten zurückwichen und
so in einem Lande, wo nur in sehr wenigen Gegenden Ackerbau getrieben wurde und nicht ausreichende Lebensmittel zu erhalten wären,
die Perser zur Verzweiflung brachten. Darius mußte unverrichteter
Sache zurückkehren und kam dabei noch einmal in die größte Gefahr,
weil die griechischen Häuptlinge aus den unterworfenen kleinasiatischen
Handelsstädten, die er zur Bewachung der Donau-Brücke zurückgelassen
hatte, mit einander überlegten, ob sie nicht die Brücke abbrechen und
so den König mit seinem Heere der Vernichtung preisgeben, sich selbst
aber die Möglichkeit der Befreiung vom persischen Joche verschaffen
sollten. Die bei weitem größere Zahl dieser Häuptlinge jedoch, welche
in ihren Städten als persische Vasallen fast unumschränkt geboten und
bei der wiederhergestellten Unabhängigkeit derselben gewiß ihre Macht
verloren haben würden, widersetzte sich jenem Vorhaben, vor allem Histiäus von Milet, und dadurch wurde Darius gerettet. Er selbst zog nach
Persien heim; ein in Europa zurückgelassener Feldherr aber unterwarf
die ganze Südküste von Thracien, zwang auch die Herrscher des Landes
Macedonien, seinem König zu huldigen und rückte so die Grenzen des
persischen Reiches bis nach Thessalien vor.

Darius hatte zwei gefährliche Empörungen zu bekämpfen, eine in
Babylonien und eine in Kleinasien, von welchen die letztere der Anlaß
zu langwierigen Kriegen ward, die nach einer Reihe von Menschen-
altern mit der Vernichtung des persischen Reichs endigten. Die Babylonier
hatten die Verwirrungen unter Kambyses und Pseudo-Smerdis benutzt,
um eine Empörung vorzubereiten, die bald nach des Darius Thronbesteigung zum Ausbruch kam. Sie hatten sich auf das beste gerüstet
und als daher Darius mit seinem Heere vor der Stadt Babylon erschien,
vermochte er fast zwei Jahre lang nichts gegen dieselbe auszurichten.

Da verhalf ihm Zopyrus, einer seiner Feldherren, zur endlichen Eroberung der Stadt durch eine That, welche zugleich eine bewunderns-
werthe Ergebenheit und die höchste Niederträchtigkeit verrieth. Zopyrus
ging nämlich mit Wissen des Darius zu den Babyloniern über und
zwar, wie es heißt, nachdem er selbst sich Nase und Ohren abgeschnitten
hatte, um sich vor den Feinden den Schein eines vom Könige mißhandelten und deshalb von Rache gegen ihn erfüllten Mannes geben
zu können. Es gelang ihm, sich in das Vertrauen der Babylonier
einzuschleichen und zuletzt sogar die Führung ihres Heeres zu erhalten;
und nun richtete er Alles so ein, daß dieses geschlagen und die Stadt
von den Persern erobert wurde. Zopyrus ward mit der Statthalterschaft von Babylonien und dem lebenslänglichen Genuß aller Einkünfte dieser reichen Provinz belohnt; über Babylon aber verhängte
Darius schwere Strafen: dreitausend Bürger der Stadt wurden hingerichtet und ein Theil der Mauern niedergerissen. Es ist wohlthuend,
neben dieser Härte eines sonst großmüthigen und keineswegs grausamen Königs das Wort zu vernehmen, welches er nach der Eroberung
von Babylon ausgerufen haben soll. „Mehr als zwanzig Städte wie
Babylon", sagte er, „würde mir es werth sein, wenn ich dem Zopyrus
seine verlorenen Glieder wiedergeben könnte."

Die Empörung der kleinasiatischen Griechen mißlang zwar ebenfalls, sie hatte aber Folgen, welche nicht blos für Persien, sondern für
die Welt überhaupt von der größten Wichtigkeit waren. Histiäus
aus Milet, der bedeutendsten aller griechischen Colonien in Kleinasien,
war persischer Statthalter in seiner Vaterstadt und hatte bei jener
Berathung der griechischen Fürsten an der Donau-Brücke am meisten
dazu beigetragen, daß diese erhalten und Darius bei dem Rückzug aus
dem scythischen Lande gerettet wurde. Er erhielt für die von ihm
geleisteten Dienste einen Landstrich an der thracischen Küste zum Geschenk, legte dort eine griechische Colonie an und erregte dadurch bei dem
Satrapen von Kleinasien den Verdacht, als werde er zu mächtig und
strebe nach höheren Dingen. Auf den Rath dieses Satrapen wurde
er, unter dem Scheine besonderer Gunst und Ehrenerweisung, von
Darius an den Hof nach Susa berufen, und Aristagoras, ein naher
Anverwandter von ihm, statt seiner als Statthalter von Milet eingesetzt. Die Perser hatten damals die Absicht, die Inseln des Archipelagus zu erobern und die zu diesem Behufe gemachten Unternehmungen gelangen auch alle, mit alleiniger Ausnahme eines Angriffes,
welchen Aristagoras auf die Insel Naxos machte. Dieser, der die
Verantwortung wegen des gescheiterten kostspieligen Unternehmens zu
tragen hatte, ließ sich von dem unter den kleinasiatischen Griechen
schon längst waltenden Wunsche nach Unabhängigkeit reizen und zettelte

eine Verſchwörung an. Eine geheime Botſchaft des mit ſeiner Lage in
Suſa unzufriedenen Hiſtiäus an ihn trug nicht wenig dazu bei, die
rebelliſchen Abſichten der mißvergnügten Griechen zum Ausbruch zu
bringen. Obgleich an ein Gelingen vernünftiger Weiſe nicht zu denken
war, führten die Verſchworenen doch ihr Vorhaben aus. Mit leichter
Mühe gewannen ſie durch die Herſtellung der Volksherrſchaft die Bürger
der einzelnen Städte, und ſie wußten auch die dieſer Regierungsform
enthuſiaſtiſch ergebenen Athener und die auf der Inſel Euböa gelegene
Stadt Eretria zur Unterſtützung der Empörung zu bewegen. Man
ſchickte den joniſchen Stammesgenoſſen aus beiden Städten eine Anzahl Schiffe, die jedoch nicht bedeutend war. Der Kampf der empörten
Griechen, welche faſt alle dem joniſchen Stamme angehörten, währte
von 502—496 v. Chr. Zu Lande waren ſie den Perſern nicht gewachſen,
allein zur See wären ſie ihnen gewiß überlegen geweſen, wenn ſie nur
die Einigkeit unter ſich ſelbſt zu erhalten gewußt hätten. Die Athener
kehrten, als die Jonier eine Niederlage erlitten hatten, nach Hauſe
zurück. Auch Ariſtagoras entfloh, an den glücklichen Ausgang verzweifelnd, ſehr bald nach Thracien, wo er von den wilden Eingeborenen
erſchlagen ward. Hiſtiäus, welcher unter dem Vorwand, durch ſeinen
Einfluß den Aufſtand dämpfen zu wollen, aus Suſa entlaſſen worden war,
kam zu keiner glücklichen Stunde nach Milet; er wurde von den Joniern
mit Mißtrauen aufgenommen, nahm zwar deſſen ungeachtet Antheil am
Kampfe, gerieth aber alsbald in perſiſche Gefangenſchaft und wurde zur
Strafe gekreuzigt. Die Jonier, obgleich ſie die Empörung in Kleinaſien
noch weiter auszubreiten wußten, erlagen endlich doch; ſie verloren durch
Verrath und Uneinigkeit ſogar zur See eine Schlacht, bei der Inſel Lade,
Milet wurde erſtürmt und ſie wurden ſo, unter arger Verheerung ihres
Landes und grauſamer Beſtrafung der Einwohner, wieder unterworfen.
Dieſe Mißhandlungen ſind den Anführern und Soldaten des perſiſchen
Heeres Schuld zu geben. Ganz anders benahm ſich der König ſelbſt.
Als der Feldherr, welcher den Hiſtiäus hatte kreuzigen laſſen, das Haupt
deſſelben nach Suſa ſchickte, ſprach Darius ſeinen Unwillen über die
Tödtung eines Mannes aus, der ihm einſt wichtige Dienſte geleiſtet
und ſich dadurch Anſprüche auf ſeine Dankbarkeit erworben habe. Er
befahl, das Haupt deſſelben auf eine würdige Weiſe zu begraben.
Ebenſo empfand Darius Mitleiden, als ein großer Theil der Bewohner
von Milet gefangen nach Suſa gebracht wurde: er entließ die Unglücklichen aus der Sklaverei und erlaubte ihnen, ſich an der Mündung
des Tigris-Fluſſes anzuſiedeln.

Die natürliche Folge der Empörung der kleinaſiatiſchen Griechen
und ihrer Unterdrückung war der Beſchluß des Königs Darius, nicht
nur alle Inſeln des Archipelagus ſich zu unterwerfen, ſondern auch

das europäische Griechenland zu einer persischen Provinz zu machen. Dies wäre vielleicht auch gelungen, wenn man die griechischen Staaten einzeln zu besiegen gesucht hätte. Allein man schlug einen ganz verkehrten.Weg ein: man wollte mit einem Male alle zugleich unterwerfen; man wollte ferner durch ungeheure Truppenmenge und durch Gewalt das erlangen, was nur durch Geduld und durch die Benutzung der unter den Griechen stets herrschenden Zwietracht zu erreichen war; man griff endlich ein Land, dessen Bewohner den Persern im Seewesen weit überlegen waren und dessen Bodenbeschaffenheit den Gebrauch großer Reitermassen nicht gestattete, gerade zur See und mit Reiterei an. So stürzte man das Reich in jene langwierigen und verderblichen Kriege, deren Darstellung später in der griechischen Geschichte gegeben werden wird. Unter Darius wurden zwei Kriegszüge gegen Griechenland gemacht, welche beide mißglückten; ein dritter ward durch Zwistigkeiten am Hofe des Königs und durch eine in Aegypten ausbrechende Empörung gehindert und Darius, der seinen Plan darum nicht aufgegeben hatte, wurde, ehe er ihn ausführen konnte, vom Tode überrascht (485 v. Chr.).

Die nachfolgende Geschichte der Perser ist bis zum Untergang des Reiches mit der der Griechen verwebt und wird später in Verbindung mit dieser erzählt werden. Für jetzt mag die bloße Angabe der Nachfolger des Darius Hystaspis nebst einigen kurzen Bemerkungen genügen. Auf Darius I. folgte sein Sohn Xerxes I., welcher von 485 bis 467 regierte und als das Opfer einer Verschwörung an seinem Hofe fiel. Den Thron bestieg hierauf dessen jüngster Sohn, Artaxerxes I., mit dem Beinamen Langhand, welcher die Regierung mit der Ermordung eines älteren Bruders und des Höflings, der ihn selbst auf den Thron erhoben hatte, begann. Er herrschte von 467 bis 424 und ihm folgte sein Sohn Xerxes II., den ein Halbbruder schon am 45sten Tage seiner Regierung ermordete. Der Mörder, Sogdianus mit Namen, wurde nach einer Regierung von sechs und einem halben Monat ebenfalls von einem Bruder getödtet und dieser, welcher Ochus oder als König Darius II. Nothus hieß, hatte den Thron von 423 bis 404 inne. Ihm folgte sein älterer Sohn, Artaxerxes II., der wegen seines starken Gedächtnisses den Beinamen Mnemon erhielt. Artaxerxes hatte gleich nach seiner Thronbesteigung mit einem sehr tüchtigen jüngeren Bruder, Cyrus der Jüngere genannt, der sich gegen ihn empörte, Krieg zu führen; Cyrus verlor dabei in einer Schlacht sein Leben. Artaxerxes II. regierte von 404 bis 364. Bei seinem Tode gewann einer seiner jüngeren Söhne, Ochus oder Artaxerxes III., durch die Ermordung eines Theiles seiner Familie den Thron. Dieser war von 364 bis 339 König, wurde von einem seiner Minister durch Gift getödtet und erhielt seinen jüngsten Sohn Arses zum Nachfolger. Auch Arses ward, nachdem er von 339 bis 336 regiert hatte, durch jenen Minister aus dem Wege geräumt; und nun erhob dieser den Darius III., Kodomannus, einen Urenkel des Königs Darius II., auf den Thron. Darius III. war der letzte König des alt-persischen Reiches. Er verlor 330 v. Chr., im Kampfe mit Alexander dem Großen, dem Vernichter dieses Reiches, Thron und Leben.

Mit der großen Ausbreitung der persischen Herrschaft unter Darius I. begann die Entartung der Perser und das Sinken ihrer Macht. Das Reich hatte damals seine größte Ausdehnung: es erstreckte sich von dem Indus-Flusse bis an die Grenze von Thessalien und bis zum Westen von Aegypten, sowie von dem persischen und arabischen Meerbusen an bis zu den Steppen im Osten des kaspischen Meeres und bis zu dem Kaukasus, dessen Bewohner damals noch zu den Völkern des persischen Reiches gerechnet wurden. Trotz der geregelten Ordnung, welche Darius I. in die Verwaltung dieser großen Ländermasse brachte, und trotz der einfachen und reinen Lehre Zoroaster's, die das herrschende Volk bekannte, bot das Reich bald den Anblick einer zunehmenden Verwirrung und einer immer größer werdenden sittlichen Entartung dar.

Die persische Geschichte besteht, von dem Beginn der Kriege mit Griechenland an, nur aus dem einförmigen Bericht von Cabalen des Hofes, der Feldherren und der Statthalter, von inneren Unruhen, von moralischen und religiösen Verirrungen und von verkehrten Unternehmungen gegen die Griechen, durch welche die Besitzungen im Westen verloren gingen und dieses rüstige Volk zu häufigen Raubzügen und Eroberungskriegen gegen das persische Reich veranlaßt wurde. Die Hofleute und ersten Beamten waren meist eigennützige Schwächlinge, die Statthalter aber herrschsüchtige Große, welche einander zu verdrängen suchten und oft sich gegenseitig bekriegten, und für die der König nur ein Schein, ein geheiligter Name war, mit welchem man, wie später im Reiche des Großmoguls und heut' zu Tage in der Türkei, das Volk täuschte, um unter diesem Schein um so leichter willkürlich handeln und herrschen zu können. Deshalb fiel auch, wie dies in neuerer Zeit auch bei den Pascha's der Türkei der Fall ist, keiner dieser Satrapen vom Reiche ab, sondern jeder von ihnen strebte nur nach der Möglichkeit einer willkürlichen Regierung, und hatte er diese erlangt, so fuhr er stets fort, im Namen des Königs zu herrschen, obgleich er nach dessen Befehlen nicht im mindesten fragte. Verrätherei und Cabalen jeder Art waren an der Tagesordnung, Günstlinge und Weiber beherrschten den König. Schon unter Darius Hystaspis hatte

eine königliche Gemahlin, die Tochter des Cyrus, alle Gewalt in Händen
und wußte es dahin zu bringen, daß nicht, wie Darius wünschte, einer
von seinen Söhnen aus erster Ehe, sondern ihr eigener Sohn Xerxes
der Nachfolger wurde. Der Einfluß der Gemahlinnen wurde in Persien
herrschende Sitte und recht eigentlich gesetzmäßig. Diese und selbst die
andern, nicht als wirkliche Gemahlinnen betrachteten Weiber des Königs
erhielten ganze Landstriche als Eigenthum, sowie besondere Truppen,
die zu ihrer Verfügung gestellt wurden. Selbst Günstlingen und Fremden, die am Hofe ihr Glück machten, wurden ganze Districte geschenkt,
ohne daß die Bewohner derselben darum gefragt wurden. — Dabei
wurden die Strafen wahrhaft empörend; sie bestanden z. B. in Ver-
stümmelungen, im Spießen und in der Barbarei, daß man Menschen
durch die Sonnenstrahlen oder durch Insekten-Stiche zu Tode quälen
oder lebendig begraben ließ. Ebenso, wie solche Abscheulichkeiten im
Widerspruch mit der Zoroastrischen Lehre eingeführt worden waren,
wurden auch babylonische Stern- und Traumdeutereien, der von den
Aegyptern angenommene Gebrauch der Amulette und anderer, zum
Theil gräuelhafter Aberglaube, ja sogar die Verehrung von Götzen
benachbarter Völker mit dem Feuerdienst vereinigt, obgleich dieser
seinem Wesen nach allen solchen Verirrungen feind war.

Wie verschieden von diesen Zuständen war der Charakter und das
Leben des persischen Volkes der früheren Zeit! Jene älteren
Perser, mit denen Cyrus sein asiatisches Reich schuf und an welchen
wir das eigentliche und ursprüngliche Wesen dieses Volkes erkennen,
hatten in vielen Stücken eine große Aehnlichkeit mit den alten Germanen. Ihr Leben war bis auf Cyrus ein Naturzustand, der aber
frei von Rohheit war; sie zeichneten sich durch Wahrheitsliebe aus;
sie hielten in Betreff ihrer selbst den einen Stamm für edler und besser
als den andern, aber eine unübersteigliche Schranke zwischen Mensch
und Mensch, wie sie in Indien und in Aegypten bestand, war ihnen
unbekannt. Unter ihnen waltete ferner eine gewisse praktische Moral,
aber nicht als ein ausgesprochenes Gebot, sondern als angestammte
Sitte und Denkart. Weil ihr Leben nur durch Gewohnheit, nicht
durch polizeiliches oder göttliches Gesetz geordnet war, so nahmen sie
leicht fremde Sitten, fremde Tugenden und Laster an, sobald sie mit
denselben in Berührung kamen: ein Zug, der den Germanen ebenfalls
in hohem Grade eigen ist und der auch die heutigen Perser auszeichnet.
Endlich hatten die älteren Perser gleich den Germanen auch große
Neigung zum Trunk und pflegten beim Wein ihre Berathungen zu
halten, aber erst am Tage darauf einen Beschluß zu fassen.

Als dieselben Perser später sich ein großes Reich erobert hatten,
entarteten sie, und mit der alten Einfachheit ihrer Sitten ging alles

Edle und Gute des persischen Stammes für immer unter. Zugleich
hatten sie, trotz der Größe und des Glanzes ihrer Herrschaft, seitdem,
ebenso wie die ihnen unterworfenen Völker, ein trauriges Loos zu
dulden. Der persische Staat begriff damals die reichsten und schönsten
Länder der alten Welt in sich; aber da diese mit ihrer Selbstständigkeit
alsbald auch ihr eigenthümliches Leben verloren, so welkte alle Blüthe
dahin. In dem großen Reiche der Perser war bald kein Nationalgefühl mehr und überhaupt kein Streben nach den höheren Zielen der
Menschheit. Das Glück des Menschen bestand darin, daß er aß, trank,
das Befohlene that und sich zuweilen in Lüsten von der Arbeit erholte.
Die Menge der Perser pflügte und webte, ackerte und baute, und ließ
sich von Zeit zu Zeit in einen Krieg treiben, an dem ihr Herz nicht
Theil nahm; und die ganze Bevölkerung des weiten Reiches glich so
einer Heerde Schafe, die auf glücklicher Weide graste, bis sie endlich
ein Raub der Wölfe ward.

Was die einzelnen Theile des Staates und seiner Verwaltung
betrifft, so hatten die Magier oder die Mitglieder der Priesterkaste
einen gewissen Einfluß im Staate. Sie salbten den König bei seiner
Thronbesteigung, führten die Jahrbücher über seine Regierung, wurden
auch in weltlichen Staatsämtern, welche Kenntnisse erforderten, gebraucht und hatten die Bestattung der Könige zu leiten. Neben ihnen
standen sieben Reichsfürsten dem Könige am nächsten. Diese hatten
jederzeit ungehinderten Zutritt zu dem Inneren des Palastes und bei
der Thronbesteigung des Königs verwalteten drei von ihnen die besonderen Ehrenämter, ihn mit dem Kleide des Cyrus und mit der Tiara
oder der königlichen Kopfbinde zu bekleiden und ihm das Schwert umzu-
schnallen. Der König wurde als eine geheiligte Person angesehen,
vor welcher Jedermann sich zur Erde niederwerfen mußte. Ein glänzender, aus einer Menge Menschen bestehender Hofstaat umgab ihn
und für alle seine Diener und Beamten war ein mannigfaltiges Cere-
moniel vorgeschrieben. Außer den prachtvollen Palästen in den Residenzen des Reiches besaß er in den verschiedenen Ländern desselben
viele Jagdschlösser und sogenannte Paradiese, d. h. königliche Gärten
und Parks.

Das Reich war, wie schon oben angegeben, in zwanzig Satrapieen oder Statthalterschaften eingetheilt, deren Verwaltung je einem
vom Könige ernannten Großen anvertraut war. Obgleich die Satrapen
durch öftere Absendung königlicher Bevollmächtigten bewacht wurden,
so herrschten sie doch meist willkürlich; und obgleich die Truppen ihrer
Statthalterschaft nicht ihnen, sondern besonderen vom König ernannten
Befehlshabern untergeben waren, so wußte doch bald jeder Satrap sich
ein eigenes Heer zu schaffen. Die Einkünfte des Staates bestanden

bei den eigentlichen Persern bis zur Zeit des Darius Hystaspis aus dem Ertrag der Domänen und aus freiwilligen Geschenken, welche in Zeiten des Krieges gefordert wurden; die unterworfenen Völker zahlten eine bestimmte jährliche Summe. Darius ließ die freiwilligen Leistungen im eigentlichen Persien bestehen; in den andern Theilen des Reiches aber führte er sowohl Natural-Lieferungen als auch Steuern in baarem Gelde ein, welche in vorgeschriebener Menge und Beschaffenheit an den Hof und an die Statthalter entrichtet werden mußten. Medien z. B., welches nächst dem eigentlichen Persien von allen Provinzen am besten gestellt war, mußte außer der Geldabgabe jährlich dreitausend Pferde, viertausend Maulesel und achthundert Schafe dem Hofe liefern. Zu den genannten Abgaben kamen in den einzelnen Provinzen noch Zölle, sowie Lieferungen an die Vorrathshäuser und für das durchreisende Gefolge des Königs oder der Satrapen.

Das Heer enthielt unter Cyrus und Kambyses den gesammten waffenfähigen Theil der persischen Nation, welcher nach der ihm eigenthümlichen Weise bewaffnet und eingeübt war und siegreich Alles niederwarf. Schon unter Darius I. dagegen bestand der allein Achtung gebietende Theil desselben nur in den zehntausend sogenannten Unsterblichen, die aus den drei edlen Stämmen der Perser genommen und durch eine glänzende Rüstung ausgezeichnet wurden; die übrigen Perser wurden nicht mehr zum Kriege zugezogen und das Heer ward aus den unter einander sehr verschiedenen Truppen der Provinzen gebildet, von welchen kein Theil den andern verstand, mit denen keine regelrechte Linie, keine Schlacht nach verständigem Plan zu liefern, noch weniger ein Feldzug zu führen möglich war, und deren Cavallerie theils auf Pferden, theils auf Maulthieren, theils auf Eseln, theils auf Wagen saß. Die Kriege, welche die Perser mit dem griechischen Volke führten, zeigen, daß ein solches Heer, je größer es war, desto leichter besiegt werden konnte.

Eine echt menschliche Geistesbildung entwickelte sich bei den Persern nicht und ungeachtet des Glanzes und Reichthums ihres großen Reiches gelangten sie weder zu einer gedeihlichen Pflege der Wissenschaft, noch zu wahrer Kunst. Selbst für das zum äußeren Leben Nothwendige entbehrten sie jeder eigenen entwickelten Geistesthätigkeit. So waren z. B. bis zum Untergang des Reiches die Aerzte am Hofe stets entweder Aegypter oder Griechen, und nie wird eines persischen Arztes Erwähnung gethan. Ebenso standen Fremde an der Spitze des Seewesens; und im Kriege gebrauchte man fast stets Fremde zu allen Dingen, zu welchen wissenschaftliche Kenntnisse erfordert wurden, wie z. B. zu der Erbauung der Brücken, welche Darius I. und Xerxes schlagen ließen. Selbst in der bei den Persern gebräuchlichen Art der

Eintheilung des Tages und des Jahres zeigt sich eine große Unvoll-
kommenheit: man benutzte dazu nicht einmal die früher von den Chaldäern in Babylonien gemachten Erfindungen, obgleich dieses Land
doch zum persischen Reiche gehörte; und als Darius I. in seinem
scythischen Kriege den an der Donau zurückgelassenen Feldherren befahl,
daselbst zwei Monate auf ihn zu warten, wußte er sich keines andern
Kalenders zu bedienen, als des bei Samojeden und andern Wilden
gebräuchlichen: er gab nämlich den Feldherren einen Riemen mit sechzig
Knoten, von welchen sie jeden Tag einen lösen sollten.

Von der Kunst der Perser finden sich in den Ruinen ihrer Residenzen die einzigen erhaltenen Ueberreste, welche ebenso, wie alle Bauwerke des Orients, den vorherrschenden Charakterzug des Prächtigen
und Kolossalen an sich tragen. Doch ist es höchst ungewiß, ob irgend
eines von den in Persien einst vorhandenen Gebäuden seiner Entstehung nach über die Zeit des Kambyses hinaufreichte. Dagegen ist
es aber gewiß, daß die erst einige Jahrhunderte nach Christi Geburt
beginnende persische Dynastie der Sassaniden zu den alten Bauwerken
und Sculpturen neue hat hinzufügen lassen: so daß gar Manches in
den Ruinen Persiens dieser späteren Zeit angehört.

Die persischen Residenzen waren fünf an der Zahl, nämlich außer
dem alten Babylon, in welchem die Könige häufig den Winter zu-
brachten, die Stadt Susa, die sie gern im Frühling bewohnten, die
medische Hauptstadt Ekbatana, welche sie ihrer kühleren Luft wegen
im Sommer den übrigen Residenzen vorzogen, und endlich die alt-
persischen Städte Persepolis und Pasargadä. Die beiden zuletzt
genannten Orte lagen im südöstlichen Theile des eigentlichen Persiens
nicht weit von einander entfernt und waren die ältesten Städte desselben. Man hält neuerdings Persepolis und Pasargadä für einen
und denselben Ort und meint, daß der erstere Name nur von den
Griechen zur Bezeichnung für die späteren Bauwerke und Anlagen,
welche neben Pasargadä eine eigene Stadt bildeten, gebraucht worden
sei. Beide Orte befanden sich in der von dem Araxes-Flusse, welcher
jetzt Bend-Emir heißt, durchflossenen Thalebene Merdascht. Sie
wurden von den Persern als der heilige Mittelpunkt ihres Reiches
angesehen, in welchem ihre Könige bei der Thronbesteigung feierlich
geweiht wurden, während ihrer Regierung öfters ihren Gottesdienst
verrichteten und endlich ihre Ruhestätte erhielten. Auch befand sich
dort die Schatzkammer des Reiches. Noch heut' zu Tage ist die ganze
Gegend, in der jene Städte lagen, mit Trümmern bedeckt, welche aber
zum Theil aus der Periode der Sassaniden und sogar aus der mo-
hammedanischen Zeit Persiens herrühren. Die wichtigsten Ruinen,
welche aus dem Alterthum herstammen, sind die ausgedehnten Trümmer

eines Palastes; sie werden von den heutigen Perfern Tschihil-
Minar, d. i. die vierzig Säulen, genannt, weil bei diesem Volke die
Zahl vierzig eine runde ist, die man zur Bezeichnung einer unbestimmten
Menge gebraucht. Die heutigen Perfer nennen diese Ruinen auch
Tukl al Dschemschid, d. h. Thron des Dschemschid, mit Beziehung
auf den mythischen Perferkönig Dschemschid, welcher nach der poetischen
Sage der Perfer der Gründer von Perfepolis war. Außer diesen
Trümmern gehören auch die Ruinen einiger großen Grabmäler, von
welchen das eine durch die Volksjage für das Grab des Darius
Hystaspis erklärt wird, sowie die Ueberrefte einiger andern Gebäude
der Zeil des Alterthums an. An denselben findet man Darstellungen
in roher Bildhauerarbeit, die sich auf die Religion, die Könige und
ihre Weihe zu beziehen scheinen, sowie Inschriften in keilförmiger
Schrift, deren Entzifferung in neuerer Zeit wichtige Ergebnisse geliefert
hat. Von Susa, dessen Lage oben angegeben wurde, finden sich heut'
zu Tage nur solche Trümmer, wie sie auch von Babylon sich erhalten
haben, formlose Schutthaufen von gebrannten oder getrockneten Steinen
und unter diesen einige Marmor- und Granitblöcke, die mit keilförmiger
Schrift bedeckt sind. Sie liegen an dem Flusse Kerrah oder Kara-Su.
Das alte Susa enthiell große Paläste, Höfe und Parks von bedeutender
Ausdehnung, hatte einen Umfang von 2⅔ deutschen Meilen und
besaß ebenfalls eine Schatzkammer der Könige. Die Stadt Ekbatana, von welcher sich, außer einigen Schutthaufen und einer keil-
förmigen Inschrift an einem Felsen, keine Reste mehr erhalten haben,
lag an der Stelle der heutigen Stadt Hamadan, in der schönsten Gegend
von Medien, nämlich auf und an einem quellenreichen Berge in der
Nähe eines großen Waldgebirges, von dessen Gipfel man das kaspische
Meer erblickt. Ekbatana hatte eine bedeutende Ausdehnung und enthielt
in seiner Mitte eine Burg oder Citadelle, deren Umfang der griechische
Geschichtschreiber Herodot dem der ganzen Stadt Athen gleich schätzt.
Die Stadt wurde nach dem Untergang des persischen Reiches eine der
Residenzen der Könige des parthischen Reiches und man weiß daher
nicht, welchem Volke und welcher Zeit der prachtvolle Königspalast
angehörte, in welchem, nach den Beschreibungen griechischer Schriftsteller der späteren Zeit, alles Holzwerk von Cedern und Cypressen
gemacht, alle Säulen und Balken mit Gold- und Silberblech überzogen
und die Dächer mit silbernen Ziegeln bedeckt waren.

Geſchichte der alten Welt.

II. Völker der griechiſch=römiſchen Zeit.

Geſchichte der Griechen.

I. Einleitung.

1. Das griechiſche Land.

Im Süden der unteren Donau breitet ſich eine große Halbinſel aus, die das ſüdöſtliche Ende Europa's bildet uud die von allen Ländern dieſes Welttheiles am früheſten eine hiſtoriſche Bedeutung erhielt. Sie beſteht jetzt aus der europäiſchen Türkei und dem König-reich Griechenland und wird deshalb häufig die türkiſch-griechiſche Halbinſel genannt. Ihrer Geſtalt nach zerfällt ſie in zwei Haupttheile, einen ſehr großen nördlichen und einen kleinen ſüdlichen Theil, von welchen der erſtere zwiſchen dem adriatiſchen und dem ſchwarzen Meere liegt und ſüdlich bis zum Archipelagus reicht, der letztere aber zwiſchen dem Archipelagus und dem ioniſchen Meer ſich ausbreitet. Der nördliche Theil iſt ein großer, ununterbrochener Strich Landes mit einer verhält-nißmäßig kleinen Küſtenlinie und gleicht deshalb mehr einem Feſtlande, als einer Halbinſel; der ſüdliche Theil dagegen, welcher dem heutigen Königreich Griechenland entſpricht, iſt eine der vollkommenſten Halb-inſeln der Erde und enthält faſt mehr Küſten- als Binnen-Land. Beide Theile haben die Haupt-Eigenthümlichkeit mit einander gemein, daß ſie viele und mannigfaltige Gebirge enthalten und daß, wegen der Zer-theilung ihres Bodens in zahlreiche Gebirgs-Diſtricte, keine größeren Flüſſe in ihnen vorkommen. Dieſe Eigenthümlichkeiten zeichnen aber am meiſten den ſüdlichen Theil aus, welcher eine große Menge und Mannigfaltigkeit von Gebirgen, Thälern und kleinen Ebenen zeigt. Außerdem hat dieſer Theil an ſeiner Oſtſeite eine ſo große Zahl von Inſeln, daß der Name des Meeres Archipelagus deshalb ein Begriffs-wort geworden iſt und zur Bezeichnuug jedes inſelreichen Meeres der Erde überhaupt gebraucht wird.

Der ſüdliche Theil der türkiſch-griechiſchen Halbinſel iſt das Land der alten Griechen. Er beträgt, die zu ihm gehörenden Inſeln mit-gerechnet, nur etwa ein Sechstel der Größe von Deutſchland und entſpricht alſo ſeinem Umfang nach etwa den Königreichen Baiern und

Württemberg zusammengenommen. Von den geographischen Verhältnissen dieses Landes enthält das Nachfolgende diejenigen Einzelnheiten,
welche für das Verständniß der alt-griechischen Geschichte vorzugsweise
bemerkenswerth sind.

Das griechische Land zerfällt naturgemäß in drei Theile, Nord-
griechenland oder Thessalien und Epirus, Mittelgriechenland
oder Hellas im engeren Sinne und den Peloponnes oder die
Morea. Im Norden hängt das Land durch die über siebentausend
Fuß hoch sich erhebende Kette des Pindus mit den Gebirgen der
westlichen und nördlichen Türkei zusammen. Der Pindus zieht in
südöstlicher Richtung mitten durch das nördliche Griechenland. Nach
Westen laufen von ihm mehrere Bergzüge aus, welche das rauhe
Bergland Epirus bilden. Im Osten sendet der Pindus zwei Haupt-
Gebirgszüge aus; der eine von ihnen ist das weniger bemerkenswerthe
kambunische oder, wie es jetzt heißt, das Volutza-Gebirge, welches die
Grenze von Macedonien und Thessalien bildet und mit dem über
neuntausend Fuß hohen Berg Olympus am Busen von Salonichi
endigt; der andere Gebirgszug heißt Othrys und zieht auf der
Nordgrenze des heutigen Griechenlands zu dem Busen von Volo hin.
Zwischen den äußersten östlichen Enden dieser beiden Gebirgszüge
liegt, parallel mit der Pindus-Kette, das Gebirge Pelion, dessen
nördlichster Berg Ossa an den Olympus stößt und dessen südlicher
Theil nur durch niedere Höhen mit dem Ost-Ende des Othrys verbunden ist. Zwischen dem Pindus, dem kambunischen Gebirge, dem
Pelion und dem Othrys liegt der wichtigste Theil desjenigen Landes,
welches im Alterthum Thessalien hieß und theils in Abdachungen
dieser Gebirge, theils aus sehr fruchtbaren Ebenen besteht. Er wird
von dem Flusse Peneus durchströmt und hat nur einen einzigen
natürlichen Ausgang, nämlich die zwischen Ossa und Olympus liegende
romantische Schlucht, durch die er ins Meer fließt und welcher unter
dem Namen Tempe als eines der schönsten Thäler Griechenlands
berühmt ist. Im Süden des Othrys liegt das demselben parallel
laufende und gleich ihm von dem Ende des Pindus ausgehende Oeta-
Gebirge, welches von jenem durch ein schmales Thal getrennt ist. Es
fällt da, wo es zuerst das Meer berührt, steil zu diesem ab und nur
ein äußerst schmaler Saum liegt hier zwischen dem Fuß der Berge
und dem sumpfigen Meere und gewährt den einzigen natürlichen
Eingang aus Thessalien in das mittlere Griechenland. Dieser Saum
ist der berühmte Paß von Thermopylä.

Das Oeta-Gebirge hat bei diesem Passe noch nicht sein Ende
erreicht, obgleich es daselbst seinen Namen verliert; es zieht vielmehr
in südöstlicher Richtung noch durch den ganzen Osten des mittleren

Griechenlands hin, bis zu dessen südöstlichster Spitze, dem Vorgebirge Sunium. Von seinen letzten Höhen sind besonders bemerkenswerth: der einen trefflichen weißen Marmor enthaltende Pentelikus, der durch seine Bienen berühmte Berg Hymettus und der durch seine vielen Silberminen ausgezeichnete Berg Laurion. Im Westen des Oeta zieht von Epirus her eine andere Gebirgskette in südöstlicher Richtung durch das mittlere Griechenland hin, dessen berühmteste Berge der siebentausend fünfhundert Fuß hohe Parnassus, der bis zu fünftausend dreihundert Fuß aufsteigende Helikon und der etwa viertausend Fuß sich erhebende Cithäron sind. Zu beiden Seiten dieser Gebirgskette liegen theils größere und kleinere Ebenen, theils Berge und Bergzüge. Die berühmtesten Flüsse dieses Theiles von Griechenland sind der Achelous im Westen und der in dem Landsee Kopais mündende Kephissus im Osten.

Mit dem mittleren Griechenland hängt nur durch die schmale Landenge Isthmus der dritte, südliche Haupttheil des Landes zusammen. Dieser heißt heut' zu Tage die Morea, im Alterthum ward er die „Pelopsinsel" oder der Peloponnes genannt. Er enthält in seiner Mitte ein hochliegendes Land, dessen Oberfläche abwechselnd aus Bergzügen und kleinen Hochebenen besteht und welches bei den Alten den Namen Arkadien führte. Dieses hohe Binnenland des Peloponnes ist ringsum von noch höheren Gebirgen umgeben. Zwischen ihnen und dem Meere liegt ein bald mehr, bald weniger bergiges Land, dessen Höhenzüge zum Theil mit jenen das Land Arkadien umgebenden Gebirgen zusammenhängen, zum Theil durch Vertiefungen des Bodens von ihnen getrennt sind. Das berühmteste dieser Gebirge ist der rauhe Taygetus, dessen südlichster Theil die durch die räuberischen Völkerschaft der Mainoten in neuerer Zeit berühmt gewordene Maina ist und mit dem Vorgebirge Tänarum oder der Kap Matapan, einer der äußersten Spitzen des Festlandes von Europa, endigt. Die bedeutendsten Flüsse des Peloponnes sind der Eurotas und der Alpheus, welche beide in Arkadien entspringen. Der Erstere mündet im Süden, der Letztere im Westen der Halbinsel.

Die Küsten des alten Griechenlands sind meistens felsig und steil, mit vielen größeren und kleineren Buchten versehen und namentlich die Ostküste ist reich an Häfen der mannigfaltigsten Art. Das westliche Meer hieß bei den Alten das ionische Meer, das östliche oder der Archipelagus führte den Namen aegäisches Meer. Die bemerkenswerthesten Meerbusen sind die nachfolgend verzeichneten: der thermäische Busen oder der heutige Busen von Salonichi; der malische Busen oder der von Zeitun; das euböische Meer oder die lange, zwischen Mittelgriechenland und der Insel Euböa liegende Meerenge,

9*

welche in ihrer Mitte am schmalsten ist, nach Norden und Süden hin
aber sich immer mehr erweitert und deren engste Stelle der Euripus
heißt; der saronische Busen oder das Meer von Aegina, auf der
Ostseite des Isthmus liegend; der Busen von Argolis, heut' zu
Tage der von Nauplia genannt; der lakonische oder der messenische
Busen, jetzt der von Kolokythia und von Koron genannt, im Süden
des Peloponnes; der korinthische Busen oder der von Lepanto, auf
der Westseite des Isthmus; der ambracische Busen, heut' zu Tage
der von Arta genannt.

Seinen klimatischen Verhältnissen nach gehört Griechenland
zu den wärmeren Gegenden der nördlichen gemäßigten Zone. Doch
ist es, wegen seiner bergigen Beschaffenheit und seiner östlichen Lage,
weniger warm als Sicilien und das südliche Italien, mit welchen
Ländern es fast in einer und derselben Breite liegt. Im Inneren des
Landes hat ferner das Klima, je nach der verschiedenen Höhe der einzelnen Theile, die größte Mannigfaltigkeit und es gibt dort Berg-
gegenden, in denen der Winter ebenso kalt und rauh ist, als im Inneren
des westlichen Deutschlands. Mit ewigem Schnee ist aber keine einzige
Berghöhe Griechenlands bedeckt.

Bei der großen historischen Wichtigkeit einzelner Völkerschaften und
Gegenden Griechenlands bedarf es, vor der Erzählung der griechischen
Geschichte, einer Angabe der Länder, in welche Griechenland im Alterthum zerfiel, sowie der Namen, mit welchen dieselben damals benannt
wurden.

Die Inseln der westlichen Seite Griechenlands oder die heutigen
ionischen Inseln wurden im Alterthum nicht unter einem besonderen
Namen zusammengefaßt, sondern zu den verschiedenen Ländern des
Festlandes, in deren Nähe sie liegen, gerechnet. Die wichtigsten derselben sind: Korcyra im äußersten Norden, das heutige Korfu und
im früheren Alterthum auch Scheria und die Insel der Phäaken
genannt; Leukadia, das jetzige Santa Maura, mit dem berühmten
Vorgebirge Leukas; Ithaka, jetzt Theaki; Kephallenia, jetzt Cefa-
lonia; Zakynthus, das heutige Zante. Im Süden des Peloponnes
liegt die Insel Cythera oder das noch zu den ionischen Inseln gerech-
nete jetzige Cerigo, im Alterthum besonders wegen eines vielbesuchten
Tempels der Venus berühmt.

Die Inseln des Archipelagus sind, wie alle Inseln von Südeuropa,
gebirgig. Sie bestehen übrigens nicht, wie man mitunter meint, aus
zerstreuten und einzeln aus dem Meer emporgestiegenen Eilanden,
sondern sie sind die höchsten Theile der Fortsetzung der Hauptgebirgs-
züge, welche diesseits das eigentliche Griechenland und jenseits den
Westen von Kleinasien durchziehen; es läßt sich deswegen auch ganz

genau die Grenzlinie ziehen, durch welche die zu Asien und die zu
Europa gehörenden Inseln des Archipelagus von einander geschieden
sind. Die große Mehrzahl der im südlichen Theile dieses Meeres gelegenen Inseln wurde von den Alten in die zwei Gruppen der Cykladen
und Sporaden eingetheilt. Die Cykladen sind der zu Europa, die
Sporaden der zu Asien gehörende Theil dieser Inseln, wiewohl schon
unter den alten Griechen in Betreff einiger Inseln Verschiedenheit der
Meinungen darüber herrschte, ob sie zu den Ersteren oder zu den
Letzteren gehörten. Von den Cykladen sind vorzugsweise zu bemerken:
Delos, die berühmteste dieser Inseln, nach den Mythen der Griechen
die Geburtsstätte Apollo's und der Diana, deswegen ein Hauptsitz der
Verehrung des Ersteren mit einem vielbesuchten Tempel desselben und
in Folge davon einer der Mittelpunkte des griechischen Handelsverkehrs;
Paros, welches eine der vorzüglichsten Arten von weißem Marmor
enthielt; Antiparos mit einer berühmten Grotte; Naxos, die größte
der Cykladen. Unter den Sporaden sind die bemerkenswerthesten: das
besonders durch den Evangelisten Johannes berühmt gewordene Pat-
mos und die Insel Kos, die Heimath des großen griechischen Arztes
Hippokrates. Nahe bei dieser Inselgruppe liegt auch die zu Asien gehörende Insel Samos, welche zuweilen zu derselben gerechnet wird.
Im Süden der Sporaden ist die berühmte asiatische Insel Rhodus.
Kandia, die südlichste und größte Insel des ganzen Archipelagus, hieß
im Alterthum Kreta. Sie gehört noch zu Europa.

Im saronischen Meerbusen liegen die beiden Inseln Aegina und
Salamis. Die Insel Euböa, jetzt Negroponte genannt, ist nächst
Kreta die größte des Archipelagus und liegt an der östlichen Seite von
Mittelgriechenland. An ihrer engsten Stelle war sie in der letzten
Hälfte des Alterthums durch eine Brücke mit dem festen Lande ver-
bunden. Ein Punkt ihrer nördlichen Küste ist unter dem Namen
Artemisium in der griechischen Geschichte berühmt geworden.

Die übrigen, für die altgriechische Geschichte bemerkenswerthen
Inseln des Archipelagus sind die im nördlichen Theile dieses Meeres
liegenden Inseln Thasos, Samothrake, Lemnos, Tenedos und
Lesbos und das in der Mitte desselben, an der kleinasiatischen Küste
gelegene Chios.

Der Peloponnes enthielt im Alterthum mehrere besondere Staaten.
In der Mitte der Halbinsel lag das vorzugsweise zur Viehzucht geeignete Wald- und Bergland Arkadien; dieses Land berührte nirgends
das Meer, sondern es war durch die andern Staaten des Peloponnes
von demselben getrennt. Im Süden von Arkadien lagen die beiden
Länder Lakonien und Messenien. Das Erstere, in welchem Sparta
oder Lacedämon die Hauptstadt war, breitete sich um den Eurotas-

Fluß und am Gebirge Taygetus hinaus und war zum größten Theile ein rauhes Bergland, dessen Vertiefungen aber einen fruchtbaren Ackerboden enthielten. Im Westen von Arkadien und im Norden von Messenien lag Elis, eines der fruchtbarsten und am besten angebauten Länder des Peloponnes. Den nördlich von Arkadien, zwischen dieser Landschaft und dem korinthischen Meerbusen gelegenen Raum nahm Achaja und die kleinen Staaten von Sikyon und Korinth ein. Korinth erstreckte sich noch bis auf den Isthmus und ward zugleich vom korinthischen und vom saronischen Meere bespült. Auf der östlichen Seite der Halbinsel, im Nordosten von Arkadien und im Norden von Lakonien lag das Land Argolis mit der Hauptstadt Argos.

Das mittlere Griechenland oder das jetzt Livadien genannte Land führte in der früheren Zeit des Alterthums den Namen Hellas, welcher später zur Bezeichnung des gesammten Griechenlands diente. Es zerfiel in mehrere kleine Länder, von welchen das an Korinth grenzende Megaris den Uebergang zum Peloponnes bildete. Die wichtigste Landschaft von Mittelgriechenland war Attika. Dieses Land, dessen Hauptstadt Athen war, lag im äußersten Südosten und hatte einen meist aus Bergen und Hügeln bestehenden, felsigen, trockenen und unfruchtbaren Boden, in welchem ursprünglich blos der Oelbaum gedieh und nur einige kleine Ebenen, wie die sogenannte thriasische bei der Stadt Eleusis, sich durch Fruchtbarkeit auszeichneten. Doch war Attika im Alterthum sorgfältig angebaut und lieferte namentlich Wein, Feigen und Oliven. Im Westen von Attika und Megaris, zwischen dem euböischen und korinthischen Meere lag das meist sehr fruchtbare Land Böotien mit der Hauptstadt Theben, im Westen von diesem das fast durchaus gebirgige Phocis mit dem wegen seines Orakels berühmten Orte Delphi. Südwestlich und nördlich von Phocis lagen drei kleine Länder, welche insgesammt Lokris hießen und durch Beinamen von einander unterschieden wurden. Zwischen zweien derselben und im Nordwesten von Phocis lag Doris, ein rauhes Berg- und Waldland von geringem Umfang. Im Westen von Doris breitete sich das Land Aetolien und im Westen von diesem das Land Akarnanien aus.

Das nördliche Griechenland bestand aus Epirus und Thessalien. Das Letztere war ein auf allen Seiten von Gebirgen eingeschlossenes Land, dessen Inneres aber einige größere und sehr fruchtbare Ebenen enthielt. Im Alterthum zerfiel es in eine bald größere, bald kleinere Zahl von Staaten, deren Ausdehnung und Bedeutung im Verlauf der griechischen Geschichte sich häufig änderte. Im Nordosten von Thessalien erstreckte sich vom Olympus-Berge an, längs der Küste des Busens von Salonichi, nach Norden hin das Land Pierien, welches schon zu Macedonien gerechnet wurde, aber in den ältesten Zeiten mit zu Griechenland gehörte.

Im Westen von Thessalien, durch das Pindus-Gebirge von diesem Lande getrennt und von ihm bis zum ionischen Meer und bis nach Akarnanien sich ausbreitend, lag das Land Epirus, welches von den alten Griechen bald mit zu ihrem Vaterlande gerechnet, bald als ein ungriechisches Land angesehen wurde. Es umfaßte einen großen Theil des heutigen Albanien und war meist gebirgig. Gewöhnlich theilte man es in die drei Landstriche Chaonien, Thesprotien und Molossia, von welchen der erstere im Norden, der zweite an der mittleren Seeküste des Landes und der dritte im Süden lag.

Noch weniger als Epirus wurde von den alten Griechen Macedonien für ein griechisches Land gehalten. Dieses breitete sich im Norden von Thessalien um den heutigen Meerbusen von Salonichi aus. Im Osten Macedoniens lag, längs dem aegäischen Meer, dem Hellespont, dem Bosporus und dem schwarzen Meer, das durchaus ungriechische Land Thracien, welches der jetzigen türkischen Provinz Rumili entspricht. Die Länder, welche im Westen von Macedonien und im Norden von Epirus sich bis zum. adriatischen Meere hin erstreckten, faßte man im Alterthum häufig unter dem Namen Illyrien zusammen.

2. Abstammung der Griechen.

Die alten Griechen gehörten zu dem indo-germanischen Völkerstamm und zwar zu derjenigen Abtheilung desselben, welche man den griechisch-lateinischen oder den pelasgischen Völkerzweig nennen kann. Diese Völkergruppe begreift von den Nationen des Alterthums die Griechen oder, wie sie selbst sich nannten, die Hellenen, sowie die Römer und die meisten übrigen Völker des mittleren und südlichen Italiens in sich. Unter den neueren Völkern Italiens befindet sich keines mehr, welches als reiner Sprößling des pelasgischen Völkerzweiges anzusehen wäre, sondern diese gehören alle zu jenen Mischlingsvölkern, die man unter dem Namen des romanischen Zweiges der indo-germanischen Völkerfamilie zusammenfaßt. Sie sind aus einer Mischung von Griechen und Italienern des Alterthums, von Germanen und von Galliern entstanden. Von den alten Griechen haben sich nur noch in einigen Gegenden der Türkei und Griechenlands reine Nachkommen erhalten; die große Mehrzahl der Neugriechen aber ist aus einer Vermischung von eigentlichen Griechen und andern, namentlich slavischen Völkern hervorgegangen.

Durch das Studium der Sprachen und der historischen Ueberlieferungen hat sich ergeben, daß in den Anfängen der europäischen Geschichte außer den Griechen noch zwei andere Völkerstämme in Europa einwanderten und sich in der türkisch-griechischen Halbinsel ansiedelten. Diese waren der illyrische und der thracische Völkerstamm. Aus Gründen, die von den Sprachen der Völker hergenommen sind, hält man Beide für besondere, den Griechen nicht näher verwandte Völkerstämme; die Sagen aber, welche uns aus den ältesten Zeiten Kleinasiens und Europa's überliefert worden sind, deuten auf eine gemeinsame Abstammung und auf eine ursprünglich gemeinschaftliche Sprache der thracischen, illyrischen und griechischen Völker.

Der illyrische Völkerstamm ließ sich im Nordwesten der Türkei nieder und breitete sich, von der Nordgrenze des Landes Epirus und dem nördlichen Ende des ionischen Meeres an, auf den Küsten des adriatischen Meeres bis zur Mündung des Po-Flusses aus, sowie landeinwärts bis zu den Flüssen Save und Donau in Ungarn. Die wichtigsten Völker des illyrischen Stammes waren die Taulantier, Liburner, Istrier und Eneter oder Veneter am adriatischen Meer, sowie die Darbaner auf der Grenze Macedoniens und des heutigen Serbiens, und, die Pannonier, welche anfangs in dem jetzigen Lande Bosnien wohnten, um die Zeit von Christi Geburt aber nach Ungarn wanderten und nach denen das letztere Land zuweilen auch Pannonien genannt wird. Die Bewohner von Epirus oder die Epiroten bildeten den Uebergang von den Griechen zu den Illyriern; die Mehrzahl derselben gehörte jedoch dem Stamm der Letzteren an. Die illyrischen Völker sind im Laufe der Zeit theils ausgerottet worden, theils haben sie sich mit Völkern anderer Abstammung vermischt; es hat sich nur ein geringer reiner Rest derselben erhalten, welcher bei den christlichen Völkern den Namen der Albanesen, bei den Türken den der Arnauten führt. Dieses kriegerische Volk ist in neuerer Zeit, vermittelst der Vergleichung seiner Sprache mit den aus dem alten Illyrischen erhaltenen Wörtern, von den meisten Sprachforschern als ein Ueberrest jenes Völkerstammes erkannt worden.

Der thracische Völkerstamm ließ sich im Osten der Illyrier und im Nordosten der alten Griechen nieder und seine Wohnsitze erstreckten sich bis zu der Donau und zum schwarzen Meer; ja, nach der Annahme der alten Griechen wohnten thracische Völker, von den frühesten bekannten Zeiten an, auch in Kleinasien. Einige Jahrhunderte vor Christi Geburt breitete sich dieser Völkerstamm noch weiter nördlich, über die linke Seite der Donau hin, aus und bevölkerte auch die Walachei und einzelne Theile von Ungarn. Im Alterthum gehörten zu ihm vornehmlich folgende Völker: die eigentlichen Thracier oder Thraken in dem gleichnamigen Lande, die ebendaselbst wohnenden

Obrysen, die Gelen in der Walachei, die Triballer im Lande Serbien, die im Norden von Thracien wohnenden Mösier, nach welchen die alten Römer den jetzigen Ländern Serbien und Bulgarien den Namen Mösien gaben, und die Dalen oder Dacier, die auf dem linken Ufer der Donau, in Ungarn und Siebenbürgen wohnten und nach denen das südöstliche Ungarn, die Walachei, die Moldau und Siebenbürgen bei den Römern den Gesammtnamen Dacien führten. Ferner gehörten, nach der Annahme der alten Griechen, auch die in Kleinasien wohnenden Phrygier, Mysier und Bithynier zu den Völkern des thracischen Stammes. Ueber Ein Volk des Alterthums ist man durchaus im Unklaren, ob es dem thracischen oder einem andern Stamme angehörte. Dies sind die Macedonier, welche nach den Forschungen des einen Gelehrten für ein thracisches, nach denen eines andern für ein griechisches, nach denen eines dritten für ein illyrisches Volk zu halten wären; nach einer vierten Annahme endlich, welche am meisten Wahrscheinlichkeit für sich hat, waren sie ein mit Griechen vermischtes illyrisches Volk.

Auch die Völker des thracischen Stammes sind im Sturm der Zeiten untergegangen. Nur ein Mischlingsvolk, welches als ein mit Römern, Slaven und andern Völkern vermengter Rest der alten Thracier zu betrachten ist, findet sich unter den Nationen der heutigen Welt. Es sind die Wlachen oder Walachen, welche in der Moldau und Walachei, sowie in verschiedenen Gegenden von Ungarn, Siebenbürgen, der eigentlichen Türkei und Griechenlands wohnen, und in deren Sprache sich ein spärlicher Ueberrest der untergegangenen thracischen Sprachen erkennen läßt.

II. Aelteste Zeit der Griechen.

1. Allgemeines.

Mit dem Auftreten des griechischen Volkes beginnt ein neuer Zeitabschnitt in der Geschichte der Menschheit. Durch die Griechen ward nämlich der Mittelpunkt der Weltbegebenheiten von Asien nach Europa verlegt. Durch sie wurden außerdem aber auch neue Formen des Daseins und eine neue Art von Entwickelung in der Menschheit hervorgerufen, und diese veränderte Richtung unseres Geschlechts und seiner Geschichte blieb für alle folgenden Zeiten die vorherrschende. Für das orientalische Wesen war mit der Erhebung der griechischen Nation die Zeit abgelaufen: der orientalische Theil der Menschheit blieb stehen,

während der abendländische vorauschritt: er fiel gleichsam in den
Zustand der Erstarrung und verlor dadurch, fast für alle späteren Zeiten, jeden bedeutenderen, über seinen nächsten Kreis hinausgehenden
Einfluß. Nur zwei Völker des Orients, die Juden und die Araber,
erhielten in den späteren Zeitaltern der Welt eine bleibende Wichtigkeit
für das gesammte Menschengeschlecht: jene, weil sie in ihrem Wesen
das rein Menschliche gegen den zerstörenden Einfluß des Orientalischen
zu schützen gewußt, eine reinere und wahrere Vorstellung von der
Gottheit sich bewahrt und so dem später entstehenden Christenthum
eine Stätte bereitet hatten; diese, weil sie der Geistesrichtung des
Abendlandes und den Grundsätzen jener Weltreligion theilweise einen
Zutritt zu sich gewährten und so das Alt-Orientalische von neuem zu
beleben verstanden.

Die Griechen stehen an der Spitze der neuen Zeit und sind die
eigentlichen Schöpfer derselben. Als sie sich erhoben, da waltete unter
den schwarzen Stämmen des Südens die denselben stets eigen geblie-
bene Sklaverei und rohe Sinnlichkeit; unter den Völkern des Nordens
und Westens dagegen herrschte zwar Freiheitsliebe und kriegerischer
Muth, aber auch Mangel an Bildung, Gesittung und Ordnung; die des
Ostens endlich waren zwar schon längst aus dem Stande der Rohheit
herausgetreten und hatten Wissenschaften, Künste und viele Elemente
eines besseren äußeren Lebens entwickelt, allein sie waren auch in
geistige Einseitigkeit und Beschränkung gerathen, moralisch entartet
und ein Opfer der Despotie geworden. In der Mitte dieser sie umgebenden Hauptkreise des damaligen Menschengeschlechts betraten die
Griechen die Bahn einer neuen Art von Entwickelung und sie thaten
dies mit so großem und bleibendem Erfolge, daß bis zur gegenwärtigen
Stunde die rein geistige Cultur der civilisirten Welt ebenso vorzugsweise auf Griechenland beruht, wie die religiöse auf Palästina.

Die Griechen haben zuerst eine unabhängige Kunst geschaffen;
denn sie haben zuerst die Kunst an und für sich und ihrer selbst wegen
gepflegt und dadurch der Menschheit ein neues Hauptmittel der Erhebung und Veredlung gegeben. Die Griechen haben ferner zuerst
eine selbstständige Philosophie gegründet; denn sie waren es, die
zuerst die Forderungen der denkenden Kraft von dem religiösen Bedürfniß schieden und so auch dem Geiste des Menschen jene Räume
des Höheren und Unendlichen öffneten, die vorher nur seinem Gemüthe
zugänglich gewesen waren. Sie haben zuerst eine wahre Wissenschaft ins Leben gerufen, indem sie zuerst die geistige Forschung ebenso
von der Willkür eines einzelnen Standes, wie von den Zwecken des
äußeren Lebens unabhängig machten; sie haben namentlich die beiden
Wissenschaften der Mathematik und der Geschichte neu geschaffen; denn

von diesen hatte die erstere, als eine der Selbstständigkeit ermangelnde
Beschäftigung, seither nur den äußeren Bedürfnissen der Völker gedient, mit der letzteren aber hatte man, statt eine Erkenntniß des
Menschen und seines Entwickelungsganges zu erstreben, blos dem
patriotischen Gefühl und der Unterhaltung Befriedigung zu gewähren
gesucht. Die Griechen haben ferner das reichhaltige Bildungs-Element,
welches in der Sprache liegt, in einer ganz neuen Weise und in hohem
Grade entwickelt. Sie haben nicht allein viele neuen Formen und
Weisen für die Poesie erfunden und ihre eigene Sprache so ausgebildet,
daß dieselbe eine der schönsten und ausdrucksvollsten geworden ist, sondern sie haben namentlich auch die Kunst der prosaischen Rede geschaffen.
Die Schriften der früheren Völker hatten entweder eine poetische Form,
oder sie waren in einer Sprache geschrieben, welche, gleich der der
Kinder, des geordneten Zusammenhangs entbehrte und in deren äußerer
Form nicht, wie in den Schriften der Griechen, vermittelst des Perioden-
baues und der Rücksicht auf Wohlklang, die Gedankenwelt mit allen
ihren mannigfaltigen Abstufungen und Schattirungen sich abspiegelte.
Die Griechen endlich haben zuerst von allen Völkern ein ächtes und
wahres Staatsleben geschaffen. Sie haben nämlich zuerst dem Verstande der Einzelnen in den Angelegenheiten der Nation sein volles
Recht gegeben, zuerst die Stimme der Gesammtheit zu der Bedeutung
einer öffentlichen Meinung erhoben, zuerst eine blos von den Fortschritten der Geistes-Cultur abhängige Entwickelung des Staates eingeführt. Sie waren deshalb auch das erste Volk der Geschichte, das
eine eigentlich republikanische Verfassung bei sich zu entwickeln und
lange Zeit zu erhalten wußte.

Die Geschichte dieses für die Entwickelung der Menschheit so wichtigen Volkes beginnt, wie die fast aller Völker, mit Mythen und Sagen,
deren historischer Gehalt nicht mehr sicher zu ermitteln ist. Die Anfänge der griechischen Geschichtschreibung fallen erst in das sechste
Jahrhundert vor Christi Geburt. Vorher wurden die Ereignisse der
Vergangenheit in bloßen Sagen oder in erzählenden Gedichten überliefert und auch die letzteren hatte man erst kurz vor jener Zeit niederzuschreiben angefangen, nachdem sie Jahrhunderte lang mündlich von
einer Generation an die andere übertragen worden waren. Ein Theil
dieser Gedichte und viele Sagen aus der griechischen Vorzeit haben sich
bis auf unsere Tage erhalten. Man hat in neueren Zeiten mit großem
Scharfsinn versucht, den historischen Gehalt derselben zu erforschen
und so das Dunkel der frühesten griechischen Geschichte zu erhellen;
allein der sichere Gewinn, der durch diese Bemühungen erlangt ward,
ist doch nur ein geringer gewesen und jene Sagen werfen zwar auf
die Gedankenwelt und Vorstellungsweise der ältesten Zeit ein er-

wünschtes Licht, gaben uns aber über deren äußere Schicksale keine zuverlässige Kunde.

Die älteste Zeit des griechischen Volkes läßt sich in zwei Hauptabschnitte eintheilen, in die etwa bis gegen das Jahr 1400 v. Chr. dauernde Urzeit und in die sogenannte achäische oder heroische Zeit, welche etwa 900 vor unserer Zeitrechnung zu Ende ging.

2. Urzeit der Griechen.

Die schwachen Lichtstrahlen, welche in die dunkle älteste Zeit der Griechen bringen, lassen uns Spuren von Zuständen erkennen, welche verschieden von dem sind, was in der späteren Geschichte als Charakter des griechischen Volkes erscheint. Griechenland war schon früh bewohnt, aber von Völkern, welche andere Namen führten, als den der Griechen oder Hellenen. Die ältesten Bewohner des Landes hatten zum Theil eine Cultur, aber dieselbe war der älteren orientalischen einigermaßen ähnlich und dagegen von dem Charakter der späteren griechischen Bildung sehr verschieden. Die Griechen selbst wußten nicht, wie sie den Inhalt ihrer Sagen über jene Zeit ansehen sollten und waren im Unklaren über das Verhältniß, in welchem sie selbst der Abstammung nach zu jenen Ureinwohnern ihres Landes standen. Uns ist es natürlich noch viel weniger möglich, hierüber zur Gewißheit zu gelangen; wir können nur vermuthen, daß es sich mit jener ältesten griechischen Zeit etwa folgendermaßen verhalten haben mag.

Jene drei Stämme, welche in der ältesten Zeit den Südosten Europas bevölkerten und der griechisch-lateinische, der illyrische und der thracische Stamm genannt werden, standen sich zur Zeit ihrer Einwanderung in Sprache und Sitte noch sehr nahe, zerfielen aber in eine Menge einzelner Völkerschaften, welche einander zum Theil bekriegten und von denen einige früher als die andern sich zu einer Cultur erhoben und manche von diesen unterwarfen. Dadurch sind einige von ihnen mächtiger und berühmter geworden, als die übrigen, und ihre Namen, welche man auch auf die Unterworfenen übertrug, haben deshalb in den der Nachwelt überlieferten Sagen eine besondere Bedeutung erhalten. Die zwei berühmtesten dieser Namen sind die der Pelasger und der Hellenen, von welchen jener in der ältesten Zeit der ausgezeichnetste war, dieser dagegen erst nach dem Untergang des pelasgischen Namens allmälig bedeutend und endlich zur gemeinsamen Bezeichnung aller griechischen Völkerschaften gebräuchlich wurde. Erst nach den Zeiten Homer's erhielt der Name Hellenen diese Bedeutung unter den Griechen selbst; vorher gab es kein Wort zur Bezeichnung des gesammten griechischen Volkes. Der Name einer andern griechischen Völkerschaft, Graiken oder Gräken, wurde nach dem Westen von

Griechenland hin vorzugsweise bekannt und daher kommt es, daß er bei den älteren italienischen Völkern zur Bezeichnung der Griechen überhaupt gebräuchlich ward. Durch die Römer hat sich dieser Name später auch zu den Völkern des westlichen und nördlichen Europa's verbreitet und dies ist der Grund, warum die heutigen Europäer die Griechen nicht mit dem bei ihnen selbst gebräuchlich gewordenen Namen Hellenen, sondern mit dem Worte Griechen benennen.

Der Name Pelasger wurde von den späteren Griechen selbst so gebraucht, daß sie bald eine besondere Völkerschaft ihrer Urzeit unter demselben verstanden, bald überhaupt die gesammte ältere Bevölkerung Griechenlands mit ihm bezeichneten. Man thut, um sich nicht zu verwirren, am besten, wenn man dieses Wort in dem letzteren Sinne nimmt und also unter dem Namen Pelasger die Ureinwohner von Griechenland versteht, etwa in der Art, wie wir die älteren Bewohner von Deutschland Germanen nennen und erst von der Entstehung des deutschen Reiches an das Wort Deutsche gebrauchen. Die einzelnen Völkerschaften jener pelasgischen Zeit hießen Lapithen, Perrhäber, Minyer, Phlegyer, Leleger u. s. w.

Die Pelasger wanderten von Norden her, aus dem Lande Thracien, in Griechenland ein; und vielleicht waren es auch thracische Stämme, von welchen dieselben zuerst eine Cultur erhielten. Daher kommt es, daß einige der ältesten griechischen Dichter, deren Namen sich erhalten haben, Thracier genannt werden. Die Pelasger ließen sich zuerst in Thessalien nieder und bevölkerten von dort aus die übrigen Theile Griechenlands. Auch die See befuhren sie und viele griechische Inseln erhielten deshalb schon in sehr früher Zeit Bewohner. Wie die Sage berichtet, so kamen auf verschiedenen Inseln, auf denen sie sich angesiedelt hatten, fremde Schaaren zu ihnen, durch welche sie zuerst von den Metallen und ihrer Bearbeitung Kunde erhielten. Diese Fremdlinge werden Kureten, Telchinen, Korybanten, idäische Daktylen und Chyklopen genannt; woher aber dieselben kamen und welchem Volke sie angehörten, ist nicht zu ermitteln. Die Pelasger entwickelten eine Cultur und diese blühte in einigen Gegenden vorzugsweise auf. Solche Gegenden waren Epirus, wo schon früh der dem Zeus geweihte Tempel von Dodona als eine besonders heilige Stätte galt, das Land Thessalien, in dessen fruchtbaren Ebenen schon in der ältesten Zeit Ackerbau getrieben wurde, die ebenfalls fruchtbaren Gegenden am Kopais-See in Böotien, wo die uralte Stadt Orchomenos schon sehr früh durch ihren Reichthum sich auszeichnete, sowie endlich das im Südosten dieses Landes liegende Attika und die peloponnesischen Länder Argolis und Sikyon. In wie fern die in diesen verschiedenen Gegenden angesiedelten Völkerschaften unter einander näher oder ferner

verwandt waren, ist nicht mehr zu bestimmen. Von einigen derselben
werden die Namen einzelner Herrscher angeführt, und unter diesen
sind zwei vorzugsweise berühmt geworden: Ogyges, ein der Sage
nach schon zwei und zwanzig Jahrhunderte v. Chr. in Attika und
Böotien herrschender König, zu dessen Zeit eine große Fluth alle
niederen Gegenden beider Länder verwüstete und ihre Bewohner vernichtete und Inachus, ein König von Argos, welcher im neunzehnten
Jahrhundert vor Christo gelebt haben soll und dessen Name bei den
Griechen und Römern sprichwörtlich gebraucht ward, um eine uralte
Zeit zu bezeichnen. Das merkwürdigste Reich der ältesten griechischen
Zeit war das von Orchomenos, dessen Bewohner, wahrscheinlich
nach einem der verschiedenen Völkerschaften, aus denen dasselbe
zusammengesetzt war, Minyer hießen. Es erstreckte sich über das
nördliche Böotien hin und war durch seinen Wohlstand so berühmt,
daß die Hauptstadt Orchomenos für eine der reichsten Städte der
Urzeit galt. Um die Ufer des Kopais-Sees und auf den angrenzenden
Bergseiten war der Boden mit Sorgfalt angebaut; Abzugskanäle, die
man in die Berge gegraben hatte, setzten den See mit dem euböischen
Meere in Verbindung und schützten so das Land gegen die Ueberschwemmungen desselben; und große Bauwerke, von der sogleich näher
zu beschreibenden Art, wurden in sehr früher Zeit zu Orchomenos
errichtet.

Aus den dunkeln Zeiten der ältesten griechischen Geschichte erhielten
sich hier und da Bauwerke von eigenthümlicher Art, welche der Volks-
glaube der späteren Zeit den Cyklopen, riesenhaften Gewaltigen einer
früheren Weltordnung, zuschrieb, und die man deshalb cyklopische
Mauern nannte. Die Trümmer einiger dieser Bauten sind noch heut'
zu Tage in Griechenland zu sehen, namentlich ein gewölbeartiges
Gebäude zu Mycenä in Argolis, das von den Gelehrten die Schatzkammer des Atreus genannt wird, und Ueberreste von der Mauer
dieser Stadt mit einem Thore, über welchem sich zwei in Stein gehauene Löwen, das älteste Werk griechischer Bildhauerkunst, befinden.
Andere cyklopische Bauwerke standen und stehen zum Theil noch in
Athen, in Argos, in der argolischen Stadt Tiryuth, in Orchomenos
und an andern Orten; auch in Italien finden sich Reste derselben.
Diese cyklopischen Bauten bestehen aus großen Felsstücken von mitunter erstaunlichem Umfang, welche meist unregelmäßig behauen und
ohne irgend eine Mörtel-Verbindung zusammengefügt sind: die inneren
Räumlichkeiten haben die Form von Gewölben, ohne doch wie eigentliche Gewölbe gebaut zu sein. Welchem Volk und welchem Jahrhundert
der griechischen Vorzeit diese Bauwerke angehören, ist unbekannt; sie
können ebensowohl erst nach der pelasgischen Zeit, als in derselben

errichtet worden fein. Weil man fie aber befonders an folchen Orten
findet, von denen namentlich angeführt wird, daß einft Pelasger fich
an ihnen niedergelaffen haben, fo gehören fie wohl der pelasgifchen
Zeit an. Auch waren fie zum Theil fo ungeheuere Werfe, daß Viele
der Meinung find, ihre Erbauung fönne, gleich der der aegyptifchen
Gebäude, entweder nur einer priefterlich und despolifch regierten Volks-
maffe oder ganzen, unterworfenen und zu Frohnden gezwungenen Völ-
lerfchaften zugefchrieben werden; in der unmittelbar auf die pelasgifche
Periode folgenden Zeit aber gab es weder eine Priefterherrfchaft, noch
war es damals üblich, ganze befiegte Völker zu folchen Frohnbienften
zu gebrauchen.

Der erfte Beginn einer höheren Cultur beruhte in Griechenland
wie überall auf dem Acferbau und diefer war, neben der Viehzucht, die
Hauptbefchäftigung der in Griechenland eingewanderten Stämme. Er
gebieh am leichteften in niederen Ebenen mit angefchwemmtem Boden,
welche, wie z. B. die von Theffalien, von Flüffen durchftrömt waren,
und daher leicht die in wärmeren Ländern durchaus nothwendige Be-
wäfferung erhalten konnten. Aus diefem Grunde werden folche Ebenen
in den griechifchen Sagen vorzugsweife Anfiedelungen von Pelasgern
genannt. Welchen Charafter die während der pelasgifchen Zeit in
Griechenland enftandene Cultur im Einzelnen hatte, wiffen wir nicht;
nur foviel geht aus den Sagen mit ihren Götter- und Helbennamen
wie überhaupt aus der Vergleichung der griechifchen Sprache mit den
ihr verwandten altindifchen und altperfifchen hervor, daß das reli-
giöfe und bürgerliche Leben jener Zeit dem älteren orientalifchen Wefen
ähnlich war. Dadurch unterfchied fich die pelasgifche Periode ebenfo
von allen folgenden Zeiten des griechifchen Volfes, wie die cyflopi-
fchen Bauwerfe von denen der nächften Jahrhunderte. In der ganzen
ficheren Gefchichte der Griechen fommt nichts von einer Priefterfafte
vor; diefe dem Orient eigenthümliche Einrichtung war den Griechen
feit dem Ende der pelasgifchen Zeit fo durchaus fremd, daß fchon in
Homer's Gefängen, dem älteften erhaltenen Dichtwerf der Griechen,
ftatt eines herrfchenden Priefterthums vielmehr das weltliche Haupt
des Volfes zugleich als höchfter Priefter desfelben erfcheint. Ebenfo
ift die das griechifche Volf auszeichnende Anficht von menfchlichen und
göttlichen Dingen, durch welche fich dasfelbe fo fehr vom Orient unter-
fcheibet, fchon in jenen Gefängen als die bereits unmittelbar nach der
pelasgifchen Zeit herrfchende zu finden. Aus diefem Grunde ift es
auch erflärlich, warum wir aus den vielen Sagen der Griechen feine
ganz flare Anficht jener älteften Zeit gewinnen fönnen: das griechifche
Wefen der nachfolgenden Zeiten war von dem pelasgifchen zu fehr
verfchieden, als daß die Ueberlieferungen aus diefer Zeit mit Treue

hätten bewahrt und fortgepflanzt werden können. Die unmittelbar
auf die pelasgischen Jahrhunderte folgende Zeit war diejenige, bei
welcher, als ihrer eigentlichen Vorzeit, die Gedanken der späteren
Griechen am liebsten und fast allein verweilten und aus der dieses
Volk den alterthümlichen Stoff für seine dichterischen Werke nahm.
Alles sogenannte Pelasgische kam den Griechen so fremdartig und
gleichsam ungriechisch vor, daß ihre Dichter fast nie eine Sage aus
der Zeit desselben zum Gegenstande ihres Gesanges wählten; ja diese
ganze Zeit lebte so schwach in der Erinnerung der Griechen fort, daß
ihre eigenen Geschichtsforscher über die Pelasger keine größere Klar-
heit zu erlangen vermochten, als wir.

Die alt-griechischen Sagen reden auch von Colonieen, welche von
Aegypten und einigen asiatischen Ländern aus sehr früh in Griechenland angelegt worden sein sollen. Zuerst kam, erzählen sie, Cekrops
aus Sais in Aegypten nach Attika, wo er von dem Könige des Landes
freundlich aufgenommen wurde. Er vermählte sich mit dessen Tochter
und folgte ihm in der Herrschaft des Landes nach. Die Stadt Athen
stand damals noch nicht; Cekrops aber legte durch die Erbauung einer
Burg, die er Cekropia nannte, den Grund zu derselben. Dieser
Aegypter soll zuerst den damals noch rohen Bewohnern des Landes
eine Civilisation gebracht und sie in einen Staat vereinigt haben.
Ebenso kam der Phönicier Kadmus nach Böotien und erbaute dort
die Burg Kadmea, an deren Fuß später die Stadt Theben entstand.
Auch er ward Herrscher im Lande und soll den Bewohnern desselben
die Elemente einer höheren Cultur gegeben haben; namentlich schreibt
ihm die Sage die Einführung der Buchstabenschrift in Griechenland
zu. Acht Jahre nach Kadmus landete der Aegypter Danaus mit seinen
fünfzig Töchtern und einer Schaar Männer in der Nähe der Stadt
Argos, bemächtigte sich der Regierung des Landes und brachte den
Einwohnern desselben ebenfalls Keime einer höheren Cultur. Mehr
als anderthalb hundert Jahre nach Danaus, nämlich in der Mitte des
vierzehnten Jahrhunderts vor Christo, erschien nach griechischen Sagen
der Phrygier Pelops an der Küste des Landes Elis im Peloponnes.
Er war der Sohn des Beherrschers eines kleinasiatischen Reiches, wurde
aber von dem König der benachbarten Stadt Troja vertrieben und
segelte mit einer kleinen Schaar von Getreuen nach Griechenland. In
Elis vermählte er sich mit der Tochter des Königs von Pisa und
folgte demselben in der Regierung nach. Die Sage leitet den Namen
Peloponnes, welcher soviel als Insel des Pelops bedeuten soll, von
ihm her.

Die Geschichte dieser vier Einwanderer wird durch die Sage sehr
fabelhaft dargestellt und mit den Religions-Mythen des griechischen

Volkes in Verbindung gebracht. Selbst die bloße Thatsache der Grün-
bung von aegyptischen, phönicischen und phrygischen Colonieen in
Griechenland steht deshalb nicht ganz über jedem Zweifel, obgleich es
gewiß ist, daß die Phönicier in früher Zeit die griechischen Küsten
besuchten, und obgleich auch Aegypter und Phrygier wahrscheinlich
zuweilen an denselben landeten. Das Einzelne über jene Einwan-
berungen aus Aegypten ober Phönicien gehört der Sage an: das
aber ist gewiß, daß jene pelasgische Bevölkerung Griechenlands aus
jenen beiden Ländern, namentlich aus Phönicien, mancherlei Anre-
gungen empfing. Den Hirten und Ackerbauern kamen neue Kunst-
fertigkeiten und neue Lebensbedürfnisse aus jenen Ländern, deren
Kultur schon höher entwickelt war und auch auf ihre Gottesverehrung
haben diese Einflüsse aus dem semitischen Osten eingewirkt. Aber was
sie von der Fremde empfangen, gestalteten sie bald in dem ihnen angeborenen feineren und höheren Geist um, wobei ihnen auch die Natur
ihres Landes zu Hülfe kam.

3. Heroisches Zeitalter der Griechen bis auf den Argonauten-Zug.

Auf die pelasgische Zeit Griechenlands folgt eine andere, welche
man die heroische zu nennen pflegt, weil kriegerischer Sinn und
kriegerische Heldenthaten der Mittelpunkt sind, um den sich das Leben
der damaligen Griechen drehte. Man hat diesem neuen Zeitraum
auch den Namen des achäischen gegeben, weil derjenige Theil der
griechischen Völkerschaften, welcher den Stamm der Achäer bildete,
damals die Hauptrolle spielte. Diese Zeit beginnt kurz vor dem Jahr
1400 vor Christo und dauert bis etwa zum Jahre 900. Die eigentliche
Blüthe des heroischen Zeitalters aber fällt in das Jahrhundert des
Argonauten-Zuges und des trojanischen Kriegs oder in die Jahre 1280
bis 1180. Die Heroenzeit des griechischen Volkes steht mit der vorhergehenden fast in gar keiner Verbindung: der Name der Pelasger
verschwindet, und eine kleine Zahl von einander ähnlichen Völkerschaften, welche andere Namen führten, erscheint an der Stelle jenes
Volkes in den verschiedenen Gegenden Griechenlands angesiedelt. Diese
Völkerschaften hatten von Thessalien her sich über den größten Theil
des festen Landes und der Inseln Griechenlands verbreitet und die
Pelasger theils sich unterworfen, theils ihre Macht gebrochen. In
wie fern sie mit den Letzteren verwandt waren, wissen wir nicht. Dagegen ist es gewiß, daß sie nicht dem thracischen oder illyrischen, sondern
dem griechisch-lateinischen Völkerstamme angehörten, und daß das
griechische Volk von ihnen abstammt. Einen gemeinschaftlichen Namen
führten diese Völkerschaften nicht, sondern wenn sie in den ihre Thaten

besingenden Gedichten in Gesammtheit erwähnt werden, so wird der
Name irgend einer mächtigeren einzelnen Völkerschaft zur Bezeichnung
ihrer aller gebraucht: in dieser Weise nennt Homer sie bald Achäer,
bald Hellenen, bald Danaer oder auch Panachäer und Pan-
hellenen d. h. die gesammten Achäer und Hellenen.

Die Sage pflegt die Ursprünge der Völker von bestimmten Personen herzuleiten und deshalb häufig den Namen eines Volkes in
einen Personen-Namen zu verwandeln, welcher dann als der des
angeblichen Stammvaters dieses Volkes den Nachkommen überliefert
und mit den übrigen Erzählungen in Verbindung gebracht wird. Auf
diese Weise verfuhr auch die griechische Sage in Betreff der Stämme
und Völkerschaften, in welche die alten Griechen zerfielen. Nach ihr
stammen alle Griechen von Deukalion, einem Sohne des Halbgottes
Prometheus ab. Zu seiner Zeit soll eine jener verheerenden Ueberschwemmungen statt gefunden haben, von denen die Sagen aller älteren
Völker reden. Deukalion und seine Gemahlin Pyrrha, heißt es,
waren die einzigen Bewohner von Nord- und Mittelgriechenland,
welche diese große Fluth überlebten. Sie retteten sich vermittelst eines
Schiffes, das sie zu diesem Behufe erbaut hatten. Dieses Schiff landete
nach neun Tagen am Berge Parnassus, und Deukalion stellte, auf
das Geheiß des höchsten Gottes, das Menschengeschlecht dadurch wieder
her, daß er und seine Gemahlin Steine hinter sich warfen. Aus den
Steinen, welche Deukalion warf, entstanden Männer, aus denen der
Pyrrha Weiber. Diesen griechischen Noah nun erklärt die Sage für
den Stammvater der Griechen. Die Griechen führten aber den Gesammtnamen Hellenen und deshalb gibt die Sage dem Deukalion
einen Sohn, welcher Hellen genannt wird. Da ferner das griechische
Volk seinen Dialekten nach in vier Hauptstämme zerfiel und diese die
Achäer oder Achaier, die Jonier, die Aeoler oder Aioler und die Dorer
hießen, so schuf die Sage drei Söhne Hellen's, welche Aeolus oder
Aiolos, Dorus und Xuthus genannt werden und gibt dem Letzteren
wieder die beiden Söhne Jon und Achäus oder Achaios. So lautet
die Erzählung der Sage; wie es sich aber in Wirklichkeit mit der
Herkunft und Entstehung des griechischen Volkes und seiner Stämme
verhalten habe, ist in ein Dunkel gehüllt, welches die Forschung namentlich durch das Mittel der Sprachvergleichung allmälig bis zu
einer Dämmerung erhellt hat, in welcher wenigstens die Hauptumrisse
einigermaßen deutlich erkennbar sind.

Drei Haupt-Ereignisse zeichnen das heroische Zeitalter vor allen
Andern aus: die Gründung eines eigenthümlichen Staatslebens und
einer ausgedehnten Seeherrschaft auf der Insel Kreta durch den König
Minos, der sogenannte Argonauten-Zug und der trojanische Krieg.

Gehören nun auch diese Ereignisse noch vorzugsweise der Sage an, so enthalten sie doch Erinnerung an wirklich Geschehenes und bezeichnen wenigstens für die Griechen selbst die Anfänge wirklicher Geschichte.

In Kreta treffen wir zuerst diejenige Staatsregierung an, welche den Griechen vor andern Völkern eigenthümlich war. Diese Insel spielt deshalb in der älteren Geschichte des griechischen Volkes eine große Rolle, während sie sonderbarer Weise in der späteren Zeit desselben ganz in den Hintergrund tritt und ungeachtet ihrer günstigen Lage eine im Vergleich mit andern griechischen Inseln geringe Bedeutung hat. Kreta hatte in alter Zeit einen König Minos, welcher der älteste griechische Gesetzgeber genannt wird und dessen Regierungsweisheit und Gesetzgebung so berühmt wurden, daß die Sage deswegen diesem Könige einen vertrauten Umgang mit dem höchsten Gotte zuschrieb und sowohl ihn als seinen Bruder Rhadamanthus unter die Richter der Unterwelt versetzte. Die Gesetzgebung, durch welche Minos den kretischen Staat neu einrichtete, zeichnete sich durch den Grundsatz der Gleichheit aller Bürger und durch die Sorge für Erhaltung eines ritterlichen und kräftigen Sinnes unter ihnen aus: wenn anders die Berichte der Sage gegründet sind und nicht etwa spätere Einrichtungen auf die frühere Zeit übertragen wurden. Es gab auf Kreta keinen Privatbesitz, sondern Alles war gemeinschaftliches Eigenthum Aller: die Bürger mußten an einem öffentlichen Orte zusammen speisen; die königliche Gewalt war nur im Kriege unumschränkt und die Regierung lag hauptsächlich in den Händen eines Ausschusses der Bürger; nur Sklaven bebauten das Land; die Jugend erhielt von Staatswegen eine gemeinschaftlich eine strenge Erziehung, bei welcher Bescheidenheit, Mäßigkeit und ein kräftiger, zum Kriege tüchtiger Körper und Geist das Hauptziel waren, nach welchem man strebte. Minos entwickelte und hob auch das Seewesen der Kreter, und sein kriegerisches und an Ordnung gewöhntes Volk gründete unter ihm eine ausgedehnte Herrschaft zur See. Der Handel im Archipelagus war bis dahin in den Händen der Karier gewesen und diese hatten, wie alle Seevölker in ihren ersten Zeiten, zugleich Seeräuberei getrieben; Minos reinigte das Meer von ihnen und zwang sie, diesem Gewerbe zu entsagen. Er unterwarf sich alle Inseln des Archipelagus, von Thracien an bis nach Rhodus, und suchte durch Colonieen, die er auf einigen dieser Inseln und an der Küste Kleinasiens anlegte, die Seeherrschaft Kreta's fest zu gründen. So ward Kreta die älteste griechische Seemacht, welche die Geschichte kennt. Minos erbaute auf Kreta drei Hauptstädte, Knossus, Cydonia und Phästus, von welchen die Letztere schon in früherer Zeit wieder unterging, die beiden andern aber durch das ganze Alterthum hindurch fortbestanden.

10*

Ein Theil der griechiſchen Sagen führt einen zweiten König
Minos an, welcher einige Menſchenalter nach dem berühmten Geſetz-
geber in Kreta geherrſcht haben ſoll; andere dagegen erkennen nur
Einen König dieſes Namens an und übertragen auf ihn alles das,
was von dem zweiten Minos erzählt wird. Zur Zeit dieſes zweiten
Minos lebte nach jenen Sagen auf Kreta Dädalus, einer der älteſten
griechiſchen Künſtler, deren Namen ſich erhalten haben; die Geſchichte
desſelben und ſeines Sohnes Ikarus iſt aber ſo fabelhaft, daß dadurch
ſelbſt die Exiſtenz Beider zweifelhaft gemacht wird. Minos iſt in der
griechiſchen Sagengeſchichte beſonders wegen der Erbauung des kretiſchen Labyrinths berühmt. Unter ihm hauſte nämlich auf Kreta
ein Ungeheuer mit einem Menſchenleib und Stierhaupt, Minotaurus
genannt, von welchem nach der einen Sage Herkules die Inſel befreite,
der aber nach einer andern Erzählung in ein großes Gebäude ein-
geſchloſſen wurde. Dieſes Gebäude, welches Dädalus erbaute, benannte
man nach dem berühmten Rieſenwerk der Aegypter das Labyrinth.
Es lag in der Nähe der Stadt Knoſſus und beſtand aus ſehr vielen
Gängen, durch welche der Rückweg nur ſchwer zu finden war. Schon
im ſpäteren Alterthum war von ihm keine Spur mehr zu ſehen und
die neueren Reiſenden haben zwar auf Kreta ein Gewirre von Höhlen-
gängen entdeckt, welches man das Labyrinth zu nennen pflegt, allein
dieſes iſt kein Gebäude, ſondern ein großer Steinbruch in einem Felſen-
hügel und liegt nicht bei Knoſſus, ſondern in der Nähe der alten
Stadt Gortyne. Wahrſcheinlich exiſtirte jenes Gebäude niemals und
war blos ein Erzeugniß der dichtenden Sage. Der Minotaurus wurde,
wie unten erzählt werden wird, von dem Athener Theſeus mit Hülfe
der Tochter des Minos, Ariadne, getödtet. Minos ſoll, wie ſein
gleichnamiger Ahne, weithin geherrſcht und für eine kurze Zeit auch
die Athener ſich unterworfen haben. Die Macht der kretiſchen Herrſcher ſank aber nach ſeinem Tode ſehr ſchnell; denn zur Zeit des trojaniſchen Krieges beſaß der damalige König von Kreta nur eine kleine
Zahl Schiffe und die benachbarten Meere waren ſchon wieder mit
Seeräubern angefüllt. Zur Zeit des zweiten Minos begann neben
Knoſſus, Cydonia und Phäſtus auch die Stadt Gortyne ſich zu heben,
welche nach und nach eine der Hauptſtädte der Inſel ward und deren
Trümmer noch heut' zu Tage einen großen Raum einnehmen.

Außer der Inſel Kreta ſpielen die Länder Argolis, Lakonien, Korinth, Attika, Böotien, Aetolien und Theſſalien vorzugsweiſe eine
Rolle in der reichhaltigen Sagenwelt des griechiſchen Volkes. Die Erzählungen von dem, was in ihnen während der heroiſchen Zeit ſich
ereignete, ſind zum Theil ebenſo häufig Gegenſtand der griechiſchen
Dichtkunſt geworden, als die Sagen von den großen gemeinſamen

Unternehmungen des Argonauten-Zuges und des trojanischen Krieges. Die wichtigsten dieser Erzählungen müssen deshalb gegeben werden. Die ältere Geschichte der übrigen Länder und Staaten Griechenlands ist zwar ebenfalls in die griechische Heldensage verflochten, hat aber nur eine untergeordnete Bedeutung. In allen verschwand, in Folge neuer Einwanderungen, das pelasgische Wesen; alle erhielten neue Bestandtheile ihrer Bevölkerung. Nur ein einziges griechisches Land, Arkabien nämlich, erlitt keine solche Veränderung. Die Arkabier wurden weder aus ihrem ursprünglichen Wohnsitze verdrängt, noch wanderten andere Stämme in ihr Land ein und vermischten sich mit ihnen. Sie rühmten sich deshalb auch später stets, daß sie allein von allen Griechen Autochthonen d. h. Ureinwohner seien. Uebrigens waren sie von rein griechischer Abkunft gleich den andern Bewohnern des Peloponnes, und rebeten von der frühesten Zeit an die griechische Sprache. Auch nahmen sie ebenso, wie alle übrigen Peloponnesier, an dem trojanischen Kriege Theil und gaben in ihrem Charakter schon damals die Grundzüge des griechischen Wesens zu erkennen.

In Argolis blieb die Regierung bei den Nachkommen des Danaus. Zwei Urenkel desselben, Akrisius und Prötus, geriethen mit einander in einen Zwist, der eine Theilung der Herrschaft zur Folge hatte. Akrisius behielt Argos und das umliegende Land, Prötus dagegen wurde in einer andern Gegend von Argolis Herrscher und erbaute sich baselbst die Stadt Tirynth. Akrisius hatte keinen Sohn, sondern nur eine Tochter, welche Danae hieß. Ein Sohn der Danae und des Gottes Zeus, Perseus, ist einer der berühmtesten Männer der griechischen Heldensage. Ein Orakelspruch hatte seinem Großvater angekündigt, daß er durch einen Enkel sein Leben verlieren würde; Akrisius ließ deswegen Danae und ihren Sohn bald nach der Geburt des letzteren in einem Kasten ins Meer werfen, damit Beide umkämen. Allein sie wurden an einer fremden Küste gelandet und von dem Beherrscher derselben freundlich aufgenommen. Als Perseus herangewachsen war, zog er zu einem berühmten Abenteuer aus. Er reiste nämlich nach dem westlichen Afrika, um die Mebusa zu tödten, eine der Gorgonen oder der drei Schwestern, welche durch den Anblick ihres mit Schlangen bedeckten Hauptes Jedermann in Stein verwandelten und von denen nur Mebusa sterblich war. Unter dem Schutze der Göttin Pallas gelang dem Helden die kühne That. Mit dem versteinernden Mebusenhaupt befreite Perseus, auf der Rückreise nach Griechenland, Anbromeba, die Tochter eines aethiopischen Königs, welche einem Meerungeheuer zur Tödtung preisgegeben worden war. Anbromeba warb hierauf seine Gemahlin. In Griechenland söhnte sich Perseus mit seinem Großvater aus, er tödtete ihn aber durch einen unglücklichen Zufall unversehens bei einem festlichen Spiele. Perseus wurde um König von Argos, vertauschte jedoch dieses Reich alsbald mit dem von Tiryuth und erbaute eine neue Hauptstadt desselben, Mycenä.

Ein Enkel des Perseus war Eurystheus. Ihm war nicht allein das Reich von Mycenä zu Theil geworden, sondern er wurde durch eine besondere Fügung des Schicksals auch Herr und Gebieter über alle übrigen Nachkommen des Perseus. Der berühmteste von diesen war Herkules oder Herakles, der Sohn des Zeus und der Alkmene, einer Enkelin des Perseus und der gefeiertste Held der griechischen Sage. Herkules, welcher auch der Alcide hieß, konnte nur dadurch von der Oberherrschaft des Eurystheus sich befreien, daß er zwölf Heldenthaten, welche dieser zu bestimmen hatte, vollbrachte. Der Held unterzog sich dieser schwierigen Aufgabe und verrichtete, neben vielen andern tapferen Thaten, seine zwölf sogenannten Arbeiten, welche Eurystheus ihm auftrug. Er tödtete zuerst einen im Nemeischen Walde in Argolis hausenden Löwen, der für menschliche Waffen unverletzlich war, dadurch, daß er ihn erdrückte; die Haut desselben wurde des Helden Abzeichen. Hierauf erschlug er eine vielköpfige Hyber oder Schlauge, die in den Sümpfen des argolischen Ortes Lerne lebte und dadurch unüberwindlich schien, daß ihr, wenn man einen Kopf abschlug, statt desselben alsbald zwei andere nachwuchsen. Dieß verhinderte Herkules dadurch, daß er den Hals jedes abgeschlagenen Kopfes mit einem Feuerbrande erlödtete. Die dritte Arbeit war der Fang einer berühmten Hirschkuh. Die vierte bestand darin, daß Herkules einen furchtbaren, auf dem arkadischen Berge Erymanthus hausenden Eber fing und lebend zu Eurystheus brachte. Hierauf mußte er den breitausend Rinder enthaltenden Stall des elischen Königs Augias in Einem Tage reinigen: er bewirkte das Wunder, indem er zwei Ströme in den Hof leitete, welche den Mist fortschwemmten. Die sechste und siebente Arbeit bestand in der Einfangung eines großen wilden Stiers auf Kreta und in der Verjagung furchtbarer Raubvögel, welche am Stymphalis-See in Arkadien sich umhertrieben. Herkules holte hierauf, unter großen Gefahren und Schwierigkeiten, für Eurystheus die wilden, Menschenfleisch fressenden Rosse des thracischen Königs Diomedes, sowie die Rinderheerde des spanischen Königs Geryon, das kostbare Wehrgehenk der Hippolyta, einer Königin des kriegerischen Weibervolks der Amazonen in Kleinasien, und die goldenen Aepfel der im westlichen Afrika wohnenden Hesperiden, dreier Nymphen, welche dieselben durch einen Drachen bewachen ließen. Die zwölfte und schwierigste Arbeit endlich bestand darin, daß Herkules in die Unterwelt hinabstieg, und ben furchtbaren Höllenhund Cerberus holte, den er, nachdem er ihn vor Eurhstheus gebracht hatte, wieder in die Unterwelt zurückführte. Herkules war nun von der Herrschaft des Eurhstheus frei, setzte aber sein mühseliges Heldenleben fort und vollbrachte noch sonst sehr viele glänzende Thaten, welche der dichterische Sinn der Griechen auf das mannigfaltigste ausgeschmückt und vervielfältigt hat. Die Sagen und die Dichtkunst der Griechen haben ihn zum Muster eines wahren Helden gemacht, der durch eigene körperliche und moralische Kraft sich befreit und durch Bekämpfung des Gemeinen, Schlechten und Verderblichen sowohl der Welt Segen bringt, als auch sich selbst zur vollendeten Heroentugend erhebt. Die Sage läßt den Helden Herkules, der zwar, wie alles Große und Herrliche, göttlichen Ursprungs ist, aber als der Sohn einer sterblichen Mutter auch an den Schwächen der menschlichen Natur Theil nimmt, auf seiner Laufbahn auch einmal irre gehen: er thut in dieser Berirrung Böses und sinkt zuletzt so tief, daß er zu Weichlichkeit und Unmännlichkeit entartet und nun als Sklave einer lydischen Königin in weiblicher Kleidung Mägdedienst verrichten muß. Allein der gesunkene Held ermannt sich wieder und betritt von neuem seine ehrenvolle Laufbahn. Zuletzt muß er, nach der Vorstellung, daß das wahrhaft Große auch die Prüfung des Todes zu bestehen vermag, auf eine qualvolle Art sein Leben enden und wird, von allen Schwächen der Sterblichkeit gereinigt, in den Himmel erhoben und unter die Götter versetzt.

Des Herkules Söhne und Nachkommen, die Herakliden, wurden aus ihrer Heimath verjagt und kehrten erst nach dem trojanischen Kriege wieder aus Mittelgriechenland in den Peloponnes zurück, wo sie, wie später berichtet werden wird, dann den größten Theil der Halbinsel sich unterwarfen. Im Lande Argolis gelangten bald nach des Helden Tod andere Geschlechter auf den Thron der beiden dort bestehenden Reiche. Nachdem nämlich Eurhstheus gestorben war, ohne Kinder zu hinterlassen, erhielten die Pelopiden oder Söhne des Pelops, Atreus und Thyestes, die Herrschaft von Mycenä. Das Reich Argos aber fiel an zwei fremde Geschlechter, die auf einander folgten. Von den Königen des ersten war Abraslus der berühmteste, von denen des zweiten dagegen der tapfere Diomedes.

Die Geschichte der Pelopiden ist besonders wegen der Reihe von Gräuelthaten und Mißgeschicken merkwürdig, durch welche das Schicksal dieses Hauses einer der Hauptgegenstände der tragischen Dichtkunst späterer Zeiten ward. Schon des Pelops Vater, Tantalus, ein König von Phrygien, hatte sich schwer gegen die Götter versündigt, welche ihn vor allen andern Sterblichen ehrten. Er schlachtete, um ihre Allwissenheit zu prüfen, seinen Sohn Pelops, und setzte sein Fleisch ihnen als Speise vor. Die erzürnten Götter riefen den Sohn des Tantalus ins Leben zurück, verstießen ihn selbst aber in die Unterwelt, wo er, mitten im Wasser stehend und durch den Anblick köstlicher Früchte gereizt, ewig Hunger und Durst leiden muß, weil er unersättlich gewesen war und im höchsten einem Sterblichen gewährten Glücke sich zu frevelhaftem Uebermuth hatte hinreißen lassen. Sein Sohn Pelops tödtete in Elis den König Oenomaus durch Hinterlist, um dessen Tochter und Reich zu erhalten. Auch den Diener desselben, Myrtilus, dessen er sich zu dieser That bedient hatte, ermordete er, um ihm nicht die versprochene Hälfte des Königreiches abtreten zu müssen. Myrtilus war aber ein Sohn Poseidon's gewesen und der Zorn dieses Gottes waltete nun unversöhnlich über der Familie des Pelops. Seitdem wurden gegenseitiger Mord und andere Gräuelthaten in dem Hause der Pelopiden gleichsam erblich. Von des Pelops Söhnen waren Atreus und Thyestes die berühmtesten. Diese gelangten in den Besitz des Reiches Mycenä und theilten dasselbe unter sich. Sie lebten aber in steter gegenseitiger Feindschaft, tödteten einander einen Theil ihrer Kinder und begingen aus Haß und Wuth noch manche andere Frevelthaten. Zuletzt wurde Atreus durch des Thyestes Sohn, Aegisthus, und Thyestes durch des Atreus Sohn, Agamemnon, getödtet. Der Letztere verjagte den Aegisthus aus seinem Reiche und bemächtigte sich desselben. Er vermählte sich hierauf mit Klytämnestra, der Tochter des spartanischen Königs Tyndareus, ward später der Führer der verbündeten Griechen gegen Troja und verlor, wie unten erzählt werden wird, durch Aegisthus und seine eigene treulose Gemahlin das Leben. Seine Kinder, Iphigenia, Elektra und Orestes, bulbeten auch ihrerseits das tragische Geschick aller Pelopiden.

In Lakonien herrschte zu Agamemnon's Zeit der König Tyndareus. Seine Kinder waren Kastor und Pollux, welche die Dioskuren genannt werden, Klytämnestra und Helena. Doch waren die beiden oder einer der beiden Söhne und ihre Schwester Helena nur Stiefkinder des Tyndareus, indem die Sage ihnen den Gott Zeus zum Vater gibt. Helena war das schönste Weib in ganz Griechenland. Sie fand deshalb so viele Freier, daß es ihrem Vater wegen der Feindschaft aller derer, welche sich vergebens um sie bewarben, bange ward. Er ließ deshalb, ehe Helena unter ihnen wählte, alle einen Eid schwören, daß sie seiner Tochter und dem, welchem sie ihre Hand geben würde, gegen jede Beleidigung Hülfe leisten wollten. Helena wählte hierauf Menelaus, den Bruder Agamemnon's und dieser erhielt, als die Dioskuren unter die Götter aufgenommen worden waren, die Herrschaft von Lakonien.

In Korinth wird der älteste Herrscher Sisyphus genannt.

Dieser ward seiner Unthaten wegen in der Unterwelt dazu verurtheilt, auf einen Berg ein Felsenstück hinaufzuwälzen, das aber immer wieder herabrollte und von neuem hinaufgeschafft werden mußte. Seine Nachkommen verloren die Herrschaft bald und zu Agamemnon's Zeit bildete Korinth einen Theil der Staaten dieses Fürsten.

In Attika hatten, in den nächsten Zeiten nach Cekrops, Könige geherrscht. Unter einem derselben, Erechtheus, kam Hellen's Sohn Xuthus nach Attika; er vermählte sich hier mit Kreusa, der Tochter des Königs, mußte aber nebst seinen Söhnen Jon und Achäus später das Land wieder verlassen. Diese griechischen Stammväter hat die Sage in die Geschichte Athen's deshalb verwebt, weil die Bewohner von Attika dem ionischen Stamme angehörten. Der achte König nach Cekrops, Aegeus, gerieth mit Minos, König von Kreta, in Krieg. Es soll nämlich Androgeus, ein Sohn dieses kretischen Königs, in Athen erschlagen worden sein und Minos zur Rache für seinen Sohn die Stadt bekriegt haben. Die Athener wurden, wie die Sage weiter erzählt, von den Kretern besiegt und mußten sich zu einem Tribut verpflichten, welcher darin bestand, daß alle neun Jahre sieben athenische Jünglinge und eben so viele Mädchen nach Kreta geschickt wurden, um daselbst dem Minotaurus zum Fraße vorgeworfen zu werden. Von diesem Tribut befreite die Athener des Aegeus Sohn und Nachfolger, Theseus, noch zu Lebzeiten seines Vaters. Dieser ist nächst Herkules einer der gefeiertsten Männer der griechischen Heldensage und diese hat die Geschichte seines Lebens auf eine sehr romantische Weise ausgeschmückt. Er war nicht in Athen, sondern in der argolischen Stadt Trözen geboren, wo Aegeus ihn als kleines Kind nebst seiner Mutter, der Tochter des dortigen Herrschers, zurückgelassen hatte. Dem Befehl des Vaters gemäß sollte Theseus, nach zurückgelegter Kindheit, erst dann nach Athen kommen, wenn er einen schweren Felsblock, unter welchen Aegeus ein Schwert und ein Paar Sandalen gelegt hatte, aufzuheben vermöge. Theseus löste diese Aufgabe im sechszehnten Lebensjahre und trat mit jenen Erkennungszeichen die Reise zu seinem Vater an. Unterwegs ergriff er begierig jede Gelegenheit, seinen Heldensinn zu bewähren. Zuerst tödtete er bei Epidaurus in Argolis den berüchtigten Räuber Periphetes, der alle Reisenden überfiel und mit einer eisernen Keule erschlug. Dann befreite er die Welt von einem andern Unmenschen, welcher Sinnis der Fichtenbeuger hieß und auf dem Isthmus wohnte. Dieser pflegte alle Reisenden festzunehmen, ihre Füße an die Spitzen zweier niedergebogenen Fichten zu binden und dann die Baumwipfel schnell in die Höhe fahren zu lassen, so daß der Körper des Unglücklichen in zwei Stücke zerrissen wurde. Theseus bezwang ihn und ließ ihn auf dieselbe Weise sterben. Der dritte Frevler,

den er tödtete, war Cercyon, welcher alle Fremden nöthigte, mit ihm
zu ringen und diejenigen, die er überwand, umbrachte. Nachher kam
die Reihe an den Räuber Skiron, der an der Grenze von Megaris
und Attika wohnte und auf einem Felsen sitzend die Vorüberreisenden
zwang, ihm die Füße zu waschen, worauf er sie in das Meer hinabstieß.
Auch er mußte denselben Tod sterben, den er über so viele Menschen
verhängt hatte. Hierauf erhielt der Räuber Prokrustes, d. i. der
Ausdehner, durch Theseus seine Strafe. Prokrustes, der im Lande
Attika wohnte, pflegte die Reisenden scheinbar gastfreundlich aufzunehmen; er hatte aber zwei Bettstellen, eine sehr große und eine sehr
kleine. Zu der ersteren führte er diejenigen, welche klein von Gestalt
waren und zog unter dem Vorwande, das Bett ihnen anzupassen, ihren
Körper so sehr in die Länge, daß sie auf eine qualvolle Weise starben;
große Wanderer dagegen legte er in das kleine Bett und hieb ihnen
die über dasselbe hinausragenden Beine ab. Auch verheerende wilde
Thiere tödtete Theseus auf dieser Reise. In Athen fand er sogleich
Gelegenheit, sich um seinen Vater verdient zu machen. Dieser war
nämlich fast nur noch dem Namen nach König; eine angesehene Familie
der Stadt und die berüchtigte Zauberin Medea, die von Korinth nach
Athen geflohen war, hatten sich der Regierung bemächtigt. Theseus
vertrieb die Herrschsüchtigen aus Attika und stellte die selbstständige
Herrschaft seines Vaters wieder her.

Bald nachher befreite Theseus die Athener von dem oben erwähnten
kretischen Menschen-Tribut. Er ließ sich nämlich unter die nach Kreta
zu sendenden Jünglinge und Mädchen aufnehmen und fuhr mit ihnen
nach der Insel, entschlossen, den Minotaurus zu tödten. Hier wußte
er die Liebe der Ariadne, der Tochter des Königs Minos, zu gewinnen
und diese war ihm durch ihren Rath dazu behülflich, daß er nach der
Tödtung des Stiers aus den Irrgängen des Labyrinths sich wieder
herausfinden konnte. Sie gab ihm einen Knäuel Garn, den er mit
dem einen Ende des Fadens am Eingange festband und im Fortgehen
abwickelte. Theseus erlegte den Minotaurus, stieg sodann schnell zu
Schiffe und entfloh mit Ariadne. Auf der Insel Naxos verließ er
heimlich Ariadne, weil der Gott Bacchus ihm erklärte, daß er dieselbe
zu seiner Gemahlin auserwählt habe. Das Schiff, auf welchem Theseus
die Fahrt nach Kreta und von da zurück machte, war, weil es athenische
Jünglinge und Jungfrauen dem Tode entgegenführte, bei der Abfahrt
von Athen mit schwarzen Segeln versehen worden. Theseus hatte
seinem Vater gesagt, daß er, wenn ihm die Tödtung des Minotaurus
gelänge, bei der Rückkehr weiße Segel aufziehen wolle. Er vergaß
dies aber zu thun; und als Aegeus das Schiff herannahen sah, stürzte
er sich, aus Verzweiflung über den vermeintlichen Tod seines Sohnes,

in das Meer, welches, wie die Sage hinzusetzt, davon den Namen des aegäischen erhielt. Noch mehrere Jahrhunderte später wurde, zum Dank für die Befreiung Athen's von dem gräßlichen Tribut, jährlich ein athenisches Schiff mit Opfergaben nach der dem Apollo geheiligten Insel Delos geschickt.

Theseus folgte seinem Vater in der Regierung von Athen nach und erwarb sich auch als König um diese Stadt große Verdienste, wegen deren er noch in späteren Jahrhunderten als einer der Wohlthäter des athenischen Volkes gepriesen wurde. Attika bestand seit alter Zeit aus zwölf Bezirken oder Gauen, und das Band, durch welches diese mit einander verbunden wurden, war nach und nach so locker geworden, daß dieselben fast zwölf besondere Staaten bildeten; ja sie geriethen sogar manchmal in offene Feindschaft mit einander. Theseus vereinigte ihre Bewohner wieder zu einem einzigen Volke, indem er sie dazu zu bringen wußte, daß sie die selbstständige Verwaltung und Gerichtsbarkeit der einzelnen Bezirke aufgaben und Athen als den gemeinschaftlichen Mittelpunkt der Regierung und des Gerichtswesens anerkannten. Zur Befestigung dieser Einheit führte er das große, zu Ehren der Göttin Athene gefeierte Fest der Panathenäen (d. h. das Fest aller Athener) ein und knüpfte das Bestehen des Staats von Attika an die Religion seiner Einwohner, vornehmlich an die gemeinschaftliche Verehrung der Pallas Athene, als der Hauptgottheit des Landes. Diese wurde als die Schutzgöttin von Attika angesehen und die Hauptstadt erhielt nach ihr den Namen Athen. Auf dieser fest gegründeten Vereinigung der Bewohner von Attika beruht zum Theil die spätere Größe, welche das attische Volk erlangte; denn ohne sie wäre Attika vielleicht, wie Böotien und andere griechische Länder, in eine Anzahl kleiner Republiken zerfallen, deren Macht zu gering gewesen wäre, um je eine größere Bedeutung zu erlangen. Die dankbare Nachwelt übertrug auf Theseus auch das Verdienst, daß er einem Theile seiner königlichen Macht zum Besten der Volksfreiheit entsagt und in der Gesetzgebung, der Verwaltung und dem Gerichtswesen den Bürgern große Rechte eingeräumt habe. Dessen ungeachtet soll Theseus zuletzt alle Liebe seines Volkes eingebüßt haben und durch Menestheus, einen herrschsüchtigen Großen, gestürzt und zur Flucht genöthigt worden sein. Er begab sich zu dem ihm befreundeten Beherrscher der Insel Skyros, im Osten von Euböa und wurde von diesem, aus unbekannten Gründen, ums Leben gebracht. Im fünften Jahrhundert v. Chr. holten die Athener seine Asche von jener Insel, setzten sie in Athen feierlich bei und errichteten ihm selbst als einem Halbgott Tempel und Altäre.

Die griechische Heldensage erzählt noch eine Menge abenteuerlicher Unternehmungen, welche Theseus als König von Attika gemacht haben

ſoll. Dieſe würden ſich der Hauptſache nach von einem Manne mit
unruhigem, wildem Sinne oder auch wohl von der Jugendzeit des
Theſens ſelbſt glauben laſſen, ſtehen aber im Widerſpruch mit dem
Geiſte, den dieſelbe Sage dem Theſens als Herrſcher zuſchreibt. Sie
gehören offenbar zu jenen Ausſchmückungen, durch welche die Dichtkunſt der folgenden Jahrhunderte ſich bemühte, die griechiſche Heldenzeit und die in ihr lebenden großen Männer glänzender darzuſtellen.
Theſens begleitete, nach vielen Erzählungen, unter Anderm den Herkules auf ſeinem Zuge in das Land der Amazonen und vermählte ſich
mit der gefangenen Königin dieſer kriegeriſchen Weiber, Hyppolyte.
Er ſchloß ferner eine wegen ihrer Innigkeit und Treue ſprichwörtlich
gewordene Freundſchaft mit einem andern berühmten Helden, dem
König der Lapithen, Pirithous, nahm Theil an deſſen blutigem
Kriege mit den Centauren und ſtieg ſogar einmal mit ihm in die Unterwelt hinab, um Proſerpina, die Königin derſelben, zu rauben. Mit
Hülfe des Pirithons entführte Theſeus außerdem auch die berühmte
Helena, ward aber durch deren Brüder genöthigt, ſie wieder zurückzugeben. Nach dem Tode der Hippolyte vermählte er ſich mit Phädra,
der Schweſter der Ariadne, welche ſeinen Sohn Hippolytus, der ihre
verbrecheriſche Liebe verſchmähte, bei ihm verleumdete, ſo daß Theſeus
ihn verfluchte und den Gott Poſeidon zur Tödtung desſelben bewog.

Das Land Böotien, das während der Zeit der ſicheren Geſchichte
der Griechen nur Ein Mal eine hervorragende Bedeutung erhielt,
ſpielt dagegen in den Sagen dieſes Volkes eine Hauptrolle und von
den Ueberlieferungen aus der dem trojaniſchen Kriege vorangehenden
Zeit iſt, neben der Geſchichte der Pelopiden, keine ſo häufig von den
ſpätern griechiſchen Dichtern bearbeitet worden, als die nicht minder
tragiſche Sage, deren Gegenſtand das thebaniſche Königshaus bildet.
Böotien, deſſen Einwohner zu dem aeoliſchen Stamme gehörten, enthielt
in der älteſten Zeit zwei Reiche, das von Orchomenos und das von
Theben. Das erſtere, deſſen Bewohner Minyer hießen, blühte durch
Ackerbau und Handel ſo ſehr auf, daß es in der Urzeit der reichſte
Staat von Griechenland war. Eine Zeitlang war ſogar das thebaniſche
Reich den Minyern tributpflichtig. Nach dem trojaniſchen Krieg aber
ſank die Macht von Orchomenos ſehr ſchnell, während Theben von
dieſer Zeit an bis zum Untergange Griechenlands die herrſchende Stadt
Böotiens blieb. Im vierten Jahrhundert v. Chr. wurde endlich Or-
chomenos von den Thebanern zerſtört und obgleich es aus ſeinen
Trümmern wieder emporſtieg, blieb es doch fortan zwar ein berühmter
Name, aber ein unbedeutender Ort.

Die Geſchichte von Theben ſetzt an mit der Ankunft des Phöniciers
Kadmus, welche in das Jahr 1519 v. Chr. verlegt wird. Die Sage berichtet

die Gründung der von ihm angelegten Stadt Theben in folgender
Weise. Kadmus war von seinem Vater Agenor ausgesandt worden,
um seine geraubte Schwester Europa zu suchen und sollte ohne sie
nicht nach Phönicien zurückkommen. Da er sie nirgends finden konnte,
so fragte er das delphische Orakel um Rath und dieses antwortete ihm,
er solle der ersten ihm begegnenden Kuh folgen und da, wo dieselbe
sich niederlegen würde, eine Stadt gründen: eine aus dem Namen
Böotien entstandene Erzählung, weil dieser durch ein griechisches Wort,
welches Kuh bedeutet, erklärt werden kann. Kadmus befolgte das
Geheiß des Orakels und gründete Kadmea, die Burg der nachmaligen
Stadt Theben. Er tödtete dabei einen in der Nähe hausenden Drachen
und säete auf den Rath einer Gottheit die Zähne desselben in den
Boden. Eine Menge bewaffneter Männer sproßten aus dieser Saat
hervor, sie tödteten aber sogleich einer den andern bis auf fünf, welche
die Sparten (d. i. die Gesäeten) hießen und die Stammväter des
thebanischen Adels wurden. Kadmus vermählte sich mit Harmonia
oder Hermione, einer Tochter des Ares und der Aphrodite. Alle
Götter verherrlichten die Hochzeit durch ihre Anwesenheit. Unter den
Geschenken, welche sie den Neuvermählten überreichten, befand sich
auch ein Halsband und ein Mantel, welche ein denselben abgeneigter
Gott im Zorne ihnen gab und die deshalb dem Hause des Kadmus
durch alle Zeiten hindurch Unglück brachten. Hermione gebar dem
Kadmus einen Sohn und vier Töchter. Die Geschichte der Letzteren,
welche Semele, Ino, Agave und Autonoe hießen und insgesammt
ein trauriges Geschick hatten, ist in die Mythe vom Gotte Bacchus verflochten worden; denn Bacchus war der Hauptgott von Theben und
Semele galt als die Mutter desselben.

Nach Kadmus herrschten in Theben nach einander sein Sohn
Polyborus, sein Enkel Labbakus und sein Urenkel Lajus. Der
Letztere wurde von den beiden Thebanern Amphion und Zethus
vertrieben und diese führten nun gemeinschaftlich die Regierung. Sie
werden die Erbauer von Theben genannt, weil sie die am Fuße der
Kadmea entstandene Stadt erweiterten, mit der Burg in Verbindung
setzten und durch eine starke Mauer mit sieben Thoren befestigten.
Seitdem führte die Stadt den Namen Theben. Amphion war der
Gemahl der Niobe, welche im Stolz auf die Zahl und Schönheit
ihrer Kinder sich über Apollo's Mutter Leto zu überheben wagte und
zur Strafe dafür alle ihre Kinder verlor. Apollo tödtete dieselben mit
seinen Pfeilen; die Mutter selbst aber wurde in einen Stein verwandelt. Auch Amphion und Zethus sollen in Folge des Zornes jener
Gottheit ihr Leben verloren haben. Amphion, den die Sage auch als
einen Sänger und Seher verherrlicht, starb nebst seinem Bruder

Zethus kinderlos. Nun kehrte Laius aus der Fremde zurück und bestieg den thebanischen Thron von neuem.

Laius vermählte sich mit der Thebanerin Jokaste und diese gebar einen Sohn, welcher unter dem Namen Oedipus berühmt wurde. Ein Orakelspruch hatte gesagt, daß derselbe einst der Mörder seines Vaters und der Gemahl seiner Mutter werden würde und Laius ließ daher seinen Sohn gleich nach der Geburt aussetzen, nachdem er ihm, damit ja Niemand ihn auferziehe, die Füße durchstochen hatte. Allein Hirten eines benachbarten Königs, welche das Kind fanden, erbarmten sich seiner und die Gemahlin ihres Herrn nahm sich desselben an. Sie gab dem Kinde, dessen Füße angeschwollen waren, den Namen Oedipus, weil derselbe seiner wörtlichen Bedeutung nach diesen krankhaften Zustand anzeigte. Als Oedipus zum Jüngling herangewachsen war, traf er einst auf einer Reise mit seinem Vater, den er nicht kannte, zusammen, gerieth mit demselben in Zwist und erschlug ihn. Bei Theben hauste damals ein sonderbares Ungeheuer, welches die Sphinx genannt wurde. Diese Unholdin gab, auf einem Felsen an der Landstraße sitzend, jedem Vorübergehenden ein Räthsel auf und wer dasselbe nicht lösen konnte, wurde von ihr in den Abgrund hinabgestürzt. Da Niemand die Lösung des Räthsels zu finden vermochte, so mußten täglich einige Thebaner sterben. Um das verderbliche Ungeheuer los zu werden, setzte Kreon, der Bruder der Jokaste, welcher nach seines Schwagers Tode die Regierung führte, das Königreich und die Hand der Jokaste als Preis für denjenigen aus, der die Bedeutung des Räthsels zu ergründen vermochte. Da kam Oedipus auf seiner Reise nach Theben und löste das Räthsel, worauf die Sphinx sogleich sich selbst in den Abgrund stürzte. Oedipus wurde nun König von Theben, vermählte sich mit seiner Mutter und erhielt vier Kinder, nämlich die Zwillingssöhne Eteokles und Polynikes und die Töchter Ismene und Antigone. Als später durch zufällige Umstände seine Herkunft an den Tag kam, tödtete Jokaste in der Verzweiflung sich selbst, Oedipus aber, von seinen Unterthanen der Herrschaft beraubt, stach sich die Augen aus, verfluchte seine eigenen Söhne, die sich an seine Feinde angeschlossen hatten und verließ dann die Stadt Theben für immer. Von seiner Tochter Antigone geführt, irrte er lange umher, bis er endlich in der Nähe von Athen Entsündigung und Ruhe im Tode fand.

Eteokles und Polynikes entzweiten sich über die Herrschaft von Theben. Der Letztere mußte flüchtig werden, fand bei Adrastus in Argos Aufnahme und erhielt eine Tochter desselben zur Gemahlin. Adrastus rüstete einen Kriegszug, um seinen Schwiegersohn in die Herrschaft von Theben wieder einzusetzen. Fünf Männer aus Adrast's Verwandtschaft schlossen sich als Führer an ihn und Polynikes an

und der von ihnen unternommene Krieg wird deswegen der Zug der
Sieben gegen Theben genannt. Polynikes war im Besitze jenes
Verderben bringenden Hochzeitsgeschenkes, welches einst sein Ahne
Kadmus erhalten hatte, des verhängnißvollen Halsbandes, und deshalb
nahm der Kriegszug einen traurigen Ausgang für ihn und seine Ver-
bündeten. Alle Führer, mit Ausnahme Adrast's, verloren bei der
Belagerung von Theben das Leben, Polynikes selbst und sein Bruder
Eteokles aber tödteten einander im Zweikampfe.

Nach dem Tode der beiden feindlichen Brüder ward ihr Oheim
Kreon als Vormund des von Eteokles hinterlassenen Sohnes Beherrscher von Theben. Dieser bestattete den Vater seines Mündels auf
feierliche Weise, ließ aber die Leichen des Polynikes und der anderen
feindlichen Führer den wilden Thieren zum Raube auf dem Schlachtfeld liegen und verbot bei Lebensstrafe, irgend eine derselben zu beerdigen. Antigone ließ sich durch dieses Verbot nicht abhalten, die Pflicht
der Liebe gegen ihren unglücklichen Bruder zu erfüllen und bestattete
seine Leiche. Zur Strafe dafür wurde sie auf Kreon's Befehl lebendig
begraben, obgleich sie die Braut seines Sohnes Hämon war; dieser
aber brachte sich aus Verzweiflung auf ihrem Grabe ums Leben. Als
Laodamas, des Eteokles Sohn, selbstständiger Herrscher geworden
war, rächten die Söhne der Sieben den Tod ihrer Väter durch einen
neuen Kriegszug gegen Theben. Dieser Krieg, welcher zehn Jahre
dauerte, heißt der Krieg der Epigonen, d. i. der Krieg der Nach-
geborenen. Er endigte damit, daß Laodamas mit einem Theile seiner
Unterthanen aus Böotien nach Thessalien entfliehen mußte und Ther-
sander, des Polynikes Sohn, die Herrschaft von Theben erhielt. Auch
auf seinen Nachkommen lastete fortdauernd das Unglück seines Hauses.

Aetolien, dessen Ureinwohner, gleich denen der übrigen Theile
von Mittelgriechenland, sich mit neu angekommenen griechischen
Schaaren vermischt hatten, blieb durch die ganze Geschichte hindurch
von allen griechischen Ländern am meisten in der Cultur zurück und
die Aetoler zeichneten sich nebst den benachbarten Akarnanen stets
durch Rohheit unvortheilhaft aus. Anders die Bewohner Aetoliens
in dem heroischen Zeitalter; sie erscheinen damals als ein den übrigen
Griechen vollkommen gleichstehendes Volk. Das Wichtigste, was die
Sage von ihnen aus jener Zeit berichtet, ist die Geschichte des Königs
Oeneus und seiner Söhne Meleager und Tydeus. Oeneus
herrschte in der Stadt Kalydon und lebte unmittelbar vor dem trojanischen Krieg. Unter ihm verwüstete ein furchtbares wildes Schwein,
der kalydonische Eber genannt, das Land. Um dasselbe zu tödten,
veranstaltete Meleager eine große Jagd, zu welcher die Helden aller
griechischen Länder eingeladen wurden. Als das Thier erlegt war,

entstand über die Ehre, dasselbe getödtet zu haben und über den Besitz seiner Haut zwischen den Aetolern und einem rohen Nachbarvolke ein blutiger Krieg, der durch die Dichter späterer Zeiten mannigfaltig ausgeschmückt worden ist und in welchem Meleager sein Leben verlor. Oeneus wurde später von den Söhnen eines seiner Brüder auf dem Throne beunruhigt; sein Sohn Tydeus brachte dieselben um, ward aber deshalb von seinen übrigen Verwandten verfolgt und mußte die Flucht ergreifen. Da stießen die Söhne eines zweiten Bruders den König Oeneus vom Throne; er wurde von ihnen in das Gefängniß geworfen und grausam mißhandelt und hatte so in seinen alten Tagen ein Loos zu dulden, wegen dessen sein Name im Munde der alten Griechen sprichwörtlich ward. Nach langer Zeit trat endlich sein Enkel, des Tydeus Sohn, Diomedes, als Retter und Rächer für ihn auf. Die grausamen Neffen büßten ihr Vergehen mit dem Leben und Oeneus bestieg von Neuem den Thron, den er bis ans Ende seines durch das höchste Alter ausgezeichneten Lebens behauptete. Tydeus hatte bei dem König Adrastus von Argos eine freundliche Aufnahme gefunden und sich mit einer Tochter desselben vermählt. Er nahm an dem ersten Zuge gegen Theben Antheil und verlor dabei sein Leben. Sein Sohn Diomedes war nach Adrast's Tode König von Argos.

Eine der ältesten Sagen des Landes Thessalien ist die von dem Kampfe der Lapithen und Centauren. Die Letzteren werden als wilde, halb aus Menschen, halb aus Pferden bestehende Männer oder Halbmenschen geschildert, obgleich die Sage einen von ihnen, Chiron, unter den Weisen der Urzeit anführt. Auch die Lapithen stellt die Sage als ein ganz rohes Volk dar. Uebrigens versetzt sie die Ersteren mitunter auch nach Arkadien statt nach Thessalien. Die Hochzeit des Lapithen-Königs Pirithous gab die Veranlassung zu dem blutigen Kampfe der beiden Völkerschaften. Vom Weine berauscht, beleidigten die Centauren, deren Vornehmste zu derselben geladen waren, den Pirithous und sein Volk; und es entstand ein Gefecht, in welchem besonders der Lapithen-König und sein Freund Theseus sich auszeichneten. Die Centauren unterlagen und mußten mit Zurücklassung vieler Getödteten die Flucht ergreifen. Daran knüpfte sich ein längerer Krieg, in welchem die Centauren anfangs die Oberhand behielten. Sie sollen zuletzt durch Herkules aus Thessalien vertrieben worden und auf der Flucht insgesammt Hungers gestorben sein. Wahrscheinlich liegt den Liedern späterer Zeit, welche diese Geschichten erzählen, nichts Anderes als die Thatsache zu Grunde, daß in Thessalien gewaltlustige Völker verschiedener Stämme einander bekriegten und zu verdrängen suchten. In den ältesten griechischen Schriften ist von der halbthierischen Gestalt der Centauren noch keine Rede und diese ist deshalb offenbar erst später hinzu gedichtet worden. Dieser Zug der Sage beruht vielleicht auf dem Umstand, daß Thessalien stets durch seine Pferdezucht ausgezeichnet war und schon in der ältesten Zeit treffliche Reiter hatte.

Im südlichen Thessalien lag das Land Phthia, dessen Bewohner Phthioten, Achäer, Hellenen und Myrmidonen genannt wurden. Die Letzteren waren der Sage nach aus Euböa dahin gekommen. Hier war Aeakus, welcher nach seinem Tode einer der drei Höllenrichter wurde, ihr Herrscher gewesen. Aeakus Sohn Peleus mußte, weil er einen Stiefbruder ermordet hatte, aus Euböa fliehen und zog mit den Myrmidonen nach Thessalien, wo er sich mit der Tochter des Königs, Phthia vermählte und die Herrschaft über einen Theil des Landes erhielt. Nach dem Tode seines Schwiegervaters bemächtigte er sich auch des übrigen Landes. Ein Sohn des Königs Peleus und seiner zweiten Gemahlin, der Meergöttin Thetis, war Achilles oder Achilleus, der berühmteste Held des 'trojanischen Krieges, der in demselben noch zu Lebzeiten seines Vaters getödtet ward.

Im südöstlichen Thessalien hatten die beiden Staaten Pherä und Jolkus eine große Bedeutung in der Sagengeschichte. Ein König des ersteren, Admetus, ward besonders durch die aufopfernde Liebe seiner Gemahlin Alcestis berühmt. Durch die Gunst Apollo's ward ihm, als er einst erkrankte, die Erhaltung seines Lebens unter der Bedingung gewährt, daß einer der ihm am nächsten stehenden Menschen statt seiner in den Tod gehe. Alcestis gab hierauf sogleich ihr Leben für Admetus hin. Als dieser sich über den Verlust seiner trefflichen Gemahlin nicht zu trösten vermochte, stieg sein Freund Herkules in die Unterwelt hinab und brachte Alcestis wieder auf die Erde zurück. In Jolkus herrschte zu Admet's Zeiten der König Pelias, welcher entweder seinen Stiefbruder Aeson unrechtmäßiger Weise vom Throne verdrängt hatte, oder als Vormund von dessen Sohne Jason die Herrschaft verwaltete. Jason wurde auswärts erzogen und zeichnete sich als junger Held zuerst bei der kalydonischen Jagd aus. Sein Oheim war durch einen Orakelspruch vor dem Manne, der nur mit Einer Sandale vor ihn kommen würde, gewarnt worden. Als Jason nach Jolkus zurückkehrte, traf es sich, daß er kurz vor seiner Vaterstadt beim Durchwaten eines Baches eine seiner Sandalen verlor. Pelias berichtete seinem Neffen den erhaltenen Orakelspruch und fragte ihn, was er in seiner Lage thun würde; Jason antwortete, er würde den, vor welchem er gewarnt wäre, nach Kolchis schicken, um das goldene Vließ zu holen. Der herrschsüchtige Oheim befahl seinem Neffen wirklich, diese gefährliche Unternehmung zu machen. Jason und Pelias standen also einigermaßen in dem Verhältniß zu einander, in welchem die Sage auch Eurystheus und Herkules darstellt.

4. Der Argonauten-Zug.

Die so eben erwähnte Fahrt nach Kolchis, oder, wie sie gewöhnlich heißt, der Argonauten-Zug, ist eine von jenen auf Beute, Abenteuer und Heldenruhm abgesehenen Unternehmungen, welche in den heroischen Zeiten der Völker vorkommen und von der dichtenden Sage mit Vorliebe zum Gegenstand genommen werden. Tapfere und kriegslustige Fürsten, die durch gleiche Abstammung, Sprache und Religion verbunden waren, vereinigten sich zu einem Zuge, dessen Ziel viel entfernter war, als daß irgend einer früheren Heldenfahrt; und die glücklich ausgeführte, gefahrvolle Unternehmung ward durch ganz Griechenland hin berühmt und bildete lange Zeit einen der Hauptgegenstände des griechischen Heldengesanges sehr allgemeinen Charakters; Dies ist die dem Argonauten-Zug zu Grunde liegende Thatsache; die einzelnen Umstände derselben sind durch Sage und Dichtkunst, deren alleiniges Eigenthum sie Jahrhunderte hindurch waren, so sehr ausgeschmückt und erweitert worden, daß es unmöglich ist, den wirklichen Hergang zu erforschen. Das griechische Volk der heroischen Zeit und zum Theil auch das der späteren Jahrhunderte hat sie als wirkliche Ereignisse angesehen; und die Hauptbedeutung, welche sie dadurch erhielten, besteht darin, daß sie, gleich andern poetisch ausgeschmückten Begebenheiten, als Sage oder im Gewand der Dichtkunst lange Zeit eines der Elemente der griechischen Volksbildung waren.

Der Argonauten-Zug wird von der Sage an einen Vorfall angeknüpft, der etwa hundert Jahre vorher Statt gefunden haben soll. Athamas nämlich, der Beherrscher eines Theils von Böotien, verstieß seine erste Gemahlin Nephele und vermählte sich mit Kadmus Tochter Ino. Dieser ward von Jupiter der junge Bacchus zur Erziehung übergeben und die Göttin Juno, die denselben haßte und verfolgte, stürzte deswegen Ino und Athamas in Leid und Jammer. Ino wurde von ihr namentlich mit tödtlichem Hasse gegen ihre beiden Stiefkinder, Phrixus und Helle, erfüllt. Sie suchte dieselben aus dem Wege zu räumen und bewog einige Gesandten, welche Athamas nach einem Orakel geschickt hatte, durch Bestechung dazu, daß sie die falsche Antwort brachten, der König solle seine beiden Kinder Phrixus und Helle den Göttern opfern. Athamas wollte dies auch wirklich thun, die verstoßene Nephele aber, welche ein wachsames Auge auf ihre Kinder hatte, entriß ihm dieselben. Sie gab ihnen, um sie aus der Gewalt der grausamen Stiefmutter zu befreien, einen vom Gotte Hermes erhaltenen Widder mit goldenem Felle, welcher fliegen konnte. Dieser trug die Kinder der Nephele zu der Meerenge, welche jetzt die Straße der Dardanellen heißt und schwamm mit ihnen durch dieselbe; Helle ertrank aber dabei und gab dadurch Anlaß, daß man diese

Meerenge Hellespont d. i. Meer der Helle nannte. Phrixus wurde von dem Widder bis zu dem im Hintergrunde des schwarzen Meeres gelegenen Lande Kolchis getragen, wo dessen König Aeetes ihm eine freundliche Aufnahme gewährte. Er opferte hier den Widder dem Gotte Zeus und schenkte das goldene Vließ desselben dem Könige von Kolchis, der es dem Ares weihte und im Hain desselben an einer Eiche aufhing. Der Gott ließ das Vließ durch einen ungeheuren Drachen und zwei feuerschnaubende Ochsen bewachen.

Das goldene Vließ wurde weithin als ein wunderbarer Schatz berühmt und war fortan das Ziel der Sehnsucht für die kriegerischen Jünglinge im fernen Griechenland. Es zu erlangen galt aber auch für eine der gefährlichsten Unternehmungen und deshalb erhielt Jason den Befehl, die Fahrt nach Kolchis zu machen und das goldene Vließ zu holen. Er ließ sich zu diesem Unternehmen ein Schiff von noch nie gesehener Größe bauen, das den Namen Argo erhielt und nach welchem die Theilnehmer der Fahrt die Argonauten genannt wurden. Die größten Helden Griechenlands kamen nach Jolkus, um die abenteuerliche Fahrt mitzumachen. Die Zahl der Argonauten, welche von den verschiedenen Erzählern der Sage verschieden angegeben wird, belief sich auf mehr als fünfzig. Die meisten gehörten zu dem Stamme der Minyer, aus welchem auch die Bevölkerung von Jolkus bestand und deswegen werden die Argonauten öfters auch Minyer benannt. Jason war der Leiter des Zuges. Von den übrigen Argonauten waren die berühmtesten: Herkules, der jedoch nicht den ganzen Zug mitmachte, Theseus, Pirithous, Kastor und Pollux, Meleager und Peleus: mit ihnen der Barde Orpheus, der berühmteste Sänger der Urzeit, der als Priester, Seher und Dichter den Argonauten die Gunst der Götter erwarb, die Zwietracht von ihrem Schiffe bannte und diejenigen Feinde, welche nicht durch die Waffen besiegt werden konnten, durch die Zauberkraft seines Gesanges bezwang. Die Fahrt ging, unter mannigfaltigen Abenteuern, über die Inseln Lemnos und Samothrake, durch den Hellespont und Bosporus und dann an der kleinasiatischen Küste hin nach Kolchis. An der Küste von Mysien blieb Herkules zurück, um seinen ihn begleitenden Liebling Hylas zu suchen, welcher plötzlich verschwunden war. Er fand ihn nicht wieder, die Quellnymphen hatten den schönen Knaben in die Tiefe gezogen.

In Kolchis angekommen erhielten die Argonauten auf ihr Begehren vom König Aeetes die Antwort, daß ihnen das goldene Vließ ausgeliefert werden solle, wenn Jason im Stande wäre, ein von Aeetes vorgeschriebenes Heldenwerk zu vollbringen. Er sollte die zwei feuerschnaubenden Stiere an einen Pflug spannen, mit demselben vier Morgen Land umpflügen, hierauf Drachenzähne aussäen und die aus diesen

11*

hervorwachsenden geharnischten Männer vertilgen. Jason unterzog
sich dem aufgetragenen Werk und führte es mit Hülfe der Medea,
der Tochter des Königs Aeetes, glücklich aus. Diese liebte nämlich
den Führer der Argonauten und verstand die Zauberkunst; sie bereitete
eine Salbe, welche das Feuer der Stiere unschädlich machte und gab
dem Helden den Rath, Steine unter die gepanzerten Männer zu
werfen, worauf diese selbst sich unter einander tödten würden. Ungeachtet auf diese Weise die vorgeschriebenen Bedingungen erfüllt wurden,
weigerte Aeetes sich doch, das Vließ auszuliefern. Ja, er beschloß
sogar, die Argonauten unversehens zu überfallen und ihr Schiff zu
verbrennen. Medea verrieth aber sein Vorhaben ihrem Geliebten und
verhalf diesem durch ihre Künste zum Besitz des Vließes. Die Argonauten schifften sich hierauf sogleich ein und segelten mit Medea von
Kolchis ab. Aeetes eilte ihnen nach und würde sie eingeholt haben,
wenn nicht Medea durch eine unmenschliche That dies verhindert hätte.
Sie tödtete nämlich ihren mitgenommenen jungen Bruder Apsyrtus,
stellte sein Haupt auf einem Felsen auf und zerstreute seinen zerstückten
Leib. Als der Vater das blutige Haupt erblickte, landete er, um die Gebeine seines Sohnes zu sammeln und wurde dadurch so lange aufgehalten, daß er die weitere Verfolgung der Argonauten einstellen mußte.

Ueber den Weg, welchen die Argonauten auf ihrer Rückreise einschlugen, enthalten die Sagen sehr widersprechende Angaben. Je nach
der verschiedenen Kenntniß nämlich, welche man in den folgenden
Jahrhunderten von den Küstenländern des schwarzen Meeres hatte,
änderte sich die Richtung dieser Fahrt in dem Munde der Erzähler.
Wahrscheinlich lag auch das Ziel des Argonauten-Zuges selbst viel
weiter westlich, als die Sage annimmt und wurde erst nach und nach
bis in den äußersten Hintergrund jenes Meeres zurückversetzt. Die
Erzählungen von den Zaubereien der Medea und das erdichtete goldene
Vließ selbst entsprechen jenen Vorstellungen von wunderbaren fernen
Ländern, die bei allen noch wenig unterrichteten und mit poetischem
Sinne begabten Völkern zu herrschen pflegen. Was aus dem nach
Griechenland mitgebrachten goldenen Vließ geworden ist, wird weder
von der Sage angegeben, noch zeigte man später in irgend einer
griechischen Stadt etwas, das für dasselbe gehalten worden wäre.
In den letzten Zeiten des Alterthums deutete man es auf den angeblich
am Kaukasus herrschenden Gebrauch, das Wasser von Bächen, welche
Goldsand enthielten, über zottige Felle fließen zu lassen, um so die
Goldkörner aufzufangen.

Den Führer des Argonauten-Zuges lassen die Sagen nach seiner
Rückkehr noch mannigfaltige Schicksale erleiden, in deren Erzählung
sie aber einander wieder sehr widersprechen. Nach dem größten Theil

der Sagen scheint er die Herrschaft seines Reiches entweder nicht erlangt
oder bald wieder verloren zu haben; denn er soll den Rest seiner Tage
in Korinth verlebt haben. Hier verfließ er, wie es heißt, seine Gemahlin
Medea, welche ihm mehrere Kinder geboren hatte und verlobte sich mit
der Tochter des korinthischen Königs Kreon; Medea aber tödtete seine
Braut und seine Kinder und eilte durch die Lüfte davon. Jason soll
in der Verzweiflung sich selbst den Tod gegeben haben.

5. Die Zeit des trojanischen Krieges.

Der trojanische Krieg, welchen man in die Jahre 1193 bis 1183
v. Chr. verlegt, ist in zwiefacher Hinsicht das wichtigste Ereigniß der
ältesten griechischen Zeit. Die Heldensagen des griechischen Volkes
stellen diesen Kampf als die Blüthe des heroischen Zeitalters dar und
von Allem, was aus Griechenlands früheren Tagen der Nachwelt
überliefert ward, hat nichts sich so sehr in dem Gedächtniß der nachfolgenden Geschlechter erhalten und ist nichts so häufig und so vielfach
Gegenstand der Poesie und Kunst geworden, als die Sagen von den
Helden, die zum ersten Male von Europa aus ein asiatisches Volk
siegreich bekämpften. Nicht also das Ereigniß selbst, sondern die Erzählung von ihm und die Art, wie man es angesehen und dargestellt
hat, ist dasjenige, wodurch dasselbe auf alle folgende Zeiten der
griechischen Geschichte mächtig eingewirkt hat. Jener Krieg selbst hat
auf die Gestaltung der Dinge im eigentlichen Griechenland keinen
bleibenden Einfluß gehabt und viel folgenreicher war ein anderes
Ereigniß, das etwa achtzig Jahre nach dem trojanischen Krieg eintrat
und die Rückkehr der Herakliden genannt wird. Es ist deswegen auch
weniger wichtig, das Geschichtliche in den Erzählungen vom trojanischen
Krieg zu erforschen, als die Sage selbst in ihren Einzelnheiten kennen
zu lernen und den Geist der Zeit, der in ihr sich abspiegelt, klar und
richtig aufzufassen.

Der trojanische Krieg selbst ist eine geschichtliche Thatsache, welche
nicht bezweifelt werden kann; aber die Ursache und der Verlauf desselben sind durch die Sage so sehr in ein fabelhaftes Gewand eingehüllt
worden, daß die Wirklichkeit nicht an den Tag zu bringen ist. Es
verhält sich mit den Erzählungen von diesem Kriege gerade so, wie mit
den späteren nordischen Sagen von Arthur's Tafelrunde, von Odin's
und Balder's Thaten und von Fingal's Abenteuern: die Erzähler
strebten nur nach poetischer, nicht nach historischer Wahrheit. Wir
besitzen übrigens von den griechischen Gedichten früherer Zeiten, welche
den trojanischen Krieg und seine Helden besangen, nur noch zwei, die
Iliade und die Odyssee; sie werden dem Dichter Homer zugeschrieben,
der etwa 200 Jahre nach jenem Kriege lebte.

Die Stadt Troja, welche auch den Namen Ilium (Ilion) führte, lag auf der Küste Kleinasiens, im Lande Mysien und nicht weit von der Stelle, wo der Hellespont oder die Dardanellen-Straße in das aegäische Meer mündet. Sie war am Fuße des Berges Ida erbaut und hatte eine Burg oder Citadelle, welche Pergamum hieß. Ein Theil der kleinasiatischen Küste gehörte zu dem Reich der Könige von Troja und diese waren nach den Sagen ebenso die mächtigste Herrscherfamilie in dem ganzen vorderen Theil von Kleinasien, wie das Haus Agamemnon's in Griechenland. Die Bewohner des trojanischen Reichs scheinen mit den Griechen verwandt gewesen zu sein; denn es wird in den Erzählungen vom Kriege keiner Schwierigkeit des Verkehrs gedacht und die Sage läßt uns in Sprache, Religion und Sitte keinen erheblichen Unterschied zwischen Griechen und Trojanern erkennen. Nur die in dem inneren Kleinasien ansässigen Hülfsvölker der Letzteren stehen, in Sprache und Sitten, sowohl den Trojanern als den Griechen fern. Die Trojaner selbst unterschieden sich blos in einer Hinsicht von den Griechen: sie hatten größeren Reichthum und Luxus, waren in den Künsten weiter vorgeschritten und verhielten sich deswegen zu den Griechen etwa so, wie die Bewohner Frankreichs und Englands im achten und neunten Jahrhundert n. Chr. zu den an ihren Küsten sich niederlassenden Normannen.

Schon vor dem trojanischen Kriege wird von Unternehmungen gegen Troja berichtet. Die Sage läßt namentlich auch den Haupthelden der griechischen Vorzeit, Herkules, in einem Kriegszug gegen den trojanischen König Laomedon sich auszeichnen; er soll damals Troja erobert und geplündert haben. Diese Erzählung deutet, wie die von den Argonauten und andere Sagen, auf Raubfahrten, welche in der früheren Zeit öfters von Griechenland aus nach Kleinasien und umgekehrt unternommen wurden. Die Lust zu denselben hatte bei den Griechen vielleicht gerade kurz vor dem trojanischen Kriege zugenommen, da, wegen der fortgeschrittenen Cultur, in ihrem eigenen Lande nicht mehr, wie früher, wilde Thiere und menschliche Unholde zu bekämpfen waren und deswegen der abenteuerliche Sinn der jungen Männer außerhalb des Landes eine Befriedigung suchen mußte. Es würde mithin der Ausbruch eines größeren und allgemeineren Kampfes zwischen den Bewohnern der beiden entgegengesetzten Ufer des Archipelagus, auch ohne Angabe eines besonderen Grundes, sich leicht erklären lassen. Die Sage ist aber selten mit einer einfachen, in den Verhältnissen selbst liegenden Ursache zufrieden, sondern sie verwandelt den Grund eines Ereignisses gern in eine bestimmte und durch ihren Verlauf interessante Thatsache. Sie knüpfte daher auch die Entstehung des trojanischen Krieges an jenes griechische Herrschergeschlecht der

Pelopiden an, welches aus Kleinasien stammte und dessen Ahnherr Pelops durch einen trojanischen König seines dortigen Reiches beraubt worden war. Sprößlinge dieses Hauses waren Agamemnon, der Beherrscher von Mycenä und Menelaus, der König von Sparta. Zu dem Letzteren schickte einst der trojanische König Priamus, Laomedon's Sohn, aus irgend einem Grunde eine Gesandtschaft, an deren Spitze sein Sohn Paris, oder, wie derselbe auch hieß, Alexandros stand. Dieser hatte früher in einem Streite dreier Göttinnen als Schiedsrichter zu entscheiden gehabt, welche von ihnen die schönste sei, und weil er zu Gunsten der Aphrodite sich ausgesprochen hatte, war ihm von dieser das schönste Weib verheißen worden. Die schönste aller damals lebenden Frauen aber war Helena, die Gemahlin des Menelaus, in deren Hause Paris eine gastfreundliche Aufnahme fand. Mit Hülfe der Aphrodite gewann er die Liebe der spartanischen Königin und entfloh mit ihr nach Troja. Daraus entstand der trojanische Krieg; und weil fast alle Landschaften Griechenlands sich zur Bekämpfung Troja's verbanden, so hat die Sage auch dafür einen äußeren und unmittelbaren Grund aufgestellt, indem sie den oben erwähnten Eid erdichtete, welchen alle Freier der Helena ihrem Vater hatten leisten müssen und vermöge dessen sie zur Theilnahme an diesem Kriege verpflichtet waren.

Ganz Griechenland, von der Insel Kreta und der Südspitze des Peloponnes an bis zur nördlichen Grenze Thessaliens, nahm an dem trojanischen Kriege Theil, mit alleiniger Ausnahme der Akarnanen und Dorer. Andrerseits traten die Bewohner aller westlichen Länder Kleinasiens theils als Unterworfene, theils als Bundesgenossen Troja's gegen die Griechen auf. Der trojanische Krieg war also nicht blos ein Kampf um eine einzige Stadt, sondern die Bewohner der beiden Seiten des aegäischen Meeres oder, wie die späteren Griechen sich ausdrückten, Europa und Asien standen gegen einander in Waffen. Zu den Bundesgenossen Troja's gehörten übrigens auch noch einige Völker, welche in Thracien und Macedonien wohnten. Die Zahl der Schiffe, auf denen die Griechen nach Kleinasien überfuhren, wird auf 1186 angegeben und die Gesammtzahl ihres Heeres auf mehr als hunderttausend, die des trojanischen dagegen wird nur auf etwa die Hälfte des griechischen berechnet; allein diese Angaben und Berechnungen haben natürlich keinen Werth bei einem Ereignisse, von welchem wir nur durch den Mund der Dichter Nachricht erhalten.

Die Haupthelden auf trojanischer Seite waren Hektor, ein Sohn des Königs Priamus und der tapferste aller Trojaner, und Aeneas, der Sohn des Anchises und der Göttin Aphrodite, welcher einer Nebenlinie des trojanischen Königshauses angehörte. Unter den griechischen

Helden waren die berühmteſten Agamemnon, Menelaus, Achilles, Patroklus, Diomedes, die beiden Ajax, Neſtor, Odyſſeus, Philoktetes und Proteſilaus. Agamemnon, ein Atride oder Sohn des Atreus und König von Mycenä, war der Oberanführer der Griechen; er herrſchte über Korinth, Sikyon, Achaja und einen großen Theil von Argolis und war der mächtigſte aller gegen Troja ziehenden Fürſten. Sein Bruder Menelaus war Beherrſcher des Landes Lakonien. Achilles, der Sohn des Peleus und deshalb häufig der Pelide ge- nannt, ſtand an der Spitze der in Theſſalien wohnenden Myrmidonen und Hellenen und war der ſchönſte und tapferſte des ganzen Heeres. Patroklus war ein Anverwandter des Achilles und mit ihm durch die innigſte Freundſchaft verbunden. Diomedes, der Sohn des Tydeus oder der Tydide, wird von den Dichtern ebenfalls als einer der tapferſten Griechen geprieſen. Ajax der Kleine, des Oileus Sohn, war der Führer der Lokrer. Ajax der Telamonier oder der Sohn Telamon's, des Beherrſchers der Inſel Salamis, galt nächſt Achilles für den mannhafteſten und tapferſten Griechen. Ihn begleitete ſein Bruder Teucer. Neſtor, der König von Pylos im Lande Elis, war der älteſte und erfahrenſte Führer im Heere; wegen ſeines hohen Alters, ſeiner reichen Erfahrung iſt ſein Name bis zum heutigen Tage ſprichwörtlich geblieben. Odyſſeus oder Ulyſſes, der Beherrſcher der Inſel Ithaka und einiger benachbarten Gegeuden, zeichnete ſich durch Liſt und klugen Rath am meiſten unter den Griechen aus. Philoktetes war König eines kleinen Landes in Theſſalien, der beſte Bogenſchütze und der Beſitzer der berühmten Pfeile des Herkules. Proteſilaus war der Beherrſcher eines anderen theſſaliſchen Land- ſtrichs. Außer dieſen Haupthelden der Griechen vor Troja iſt noch ein Mann anzuführen, welcher durch ſeine gehäſſigen und lächerlichen Eigenſchaften ebenſo berühmt geworden iſt, wie jene durch ihren Hel- denſinn. Dies iſt der Aetolier Therſites, zugleich der häßlichſte, vorlauteſte und tadelſüchtigſte aller Griechen vor Troja; ſeine unaus- ſtehliche zänkiſche Schwatzhaftigkeit hat ſeinen Namen ſprichwörtlich gemacht.

Der Hafen Aulis in Böotien war der Verſammlungsort der grie- chiſchen Flotte. Hier wurde durch eine Windſtille die Abfahrt lange verzögert und die Sage hat auch aus dieſem Umſtand Anlaß zu einer Dichtung genommen, von welcher die Iliade und Odyſſe nichts wiſſen, und die alſo erſt nach der Zeit der Abfaſſung dieſer beiden Gedichte entſtanden iſt. Agamemnon, heißt es, hatte bei Aulis einen der Diana geheiligten Hirſch erlegt; zur Strafe dafür erfolgte jene Windſtille, und Kalchas, der Seher des griechiſchen Heeres, erklärte, dieſelbe werde nur dann enden, wenn Agamemnon ſeine eigene Tochter Iphigenia

der erzürnten Göttin opfere. Dieser ließ hierauf seine Tochter unter
dem Vorwande, sie dem Achilles zu vermählen, wirklich von Mycenä
holen. Er vollbrachte auch das Opfer; aber im Augenblick, wo Iphigenia sterben sollte, entführte Diana sie in einer Wolke nach dem Lande
Tauris (der jetzigen Halbinsel Krim im südlichen Rußland), wo sie in
einem Tempel der Göttin als Priesterin diente. Die Fahrt der Griechen
ging über die Insel Lemnos, auf welcher Philoktet wegen einer bös-
artigen Wunde zurückgelassen wurde. Die Landung an der trojanischen
Küste wurde den Griechen streitig gemacht und Protesilaus, der Erste,
welcher an's Land sprang, war auch der Erste, der im Kampfe das
Leben verlor.

Der Krieg dauerte zehn Jahre. Die Griechen, welche gleich Anfangs ein großes Lager an der Küste aufgeschlagen hatten, konnten
das mit einem Graben und einer starken Mauer umgebene Troja durch
Waffengewalt nicht einnehmen. Von einer eigentlichen Belagerung
war keine Rede, sondern es wurde nur einige wenige Male die Er-
stürmung der Stadt versucht und außerdem häufig in offener Feldschlacht gestritten. An einen planmäßigen Kampf wurde aber auch
dabei nicht gedacht, sondern die einzelnen Führer thaten dem Feinde
gegenüber, was sie für gut hielten. Ja, in den meisten Fällen kam das
Heer selbst gar nicht zum Schlagen, sondern die beiderseitigen Führer
kämpften allein mit einander; sie ließen ihre Schaaren in der Regel
unthätig stehen und traten allein zu Fuße oder auf ihren Streitwagen
zum Kampf mit den feindlichen Führern hervor. Die Griechen, bei
welchen Agamemnon keineswegs unbedingt zu gebieten hatte, sondern
bei denen jede einzelne Unternehmung in einer allgemeinen Versammlung beschlossen wurde, geriethen oft in Uneinigkeit unter einander.
Von Zeit zu Zeit machten einzelne Führer, hauptsächlich, um die
nöthigen Nahrungsmittel zu schaffen, Raubzüge in die benachbarten
Gegenden.

Der folgenreichste jener Zwiste unter den Griechen selbst war derjenige, welcher zwischen Agamemnon und Achilles ausbrach. Aus
Anlaß eines Streifzuges, den Achilles unternommen hatte, geriethen
die beiden Helden in Streit mit einander und dies hatte zur Folge,
daß Achilles keinen Antheil mehr am Kampfe nahm. Dadurch kamen
die Griechen in die größte Noth; sie zogen seitdem stets den Kürzeren.
Schon waren eines Tages die Trojaner in das griechische Lager eingedrungen, als Patroklus von Mitleid ergriffen seinen Landsleuten zu
Hülfe eilte. Er hatte die Rüstung des Achilles angelegt und der Anblick derselben machte einen solchen Eindruck auf die Trojaner, daß sie
sogleich bis zu den Mauern ihrer Stadt zurückflohen. Hektor allein
verlor den Muth nicht. Er trat dem vermeintlichen Achilles entgegen

und war so glücklich, ihn zu tödten. Nun nahm Achilles, um seinen
Freund zu rächen, von neuem Antheil an dem Kampfe. Er scheuchte
durch sein Erscheinen die Trojaner in die Stadt zurück. Nur Hektor
floh nicht, er fiel aber jetzt durch die Hand des griechischen Helden.
Kurze Zeit nachher verlor auch Achilles das Leben: er fiel durch einen
Pfeil des Paris bei einer Unterhandlung. Ueber den Besitz seiner
Waffen, welche seine Mutter Thetis durch den Feuergott Hephästes
hatte verfertigen lassen und die als göttliche Waffen ihres Gleichen
nicht hatten, entstand ein heftiger Streit unter den Griechen. Mehrere
Helden machten Anspruch auf dieselben; Agamemnon sprach sie dem
Odysseus zu und der darüber auf's höchste erbitterte Telamonier Ajax
gerieth deshalb in Raserei und erstach sich selbst; nach einer anderen
Erzählung jedoch wurde er von Odysseus heimlich um's Leben gebracht.
An Achilles Stelle trat sein junger Sohn Pyrrhus oder Neoptolemus, welcher bald nachher aus seiner Heimath geholt ward und
gleich seinem Vater sich durch hohe Tapferkeit auszeichnete. Odysseus
brachte auch den auf Lemnos zurückgelassenen Philoltet zu dem griechischen Heer, weil er im Besitz der Pfeile des Herkules war und nach
einem Schicksalsspruche Troja nur mit den Pfeilen des Herkules erobert
werden konnte. Derselbe verschmitzte Held raubte in Verbindung mit
Diomedes das sogenannte Palladium mitten aus der Stadt Troja. Dieses
war ein einst vom Himmel herabgefallenes Bild der Göttin Pallas Athene
und hatte die Eigenschaft, daß es die Stadt, in welcher es aufbewahrt
wurde, so lange, als es sich in ihr befand, uneinnehmbar machte. Verkleidet schlichen Diomedes und Odysseus sich in die Stadt Troja und
brachten das Pallasbild glücklich in das Lager der Griechen. Endlich ward
auch Paris durch Philoltet mit einem der Pfeile des Herkules getödtet.
    Jetzt war für Troja der Tag des Untergangs gekommen. Die Stadt
gerieth durch List in die Gewalt ihrer Feinde. Man erbaute, wie die
Sage dichtet, ein großes hölzernes Pferd, in dessen Innerem eine Anzahl Krieger sich verbargen. Die übrigen Griechen stiegen zu Schiffe
und stachen in die See, gleich als wenn sie nach ihrer Heimath zurückkehren wollten. Einer von ihnen aber, der vorgeblich als Flüchtling
zurückgeblieben war, stellte sich den Trojanern gegenüber, als wenn
er von seinen Landsleuten mißhandelt worden wäre und Rache an
ihnen nehmen wolle. Dieser erzählte ihnen, das Pferd sei auf Befehl
der Götter als ein Ersatz für das Palladium erbaut worden, man habe
es aber absichtlich viel größer gemacht, als die Thore Troja's seien,
damit es nicht in die Stadt gebracht werde, um als ein neues Palla-
bium dieselbe gegen ihre Feinde zu schützen. Die Trojaner lassen sich
von dem verschmitzten Griechen berücken und reißen an einer Stelle
die Mauer nieder, um das Pferd in die Stadt zu bringen. In der

darauf folgenden Nacht steigen die Krieger aus dem Pferd heraus, zu
gleicher Zeit landen die griechischen Schiffe und ihre Bemannung
bringt durch die offene Stelle der Mauer in die Stadt ein. Troja ist
in der Gewalt seiner Feinde; diese morden, sengen und plündern.
Nur einen kleinen Theil der Einwohner rettet Aeneas: die übrigen
kommen entweder bei der Zerstörung der Stadt um's Leben, oder
werden Gefangene der Griechen. Unter den Getödteten befand sich
auch der König Priamus mit seinen Söhnen: Pyrrhus hatte den
greisen König bei den Haaren aus seinem Palaste geschleppt und vor
einem Altare des Zeus durchbohrt. Die Stadt wurde dem Erdboden
gleich gemacht. Später ward ein neues Troja oder Ilium an der
Stelle des alten erbaut und dieses ist es, dessen Trümmer man
unter dem Namen der Ruinen von Troja noch heut' zu Tage zu erkennen glaubt.

Die Gefangenen wurden unter die Führer der Griechen vertheilt.
Tragisch war das Geschick, welches der Sage nach die Frauen des
königlichen Hauses zu erdulden hatten. Hekuba, die Gemahlin des
Priamus, wurde die Sklavin des Odysseus. Als dieser auf der Rückkehr nach Griechenland an der thracischen Küste landete, traf sie mit
einem dortigen Herrscher zusammen, dem sie nicht lange zuvor ihren
noch unmündigen jüngsten Sohn mit vielen Schätzen zugesandt hatte,
damit derselbe von ihm erzogen werde, und, im Fall des Untergangs
von Troja, vor Sklaverei bewahrt bliebe. Der treulose König hatte
aber aus Habgier das Kind umgebracht. Hekuba nahm jetzt Rache an
ihm. Unter dem Vorwand, ihm einen versteckten Schatz zu zeigen,
lockte sie ihn an einen abgelegenen Ort und hier ward er von ihr und
den andern gefangenen Trojanerinnen getödtet. Von den Töchtern
der Hekuba kam eine, Kreusa, die Gemahlin des Aeneas, auf unbekannte Weise um's Leben: sie verschwand bei der Zerstörung der Stadt.
Eine andere, Kassandra, hatte stets ein trauriges Loos zu erdulden,
sowohl in den Tagen des Glückes, als des Unglückes. Ihr war in
früher Jugend von Apollo die Gabe der Wahrsagung verliehen worden; als später dieser Gott ihr abgeneigt geworden war, hatte er ihr
dieselbe zwar nicht wieder nehmen können, aber er hatte sein Geschenk
dadurch in ein Unheil verwandelt, daß er einen Fluch über Kassandra
aussprach, in Folge dessen ihren Weissagungen niemals geglaubt wurde.
Sie hatte den Ihrigen oft den schrecklichen Ausgang des Krieges vor-
ausgesagt, aber man hatte ihr nie Glauben geschenkt, sondern sie stets
für eine Wahnsinnige gehalten. Bei der Eroberung Troja's wurde
sie von dem wilden Ajax, des Oileus Sohn, im Tempel der Pallas
gefangen genommen und bei den Haaren fortgeschleppt. Sie fiel als
Sklavin dem Agamemnon zu; auch ihm weissagte sie auf dem Heimweg

nach Griechenland vergebens das ſeiner und ihrer dort wartende
Geſchick: ſie wurde in Mycenä zugleich mit ihm von ſeiner eigenen
Gemahlin Klytämneſtra erſchlagen. Ihre Schweſter Polyxena war
eine der ſchönſten Töchter des Priamus. Achilles hatte ſie einſt geſehen und war von Liebe zu ihr ergriffen worden. Er warb daher um
ihre Hand, wurde aber bei den darüber gepflogenen Unterhandlungen
von Paris getödtet. Als nach der Zerſtörung der Stadt die Griechen
die Beute vertheilten, rief eine Stimme aus ſeinem Grabe, man ſolle
auch ihm ſeinen Antheil an der Beute geben. Der deßhalb befragte
Seher des griechiſchen Heeres erklärte, man müſſe Polyxena dem
Helden opfern; und das unglückliche Mädchen wurde auf Achilles
Grabe getödtet. Hektor's Gemahlin, Andromache, welche wegen
ihrer innigen Liebe zu Hektor in den Liedern der Griechen geprieſen
wird, wurde dem Sohne des Achilles übergeben. Dieſer nahm ſie mit
nach Epirus, wo er ein Reich gründete. Sie hatte dort ein wechſel-
volles Geſchick, kehrte zuletzt nach Aſien zurück und ſtarb in der kleinaſiatiſchen Stadt Pergamum.

Neben den Erzählungen und Heldenliedern von dem trojaniſchen
Kriege gibt es noch einen andern Sagenkreis, welcher die Schickſale
der Helden auf ihrer Rückreiſe nach Griechenland umfaßt. Auch dieſe
ſind in der heroiſchen Zeit und unmittelbar nach derſelben in vielen
Heldengedichten beſchrieben worden, von welchen nur eins, nämlich die
des Odyſſeus Heimfahrt beſingende Odyſſee, ſich bis auf unſere
Tage erhalten hat. Die Sagen von dem Schickſal der Helden des trojaniſchen Krieges haben, gleich denen vom Kriege ſelbſt, für die Poeſie
ſowohl der ſpäteren Griechen als auch der neueren Völker, deren Cultur auf der ihrigen beruht, eine ſo große Wichtigkeit erhalten, daß auch
ſie in der Kürze angeführt werden müſſen.

Odyſſeus wurde zuerſt an die thraciſche und hierauf an die afri-
laniſche Küſte verſchlagen. Von dort gerieth er nach Sicilien, wo er
mit dem menſchenfreſſenden Cyklopen Polyphemus zuſammentraf
und der Gefahr, mit ſeiner ganzen Mannſchaft von ihm verzehrt zu
werden, nur mit Mühe und nach dem Verluſt mehrerer ſeiner Gefährten
entging. Weil er, um ſich zu retten, den Cyklopen geblendet hatte, ſo
verfolgte ihn ſeitdem der Zorn des Meergottes Poſeidon, deſſen Sohn
Polyphemus war. Odyſſeus landete zunächſt an einer der aeoliſchen
oder lipariſchen Inſeln, über welche Aeolus, der Gott der Winde, gebot.
Dieſer nahm ihn freundlich auf und gab ihm einen Schlauch voll günſtiger
Winde mit. Odyſſeus gelangte nun bis in die Nähe von Ithaka; hier aber
wurde durch einen Sturm, den ſeine Gefährten dadurch veranlaßten,
daß ſie, während ihr Führer ſchlief, den Schlauch des Aeolus öffneten,
ſein Schiff nach dem Weſten des mittelländiſchen Meeres zurückgetrieben.

Aeolos, zu welchem er sogleich wieder schiffte, hielt ihn wegen dieses Unglücks für einen den Göttern verhaßten Mann und wies ihn deshalb von sich. Odysseus kam nun zu den Lästrygonen, welche entweder in Unteritalien oder in Sicilien wohnten und Menschenfresser waren. Odysseus verlor durch sie nicht allein einige seiner Gefährten, sondern sie zerschmetterten ihm auch seine Schiffe bis auf ein einziges. Nun kam er auf die an der italischen oder sicilischen Küste gelegene Insel der Zauberin Circe. Diese verwandelte mit ihrem Zauberstab einen Theil seiner Leute in Schweine; mit Hülfe des Gottes Hermes aber zwang Odysseus die Zauberin, den Unglücklichen ihre menschliche Gestalt wieder zu geben. Auf ihr Geheiß begab er sich hierauf in die Unterwelt, um daselbst den berühmten Seher Tiresias um Rath zu fragen. Das nächste Abenteuer, welches Odysseus zu bestehen hatte, war die Fahrt in der Nähe einiger süditalischer Inseln, welche von den Sirenen bewohnt wurden. Diese waren Ungeheuer mit Mädchengesichtern und langen, versteckten Krallen und sangen so schön, daß sie unwiderstehlich den Hörenden in ihre Gewalt lockten, zerrissen aber alle Vorüberfahrenden, die sich durch ihren Gesang bethören ließen. Nur mit Mühe entging Odysseus der von ihnen drohenden Gefahr. Hierauf kam er durch die im Alterthum als sehr gefährlich verrufene Stelle der Meerenge von Messina, welche Scylla und Charybdis hieß. Den ersteren Namen führte ein steiler Fels auf der italischen Seite, den letzteren ein gefährlicher Meeresstrudel jenem Felsen gegenüber. In der Odyssee werden Beide als furchtbare Ungeheuer dargestellt, welche alle Vorüberfahrenden zu verschlingen suchten und auch dem Odysseus sechs Gefährten raubten. Auf der Insel Sicilien, an deren Küste Odysseus nun landete, versündigten seine Leute sich an dem Sonnengotte, dessen heilige Rinder sie schlachteten und es erhob sich deshalb, als man wieder abfuhr, ein Sturm, der das Schiff mit seiner Mannschaft in den Wellen begrub. Nur Odysseus blieb am Leben: an einen Balken des zertrümmerten Fahrzeugs angeklammert, trieb er neun Tage in der See umher und wurde zuletzt an die Küste einer Insel geworfen, welche Ogygia hieß und von der Nymphe Kalypso bewohnt war. Diese war in ihrer Einsamkeit sehr erfreut über des Helden Ankunft, behandelte ihn auf das freundlichste und hielt ihn sieben Jahre lang bei sich zurück; sie versprach ihm sogar, wenn er stets bei ihr bleiben wolle, die Unsterblichkeit und ewige Jugend, aber er konnte die Sehnsucht nach seiner Heimath nicht überwinden. Ungern entließ ihn endlich auf der Götter Gebot die Nymphe. Odysseus fuhr auf einem gebrechlichen Fahrzeuge von der Insel ab und nahte sich nach einer Fahrt von siebenzehn Tagen bereits der Insel Korcyra, welche von dem gastfreundlichen Volke der Phäaken bewohnt wurde, als der erzürnte Poseidon ihn sah und sein Fahrzeug zertrümmerte. Nur mit Noth rettete Odysseus sich schwimmend ans Land. Er fand bei Alcinous, dem König der Phäaken, gastliche Aufnahme und ward auf einem Schiffe desselben endlich glücklich nach Ithaka gebracht. Hier herrschte in dem Hause der Seinen schon seit Jahren große Noth und Verwirrung: acht und neunzig Fürsten bewarben sich um die Hand seiner Gemahlin Penelope und schwelgten, da diese dem Gemahl ihrer Jugend mit unverbrüchlicher Treue ergeben sie immer hinhielt, auf Kosten derselben im königlichen Palaste. Die treue Gattin, des Odysseus alter Vater Laertes und sein Sohn Telemachus, dem der als tüchtiger Leiter eines jungen Mannes sprichwörtlich gewordene Freund des Odysseus, Mentor, schützend zur Seite stand, hatten von den übermüthigen Freiern viel zu dulden. Unerwartet und unerkannt, als Bettler verkleidet, erschien Odysseus in seiner Heimath. Er nahm blutige Rache an den Freiern und verlebte hierauf den Rest seiner Tage ruhig und leidlos bei den Seinen.

Nächst den Irrfahrten des Odysseus sind die Geschicke, welche Agamemnon und seine Kinder zu erdulden hatten, am berühmtesten geworden. Sie bilden die Fortsetzung und das Ende der tragischen Leiden, die über das Haus der Pelopiden verhängt waren. Agamemnon hatte nicht gleich Odysseus eine lange Irrfahrt zu erdulden, sondern das Unglück traf ihn in seinem eigenen Hause. Sein feindlicher Vetter Aegisthus hatte die Liebe der Klytämnestra, der Gemahlin Agamemnons, zu gewinnen gewußt. Diese Beiden verschworen sich zum Morde Agamemnons, sobald sie erfuhren, daß derselbe gelandet sei. Sie gingen dem Helden mit erheuchelter Freundlichkeit entgegen, überfielen ihn aber im Bade unversehens und ermordeten ihn. Aegisthus blieb im Besitze seines Reiches. Agamemnon aber hatte einen jungen Sohn, Orestes, hinterlassen, von welchem man fürchten mußte, daß er einst den Mord seines Vaters rächen werde; diesen brachte, damit nicht Klytämnestra und Aegisthus auch ihn tödteten, seine Schwester Elektra zu dem ihrem Vater befreundeten König Strophius in Phokis. Hier ward er mit des Strophius Sohn, Pylades, erzogen und eine innige Freundschaft verband die beiden Jünglinge für ihr ganzes Leben mit einander. Als sie herangewachsen waren, beschlossen sie, an Klytämnestra und Aegisthus Rache zu nehmen. Unter falschem Namen erschienen sie in dem Palast der Königin und zeigten ihr als angebliche Boten des Strophius den Tod ihres Sohnes an. Klytämnestra und Aegisthus waren hoch erfreut über diese Nachricht und gewährten ihnen eine freundliche Aufnahme; Orestes und Pylades aber ersahen sich die Gelegenheit und vollbrachten an beiden das Werk der Rache.

Gleich nach geschehener That erwachte in Orestes die Stimme

des Gewissens und er empfand die tiefste Reue über seinen Mutter-
mord, oder, wie die Sage es ausdrückt, die Eumeniden oder Furien,
d. i. die Göttinnen der Rache, aus der Mutter Blut emporsteigend,
verfolgten ihn und ließen ihm Tag und Nacht keine Ruhe. Er irrte
in Begleitung seines treuen Freundes ruhelos umher. Das delphische
Orakel, an welches er sich wandte, antwortete ihm, er solle im Tempel
der Artemis auf Tauris sich Raths erholen. Die beiden Freunde
reisten dahin, wurden aber daselbst sogleich gefangen genommen. Es
war in Tauris Brauch, die in das Land kommenden Fremdlinge der
Artemis zu opfern. Auch jenen Beiden ward angekündigt, daß einer
von ihnen geschlachtet werden müsse. Jeder wollte nun für den andern
sterben. Endlich gab Pylades in dem edeln Wettstreite nach und
Orestes wurde der Priesterin zugesandt, um von ihr der Göttin geopfert
zu werden. Diese Priesterin war Iphigenia, Orest's Schwester; aber
die Geschwister erkannten einander nicht. Schon zückte Iphigenia vor
dem Altar den Dolch gegen Orestes, als dieser ausrief: „So starb
einst auch meine Schwester Iphigenia in Aulis!" Da erkennt die
Priesterin ihren Bruder; sie schiebt unter einem schnell erdachten Vorwand die feierliche Handlung auf und verabredet dann mit Orestes
und Pylades die Flucht. Alle drei gelangten glücklich nach Griechenland zurück. Erst hier verließen endlich die Rachegöttinnen den Mutter-
mörder. Er bemächtigte sich hierauf nach dem Tode seines Oheims
Menelaus, dessen Tochter Hermione seine Gemahlin geworden war,
des von diesem hinterlassenen Königreichs Sparta. Schon vorher hatte
er von Argos Besitz genommen und jetzt eroberte er auch sein väter-
liches Reich Mycenä, in welchem seither ein Sohn des Aegisthus geherrscht hatte. Orestes starb hochbejahrt durch den Biß einer Schlange,
es war die letzte Folge des alten Fluches. Iphigenia, welche an vielen
Orten Griechenlands die Verehrung der Artemis umgestaltet haben
soll und Elektra, welche von Orestes seinem Freunde Pylades vermählt
worden war, starben eines natürlichen Todes.

Von den Schicksalen der übrigen Helden des trojanischen Krieges
werden die des Menelaus, des Diomedes, des einen der beiden Ajax,
welcher die Zerstörung von Troja überlebte und des Teucer am
häufigsten erwähnt. Menelaus nahm nach der Eroberung Troja's
die schöne Helena wieder zur Gemahlin an. Auch er wurde auf der
Rückfahrt in ferne Gegenden verschlagen und irrte acht Jahre lang
an der afrikanischen und phönicischen Küste umher. Den Rest seiner
Tage verlebte er im ruhigen Besitz seines spartanischen Königreiches.
Er starb auf unbekannte Weise und hinterließ eine Tochter, welche
Hermione hieß und Orest's Gemahlin ward. Ueber den Tod der Helena, welche ihren Gemahl überlebte, gab es mehrere, einander wider-

sprechende Sagen. — Der argivische König Diomedes hatte ein
schweres Loos zu erdulden, weil er einst im Kampfe mit Aeneas die
diesem zu Hülfe eilende Göttin Aphrodite verwundet hatte. Er kam
zwar bald und glücklich nach Hause; allein die Göttin hatte während
seiner Abwesenheit seine Gemahlin ihm abgewendet und diese hatte mit
ihrem Buhlen beschlossen, den Diomedes bei seiner Rückkehr zu ermorden.
Nur mit Mühe entging Diomedes der Todesgefahr. Er stieg schnell
wieder zu Schiffe und segelte fliehend nach Italien. Hier ließ er sich
nieder und gründete mehrere Städte. Die Sagen über seine Schicksale
in Italien und über die von ihm daselbst erbauten Städte sind sehr
widersprechend. Sein argivisches Reich wurde nach dem kinderlosen
Tode des Thronräubers, der ihn verdrängt hatte, von Orestes in Besitz
genommen. Ajax der Kleine hatte bei der Eroberung Troja's
Kassandra, welche in den Tempel der Athene geflohen war und hier
die Statue der Göttin umfaßt hielt, bei den Haaren fortgeschleift und
dabei die Statue umgerissen. Auf seiner Rückfahrt nach Griechenland
wurde deshalb sein Schiff von jener Göttin gegen eine Klippe geschleu-
dert. Er entging dabei zwar dem Tode, allein er beleidigte durch seine
Prahlerei, daß er trotz des Zornes der Göttin nicht umgekommen
wäre, alle Götter und ward nun entweder durch Athene erschlagen
oder von Poseidon im Meere ertränkt. Teucer, der Bruder des
andern Ajax, kam glücklich nach seiner Heimath Salamis zurück; weil
er aber unterlassen hatte, den Tod seines Bruders an Odysseus zu
rächen, nahm ihn sein Vater nicht auf. Er mußte also eine zweite
Irrfahrt beginnen, um sich ein neues Salamis zu suchen. Er stieg
zuletzt bei der Insel Cypern ans Land, ließ sich daselbst nieder und
gründete eine Stadt, der er den Namen seiner Heimath Salamis gab.
  Betrachten wir den Zustand Griechenlands unmittelbar nach dem
trojanischen Kriege, so finden wir fast überall eine Zerrüttung der
während desselben bestandenen Verhältnisse. Innere Zwistigkeiten
herrschten, wie die mitgetheilten Sagen von der Heimkehr der Helden
zeigen, in den meisten Staaten und in Folge davon fanden Umwälzungen im Inneren und Auswanderungen nach fremden Ländern
Statt. Das mächtige Herrscherhaus der Pelopiden, das an der Spitze
Griechenlands gestanden hatte, sank von seiner stolzen Höhe herab;
und obgleich Orestes ein neues Reich gründete, welches größer war,
als das seines Vaters, so erlangte dasselbe doch weder in seinem
Inneren noch in seinen Verhältnissen zu den anderen Staaten Festigkeit
und Bestand. Die Macht der Pelopiden war für immer gebrochen;
das Band, welches im trojanischen Kriege die übrigen Staaten an dieselben geknüpft hatte, war zerrissen; und achtzig Jahre nach dem Ende
jenes Krieges erlagen alle Staaten, die am Zuge nach Troja Theil

genommen hatten, dem Andrang der kräftigen Dorer und Aetoler, die aus ihren bergigen Ländern im Norden hervorbrachen und eine bleibende Umgestaltung Griechenlands bewirkten. Dieses wichtige Ereigniß fällt zwar noch in das heroische Zeitalter der Griechen, dessen Ende erst etwa hundert Jahre später zu setzen ist, hängt aber so enge mit den folgenden Zeiten zusammen, daß es zweckmäßiger sein wird, seine Darstellung erst später im ununterbrochenen Zusammenhange mit diesen zu geben.

6. Charakter und Geist des heroischen Zeitalters der Griechen.

Die Erzählungen der griechischen Sagengeschichte lassen einen großen Unterschied zwischen den früheren und den späteren Jahrhunderten der Heroenzeit erkennen: sie zeigen uns eine im Verlauf dieser Zeit erheblich fortschreitende Bildung. Der Inhalt der Sagen von Perseus, Herkules und Theseus oder von dem Kampf der Lapithen und Centauren stellt die Griechen der früheren Zeit als ein halbwildes und von grimmigen Thieren, Räubern und Tyrannen geplagtes Volk dar. Riesen, furchtbare Schlangen und andere Ungeheuer, sowie abenteuerliche Reisen in die Unterwelt kommen in jenen Sagen nicht selten vor und das griechische Volk erscheint in einem Kampfe mit der Wildheit der Natur und mit seiner eigenen Rohheit begriffen. Ganz anders zeigt sich dasselbe Land in den Erzählungen und Dichtungen von dem trojanischen Krieg und den übrigen Begebenheiten der späteren heroischen Zeit. In diesen Sagen wird das Wesen der Griechen freundlicher und friedlicher dargestellt, von eigentlichen Wundern ist, mit wenigen Ausnahmen, keine Rede mehr und Alles deutet auf eine mildere Zeit und geordnetere Zustände.

Von diesen letzten Jahrhunderten oder der eigentlichen Blüthezeit des griechischen Heroenthums besitzen wir in der Iliade und Odyssee, den beiden ältesten erhaltenen Werken der griechischen Litteratur, eine zwar dichterisch verklärte, aber im Wesentlichen dennoch treue Schilderung. Beide Gedichte sind, neben der Darstellung eines Theils der Heldensagen, ein treues Gemälde der Sitten, des herrschenden Geistes und des häuslichen wie des öffentlichen Lebens der Griechen zur Zeit des trojanischen Krieges und unmittelbar nach demselben.

Die Griechen jener Zeit erscheinen überall als eine nicht zahlreiche Bevölkerung, welche in kleine Staaten mit städtischen Mittelpunkten vertheilt ist, in regem Verkehr unter einander lebt und in Sitten, Lebensweise und Sprache keine bedeutende Verschiedenheiten zeigt. Es ist ein rüstiges, kriegerisches Volk, das bei einfachen Sitten und unter einem freundlichen Himmel eines leichten und heiteren Daseins sich erfreut. Die Gleichartigkeit der Religion, der Sprache und der Sitten machte, daß die Griechen jener Zeit, obgleich sie in viele Völkerschaften und Staaten geschieden waren, doch gleichsam wie Glieder eines größeren Ganzen einander nahe standen; am Ende der Heroenzeit waren sogar einzelne Völkerschaften durch nähere Verwandtschaft und gemeinschaftliche Tempel und Feste mit einander noch enger verbunden. Doch war das Band, welches alle umschlungen hielt, ein ihnen selbst noch nicht zu klarem Bewußtsein gewordenes und deßwegen hatte man auch noch keinen Gesammtnamen für die griechische Nation.

Ackerbau und Viehzucht waren die Hauptbeschäftigungen des Volkes. Außerdem hatte man einige wenige Gewerbsthätigkeit. Andere Erwerbsquellen waren die Jagd, der Fischfang und der Krieg. Die Landwirthschaft bestand in Getreide-, Wein- und Gartenbau. Stiere waren das Zugvieh, Esel und Maulthiere dienten zum Lasttragen, Pferde wurden nur selten zum Reiten gebraucht, wohl aber zum Ziehen der Streitwagen im Kampfe. Die Heerden bestanden hauptsächlich aus Rindern, Schafen, Ziegen und Schweinen. Man hatte Sklaven, welche die niederen Arbeiten verrichteten; sie waren theils von Seeräubern erkauft, theils durch glückliche Kriege erlangt, theils im Hause geboren. Der Seefahrt war man kundig; doch hatten die Schiffe kein Verdeck und wurden weniger durch Segel, als durch Ruderkraft fortbewegt. Handel trieb man nicht im Großen; dagegen dienten Krieg und Seeraub als das Hauptmittel, sich Reichthümer zu erwerben. Man kannte mehrere Arten von Metallen und hatte namentlich auch Eisen, allein die Bearbeitung desselben war noch schwierig. Gemünztes Geld hatte man entweder gar nicht oder nur äußerst wenig. Das Weben war die Beschäftigung der Frauen, die besten gewebten Stoffe aber bezog man von den Phöniciern, welche als das herrschende Handelsvolk in den griechischen Meeren erscheinen. Man bereitete verschiedene Arten von Waffen, welche zum Theil künstlich gearbeitet waren und verfertigte Gefäße und Zierrathe aus Metall, Elfenbein, Thon und Holz. Die Beschreibungen, welche von diesen Gegenständen gegeben werden, zeigen, daß der Sinn für die plastische Kunst (d. h. für schöne Formen und ihre Darstellung) bereits erwacht war. Man hatte ferner eine Baukunst: es werden Städte und Dörfer erwähnt, sowie Mauern mit Thürmen und Thoren und die Häuser der Fürsten waren von Stein erbaut, enthielten viele und große Räumlichkeiten und hatten auch Gärten und Hallen.

Das Kastenwesen war und blieb den Griechen unbekannt. Das Volk bestand zwar in der Heroenzeit aus Edeln und Unedeln, aber die Letzteren nahmen an allen öffentlichen Geschäften von Wichtigkeit Theil und der Vorzug der Ersteren beruhte nicht etwa blos auf ihrer Geburt, sondern es bedurfte dazu auch der Erwerbung einer größeren

Stärke, Tapferkeit und Gewandtheit; Tugenden, welche Jedem zugänglich sind. Der Unterschied zwischen beiden Klassen des Volkes
gründete sich also nicht, wie die orientalische Kasten-Einrichtung, auf
Aberglauben und Täuschung, sondern auf die Meinung, daß gewisse
Familien körperliche Kraft und kriegerische Tüchtigkeit vorzugsweise
besäßen und deßhalb von den Göttern zu Schützern des Landes bestimmt seien, daß aber ihre einzige Berechtigung zu einem Vorzug vor
Anderen in der wirklichen größeren Fähigkeit zum Herrschen und
Kämpfen bestehe. Die Verfassung war aristokratisch-monarchisch,
zugleich aber auf das Selbstgefühl und die mitwirkende Meinung der
Gesammtheit aller freien Männer gestützt. Der Staat war gleichsam
nur eine kriegerische Vereinigung rüstiger Männer, welche in die zwei
Klassen der Edeln und der Gemeinfreien zerfielen und einen Häuptling an
ihrer Spitze hatten. Dieser war in seinen Beschlüssen an die Zustimmung des Adels gebunden und mußte bei wichtigen Angelegenheiten
auch das übrige Volk um seine Zustimmung befragen.

Der König war nur der Erste der Edeln und hatte blos als Oberpriester und Anführer im Kriege solche Herrscherrechte, welche nicht
zugleich der Adel mit ihm theilte. Deßhalb kam bei ihm, wenn er als
eigentlicher Herrscher eine Bedeutung vor diesem voraus haben wollte,
Alles auf seine Persönlichkeit an: er mußte durch Reichthum, Körperkraft, Tapferkeit, Einsicht und Erfahrung alle Anderen überragen.
Der König brachte den Göttern die Opfer für die Gesammtheit dar
und leitete die religiösen Festlichkeiten. Er saß auch zu Gericht, aber
meistens zugleich mit erfahrenen Greisen aus dem Adel, sowie eigentlich nur als entscheidender Schiedsrichter und als Schützer des
Schwächeren gegen den Stärkeren; denn ohne daß ein Kläger auftrat, wurde kein Vergehen vor den öffentlichen Richterstuhl gezogen.
Der König hatte die Pflicht, die Gesandten anderer Staaten in sein
Haus aufzunehmen und überhaupt die Fremden zu bewirthen. Seine
Einkünfte bestanden nur in freiwilligen Geschenken seiner Unterthanen,
in einem größeren Antheil an der Kriegsbeute und in dem Ertrag gewisser ihm angewiesenen Ländereien. Die einzigen Abzeichen seiner
Würde waren das Scepter oder der Herrscherstab und die ihm vorangehenden Herolde. Er nahm bei allen Versammlungen und Festlichkeiten den ersten Sitz ein und erhielt bei den Opfermahlzeiten eine
doppelte Portion Speise und Trank. Er wurde zwar stets mit Ehrerbietung gegrüßt und angeredet, man verkehrte aber außerdem mit
ihm ebenso wie mit jedem anderen Edeln und von den orientalischen
Formen der Huldigung und Ehrfurcht gegen Könige war schon bei
den ältesten Griechen keine Spur zu finden.

Der Adel bestand aus den Männern gewisser Familien, denen man besondere Kraft und Gewandtheit als angeborene Vorzüge zuschrieb und die durch stete ritterliche Uebungen diese zu erhalten und auf dem Schlachtfeld zu bewähren strebten. Sie nahmen, wie schon bemerkt wurde, vorzugsweise an der Regierung Theil. Die Gemeinfreien oder die Gesammtheit freier Bürger der zweiten Klasse wurden bei allen wichtigen Anlässen versammelt, um ihre Zustimmung zu Krieg und Frieden oder zu irgend einer andern Sache von Wichtigkeit zu geben; und die in der Iliade und Odyssee beschriebenen Volksversammlungen zeigen schon jene allgemeine Theilnahme an öffentlichen Angelegenheiten und jene lebendige Regsamkeit, welche später in den griechischen Republiken sich in einem so hohen Grade entwickelten. Ueberdies gaben damals Tapferkeit und Stärke jedem Manne seinen eigentlichen Werth und mehr noch, als bloße Körperkraft, verschafften Erfahrung, Beredsamkeit und die verständige Einsicht in das Leben und seine Verhältnisse einem Jeden Ehre und Bedeutung.

Im K r i e g e lag die Entscheidung mehr in der Tapferkeit der Könige und Edeln, als in den Kämpfen des Volkes, welches in geschlossenen Massen sich auf dem Schlachtfelde aufstellte. Auch hatte die Erziehung der Häuptlinge nicht den Zweck, Feldherren und Anführer, sondern muthige und gewandte Streiter zu bilden. Schnelligkeit im Laufe, Kraft und Sicherheit im Werfen und Gewandtheit im Ringen wie im Gebrauche der Waffen, der Lanze, des Schwertes, waren die Hauptsache. Jeder Führer hatte seinen Streitwagen, auf welchem ein neben ihm stehender jüngerer Genosse die Zügel lenkte, während er selbst mit dem Wurfspeer kämpfte. Die Befestigung der Städte bestand in einem Graben und einer Mauer mit Thürmen. Eine Belagerungskunst aber gab es noch nicht: man kannte kein einziges, zur Einnahme einer Stadt dienendes Werkzeug.

Musik und Dichtkunst spielten eine große Rolle in dem Leben dieser kriegerischen Völkerschaften. Sie waren unzertrennlich von ihren Mahlen, ihren Festen und ihren Kriegszügen. Die Leier, die Flöte und die Pfeise waren die musikalischen Instrumente der Heroenzeit; die Trompete ward erst am Ende derselben gebräuchlich. Flöte und Pfeife waren die Instrumente des Hirten und Bauern; die Leier dagegen ward von den Dichtern oder Sängern und selbst von manchem der Könige und Edeln gespielt und diente stets zur Begleitung des Gesanges. Dieser war die Hauptsache und die Kriegsthaten lebender oder dahingegangener Helden bildeten seinen Inhalt. Es gab Sänger oder Barden, welche solche Lieder dichteten und in den Kreisen der Männer sangen; sie standen in großer Achtung.

Die R e l i g i o n war auf das innigste mit dem Staatsleben verbunden; aber von einer mit hervorragendem Einfluß begabten Priester-

schaft zeigt sich nicht die geringste Spur. Der König war auch für die
religiösen Angelegenheiten der Leiter und verrichtete die Opfer, ohne
dazu eines Priesters zu bedürfen. Schon bestand zwar neben dem
uralten dodonäischen Orakel auch das in der nachfolgenden Zeit so
wichtig gewordene Orakel zu Delphi in Phokis; allein Beide hatten
in der Heroenzeit kein allgemeines Ansehen und keinen bedeutenden
Einfluß. Dagegen gab es sogenannte Seher, welche in dem Rufe
standen, höhere Weisheit und eine Art von Verkehr mit den Göttern
zu haben und die deswegen zu Rathe gezogen wurden, um bei wichtigen
Unternehmungen den Ausgang vorherzusagen oder bei allgemeinen
Unglücksfällen den Grund derselben und die Mittel zu ihrer Beseiti-
gung zu erforschen. Die berühmtesten dieser Männer waren Orpheus,
welcher bei dem Argonauten-Zuge die Rolle des Sehers spielte, Am-
phiaraus, der in gleicher Eigenschaft den Zug der Sieben gegen
Theben mitmachte, Tiresias, welcher sowohl damals als auch im
Krieg der Epigonen der Seher der Thebaner war und endlich Kalchas, der Seher der Griechen im trojanischen Kriege. Auch diese
Männer hatten keinen Einfluß, der nur einigermaßen mit dem der
orientalischen Priesterkasten verglichen werden könnte: sie wurden im
Grunde nur als Versöhner der beleidigten Gottheit und als Rathgeber
angesehen, ihre Weissagungen wurden nicht immer berücksichtigt und
mitunter mußten sie, bei unvollkommenen Verkündigungen, sogar den
Zorn der Mächtigen über sich ergehen lassen.

Der Glaube des heroischen Zeitalters ist die Grundlage der späteren
griechischen Volksreligion. Er entsprang wahrscheinlich aus verschiedenen Quellen; deswegen kann man ihn auch nicht, wie bei den Indier
und Aegypter, durch einen bestimmten Hauptgedanken bezeichnen. Die
Religion der Griechen überhaupt ist nie ein abgeschlossenes System
gewesen und darum auch nicht frei von Widersprüchen, zumal da von
alten Zeiten her auch orientalische Vorstellungen in dieselbe aufgenommen wurden. Die Griechen dieser Zeit dachten sich den Himmel
oder vielmehr die Spitzen des gleichsam in denselben hineinragenden
Berges Olympus ebenso, wie die Erde, von Wesen belebt; sie stellten
sich dieselben, ihrem Aussehen und ihrer inneren Natur nach, wie
menschliche Wesen vor, jedoch mit dem Unterschied, daß sie ihnen Un-
sichtbarkeit, größere Kraft, Freiheit von den hemmenden Schranken
der Sterblichkeit und einen übermächtigen Einfluß auf die irdischen
Dinge zuschrieben. Auch das Leben der Götter war, nach den Vorstellungen des heroischen Zeitalters, dem der Menschen gleich und
unterschied sich von demselben nur durch einen schöneren Anstrich und
durch höhere Freuden. Man sah also die Gottheiten als persönliche
Wesen an und hatte diejenige Art von Religion, welche man Anthro-

pomorphismus nennt und deren wesentlicher Charakter darin besteht, daß man sich die Götter den Menschen ähnlich denkt. Doch war mit dieser Ansicht auf eine unerklärliche Weise auch die Vorstellung verbunden, daß die Götter zugleich die Naturkräfte und Naturerscheinungen seien. Zum Beispiel Zeus, der König und Herrscher im Reiche der Götter, wurde auch als der Gott des Aethers, Apollo als der der Sonne, Poseidon als die Gottheit des Meeres angesehen und die Haine, Quellen, Thäler und Berge dachte man sich, von göttlichen Wesen belebt, die man als Nymphen bezeichnete.

Der König brachte den Göttern die Opfer für die Gesammtheit dar, wie jeder Hausvater für sich und die Seinen. Der Gottesdienst bestand hauptsächlich in Opfern und Gebeten. Tempel hatte man nur wenige, dagegen aber bei jeder Stadt ein abgegrenztes Stück Laub, auf welchem sich ein Altar befand. Doch glaubte man zur Gottesverehrung sich nicht an solche heiligen Gehege gebunden, sondern man errichtete oft auch an irgend einer andern Stelle des freien Feldes einen Altar, um zu opfern und zu beten. Die Opfer bestanden darin, daß man den Göttern einige Stücke Fleisch verbrannte und etwas Wein in das Feuer goß, den Rest aber in einem gemeinsamen heiteren Gelage verzehrte. Auch die bestimmten religiösen Festtage hatten einen ganz heiteren Anstrich: man schmaußte, trank, scherzte, hielt Kampfspiele und ließ sich von den Barden die Thaten berühmter Krieger in Liedern erzählen. Von dem wilden, rauschenden Charakter, den bei den meisten orientalischen Völkern die Feste hatten, ist bei den religiösen Feierlichkeiten der heroischen Griechen keine Rede.

So war der Charakter des griechischen Lebens in der späteren Heroenzeit beschaffen. Unter einem milden Himmel lebte ein rüstiges Volk mit kriegerischem Sinne und einfachen Sitten. Alle nahmen Antheil an den öffentlichen Angelegenheiten, Alle waren frei und trotz einer gewissen Ungleichheit unter ihnen standen Alle sich nahe und kannten, durch keinen allzu großen Abstand der Bildung geschieden, in ihrem Gemeinwesen keine Art von Druck. Die verhältnißmäßig geringe Bevölkerung des Landes und der Besitz von Sklaven gewährten eine sorgenlose Leichtigkeit des Lebens. Niedere Arbeit kannte der größere Theil dieses Volkes nicht. Kriegerische Unternehmungen, Jagd, Uebung in den Waffen und Kampfspiele beschäftigten den Körper und stählten seine Kraft; der Geist aber wurde durch religiöse Gebräuche und durch Seher auf das Höhere aufmerksam gemacht und erhielt eine fortschreitende Entwickelung und Bildung durch das heitere Zusammenleben der Edeln, durch häufige Berathungen über öffentliche Angelegenheiten und gemeinschaftliche Kriegszüge, vor Allem aber durch die dichterischen Erzählungen der Barden, welche die eigentlichen Träger der höhern Geistesbildung waren und was Alle empfanden, in anmuthige Formen kleideten und endlich durch die veredelnde Macht der Musik.

Die Weltgeschichte zeigt viele Jahrhunderte später im Norden Europa's ähnliche Zustände, deren Vergleichung mit dem heroischen Zeitalter der Griechen dazu dienen kann, den Geist einer Zeit klarer zu machen, welche in dem Leben der Völker nicht über die ersten Anfänge der höheren Cultur hinausreicht und deshalb meist außerhalb der sicher erkannten Geschichte liegt. Von den alten Britten in Wales, den Schotten im Norden der britischen Insel und den Germanen in Standinavien haben sich Sagen und Lieder erhalten, die uns das Leben dieser Völker kurz vor dem Beginn des eigentlichen Mittelalters darstellen und in denen eine nordische Heroenzeit sich abspiegelt, welche über tausend Jahre dauerte. Der herrschende Geist, die Lebensweise und die Cultur dieser nordischen Heldenzeit sind dem Charakter der griechischen im höchsten Grade ähnlich; es zeigen sich nur einige wenige Unterschiede, welche zum Theil dem Einfluß des Klima's zuzuschreiben sind.

Der auffallendste dieser Unterschiede besteht darin, daß die Griechen im Verlauf ihrer Heldenzeit sich veredelten und milder wurden, während umgekehrt die nordischen Völker in der früheren Periode ihrer Heroenzeit größer, aufstrebender, reiner und würdiger erscheinen, als in der späteren. Die Griechen hatten ferner vor den nordischen Helden den Vorzug voraus, daß bei ihnen Einsicht, Erfahrung und Beredsamkeit größere Auszeichnung verliehen, als die bloße Körperkraft. Die griechischen Völkerschaften standen außerdem in der Heroenzeit sich näher, waren in vielen wichtigen Beziehungen mit einander enge verbunden und machten gemeinschaftliche Unternehmungen, an denen viele von ihnen Antheil nahmen; die verschiedenen Stämme der nordischen Völker dagegen waren in ihren früheren Zeiten ganz vereinzelt und in den späteren bloß durch einen Lehens-Verband mit einander vereinigt. Die Ersteren machten ferner einen Unterschied zwischen Griechen und Nichtgriechen, der nordische Held aber erkannte Jedem, der gleiche Körperstärke mit ihm besaß, auch den gleichen Vorzug zu. Ebenso zog der Grieche stets seine Heimath allen andern Ländern vor und überallhin begleitete ihn der Gedanke an sein Vaterland und die Sehnsucht nach demselben; der streifende Nordländer dagegen fühlte überall, wohin er kam, sich zu Hause, er suchte und fand außer seiner Heimath bessere Wohnsitze und sehnte sich daher auch nicht nach jener zurück. Der Hauptunterschied endlich besteht in dem lebensfrohen Sinne der Griechen und jenem ernsten, melancholischen Charakter, der die nordischen Heroenvölker auszeichnete. Der Nordländer war düster wie

ſein Himmel und das irdiſche Leben gab ſich ihm deßwegen vorzugsweiſe
von der Seite ſeiner Nichtigkeit und ſeiner Entbehrungen her zu erkennen; dieß trieb ihn zu roher Lebensverachtung und machte, daß er
erſt in dem Heldenthale der andern Welt das wahre Leben und einen
dauernden Genuß erwartete. Der Grieche dagegen hielt unter ſeinem
heiteren Himmel gerade das Leben am freundlichen Sonnenlicht der
Oberwelt für ein wahrhaftiges Leben, das der Unterwelt aber erſchien
ihm, ſelbſt wenn ihm die höchſte Ehre dort zu Theil würde, ſelbſt wenn
er wie Achilles, „über die ſämmtlichen Todten als König herrſchte“,
doch nur als ein büſteres Gegenbild des Lebens auf der Oberwelt: er
liebte das Leben und warf es nicht prahleriſch weg, wo es nicht nöthig
war. Vor dem ſtärkeren Manne zu fliehen, galt ihm nicht als Schande
und die Behendigkeit der Füße iſt ihm ein Vorzug des Helden, wie die
kluge Liſt und der tapfere Arm.

III. Geſchichte der Griechen
von dem Ende der heroiſchen Zeit an bis zu dem Beginn der Perſerkriege.

1. Die Rückkehr der Herakliden und ihre Folgen.

Bald nach dem trojaniſchen Kriege erlitt Griechenland eine Umwälzung, welche nicht allein dieſes Land, ſondern auch den größten
Theil der Küſten des Mittelmeeres umgeſtaltete. In Griechenland
ſelbſt wurden dadurch die meiſten älteren Staaten vernichtet und ſtatt
derſelben neue gegründet, welche zum größten Theil ſich durch die
ganze griechiſche Geſchichte hindurch erhielten. Wegen dieſer gewalt-
ſamen Veränderungen fanden viele Auswanderungen in fremde Länder
Statt und das griechiſche Volk breitete ſich durch Colonieen bis zu den
Küſten Kleinaſiens und des geſammten ſchwarzen Meeres einerſeits
und bis nach Afrika und Spanien andererſeits aus.

Dieſe Umwälzungen laſſen ſich mit den Stürmen vergleichen, durch
welche mehrere Jahrhunderte früher der Name und das Weſen der
Pelasger aus Griechenland verdrängt worden waren. Griechiſche
Völkerſchaften, welche ſeither unbedeutend geweſen waren, breiteten
ſich erobernd über Griechenland aus und vertrieben oder unterwarfen
die Achäer, die im heroiſchen Zeitalter den überwiegenden und herr-
ſchenden Theil der Nation gebildet hatten.

Zuerst brach, etwa sechszig Jahre nach der Zerstörung Troja's, die Völkerschaft der Thessalier, die seither in Epirus gewohnt hatte, in dasjenige Land ein, welches von nun an nach ihnen den Namen Thessalien führte. Sie ließ sich in der Mitte dieses Landes nieder, verdrängte einen Theil der einheimischen Völkerschaften aus demselben und unterjochte die meisten der zurückbleibenden. Die unterworfenen Bewohner des flachen Landes wurden zu Leibeigenen gemacht und erhielten als solche den Namen Penesten. Von den aus Thessalien verdrängten Völkerschaften wanderten zwei in das mittlere Griechenland. Die eine war die der Böotier, zu welcher einst, am Ende des Epigonen-Krieges, viele Thebaner geflohen waren, die andere waren die Dorier. Die Böotier zogen nach dem ihnen gleichnamigen Lande, in welchem sie einer Sage nach schon in uralter Zeit gewohnt hatten und unterwarfen sich hier ebensowohl das Reich der Minyer, als auch das der Thebaner. Die Dorier dagegen wanderten in das auf der Südseite des Oeta-Gebirges gelegene an Umfang kleine Land Doris, in welchem schon in früheren Zeiten einzelne Schaaren derselben sich niedergelassen hatten.

So wurden Thessalien und ein Theil von Mittelgriechenland umgestaltet. Auch im Westen des letzteren Landes, in Aetolien und Akarnanien, traten ähnliche Veränderungen ein, über welche uns aber keine näheren Angaben überliefert worden sind. Das nördliche Griechenland und die westliche Hälfte des mittleren verloren in Folge dieser Umgestaltung die Bedeutung, welche sie im heroischen Zeitalter gehabt hatten: sie blieben in der Cultur hinter den übrigen Griechen zurück und traten deshalb für die Dauer mehrerer Jahrhunderte so sehr in den Hintergrund, daß sie auf den Gang der Geschichte in den nächsten Zeiten fast gar keinen Einfluß ausübten.

Auch die übrigen Theile von Griechenland erlitten eine Umänderung; denn die von Epirus und Thessalien ausgegangene Völkerbewegung blieb nicht in Mittelgriechenland stehen, sondern setzte sich bis zum äußersten Süden des Peloponnes fort. Ein großer Theil der Dorier brach nämlich in Verbindung mit vielen Aetolern bald wieder auf, wanderte den korinthischen Meerbusen überschreitend in diese Halbinsel und eroberte den größten Theil derselben. Die eigentliche Ursache dieser Wanderung, deren Anfang in das Jahr 1104 v. Chr. verlegt wird, ist uns nicht bekannt. Es heißt, daß die Herakliden oder die Nachkommen des Herkules, welche von Eurystheus aus ihrer Heimath vertrieben worden waren, bei den Doriern Aufnahme gefunden und dieselben zu diesem Eroberungszuge bewogen hätten und deswegen wird auch die dorische Einwanderung in den Peloponnes häufig die Rückkehr der Herakliden genannt. Schon Hyllus, der Sohn des Herkules, hatte von Athen aus die Eroberung seines väterlichen Heimathlandes einige Male versucht, aber war dabei stets unglücklich gewesen. Bald nach seinem Tode begaben die Herakliden sich zu den Doriern. Sie wanderten mit denselben aus Thessalien nach Doris und machten von hier aus zweimal vergebens den Versuch, ihre Heimath zu erobern. Endlich gelang dies den Urenkeln des Hyllus, Temenus, Kresphontes und Aristobemus, welche an der Spitze einer aus etwa zwanzig tausend streitbaren Männern bestehenden Schaar Dorier den Peloponnes eroberten. An diese Dorier hatten sich viele Aetoler unter der Anführung ihres Fürsten Oxylus angeschlossen.

Die Herakliden eroberten nicht blos ihr Heimathland Argolis, sondern den ganzen Peloponnes mit Ausnahme von Arkabien und Achaja. Sie vertheilten das unterworfene Land in folgender Weise unter sich: Temenus erhielt Argolis, Kresphontes dagegen Messenien; Aristobemus war auf dem Zuge gestorben, seine Zwillingssöhne Eurysthenes und Prokles aber gelangten zum gemeinschaftlichen Besitz von Lakonien; Korinth fiel einem vierten Urenkel des Herkules, Aletes, zu; auch Sikyon wurde einem Herrscher aus dem Hause der Herakliden untergeben; in Elis endlich ward der Aetoler Oxylus König. Arkabien behauptete seine Unabhängigkeit, trat aber gleich anfangs mit den neuen Beherrschern des Peloponnes in ein freundliches Verhältniß. Der damalige König des Landes gab nämlich seine Tochter dem Kresphontes zur Gemahlin. In dem Lande Achaja, dessen Einwohner dem ionischen Stamme angehörten und seither den achäischen Beherrschern von Argolis untergeben gewesen waren, behauptete sich der letzte von diesen, Tisamenus, ein Sohn Orest's, nachdem er die Jonier von dort verjagt hatte. Diese wanderten zu ihren Stammverwandten in Attika aus; in dem ihnen entrissenen Lande aber, welches von jetzt an den Namen Achaja führte, erhielt sich der einzige selbstständige Ueberrest des einst so mächtigen Stammes der Achäer. Bald nach der Rückkehr der Herakliden besetzten die Dorier auch das außerhalb des Peloponnes liegende Land Megaris.

Von den besiegten achäischen Einwohnern des Peloponnes wanderten sehr viele aus und suchten sich jenseit des Archipelagus eine neue Heimath. Das Loos der zurückgebliebenen Achäer war nicht in allen dorischen Staaten gleich. In Lakonien wurden sie am härtesten behandelt und es brachen noch lange Zeit öfters Empörungen derselben aus, bis endlich ein Theil von ihnen zu Staatssklaven gemacht wurde und ein anderer Theil gewisse Rechte erhielt, vermöge deren er eine zweite Klasse von Bürgern bildete. In Messenien wurden die Unterworfenen von Anfang an milder behandelt, obgleich sie auch hier den Doriern nicht gleichgestellt wurden. Die Eleer, welche wie die

eingewanderten Aetoler zu dem aeolischen Stamme der Griechen ge=
hörten, wurden von den Eroberern ihres Landes nicht als Unter=
worfene angesehen, sondern bildeten mit ihnen gleich von Anfang an
ein und dasselbe Volk. Auch in Korinth und Sikyon vermischten die
Dorier sich bald mit dem geringen Rest der Besiegten. Dasselbe ge=
schah in Argolis, wo die Zahl der eingewanderten Dorier, im Ver=
hältniß zu den zurückgebliebenen Achäern, gering war, die Sieger und
ihre Nachkommen aber doch den Adel des Landes bildeten.

Die Einwanderung der Dorier in den Peloponnes hatte die wich=
tigsten Folgen für die ganze fernere griechische Geschichte. Der Pelo=
ponnes war von jetzt an ein dorisches Land, wie er früher ein achäisches
gewesen war. Da außerhalb desselben nur die kleinen Länder Doris
und Megaris dorisch waren, so bildete diese Halbinsel fortan eine Art
von Gegensatz gegen das übrige Griechenland. Außerdem wurde eben=
so, wie einst die Könige von Mycenä mit überwiegender Macht an der
Spitze der achäischen Reiche gestanden hatten, jetzt Lakonien der vor=
herrschende dorische Staat. Dieser Staat erhielt nämlich, zum Unter=
schied von den übrigen griechischen Ländern, in seiner Entwickelung
eine ganz kriegerische Richtung und dadurch wurde der Gegensatz
zwischen Doriern und Nicht=Doriern noch viel größer. Ferner ver=
anlaßte die Eroberung des Peloponnes durch die Dorier, sowie der
Einbruch der Thessalier in das nach ihnen benannte Land, im weiteren
Verfolg noch viele andere Auswanderungen und es entstand dadurch,
im Osten wie im Westen von Griechenland, eine große Zahl von
Pflanzstädten oder Colonieen; diese gediehen und vermehrten sich
in so hohem Grade, daß in kurzer Zeit die meisten Küsten des mittellän=
dischen und schwarzen Meeres von Griechen besetzt waren. Der Wohl=
stand, den diese Colonieen errangen und die Bildung, zu welcher sie
sich erhoben, wirkten auf die Entwickelung der Bewohner des eigent=
lichen Griechenlands fördernd zurück und es entstand auf diese Weise
jene hohe Blüthe der Cultur, durch die der Name des griechischen
Volkes für alle Zeiten unsterblich geworden ist.

2. Die griechischen Colonieen.

Schon unmittelbar nach dem trojanischen Krieg waren Schaaren
von Griechen ausgewandert und hatten in Italien und Sicilien Co=
lonieen gegründet. Einige Menschenalter nachher veranlaßte die Völker=
bewegung, welche Thessalien, einen Theil von Mittelgriechenland und
den Peloponnes umgestaltete, neue und zahlreichere Auswanderungen,
welche hauptsächlich nach Kleinasien gerichtet waren und dort die Grün=
dung vieler Pflanzstädte bewirkten. Kriege zwischen den verschiedenen
Völkerschaften Griechenlands und die im Innern der einzelnen Staaten

ausbrechenden Zwiſtigkeiten hatten neue Auswanderungen zur Folge,
indem das bezwungene Volk, die beſiegte Partei, in die Fremde zog und
alſo die Zahl der griechiſchen Colonieen vermehrten. Außerdem gründeten dieſe ſelbſt ihres Handels wegen ihrerſeits wieder viele Pflanzſtädte,
beſonders an den entfernteren Küſten des ſchwarzen und mittelländiſchen Meeres. Endlich wurden die griechiſchen Staaten und Pflanz-
ſtaaten zuweilen auch durch Uebervölkerung oder durch den Wunſch,
ihre politiſche Macht zu erweitern, zu neuen überſeeiſchen Anſiedelungen veranlaßt.

So entſtand, in den nächſten fünf Jahrhunderten nach der Rückkehr der Herakliden, nach und nach eine außerordentliche Menge griechiſcher Colonieen, welche, von Spanien an bis zum nördlichen und
öſtlichen Ende des ſchwarzen Meeres, den größten Theil der Küſten
von Südeuropa und Kleinaſien, ſowie das im Weſten von Aegypten
gelegene Land Barka und die meiſten Inſeln des mittelländiſchen Meeres
einnahmen. Die Zahl der griechiſchen Colonieen betrug um das Jahr
600 v. Chr. mindeſtens zweihundertfünfzig. Die nördlichſte dieſer
Pflanzſtädte war Tanais an der Mündung des Don-Fluſſes, die
öſtlichſte Phaſis im heutigen kaulaſiſchen Lande Imeretien, die ſüd-
lichſte Cyrene im afrikaniſchen Lande Barka, die weſtlichſte Mänake in
der ſpaniſchen Provinz Andaluſien. Die bemerkenswertheſten griechiſchen Colonieen ſind die nachfolgend verzeichneten, bei welchen zugleich
die nach der Rückkehr der Herakliden neu bevölkerten griechiſchen Inſeln
mit angegeben ſind.

1. Von den Colonieen in Kleinaſien ſind die auf der Weſtküſte
dieſer Halbinſel gelegenen die wichtigſten. Die Küſten der vom Hellespont bis zur Inſel Rhodus ſich ausbreitenden Länder Myſien, Lydien
und Karien wurden mit ſo vielen Anſiedelungen der drei griechiſchen
Stämme der Aeolier, Jonier und Dorier bedeckt, daß die von dieſen
eingenommenen Landſtriche die Namen Aeolis, Jonien und Doris
erhielten. Aeolis umfaßte einen Theil der Weſtküſte von Myſien, oder
das im Oſten und Südoſten der Inſel Lesbos gelegene Land; Jonien
die im Oſten und Südoſten von Chios liegende Weſtküſte von Lydien;
Doris das weſtliche Karien oder die von Rhodus bis gegen die Inſel
Samos hin ſich erſtreckende Küſte. Uebrigens wurden in dieſe Namen
auch die den Küſten nahe liegenden Inſeln mit einbegriffen.

Die älteſten griechiſchen Colonieen in Aſien waren die im Lande
Aeolis. Die Sage führt ihre Gründung zum Theil bis auf einen
Sohn des Oreſtes hinauf; ſpäter zogen, in Folge der Wanderungen
der Theſſalier und Dorier, ſowohl Aeolier aus Böotien, als auch
Achäer aus dem Peloponnes nach jenem Lande und gründeten die
übrigen. Sie erhielten den Namen aeoliſche Colonieen, weil

die Mehrzahl ihrer Bürger dem aeolischen Stamme angehörte. Auf dem festen Lande wurden zwölf Städte gegründet, von welchen Kyme und Smyrna die wichtigsten waren. Die letztere Stadt schloß sich schon in früher Zeit an die benachbarten ionischen Colonieen an und wird deshalb gewöhnlich eine ionische Stadt genannt. Auch auf Lesbos siedelten sich die Aeolier an und hier blühte namentlich die Stadt Mytilene auf, von welcher diese Insel ihren heutigen Namen Metelino erhielt. Ebenso wurden von den älteren aeolischen Städten aus später Colonieen auf der Insel Tenedos, an der nördlich von Aeolis gelegenen Küste Mysiens und in andern Ländern gegründet. Wahrscheinlich bildeten die zwölf ältesten aeolischen Pflanzstädte einen Bund, in welchem die wichtigsten allgemeinen Angelegenheiten einer gemeinschaftlichen Berathung unterworfen waren.

Die Colonieen im Lande Jonien wurden hauptsächlich von jenen Joniern gegründet, die bei der Rückkehr der Herakliden aus Achaja vertrieben worden waren und sich damals für eine kurze Zeit in Attika niedergelassen hatten. Doch wanderten auch viele andere Griechen nach jenem Lande aus, das sein herrliches Klima und seine vortreffliche Lage jedem lockend erscheinen ließ und vermischten sich daselbst mit den Joniern. Auch die ionischen Pflanzstädte waren zwölf an der Zahl. Unter diesen sind Milet, Kolophon, Ephesus, Teos, Phokäa, Samos und Chios besonders hervorzuheben. Diese zwölf Städte bildeten einen Bund und an bestimmten Tagen wurden bei einem Tempel des Meergottes, welcher das Panionium hieß und auf dem Vorgebirge Mykale lag, Versammlungen aller Bürger der Bundesstädte gehalten, um gemeinschaftlich religiöse Feste zu feiern und über Krieg und Frieden und andere allgemeine Angelegenheiten Beschlüsse zu fassen. Auch die ionischen Pflanzstädte gründeten viele neue Colonieen, namentlich die Stadt Milet, von welcher allein nach und nach mehr als siebenzig Ansiedelungen ausgingen.

Die Colonieen im Lande Doris waren jünger, als die aeolischen und ionischen. Sie wurden von verschiedenen dorischen Staaten des Peloponnes gegründet und bestanden aus sechs ebenfalls in einen Bund vereinigten Städten. Von diesen lagen drei, welche später unter dem Namen Rhodus in eine vereinigt wurden, auf der Insel Rhodus; die andern drei waren Halikarnassus, Knidus und die auf einer gleichnamigen Insel liegende Stadt Kos. Auch von ihnen gingen wieder neue Ansiedelungen aus.

Die aeolischen, ionischen und dorischen Colonieen in Kleinasien waren ohne große Schwierigkeiten gegründet worden, weil die ursprünglichen Einwohner der gleichnamigen Länder aus vielen kleinen Völkerschaften bestanden, welche größtentheils mit einander in Feindschaft lebten. Diese waren also leicht zu besiegen, zumal da manche derselben, wie z. B. die vom Seeraub lebenden Karier, aller Vortheile eines civilisirten Volkes ermangelten. Außerdem dachten aber auch die angesiedelten Griechen durchaus an keine Eroberung des von der Küste nach dem inneren Kleinasien sich erstreckenden Landes und als ein gewerbthätiges und handeltreibendes Volk zeigten sie sich alsbald jenen Völkerschaften dadurch nützlich, daß sie ihnen die nöthigen Waaren lieferten. Diese Verhältnisse gewährten den regen und bildsamen griechischen Ansiedlern den Vortheil, daß sie sich schnell zu äußerem Wohlstand heben konnten und daß ihr Verkehr mit Menschen anderen Stammes und verschiedenartiger Sitten ihre geistige Entwickelung förderte.

Die Lage der kleinasiatischen Griechen änderte sich jedoch, als im siebenten Jahrhundert v. Chr. das lydische Reich, unter den auf einander folgenden Königen Gyges, Ardyes, Sadyattes, Alyattes und Krösus, immer ausgedehnter und mächtiger wurde; denn dem Kampf mit einem größeren und zugleich geschickt geleiteten Staate waren die Colonieen in Kleinasien nicht gewachsen, weil sie kein geschlossenes Ganze bildeten und, auf eine lange Küstenlinie hin vertheilt, leicht einzeln bekriegt werden konnten. Nach einem langen Kampfe mußten sie daher fast insgesammt sich dem letzten lydischen König, Krösus, unterwerfen. Als die Perser unter Cyrus das lydische Reich eroberten, huldigten die Aeolier und Dorier diesem neuen Herrn von Vorderasien wahrscheinlich freiwillig. Von den Joniern thaten dies nur die Bürger von Milet, die andern Städte dagegen beschlossen nach einer gemeinschaftlichen Berathung, sich den Persern zu widersetzen und die Spartaner um Hülfe anzugehen. Die Letzteren erfüllten aber diese Bitte nicht und die ionischen Städte wurden nun einzeln von den Persern unterworfen. Nur die Bürger von Phokäa und Teos wollten das persische Joch unter keiner Bedingung tragen und entsagten, wie bereits in der persischen Geschichte erzählt ward, lieber ihrer Heimath, als ihrer Freiheit. Ebendaselbst ist auch schon berichtet worden, daß die ionischen Griechen zu Darius Hystaspis Zeit sich gegen die Perser empörten und von ihnen alsbald wieder unterworfen wurden. Das Land litt durch die Verwüstungen des persischen Heeres sehr und die Bewohner desselben wurden mit Härte bestraft, besonders die Bürger der Stadt Milet, von denen die Empörung ausgegangen war. Milet wurde geplündert und theilweise zerstört, ein großer Theil der Einwohner getödtet und die Mehrzahl der übrigen in das innere Asien geschleppt und am Tigris angesiedelt. Doch stieg die Stadt bald wieder aus ihren Trümmern zu neuer Blüthe empor.

Von den einzelnen aeolischen, ionischen und dorischen Colonieen in Kleinasien hatten, bis zur Zeil der Unterwerfung unter die Perser, Milet, Phokäa und Samos die größte Bedeutung. Milet war in der älteren Zeit die reichste und mächtigste aller jener Colonieen. Diese Stadt erhob sich so sehr, daß sie achtzig bis hundert Kriegsschiffe besaß. Sie entwickelte eine große Gewerbsthätigkeit, hatte eine sehr bedeutende Schafzucht und lieferte besonders vortreffliche Teppiche und Kleidungsstoffe, welche weit und breit berühmt waren. Ihr Handel erstreckte sich sowohl in das Innere von Asien, als auch bis über die Straße von Gibraltar hinaus, war aber vorzugsweise nach den Küsten des schwarzen Meeres gerichtet, deren halbwilde Bewohner von den Milesiern Wein, Tuch und andere Producte der griechischen Betriebsamkeit gegen Häute, Pelzwerk, Wolle und Sklaven eintauschten. Milet hatte daher am schwarzen Meere seine meisten Colonieen angelegt, von welchen Heraklea, Sinope, Amisus, Cerasunt, Trapezunt, Phasis, Odessus, Olbia, Pantikapäum, Phanagoria und Tanais sich ihrerseits zu wichtigen Handelsplätzen erhoben. Uebrigens zeichnete sich die Stadt Milet nicht durch Handel und Gewerbe allein aus, sondern es blühte daselbst schon früh auch die höhere geistige Bildung und Milet hat den Ruhm, daß einige der bedeutendsten älteren Schriftsteller des griechischen Volkes, wie die Philosophen Thales und Anaximander und der Geschichtschreiber Hekatäus, dort geboren waren. Nahe bei der Stadt lag der vielbesuchte, uralte Tempel des sogenannten bibymäischen Apollo mit einem Orakel und einer erblichen Priesterschaft aus der Familie der Branchiden.

Phokäa hatte ein kleines Gebiet und vermochte, bei dem Aufstand der Jonier gegen die persische Oberherrschaft, nur drei Schiffe zu der gemeinschaftlichen Flotte zu stellen; allein seine Bürger haben durch das glänzende Beispiel von Freiheitsliebe, welches sie beim unglücklichen Ausgang dieser Empörung gaben, sich größeren Ruhm erworben, als die Milesier und andere ihrer Landsleute durch ihren Glanz und ihre Macht. Die rüstigen und betriebsamen Phokäer hatten ferner das Verdienst, daß sie nächst den Samiern zuerst von allen Griechen die Fahrt nach dem fernen Spanien machten, daß sie früher als alle übrigen Griechen größere Kriegsschiffe erbauten, und daß durch sie zuerst griechische Bildung und der Wein- und Oelbau nach Südfrankreich und Spanien gebracht wurde. Der Handel der Phokäer war hauptsächlich nach dem Westen des mittelländischen Meeres gerichtet und hier gründeten sie unter Andern die Colonie Massilia oder das heutige Marseille.

Die durch große Fruchtbarkeit ausgezeichnete Insel Samos, deren Hauptstadt den gleichen Namen führte, erhielt eine große Bedeutung

für die Schifffahrt und die Kunst des griechischen Volkes. Die Samier, deren Handel vorzugsweise nach der afrikanischen Küste gerichtet
gewesen zu sein scheint, waren die ersten Griechen, welche durch die
Straße von Gibraltar schifften. Auf ihrer Insel blühten schon früh
die Künste; ihre Hauptstadt war, ehe Athen sich erhob, eine der schönsten
griechischen Städte und der in derselben erbaute Tempel der Here soll
das größte Gebäude Griechenlands gewesen sein. Samos war, nach
allen Berichten aus früherer Zeit, einer der ältesten Sitze griechischer
Kunst. Schon ein angeblicher Zeitgenosse des Dädalus, welcher ebenso
berühmt als dieser ist, Smilis, soll der Sage nach eine Statue der
Here für die Samier verfertigt haben. Auch später blühten die Künste
in Samos und diese Insel hatte namentlich den Ruhm, daß zur Zeit
des Polykrates zwei samische Künstler den Erzguß erfanden.

Im Staatsleben der Samier wallete ein ewiger Kampf der Parteien und dies hatte zur Folge, daß öfters ein unternehmender Mann
die Zwietracht der Bürger benutzte, um sich zum alleinigen Gebieter
oder, wie die Griechen einen solchen unrechtmäßigen Herrscher in Freistaaten nannten, zum Tyrannen aufzuwerfen. Der berühmteste dieser
samischen Fürsten war Polykrates, welcher wahrscheinlich von 565
bis 522 v. Chr. regierte. Polykrates stützte seine Herrschaft auf
Soldtruppen, auf großartige Unternehmungen, durch die er dem Volke
Beschäftigung gab und auf den Glanz und die Pracht, durch welche er
dasselbe blendete. Er strebte, wie einst Minos von Kreta, nach einer
Seeherrschaft und suchte den ganzen Archipelagus sich abhängig zu
machen. Er unterwarf sich auch wirklich viele Inseln und einige Städte
der kleinasiatischen Küste, schloß Bündnisse mit den Aegyptern und den
Persern und suchte vor Allem sich Schätze zu sammeln, um die Kosten
für ein starkes Heer, eine große Flotte und einen königlichen Aufwand
bestreiten zu können. Das Glück begünstigte ihn bei seinen Unternehmungen in so hohem Grade und wandte sich zuletzt so schnell von
ihm, daß er, wie bereits oben angegeben worden, deshalb von den
späteren Griechen oft als warnendes Beispiel jähen Glückswechsels
angeführt wurde. Er besiegte die mächtigen Milesier in einer großen
Seeschlacht, unterdrückte einen gefährlichen Aufstand, obgleich die
Spartaner und Korinther denselben unterstützten und erwarb sich so viele
Schätze, daß er eine Flotte von hundert großen Kriegsschiffen, eine
Leibwache von tausend Mann und ein starkes Söldnerheer unterhalten
konnte und außerdem noch große Bauwerke aufzuführen und seinen
Hof auf das glänzendste einzurichten im Stande war. Polykrates
strebte auch nach dem Ruhme eines Förderers der Wissenschaften und
Künste: an seinem Hofe lebten lange Zeit die zwei berühmten Dichter
Simonides und Anakreon und er legte eine der ältesten griechischen

Büchersammlungen an. Ungeachtet dieser scheinbaren Liebe zu den edleren Bestrebungen der Menschheit regierte er mit vieler Härte und Grausamkeit, so daß er allgemein verhaßt war und der berühmteste Philosoph jener Zeit, Pythagoras, deshalb sein Geburtsland Samos verlassen haben soll.

Die Habsucht, von welcher Polykrates sein ganzes Leben hindurch sich beherrschen ließ, stürzte ihn zuletzt ins Verderben. Er stand näm- lich mit dem Perserkönig Kambyses in freundschaftlichem Verhältniß und der persische Satrap von Vorderasien, Orötes, benutzte dieß, lockte den Beherrscher von Samos unter dem Vorwand, ihm zu neuen Er- oberungen behülflich zu sein, zu sich und ließ ihn ermorden. In Sa- mos brach sogleich wieder Zwietracht wegen der Regierung aus und dies erleichterte den Persern die Unterwerfung der Insel. Bei der Eroberung derselben kam ein großer Theil der Einwohner durch die Raub- und Mordlust der rohen Asiaten ums Leben. Als Vasall des persischen Königs wurde Sylofon eingesetzt, welcher früher mit seinem Bruder Polykrates auf Samos geherrscht hatte, dann aber von dem- selben verjagt worden war und sich die Gunst des Königs Darius Hystaspis erworben hatte. An dem Aufstand der Jonier gegen die persische Herrschaft nahmen die Samier zwar Theil, sie gingen aber in der entscheidenden Schlacht zu den Feinden über und trugen da- durch nicht wenig zur Besiegung ihrer Landsleute bei. Samos sank in der folgenden Zeit immer mehr und gelangte nie wieder zu seiner früheren Handelsgröße, deren Blüthezeit die Regierung des Polykrates gewesen war.

Von den übrigen kleinasiatischen Colonieen der Griechen ist zunächst die aeolische Stadt Smyrna hervorzuheben, nicht weil sie in der älteren griechischen Zeit eine große Bedeutung gehabt hätte, sondern weil sie allein von allen kleinasiatisch-griechischen Städten sich unter ihrem alten Namen erhalten hat und jetzt der wichtigste Seeplatz an der Ostseite des Archipelagus ist. Sie trat schon beinahe 700 Jahre v. Chr. Geburt zum ionischen Bunde über, dessen Städtezahl dadurch von zwölf auf dreizehn stieg. Nicht lange nachher ward sie von einem lydischen König zerstört und erst 400 Jahre später stieg sie von neuem aus ihren Trümmern empor. Dieses neue Smyrna blühte schnell auf und wurde eine bedeutende Handelsstadt.

Auf der Insel Lesbos waren sechs Städte gegründet worden, welche von einander unabhängig waren und von denen Mytilene sich bald als die mächtigste über die andern erhob. Auch in dieser Hauptstadt von Lesbos herrschte, wie in andern griechischen Colonieen, von Zeit zu Zeit blutiger Bürgerzwist, den dann, wie wir an Polykrates gesehen, ein einzelner Bürger benutzte, um Alleinherrscher zu werden.

Der Zwietracht und der Gewaltherrschaft müde, ernannten endlich, im Jahre 589 v. Chr., die Mytilenäer ihren, durch große Weisheit ausgezeichneten Mitbürger Pittakus zum unumschränkten Herrscher auf unbestimmte Zeit, damit er Ordnung und Ruhe wiederherstelle und bleibend befestige. Pittakus regierte zehn Jahre, richtete während dieser Zeit Gesetze und Sitten neu ein und legte dann die Herrschaft freiwillig nieder. Mytilene erfreute sich aber der durch Pittakus neu gegründeten republikanischen Freiheit nicht lange, denn es mußte bald nachher, gleich dem übrigen Kleinasien, den Persern huldigen. Seine höchste Blüthe hatte Mytilene sowie Lesbos überhaupt zur Zeit des Pittakus erreicht. Damals hatte der Weinbau und der ausgedehnte Handel von Lesbos einen großen Wohlstand und eine heitere Behaglichkeit über die Insel verbreitet und damals lebte die berühmteste griechische Dichterin, Sappho und der ebenso berühmte lyrische Dichter Alcäus, welche Beide auf Lesbos geboren waren. Hundert Jahre früher hatte ein anderer lesbischer Dichter, Terpander, die griechische Musik durch einige Erfindungen so sehr verbessert, daß er als einer der Schöpfer derselben anzusehen ist.

Kolophon war einer der frühesten Sitze der griechischen Philosophie, zeichnete sich durch die Trefflichkeit seiner Pferde und Reiterei aus und besaß ebenfalls eine große Seemacht. — Die Stadt Ephesus wurde besonders wegen eines Tempels der Artemis oder Diana berühmt, zu welchem man aus ganz Kleinasien wallfahrtete und der, als er im Jahre 356 v. Chr. niedergebrannt war, so glänzend und großartig wieder aufgebaut wurde, daß er seitdem für eines der Wunderwerke der Welt galt. In der späteren Zeit des Alterthums wurde Ephesus die erste Handelsstadt in Kleinasien, in der früheren aber stand es weit hinter Milet, Phokäa und andern Städten dieses Landes zurück.

Teos, obgleich eine der ansehnlicheren Städte Joniens, ist hauptsächlich nur als der Geburtsort des Dichters Anakreon und wegen der Freiheitsliebe seiner Bewohner berühmt. Die Bürger von Teos zogen, gleich einem Theile der Phokäer, die Freiheit dem Vaterlande vor und verließen, wie früher erzählt, ihre Stadt, die den Persern nicht zu widerstehen vermochte, um sich an der freien thracischen Küste niederzulassen.

Die Insel Chios mit der gleichnamigen Hauptstadt rühmte sich vorzugsweise der Verbesserung des Weinbaues und einer großen Seemacht; der Chier-Wein galt im Alterthum als der beste griechische Wein und die Insel stellte bei der Empörung der Jonier gegen die Perser die größte Zahl von Schiffen. Außerdem lieferte diese Insel das beste Mastix-Harz, welches noch jetzt das Haupterzeugniß derselben bildet. Ebenso, wie Chios vor einigen Jahrzehnten in dem Freiheitskampfe der Neugriechen von den Türken auf das grausamste mißhandelt wurde, hatte es auch bei der ionischen Empörung das Unglück, daß es von den Persern verwüstet und der größte Theil seiner Einwohner in die Sklaverei geschleppt ward.

Die Insel Rhodus zeichnete sich dadurch aus, daß schon lange zuvor, ehe dorische Colonisten sich dort niederließen, nämlich schon zur Zeit des trojanischen Krieges, Handel und Gewerbe auf ihr blühten. Ihre Bewohner nahmen auch später an dem großen Aufschwung der Schifffahrt und des Handels der Griechen Theil, fuhren schon früh bis nach Spanien und legten manche neue Colonie in fernen Ländern an. Die größte Bedeutung erhielt aber Rhodus in den Zeiten nach Alexander dem Großen. Es hatte seitdem mehrere Jahrhunderte hindurch in dem Archipelagus denselben Rang, welchen Venedig während einer langen Zeit des Mittelalters in der ganzen östlichen Hälfte des Mittelmeeres behauptete. Die Stadt Rhodus war besonders auch wegen ihrer trefflichen Verfassung berühmt, sowie dadurch, daß die ersten eigentlichen Seegesetze, die in der Geschichte überhaupt vorkommen, von ihr entworfen und eingeführt wurden.

Halikarnassus war eine sehr große, schöne und gutbefestigte Stadt. Es wurde erst nach seiner Unterwerfung unter die Perser berühmt und zwar durch eine fürstliche Familie, welche unter persischer Botmäßigkeit das ganze Land Karien beherrschte und in Halikarnassus ihre Residenz aufschlug. Die Geschichte dieser karischen Fürsten, unter welchen besonders zwei Frauen, deren Name Artemisia war, sich auszeichneten, gehört der späteren Geschichte an. — Von der Stadt Knidus und der Insel Kos ist nichts Wichtiges zu bemerken, außer daß auf der Letzteren einer der besuchtesten Tempel des Heilgottes sich befand und der berühmteste griechische Arzt, Hippokrates, dort geboren war, sowie daß auf dieser Insel und in Knidus schon früh die angesehensten Lehranstalten für Heilkunde bestanden.

2. Die an der Nordküste Kleinasiens gegründeten Colonieen waren ein Theil der vielen Pflanzstädte, welche am schwarzen Meer oder, wie die Griechen und Römer dasselbe nannten, am Pontus Euxinus lagen. Die meisten derselben gehörten zu den bedeutendsten kleinen Staaten der alten Welt. Sie lagen alle auf Landspitzen oder doch ganz nahe am Meere und hatten rohe und kriegerische Völkerschaften zu Nachbarn; aber griechischer Fleiß und griechischer Geist verwandelten bald alles Land in der Nähe dieser Städte in einen Garten und die anwohnenden Barbaren mußten den Einwohnern derselben huldigen. Die Städte wurden fast insgesammt Sitze der Künste und Wissenschaften, welche besonders später, als sie aus dem eigentlichen Griechenland verscheucht wurden, sich in jene Gegenden flüchteten. Die wichtigsten dieser Colonieen waren: Heraklea in

Bithynien, zur Unterscheidung von andern Städten des gleichen Namens das Pontische genannt, eine Colonie der Megarer, und während der Zeit der persischen Herrschaft in Kleinasien eine sehr bedeutende Handelsstadt; Sinope in Paphlagonien, eine Colonie der Milesier, einst der reichste und glänzendste Handelsplatz am schwarzen Meere und noch heut' zu Tage einer der wichtigsten Häfen des nördlichen Kleinasiens; Amisus in eben demselben Laube, gleichfalls eine milesische Colonie und unter dem Namen Samsun noch jetzt einer der türkischen Haupthäfen des schwarzen Meeres; Cerasunt in Kappadocien, das heutige Keresun, eine Pflanzstadt von Sinope, von welcher die kurz vor Christi Geburt von hier nach Italien verpflanzten Kirschen ihren Namen erhielten; Trapezunt, ebendaselbst gelegen und gleichfalls eine Colonie von Sinope, welche ihre größte Bedeutung am Ende des Mittelalters erhielt und unter dem Namen Trebisonde noch jetzt eine der wichtigeren Städte Kleinasiens ist.

3. Im Lande Kolchis oder an dem östlichen Ufer des schwarzen Meeres lagen Phasis oder das jetzige Poti in Mingrelien, eine Colonie der Milesier, und Dioskurias, das jetzige Iskuhriah in Mingrelien, ebenfalls von Milet gegründet. Das Letztere war einst ein so wichtiger Platz für den Verkehr der Griechen mit den rohen Völkerschaften Kaukasiens und der benachbarten Länder, daß, nach einer gewiß übertriebenen Angabe alter Schriftsteller, auf dem großen daselbst gehaltenen Markte dreihundert verschiedene Sprachen und Dialekte gesprochen wurden.

4. An der Küste des südlichen Rußlands waren, namentlich von den Milesiern, gleichfalls viele Colonieen gegründet worden, welche hauptsächlich den Handel zwischen der civilisirten griechischen Welt und den rohen Nomaden-Horden der dortigen Landstriche vermittelten. Die wichtigsten derselben lagen auf oder nahe bei der Halbinsel Krim, welche im Alterthum Tauris hieß. Hier wurden Pantikapäum und Phanagoria in späterer Zeit die beiden Hauptstädte des sogenannten bosporanischen Reiches. Das Erstere lag auf jener Halbinsel, das Letztere ihm gegenüber auf der andern Seite der Straße von Jenikale oder, wie die Alten dieselbe nannten, des cimmerischen Bosporus. Von Beiden haben sich noch Trümmer erhalten. Tanais, an der Mündung des Don-Flusses gelegen, war der Hauptmarkt für die Nomaden, welche hier Sklaven, Häute, Pelze und Wolle gegen Tuch, Wein und andere Bedürfnisse vertauschten. Olbia lag einige Meilen von der See, an der Mündung des Bug in den Dniepr.

5. An der Westseite des schwarzen Meeres ist besonders der Seeplatz Odessus, eine Colonie von Milet, zu bemerken. Dieser Ort lag ungefähr in der Gegend der heutigen türkischen Stadt Warna

und führte, ebenso wie Sinope, Olbia und Byzanz, namentlich einen bedeutenden Handel mit Getreide, gesalzenen Fischen und Fleisch.

6. Die Verbindung zwischen dem schwarzen Meer und dem Archipelagus bilden die Straße von Konstantinopel oder, wie die Alten sie nannten, der thracische Bosporus, das Marmara-Meer oder die Propontis, und die Dardanellen oder der Hellespont. Die europäischen Küsten dieser Gewässer gehörten zu dem Lande Thracien, die asiatischen zu Mysien und Bithynien. Beide enthielten viele griechische Colonieen. Am Eingang des thracischen Bosporus in die Propontis lag auf der asiatischen Seite Chalcedon, auf der europäischen dagegen die Stadt Byzanz. Jenes, eine Colonie der Megarer, war zwar kein unwichtiger Handelsplatz, konnte sich aber, im Vergleich mit Byzanz, nie zu einer besonders großen Bedeutung erheben; man nannte ihre Stadt die Stadt der Blinden, weil sie die weit prächtigere Lage des gegenüberliegenden Eilandes nicht gewahrten, auf dem nun, sie weit überflügelnd, Byzanz sich erhob. Diese Stadt ist die wichtigste von allen dorischen Colonieen und die berühmteste und geschichtlich bedeutendste aller griechischen Pflanzstädte überhaupt. Es war, 656 v. Chr., von Megara aus gegründet worden, erhielt aber später auch aus Athen und Milet viele Einwohner. Von einem fruchtbaren Boden umgeben, an einer äußerst fischreichen Stelle des Meeres gelegen, mit einem trefflichen Hafen versehen und auf der Grenze zweier Welttheile, sowie an der Verbindungsstraße zweier Meere erbaut, hatte Byzanz so viele natürliche Begünstigungen, wie kaum irgend eine andere Stadt des Erdbodens. Doch begann die hierauf beruhende große Bedeutung der Stadt erst in der zweiten Hälfte des Alterthums, weil Byzanz früher, theils wegen der Nähe roher thracischer Stämme, theils wegen der Konkurrenz mancher anderen griechischen Colonie, in der vollen Entwickelung seiner natürlichen Vortheile gehemmt war. In der älteren Zeit beruhte die Bedeutung dieser Stadt einzig auf ihrer ergiebigen Fischerei und auf ihrem Handel mit gesalzenen Fischen und mit Getreide. Byzanz wurde zweimal zerstört, nämlich 500 Jahre v. Chr. durch die Perser unter Darius I. und 196 n. Chr. durch den römischen Kaiser Septimius Severus. Im ganzen Verlauf der Geschichte wurde es nicht weniger als neunundzwanzigmal belagert und achtmal erobert. In der ersten Hälfte des vierten Jahrhunderts n. Chr. machte Konstantin der Große es zur Hauptstadt des römischen Reiches und seitdem ist Byzanz, welches von dieser Zeit an Konstantinopel hieß, stets eine der wichtigsten Städte der Welt geblieben, nachdem es schon vorher, zugleich mit Rhodus, lange Zeit einer der Haupthandelsplätze von Osteuropa gewesen war.

An der Propontis oder dem Marmara=Meer war auf der aſiatiſchen Seite **Cyzikus** die wichtigſte Stadt.　Sie war eine Colonie von Milet und hatte in der früheren Zeit nur eine geringe Bedeutung, wurde aber ſpäter durch ihre gute Verfaſſung und ihren ausgedehnten Handel ſo reich und blühend, daß ſie um die Zeit von Chriſti Geburt den größten und ſchönſten freien Städten der alten Welt beigezählt ward.　Sie war vortrefflich befeſtigt und ſpielte dadurch auch in den aſiatiſchen Kriegen der Römer eine große Rolle.　In der Nähe dieſer Stadt lag der Berg **Dindymus** mit einem Tempel der phrygiſchen Göttin **Cybele**, welche nach ihm, ſowie nach einem anderen Berge dieſes Namens bei Peſſinus in Phrygien auch) Dindymene genannt ward.　Sie war die als Perſon gedachte Erde oder Natur und wurde oft auch) als die Mutter der Götter bezeichnet.　Der geheimnißvolle, ſchwärmeriſche und zum Theil abſcheuliche Dienſt dieſer Göttin, welcher dem Geiſte der griechiſchen Religion durchaus widerſtritt, ward wahrſcheinlich von Cyzikus aus in einige Gegenden Griechenlands eingeführt.　Auf der europäiſchen Seite der Propontis waren **Selymbria** und **Perinthus** die wichtigſten Städte, jenes eine Colonie der Megarer, dieſes eine Pflanzſtadt der Samier.

Am **Hellespont** lagen die aſiatiſchen Städte **Lampſakus** und **Abydus** und auf der europäiſchen Seite, der Letzteren gegenüber, die Stadt **Seſtus**.　Die beiden Erſteren waren mileſiſche Colonieen, Seſtus dagegen ward von Aeoliern gegründet.　Alle drei waren beſonders als Ueberfahrtsorte von Europa nach Aſien wichtig.　Lampſakus hatte außerdem auch für das religiöſe Leben der alten Griechen eine hohe Bedeutung.　In dieſer Stadt nämlich ward vor allen anderen Göttern **Priapus** verehrt, welcher gewöhnlich der Feld= und Gartengott genannt wird, eigentlich aber eine Perſonification der Naturkräfte war, die bei manchen orientaliſchen Völkern als göttliche Weſen angeſehen wurden. Seine Verehrung hat jenen Charakter der Entartung, zu welchem die überſchwengliche orientaliſche Phantaſie ſich ſo leicht verirrte und war noch mehr, als die der Cybele, aus abſcheulichen Gebräuchen zuſammengeſetzt.　Sie war ebenfalls phrygiſchen Urſprungs und drang über die Stadt Lampſakus in Griechenland ein, um hier, wie ſpäter in Italien, den einfachen Glauben beſonnenerer Völker durch ſchwärmeriſche Geheimniſſe und ſittenloſe Ceremonieen zu entſtellen.

7. **An der Südküſte von Thracien und Macedonien** lagen folgende beſonders bemerkenswerthe Colonieen: **Stadia**, eine Colonie der Mileſier; **Abdera**, welches die vor den Perſern fliehenden Bürger von Teos erbauten, nachdem ſchon früher eine andere ioniſche Stadt eine Gründung an dieſem Orte verſucht hatte; **Amphipolis**, eine Colonie von Athen, deren Entſtehung aber erſt in das fünfte Jahr-

hundert v. Chr. fällt; Stagira, von der Cykladen-Insel Andros aus
gegründet, später die Geburtsstadt des großen Philosophen Aristoteles;
Olynthus, dessen Entstehung unbekannt ist, die mächtigste griechische
Pflanzstadt an der ganzen Nordküste des aegäischen Meeres und endlich Potidäa, eine Colonie der Korinther. Von diesen Städten war
bei den Griechen Abdera wegen der vorgeblichen Dummheit seiner
Einwohner ebenso verschrieen, wie bei uns das sächsische Schilda
und einige andere deutsche Städte, und der Ausdruck Abderiten-Streich
war unter den Griechen so sehr gebräuchlich, daß er aus ihren
Schriften sogar zu den gebildeten Völkern des neueren Europas
übergegangen ist. Die drei letzten der angeführten Städte lagen auf
einer Halbinsel, welche, in drei kleinere Halbinseln sich gliedernd, im
Alterthum den Namen Chalcibike führte, weil auf ihr unter andern
besonders von der euböischen Stadt Chalcis Colonieen angelegt wor-
ben waren.

8. Die Inseln des aegäischen Meeres erhielten, in Folge
der durch die Rückkehr der Herakliden bewirkten Veränderungen, größtentheils einen Zuwachs der Bevölkerung. Die Cykladen wurden
theils von Joniern, theils von Dorern neu bevölkert. Die im nördlichen Theil jenes Meeres gelegenen Inseln Lemnos, Thasos,
Samothrake und Imbros, von welchen die zweite im Alterthum
besonders wegen ihrer Goldbergwerke wichtig war, behielten ihre alten
pelasgischen Einwohner noch lange Zeit. Auf einigen derselben hatten
auch Phönicier sich schon früh niedergelassen und die Einwohner standen schon in aller Zeit zugleich mit dem fernen Aegypten im Verkehr.
Die größte Bedeutung erhielten diese Inseln dadurch, daß auf ihnen
eine uralte, dem griechischen Glauben fremde Religion bestand, deren
Wesen wir nicht näher kennen, und daß diese nach dem heroischen
Zeitalter auf die religiösen Vorstellungen der übrigen Griechen einen
nicht unbedeutenden Einfluß ausübte. Diese Religion, deren Hauptsitz
Samothrake war, wurde durch die dortigen Priester in der Form von
Mysterien oder Geheimlehren denen, welche dazu die Weihe erhielten,
mitgetheilt. Viele griechische Staatsmänner, Philosophen und Dichter
der folgenden Jahrhunderte ließen sich in diese Mysterien einweihen
und verpflanzten dadurch manche religiöse Vorstellung und Mythe
orientalischen Ursprungs nach Griechenland.

Die Bevölkerung von Euböa wurde durch ionische Schaaren vermehrt, welche von Attika aus in diese Insel einwanderten. Auf ihr
hoben sich die Städte Chalcis und Eretria zu bedeutenden Han-
belsplätzen empor, welche mit Milet und anderen Städten ihres
Stammes, namentlich auch durch die Gründung vieler Colonieen,
wetteiferten.

Zu den wichtigsten Inseln der früheren Zeit gehört das zwischen Attika und Argolis gelegene Aegina, welches lange eine ebenso große Bedeutung hatte, wie Milet, Phokäa und Samos. Seine Blüthe begann mit der Einwanderung dorischer Colonisten, welche nach der Rückkehr der Herakliden sich auf der vorher unbedeutenden und an und für sich unfruchtbaren Insel niederließen. Seit dieser Zeit hob sich die Insel allmälig zu einem hohen Grade von Macht und Reichthum und die Agineten spielten mehrere Jahrhunderte hindurch eine Hauptrolle in den Gewässern von Griechenland. Sie besaßen sehr viele Schiffe, erlangten durch Handel und Gewerbe große Schätze, thaten viel für die Kunst und waren die ersten Griechen, welche silberne Münzen prägten (in der Mitte des achten Jahrhunderts v. Chr.). Ihre Insel war sehr stark bevölkert und die Agineten besaßen eine so große Macht, daß sie bei den Samiern, welche ihnen gleich standen, und bei den Athenern, die damals erst sich zu einer größeren Handelsbedeutung zu erheben anfingen, eine unauslöschliche Eifersucht erweckten. Mit beiden Staaten waren sie deshalb häufig in Kriege verwickelt, welche mit abwechselndem Glücke geführt wurden. Als endlich Darius I. seinen ersten Kriegszug gegen Griechenland rüstete und dann Aegina aus Handelsklugheit sogleich dem Perserkönig huldigte, benutzten die Athener dies zum Verderben der Insel. Auf ihr Betreiben wurden nämlich die Bewohner derselben von den Spartanern gezüchtigt. Die Agineten bewiesen nachher in den Perserkriegen selbst große Tapferkeit, konnten aber dadurch dem ihnen drohenden Untergang nicht entgehen, während dagegen Athen gerade durch diese Kriege sich zur ersten Seemacht von Griechenland erhob. Sechszig Jahre nach dem Beginn der Perserkriege erlag Aegina seinem übermächtigen Feinde ganz und gar. Die Insel wurde von den Athenern erobert, ihre Bewohner vertrieben und durch athenische Colonisten ersetzt.

Auf Kreta wanderten, kurz nach der Rückkehr der Herakliden, Dorer ein, welche bald der vorherrschende Theil der Bevölkerung wurden, nachdem der Sage nach schon in den ältesten Zeiten andere Dorer sich dort angesiedelt hatten. Von diesem dorischen Theil der kretischen Einwohnerschaft rühren sicherlich die Grundzüge der oben erwähnten Staats-Verfassung her, welche der berühmte König der Urzeit, Minos, der Insel gegeben haben soll. Diese Verfassung war auf die Unterdrückung der Einwohner von anderer Abstammung gegründet: die Dorer hatten allein Antheil an der Regierung und lebten blos den Waffenübungen, dem Kriege und der Jagd, während die übrigen Kreter theils als Sklaven, theils als Leibeigene, theils als freie Bauern und Gewerbsleute die zu ihrem und der Dorer Unterhalt nöthigen Beschäftigungen trieben. Zehn jährlich gewählte Beamte bildeten die leitende Staatsbehörde und vertraten die Stelle der Könige, deren Amt schon sehr früh abgeschafft war. Aus ihnen ergänzte sich der aus dreißig lebenslänglichen Mitgliedern bestehende Senat, welcher zu allen wichtigen Angelegenheiten seine Zustimmung zu geben hatte. Durch die vom Staate selbst geleitete und die Entwickelung von Kraft und Muth bezweckende Erziehung der Jugend, durch die stete Beschäftigung mit den Waffen und durch das tägliche Zusammenspeisen aller Familien wurde unter den Dorern ein kräftiges, ritterliches Wesen und ein reger Gemeinsinn erhalten. Aber Handel, Gewerbe, Wissenschaft und Kunst konnten ebenbeßwegen auf Kreta nicht die große Bedeutung erlangen, zu welcher dieselben auf anderen Inseln sich erhoben haben.

9. Die zu Asien gehörende Insel Cypern hatte schon früh verschiedenartige Einwohner, namentlich Phönicier und eingewanderte Griechen und war lange Zeit den Hauptstädten Phöniciens unterworfen. Als die Insel wieder frei wurde, zerfiel sie in eine Anzahl kleiner Fürstenthümer. Die Spaltung hatte zur Folge, daß Cypern nie eine große Macht erlangte. Es wurde vielmehr in der Mitte des sechsten Jahrhunderts v. Chr. den Aegyptern und bald darauf den Persern tributpflichtig. Die Bedeutung der Insel beruhte während des Alterthums stets nur auf ihrer Fruchtbarkeit, auf dem großen Handel, den die Cyprier mit ihren mannigfaltigen Producten trieben und auf dem phönicischen Aberglauben, der auch von dieser Insel her in die griechische Religion eindrang.

10. Die Colonie Cyrene in Afrika war einer der reichsten Handelsstaaten der alten Welt. Sie lag in dem kleinen Hochlande, welches bei den alten Römern Cyrenaika hieß und jetzt nach dem Namen einer der dortigen alt-griechischen Städte Barka genannt wird. Dieses quellenreiche, durch Fruchtbarkeit und üppige Vegetation ausgezeichnete Hügelland liegt, von dem Meere und von Wüsten umgeben, im Westen von Aegypten, auf der Grenze von Tripolis. In ihm ward in der Mitte des siebenten Jahrhunderts v. Chr. die Colonie Cyrene gegründet und zwar von der kleinen Cykladen-Insel Thera aus, auf welcher zur Zeit der Herakliden-Wanderung dorische Schaaren sich angesiedelt hatten. Uebervölkerung und Mißwachs zwangen einen Theil der Bewohner von Thera auszuwandern; diese befragten das Orakel zu Delphi über das Land, in welches sie ziehen sollten, und der verständige König von Thera, welcher das Orakel gewonnen hatte, bewog dasselbe, sie nach der Küste von Afrika zu weisen. So entstand die Stadt Cyrene, von welcher aus später in demselben Lande noch vier andere Hauptorte gegründet wurden. Diese fünf Colonieen des Landes pflegte man unter dem Namen Pentapolis, d. i. die Fünfstadt,

zuſammenzufaſſen. Der Führer der Ausgewanderten erhielt in der
neuen Colonie die königliche Würde. Dieſe Regierungsform behauptete ſich daſelbſt zweihundert Jahre lang, unter einer Reihe von Königen, welche abwechſelnd Battus und Areeſilaus hießen. Unter
Battus II. oder dem Glücklichen, dem dritten dieſer Könige (um 560
v. Chr.), begann Cyrene erſt recht emporzublühen, nachdem früher
ſeine Bürger durch Kämpfe mit den nomadiſchen Ureinwohnern zu
ſehr in Anſpruch genommen waren. Man wußte es damals zu bewirken, daß viele neue Anſiedler aus Kreta, dem Peloponnes und
andern griechiſchen Ländern nach Cyrene kamen. Als die hart bedrängten Nomaden der Nachbarſchaft ſich an den aegyptiſchen König
Apries um Hülfe wandten, wurde dieſer geſchlagen; der Nachfolger
des Königs Apries aber hielt es für beſſer, mit den Cyrenäern ein
Freundſchaftsbündniß zu ſchließen. Jetzt hob ſich die Colonie und
breitete ſich nach Oſten und Weſten hin aus. Dadurch kam ſie mit
dem mächtigen afrikaniſchen Handelsſtaate Karthago in feindliche Berührung und es entſtand ein heftiger Grenzſtreit, welcher zuletzt damit
endete, daß man über eine beſtimmte Grenzlinie übereinkam, die von
keinem der beiden Staaten überſchritten werden ſollte.

Da in Cyrene der Staat nicht durch eine Verfaſſung geordnet
war und überdies die Einwohner, je nach ihrer früheren oder ſpäteren
Einwanderung, verſchiedene Rechte beſaßen, ſo brachen zugleich mit
dem aufblühenden Wohlſtand der Stadt innere Unruhen aus. Dieſe
nahmen an Umfang und Heftigkeit zu, als Battus des Glücklichen
Sohn und Nachfolger nach willkürlicher Gewalt ſtrebte und darüber
nicht nur mit ſeinem Volke, ſondern auch mit ſeiner eigenen Familie
zerfiel. Ein Theil der Mißvergnügten verließ Cyrene und gründete
eine neue Stadt, welche Barke genannt wurde. Die Spaltungen und
Zwiſtigkeiten dauerten aber deſſen ungeachtet fort und man nahm daher
endlich ſeine Zuflucht wiederum zu dem delphiſchen Orakel. Dieſes
ſandte den Cyrenern Demonax, einen Bürger der arkadiſchen Stadt
Mantinea, um ihrem Staate eine geordnete und feſte Einrichtung zu
geben. Demonax theilte die Bürgerſchaft in drei Klaſſen, nämlich in
die von Thera abſtammenden, die aus dem Peloponnes und aus Kreta
eingewanderten und die von anderen griechiſchen Inſeln gekommenen
Bürger. Jeder dieſer drei Theile erhielt ſeine beſtimmten Rechte.
Den Staat ſelbſt wandelte Demonax in eine ariſtokratiſche Republik
um, in welcher dem Herrſcher nur die Ehre des königlichen Namens,
das erbliche Oberprieſterthum und der Ertrag der Krongüter blieben.
Bald nach der Einführung dieſer Verfaſſung ſuchte ein König dieſelbe
wieder umzuſtoßen und es entſtand dadurch ein förmlicher Bürgerkrieg, welcher damit endigte, daß die von der königlichen Partei zu

Hülfe gerufenen Perser das Land verwüsteten. Die Stadt Barke wurde von ihnen größtentheils zerstört, Cyrene widerstand aber der persischen Uebermacht und schaffte jetzt die Königswürde ganz ab (um 432 v. Chr.). Mit der Aufhebung der königlichen Würde und der Herstellung einer vollkommen aristokratischen Republik beginnt die höchste Blüthe der Stadt Cyrene, und diese glänzendste Periode der cyrenäischen Geschichte währte etwa hundert Jahre. Nach manchen Bürgerzwisten, die in Folge einer gänzlichen inneren Zerrüttung später immer häufiger wurden, erlag Cyrene 321 v. Chr. den griechischen Königen von Aegypten und verlor für immer seine Selbstständigkeit.

Der Handel Cyrenes und der übrigen Städte der Pentapolis war ebenso bedeutend zu Wasser als zu Land. Er ging einerseits nach Ober-Aegypten, Nubien und dem östlichen Theil des inneren Afrikas, andererseits hauptsächlich nach Griechenland und Kleinasien, während dagegen die Karthager vorzugsweise den Austausch der Waaren zwischen der westlichen Hälfte von Afrika und dem Westen von Südeuropa ver= mittelten. Den afrikanischen Völkern brachten die Cyrenäer die Er= zeugnisse der griechischen Gewerbsthätigkeit, sowie Getreide aus ihren eigenen fruchtbaren Feldern; nach Griechenland aber verführten sie hauptsächlich Pferde, Wolle, wollene Waaren und die berühmte Pflanze Sylphium, sowie Amethyste, Onixe, Karneole und andere Edelsteine, welche sie aus dem inneren Afrika und vom rothen Meer her bezogen. Das von den Cyrenäern verkaufte Silphium oder Laserpitium, in Deutschland Laserkraut genannt, war eine Pflanze, welche im Alter= thum nur in Cyrenaïka gezogen wurde. Aehnliche Pflanzen, denen man denselben Namen gab, wurden in Medien und Ostpersien gebaut, und in neuerer Zeit entspricht die aus Ostindien und der Levante uns zukommende Asa föriba ihrer Wirkung nach am meisten dem Saft des cyrenäischen Silphiums, wiewohl dieselbe von einer ganz verschiedenen Pflanze herrührt. Das Silphium von Cyrene diente zu verschiedenen Zwecken: die Blätter waren eine außerordentlich zuträgliche Würze des Schaffutters, der Stengel galt bei Griechen und Römern für einen Leckerbissen und der eingetrocknete Saft aus Stengel und Wurzel war bei beiden Völkern ein ungemein beliebtes Gewürz, welches des Wohl= geschmacks und der Verdauung wegen vielen Speisen beigemischt und lange Zeit mit Gold aufgewogen wurde. Wegen dieser verschiedenen Anwendung war das Silphium, welches in Cyrenaïka nur auf weniger fruchtbaren Feldern wuchs, eine der Hauptquellen des Wohlstandes der dortigen griechischen Colonieen. Diese wußten aber außerdem noch durch andere Erzeugnisse ihres herrlichen Landes große Reichthümer zu gewinnen. Sie ernteten viel Getreide, Oel, Safran und Süd= früchte, und aus ihren Gärten, die wegen ihrer prachtvollen Rosen,

Lilien, Veilchen und andern Blumen weit und breit berühmt waren,
gewannen ſie das beſte Roſenöl und andere Eſſenzen. Ferner hatten
ſie nicht nur bedeutende Schafheerden, ſondern auch ſo treffliche Pferde,
daß dieſelben zu den geſuchteſten des Alterthums gehörten.
Auch die Gewerbsthätigkeit blühte bei den Bewohnern der Cyrenaïka in hohem Grade und die dortigen Städte waren namentlich durch
die Geſchicklichkeit ihrer Steinſchneider und Metallgießer, ſowie durch
das vortreffliche Gepräge ihrer Münzen berühmt. Der große Wohlſtand, den die Cyrenäer ſich erwarben, entwickelte dort, wie überall bei
den Griechen, eine Blüthe der Kunſt und Wiſſenſchaft. Zu gleicher
Zeit entſtand aber auch in der Cyrenaïka eine ſo große Ueppigkeit und
Pracht des Lebens, daß die Bewohner derſelben wegen ihres Luxus
und ihrer Schwelgerei weit und breit berühmt wurden.

11. **Auf den an der Weſtküſte Griechenlands gelegenen
Inſeln** blieben, wie es ſcheint, die älteren Einwohner, welche aeoli-
ſchen Stammes waren, unvermiſcht; nur Korcyra erhielt von Korinth
aus doriſche Anſiedler. Ebenſo legte Korinth an dem adriatiſchen
Meere, auf der Küſte von Illyrien, einige Colonieen an, von welchen
Epidamnus oder Dyrrhachium die bemerkenswertheſte iſt.

12. **Die Colonieen in Unteritalien und Sicilien** waren
für die griechiſche Cultur ebenſo wichtig, ja zum Theil noch wichtiger,
als die kleinaſiatiſchen. Der Verkehr der Griechen mit Unteritalien
und Sicilien und die Gründung griechiſcher Pflanzſtädte daſelbſt fand
der Sage nach ſchon unmittelbar nach dem trojaniſchen Kriege Statt:
die ſicheren Nachrichten über dieſe Anſiedelungen aber reichen nicht
weiter hinauf, als bis zum Anfang des achten Jahrhunderts v. Chr.
Dieſe Colonieen hatten zum Theil mit großen Schwierigkeiten zu
kämpfen und blühten deſſenungeachtet zu einem Grade von Wohlſtand
und Macht auf, den alle folgenden Zeiten bewundert haben. An der
Südküſte von Unteritalien z. B. lagen mehrere griechiſche Pflanzſtädte, welche eine zahlreiche Bevölkerung, eine große Seemacht, einen
ausgedehnten Handel und einen ans Unglaubliche grenzenden Wohlſtand beſaßen und doch findet ſich an dieſer ganzen Küſte kein einziger
ſicherer und tiefer Hafen, und das Geſtade des Meeres iſt wegen vieler
Sümpfe und der aus ihnen ſich entwickelnden Luft ſehr ungeſund, ſo
daß dadurch heut' zu Tage die dortige Bevölkerung in ihrer Zunahme
und ihrem Wohlſtande ſehr gehemmt iſt. Allein griechiſcher Fleiß
mußte ſelbſt ſo große natürliche Schwierigkeiten zu überwinden, künſt-
liche Häfen zu ſchaffen, die Sümpfe in fruchtbare Felder und Gärten
zu verwandeln und da Reichthümer zu erwerben, wo jetzt die Einwohner kaum ihr Leben zu friſten vermögen. Auf dieſe Weiſe gelangten
die griechiſchen Pflanzſtädte in Italien und Sicilien zu Wohlſtand und

Macht, obgleich sie anfangs sich gegen die halbwilden, kriegerischen Ureinwohner zu vertheidigen hatten, obgleich die Tyrrhener oder Etrusker das Meer durch ihre Seeräubereien lange unsicher machten und obgleich die Griechen in jenen Ländern an dem, gleich ihnen reg- samen und unternehmenden Seevolk der Karthager so mächtige Neben- buhler hatten, wie sie ihre Brüder am schwarzen Meer und in Klein- asien niemals gehabt haben.

In Unteritalien war es hauptsächlich die Südküste, auf welcher Griechen sich ansiedelten. Doch breiteten sie sich auch außerhalb der- selben, namentlich an der Westseite Italiens aus, wo das nicht weit von Neapel gelegene Cumä die nördlichste griechische Pflanzstadt in Italien war. Ja, diese Colonieen waren so zahlreich und erhielten eine solche Bedeutung, daß sogar die Eingeborenen des Landes, wie zum Theil auch die von Sicilien, griechische Sprache und Sitte an- nahmen. In dem ganzen heutigen Calabrien wurde die griechische Sprache herrschend und blieb es mehr als anderthalb Jahrtausende hindurch; erst vom vierzehnten Jahrhundert unserer Zeitrechnung an begann sie aus diesem Lande zu weichen und selbst jetzt noch soll am äußersten südlichen Ende Italiens ein griechisch redender Ueberrest jener alten Bevölkerung zu finden sein. Wegen dieser gänzlichen Um- wandelung von Unteritalien führte dasselbe im Alterthum den Namen Großgriechenland, welcher anfangs blos die südöstliche Küste des Landes, später aber ganz Unteritalien bis zur Gegend von Neapel umfaßte. Dieser Name sollte jedoch nicht etwa einen Gegensatz gegen das eigentliche Griechenland ausdrücken, zumal da das mit ihm be- zeichnete Land in Wirklichkeit nicht größer als dieses war; sondern man nannte jene Südostküste Italiens, welche zuerst diesen Namen erhielt, das große Land der Griechen, weil sie mit einer ununter- brochenen Reihe griechischer Colonieen bedeckt war und diese also einen Gegensatz gegen die an andern Punkten Italiens vereinzelt liegenden Pflanzstädte bildeten.

Die wichtigsten Colonieen Unteritaliens waren, von dem Norden der südöstlichen Küste anfangend, die nachfolgend verzeichneten: Ta- rentum, das heutige Taranto, wurde um das Jahr 700 v. Chr. von den Spartanern gegründet. Es gehörte lange Zeit zu den unbedeu- tenderen Colonieen in Unteritalien, schwang sich aber, etwa vom fünften Jahrhundert an, über alle übrigen empor und erwarb sich die größte Seemacht und den ausgebreitetsten Handel. Metapontum, eine achäische Pflanzstadt, hatte im Vergleich mit den anderen Colo- nieen nie eine große Bedeutung, wird aber wegen der Ruinen, die sich von ihm erhalten haben, neuerdings öfters erwähnt. Siris am gleichnamigen Flusse, auch Heraklea am Siris genannt, hatte keine große Wichtigkeit, ausgenommen daß dort eine Zeitlang ein Kongreß der griechischen Colonieen Unteritaliens gehalten wurde. Sybaris wurde etwa 700 Jahre v. Chr. von Achäern gegründet und erhob sich sehr schnell zur blühendsten und mächtigsten Handelsstadt von Großgriechenland. Es erlangte einen weit ausgebreiteten Handel und unterwarf sich landeinwärts ein so großes Gebiet, daß vier Völkerschaften und 25 Städte ihm gehorchten. Die Stadt Sybaris selbst hatte einen Umfang von zwei und einer halben Stunde und soll, was gewiß übertrieben ist, nicht weniger als 100,000 wirkliche Bürger enthalten haben. Ihr Reichthum war außerordentlich groß; am berühmtesten wurde aber Sybaris durch die Ueppigkeit und Schwelgerei seiner Bürger: diese sind deshalb bei den alten Griechen sprichwörtlich geworden und noch bei den neueren gebildeten Völkern ist das Wort Sybarite gleichbedeutend mit Schlemmer oder Wüstling. Im Jahre 510 aber erlag Sybaris in einem Kriege den unverweichlichten Bewohnern der Colonie Kroton. Wegen des ganz entgegengesetzten Charakters der Sybariten und der Krotoniaten und wegen des großen Neides, den die Uebermacht der Ersteren erregt hatte, waren die Letzteren so sehr von Haß gegen jene erfüllt, daß sie damals alle Sybariten, welche nicht entflohen, niedermetzelten und ihre Stadt nicht nur ganz und gar zerstörten, sondern auch einen Fluß über den Boden derselben hinwegleiteten. 66 Jahre nach der Zerstörung von Sybaris gründeten die Nachkommen des flüchtig gewordenen Theiles der Bürger, mit Hülfe der Athener, eine neue Stadt, die den Namen Thurii erhielt und in der Nähe des alten Sybaris angelegt ward. Diese hob sich bald zu einer so großen Macht, daß sie selbst mit Tarent Krieg zu führen wagte, rief aber nachher die Römer zu Hülfe und gab dadurch die Veranlassung, daß die griechischen Colonieen Unteritaliens insgesammt diesen unterworfen wurden.

Ungefähr um dieselbe Zeit, wie Sybaris, war auch Kroton gegründet worden und zwar von Achäern. Diese Stadt, welche nach der Zerstörung von Sybaris die mächtigste griechische Colonie in Unteritalien wurde, war besonders dadurch ausgezeichnet, daß man im Westen nirgends so sehr auf die Erhaltung der Einfachheit und Sittenreinheit bedacht war und nirgends mit so großem Eifer sich bemühte, durch tägliche gymnastische Uebungen die Körperkraft zu entwickeln, als in Kroton. Auch gehörte dieser Stadt Milo, der berühmteste Athlete oder Wettkämpfer des Alterthums, an.

Die Krotoniaten, welche anfangs gleich den Sybariten sich durch ihren Wohlstand zur Schwelgerei verleiten ließen, sollen die sie auszeichnende Einfachheit und Mäßigkeit zuerst durch den berühmten Philosophen Pythagoras erhalten haben. Dieser lebte im sechsten

Jahrhundert vor unserer Zeitrechnung und war auf der Insel Samos geboren. Er hatte lange in Aegypten gelebt, welches seiner eigenthümlichen Cultur, seiner riesigen Bauwerke und seiner geordneten und ruhigen Verwaltung wegen das Staunen der Griechen erregte und von vielen als die Quelle aller Weisheit angesehen wurde. Pythagoras hatte die aegyptischen Religionsgeheimnisse kennen gelernt und bewunderte die Einrichtung, nach welcher die Priester als die alleinigen Weisen einen heiligen Orden bildeten und die Herrschaft besaßen, während das unwissende Volk sich leiten ließ und diente. Durch diese Einrichtung angezogen und von der Idee einer strengen sittlichen Reinheit erfüllt, kam Pythagoras auf den Gedanken, daß die moralische Veredlung der Bürger der Zweck jedes Staates sein müsse und daß dieses Ziel, sowie bleibende Ordnung und Ruhe in einem Gemeinwesen nur dann erreicht werden könnten, wenn bloß die Guten und Weisen herrschten, die Anderen aber von diesen willenlos gelenkt würden. Wie nun im Orient, vermittelst des Kasten-Wesens, die der Weisheit Theilhaftigen eine geschlossene, mit Vorrechten begabte Klasse bildeten, ihre religiösen und politischen Ansichten und Zwecke geheim hielten und die Masse des Volkes bevormundeten, so meinte Pythagoras, daß auch in griechischen Staaten eine ähnliche Einrichtung und zwar von reinerer und edlerer Art gemacht werden könne. Hier bestand nämlich in manchen Republiken eine Oligarchie oder Herrschaft der Wenigen — eine Regierung, welche in den Händen eines geringen Theiles der Bürgerschaft war. Wenn man nun einen Bund der Weisheit und Sittlichkeit stiftete, in denselben nur die Besten aufnahm und die Mitglieder des Bundes fortwährend und auf jede Weise geistig und moralisch zu vervollkommnen suchte, so hatte man die beste Oligarchie gegründet; denn man hatte einen Kreis von Männern geschaffen, welcher allein zur Regierung durchaus befähigt war.

Mit diesen Gedanken kehrte Pythagoras aus Aegypten und anderen orientalischen Ländern nach Griechenland zurück. In seiner Heimath Samos, welche damals von Polykrates beherrscht wurde, fand er keinen Boden für solche Ideen. Er wandte sich deßhalb nach Unteritalien und ward in Kroton nicht allein freundlich aufgenommen, sondern er fand hier auch Alles für die Verwirklichung seines Planes reif. Pythagoras konnte aber seinen Zweck um so leichter erreichen, weil er der gebildetste und erfahrenste Mann seiner Zeit war, einen großen Namen und ein schönes Aeußeres besaß, durch Reinheit des Lebenswandels und große Beredsamkeit sich auszeichnete und durch die Art seines Auftretens den Eindruck eines Heiligen und Propheten machte. Er wußte durch seine Lehren und Reden die Krotoniaten aller Stände für sich zu gewinnen und begeisterte dieselben so sehr, daß eine

gänzliche Umgeſtaltung der Sitten und der Verfaſſung dort eintrat
und z. B. ſogar die Frauen der Stadt allen ihren Schmuck ablegten
und der Göttin Here zum Opfer darbrachten. Nun ſtiftete Pythagoras in Kroton den berühmten Bund der Pythagoreer, der
gleichſam eine Schule zur Bildung der weiſeſten und edelſten Menſchen
und der vollkommenſten Regenten ſein ſollte. Jeder, der in dieſen
Bund aufgenommen werden wollte, mußte ſich einer ſtrengen und
langen Prüfung unterwerfen, welche die Reinheit ſeiner Geſinnung
bewähren ſollte und in der er durch Gewöhnung zum Schweigen und
zum Gehorſam und durch Pünktlichkeit in der Erfüllung ſeiner Pflichten
für die Theilnahme am Bunde vorbereitet wurde. Der Orden hatte,
wie die aegyptiſche Prieſterkaſte, mehrere Grade, und der Uebertritt
von einem niederen Grad zu einem höheren wurde durch bedeutſame
Ceremonieen geheiligt. Unter den Pythagoreern beſtand Gütergemein-
ſchaft und ihr Leben war nach beſtimmten Vorſchriften geregelt: ſie
ſpeiſten zuſammen und wiſſenſchaftliche Unterredungen, Beten, körperliche Uebungen und Beſprechung der öffentlichen Angelegenheiten
waren ihre gemeinſchaftlichen täglichen Beſchäftigungen. Die Lehren
der Pythagoreer, über welche ſpäter Näheres angegeben werden wird,
zerfielen in eſoteriſche oder geheime und in exoteriſche oder populäre;
jene waren nur den Mitgliedern des Bundes zugänglich, dieſe dagegen
durften Jedermann mitgetheilt werden. Pythagoras ſelbſt hatte bei
ſeinen Schülern faſt das Anſehen eines gottgeſandten Propheten.
Seine Worte gingen denſelben über Alles und der Ausdruck: „Er hat
es geſagt!" ſoll ihnen ſtatt eines Beweiſes gegolten haben.

Der pythagoreiſche Bund fand nicht nur in Kroton, ſondern auch
in anderen griechiſchen Städten Unteritaliens den größten Beifall.
Er breitete ſich auch außerhalb Krotons aus, wiewohl dieſe Stadt der
Hauptſitz deſſelben blieb. Ueberall behaupteten die Mitglieder, im
alleinigen Beſitz der echten Regierungsweisheit zu ſein und predigten
der Maſſe des Volkes Demuth, Gehorſam und Glauben. Es ſchien
damals, als ſollte in Italien ein orientaliſcher Geiſt aufleben und für
die griechiſche Welt eine Zeit der Prieſterherrſchaft und des Mönchs-
weſens beginnen. In Kroton war die Regierung bereits ſeit einigen
Jahrzehnten ganz in den Händen des Ordens und auch andere Städte
waren nahe daran, eine gleiche Umwandelung zu erleiden, als die Pythagoreer plötzlich an dem angeborenen politiſchen Geiſte des griechiſchen
Volkes ſcheiterten. Gleich nach der Zerſtörung von Sybaris nämlich
erhob ſich das gemeine Volk in Kroton, unter der Anführung eines
Mannes, dem man früher die Aufnahme in den Orden verweigert
hatte, gegen die Herrſchaft der Pythagoreer, ermordete einen Theil
der Bundesglieder, verjagte die übrigen und ſtieß ihre Staatseinrichtung

um. Ebenso erging es dem Orden auch in andern Städten. Pythagoras selbst wurde bei dieser Umwälzung entweder ebenfalls getödtet,
oder, was wahrscheinlicher ist, er entkam durch die Flucht nach Metapontum und starb hier, gehaßt von den Bürgern derselben Stadt,
welche ihn früher viele Jahre hindurch als Propheten verehrt hatten.
Der Versuch, das Ordens = und Mönchswesen unter die Griechen zu
verpflanzen und im Widerspruch mit dem Volksgeist Verfassung und
Sitten nach bloßen Theorieen einzurichten, war gänzlich fehlgeschlagen.
Der Bund der Pythagoreer bestand zwar, als ein geheimer Orden mit
gewissen Erkennungszeichen, auch nach des Stifters Tode noch eine
Zeitlang in Unteritalien fort, allein er erlangte keine Bedeutung mehr.
Dagegen faßten manche der rein wissenschaftlichen Ideen des Pytha-
goras bei den Griechen Wurzel und es gab noch lange nachher eine
Secte von Anhängern seiner wissenschaftlichen Philosophie, welche sich
die der Pythagoreer nannte.

Die Krotoniaten hatten, wie erzählt, während der Herrschaft der
Pythagoreer und unter der Anführung des ihrem Bunde angehörenden
Athleten Milo, die Stadt Sybaris erobert und zerstört. Dadurch
wurde Kroton die mächtigste Stadt von Unteritalien, bis Tarent sie aus
dieser Stellung verdrängte. Uebrigens blühten auch in Kroton die
Poesie, die bildenden Künste und die Wissenschaften; namentlich war
diese Stadt ein Hauptsitz der Arzneikunde und die Aerzte von Kroton
galten in Griechenland lange Zeit für die ausgezeichnetsten.

Lokri, welches den Beinamen Epizephyrii b. i. das westliche
Lokri führte, war von Griechen verschiedener Stämme und Staaten
gegründet worden. Es gehörte nicht zu den durch Handelsgröße und
Macht ausgezeichneten Colonieen; dagegen wurde es wegen einer
eigenthümlichen Staatseinrichtung berühmt, welche zugleich dadurch
merkwürdig ist, daß sie auf der ältesten schriftlichen Gesetzgebung
beruhte, die in der griechischen Geschichte erwähnt wird. Der Gesetzgeber von Lokri war Zaleukus. Er lebte um 660 v. Chr., bald
nach der Gründung der Stadt, und das Bedürfniß einer bestimmten
und festen Staatseinrichtung ward in Lokri deshalb vorzugsweise früh
rege, weil die Bürgerschaft aus einer Mischung verschiedener griechischer
Stämme bestand und dadurch von Anfang an in eine Zwietracht
gerathen war, die nur durch klar ausgesprochene Gesetze, welche eines
Jeden Rechte bestimmten, für immer gehoben werden konnte. Zaleukus, der, wie es heißt, in niederem Stande geboren war, gab seiner
Vaterstadt solche Einrichtungen und Gesetze, bei welchen es hauptsächlich auf moralische Entwickelung und auf Erhaltung der Sittenreinheit
abgesehen war. Nach dem Geiste seiner Gesetzgebung sollte der Staat
gleichsam eine Erziehungsanstalt der Bürger sein und deswegen war

Zaleukus mehr auf Sittenpolizei, Religiosität und Gerechtigkeit bedacht, als auf die Formen der Regierung und Verwaltung. Der Staat war nach seinen Anordnungen eine Aristokratie oder eine Herrschaft der Besten: die Mitglieder der Staatsbehörde durften nur aus den hundert ersten Familien gewählt werden und tausend Bürger bildeten die gesetzgebende Versammlung. In Betreff der von Zaleukus gegebenen Gesetze ist besonders der Umstand von Wichtigkeit, daß er zuerst unter den Griechen bestimmte Strafen für die einzelnen Vergehen ansetzte, während vor seiner Zeit die Richter hierin ganz willkürlich verfuhren. Noch merkwürdiger ist aber die rein sittliche Tendenz seiner meisten Gesetze. Die Verletzung jedes bestehenden Gesetzes war mit schwerer Strafe belegt. Ebenso wurde jedes Wort der Lästerung hart bestraft. Der Genuß des Weines war nur dann erlaubt, wenn der Arzt ihn verordnete. Keine Frau durfte goldenen Schmuck tragen, bei Nacht vor die Stadt gehen und öffentlich mit mehr als Einer Sklavin erscheinen. Vor allem Andern aber schärfte Zaleukus seinen Mitbürgern einen Gedanken ein, durch dessen Vernachlässigung jedes Volk, welches Glaubens es auch sei, moralisch entartet und herabsinkt: „nicht Opfer, sagt er, versöhnen die Götter, nicht Gaben der Schlechten, sondern der Guten reiner Wandel und der Gerechten heiliger Sinn." Damit an der Verfassung nicht ohne Noth geändert werde, verfügte Zaleukus, daß stets einer der bejahrtesten Männer aus der Bürgerschaft erwählt werden solle, um nöthigenfalls die Gesetze auszulegen und bei jedem Antrag auf Abänderung oder Aufhebung eines bestehenden Gesetzes dieses zu vertheidigen. Dies geschah vor jenen tausend zur Theilnahme an der Regierung allein berechtigten Bürgern, welche zugleich die Gründe dessen, der die Abänderung des Gesetzes beantragte, anhörten. Der Letztere mußte dabei einen Strick um den Hals tragen und konnte er seinen Vorschlag nicht durchsetzen, so hatte er sein Leben verwirkt. Von Zaleukus selbst wird erzählt, daß er der Strenge seiner Gesetze sein eigenes Leben zum Opfer gebracht habe. Er hatte nämlich bei Todesstrafe verboten, Waffen in der Bürgerversammlung zu tragen; eines Tages war er selbst, ohne an dieses Verbot zu denken, bewaffnet in der Versammlung erschienen und als man ihn auf seine Verletzung des Gesetzes aufmerksam machte, soll er sich selbst durchbohrt haben, indem er die Worte ausrief: „Nicht gebrochen, sondern bestätigt wird von mir das Gesetz!"

Die an der Straße von Messina gelegene Stadt Rhegium, das heutige Reggio, war eine Pflanzstadt der Chalcidier oder Chalcidenser, d. h. der Bewohner der euböischen Stadt Chalcis, welche überhaupt viele Colonieen im Westen des mittelländischen Meeres gründeten. Mit dieser ursprünglichen Einwohnerschaft vermischten sich später viele

ausgewanderte Messenier. Auch diese Stadt hob sich durch ihren
Seehandel zu einem hohen Grade von Reichthum und Macht empor.

Am Busen von Salerno lag die Stadt Posidonia oder Pästum,
eine Colonie von Sybaris. Sie ist nicht sowohl wegen einer besonderen Bedeutung für die Geschichte der alten Welt bemerkenswerth,
als vielmehr wegen der großen Ruinen, die von ihr sich erhalten
haben und von denen namentlich ein Poseidonstempel häufig erwähnt
und abgebildet wird.

Neapolis, die Hauptstadt des früheren Königreichs beider Sicilien, war eine Colonie der in ihrer Nähe gelegenen Stadt Kumä. Sie
spielt in der Geschichte des Alterthums keine große Rolle. Zu bemerken
ist, daß sie nach dem Namen einer Sirene, welche von ihren Bewohnern
verehrt wurde, von den Dichtern der alten und der neueren Zeit öfters
die Stadt der Parthenope genannt wird.

Das so eben erwähnte Kumä, welches westlich von Neapolis lag,
war eine von den Chalcidiern und Eretriern gegründete Colonie und
die älteste aller Pflanzstädte im Westen von Griechenland. Sie blühte
zu einer ansehnlichen Handelsstadt auf und ward selbst Stifterin
mehrerer Colonieen, gerieth aber im vierten Jahrhundert v. Chr. in
die Gewalt des campanischen Volkes, aus welcher sie nachher in die
der Römer kam. Am berühmtesten ist ihr Name dadurch geworden,
daß in Kumä ein Orakel bestand, dessen weissagende Priesterin Si-
bylla hieß und daß diese ein sehr großes Ansehen bei den eingeborenen
Völkern von Mittelitalien erhielt. In Rom wurden lange Zeit Weissagungen, welche, wie man glaubte, die Priesterinnen dieses Orakels vor
Alters niedergeschrieben hatten, als heilige Bücher aufbewahrt.

Von den auf der Insel Sicilien gelegenen Colonieen der Griechen
waren Syrakus und Agrigent die wichtigsten und das 730 v. Chr.
gegründete Naxos die älteste. Sie wurden alle entweder von Dorern
oder von Joniern angelegt und zwar waren die ionischen insgesammt
von der euböischen Stadt Chalcis gegründet, die dorischen aber theils
von Megara, theils von Korinth, theils von Rhodus, theils von den
Messeniern. Auch Sicilien wurde durch diese Colonieen ein halb-
griechisches Land und die griechischen Ansiedelungen gediehen daselbst
so sehr, daß allein die zwei größten derselben, Syrakus und Agrigent,
auf ihrem Gebiete mehr Einwohner enthielten, als heut' zu Tage ganz
Sicilien.

Die bemerkenswerthesten Colonieen der Ostküste Siciliens sind, in
ihrer Aufeinanderfolge von Norden nach Süden, Zankle, Tauromenium, Naxos, Katana, Megara und Syrakus. Zankle, eine Colonie
von Kumä und Chalcis, wurde in der Mitte des siebenten Jahrhunderts v. Chr. von Messeniern überrumpelt und besetzt; die älteren

Einwohner wanderten größtentheils aus, die Messenier aber gaben der Stadt den neuen Namen Messene. Diese Stadt erwarb sich großen Wohlstand, spielte später in der römischen Geschichte ein Rolle und besteht noch heut' zu Tage unter dem Namen Messina. Tauromenium, das heutige Taormina, eine chalcidische Colonie, war zwar eine sehr wohlhabende Handelsstadt, ist aber unter uns nicht sowohl durch ihre Bedeutung im Alterthum berühmt geworden, als vielmehr durch die großartigen, ihrer herrlichen Lage wegen häufig gepriesenen Trümmer ihres Theaters. Naxos ist nur als die älteste griechische Colonie in Sicilien bemerkenswerth.

Katana, das heutige Catania, wurde von Chalcidiern schon früh gegründet und erlangte seinen größten Ruhm durch eine Gesetzgebung, welche auch von allen übrigen chalcidischen Colonieen Siciliens und Unteritaliens, sowie von Thurii und anderen Städten angenommen wurde. Der Urheber dieser Staatseinrichtung war Charonbas aus Katana, dessen Lebenszeit nicht genau bekannt ist, der aber wahrscheinlich ein Zeitgenosse des Zaleulus war. Auch ist seine Gesetzgebung der des Lokrischen Staatsordners durchaus ähnlich: sie hatte wie diese einen vorherrschend sittlichen Zweck und die einzelnen uns überlieferten Gesetze des Charonbas sprechen, wie die des Zaleulus, strenge Strafen gegen Prachtliebe, Feigheit, falsche Anklage und andere Verfehlungen wider das Sittengesetz aus.

Von Megara mit dem Beinamen Hybla, einer Colonie der Megarer, ist nichts Wichtiges anzuführen. Dagegen ist Syrakus, das heutige Siragossa und im Alterthum die eigentliche Hauptstadt von Sicilien, um so bedeutender. Sie war eine Colonie der Korinther und die zweitälteste griechische Stadt auf Sicilien; denn sie entstand im 735 v. Chr., ein Jahr nach der Gründung von Naxos. Syrakus lag an der günstigsten Stelle der ganzen Ostküste und hatte zwei vortreffliche Häfen, welche durch die kleine Insel Ortygia von einander getrennt waren. Ursprünglich allein auf dieser Insel angelegt, breitete die Stadt sich bald auch auf dem festen Lande aus und ward nach und nach so bedeutend vergrößert, daß sie zuletzt aus vier Hauptheilen oder sogenannten Städten bestand. Seine ersten Einwohner waren theils Dorer aus Korinth, theils unterworfene Ureinwohner, welche als deren Leibeigene das Feld bebauten. Wegen der für den Handel äußerst günstigen Lage der Stadt vergrößerte sich die Bevölkerung derselben bald durch viele Einwanderer aus verschiedenen Gegenden Griechenlands. Diese bildeten eine dritte Klasse von Einwohnern; sie waren zwar frei, hatten aber keinen Antheil an der Regierung, welche ganz allein in der Gewalt der älteren dorischen Familien war. In dieser Verschiedenheit der Bevölkerung lag für Syrakus, wie für alle anderen sicilischen Colonieen, der Keim zu häufigen inneren Unruhen. Dazu kam noch, daß die alleinige Herrschaft weniger Familien, welche in den meisten dorischen Staaten eingeführt war, nur dann sich lange behaupten konnte, wenn, wie in Sparta und Kreta, die regierenden Familien, fest zusammengeschlossen, sich vorzugsweise mit kriegerischen Uebungen beschäftigten und so sich selbst ebensowohl gegen die übrigen Bürger wie gegen auswärtige Feinde zu schützen vermochten. Dies war aber in Syrakus nicht der Fall, sondern die herrschenden Familien der Stadt trieben Handel, gelangten zu großem Wohlstand und gewöhnten sich an ein Leben des Genusses und der Behaglichkeit. Sie hielten deswegen Miethstruppen, die sie mit ihren erworbenen Schätzen leicht bezahlen konnten, riefen aber dadurch eine neue Gefahr herbei; denn diese Söldner kamen nicht selten zu dem Bewußtsein, daß auf ihnen der Staat beruhe und ein bei ihnen beliebter Führer konnte deshalb mit ihrer Hülfe sich leicht zum Herrscher aufwerfen. Die anderen griechischen Städte in Sicilien, welche ebenfalls eine gemischte Bevölkerung enthielten, hatten sich gegen alle solche Gefahren dadurch zu schützen gesucht, daß sie, vermittelst eigentlicher Verfassungen und umfassender Gesetzgebung, ihre Staatsverwaltung den Verhältnissen gemäß ordneten und die Rechte der Bürger genau bestimmten und gegen einander abwogen. Allein in Syrakus griff man erst gegen das Ende des fünften Jahrhunderts v. Chr. zu diesem Mittel, weil man früher die dorische Regierungsweise nicht gern hatte aufgeben wollen. Bis zu dieser Zeit half man sich bei inneren Unruhen nicht durch eine neue Staatseinrichtung, sondern durch Maßregeln, welche immer nur für kurze Zeit ausreichten.

Diese Verhältnisse liegen der Geschichte von Syrakus während ihrer ersten dreihundert Jahre zu Grunde. Erst gegen das Ende dieser Zeit verschwanden die Vorrechte des dorischen Adels und der Gang der syrakusanischen Geschichte nahm eine andere Wendung. Ein Hauptmittel, mit welchem die regierende Klasse sich lange geholfen hatte, war die Gründung von Colonieen gewesen, durch die man von Zeit zu Zeit sich von den Unzufriedenen befreite und die zugleich den Handel und die Macht der Stadt erweiterten. Um das Jahr 484 v. Chr. erlag der Adel einem allgemeinen Aufstand der übrigen Bürger und der Leibeigenen und wurde von diesen aus Syrakus verjagt. Er wandte sich an Gelo, den Beherrscher der Stadt Gela, um Hülfe und wurde zwar von diesem wieder in die Stadt zurückgeführt, mußte aber zugleich selbst ihn als Herrn anerkennen.

Gelo, welcher seine Residenz nach Syrakus verlegte und von 485 bis 477 v. Chr. daselbst herrschte, hob die Vorrechte des Adels auf. Unter seiner festen und doch milden Regierung erreichte die Stadt den

Gipfel ihrer Macht und ihres Reichthums. Er mußte alle inneren
Unruhen fern zu halten, machte den größten Theil Siciliens von sich
abhängig, hielt ein sehr großes und tüchtiges Heer, vermehrte die Syra-
kusanische Flotte und schützte mit ihr den neu aufblühenden Handel
der Stadt. Auch als Feldherr ausgezeichnet, schlug er bei Himera in
einer offenen Schlacht, die vom frühen Morgen bis zum späten Abend
dauerte, ein zahlreiches Heer der Karthager, die auf Sicilien festen
Fuß zu fassen suchten. Diese Schlacht fand fast zu gleicher Zeit, der
Sage nach am gleichen Tage, mit dem glänzenden Siege Statt, welchen
Gelo's Landsleute im eigentlichen Griechenland bei Salamis über die
Flotte der Perser erfochten (480 v. Chr.).

Die Macht und das Ansehen Gelo's stiegen so sehr, daß es fast
schien, als wenn jetzt alle Griechen Siciliens zu einem Reiche würden
vereinigt werden; allein Gelo starb zu früh und sein Bruder und Nachfolger Hiero (477—467 v. Chr.) führte eine Regierung, welche
mehr glänzend und durch die Förderung von Wissenschaft und Kunst
ausgezeichnet, als auf ein großartiges Ziel gerichtet und geschickt geleitet war. Der nächste Nachfolger, Thrasybul, ein jüngerer Bruder
seiner beiden Vorgänger, gebrauchte sogar seine Herrschermacht nur
zu Handlungen des Uebermuthes und der Gewaltthätigkeit. Er wurde
schon nach einem Jahre aus Syrakus vertrieben. Der Adel gelangte
jedoch weder damals, noch überhaupt je wieder in Besitz seiner früheren
Vorrechte, sondern es wurde eine vollkommene Demokratie oder Volksherrschaft eingeführt. Auch in der folgenden Zeit blieb Syrakus nicht
ohne starke Erschütterungen und erlitt mannigfache Wechsel des Ge-
schicks; dies hängt aber mit der allgemeinen griechischen Geschichte der
nächsten Perioden zu enge zusammen, als daß es getrennt von dieser
dargestellt werden könnte.

Auf der Südküste Siciliens waren Gela, Agrigent und Selinus
die wichtigsten griechischen Pflanzstädte. Gela, eine Colonie von Rhodus, ward 690 v. Chr. gegründet. Diese Stadt gelangte schnell zu
großem Wohlstand; um das Jahr 500 aber warf sich einer ihrer
Bürger zu ihrem Gebieter auf und der zweite Nachfolger desselben,
Gelo, verlegte nicht allein seine Residenz nach Syrakus, sondern verpflanzte auch die Hälfte der Bevölkerung Gelas dorthin. Dadurch
verlor die Stadt ihre Bedeutung für immer.

Agrigent, das heutige Girgenti, wurde 582 von Gela gegründet
und war nach Syrakus die bedeutendste Stadt Siciliens. Es lag in
einer der fruchtbarsten Gegenden der Insel und erwarb sich durch den
Bau von Getreide, Wein und Oel und durch die Ausfuhr dieser Erzeugnisse nach Afrika unermeßliche Reichthümer. Die Stadt vergrößerte
sich in Folge davon so sehr, daß sie zuletzt vier Stunden im Umfang

hatte und 200,000 Einwohner enthielt, von welchen 180,000 aus
Beisassen, Fremden und Sklaven bestanden. Die Wohlhabenheit der
Bürger aber war so groß, daß einige derselben wegen ihres außerordentlichen Reichthums und ihres mehr als fürstlichen Aufwandes
selbst noch lange nach ihrem Tode weithin berühmt waren. Auch
durch kostspielige und ungeheure Bauwerke zeichnete Agrigent sich aus
und noch ·heut' zu Tage erregen die vielen und prächtigen Trümmer
dieser Stadt das Staunen der Reisenden. Das größte Bauwerk war
ein Tempel des Zeus; dieser hatte eine Länge von 340 Fuß und
enthielt so riesenmäßige Säulen, daß in die Cannelirung oder in jede
der eingehauenen, von oben nach unten laufenden Riefen einer noch
übrigen Halbsäule ein Mann sich stellen kann und daß der ganze
Umfang dieser Säule einem Kreise von 22 neben einander stehenden
Männern entspricht.

In Agrigent walteten in Betreff der Regierungsform und des
Staatslebens dieselben Verhältnisse, wie in Syrakus und deshalb ist
der Gang der inneren Geschichte Agrigents auch dem der syrakusanischen sehr ähnlich. Die Stadt fiel schon in der ersten Zeit ihres Bestehens (um das Jahr 560 v. Chr.) in die Gewalt eines einzelnen
Bürgers, der sich zum Zwingherrn aufwarf. Dieser Mann, dessen
Geschichte nicht sicher bekannt ist, hieß Phalaris und ward wegen
seiner Grausamkeit berüchtigt. Unter den Marterwerkzeugen, deren er
sich zur Bestrafung der Empörer und Verdächtigen bedient haben soll,
wird am häufigsten ein hohler Stier von Bronce angeführt, in welchen
die Unglücklichen eingesperrt wurden, um durch ein unter dem Stier
angemachtes Feuer verbrannt zu werden. Der Künstler Perillus hatte
das Innere desselben so eingerichtet, daß das Todesgeschrei des Ein-
gesperrten eben so tönte, als wenn ein Stier brüllte. Phalaris war,
wie es heißt, über diese Erfindung sehr erfreut, ließ aber, um die Probe
zu machen, zuerst den Künstler selbst in dem Stier verbrennen. Der
Tyrann soll zuletzt durch einen allgemeinen Aufstand der Agrigentiner
gestürzt und von dem Volk zu Tode gesteinigt worden sein.

Siebenzig Jahre nach Phalaris hatte Agrigent einen Gebieter von
ganz entgegengesetzter Art. Dies war der wahrscheinlich von den
Bürgern selbst zum Herrscher erwählte Theron, welcher durch Milde
und Gerechtigkeitsliebe sich auszeichnete und noch lange nach seinem
Tode als einer der größten Wohlthäter Agrigents in einem ihm geweihten Tempel verehrt wurde. Er war der Schwiegervater Gelo's
von Syrakus und hatte an dessen glänzendem Siege bei Himera Antheil. Sein Sohn folgte ihm in der Regierung nach, wurde aber,
weil er sehr tyrannisch herrschte, alsbald verjagt. Für die hierauf
wieder hergestellte Republik soll Empedokles, ein in Agrigent

geborner Philosoph, eine neue Verfassung entworfen haben, nachdem er die von seinen Mitbürgern ihm angebotene Herrscherwürde ausgeschlagen hatte. In der späteren Zeit warfen sich noch einige Male Alleinherrscher in Agrigent auf. Die Stadt wurde einmal von den Karthagern fast ganz zerstört (406 v. Chr.) und litt auch nachher, in den Kriegen dieses Volkes mit den Römern, sehr viel, erhob sich aber immer wieder.

Selinus, 627 v. Chr. von dem sicilischen Megara aus gegründet, war eine durch Reichthum und prachtvolle Gebäude ausgezeichnete Stadt, die jedoch mit Agrigent und Syrakus nicht verglichen werden konnte. Von ihrem Glanze zeugen noch jetzt die ungeheuren Ruinen, welche den Boden des alten Selinus bedecken.

An der Nordküste Siciliens sind nur die beiden Städte Segesta und Himera bemerkenswerth. Beide waren von Chalcidiern aus der Stadt Zankle gegründet worden, wiewohl die Sage die Entstehung von Segesta bis auf die Zerstörung von Troja zurückführt und von einer Schaar flüchtiger Trojaner herleitet. Beide waren nicht unbeträchtliche Städte. Himera ist besonders wegen jenes glänzenden Sieges berühmt, welchen im Jahre 480 v. Chr. die sicilischen Griechen über die Karthager vor seinen Thoren erfochten; zur Rache dafür wurde die Stadt im Jahre 409 v. Chr. von den Karthagern gänzlich zerstört und ihre Einwohner theils getödtet, theils zu Sklaven gemacht.

13. Von den griechischen Colonieen auf Sardinien und Korsika, in Frankreich und Spanien haben die auf jenen beiden Inseln gegründeten keine besondere Wichtigkeit erlangt. Dagegen wurde die in Süd-Frankreich, östlich von der Mündung der Rhone angelegte Stadt Massilia oder Massalia, das heutige Marseille, die bedeutendste griechische Pflanzstadt im Westen. Sie war eine Colonie der ionischen Stadt Phokäa und soll um das Jahr 600 v. Chr. gegründet worden sein. Einige Menschenalter später wurde ihre Bevölkerung durch jene freiheitliebenden Bürger von Phokäa vermehrt, die sich den Persern nicht hatten unterwerfen wollen und nach einigen anderen Ansiedelungs-Versuchen, bei ihren Landsleuten in Massilia sich niederließen. Die Massilier wandelten den felsigen und trockenen Boden der Provence in Olivengärten und Weinberge um, deren Ertrag den Hauptgegenstand ihres Handels bildete. Sie breiteten sich an der ganzen Südküste von Frankreich aus und trieben ihren Handel fast blos mit Spanien, wo sie, wie in Frankreich, mehrere Pflanzstädte gründeten. Der lange und blutige Zwist, der im dritten Jahrhundert v. Chr. zwischen den Römern und Karthagern sich entspann, brachte der Stadt Massilia große Vortheile; denn die Ersteren begün-

stigten Massilia auf jede Weise, um ihren Feinden zu schaden. Die Massilier wurden damals zwar von den Karthagern aus Spanien verdrängt, ihr Handel breitete sich aber dagegen über das ganze nördliche und mittlere Italien aus; und als endlich Karthago den Römern unterlag, erblen sie den ganzen Seehandel desselben, ohne daß sie, was für Handelsstaaten immer gefährlich ist, nöthig hatten, eine Kriegsmacht zu unterhalten. Massilia stieg immer höher und gegen die Zeit von Christi Geburt erhielt es noch eine besondere Wichtigkeit dadurch, daß es einer der Hauptsitze der griechischen Wissenschaft und gleichsam eine der besuchtesten Universitäten für die römische Jugend wurde. Dies gab der Stadt in der Zeit nach Christi Geburt sogar eine größere Bedeutung, als ihr Handel. Sie wurde übrigens von den Römern als eine unabhängige Stadt angesehen und erhielt sich frei und blühend bis zu dem Untergang des römischen Reiches.

Massilia zeichnete sich außerdem durch seine vortreffliche Verfassung und durch den eigenthümlichen Geist seiner Bürger aus. Seine Verfassung wird zu den besten gezählt, welche das Alterthum kannte. Ursprünglich bestand in Massilia, wie in den meisten ionischen Colonieen, eine Demokratie oder Volksherrschaft. Diese wurde aber früh in eine andere Verfassung umgewandelt, nach welcher die Stadt zwar aristokratisch, aber nicht, wie sonst in der Regel freie Städte, patricisch regiert ward: d. h. die Leitung des Staates war zwar nur in den Händen eines kleinen Theiles der Bürgerschaft und knüpfte sich an bestimmte Vorzüge, allein sie war nicht erblich und nicht gewissen Familien ausschließlich anvertraut. Es wurden nämlich 600 Bürger auf Lebenszeit erwählt, welche verheirathet sein, Kinder haben und wenigstens schon von ihren Urgroßvätern her der Bürgerschaft angehören mußten. Diese insgesammt bildeten den großen, 15 von ihnen den kleinen Rath; die letzteren hatten die laufenden Geschäfte zu besorgen und aus ihnen wurden wieder drei erwählt, welche mit den Bürgermeistern der freien Städte Deutschlands zu vergleichen sind. Auf diese Weise war die ganze Regierungsgewalt in den Händen von solchen Bürgern, die mit dem Geiste und den Sitten ihrer Vaterstadt vertraut und verwachsen und nach der Ueberzeugung ihrer Mitbürger die tüchtigsten waren. Durch ihre Erwählung auf Lebenszeit wurde der Staat vor Erschütterungen und vor dem Nachtheil des häufigen Wechsels der Behörden bewahrt und weil ihre Rechte nicht erblich und nicht auf bestimmte Familien beschränkt waren, so blieb kein fähiger Bürger von der Theilnahme an der Regierung ausgeschlossen. Die Massilier hatten übrigens, bei der Einführung dieser Verfassung, ihre alten, aus Kleinasien mitgebrachten Gesetze beibehalten, weil dieselben sich als vortrefflich erwiesen hatten; diese Gesetze hatten sie nieder-

schreiben und öffentlich aufstellen lassen, damit das Recht allen Bürgern bekannt sei und jeder Willkür der Gewalthabenden vorgebeugt
werde.

Das alte Massilia hatte eine große Aehnlichkeit mit der neueren
Stadt Genf, wie diese im sechszehnten und siebenzehnten Jahrhundert
beschaffen war. Massilia zeichnete sich, wie Genf, durch Mäßigkeit,
Häuslichkeit, Sparsamkeit und bürgerliche Ordnung aus. Der Handel
Massilias war nämlich, wie der von Genf, anfangs nicht sehr ein-
träglich und die Bürger konnten daher nur durch Sparsamkeit zu
Wohlstand gelangen. Auch war die Stadt lange Zeit von rohen,
kriegerischen Völkerschaften umgeben, denen man jeden Fußbreit Land
mit den Waffen streitig machen mußte und der unbankbare Boden
konnte nur durch emsigen Fleiß in eine Quelle des Reichthums umgewandelt werden. Aus diesen Gründen wurden nicht allein Häuslichkeit, Fleiß und Mäßigkeit in Massilia herrschend, sondern man suchte
auch durch besondere Maßregeln von Seiten des Staates diese Tugenden in der Bürgerschaft zu erhalten: es gab in Massilia wie in Genf
Luxus-Gesetze, durch welche z. B. die Ausstattung der Frauen und
ihre Liebe zum Putz beschränkt, allen Unerwachsenen und Weibern das
Weintrinken verboten und auf dem Theater sittenverderbliche Darstellungen untersagt waren. Ferner wurden in Massilia wie in Genf
alle solche Fremden nicht geduldet, welche durch den Schein der Frömmigkeit den treuherzigen Bürger für sich einzunehmen trachteten, um
mit dem Fleiße desselben ihre eigene Faulheit zu nähren. Auch sonst
war man sehr vorsichtig in Bezug auf Fremde: es war z. B., wahrscheinlich wegen der Nachbarschaft roher gallischer Stämme, vorgeschrieben, daß Jedermann beim Eintritt in die Stadt seine Waffen
ablege und sie erst beim Austritt wiedererhalte. Endlich war Massilia
der Stadt Genf auch noch darin ähnlich, daß seine Bürger Liebe zu
den Wissenschaften hegten und eine der vorzüglichsten Bildungsanstalten
errichteten.

In Spanien waren die meisten Colonieen gleichfalls von den
Massiliern gegründet. Doch war die berühmteste und allein bemerkenswerthe spanische Pflanzstadt der Griechen nicht von ihnen, sondern
von den Bewohnern der Insel Zakynthus oder Zante angelegt worden.
Dies war Saguntum, das heutige Murviedro im Norden von
Valencia. Auch diese Stadt erhob sich durch den Handel zu großem
Wohlstand und Ansehen; ihre größte Berühmtheit erhielt sie aber
durch ihren heldenmüthigen Untergang (219 v. Chr.). Dieser wurde
durch die Verwickelungen, die den zweiten Krieg zwischen Karthago
und Rom veranlaßten, herbeigeführt und wird später, in der römischen
Geschichte, dargestellt werden.

In dem Vorstehenden sind die wichtigsten griechischen Colonieen und die bemerkenswerthesten Punkte ihrer früheren Geschichte angegeben worden. Das Verhältniß dieser Pflanzstädte zu ihren Mutterstaaten, dessen bei keiner derselben gedacht wurde, war verschieden von dem der meisten neueren europäischen Colonieen. Die Letzteren sind oder waren wenigstens lange Zeit Theile des Staates, von welchem sie gegründet wurden und werden von diesen beherrscht; die Colonieen der alten Griechen dagegen waren von Anfang an selbstständige Staaten und man kennt bei ihnen nur ein einziges Beispiel des Gegentheils, nämlich die Colonie Potidäa, deren höchster Beamter stets ein Bürger der Mutterstadt war und von dieser gewählt wurde. Diese einzige Ausnahme abgerechnet, waren alle griechischen Colonieen von ihrer Gründung an unabhängige Staaten. Dagegen bestand das ganz natürliche Verhältniß, daß die Pflanzstadt ihrem Mutterstaat gegenüber sich anders benahm, als gegen andere Staaten, daß sie die Pietät einer Tochter gegen die Mutter zu erkennen gab. Eine Stadt oder ein Staat in Griechenland wurde gewissermaßen als eine Familie angesehen; es stand deshalb auch in dem Prytaneum oder Rathhaus jeder Stadt ein Altar der Hestia oder Vesta, der Schutzgöttin der Familien, und ein ewig brennendes Feuer wurde auf diesem Altar, als dem sinnbildlichen gemeinsamen Herde der Bürgerschaft, unterhalten. Eine Colonie nun war eine Tochter dieser Familie, die aber gleichsam einem fremden Lande sich vermählt hat oder selbstständig geworden ist; sie hing also in ihrem Wollen und Handeln nicht mehr von der Mutter ab, aber sie war und blieb doch die Tochter derselben und schuldete ihr für alle Zeiten Dank und Achtung. Dieses Verhältniß wurde dadurch sinnbildlich angedeutet, daß man bei der Gründung einer Colonie Feuer aus dem Prytaneum der Mutterstadt mitnahm, um damit das Feuer in dem eigenen Prytaneum anzuzünden: auch liebte man es wohl, die neue Stadt in der Anlage der Straßen der alten so viel möglich ähnlich zu gestalten. Die Verpflichtung gegen die Mutterstadt war also von rein menschlicher Art und beschränkte die politische Selbstständigkeit der Colonie nicht. Die Pflanzstadt gewährte bei gemeinschaftlichen Angelegenheiten der Mutterstadt die Ehre des Vorrangs, beschickte deren Hauptfeste mit einer Ehrengesandtschaft, behandelte die Gesandten derselben mit mehr Aufmerksamkeit, als die eines anderen Staates, hielt es für ein Unrecht, ohne die höchste Noth die Mutterstadt zu bekriegen u. dgl. m.: die Freiheit aber, das Recht der Selbstbestimmung behielt sie sich selber vor, wie denn dieser Freiheitstrieb, das Verlangen nach städtischer Unabhängigkeit, einen Grundzug und eine Grundkraft des griechischen Wesens bildet.

3. Die Griechen dieses Zeitraums im Allgemeinen.

In Folge der Wanderungen der Thessalier, Böotier und Dorier, von welchen die der Letztern oder die sogenannte Rückkehr der Herakliden die wichtigste war, wurden die Königreiche des heroischen Zeitalters fast insgesammt vernichtet und an ihrer Stelle neue Staaten gegründet, welche sich größtentheils durch die ganze spätere Zeit der griechischen Geschichte hindurch erhielten. Um die Zeit dieser gänzlichen Umgestaltung der griechischen Verhältnisse kam auch zuerst ein gemeinschaftlicher Name für die griechische Nation auf und es ward Sitte, die Gesammtheit der Griechen in vier Stämme einzutheilen und diese, als verwandte Glieder eines Volkes, von Deukalion's Söhnen und Enkeln herzuleiten.

Dasjenige Wort, welches damals zur gemeinschaftlichen Bezeichnung aller griechischen Stämme gebräuchlich wurde, ist der Name Hellenen, den in der Heroenzeit nur einige kleine Völkerschaften Thessaliens geführt hatten. Einen Gegensatz gegen diesen Gesammtnamen der griechischen Nation bildete ein anderer Name, unter welchem die Griechen alle übrigen Völker der Erde zusammenfaßten. Dies ist das Wort Barbaren, dessen Abstammung und eigentliche Bedeutung bis jetzt noch nicht sicher erforscht werden konnte: es scheint darin nur der unverständliche rauhe Klang einer fremden Sprache angedeutet zu sein. Als Völkername war es im Munde der Griechen anfangs gleichbedeutend mit Nicht-Hellenen; später aber, als die Griechen durch ihre geistige und politische Entwickelung allen andern Völkern weit vorangeschritten waren, knüpften sie im Gefühl ihres höheren Werthes den Nebenbegriff des Unfreien, Unedlen und Ungebildeten an dieses Wort. Als endlich Griechenland seine Selbstständigkeit verlor und seine Cultur und Bedeutung auf die Römer überging, wurde der Name Barbaren allen den Völkern ertheilt, welche der griechischen und römischen Bildung ermangelten. Zugleich mit dieser Bildung haben später die christlichen Völker auch das Wort Barbaren übernommen und dasselbe drückt nun in allen Sprachen der höher civilisirten Welt den Begriff der geistigen und moralischen Rohheit aus.

Die vier Stämme, in welche das griechische Volk eingetheilt wurde, hießen die Dorier, die Jonier, die Achäer und die Aeolier. Die Dorier fanden sich am zahlreichsten im Peloponnes, wo sie alle Länder außer Arkadien, Achaja und Elis inne hatten. Außer dieser Halbinsel enthielten nur Doris und Megaris eine dorische Bevölkerung. Dagegen gehörte aber ein großer Theil der griechischen Colonieen, sowohl im Osten als im Westen und Süden des Mutterlandes, dem dorischen Stamme an. Jonier waren von den Völkerschaften des griechischen

Festlandes nur die Bewohner von Attika. Außerdem hatten Euböa und andere Inseln des Archipelagus eine ionische Bevölkerung und die ionischen Colonieen im Osten und Westen bildeten den dritten Bestandtheil dieses Stammes. Die in Kleinasien angesiedelten Jonier wurden vorzugsweise mit diesem Namen benannt und das Wort Jonier erhielt dadurch eine doppelte Bedeutung, indem es bald alle Glieder eines ganzen Stammes, bald blos jenen besonderen Theil desselben bezeichnete. Ja, in der Sprache des täglichen Lebens bedienten sich die Griechen des Wortes Jonier nur in dem letzteren Sinne, weil von allen Gliedern des Stammes blos die kleinasiatischen Jonier ein geschlossenes Ganze bildeten und weil der einzige ionische Staat des griechischen Festlandes, der von Athen, eine so große Macht erlangte, daß er allein den dorischen Völkerschaften die Oberherrschaft streitig machte und man deshalb in Griechenland gewöhnlich blos in den Athenern den eigentlichen Gegensatz gegen die Dorier vertreten sah.

Die Dorier und Jonier waren wegen der großen Bedeutung, welche die beiden Hauptstaaten derselben, Sparta und Athen, erhielten, die wichtigsten Stämme der griechischen Nation; denn um diese beiden Staaten dreht sich bis zur Zeit Alexander's des Großen fast die ganze griechische Geschichte. Von den beiden andern Stämmen war der achäische, der im heroischen Zeitalter die Hauptrolle gespielt hatte, in den folgenden Zeiten der unbedeutendste. Erst gegen das Ende der selbstständigen griechischen Geschichte erhielt er wieder eine Wichtigkeit; vorher aber wird seiner kaum Erwähnung gethan. Zu ihm gehörten die meisten Unterthanen der Thessalier im gleichnamigen Lande und die der Dorier im Peloponnes. Beide erlangten ihre Unabhängigkeit nicht wieder und der einzige selbstständige Theil dieses Stammes war und blieb die Bevölkerung des Landes Achaja. Außerdem gab es zwar noch in Kleinasien, sowie in Unteritalien und Sicilien achäische Colonieen; aber die ersteren verschmolzen bald mit den kleinasiatischen Aeoliern und die Letzteren blieben vereinzelt und verschafften deshalb sich und ihrem Stamm kein bleibendes Ansehen.

Zu dem aeolischen Stamme gehörten die Eleer und mit Ausnahme von Attika, Doris und Megaris die meisten Bewohner des griechischen Mutterlandes außerhalb des Peloponnes, sowie die aeolischen Colonieen in Kleinasien. Die wichtigste Völkerschaft dieses Stammes waren die Böotier, welche in der späteren Zeit einmal einige Jahrzehnte hindurch an der Spitze der griechischen Nation standen. Trotz der großen Ausbreitung der Aeolier erlangten sie als besonderer Stamm keine Wichtigkeit. Sie bildeten niemals ein Ganzes und verloren zum Theil sogar ihren Stammcharakter; die Aeolier in Böotien und in Elis näherten sich in ihrem Wesen den dorischen Völkerschaften

und die in Kleinasien nahmen zum Theil den Charakter der dortigen
Jonier an. — Eine einzige griechische Völkerschaft wurde zu keinem
der vier Stämme gerechnet. Dies sind die Arkadier, ein Ueberrest
der ältesten Bevölkerung Griechenlands, welcher niemals seinen Wohnsitz veränderte und ebenso wenig durch die Einwanderung anderer
Griechen in sein Land eine Mischung erlitt. Der Charakter der Arkabier näherte sich im Verlauf der Zeit am meisten dem der dorischen
Völkerschaften, von welchen sie fast ganz umgeben waren.

Die Griechen des Mutterlandes und der Colonieen bildeten während
ihrer Blüthezeit eine weithin verbreitete Nation, deren Gesammtzahl
man auf etwa zwanzig Millionen Menschen anschlagen zu dürfen
glaubt. Sie waren aber niemals in einen einzigen Staat vereinigt,
sondern sie zerfielen vielmehr stets in eine Menge unabhängiger Völkerschaften. Von diesen bildete keine einzige einen dem Umfang nach bedeutenden Staat, dagegen gab es unter ihnen eine ziemliche Anzahl
solcher Staaten, deren Gebiet nicht größer war, als das der Republik
von San Marino im nordöstlichsten Italien, dem kleinsten Staate des
heutigen Europas. Die gesammte Nation zeichnete sich durch die angeborenen Vorzüge des Muthes, der Kraft, der Verständigkeit und
des Sinnes für Poesie und Kunst aus. Bei den einzelnen Stämmen
und Völkerschaften waren theils eine oder mehrere dieser Eigenthümlichkeiten vorherrschend, theils entwickelten sie dieselben alle in sich
und die griechische Nation besaß in Folge davon eine Mannigfaltigkeit
der Bildung und des Wesens, welche einen der Haupt-Charakterzüge
derselben ausmacht. Bei den dorischen Völkern z. B., besonders den
Spartanern und Kretern, war das Strenge und Kräftige vorherrschend,
bei den Böotiern das Derbe und Rohe, bei den Athenern und den
übrigen ionischen Griechen das Bewegliche und Sanfte.

Hierzu kommt noch, daß die Stämme der Griechen sich auf mannigfache Weise mit einander vermischten, daß sie in ihren Colonieen und
durch ihren Handel die verschiedenartigsten Völker kennen lernten und
dadurch eine mächtige geistige Anregung erhielten, sowie endlich, daß
sie unter einem heiteren und milden Himmel lebten und die reichsten
und schönsten Länder der gemäßigten Zone bewohnten. Mangel und
eigentliche Armuth kannten die griechischen Völkerschaften nicht; so oft
diese ihnen drohten, wanderte ein Theil der Bürger aus und gründete
an irgend einer Küste einen neuen Staat, in welchem sie die Mittel
zum Leben leichter fanden, als in dem alten. Auch die äußeren Beschäftigungen, durch welche die Kräfte der griechischen Nation in Anspruch
genommen wurden, waren sehr mannigfaltig und förderten dadurch
die Verschiedenartigkeit der Sitten und Einrichtungen: Ackerbau, Viehzucht, Handel, Schifffahrt, Fischerei und vielfältige Gewerbe bildeten

bald einzeln, bald mehrfach die Hauptthätigkeit der Bürger eines jeden der vielen griechischen Staaten. Ungeachtet der sehr mannigfaltigen Entwickelung und Thätigkeit des griechischen Volkes blieben diejenigen Eigenschaften, welche den Hauptcharakter desselben bilden, mehr oder weniger allen einzelnen Theilen der Nation eigen; namentlich fanden sich Freiheitsliebe, Poesie und Kunstsinn, sowie die Verschönerung und Erheiterung des Lebens durch Feste und ein darauf berechneter Gottes-dienst bei jeder griechischen Völkerschaft.

Durch diese Gleichartigkeit des Grundwesens griechischer Bildung, Denkweise und Sitte und durch die Gemeinschaftlichkeit der Sprache, der Religion und der historischen Erinnerungen waren und blieben die Griechen, trotz ihrer Trennung in viele von einander unabhängige Staaten, eine Nation. Ein inneres Band also verknüpfte die einzelnen Völkerschaften derselben mit einander und wir bedürfen keines äußeren und sichtbaren Grundes, um uns die Entwickelung und Erhaltung der griechischen Nationalität zu erklären. Gewöhnlich führt man als einen solchen Grund zwei unter den Griechen bestehende Einrichtungen an, nämlich gewisse regelmäßige Nationalfeste, von welchen die olympischen Spiele die angesehensten und berühmtesten waren und die sogenannten Amphiktyonieen oder die Tempelvereine einzelner griechischer Staaten. Allein die Letzteren hatten, während der längsten Zeit ihres Bestehens, für das gesammte Griechenland nur eine untergeordnete Bedeutung und für die Ersteren war die Belebung des Nationalgefühls nicht der eigentliche und ursprüngliche Zweck, sondern sie erhielten erst durch dieses selbst eine größere Wichtigkeit und wirkten dann erst fördernd auf dasselbe zurück.

Bei den alten Griechen gab es bleibende Verbindungen einzelner Staaten, deren Zweck gegenseitige Beschützung und die gemeinschaft-liche Berathung und Anordnung ihrer Gesammtangelegenheiten war, und welche deshalb mit denen neuerer Völker verglichen werden können. Ein solcher Staatenverein war z. B. der ionischen Colonieen in Kleinasien. Die Versammlungen der Verbündeten wurden gewöhnlich in der Nähe eines Tempels gehalten und waren mit einem gemein-schaftlichen religiösen Feste verbunden. Verschieden von diesen Bünden ist eine andere Art griechischer Staatenvereine, welche den Namen Amphiktyonie führte und der nichts Aehnliches im heutigen Europa an die Seite gestellt werden kann. Diese Verbindungen, deren es in Griechenland mehrere gab, hatten weder den Zweck, sich gegenseitig gegen äußere Feinde zu schützen, noch die gemeinsamen inneren An-gelegenheiten zu regeln, sondern sie dienten zunächst blos zur gemein-schaftlichen Feier gewisser Religionsfeste, zur Erhaltung und Beschützung eines bestimmten Tempels, und führten im Zusammenhange damit zur

Festsetzung gewisse Satzungen, welche den Krieg zwischen den einzelnen Städten des Bundes zwar nicht hinderten, aber doch minder grausam und zerstörend machten. Sie waren also bloße Tempelvereine und hatten zunächst eigentlich keinen politischen, sondern einen religiösen Zweck, wurden aber freilich manchmal von einzelnen übermächtigen Bundesstaaten als Werkzeuge ihrer Politik benutzt. Eine eigenthümliche Wichtigkeit erhielten sie außerdem noch dadurch, daß bei den alten Griechen die Bundes-Tempel, wegen ihrer großen Heiligkeit und des ihnen vorzugsweise gewährten Schutzes, zugleich als Banken oder Aufbewahrungsorte von Schätzen benutzt wurden und daß jene gemeinschaftlichen Tempel-Feste auch die Handelswelt herbeizogen und daher gewöhnlich mit großen Messen verbunden waren.

Den Namen dieser Tempelvereine, Amphiktyonie, leitet die Sage, welche Alles gern personificirt, von Amphiktyon, einem angeblichen Sohne Deukalion's, ab, indem sie ihn zum Stifter der wichtigsten aller unter den Griechen bestehenden Amphiktyonieen macht: der Wahrheit nach aber bedeutet der Name soviel als Vereinigung der Umwohnenden, d. h. der um einen gemeinschaftlichen Tempel herum ansässigen Völkerschaften. Eine der berühmteren Amphiktyonieen war die der Insel Delos. Durch dieselbe waren die Bewohner von zwölf andern Inseln mit denen von Delos und unter einander zu dem Zwecke verbunden, an bestimmten Tagen auf der letzteren Insel gemeinschaftlich dem Gott Apollo ein Fest zu feiern. Delos, die „weithin sichtbare", um welche wie im Kreise gelagert die übrigen Cykladen lagen, wurde dadurch zugleich der Mittelpunkt eines großen Handelsverkehrs, der im Lauf der Zeiten immer mehr an Umfang zunahm. Die berühmteste aller Amphiktyonieen aber war die von Delphi, die man wegen ihrer größeren Bedeutung, oft auch ohne nähere Bezeichnung blos den Amphiktyonen-Bund nennt. Sie war schon in sehr früher Zeit gestiftet worden und umfaßte zwölf griechische Völkerschaften. Die Versammlungen dieser Amphiktyonie wurden jährlich zweimal, im Frühling und im Herbst, gehalten und fanden abwechselnd zu Delphi und bei einem an den Thermopylen gelegenen Tempel der Erdgöttin Demeter Statt. Die Beschützung des Apollotempels zu Delphi war der Hauptzweck des Amphiktyonen-Bundes und ein aus Abgesandten der einzelnen Staaten bestehender Bundesrath hatte die Heiligthümer und Schätze dieses Tempels zu bewachen und die Feste desselben zu leiten. Aus dem Eide, den die Bundesgesandten zu leisten hatten, geht der eigentliche und nächste Zweck der delphischen Amphiktyonie am klarsten hervor; sie schworen nämlich im Namen ihrer Staaten: den Apollotempel zu Delphi aus allen Kräften zu beschützen und im Kriege nie eine zu dem Bunde gehörende Stadt von Grund aus zu zerstören oder ihr das Wasser abzuschneiden.

Der Apollotempel und das mit ihm verbundene Orakel zu Delphi haben in der griechischen Geschichte eine große Bedeutung. Jener Tempel ward als der vornehmste griechische Tempel und als ein gemeinsames Heiligthum der gesammten Nation betrachtet und das Orakel desselben stand bei allen Griechen im größten Ansehen. Das Letztere erhielt seine große Bedeutung dadurch, daß die Häupter griechischer Staaten bei wichtigen Ereignissen sich seiner bedienten, um irgend einen Zweck leichter zu erreichen. Die größte Rolle spielte dieses Orakel gerade in dem Zeitraum zwischen der Herakliden-Wanderung und den Perser-Kriegen. Es erlangte seine Bedeutung hauptsächlich durch die Ausbreitung des dorischen Stammes über Griechenland; denn die dorischen Völkerschaften sahen den delphischen Apollo-Tempel als ein gemeinsames Stamm-Heiligthum an und bedienten sich von der frühesten Zeit an dieses Orakels häufiger, als andere griechische Staaten. Die delphische Priesterschaft ließ bei ihren Orakelsprüchen sich meistens von den Häuptern desjenigen Staates leiten, der sich gerade an das Orakel wandte. Sie kleidete die Antworten in ein räthselhaftes Gewand ein, welches sowohl ihr selbst eine Ausflucht übrig ließ, als auch in der Regel den Anfragenden erwünscht war; die Letzteren konnten dann um so leichter die vorgebliche Stimme der Gottheit im Sinne ihrer eigenen politischen Zwecke deuten, deren Erreichung bei dem Volk durch das göttliche Ansehen des Orakels gefördert wurde. Uebrigens irrt man, wenn man das große Ansehen dieses Orakels nur auf schlaue Benutzung der Vorurtheile des Volkes durch listige Priester und Staatslenker zurückführt. Durch den großen Verkehr, der sich an das Heiligthum anschloß, sammelten sich dort mancherlei Kenntnisse und die Priesterschaft gewann von dort einen gewissen Ueberblick über die Verhältnisse der griechischen Landschaften und auch entfernterer Länder: dies gewahren wir namentlich bei dem großen und im Ganzen heilsamen Einflusse, welchen das Orakel bei Gründung vieler Colonieen ausübte. Auch Einzelne befragten es häufig, wo sie von sittlichen Zweifeln bewegt waren und einige der uns überlieferten Antworten athmen einen würdigen und reinen Geist, der freilich nicht allzulang vorhielt.

Der Tempel Apollo's lag außerhalb der Stadt Delphi, in der Nähe der Quelle Kastalia, von welcher man glaubte, daß der Genuß ihres Wassers poetische Begeisterung errege. Das Orakel dieses Tempels knüpfte sich an einen engen und tiefen Schlund, aus welchem beständig Dämpfe emporstiegen. Der Ausspruch des Gottes aber geschah durch den Mund einer Priesterin, Pythia genannt, welche auf einen über jene Oeffnung gestellten Dreifuß sich setzte und durch den Dampf in Verzückungen gerieth. Der Tempel wurde durch die dem Gotte gemachten Geschenke nach und nach so reich, daß man seine Schätze

und Koſtbarkeiten an Gold und Silber in den nächſten Zeiträumen
der griechiſchen Geſchichte auf zehntauſend ſogenannte Talente oder 26
Millionen Gulden (14 Millionen Thaler) ſchätzt.

Die oben erwähnten Nationalſpiele der Griechen waren religiöſe Feſte, die mit Wettkämpfen verbunden waren. Es gab viele
ſolcher heiteren Feſtverſammlungen, aber die Theilnahme an denſelben
beſchränkte ſich bei den meiſten auf die Bewohner der nächſten Umgegend. Nur vier von ihnen, nämlich die olympiſchen, die pythiſchen,
die nemeiſchen und die iſthmiſchen Spiele, erhoben ſich nach und nach
zu Feſten des geſammten Griechenlands und wurden alſo eigentliche
Nationalfeſte des griechiſchen Volkes. Von ihnen waren wieder die
olympiſchen Spiele die beſuchteſten und trugen mehr als die übrigen
dieſen nationalen Charakter.

Dieſe Spiele wurden zu Olympia im Lande Elis gehalten. Man
feierte ſie ſchon im heroiſchen Zeitalter und die Sage gibt ihnen den
Haupthelden der griechiſchen Vorzeit, Herkules, zum Urheber; allein
ein über die nächſte Umgegend ſich erſtreckendes Anſehen erhielten ſie
erſt ſpäter und zwar durch Iphitus, einen Nachkommen des in Elis
eingewanderten Aetolers Oxylus. Dieſer eliſche König, welcher zur
Zeit des ſpartaniſchen Geſetzgebers Lykurg lebte, ſoll die olympiſchen
Spiele neu eingerichtet und ihnen mit Hülfe des Letzteren eine allgemeinere Bedeutung verſchafft haben. Sie wurden von jener Zeit an
zuerſt ein Nationalfeſt des Peloponnes und nachher auch des geſammten
übrigen Griechenlands. Hundert Jahre nach Iphitus, 776 v. Chr.,
als der Elier Koröbus in dieſen Spielen als Hauptſieger den Preis
davon trug, fing man an, die Namen der Sieger in ein zu Olympia
öffentlich aufgeſtelltes Verzeichniß einzutragen. Dies geſchah ſeitdem
ohne Unterbrechung und da überdies die Spiele unausgeſetzt und regelmäßig gehalten wurden, ſo beginnt mit jenem Jahre die ſichere Zeitrechnung der griechiſchen Geſchichte. Die ſpäteren griechiſchen Geſchicht-
ſchreiber bedienten ſich des Verzeichniſſes der Sieger, um nach demſelben
die Zeit der einzelnen Ereigniſſe mit Beſtimmtheit anzugeben. Man
theilte nämlich, da die Spiele ſtets nach Verlauf von je vier Jahren
gefeiert wurden, die Zeit in vierjährige Abſchnitte, Olympiaden
genannt, begann die erſte dieſer Olympiaden mit dem Jahr 776 v.
Chr. und benannte jede einzelne entweder nach der Zahl ihrer Reihenfolge oder nach dem Namen des Hauptſiegers bei dem betreffenden Feſte.

Die olympiſchen Spiele gaben dem Lande Elis vorzugsweiſe und
faſt allein eine Bedeutung in der griechiſchen Welt und ihrer Geſchichte;
denn da dieſelben den regelmäßigen Vereinigungspunkt aller Griechen
bildeten, ſo wurde Elis ihretwegen für ein heiliges Land erklärt, welches
nicht bekriegt, ja nicht einmal von Bewaffneten durchzogen werden

durfte. Die Eleer, welche auf diese Weise in allen Kriegen neutral blieben, hatten dafür die Pflicht, die olympischen Spiele und den mit ihnen verbundenen Gottesdienst zu besorgen und die Denkmäler und Heiligthümer derselben zu pflegen und zu beaufsichtigen. Während der Dauer der Spiele mußten auch alle andern griechischen Staaten, welche Krieg mit einander führten, die Waffen ruhen lassen.

Die Spiele wurden in der Nähe des Alpheus-Flusses gefeiert, an einem Orte, welcher Olympia hieß und einen heiligen Hain von Oelbäumen, sowie viele religiöse und andere öffentliche Gebäude enthielt. Vor dem Hain stand ein berühmter, dem Zeus geweihter Tempel. Dieser Zeustempel war eines der größten Gebäude in Griechenland; in der zweiten Hälfte des fünften Jahrhunderts v. Chr. wurde in ihm eine berühmte kolossale Statue jenes Gottes aufgestellt, welche aus Elfenbein und Gold zusammengesetzt und von Phidias, dem größten griechischen Bildhauer, verfertigt worden war. Im Innern des heiligen Hains von Olympia befanden sich mehrere Altäre, ein Tempel der Here und das sogenannte Stadium nebst dem Hippodromus. Das Stadium war eine zum Wettlauf bestimmte Bahn, welche gerade sechshundert griechische oder fünfhundert und neunundsechszig Pariser Fuß lang und ringsum von Höhen umgeben war, auf denen die Zuschauer saßen. Sein Name war unter den Griechen zur Bezeichnung geographischer Entfernungen gebräuchlich: vierzig Stadien sind etwa einer deutschen Meile gleich. Der Hippodromus, welcher neben dem Stadium lag, war die zu Wettfahrten und Wettrennen bestimmte Bahn.

Die olympischen Spiele wurden zur Zeit des ersten nach der Sommer-Sonnenwende eintretenden Vollmonds gefeiert. Dieses Fest, welchem keine Frau beiwohnen durfte, dauerte fünf Tage und wurde hauptsächlich durch Opfer, durch Lobgesänge auf die Götter und durch Wettkämpfe verherrlicht. Die Letzteren waren von verschiedener Art; sie bestanden nämlich aus dem Wettlauf, dem Ringen, dem Faustkampf, dem Werfen mit dem Diskus, einer schweren Scheibe, welche möglichst hoch und weit geworfen wurde, dem Springen, den Wettfahrten und dem Pferderennen. Der Preis war bei jedem dieser Wettkämpfe derselbe; aber wer in dem Wettkampf gesiegt hatte, galt für den Hauptsieger und nach seinem Namen wurde die Olympiade benannt. Männer aus Elis waren allein die Kampfrichter; sie führten als solche den Namen Hellanodiken d. i. Hellenen-Richter. Nur frei geborene Griechen wurden als Mitkämpfer zugelassen und jeder Bewerber mußte deshalb vor dem Beginn der Spiele seine hellenische Abkunft beweisen; Ausländern ward nur als Zuschauern Zutritt gewährt. In den Stunden, in welchen keine Wettkämpfe gehalten wurden, erfreute die

15*

verfammelte Menge sich auch wohl an den Werken griechischer Künstler, Dichter und Schriftsteller. Viele von diesen reisten nämlich zu dem Feste, um gleichsam vor dem gesammten griechischen Volke ihre Bildwerke auszustellen oder ihre schriftlichen Werke vorzutragen. Preise wurden unter diesen nicht ausgetheilt; ihre Ehre bestand nur in der Anerkennung, welche sie bei den aus allen Gegenden herbeigeströmten Landsleuten sich erwarben.

Der letzte Tag des Festes war zur Krönung der Sieger bestimmt. In dem heiligen Hain von Olympia zogen diese vor der verfammelten Menge feierlich einher. Nachdem ein prachtvolles Opfer gehalten worden war, wurden, unter dem Jubel der Versammlung, die Namen der Sieger ausgerufen und jeder von ihnen mit einem einfachen Kranz von Oelzweigen geschmückt. Dieser Kranz, den der Sieger später bei jeder besonders festlichen Gelegenheit auf dem Haupte zu tragen pflegte, galt in den Augen der Griechen für die höchste Ehre, welche ein Mensch erlangen konnte. Auf diese Ehre war daher nicht blos der Sieger selbst stolz, sondern auch die Stadt, deren Bürger er war. Bei seiner Heimkehr wurde er deshalb auch auf das Feierlichste in seine Vaterstadt geleitet und durch neue Ehrenbezeugungen verherrlicht; namentlich ließ man in der Regel eine Statue desselben in Marmor verfertigen und zu Olympia aufstellen, wo überdies sein und seiner Stadt Namen zum ewigen Gedächtniß in das öffentliche Verzeichniß der Sieger eingetragen wurde. Gesänge und Lieder verbreiteten außerdem seinen Ruhm bis in die fernsten Gegenden, welche von Griechen bewohnt waren und erhielten seinen Namen in Aller Gedächtniß: man wußte ein glückliches Leben nicht besser zu schildern, als mit den Worten, welche Plato von den Bürgern seines Idealstaates gebraucht: sie werden ein seligeres Leben führen als die Olympioniken. Bei solchen halb göttlichen Ehren ist es denn auch nicht zu verwundern, daß, wie berichtet wird, zu Olympia einst ein alter Mann bei der Umarmung seines Sohnes, der den Sieg errungen hatte, im Uebermaß des Glückes starb. Ein anderer Greis, Diagoras von Rhodus, welcher selbst in seiner Jugend den Olivenkranz erhalten hatte, begleitete einst zwei seiner Söhne zu den olympischen Spielen und war so glücklich, beide den Preis erlangen zu sehen. Diese setzten ihre Kränze sogleich auf das Haupt des Vaters und trugen denselben, um ihn vor dem gesammten Griechenland zu verherrlichen, auf ihren Schultern umher. Jubelnd priesen alle Anwesenden den edlen Sinn der Söhne und des Vaters übergroßes Glück. Einer aus der Menge rief diesem zu: „Stirb, Diagoras, denn du hast das höchste Glück erreicht!" und wirklich sank auch Diagoras, dem Uebermaß der Freude erliegend, entseelt von den Schultern seiner Söhne herab.

So wirkte dieses Fest, ein Nationalfest im vollsten Sinne des Wortes, in mehr als einer Hinsicht fördernd auf das griechische Leben ein. Namentlich vereinigte es in regelmäßig wiederkehrenden Zeiträumen die verschiedenen, oft in Haß und Zwietracht zerfallenen Theile des griechischen Volkes, welche zu Olympia unter dem Schutz des Gottesfriedens zusammenkamen, sich in ihren Eigenthümlichkeiten zeigten, Einer des Andern Erfindungen und Sitten kennen lernten und oft nach langen, erbitterten Kriegen sich wieder als Glieder einer und derselben Familie begrüßten.

Unter den drei andern Nationalfesten von ähnlicher Art nahmen die pythischen Spiele den höchsten Rang nach den olympischen ein. Sie wurden in der Nähe von Delphi zu Ehren des Gottes Apollo gefeiert, welcher nach dem von ihm erlegten Drachen Pytho den Beinamen des Pythiers trug. Auch diese Spiele fanden alle vier Jahre statt und zwar stets im Monat Mai des zweiten Jahres jeder Olympiade. Die Leiter und Kampfrichter derselben waren die Gesandten des Amphiktyonen-Bundes und der Preis bestand in einem Kranz, welcher aus einem Zweige des dem Apollo geheiligten Lorbeerbaumes geflochten war. Die nemeischen Spiele wurden bei der argolischen Stadt Nemea zu Ehren des Zeus gehalten. Sie fanden alle zwei Jahre statt und der Preis war ein Epheukranz. Die isthmischen Spiele endlich wurden anfangs alle drei, später alle fünf Jahre auf dem Isthmus oder der Landenge von Korinth gefeiert. Sie waren zu Ehren des Meergottes Poseidon eingesetzt und ihr Preis bestand in einem Fichtenkranz.

Was die politische Geschichte der griechischen Völkerschaften in dem Zeitraum von der Herakliden-Wanderung bis zu den Perser-Kriegen angeht, so dreht sich dieselbe vorzugsweise um die Revolutionen und Volksbewegungen, durch welche alle griechischen Staaten zu der republikanischen Form übergingen und diese in verschiedener Weise ausbildeten. Das Königthum wurde fast überall abgeschafft; in den wenigen Staaten aber, in welchen man es beibehielt, ward es so sehr beschränkt, daß fast blos der Name desselben übrig blieb. Schon im achten Jahrhundert v. Chr. gab es nur noch sehr wenige griechische Könige und etwa gegen das Ende des siebenten Jahrhunderts waren sie aus allen Staaten des eigentlichen Griechenlands, mit Ausnahme von Sparta und Epirus, verschwunden.

An die Stelle der monarchischen Regierungsform traten republikanische Verfassungen, welche auf Freiheit, Thätigkeit und ein glückliches, zufriedenes Leben berechnet waren und von denen die meisten häufige Umänderungen erlitten. Die Mannigfaltigkeit dieser Verfassungen und des politischen Lebens überhaupt war bei den Griechen größer,

als wir ſie bei irgend einem andern Volke finden. Die Zahl der griechiſchen Staaten war faſt doppelt ſo groß, als die des geſammten heutigen
Europas und doch waren dieſe vielen kleinen Staaten ihren Verfaſſungen nach unter einander ſehr verſchieden. Außer der Mannigfaltigkeit
der Staatseinrichtungen zeichnet ſich das politiſche Leben der Griechen
vorzugsweiſe noch durch das ihm zum Grunde liegende Princip und
durch die größere Ausdehnung des Begriffes Staat aus. Alle griechiſchen Staaten, ſelbſt die ariſtokratiſchen, hatten doch eine demokratiſche Grundlage; in allen nämlich nahm die Volksverſammlung an
der Geſetzgebung und an der Leitung des Staates Theil und es gab
in der Regel keinen freien Bürger, welcher blos beherrſcht wurde und
nicht auch bis zu einem gewiſſen Grade mitherrſchte. Außerdem wurden, bis gegen das Ende der griechiſchen Geſchichte, dieſe Rechte der
Bürger nirgends durch Volksvertreter oder Deputirte ausgeübt, ſondern überall beſtand die Volksverſammlung aus der Geſammtheit aller
freien Bürger. Es herrſchte ferner faſt durchgängig der Grundſatz,
daß die Beamten nur auf je ein Jahr ernannt wurden und der Volksverſammlung verantwortlich waren. Nirgends endlich gab es einen
beſonderen Richterſtand, ſondern mit alleiniger Ausnahme von Sparta
bildete die Volksverſammlung entweder ſelbſt die richterliche Behörde,
oder ſie ernannte die Mitglieder derſelben aus der Geſammtheit der
Bürger. Der Begriff Staat umfaßte ſo zu ſagen alle Verhältniſſe des
Lebens. Der Staat war nämlich bei den Griechen keine bloße Form
des bürgerlichen Lebens, ſondern das Leben ſelbſt oder wenigſtens
deſſen Mittelpunkt; jede Privatangelegenheit konnte in griechiſchen
Staaten zu einer öffentlichen gemacht werden und kein Grieche konnte
ſeinem Staate gegenüber ſich leidend verhalten oder ein bloßes Privatleben in unſerm Sinne des Wortes führen. Auch griff der Staat ſo
ſehr in alle Beziehungen des Lebens ein, daß z. B. die Religion, wie
die Sitten und alle öffentlichen Vergnügungen nicht etwa blos unter
der Aufſicht der Behörden ſtanden, ſondern vielmehr geradezu Staats-
ſache und ein Theil des Staatszweckes waren.

    In den griechiſchen Verfaſſungen traten beim Beginn der helleren
Zeit ihrer Geſchichte zwei Hauptunterſchiede hervor, durch welche die
beiden wichtigſten Stämme des griechiſchen Volkes einen Gegenſatz
gegen einander bildeten. Dieſer Gegenſatz beſtand darin, daß in den
ioniſchen Staaten das demokratiſche Element, in den doriſchen dagegen
das ariſtokratiſche vorherrſchend ward. Die Erſteren entſagten nämlich ſchon früh den Sitten und Einrichtungen des heroiſchen Zeitalters
und führten eine immer größere Gleichheit der Bürger und ihres
Antheils an der Regierung bei ſich ein; die doriſchen Staaten dagegen
blieben der altgriechiſchen Vorſtellung, nach welcher die Hauptleitung

des Staates einer kleinen Zahl angesehener Familien übergeben war,
treu und vertauschten die auf ihr beruhende Form des Staates nicht
mit einer andern, sondern richteten sie blos den veränderten Umstän=
den gemäß von Zeit zu Zeit neu ein. Ein anderer Unterschied zwischen
den dorischen und ionischen Staaten bestand darin, daß die Dorier,
als sie bei der Heraklidenwanderung ihre Staaten gründeten, die grie=
chischen Einwohner des eroberten Landes unterdrückten, und daß sie
deshalb, um sich in dieser gewaltsamen Herrschaft behaupten zu können,
vorzugsweise darauf bedacht sein mußten, in den Bürgern ihrer Staaten
Kraft, Muth und kriegerischen Sinn zu entwickeln und zu erhalten.
Die eigentlichen Vollbürger der dorischen Staaten wurden in Folge
davon gleichsam ritterliche Herren, deren Hauptbeschäftigung die Ue=
bung in den Waffen und die Handhabung der Staatsangelegenheiten
war. Diesen Charakter behielten aber nur zwei dorische Staaten, der
spartanische und der kretische, vollkommen bei. Die übrigen gingen zu
Handel und Gewerbsthätigkeit über und da mit diesen Beschäftigungen
ein vorherrschend kriegerisches Leben sich nicht vertrug und in die
äußeren Verhältnisse der Bürger eine größere Mannigfaltigkeit, sowie
ein öfterer Wechsel kam, so konnte bei den meisten dorischen Völker=
schaften die alte Staatseinrichtung nicht fortbestehen; diese näherte sich
deshalb entweder mehr der bei den Joniern herrschenden demokratischen
Form, oder hörte wenigstens auf, mit einer kriegerischen Richtung
verbunden zu sein. Viele wesentliche Züge haben jedoch alle dorischen
Staaten stets beibehalten, wenn sie nicht, wie z. B. Tarent, ihre
althergebrachte Aristokratie ganz und gar in eine Demokratie um=
wandelten.

Noch ist schließlich eine Erscheinung anzuführen, welche in den
griechischen Freistaaten manchmal vorübergehend eintrat. Dies ist die
sogenannte Tyrannis. Zuweilen erhob sich nämlich, wie wir sahen,
ein einzelner Bürger durch geschickte Benutzung der Verhältnisse und
ohne gesetzliche Berechtigung zur Alleinherrschaft im Staate; einen
solchen Herrscher nannten die Griechen einen Tyrannen. Dieses Wort
bedeutet also in der griechischen Geschichte nur einen Usurpator oder
einen Herrscher, welcher gegen die bestehenden Gesetze und ohne Wahl
der Bürgerschaft sich der Regierung bemächtigte; und der Begriff der
Gewaltthätigkeit oder des Mißbrauchs der Macht, welcher bei uns die
vorherrschende Bedeutung des Wortes Tyrann bildet, war bei den
alten Griechen nicht nothwendiger Weise mit demselben verbunden.
Das siebente und sechste Jahrhundert v. Chr. ist diejenige Zeit, in
welcher solche Herrscher in der griechischen Geschichte am häufigsten
erscheinen. Die berühmtesten der vielen damaligen Tyrannen waren
Polykrates von Samos und Perianber von Korinth.

Die zuletzt genannte Stadt bedarf zugleich mit Sikyon einer besonderen Erwähnung. Die Geschichte des eigentlichen Griechenlands knüpft
sich nämlich, für die Zeit zwischen der Heraklidenwanderung und den
Perser-Kriegen, an die beiden Staaten von Sparta und Athen an,
welche deshalb auch in den zunächst folgenden Abschnitten besonders
behandelt werden. Die übrigen Staaten hatten in diesem Zeitraum
eine untergeordnete Bedeutung und können deshalb übergangen werden. Nur die Städte Korinth und Sikyon sind auszunehmen, weil
sie damals für die Kunst und den Handel Griechenlands eine große
Bedeutung erlangten.

Korinth blühte schon lange zuvor, ehe Athen sich zur ersten Stadt
von Griechenland erhob, durch Handel und Schifffahrt auf. Es verdankte diese Blüthe dem glücklichen Umstand, daß es an der den Peloponnes mit dem mittleren Griechenland verbindenden Landenge, in
der Nähe zweier Meere lag. Mit der Gründung griechischer Colonieen
nämlich entstand ein Handel zwischen Kleinasien, Unteritalien und
Sicilien, welcher stets reger ward. Die Schiffer, welche überhaupt die
Küsten nicht aus den Augen zu lassen wagten, machten die sehr gefährliche Fahrt um die Südspitze des Peloponnes herum in den früheren
Zeiten nur sehr selten und fuhren statt dessen sowohl von Westen als
von Osten her gewöhnlich nach Korinth, wo die Waaren zu Land nach
der entgegengesetzten Meeresküste gebracht und an andere Schiffe abgegeben wurden. Dadurch erhob sich Korinth zu einem Haupthandels-
platz von Griechenland und diese Stadt zeichnete sich schon früh durch
ein stetes Gewühl von Fremden, großen Reichthum und ein rasches
Aufblühen der Künste und Gewerbe aus, zugleich aber auch durch eine
wachsende Verderbniß der Sitten.

Die Verfassung von Korinth wurde, nach der Abschaffung des
Königthums, in eine Oligarchie umgewandelt. Die Familien aber, in
deren Händen die Herrschaft lag, geriethen nach einiger Zeit mit den
übrigen Bürgern in Zwist, und Kypselus, ein unternehmender Mann,
benutzte diesen Umstand, um sich zum Tyrannen aufzuwerfen (657 v.
Chr.). Er regierte mit Milde, wußte sich die Liebe seiner Unterthanen
zu erwerben und war dadurch im Stande, die Herrschaft in seiner Familie erblich zu machen. Seine Nachkommen würden sich wohl auch
im Besitz derselben behauptet haben, wenn sie gleich ihm Liebe gesucht
und streng nach den Gesetzen regiert hätten. Allein schon sein Sohn
Periander untergrub durch Mißbrauch der Gewalt die von Kypselus gegründete Herrschaft. Periander, welcher von 627 bis 587 v.
Chr. herrschte und zu den sogenannten sieben Weisen Griechenlands
gezählt wurde, liebte und unterstützte zwar, wie Polykrates von Samos, die Wissenschaft und Kunst, führte aber zu gleicher Zeit eine sehr

gewaltthätige Regierung und beging manche Grausamkeit. Sein Nachfolger machte es ebenso und wurde deßhalb schon drei Jahre nach
seiner Thronbesteigung von den Korinthern mit Hülfe der Spartaner
gestürzt. Nun führte man wieder eine oligarchische Regierung ein,
und diese erhielt sich bis in die folgenden Zeiten der griechischen Geschichte hinein.

Die Geschichte von Sikyon ist der korinthischen sehr ähnlich. Auch
hier warf sich, um das Jahr 700 v. Chr., ein Bürger, Orthagoras,
zum Tyrannen auf und machte die Herrschaft in seiner Familie erblich.
Er ist, der Art und dem Geiste seiner Regierung nach, mit Kypselus
zu vergleichen. Der berühmteste seiner Nachfolger war Klisthenes,
der letzte, welcher mit großer Klugheit regierte und sich außerdem durch
glückliche Kriege und eine glänzende Hofhaltung berühmt machte. Es
ist unbekannt, ob er die Regierung bis an das Ende seiner Tage behauptete, oder gewaltsam von derselben verdrängt ward; nur soviel ist
gewiß, daß nach seiner Herrschaft, welche um das Jahr 600 v. Chr.
endete, die republikanische Verfassung wieder hergestellt wurde. Diese
war wahrscheinlich mehr demokratisch als aristokratisch. Uebrigens
blühten, besonders während der Herrschaft der Tyrannen, die Künste
und Gewerbe in Sikyon auf.

4. Geschichte der Spartaner bis zu den Perser-Kriegen.

Im Lande Lakonien hatte ein Theil der in den Peloponnes eingewanderten Dorier einen Staat gegründet, welcher unter dem Namen
des spartanischen oder lacedämonischen in der Geschichte berühmt geworden ist. Die beiden Zwillingssöhne des auf dem Zuge in den
Peloponnes gestorbenen Herakliden Aristodemus, Prokles und
Eurysthenes, so berichtet die Ueberlieferung, welche freilich keinen Anspruch darauf machen darf, wirkliche Geschichte zu erzählen, standen zuerst
als Könige an der Spitze desselben und führten die Regierung gemeinschaftlich. Sie waren die Gründer zweier Königsgeschlechter, welche nach
Prokles und nach des Eurysthenes Sohn Agis I. die Prokliden und
die Agiden genannt wurden. Diese behaupteten sich fast durch die
ganze spartanische Geschichte hindurch im Besitz der königlichen Würde
und zwar in der Weise, daß immer zwei Könige zugleich herrschten,
von welchen der eine ein Proklide, der andere ein Agide war.

Die in Lakonien angesiedelten Dorier bildeten die vornehmste Klasse
der Bewohner des Landes und führten den Gesammtnamen Spartaner oder Spartiaten, weil sie ausschließlich in der Stadt Sparta
wohnten. Die von ihnen unterworfenen Achäer zerfielen in zwei
Hauptklassen. Ein Theil derselben nämlich, die Lacedämonier oder
auch die Perioiken d. i. die Umwohner genannt, war persönlich frei

und behielt seinen Grund und Boden als Eigenthum, mußte aber Tribut
an den herrschenden Stand zahlen und hatte nur einen sehr geringen
Antheil an der Regierung und Verwaltung des Staates. Uebrigens
waren die Periöken nicht insgesammt von achäischer Abkunft, sondern
es gehörten zu ihnen auch die aus gemischten Ehen von Doriern und
Achäern Entsprungenen. Der andere Theil bestand aus denjenigen
Achäern, welche entweder nicht freiwillig und mit Abschließung eines
Vertrags sich den Doriern ergeben, sondern mit Waffengewalt be-
zwungen worden waren oder später sich wieder empört hatten. Diese
verloren insgesammt ihre Freiheit und wurden als Sklaven unter die
einzelnen spartanischen Familien vertheilt. Sie dienten denselben als
Knechte und bauten das Feld, durften jedoch von ihren Herren weder
getödtet, noch außer Landes verkauft werden. Sie führten den Namen
Heloten, der Sage nach von der Stadt Helos, deren Bewohner zuerst zu dieser Sklaverei verdammt worden sein sollen, wahrscheinlicher
aber von einem griechischen Worte, welches so viel als gefangennehmen
bedeutet. Uebrigens werden die, eigentlich blos die beiden ersten Klassen
der Bewohner Lakoniens bedeutenden, Namen Spartaner und Lacedämonier auch zur Bezeichnung des dortigen Staats und seiner Bürger
überhaupt gebraucht.

    Die spartanische Geschichte dreht sich in den ersten Jahrhunderten
theils um die häufigen Zwistigkeiten zwischen dem unterworfenen Volk
und dem Adel der Dorier und zwischen dem Letzteren und den Königen,
theils um den öfteren Kampf mit den Achäern, welche erst nach und
nach unterworfen wurden und hier und da sich wieder empörten. Die
Lage der Achäer war, wie es scheint, nicht durchaus gleich, sondern je
nach den bei dem Unterwerfungsvertrage gemachten Bedingungen verschieden; es scheint sogar in Betreff derselben vieles unbestimmt gelassen
worden und daher willkürlich gewesen zu sein. Ebenso war offenbar
viel Willkürliches und Zufälliges in die Verhältnisse des dorischen
Theils der Einwohner oder der eigentlichen Spartaner gekommen und
daraus entsprangen hauptsächlich jene fortwährenden Streitigkeiten
unter denselben. Diese Lage machte das Bedürfniß einer festen Bestimmung fühlbar und führte, gegen 900 v. Chr., eine neue Einrichtung des Staates herbei, die nach dem Namen ihres Urhebers die
Lykurgische Gesetzgebung genannt wird.

    Die Geschichte dieses berühmten Gesetzgebers Lykurgus ist durch
die Sage so sehr entstellt worden, daß man die Wirklichkeit nicht mehr
mit Sicherheit erkennen kann. Selbst die Zeit seines Lebens ist nicht
mit Zuverlässigkeit zu bestimmen; doch ist es höchst wahrscheinlich, daß
er im Anfange des neunten Jahrhunderts v. Chr. lebte: seine Gesetzgebung wird gewöhnlich in das Jahr 884 v. Chr. verlegt. Lykurg war

ein Prollide und der jüngere Bruder des König Polydektes. Dieser
hinterließ bei seinem Tode eine Wittwe, die gesegneten Leibes war und
Lykurg führte bis zur Geburt des Kindes die Regierung. Er hätte
leicht selbst nachher noch sich im Besitz des Thrones behaupten können,
that dies aber nicht, sondern erklärte vielmehr sofort nach dem Tode
seines Bruders, daß, wenn dessen Wittwe einen Knaben gebären würde,
er die Regierung nicht als König, sondern als vormundschaftlicher
Regent fortführen werde. Der Sage nach soll seine Schwägerin ihm
angeboten haben, ihr Kind gleich nach der Geburt umzubringen, wenn
er sich mit ihr vermählen wolle; Lykurg aber ließ seitdem die ehrgeizige
Frau sorgfältig beobachten und gab Befehl, daß das Kind gleich nach
der Geburt ihr entrissen werde. Er saß gerade mit den vornehmsten
Spartanern zu Tische, als der neugeborene Knabe ihm gebracht wurde;
Lykurg rief denselben vor allen Anwesenden sogleich zum König aus
und erklärte, daß er fortan nur als Vormund seines Neffen die Regierung führen werde. Dem Kinde selbst gab er den Namen Charilaus
d. h. Freude des Volkes. Die erbitterte Schwägerin und ihr Anhang
sollen nachher Alles aufgeboten haben, um an Lykurg Rache zu nehmen;
sie sollen namentlich sich bemüht haben, den Verdacht gegen ihn zu erregen, als trachte er dem Kinde dennoch nach dem Leben, um selbst
König sein und bleiben zu können. Ja, Lykurg soll sogar, um diesen
Verdacht von sich abzuwehren, sich endlich gedrungen gefühlt haben,
die Regierung niederzulegen und seine Heimath zu verlassen. Indessen
ist der Grund seiner Entfernung von Sparta gewiß nur eine bloße
Dichtung späterer Zeiten und Lykurg trat seine lang dauernde Reise
wahrscheinlich in der Absicht an, die nöthigen Vorkehrungen zu der
Gesetzgebung zu treffen, von deren Nothwendigkeit er, sowie sein Mit-
könig aus dem Hause der Agiden und gewiß auch viele andere vornehme
Spartaner schon damals überzeugt waren.

Lykurg blieb, wie es heißt, zehn Jahre von Sparta entfernt, durch-
reiste verschiedene Länder, um die Sitten und Staatseinrichtungen
derselben kennen zu lernen und hielt sich namentlich lange Zeit auf der
Insel Kreta auf. Hier bestand die bereits oben dargestellte Verfassung,
welche man dem berühmten König Minos zuschrieb, die aber gewiß
nichts Anderes, als die alten, dem dorischen Stamm eigenthümlichen
Sitten und Einrichtungen, denen nur eine neue, veränderten Umständen angemessene Form gegeben worden war. Gerade deshalb konnte
diese kretische Verfassung vor allen übrigen dem Lykurg als Muster
dienen für die in Sparta vorzunehmenden Reformen; denn auch hier
lebte, wie in Kreta, ein Zweig des dorischen Stammes, der seine Herrschaft auf die Unterdrückung der ältern Einwohner des Landes gegründet
und seine alten Einrichtungen beibehalten hatte, der aber mit diesen

ohne eine zeitgemäße Reform nicht länger bestehen konnte. Auf Kreta lernte Lykurg, wie die Sage berichtet, auch den durch seine große Weisheit ausgezeichneten Dichter Thales kennen, der auf sein Ersuchen nach Sparta sich begab, um, während Lykurg selbst Kleinasien bereiste, durch seine Lieder die in Zwietracht gerathenen Spartauer mit einander zu versöhnen und für Lykurg's Gesetzgebung vorzubereiten. Auch soll Lykurg aus Kleinasien die im eigentlichen Griechenland noch unbekannten Gedichte Homer's mit nach Hause gebracht haben.

In Sparta war während der Abwesenheit Lykurg's wieder heftiger Bürgerzwist ausgebrochen und Alles sehnte sich nach der Wiederherstellung und Befestigung der Ordnung. Diese hoffte man am besten durch Lykurg erhalten zu können und er wurde deshalb gebeten, nach seiner Vaterstadt zurückzukehren. Er beschloß in Uebereinstimmung mit einem Theil der Vornehmeren, eine geregelte Verfassung einzuführen, oder vielmehr die alten Sitten und Einrichtungen den veränderten Umständen anzupassen und ihnen eine neue und bestimmte Form zu geben. Ehe er sein Vorhaben ausführte, begab er sich nach Delphi, um als Gesetzgeber die Weihe Apollo's, des Hauptgottes der Dorier, zu erhalten und so, gleichsam als ein im Namen der Gottheit auftretender und von ihr begeisterter Mann, seine Staatsumänderung leichter ins Werk setzen und fester gründen zu können. Die delphische Priesterin redete ihn beim Eintritt in den Tempel mit den Worten an: „Lykurgus, der du von Zeus und allen anderen Göttern des Olymp geliebt wirst, ich weiß nicht, ob ich dich einen Gott oder einen Menschen nennen soll; doch scheinst du mir eher ein Gott zu sein!"

Lykurg machte keine neue Gesetzgebung, sondern er trat nur als Reformator der alten dorischen Staatsverfassung in Sparta auf. Er brachte die griechischen Sitten und Einrichtungen der älteren Zeit, welche bei den Völkerschaften des dorischen Stammes sich am treuesten erhalten hatten, in eine neue Form und änderte sie nur soweit, als es durchaus nöthig war. Er gab ihnen Bestimmtheit und Uebereinstimmung und befestigte sie so für alle Zeiten im Staate wie im Privatleben der Spartaner.

Die Grundlage der Lykurgischen Verfassung ist die Knechtstellung von etwa zweimal hunderttausend Menschen, den sogenannten Heloten, welche nicht einmal Menschenrechte besaßen, durchaus bloß zur Arbeit und zum Dienen geboren waren und so die Möglichkeit gewährten, daß die eigentlichen Spartaner in einem vornehmen Müßiggang lebten, frei von gemeiner Beschäftigung ritterliche Sitte in ihrer Mitte pflegten und nur mit dem Gebrauch der Waffen und der Leitung des Staates sich abgaben. Lykurg ließ nämlich die oben erwähnte Eintheilung der Bevölkerung Lakoniens in drei Klassen bestehen; von diesen blieben die

Heloten rechtlos und blos dienend, die Periöten behielten einen Antheil an der Regierung, den Spartanern allein, d. h. dem dorischen Adel, ward die Leitung des Staates übertragen. Die Zahl der Letzteren betrug (wenigstens einige hundert Jahre nach Lykurg's Zeit) neuntausend, die der Periöten dreißigtausend. Beide waren zur Theilnahme an der Volksversammlung berechtigt, aber nur aus den Spartanern wurden die Leiter und Beamten des Staates gewählt und blos wenn über Krieg und Frieden entschieden wurde, durften die Periöten mit in der Volksversammlung erscheinen. Der spartanische Staat bestand also aus einer großen Zahl leibeigener Bauern und Sklaven (den Heloten), aus einem mit Gewerben, Handel und Ackerbau sich beschäftigenden freien Bürgerstand (den Periöten) und aus einer Anzahl ritterlicher Adelsfamilien, welche die Heloten für sich arbeiten ließen, den Staat leiteten und außerdem hauptsächlich nur mit Waffenübungen, der Jagd und dem Kriege sich beschäftigten. Die Periöten mußten sich allerdings mit dem weniger fruchtbaren Boden des gebirgigen Theiles der Landschaft Lakonien begnügen und waren zinspflichtig: aber sie waren wenigstens frei und besaßen Eigenthum: sie konnten durch Handel, Gewerbe und Ackerbau zu Wohlstand gelangen und hatten so einiges Interesse an der Erhaltung des Staatswesens: dagegen vergalten die Heloten ihren Zwingherren durch einen bitteren und grimmigen Haß, der nicht selten in Verschwörungen und Empörungen einen Ausweg suchte.

An der Spitze des Staates ließ Lykurg die beiden Könige aus dem Hause der Prokliden und der Agiden fortwährend stehen, er beschränkte aber ihre Macht. Einige Menschenalter nach ihm wurde durch die erhöhte Bedeutung einer Behörde, das Kollegium der Ephoren, der Gewalt der Könige noch mehr Abbruch gethan, so daß seitdem ihr Einfluß im Staate fast blos von ihrem persönlichen Ansehen abhing und sie auch als Führer des Heeres im Kriege immer mehr an Macht verloren. Nach den Bestimmungen der Lykurgischen Verfassung hatten sie ungefähr eben dieselbe Stellung, wie die Könige des heroischen Zeitalters. Sie waren die höchsten Priester, führten den Vorsitz im Senat, in welchem sie jedoch nicht mehr als je eine Stimme hatten, beriefen und leiteten anfangs auch die Volksversammlungen und waren die Oberanführer im Kriege, wo sie dann außerhalb des Landes eine unumschränkte Gewalt besaßen. Andere Spartaner erhielten nie den Oberbefehl über das Heer, außer später bei Seekriegen und bei Unternehmungen in entfernteren Ländern. Neben den angegebenen Rechten hatten die Könige vor den übrigen Spartanern nur noch gewisse Ehren voraus. Sie erhielten z. B. bei den öffentlichen Mahlen doppelte Portionen und hatten bei allen Festlichkeiten den Vorsitz; auch im ge-

wöhnlichen Leben erwies man ihnen Ehre, erhob ſich vom Sitze, wo
ſie erſchienen: im Uebrigen aber verkehrten die vornehmen Spartaner
mit ihnen wie mit ihres Gleichen. Beſoldung erhielten ſie ebenſo
wenig, als irgend ein Beamter in Griechenland überhaupt; ſie beſaßen
nur mehr erbliche Grundſtücke als die übrigen Spartaner und empfingen zum Behuf der von ihnen zu bringenden Opfer einige Abgaben,
ſowie von der Kriegsbeute einen Ehrenantheil.

Die eigentliche Regierungsgewalt war in den Händen des Senats, welcher die Geruſia oder der Rath der Alten hieß und aus
den beiden Königen und achtundzwanzig auf Lebenszeit erwählten
Mitgliedern beſtand. Die Senatoren und Geronten wurden von der
Volksverſammlung aus dem doriſchen Adel gewählt und mußten mindeſtens ſechszig Jahre alt ſein. Dieſer Senat hatte die ganze Verwaltung des Staates, bildete den höchſten Kriminalgerichtshof und berieth
und entſchied alle öffentlichen Angelegenheiten, war aber für die wichtigſten derſelben an die Zuſtimmung der Volksverſammlung gebunden.
Die Volksverſammlung ſelbſt wurde regelmäßiger Weiſe alle
Monate einmal, nämlich bei jedem Vollmond gehalten und beſtand
aus einer größeren, an welcher alle Spartaner und Perioͤken Theil
nahmen und aus einer kleineren, zu der blos die Erſteren berufen
wurden; nach anderen würden die Perioͤken an keiner Verſammlung
Theil genommen haben. Nur wer wenigſtens dreißig Jahre alt war,
durfte derſelben beiwohnen. Den Vorſitz in ihr führten die Könige
oder der Rath, ſpäter auch die Ephoren. Die Abſtimmung geſchah
nicht durch das Abgeben der einzelnen Stimmen, ſondern durch Ac-
clamation oder allgemeinen Zuruf. Die Volksverſammlung wählte die
Beamten und entſchied über neue Geſetze, über ſtreitige Thronfolge,
über die Abſetzung obrigkeitlicher Perſonen, über Verbrechen gegen
Staat und Volk, über Krieg und Frieden. Sie hatte alſo über alle
allgemeinen Angelegenheiten zu entſcheiden; allein es durfte in derſelben, bis ſie ſpäter ſich größere Rechte anmaßte, kein Bürger für oder
gegen die vorliegende Sache ſprechen, ſondern dieſe mußte, nachdem ſie
von dem betreffenden Beamten vorgetragen war, einfach angenommen
oder verworfen werden. Ebenſowenig konnte die Volksverſammlung
irgend einen Antrag ſtellen oder ungerufen ſich verſammeln.

Die Ephoren waren fünf Männer, die von der Volksverſammlung
ohne Rückſicht auf das Lebensalter erwählt wurden und ihr Amt immer
nur ein Jahr lang verwalteten. Sie bildeten urſprünglich eine Art
von polizeilicher Behörde, welche nur eine untergeordnete Bedeutung
hatte, erhielten aber ſpäter eine immer größere Gewalt und waren
zuletzt mächtiger als Senat und Könige. Dieſe Bedeutung der Ephoren
nahm etwa hundertunddreißig Jahre nach Lykurg ihren Anfang, als

dieselben, auf den Antrag des Königs Theopompus, zu Stellvertretern der Könige während der Abwesenheit derselben ernannt wurden. Seit dieser Zeit waren die Ephoren, gleich den Volkstribunen zu Rom, eine rein demokratische Behörde und sahen sich als die Vertreter der Volks- rechte' gegenüber dem Könige und der Gerusia an. Sie beaufsichtigten die Könige und Beamten, luden dieselben zur Verantwortung vor und klagten sie vor einem aus den Senatoren und den übrigen Beamten zusammengesetzten Gerichtshofe an, oder verhängten sogar ohne solche richterliche Entscheidung Strafen über sie. Sie erlaubten sich, die Volksversammlung zu berufen und wachten über die Vollziehung ihrer Beschlüsse. Weil Krieg und Frieden, sowie Verträge und Bündnisse der Genehmigung des Volkes beburften, so gab dies den Ephoren Ge- legenheit, die auswärtigen Angelegenheiten des Staates allmälig ganz und gar von sich abhängig zu machen. Sie waren ferner bei allen Dingen den Königen zur Seite und brückten nach und nach das An- sehen derselben ganz nieder; ja, zuletzt wurden diese sogar auf ihren Kriegszügen von einigen der Ephoren begleitet, welche gleichsam den Kriegsrath derselben bildeten und auf ihre Maßregeln den größten Einfluß ausübten.

Die richterliche Gewalt war nicht, wie in den anderen griechischen Staaten, einem von der Volksversammlung gewählten Ausschuß der Bürgerschaft anvertraut, sondern die Kriminaljustiz hatte der Senat, Streitigkeiten über Mein und Dein wurden durch die Ephoren entschieden, Familienangelegenheiten kamen vor die Könige und außerdem besaß jeder Beamte innerhalb seines Geschäftskreises richterliche und Straf-Gewalt.

Lykurg führte im spartanischen Staate Gütergleichheit ein und traf zur Erhaltung derselben besondere Verfügungen. Die Ländereien wurden nach der Zahl der Spartaner und der Perioken in neuntausend größere und dreißigtausend kleinere Güter eingetheilt und der Staat bestand also aus neununddreißigtausend güterbesitzenden Familien, von welchen neuntausend den·Abel des Landes und dreißigtausend den Bürgerstand bildeten. Die Güter durften weder veräußert noch getheilt werden. Sie wurden in der männlichen Linie nach dem Rechte der Erstgeburt vererbt und die jüngeren Brüder erhielten ihren Unterhalt von dem das Gut besitzenden älteren. Die Töchter waren von der Erbschaft des Grundbesitzes ausgeschlossen; nur wenn ein Bürger keine Söhne hatte, erbte die Tochter, diese durfte sich dann aber nur mit einem solchen Bürger verheirathen, welcher selbst kein Gut besaß. Diese Einrichtung hatte den großen Nachtheil, daß viele Väter, um ihre Töchter gut zu versorgen, zu Geiz und Habsucht veranlaßt wurden, daß reiche Erbinnen in Sparta alsbald eine große Rolle spielten und daß nach und nach einzelne Familien überreich wurden, in den Besitz der meisten Grundstücke kamen und bei der Regierung des Landes das Uebergewicht erhielten. Um Verbindungen einzelner Familien zu verhüten und die Berathungen über öffentliche Angelegenheiten zu erleichtern, sowie um den Streit der Parteien durch freundliches Zusammenleben zu mildern und der Schwelgerei vorzubauen, führte Lykurg die sogenannten Syssitien oder die täglichen gemeinschaftlichen und öffentlichen Mahle der Bürger ein. Es war dies eine alte dorische Sitte, welche außerdem auch bei einigen Völkern Italiens vorkam. Alle Spartaner, auch die Könige, mußten an diesen gemeinsamen Mahlen Theil nehmen und wer dies, weil er aus Armuth den Beitrag dazu nicht bestreiten konnte, nicht that, verlor einen Theil seiner Bürgerrechte und konnte z. B. kein Staatsamt erhalten. Uebrigens speis'ten nur Männer mit, die Frauen dagegen aßen daheim. Jene waren in einzelne Tischgesellschaften vertheilt, welche meistens aus fünfzehn Personen bestanden. Die Speisen waren einfach und das gewöhnlichste Gericht war die sogenannte schwarze Suppe, welche, wie man vermuthet, aus Schweinefleischbrühe, Blut, Essig und Salz bestand und von der einst ein Spartaner einem asiatischen Könige sagte, sie schmecke nur denen gut, welche sich im Eurotas-Flusse badeten.

Lykurg soll auch, um die Spartaner bei ihrer alten Einfachheit und Unverdorbenheit der Sitten zu erhalten, die Gold- und Silbermünzen verboten und eisernes Geld eingeführt, das Reisen ins Ausland untersagt und den Aufenthalt von Fremden im Lande erschwert haben. Allein dieses und manches Andere, was jenem Gesetzgeber zugeschrieben wird, ist theils nicht strenge wörtlich zu nehmen, theils wurde es erst in späterer Zeit angeordnet, theils endlich war es blos eine alte oder aus den Verhältnissen von selbst hervorgehende Sitte: so ist es z. B. sehr wahrscheinlich, daß man zu Lykurg's Zeit in Griechenland überhaupt noch gar keine eigentlichen Münzen hatte und es kann also schon deßhalb damals ein Verbot der goldenen und silbernen nicht gegeben worden sein. Am Verkehr mit Fremden, an Reisen ins Ausland, an Handel und Industrie fand außerdem der ritterliche, an ein Zusammenleben mit seines Gleichen gewöhnte Spartaner gewiß schon von selbst kein Behagen. Die von Lykurg erstrebte Rüstigkeit und Einfachheit der Spartaner konnte übrigens durch solche einzelne Verbote nicht erlangt und nicht erhalten werden, sondern sie beruhte auf seiner gesammten Staatseinrichtung und auf dem von ihm fest gegründeten Charakter des spartanischen Lebens im Allgemeinen. Deßhalb sind auch manche andere, von griechischen Schriftstellern dem Lykurg zugeschriebene Bestimmungen dieser Art, wie z. B. das Gebot, zum Bau des Daches sich keines andern Werkzeuges als der Axt, zur Thür sich nur der Säge zu bedienen, wohl eher als Ausdruck für die herrschende Sitte, denn als Ergebniß gesetzlicher Verfügung anzusehen, oder sie haben wenigstens keine solche Wichtigkeit, daß man sie besonders hervorheben müßte.

Ein ritterliches Kriegervolk zu bilden, welches sowohl allen andern Völkern, als auch namentlich den unterworfenen Landesbewohnern stets überlegen wäre, den dorischen Adel gleichsam als ein stets schlagfertiges Heer zusammenzuhalten — dies war das Hauptziel der Lykurgischen Gesetzgebung. Darum war Krieg oder kriegerische Uebung die tägliche Beschäftigung der Männer. Wenn der Spartaner nicht im Felde war, so brachte er seine Zeit fast ganz mit der Jagd, mit gymnastischen Uebungen, mit Verwaltungsgeschäften im Dienste des Staates oder bei den Syssitien und den Privatberathungen über öffentliche Angelegenheiten zu. Die Stadt Sparta selbst hatte keine Mauern, der kriegerische Muth und Sinn ihrer Bewohner galt für ihre beste Schutzwehr und Lykurg soll die Umwallung und Befestigung der Stadt verboten haben, damit die Wehrlosigkeit derselben in ihren Bewohnern die kriegerische Thätigkeit belebe und erhalte. Nach Lykurg's Gebote durften ferner nur die Gräber derer, die im Kriege gefallen waren, ein Denkmal erhalten und der Feige verlor einen Theil seiner Bürgerrechte. Der Krieg war in Folge solcher Verfügungen Lykurg's, welche ganz im ursprünglichen Geiste des dorischen Volkes lagen, das eigentliche Element der Spartaner und ihre Lust. Ging es zum Kampfe, dann und nur dann schmückte sich der Spartaner; er bekränzte vor dem Beginne der Schlacht sein lang herabwallendes Haupthaar und unter dem Klange der Flöten und gemeinschaftlichem Kriegsgesang rückte er auf den entgegenstehenden Feind los. Das eigentliche Heer bestand in der Regel nur aus Spartanern, deren Kriegskleid ein rother Mantel war; nicht immer ließ man auch die Perioͤken ins Feld rücken und zu der Bewaffnung eines Theiles der Heloten, die alsdann eine leichte Infanterie oder eine Art Landsturm bildeten, nahm man nur im äußersten Nothfall seine Zuflucht. Reiterei hatte man wenig und sie diente blos zur Deckung der Flügel; neben ihr aber gab es eine Leibwache von dreihundert sogenannten Rittern, welche aus den tüchtigsten Jünglingen gebildet wurde, sowohl zu Pferde als zu Fuß diente und stets bei dem commandirenden König im Mittelpunkt des Treffens stand. Das Heer zeichnete sich in geschlossener Masse durch feste und sichere Bewegung aus und war, wegen seiner wohlberechneten und festbestimmten Gliederung, auch zu Evolutionen und zum kleinen Kriege sehr geschickt. Die Waffen des Fußvolkes bestanden in einem sehr großen Schilde, einem ehernen Panzer, einem langen Speer und einem kurzen Schwerte.

Die Spartaner waren in harter Erziehung zu unablässiger Uebung in den Waffen verpflichtet. Auf kriegerische Tüchtigkeit, Gemeinsinn, unverbrüchlichen Gehorsam gegen die Gesetze und Erhaltung der echt spartanischen Sitte und Denkweise war diese Erziehung berechnet, welche ganz Sache des Staates war. Jedes neugeborene Kind wurde besonderen Beamten zur Besichtigung vorgelegt, welche, wenn dasselbe gebrechlich war, es an einer bestimmten Stelle des Taygetus-Gebirges in einen Abgrund werfen ließen. Die übrigen blieben bis zum siebenten Lebensjahre der elterlichen Pflege überlassen, mußten aber in strenger Zucht erzogen werden. Im siebenten Jahre wurde jeder Knabe dem Staate übergeben und fern vom elterlichen Hause gemeinschaftlich mit Anderen erzogen. In einzelne Gruppen vertheilt, wuchsen die Knaben unter der Leitung besonderer Aufseher und Lehrer heran. Sie wurden zur Ausbildung des Körpers und seiner Kraft, zur Gewandtheit im Gebrauch der Waffen, zu Gehorsam, Tapferkeit, Ehrliebe, Enthalt-samkeit, Ausdauer und Schlauheit angeleitet; denn dies war das Hauptziel der spartanischen Jugend-Erziehung. Die Entwickelung der Geisteskräfte hatte, wie die ganze Erziehung, nur die Befähigung zur Tüchtigkeit des Kriegers und des Staatbürgers zum Zweck, keines-wegs aber die höhere Bildung und eine rein menschliche Veredelung. Daher wurde das Denkvermögen nur für die praktische Seite des Lebens entwickelt und namentlich an Bestimmtheit und Schnelligkeit der Auffassung und des Ausdruckes gewöhnt; und das spartanische Volk erwarb sich diesen Vorzug in einem so hohen Grade, daß das Wort lakonisch zur Bezeichnung eines treffenden und kurzen Ausdruckes sprichwörtlich geworden ist. Der Gesang, der bei allen griechischen Völkerschaften zugleich mit dem Elementar-Unterricht und mit der Gymnastik einen der Hauptzweige der Erziehung bildete, wurde auch in der spartanischen Jugend entwickelt und gepflegt, trug aber gleichfalls vorzugsweise den kriegerischen Charakter und diente dem kriegerischen Zweck. Gehorsam, sowohl der jüngeren Knaben gegen die älteren, als auch aller jüngeren Leute gegen Erwachsene, war ein Hauptgebot; der Knabe und Jüngling mußte jedem Manne Rede stehen und Ehrfurcht erweisen: durch strengen Gehorsam machte er sich stufenweise zum Befehlen reif und geschickt. Die für die körperliche Entwickelung ge-gebenen Vorschriften bezweckten Stärkung, Abhärtung und Gewandt-heit. Der Knabe mußte auf Schilf schlafen, Hunger und Durst, Frost und Hitze ertragen lernen und sich daran gewöhnen, Körperschmerzen mit Gleichmuth zu erdulden. An einem bestimmten Tage des Jahres wurden die Jünglinge bis auf das Blut gegeißelt und es war ein großer Schimpf für sie, wenn sie dabei auch nur eine Miene verzogen: manche sollen bei dieser Gelegenheit todt niedergestürzt sein, ohne einen

Laut von sich zu geben. Man erzählt, daß, um sie an List zu gewöhnen, es ihnen erlaubt gewesen sei, bei ihren Mahlen sich größere Portionen, auch Feldfrüchte zu stehlen, im Fall sie dies unbemerkt thun konnten. Auch wurde als Kriegsübung von Zeit zu Zeit die sogenannte Krypteia oder Heloten-Jagd gehalten: die Jünglinge mußten nämlich, in Schlupf- winkel versteckt, über die vom Felde heimkehrenden Heloten herfallen, sie verfolgen und zu tödten suchen. Es war eine Maßregel, welche das Mißtrauen des herrschenden Standes gegen die Unterworfenen von Zeit zu Zeit anzuordnen trieb.

Die Erziehung der Mädchen war von demselben Geiste geleitet, wie die der Knaben. Daß auch sie den Eltern entzogen wurden, wird uns nicht gemeldet: aber auch ihre Erziehung regelte der Staat; sie bestand hauptsächlich in Leibesübungen, namentlich in dem Laufen, dem Schwimmen, dem Werfen mit dem Diskus und selbst in der Hand- habung der Lanze: und auch sie mußten sich an die Ertragung von Schmerzen gewöhnen. Ihre Erziehung hatte den Zweck, sie zu kräf- tigen Müttern und männlich gesinnten Frauen zu machen; für die Entwickelung der zärteren Empfindungen des Herzens und für eigent- liche Weiblichkeit war in Sparta keine Stätte. Diese war daher dort ebensowenig zu finden, wie ein wirkliches Familienleben, welches theils durch die Beschaffenheit der weiblichen Bildung, theils durch die öffent- liche Erziehung der Knaben und durch das Zusammenleben der Männer durchaus in den Hintergrund trat.

Dies sind die wichtigsten Gesetze und Einrichtungen, welche von Lykurg's Zeit an in Sparta bestanden. Sie waren nicht nieder- geschrieben und Lykurg soll sogar verboten haben, irgend ein Gesetz niederzuschreiben, damit dasselbe keine bloße Form, sondern gleichsam ein allen Bürgern bewußt bleibender Theil der Volkssitte sei. Die Lykurgische Verfassung blieb fast ebenso lang bestehen, als der spar- tanische Staat selbst. Sie ging jedoch, gleich der ritterlichen Verfassung des deutschen Mittelalters, zuletzt in einen Zustand der Verbildung und des Faustrechts über; die von Lykurg eingeführte Gleichheit der spartanischen Familien aber verschwand, ungeachtet der von ihm ge- troffenen Maßregeln, schon früh und wurde durch den übermäßigen Einfluß und die Herrschaft einer kleinen Zahl von Familien ersetzt. Die Spartaner sind durch Lykurg's Verfassung ein ritterliches Volk geworden, das in allen Verhältnissen des Lebens durch kriegerischen Stolz geleitet ward; und ihr Staat wurde ein kriegerischer Ritterstaat, der in den folgenden Zeiten unter den Griechen dieselbe Rolle spielte, wie Venedig unter den italienischen Republiken während des Mittel- alters und bis in das siebenzehnte Jahrhundert hinein. Die meisten alten Schriftsteller, besonders diejenigen, welche in einer unruhigen

16*

demokratischen Republik wie Athen lebten, haben die aristokratisch-
militärische Verfassung der Spartaner sehr gelobt und gepriesen und
Lykurg als einen der weisesten Gesetzgeber bewundert, weil sie alle
anderen griechischen Staaten einem ewigen Wechsel unterworfen und
die Sitten derselben im steten gegenseitigen Verkehr sich auflösen sahen,
während Sparta den Anblick einer feststehenden Einheit der Verwaltung, einer selten gestörten Eintracht seiner Bürger und unwandelbarer
Erhaltung altgriechischer Sitte darbot. Allein dagegen war auch der
Staat der Spartaner auf die Unterdrückung der alten Einwohner des
Landes gegründet und ihr ganzes berühmtes Staatswesen, ihre ganze
Erziehung nur auf gewaltsame Herrschaft und auf Krieg gestellt; und
die gepriesene spartanische Einfachheit und Unverdorbenheit war nicht
sowohl eine Tugend, als vielmehr eine nothwendige Bedingung ihres
Daseins. Festigkeit und Dauer erhielt die Verfassung Spartas be-
sonders durch das Selbstbewußtsein und den Stolz, den kriegerische
Beschäftigungen überall und zu allen Zeiten einflößen. Zwar war die
Herrschaft der Hauptsache nach nur in den Händen einiger wenigen
älteren Männer, aber das Bewußtsein eigener Kraft und kriegerischer
Ueberlegenheit über andere Völker und der Gedanke, daß eben jene
geprüften Alten, welche lange Zeit gleichsam die Herrscher über Griechenland waren, aus ihrer Mitte erwählt wurden, erfüllte alle Spartaner mit gleichem Stolz, mit Verachtung aller gemeinen Gedanken und
Verrichtungen, aller Niederträchtigkeit und Feigheit und mit jenem
hohen Herrschersinn, den sie bewahrten, bis die Versuchungen häufiger
wurden und auch in Sparta die uns allen angeborene Sinnlichkeit
über Sitte und Gesetz den Sieg davon trug.

Das Leben in Sparta hatte, ungeachtet seiner Einseitigkeiten und
Entbehrungen, doch seine großen Reize und vermochte die Seele des
Mannes auszufüllen. Wie dem Ritter des Mittelalters Religion,
Cultus und Poesie hohen Sinn und große Gedanken einflößten, so
dem Spartaner die wenig überlieferten Kenntnisse und die dem
Gedächtnisse eingeprägten kräftigen Verse der Nationaldichter. Sein
Gedankenkreis war eng; aber innerhalb des engen Kreises behauptete
die durch Erziehung und Gewöhnung von allem Gemeinen und Unsitt-
lichen entfernt gehaltene Seele den ganzen Adel, der ihr ursprünglich
eigen ist, bis zuletzt, wie in der neueren Zeit bei den Holländern und
Schweizern, so auch in Sparta der lange erhaltene Brauch der Ahnen
der Alles vernichtenden Zeit unterlag. Endlich erheiterten ja bildende
Kunst, Poesie, Musik und regelmäßig wiederkehrende Nationalfeste
einigermaßen auch das Leben der Spartaner und vereinigten bei der
Verehrung und unter dem Schirm der Landesgottheiten das ganze
Volk, Regierende und Regierte, mit alleiniger Ausnahme der beklagens-

werthen Heloten; und so ward das Finstere, welches ein Leben ohne Gewerbe, ohne Handelsthätigkeit, ohne Litteratur und ohne Theater haben mußte, wenigstens durch einige Genüsse, die sie mit allen Griechen theilten, erhellt.

Ueber die letzten Jahre und das Ende des berühmten spartanischen Gesetzgebers sind die Berichte des Alterthums ebenso sagenhaft, wie über sein übriges Leben. Seine Verfassung wurde nicht ohne Schwierigkeiten eingeführt und rief anfangs manches fruchtlose Widerstreben einzelner Unzufriedenen hervor. Nachdem das ganze Werk zu Ende gebracht war, erklärte Lykurg, wie es heißt, der Volksversammlung, daß zur Vollendung desselben noch Eins übrig sei, worüber er jedoch erst den delphischen Gott um Rath fragen müsse. Er ließ sich hierauf von allen Bürgern eidlich versprechen, bis zu seiner Zurückkunft keine Aenderung an seinen Gesetzen vornehmen zu wollen. In Delphi wurde ihm der Orakelspruch ertheilt, daß seine Anordnungen vortrefflich seien und Sparta, so lange es denselben getreu bleibe, mächtig und ruhmvoll sein werde. Er sandte hierauf diesen Spruch nach Sparta, kehrte aber selbst nicht dahin zurück, um nicht seine Mitbürger dadurch von dem geleisteten Eide zu entbinden. Wohin er sich begab und wo er sein Leben endete, darüber melden die Berichte Widersprechendes; nach den einen starb er in der Nähe von Delphi, nach andern im Lande Elis, nach noch andern auf der Insel Kreta. Die Sage erzählt auch, daß er vor seinem Tode Befehl gegeben habe, seine Leiche zu verbrennen und die Asche derselben in das Meer zu werfen, damit sie nicht nach Sparta gebracht werde und so vielleicht den Anlaß gebe, daß die Spartaner sich ihrer eidlichen Verpflichtung entledigt glaubten.

In der nächsten Zeit nach Lykurg unterwarfen die Spartaner sich die noch übrigen freien Reste der achäischen Bevölkerung von Lakonien und geriethen mit den benachbarten Argivern in Streit. Bald nachher entspann sich ein langer und hartnäckiger Kampf zwischen ihnen und den Messeniern, deren Landschaft auf der anderen westlichen Seite des Taygetosgebirges lag. Dieser Kampf, welcher 19 Jahre (von 743 bis 724 v. Chr.) dauerte, führt den Namen des ersten messenischen Krieges. Die Begebenheiten dieses Krieges, wie auch die des zweiten, sind der Nachwelt nur in Liedern und Sagen überliefert worden, in welchen dieselben sehr ausgeschmückt sind und deren geschichtlicher Gehalt in Betreff der Einzelheiten durchaus nicht zu ermitteln ist. Oeftere Grenzstreitigkeiten und gegenseitige Neckereien der Grenzbewohner gaben die Veranlassung zum ersten messenischen Kriege. Schon früher soll ein spartanischer König mit einigen jungen Männern, die sich als Mädchen verkleidet hatten, bei einem gemeinschaftlichen Gottesdienst vornehme Messenier überfallen haben und dabei umgekommen sein.

Nach einer anderen Angabe hätte damals eine Schaar von Messeniern
spartanische Jungfrauen geraubt und den zu Hülfe eilenden König
erschlagen. Es kam darüber zu Unterhandlungen, die sich lange hin-
zogen, bis endlich ein Spartaner, welchem ein Messenier seine Heerde
anvertraut hatte, diese verkaufte und den deshalb zu ihm gesandten
Sohn des Letzteren erschlug. Da der Messenier trotz seiner in Sparta
angestellten Klage keine Genugthuung erhielt, so tödtete er auf dem
Heimweg alle Spartaner, die ihm begegneten. Die hierüber ange-
knüpften Unterhandlungen zogen sich ebenfalls in die Länge und wurden zuletzt von den Spartanern dadurch geendigt, daß diese plötzlich
und ohne vorhergegangene Aufkündigung des Friedens mit gewaffneter
Macht in Messenien einfielen.

Die Spartaner waren den Messeniern meistens überlegen und
wurden bei ihren jährlich wiederhollten Einfällen stets Herren des
platten Landes; die Messenier wußten sich fast nur in festen Plätzen
gegen dieselben zu halten. Nachdem der Krieg auf diese Weise eine
Reihe von Jahren geführt worden war, beschlossen die Messenier, aus
allen ihren Städten zu weichen und ihre ganze Macht in der Bergfeste
Ithome zu vereinigen. Hier entbrannte nun für die ganze übrige
Zeit des Krieges ein hitziger Kampf und Gegenkampf, gleich dem der
Trojaner und Griechen des heroischen Zeitalters und die Sage hat
denselben ebenso wie diesen durch ihre Dichtungen ausgeschmückt und
verherrlicht. Die Messenier schickten gleich anfangs um einen Orakelspruch nach Delphi und erhielten die Antwort, daß sie den Sieg nur
dann hoffen könnten, wenn eine Jungfrau aus königlichem Stamme
den Göttern geopfert werde. Darüber entstehen Zwistigkeiten unter
den Messeniern, bis endlich Aristobemus, der Hauptheld der Messenier und ein Sprößling des königlichen Hauses, seine eigene Tochter
zum Opfer anbietet. Der Bräutigam derselben will dies nicht zugeben
und der erzürnte Vater erschlägt nun die Tochter mit eigener Hand.
Die Spartaner werden durch jenen Orakelspruch und seine Erfüllung
entmuthigt, obgleich die Königstochter eigentlich nicht den Göttern,
sondern dem Zorne des Vaters als Opfer gefallen war; und Aristobemus, der Hektor von Ithome, vollbringt nun glänzende Kriegsthaten.
Da zu gleicher Zeit auch die Arkadier, Sikyonier und Argiver als
Bundesgenossen der Messenier am Kriege Antheil nehmen, so gelingt
es endlich, nach einem unentschiedenen Treffen, in welchem der messenische König fiel, den Messeniern unter Anführung des an seiner Stelle
zum König erwählten Aristobemus in einer zweiten Feldschlacht die
Spartaner gänzlich zu schlagen. Dessen ungeachtet wendet sich bald
nachher das Schicksal. Die Messenier erhalten nämlich einen neuen
Orakelspruch, welcher erklärt, daß dasjenige Volk siegen werde, welches

zuerst hundert Dreifüße in dem Zeus-Tempel zu Ithome aufstelle; und die Spartaner kommen auf die Kunde davon den Messeniern zuvor. Diese hatten die Sache nicht beeilt, da der Spruch vor den Spartanern geheim gehalten wurde und überdies seine Ausführung für dieselben unmöglich schien; ein Spartaner aber schlich verkleidet den Ithomeberg hinan und stellte hundert kleine Dreifüße von Thon im Tempel des ithomäischen Zeus auf.

Nun bemächtigte sich die Verzweiflung der Messenier, zumal da zugleich auch andere Zeichen Unglück verkündeten und sich beständig wiederholten. Aristodemus verlor, von schrecklichen Träumen verfolgt, den Muth und tödtete sich auf dem Grabe seiner vergebens geopferten Tochter. Die Messenier wurden jetzt auch von ihren Bundesgenossen verlassen, litten in ihrer umzingelten Bergfeste Mangel und mußten endlich, nachdem sie noch fünf Monate heldenmüthig gestritten und geduldet hatten, den Kampf aufgeben. Ein Theil von ihnen floh nach Arkadien, Argos und Sikyon, die übrigen unterwarfen sich den Spartanern, welche vor allen Dingen Ithome zerstörten. Die im Lande zurückgebliebenen Messenier wurden hart behandelt: sie verloren ihre politische Freiheit und behielten zwar ihr Hab und Gut, mußten aber aus einem Landstrich an der Küste, den die Spartaner unter eine Zahl von Perioken ihres Landes vertheilten, ganz und gar weichen, die drückende Abgabe des halben Ertrages von ihren Feldern jährlich an Sparta abliefern und außerdem, ein drückendes Zeichen ihrer Unterwerfung, bei jedem Leichenbegängnisse eines spartanischen Königs Trauer anlegen.

Diese Demüthigung und Härte mußte die Messenier zur Verzweiflung bringen und über kurz oder lang Empörung und neuen Krieg hervorrufen, zumal da auch die übrigen Staaten des Peloponnes die Vergrößerung der spartanischen Macht nicht ohne Besorgniß mit ansehen konnten. Wirklich brach, neununddreißig Jahre nach dem Ende des ersten, der zweite messenische Krieg aus, welcher von 685—670 v. Chr. dauerte und von den Spartanern mit viel mehr Wuth geführt ward als der erste, weil es ein Krieg mit empörten Unterthanen war. Der Hauptheld derselben war der Messenier Aristomenes, ein junger Mann aus königlichem Geschlechte, der die Empörung zum Ausbruch brachte und dann als Anführer den Krieg leitete, nachdem er die von seinen Landsleuten ihm angebotene Königswürde abgelehnt hatte. Auch die Begebenheiten dieses Krieges sind nur in Sagen und Liedern der Nachwelt überliefert worden und die Berichte über dieselben sind deshalb ebenso fabelhaft wie die des ersten. Namentlich wurden die Thaten und Abenteuer des Aristomenes vielfach besungen und die vergrößernden Erzählungen von denselben, mit denen die Besiegten sich trösteten und ihre Hoffnungen auf bessere Zeiten wach erhielten, wurden unter den Messeniern vom Vater auf den Sohn überliefert, als das letzte nationale Besitzthum, das ihnen geblieben war.

Aristomenes, der in Arkadien aufgewachsen war, sammelte die Söhne und Enkel der geflüchteten Messenier um sich, versicherte sich der Unterstützung des arkadischen und argivischen Volkes und brach dann mit jenen Landsleuten und vielen anderen Peloponnesiern, die sich ihm anschlossen, in Messenien ein. Er hatte kaum den Boden seines Heimathlandes betreten, als dessen Bewohner sich erhoben: und in kurzer Zeit stand ganz Messenien unter den Waffen. Es kam alsbald zu einer Schlacht mit den Spartanern, diese wurde von Aristomenes zwar nicht gewonnen, aber auch nicht verloren und gewährte den Messeniern den Vortheil, daß sie Vertrauen zu ihrer Sache und zu ihrem Führer faßten. Aristomenes, tapfer wie Achilles und listig wie Odysseus, wußte durch verwegene Abenteuer den Muth seiner Landsleute immer mehr zu beleben und die Feinde in Schrecken zu setzen. Er soll um jene Zeit eines Tages sich verkleidet in Sparta eingeschlichen und in dem dortigen Tempel der Kriegsgöttin einen Schild aufgestellt haben, welcher die Inschrift trug: „Aristomenes weiht aus der spartanischen Beute diesen Schild der Athene!"

Die Spartaner befragten jetzt das delphische Orakel um Rath und erhielten, wie es heißt, die Antwort, sie sollten sich von den Athenern einen Anführer erbitten. Diese sandten ihnen aus Haß und Neid den lahmen und des Krieges unkundigen Schulmeister Tyrtäus, halfen aber gerade dadurch den Spartanern mehr, als wenn sie ihnen einen tüchtigen Kriegsmann geschickt hätten: denn dieser Tyrtäus aus Aphidnä war ein großer Dichter und belebte durch die Macht seiner Lieder den Muth und den Patriotismus der bereits am Erfolge verzweifelnden und überdies unter sich in Zwietracht zerfallenen Spartaner. So berichtet die Sage von dem zweiten messenischen Kriege; sie ist offenbar eine reine Dichtung, welche in späterer Zeit entstand, als die Spartaner und Athener in ein lang dauerndes feindliches Verhältniß zu einander gerathen waren. Nach einer anderen Ueberlieferung war Tyrtäus ein Dorer aus dem Lande Doris. Vielleicht verhält es sich mit diesem Manne, von welchem sich noch einige treffliche Kriegslieder erhalten haben, ganz einfach so, daß die Spartaner der Aufforderung des delphischen Gottes gemäß den Oberbefehl einem Fremden anvertrauten, der sowohl wegen dieses Orakelspruches, als auch wegen des unter ihnen selbst bestehenden Zwistes und Mißtrauens größeres Ansehen erhielt, als die seitherigen spartanischen Anführer besaßen und welcher dadurch, sowie durch die Wiederbelebung der moralischen

Kraft der Spartaner dem Krieg eine andere Wendung gab. Ein großer Dichter und Kriegsheld war Tyrtäus unstreitig; man sang noch in späterer Zeit zu Sparta seine Lieder zur Anfeuerung des Muthes, verehrte dieselben als Ueberlieferung von alten spartanischen Thaten und bediente sich ihrer zur Erziehung und Bildung der Jugend; sein kriegerischer Ruhm dagegen ist durch die Lieder, welche des Aristomenes glänzende Thaten ins Wunderbare erhoben, verdunkelt worden, vielleicht zum Theil sogar durch die Spartaner selbst, besonders wenn er, wie die eine Ueberlieferung ausspricht, nicht ein Dorier, sondern ein Athener war.

Ungeachtet durch die Erscheinung des Tyrtäus der gesunkene Muth der Spartaner wieder aufgerichtet ward, so blieb doch das Glück noch eine Zeit lang den Messeniern hold. Aristomenes erfocht sogar in einer Hauptschlacht einen so glänzenden Sieg, daß die Spartaner die Fortsetzung des Krieges ganz aufgeben wollten und nur durch Tyrtäus von diesem Vorhaben abgebracht wurden. Aristomenes rückt nun in das spartanische Gebiet ein und wagt sogar bis in die Nähe von Sparta selbst vorzubringen. Er wird einst, als er spartanische Frauen bei einem Tempelfeste überfiel, von diesen gefangen, entwindet sich ihnen aber wieder und besteht hierauf noch viele andere Abenteuer von ähnlicher Art. Endlich kommt es von neuem zu einer Hauptschlacht; diese geht durch die Verrätherei des von den Spartanern bestochenen Königs der Arkabier, Aristokrates, verloren und die Messenier erleiden eine blutige Niederlage. Die Spartaner werden in Folge davon Herren des platten Landes und ihre Gegner ziehen sich, wie einst nach Ithome, so jetzt nach der Bergfeste Ira zurück, um deren Besitz der Krieg noch elf Jahre lang geführt wird.

Diesem langen Belagerungskampf ging der kleine Krieg zur Seite, in welchem die Messenier durch einzelne Raubzüge den Spartanern so sehr zusetzten, daß dieselben eine Zeitlang die Bebauung der Felder des von ihnen besetzten Messeniens unterlassen mußten. Dies ist auch diejenige Zeit des ganzen Krieges, welche von der dichtenden Sage mit den wunderbarsten Thaten und Abenteuern des messenischen Helden ausgeschmückt worden ist. Aristomenes wurde damals unter Andern auf einem seiner Streifzüge zugleich mit 50 Gefährten gefangen. Man stürzte ihn mit diesen in den Abgrund Kaiabas, einen bei der Stadt Sparta befindlichen Felsenschlund, in welchen Staatsverbrecher oder deren Leichen geworfen zu werden pflegten. Alle kamen dabei ums Leben, mit alleiniger Ausnahme des Aristomenes selbst, welcher unbeschädigt zum Boden des Abgrunds gelangte. Hier lag er drei Tage, und schon glaubte er den Hungertod erleiden zu müssen, als er durch einen zu den Leichen schleichenden Fuchs gerettet ward. Aristo-

menes ergriff nämlich den Schwanz desselben und gelangte so durch
die vielen verworrenen Felsengänge an das Tageslicht. Glücklich entkam er aus der feindlichen Stadt und erschien zur großen Freude der
Seinen wieder auf der Feste Ira. Hier feierte er das Fest der Heka-
tomphonie oder das seltene Fest, welches bei den älteren Griechen nur
Derjenige feiern durfte, der 100 Feinde mit eigener Hand erschlagen
hatte, und welches Aristomenes dreimal in seinem Leben begehen konnte.
Bald nachher wurde er wieder gefangen und zwar von kretischen Bogenschützen, die im Solde der Spartaner standen. Diese schleppten ihn
gebunden mit sich fort, um ihn nach Sparta zu bringen. In der nächsten
Nacht kehrten sie, noch auf messenischem Boden, in dem Hause einer
Wittwe ein; die Tochter derselben machte, um den Helden ihres Volkes
zu retten, die Bogenschützen trunken, befreite ihn dann von seinen
Fesseln und entfloh nebst ihrer Mutter mit ihm. Aristomenes vermählte seine Erretterin mit seinem Sohne Gorgus.

Trotz aller Tapferkeit und alles Glückes des Aristomenes erschien
doch endlich für Ira und die Messenier, wie einst für Troja und seine
Helden, der Tag des Untergangs. In einer stürmischen Nacht ward
ein Posten von der messenischen Wache verlassen, die Spartaner erfuhren dies durch einen Ueberläufer und erstiegen die Burg. Noch
drei Tage und drei Nächte leisteten die Messenier unter der Anführung
des Aristomenes Widerstand, endlich aber mußten sie erschöpft der
Uebermacht der Feinde und der Mißgunst des Geschickes weichen. Aristomenes verlangte von den Spartanern freien Abzug mit den Waffen.
Dieser ward ihm gewährt und er zog nun mit dem Rest seiner Kampf-
genossen nach Arkadien (670 v. Chr.). Hier beschloß er sogleich mit den
geflüchteten Landsleuten die Stadt Sparta zu überrumpeln, während
das spartanische Heer noch in Messenien sich befand: allein der arkadische König, der nachher zur Strafe dafür von seinen Unterthanen
zu Tode gesteinigt wurde, verrieth den Spartanern das Vorhaben
des Aristomenes und machte so die Ausführung desselben unmöglich.
Aristomenes begab sich nun nach Jalysus auf der Insel Rhodus. Da-
magetus, ein König dieser Stadt, hatte nämlich das delphische Orakel
gefragt, wen er zur Gemahlin nehmen solle und von diesem die Antwort
erhalten: die Tochter des größten Griechen. Er vermählte sich deshalb mit der Tochter des Aristomenes und nahm diesen mit sich nach
Rhodus. Hier starb Aristomenes bald nachher.

Die flüchtigen Messenier segelten, um sich ein neues Vaterland zu
suchen, unter der Anführung des Gorgus nach Rhegium in Unteritalien, bemächtigten sich von hier aus der sicilischen Stadt Zankle und
gaben derselben nach der Vertreibung ihrer Einwohner den Namen
ihrer Heimath Messene, welcher in der Form Messina dieser Stadt

bis zur gegenwärtigen Stunde geblieben ist. Das Schicksal der in der
Heimath zurückgebliebenen Messenier war das härteste, das einem
Volke auferlegt werden konnte: sie wurden insgesammt zu Heloten
gemacht. Diese Härte, mit welcher die Spartaner ihren Sieg mißbrauchten, ward ihnen selbst ebenso verderblich, als dem besiegten
Volk; denn die grausam unterdrückten Messenier ließen später nie eine
günstige Gelegenheit, sich gegen ihre Herren zu empören, unbenutzt
vorübergehen und die Feinde Spartas suchten in ihren Kriegen aus
diesem Umstand stets Vortheil zu ziehen. 200 Jahre nach dem Ende
des zweiten messenischen Krieges führten die empörten Messenier in
Verbindung mit andern Heloten einen lange dauernden, aber unglücklichen Krieg gegen Sparta, den man den dritten messenischen zu
nennen pflegt. 100 Jahre später stellte der Thebaner Epaminondas,
in seinem siegreichen Kampfe mit Sparta, die Unabhängigkeit Messeniens wieder her und lähmte dadurch Spartas Macht für immer. Zu
läugnen ist übrigens nicht, daß die Unterdrückung der Messenier und
das Heloten-Wesen überhaupt für die Spartaner auch eine nützliche
Seite hatten. Gerade durch den Gedanken an den inneren Feind, der
sich jeden Augenblick mit feindseligen Nachbarstaaten verbinden konnte,
wurden die Spartaner am kräftigsten ermuntert, an einer Verfassung
festzuhalten, durch welche jeder Spartaner zu einem Krieger gemacht
und ihr Land, wie ein späterer Redner sich ausdrückte, in ein Feld-
lager umgewandelt ward.

Ein Volk, das wie das spartanische in steter Kriegsübung war,
mußte mit seinen Nachbarn häufig in Streit gerathen; das lag in der
Natur der Dinge und an Gelegenheit dazu konnte es nie fehlen. Die
mächtigsten Feinde der Spartaner im Peloponnes waren die Arkadier
und die Argiver; mit diesen hatten sie in der nächsten Zeit mehrere
Kriege zu führen. Arkadien schloß, gleich den meisten andern peloponnesischen Staaten, zuletzt ein Bündniß mit Sparta und gerieth
dadurch wie diese in Abhängigkeit; Argolis aber verlor nach langem
Kampfe, um 550 v. Chr., den an Lakonien grenzenden Landstrich
Cynuria und konnte sich nicht wieder über Sparta erheben: es ging
zwar nicht wie andere peloponnesische Länder ein Bündniß mit Sparta
ein, sondern schloß sich vielmehr von allen unter dessen Leitung gemachten Unternehmungen der Peloponnesier aus, vermochte aber die
Spartaner weder aus ihrer übermächtigen Stellung zu verdrängen,
noch auch in derselben zu beeinträchtigen. Mit Ausnahme der Argiver
und des kleinen Landes Achaja, dessen Bewohner in den nächsten Zeiten
an den griechischen Angelegenheiten gar keinen Antheil nahmen, waren
um die Mitte des sechsten Jahrhunderts v. Chr. alle peloponnesischen
Staaten mit Sparta verbündet. Das Verhältniß Spartas zu seinen

Verbündeten war so, daß es in den gemeinschaftlichen Kriegen den Oberbefehl führte, die Bundesverwaltung leitete und, ungeachtet der gleichen Stimmen aller Staaten in dem über Krieg und Frieden entscheidenden Bundesrath, doch durch seine Uebermacht den bestimmenden Einfluß ausübte. Man pflegte diese Stellung eines mächtigen Staates zu andern unabhängigen Staaten, mit einem der griechischen Sprache entlehnten Worte, Hegemonie zu nennen. Sparta stand also schon vor dem Ausbruch der Perser-Kriege an der Spitze des Peloponnes, hatte dadurch den Kern der dorischen Macht in seiner Hand vereinigt, galt bei Griechen und Nicht-Griechen für den Hauptstaat Griechenlands und war dies auch, bis Athen an der Spitze des ionischen Stammes ihm den größten Theil seiner Bedeutung entriß.

Sparta, zu dessen Bunde außer den meisten peloponnesischen Staaten noch Megaris und Aegina gehörten, trat im letzten Jahrzehnt des sechsten Jahrhunderts auch außerhalb seiner Halbinsel entscheidend auf, indem es damals mit seinen Verbündeten sich in die inneren Angelegenheiten der Athener mischte. Doch beginnt erst im nächsten Jahrhundert der merkwürdige Wettkampf zwischen ihm und Athen um die Hegemonie von Griechenland.

Noch ist schließlich zu bemerken, daß am Ende dieses Zeitraums ein spartanischer König abgesetzt wurde und nach Persien fliehend dort gegen sein Vaterland auftrat. Dies war Demaratus, der Nebenkönig des herrschsüchtigen Kleomenes I. Er hatte sich mit diesem entzweit und Beide arbeiteten immer gegen einander, bis es zuletzt dem Kleomenes gelang, den weniger gewandten Demaratus zu stürzen. Er klagte nämlich den Letzteren an, daß er dem königlichen Stamme nicht angehöre, sondern ein untergeschobener Sohn seines Vorgängers sei. Die Entscheidung darüber wurde dem delphischen Orakel übertragen, welches Kleomenes für sich zu gewinnen gewußt hatte und Demaratus mußte wirklich (491 v. Chr.) vom Throne herabsteigen. Von Rachgier getrieben begab sich Demaratus nach Persien, dessen König damals einen Kriegszug gegen Griechenland rüstete.

5. Geschichte der Athener von Theseus an bis auf die Perserkriege.

Das Land Attila, dessen Hauptstadt Athen war, hatte einen meist steinigen und unfruchtbaren Boden und umfaßte einen Raum von nur 40 bis 45 deutschen Quadratmeilen, so daß es nicht größer war, als etwa eins der thüringisch-sächsischen Herzogthümer; seine Bevölkerung aber betrug in der blühendsten Zeit nur ungefähr 500,000 Menschen. Ungeachtet dieser beschränkten Verhältnisse und obgleich die Bewohner Attikas, durch den großen Aufschwung des Handels und der Schifffahrt von Aegina, lange Zeit vom Meere faſt ausgeſchloſſen waren, trat doch die Stadt Athen gegen die mächtigen und kriegeriſchen Dorier des Peloponnes ſiegreich auf und erhob ſich und den ioniſchen Stamm zu einem beiſpielloſen Glanze. Die Athener wurden aber nicht allein die Hauptmacht Griechenlands, ſondern ſie vereinigten auch die Erfindungen aller griechiſchen Länder und Stämme in ihrer Stadt, vervollkommneten dieſelben, entwickelten die griechiſche Bildung bis zu ihrer höchſten Vollendung und wurden dadurch die Zierde und die Lehrmeiſter der Menſchheit.

Nur durch Umſtände von außergewöhnlicher Art, wie die Perſerkriege ſie herbeiführten, konnten die Bewohner eines ſo kleinen und von der Natur ſo wenig begünſtigten Ländchens dieſe große welthiſtoriſche Bedeutung erlangen. Zwar trug auch die ihnen von Solon gegebene demokratiſche Verfaſſung nicht wenig dazu bei, weil ſie für die Entwickelung des Geiſtes, der Künſte und der Gewerbe ſehr förderlich war; aber in ihr lag nicht der alleinige Grund der Größe und Bedeutung des atheniſchen Volkes, ſondern ſchon vor derſelben hatte dieſes unter den Griechen eine Wichtigkeit erhalten, welche nachher, durch jene Aenderung des Staatslebens und durch die Gunſt äußerer Ereigniſſe, bis zu einem ungewöhnlich hohen Grade geſteigert ward.

Nach dem Tode des Königs Meneſtheus, welcher den Helden Theſeus aus Athen verdrängt hatte, gelangten die Nachkommen des Letzteren wieder zu dem Beſitze des Thrones. Athens Macht war damals ſo gering, daß ſein König unter den vor Troja verſammelten griechiſchen Fürſten als einer der unbedeutenderen erſcheint. Bei der Rückkehr der Herakliden flohen die von Tiſamenus aus Achaja verjagten Jonier, ſowie manche Achäer aus andern Gegenden des Peloponnes nach Attika. Unter den Letzteren befand ſich auch Melanthus, ein Nachkomme des im trojaniſchen Kriege berühmt gewordenen Königs Neſtor. Dieſer rettete in einem Kriege mit den Böotiern die Athener durch einen Zweikampf, deſſen der König ſelbſt, ein Urenkel des Theſeus, ſich geweigert hatte und wurde dafür mit Verdrängung des Letzteren auf den Thron erhoben.

Dem König Melanthus folgte ſein Sohn Kodrus, deſſen Geſchichte, wie die jener früheren Zeiten überhaupt, durch die verſchönernde Sage entſtellt iſt. Die Athener wurden unter ſeiner Regierung von den Doriern des Peloponnes bekriegt und das delphiſche Orakel hatte den Sieg denen zugeſagt, deren König von dem Feinde getödtet werden würde. Kodrus beſchloß, ſich für ſein Vaterland zu opfern, und da allen Doriern verboten war, den atheniſchen König zu tödten, ſo begab er ſich als Bauer verkleidet in das feindliche Lager, fing unerkannt mit einigen der doriſchen Krieger Händel an und wurde von ihnen erschlagen (um 1068 v. Chr.) Hierauf zogen die Dorier, an dem Siege verzweifelnd, aus Attika ab, nahmen aber doch von dem Lande Megaris, welches bisher von Athen abhängig gewesen war, bleibend Besitz. Der Sage nach sollen die Athener nach Kodrus Tode das Königthum deswegen abgeschafft haben, weil niemand würdig sei, die Stelle eines so edlen Königs einzunehmen; zuverlässig wahr ist aber nur das Eine, daß nach Kodrus der jedesmalige Beherrscher von Athen nicht mehr den Titel König trug, sondern statt dessen A r c h o n (d. i. Herrscher) genannt wurde. Manche glauben aus diesem Umstand auch den Schluß ziehen zu dürfen, daß nach Kodrus Tode die königliche Macht sehr beschränkt worden sei; allein dies ist zu bezweifeln. Dagegen ist ein anderes für die griechische Geschichte wichtiges Ereigniß, welches damals Statt gefunden haben soll, unbestreitbar gewiß. Die Söhne des Kodrus geriethen nämlich über den Besitz des Thrones in einen Streit, dessen Ausgang diejenigen von ihnen, welche unterlagen, zur Auswanderung veranlaßte; und da durch die vielen Flüchtlinge Attika überfüllt worden war, so schiffte sich mit ihnen die Mehrzahl der aus Achaja gekommenen Jonier ein, um in Kleinasien sich niederzulassen. Dadurch entstanden Milet, Ephesus und die andern ionischen Colonieen jenes Landes und dies gab der seither wenig angesehenen Stadt Athen zuerst eine Bedeutung in Griechenland; denn da die ionischen Colonieen schnell und in hohem Grade aufblühten, so wurde dadurch Athen, als die Mutterstadt derselben, ebenfalls gehoben und erhielt allmälig gegenüber den Spartanern und den übrigen Doriern in demselben Maße eine größere Wichtigkeit, als die ionischen Staaten Kleinasiens und die von diesen gegründeten Colonieen an Macht und Reichthum zunahmen.

Auf die Regierung hatten schon früh die Adelsgeschlechter oder, wie sie in Athen hießen, die Eupatriden, einen Einfluß gehabt; dieser nahm im Laufe der Zeit zu und die monarchische Form wich immer mehr der aristokratischen; denn ein Theil der adeligen Familien war schon seit der heroischen Zeit im erblichen Besitz von Priesterwürden und hatte dadurch großen Einfluß; die Könige aber konnten weder von den benachbarten dorischen Staaten Unterstützung erwarten, noch auch sich Leibwachen halten, um ihre Macht durch Waffengewalt zu schützen. Da nun andererseits die ionischen Colonieen, welche schon früh Freistaaten wurden, mit ihrer Mutterstadt in Verbindung blieben und Athen stets mehr durch bürgerliche Betriebsamkeit als durch Kriegsmacht glänzte, so wurde auch durch diese Verhältnisse die ursprünglich monarchische Regierung der Stadt immer mehr der republikanischen Form genähert. Auf diese Weise verlor die königliche Macht nach und nach ihr Ansehen und ihre Bedeutung, und mußte endlich einer förmlichen Aristokratie Platz machen. Man hob nämlich zuerst (752 v. Chr.) die Erblichkeit und den lebenslänglichen Besitz der Archonten-Würde auf und verfügte, daß jeder Archon nur durch Wahl zu dieser Würde gelangen könne, dieselbe nur 10 Jahre lang behalten dürfe und nach der Niederlegung seines Amtes Rechenschaft schuldig sei. Die Archonten wurden anfangs noch aus den Nachkommen des Kodrus genommen, bald aber wählte man sie unter allen Eupatriden ohne Ausnahme. Im Jahre 682 v. Chr. ging man noch weiter: es wurde festgesetzt, daß in Zukunft statt eines einzigen Archonten immer neun zugleich herrschen und diese ihr Amt nur ein Jahr lang behalten sollten. Die neun Archonten wurden aus den Eupatriden gewählt; drei von ihnen führten die eigentliche Regierung, während die sechs übrigen die Gerichte leiteten. Die Letzteren hießen Thesmotheten (d. i. Revisoren und Beaufsichtiger der Gesetze); die drei Ersteren dagegen waren durch höheren Rang vor diesen ausgezeichnet und hatte jeder einen besonderen Titel: der erste hieß Archon eponymos, d. h. der den Namen gebende Archon, weil in Athen ebenso nach ihm, wie in Rom nach den beiden Consuln, das Jahr benannt und mit seinem Namen die Urkunden bezeichnet wurden; er war der vornehmste der Archonten und stand verschiedenen Geschäften vor; der zweite hieß der Archon König, weil er hauptsächlich die religiösen Angelegenheiten zu leiten hatte, wie dies ehemals vom König geschah; der dritte endlich führte nach seinem eigentlichen Amtsgeschäft den Titel Archon Polemarchos d. i. Kriegsherr.

So war also eine vollkommene Aristokratie gegründet. Diese regierte mit Strenge und Härte, konnte aber auf die Dauer unmöglich bestehen. Die Leitung des Staates war ganz in den Händen des Adels, nur Eupatriden waren die Richter, sie urtheilten nach einem ungeschriebenen, blos ihnen bekannten und deshalb willkürlichen Rechte und die Priesterwürde der heiligsten Gottheiten war in denselben Familien erblich, welche die Justiz in ihrer Gewalt hatten; es konnte deshalb bei dieser rein patricischen Verfassung ein Bürger, der sich in seinen Rechten gekränkt glaubte, sich weder an die Regierung, noch an die Gerichte, noch an die Diener der Religion mit Vertrauen wenden. Er wurde also nothwendiger Weise zur Selbstrache getrieben und aus dieser entsprangen Unordnungen aller Art. Zum Glück hatte die eigentliche Bürgerschaft, welche neben dem Adel und seinen Vasallen sich immer mehr emporhob, von der heroischen Zeit her das Recht erhalten, sich zu versammeln und Gesetze zu geben. Wenn daher das Volk, woran der Ehrgeiz es nie fehlen läßt, nur einen Leiter fand, so war es im Stande, Veränderungen zu seinem Besten zu erzwingen. So geschah es denn, daß der Adel im Jahr 624 v. Chr. dem Verlangen des Volkes nach geschriebenen Gesetzen, durch welche der richterlichen Willkür ein

Ende gemacht werde, nachgeben mußte und den damaligen Archonten Drako mit der schriftlichen Abfassung der Gesetze beauftragte. Dies konnte jedoch nicht viel helfen, da die Quelle des Uebels nicht in den einzelnen Gesetzen, sondern in der ganzen Verfassung lag und außerdem das von allen Aemtern ausgeschlossene Volk keine Macht hatte, das Ansehen der Gesetze aufrecht zu erhalten.

Die Gesetzgebung Drako's bezog sich durchaus nicht auf die Form der Verfassung, sondern sie befaßte sich blos mit dem Rechte, nach welchem die Richter die Urtheile sprechen sollten. Drako hatte aber so harte Straf-Ansätze gemacht, daß selbst auf geringere Vergehen, wie Obstdiebstahl u. dgl., der Tod gesetzt war und daß man später zu sagen pflegte, Drako's Gesetze seien nicht mit Tinte, sondern mit Blut geschrieben. Die Eupatriden hatten, als sie dem Verlangen nach einer schriftlichen Abfassung des in Athen geltenden Rechtes nachgaben, offenbar die Absicht, den aufstrebenden Geist der Bürgerschaft durch sehr harte Gesetze zu zügeln. Drako's Gesetze waren daher bald sehr verhaßt, der Druck, der auf dem Volke lastete, blieb ebenso hart, als er vorher gewesen war und die Zwietracht zwischen Adel und Bürgerschaft dauerte fort.

Kurze Zeit nach der Drakonischen Gesetzgebung (um 610 v. Chr.) entstand ein heftiger Zwist unter den Eupatriden selbst. Diese waren in zwei Parteien zerfallen, welche mit einander um den Vorrang stritten und das Haupt der einen, Kylon, beschloß, die Verwirrung zu benutzen, um sich zum Alleinherrscher aufzuwerfen. Kylon war der Schwiegersohn eines Tyrannen der benachbarten Hauptstadt von Megaris, der ihn auch mit Bewaffneten unterstützte; er hatte sich in Delphi einen Orakelspruch verschafft, mit welchem er sich rechtfertigen zu können glaubte. Er konnte um so eher einen solchen Plan entwerfen, als damals gerade die günstigste Zeit für Tyrannen in den griechischen Ländern war, da man noch nicht wie später allgemeinen Haß gegen die Herrschaft eines Einzelnen nährte und da überdies auch den Tyrannen es meistens gerade in Folge des Hasses der bürgerlichen und bäuerlichen Bevölkerung gegen den Adel gelang, sich emporzuschwingen. Kylon bemächtigte sich durch plötzlichen Ueberfall der Akropolis oder Burg von Athen. Allein er hatte seine Kräfte und die seiner Gegner nicht richtig berechnet; der Adel mit den Archonten an der Spitze bot seine Vasallen auf dem Lande auf und die Aufrührer waren bald in der Burg eingeschlossen und dem Hungertode preisgegeben. Kylon und sein Bruder schlichen sich zwar durch die Wachtposten ihrer Feinde hindurch und entkamen glücklich nach der Stadt Megara; die andern aber vermochten nicht zu entrinnen. Sie retteten sich, nachdem bereits mehrere von ihnen Hungers gestorben waren, zu den Altären der Götter, welche in Griechenland stets für unantastbare Zufluchtsstätten galten, wurden aber dessen ungeachtet getödtet. Dieser Frevel gegen die Götter war unter der Leitung der Archonten und also von Staatswegen begangen worden und deshalb fiel nach der Vorstellung der Griechen die Sündenschuld auf das ganze athenische Volk; allein am meisten hatten sich dabei die Allmäoniden, eine der vornehmsten Familien Athens, thätig gezeigt und deswegen lastete der Fluch des Verbrechens besonders auf diesen. In späteren Zeiten benutzte der Parteizwist diesen Vorfall öfters, um einen oder den andern der Nachkommen dieses Hauses dadurch zu stürzen, daß man den Aberglauben des Volkes gegen die Familie als eine fluchbeladene aufregte.

Bald nach dem Vorfall geriethen die Athener wegen des Zorns der Götter in Unruhe und auf den Antrag des nachher so berühmt gewordenen Solon, welcher um jene Zeit zum ersten Mal öffentlich auftrat, wurden die Theilnehmer an dem Morde von Gerichtswegen für schuldig erklärt. Diejenigen von ihnen, welche noch am Leben waren, mußten das Land Attika verlassen, die Gebeine der Verstorbenen aber wurden ausgegraben und über die Grenze gebracht. Doch beruhigte man sich damit noch nicht, sondern als eine ansteckende Krankheit in der Stadt ausbrach und die zu Attika gehörende Insel Salamis von den Megareern erobert wurde, deutete man dieß als Strafe der noch immer erzürnten Götter und glaubte sich nicht eher zufrieden geben zu können, als bis die Stadt auf feierliche Weise von der Sünden-schuld gereinigt sei. Um diese Sühnung zu vollbringen, ließ man den berühmten Epimenides aus Kreta, einen Freund Solon's, nach Athen kommen (597 v. Chr.). Epimenides war ein Mann, der wie Pythagoras mit dem geheimnißvollen Aeußeren eines orientalischen Priesters die Einsicht, Wahrhaftigkeit und Uneigennützigkeit eines grie-chischen Staatsmannes und Weltweisen verband; und sein Freund Solon erscheint bei der Herbeiziehung dieses priesterlichen Weisen als einer von den Männern, welche des Orients mystische Ceremonien dem griechischen Staatswesen anzupassen suchten, um die von ihnen ge-priesene und geförderte Freiheit des Volkes durch die Religion in Schranken zu halten. Epimenides, dem man einen Verkehr mit den Göttern zuschrieb, und von welchem man außer andern Wundern auch erzählte, daß er als Jüngling einst in einen nicht weniger als vierzig Jahre dauernden Schlaf verfallen sei, reinigte die Stadt Athen durch allerlei neue und eindrucksvolle Ceremonieen von ihrer Schuld. Zu gleicher Zeit richtete er aber auch den dortigen Cultus neu ein und suchte seinem Freunde Solon, der auf eine neue Staatseinrichtung dachte, den Weg dazu zu bahnen.

Drei Jahre nach dieser Sühne (594 v. Chr.) führte Solon sein

Vorhaben aus und machte seine berühmte Gesetzgebung. Solon, der auch als Dichter sich auszeichnete und zu den sogenannten sieben Weisen Griechenlands gezählt wurde, gehörte seiner Herkunft nach den ersten Familien Athens an. Mit großen Talenten begabt, hatte er sich Menschenkenntniß und die ganze Bildung seiner Zeit zu erwerben gewußt und zu diesem Behufe auch Reisen in verschiedene Länder unternommen. In seine Vaterstadt zurückgekehrt erhielt er so großes Ansehen, daß er auf die erwähnte Weise in die aus Kylon's Aufstand hervorgegangenen Verhältnisse mit eingreifen konnte. Seit Epimenides Sühne war er die Hauptperson des athenischen Staates. Er verhalf seinen Mitbürgern zunächst zur Wiedereroberung der Insel Salamis und zwar, wie es heißt, durch eine doppelte List. Die Athener hatten nämlich mehrmals vergebliche Angriffe auf Salamis gemacht und waren dabei stets mit so großem Verlust zurückgeschlagen worden, daß sie zuletzt die Todesstrafe gegen Jeden aussprachen, der eine Erneuerung dieses Unternehmens beantragen würde. Da soll Solon, im Einverständniß mit andern Bürgern, ungefährdet einen neuen Versuch zur Wiedereroberung von Salamis herbeigeführt haben. Er erschien, nachdem er vorher das Gerücht ausgesprengt hatte, daß er zuweilen geistesabwesend sei, plötzlich wie ein Wahnsinniger in der Volksversammlung und trug ein von ihm verfaßtes Gedicht vor, welches den Muth und die patriotische Begeisterung der Menge belebte und sie zu einem nochmaligen Angriff auf Salamis anfeuerte. Als er auf diese Weise unter Mitwirkung seiner Freunde die Sache durchgesetzt hatte, wurde er selbst mit der Anführung derselben beauftragt und entriß durch eine Kriegslist die Insel den Megareern.

Hierauf veranlaßte Solon den ersten sogenannten „heiligen Krieg", den ersten der Kriege, welche von den Staaten des Amphiktyonen-Bundes zum Schutz des Apollo-Tempels von Delphi geführt wurden. Die phokische Stadt Cirrha nämlich hatte die zum Orakel wallfahrenden Fremden durch Abgabenerhebung belästigt und zuletzt sogar einen Angriff auf das Gebiet des Gottes selbst gemacht. Die Meinungen in der Versammlung des Amphiktyonen-Bundes, dem die Bestrafung dieses Frevels oblag, waren getheilt und man konnte sich lange Zeit nicht verständigen, bis endlich Solon, als athenischer Gesandter beim Bunde, die gemeinschaftliche Bekriegung der Stadt Cirrha durchsetzte. Dieser Krieg wurde in den Jahren 600—590 v. Chr. geführt und endete damit, daß die Stadt Cirrha zerstört und ihr Gebiet unter einem furchtbaren Fluche gegen Jeden, der dasselbe fernerhin zu bebauen wagen würde, dem Gotte Apollo geweiht wurde. Solon selbst erwarb sich durch den Eifer, mit welchem er die Sache des Gottes betrieb, großes Ansehen sowohl in Athen als im übrigen Griechenland.

Die in Athen bestehenden Mißverhältnisse hatten sich aber nunmehr in so hohem Grade gesteigert, daß eine gründliche Heilung des Uebels durchaus nöthig war. Ein großer Theil des Volkes war in eine drückende Schuldenlast, zum Theil, da das Gesetz gestattete, sich mit der Person des Schuldners bezahlt zu machen, in Schuldknechtschaft gerathen, welche ihn von dem Adel mit Leib und Leben abhängig machte; eine Abtragung der Schulden auf gewöhnlichem Wege ward zur Unmöglichkeit; in grimmigem Haß, fast in offener Fehde standen sich Gläubiger und Schuldner gegenüber. Ebenso war die gesammte Bevölkerung von Attika in Betreff der bürgerlichen Angelegenheiten in drei feindselige Parteien zerfallen, die den verschiedenen geographischen Verhältnissen des Landes einigermaßen entsprachen und deshalb nach diesen ihre Namen erhielten. Die Pediäer oder die Bewohner des flachen Landes nach dem Lande Megaris hin bestanden aus den adeligen Großgrundbesitzern und suchten die aristokratische Verfassung aufrecht zu erhalten; die Diakrier oder Hyperakrier, d. i. die Oberländer, waren ursprünglich die Bewohner des bergigen Landes im nördlichen und östlichen Attika, umfaßten aber als Partei die große Masse der armen, vornämlich der Kleinbauern, welche eine gänzliche Staatsumwälzung, sowie die Herstellung einer Demokratie wünschte; die Paraler endlich, eigentlich die Küstenbewohner des südlichen Attika, begriffen den wohlhabenderen Theil der Bürgerschaft, namentlich die städtische und handeltreibende Bevölkerung in sich und begehrten die Einführung einer gemischten Verfassung. Um den Streit dieser Parteien zu schlichten und zugleich durch eine neue Gesetzgebung die Gebrechen des Staates von Grund aus zu heilen, wurde Solon zum Archonten erwählt und zwar mit dem besonderen Auftrag, alle ihm nöthig scheinenden Aenderungen in der Verfassung und den Gesetzen des Staates vorzunehmen.

Das Erste, was Solon that, war die Aufhebung des großen zwischen Schuldnern und Gläubigern bestehenden Mißverhältnisses oder die sogenannte Seisachthie d. i. wörtlich die Lasten-Abschüttelung. Eine Schuldentilgung war dies nicht, sondern Solon half der zu großen Ungleichheit des Vermögens zunächst nur durch Veränderung der Münze ab. Er setzte nämlich den Münzfuß um 27—28 Procent herab, erhöhte also den Werth des vorhandenen baaren Geldes im Vergleich zu dem neu zu prägenden um ebensoviel und verordnete, daß zwar eine volle Zahlung der schuldigen Summen den Gläubigern geleistet werden sollte, aber nur in neuem Gelde, wodurch also die Schuldner 27—28 Procent gewannen. Außerdem hob er das alte Gesetz auf, nach welchem der Gläubiger sich durch die Person des Schuldners bezahlt machen und diesen als Sklaven verkaufen konnte.

Dies war eine Maßregel für den Augenblick. Seine große Bedeutung für die Geschichte seines Volkes und überhaupt für die bürgerliche Freiheit unter den Menschen erhielt Solon durch eine umfassende Gesetzgebung und Verfassungsordnung, zu welcher ihm der regierende Stand selbst, im Vertrauen auf seine Mäßigung, die Vollmacht gegeben zu haben scheint. Diese von Solon mit weiser Benutzung des Vorhandenen geschaffene Verfassung war eine Demokratie, welcher aber auf eine sehr kluge und für das Auge verstreckte Weise das Aristokratische beigemischt war. Der merkwürdigste weltgeschichtliche Charakterzug dieser Verfassung besteht darin, daß Solon zuerst statt einer Aristokratie der Geburt eine Timokratie d. i. eine Aristokratie des Besitzes einführte, oder mit andern Worten, daß er zuerst den größeren oder geringeren Antheil jedes Bürgers an der Regierung nach den Vermögensverhältnissen desselben bestimmte, während vorher der Unterschied der politischen Rechte von der Herkunft abhing und folglich auch erblich war. Doch erhielt Solon, wie sich unten zeigen wird, dem Adel durch besondere Einrichtungen immer noch einen gewissen Einfluß im Staate.

Das Land Attika enthielt drei Klassen von Einwohnern, nämlich Staatsbürger, Sklaven und die sogenannten Metöken d. h. Beisassen oder Schutzverwandte. Die Letzteren waren persönlich frei, hatten aber an der Leitung, Verwaltung und Gesetzgebung des Staates durchaus keinen Antheil, weil sie nur aus ansässigen Fremden oder aus Freigelassenen oder Nachkommen von solchen bestanden. Die Sklaven hatten keine andern Rechte, als daß sie durch gesetzliche Vorschriften gegen Willkür geschützt waren. Nur die Staatsbürger besaßen höhere politische Rechte. Zu ihnen gehörten alle, welche von einem Bürger und einer Bürgerin in gleichmäßiger Ehe entsprossen waren und diejenigen von den Andern, denen die Volksversammlung das Bürgerrecht ertheilt hatte. Die Bürger zerfielen von alter Zeit her in vier Stämme oder Phylen, welche ursprünglich geographische Abtheilungen waren und verschiedene Unterabtheilungen hatten. Diese Bezirke blieben auch in der Solonischen Verfassung bestehen; außerdem theilte aber Solon die Bürger noch in vier nach dem Vermögen gesonderte Klassen ein. Wer jährlich 500 Scheffel trockene Erzeugnisse und eben so viel nasse Producte (Wein und Oel) erntete, gehörte zur ersten Klasse; 300 dagegen war die geringste Norm für die zweite, sowie 200 für die dritte; alle diejenigen endlich, welche weniger als 200 oder gar nichts aus Grundbesitz einnahmen, bildeten die vierte Klasse. Das Vermögen der Bürger wurde also nach dem Grundbesitz und dessen Ertrage beurtheilt. Ebenso verhielt es sich nach der Solonischen Verfassung mit den Rechten und Pflichten der Bürger in den verschie-

benen einzelnen Klaffen. Die Mitglieder der vierten Klaffe, Thetes
genannt, waren nämlich fleuerfrei und nahmen am Kriege nur als
Leichtbewaffnete oder als Matrosen Theil; dagegen waren fie von allen
Aemtern ausgeschloffen und ihre höheren politischen Rechte beftanden
nur darin, daß fie mit gleichem Stimmrecht der aus den Bürgern aller
vier Klaffen zusammengesetzten Volksversammlung beiwohnen und zu
Richtern gewählt werden durften. Die Mitglieder der drei übrigen
höheren Klaffen konnten allein Staatsämter bekleiden und zwar
waren fie insgesammt zu allen Aemtern gleich berechtigt, mit der einzigen Ausnahme, daß das Amt der Archonten und der sogenannte
Areopagus nur den Bürgern der erften Klaffe zugänglich waren. Die
Steuern waren nach dem Ertrage des Grundbefißes vertheilt und auch
die Verschiedenheit des Kriegsdienftes richtete fich nach der Verschie-
benheit der Klaffen. Die Mitglieder der erften Klaffe, welche Pente-
lofiomebimner b. i. Bürger von 500 Scheffeln hießen, wurden
meiftens zu den höheren Offizierstellen verwendet; die der zweiten
waren verpflichtet, ein Pferd zum Kriegsdienfte zu halten und als
Reiter zu dienen und wurden deswegen Hippeis b. i. Ritter genannt; die der dritten endlich bildeten im Kriege das schwerbewaffnete
Fußvolt und hießen die Zeugiten, weil fie ein Zeugos oder Acker-
gespann zu halten im Stande waren.

Die Volksversammlung oder Ekklefia, welcher alle Bürger
mit gleichem Stimmrecht beiwohnen durften und in der mit Ausnahme
weniger Fälle nach einfacher Stimmenmehrheit entschieden wurde, übte
die höchfte Gewalt in den Angelegenheiten des Staates. Wer Vollbürger und 20 Jahre alt, war zum Besuch der Verfammlung berechtigt.
Die Verfammlung wurde regelmäßiger Weise alle fünfunddreißig Tage
viermal gehalten und von dem Rathe oder den Feldherren berufen.
Der gewöhnliche Ort berfelben war die fogenannte Pnyx, ein Hügel,
welcher auf der einen Seite zu einem der Einrichtung der Theater
ähnlichen Halbkreis mit ftufenförmigen Reihen von Sitzen ausgehauen
war. Damit kein Bürger die Verfammlung vor ihrem Ende verlaffen
konute, war während berfelben die zur Pnyx führende Straße ftets ge-
fperrt; ebenso wurden beim Beginne der Verfammlung die Thore der
Stadt geschloffen, aller Verkauf auf den Märkten eingeftellt und jeder
Bürger, den man auf den Straßen fand, ohne Umftände gezwungen,
fich in die Verfammlung zu begeben. Den Vorfitz hatte anfangs
der erfte Archon, in fpäteren Zeiten aber der Vorfteher berjenigen
Rathsabtheilung, die gerade die Geschäfte leitete. In der Verfammlung, welche mit religiösen Ceremonieen eröffnet wurde, durfte jeder
Anwefende über die vorkommenden Gegenftände mitsprechen, wenn er
nicht etwa solche Strafen erlitten hatte, die den Verluft der bürgerlichen

Ehrenrechte nach sich zogen. Uebrigens versteht es sich von selbst, daß in der Volksversammlung wie im Rath in der Regel nur diejenigen Männer auftraten und einen bedeutenden Einfluß auf die Leitung des Staates hatten, welche aus den Staatsgeschäften einen besonderen Lebensberuf machten. Diese beschäftigten sich ausschließlich mit den Angelegenheiten des Staates, bereiteten sich wissenschaftlich darauf vor und trieben keine Art von Gewerben.

Die Volksversammlung war die gesetzgebende Behörde, sie erwählte die Staatsbeamten, bestätigte oder verwarf diejenigen von ihnen, welche eines Vergehens angeschuldigt waren, bestimmte die Abgaben, ließ sich über die Verwendung der Staatsgelder Rechenschaft ablegen, entschied über Krieg und Frieden, sowie über die auswärtigen Verhältnisse überhaupt und hörte die fremden Gesandten an. Sie ertheilte ferner das Bürgerrecht an Fremde, wozu aber mindestens 6000 Stimmen erforderlich waren, faßte Beschlüsse über religiöse Angelegenheiten, Feste und Ehrenbezeugungen und erkannte als höchste Gerichtsbehörde über Staatsverbrechen. Damit jedoch durch die große Gewalt der Versammlung die Demokratie nicht in Zügellosigkeit ausarte, hatte Solon durch einige besondere Verfügungen ein Gegengewicht gegen dieselbe geschaffen. Es durfte nämlich kein Gegenstand vor die Volksversammlung gebracht werden, über welchen nicht zuvor der Rath ein Gutachten, einen Vorbeschluß gefaßt hatte, und was dieser verworfen hatte, durfte dem Volke im laufenden Jahre nicht mehr vorgelegt werden. Ferner mußte, bei jedem Antrag auf Abschaffung oder Aenderung eines bestehenden Gesetzes, dieses durch besondere Beamten vertheidigt und sodann von einem Ausschuß der Bürger geprüft werden; nachher wurden zur nochmaligen Vertheidigung desselben in der Volksversammlung fünf Männer ernannt, hierauf noch ein besonderes Gutachten des Rathes eingeholt und dann erst konnte das Volk entscheiden.

Die Bule oder der Rath war die höchste Verwaltungsbehörde und hatte die Leitung des Staates. Er bestand nach der Solonischen Verfassung aus vierhundert Mitgliedern, welche jedes Jahr neu gewählt wurden und zwar je hundert aus jeder der vier Phylen. Er war also ein jährlich wechselndes Regierungs-Collegium und da die Buleuten aus allen Klassen der Bürger und durch das Loos gewählt wurden, so ist er als ein Ausschuß der Volksversammlung anzusehen, in welchen nach und nach fast alle Bürger kamen, um gleichsam abwechselnd einander zu beherrschen. Es ist unbekannt, ob Solon die Bürger der vierten Klasse von der Theilnahme am Rath ausgeschlossen hat oder nicht; nur so viel ist gewiß, daß hundert Jahre nach ihm dieselben eben so gut wie alle andern Bürger in den Rath gewählt werden konnten. Jedes Mitglied mußte wenigstens dreißig Jahre alt sein und alle waren nach ihrer Erwählung einer Prüfung unterworfen, welche ihr Bürgerrecht und diejenigen sittlichen Vergehungen, auf denen als Strafe der Verlust bürgerlicher Ehrenrechte stand, betraf. Der Rath versammelte sich, außer an Festtagen, jeden Tag und seine Sitzungen waren in der Regel wahrscheinlich öffentlich. Er führte die Aufsicht über alle Zweige der Verwaltung und die Finanzen, und berathschlagte über alle Angelegenheiten des Staates, ehe sie zur Beschlußnahme an die Volksversammlung gebracht wurden. Für sich allein konnte er zwar auch Verordnungen machen, allein diese galten nur für das Jahr seiner Amtszeit. Der zehnte Theil des Rathes bildete einen Ausschuß desselben, aber so, daß dessen Mitglieder alle fünf- oder sechsunddreißig Tage wechselten und so nach und nach alle Buleuten in denselben kamen. Dieser Ausschuß hieß die Prytanie und seine Mitglieder die Prytanen. Sie hatten die laufenden Geschäfte zu verwalten und waren den größten Theil des Tages über in einem besonderen Gebäude, das Prytaneum genannt, versammelt, um bei allen Vorkommenheiten sogleich gegenwärtig zu sein. Deshalb speisten die Prytanen auch daselbst auf öffentliche Kosten, zugleich mit einigen der Beamten und mit denjenigen Bürgern, welchen für ihre Verdienste um den Staat das Recht dazu als eine besonders hohe Ehre gewährt worden war. Durch das Loos wurde einer der Prytanen zum Präsidenten der Prytanie und des Rathes ernannt, aber immer nur für einen Tag; dieser hatte das Staatssiegel, sowie die Schlüssel zum Schatze und zum Archiv des Staates in seiner Verwahrung.

Die Staatsbeamten wurden von der Volksversammlung ernannt und zwar theils durch Wahl, mittels Händeerhebung, theils durch das Loos. Vor dem Antritt ihres Amtes mußten sie sich einer Prüfung unterwerfen, welche der der Rathsherren ähnlich war; ebenso mußten sie nach der Beendigung ihres Amtes Rechenschaft über ihre Verwaltung ablegen. Uebrigens waren die Staatsämter Ehrenstellen und wurden unentgeltlich verwaltet. Die wichtigsten dieser Beamten waren die neun Archonten, welche nur aus der ersten Klasse der Bürger gewählt wurden. Sie hatten früher an der Spitze der Regierung gestanden, verloren aber durch die Solonische Verfassung diese Stellung an die Prytanen und behielten nur noch die frühere Ehre und einen sehr beschränkten Theil ihres ehemaligen Geschäftskreises, namentlich den Vorsitz an den Gerichtshöfen. Der erste Archont, nach welchem fortwährend das Jahr benannt wurde, hatte hauptsächlich die Gerichtsbarkeit über Ehe-, Testaments- und Vormundschaftssachen. Vor den zweiten, den Archon-König, gehörten vorzüglich die religiösen Angelegenheiten. Der dritte oder der Polemarch hatte zwar noch einigen Antheil an der Leitung des Kriegswesens, welche der Hauptsache nach

ben zehn Strategen oder Generalen zufiel, übte aber vor allem Andern
die Gerichtsbarkeit über die perſönlichen und Familien-Angelegenheiten
der Metöken (Beiſaſſen) und Fremden aus. Die ſechs Thesmotheten
bildeten ein Collegium, welches den Gerichten vorſaß und die Proceſſe
inſtruirte.

Für das Kriegsweſen beſtand die höchſte Behörde aus den
zehn Strategen oder Generalen, welche jährlich von der Volksverſammlung gewählt wurden und zwar, als etwa achtzig Jahre nach
Solon's Geſetzgebung die Zahl der Phylen von vier auf zehn erhöht
worden war, je einer aus jeder Phyle. Dieſe hatten im Frieden die
Leitung der militäriſchen Angelegenheiten; im Kriege führten entweder
alle in Gemeinſchaft oder auch einzelne von ihnen den Oberbefehl.
Die Volksverſammlung ernannte auch die übrigen höheren Offiziere.
Uebrigens war jeder Bürger vom 18.—60. Lebensjahre zum Kriegsdienſte verpflichtet und dieſer war unentgeltlich, bis etwa 150 Jahre
nach Solon's Geſetzgebung ein Sold eingeführt wurde.

Die Gerichte waren Geſchwornen-Gerichte. Es wurden nämlich
jährlich durch die Archonten aus der Geſammtheit der Bürger, welche
das dreißigſte Jahr zurückgelegt hatten, 6000 ausgelooſt, um für das
laufende Jahr den Richterſtand zu bilden. Dieſe Bürger, welche die
Heliaſten hießen und gleich beim Antritt dieſes Richteramtes einen
Richtereid zu leiſten hatten, wurden unter die zehn beſtehenden Ge-
richtshöfe vertheilt, welche theils über Kriminalfälle und theils über
Civilſtreitigkeiten zu entſcheiden hatten; nur ſehr ſelten traten alle
Heliaſten zu einer einzigen Gerichtsbehörde zuſammen. Die Gerichte
waren alſo ebenſo wie der Rath ein Ausſchuß der Volksverſammlung,
welcher bei Staatsverbrechen ſogar ſelbſt zu Gericht ſaß. Präſidenten
der Gerichte waren die Archonten. Uebrigens wurde die Klage ſchrift-
lich eingereicht, die Gerichtsverhandlung ſelbſt aber war mündlich und
öffentlich.

Eine ſehr wichtige Staatsbehörde war der Areopagus, das
einzige athenische Staats-Collegium, deſſen Mitglieder nicht jährlich
wechſelten, ſondern auf Lebensdauer ernannt waren. Dieſe beſtanden
nämlich aus allen denen, welche Archonten geweſen waren. Der
Areopagus hatte ſeinen Namen von einer Anhöhe, auf der er ſeine
Sitzungen hielt. Es war ein ſeit uralter Zeit beſtehendes Tribunal,
welches über vorſätzliche Mordthaten und Verwundungen, ſowie über
Brandſtiftung und Giftmiſcherei richtete und von jeher mit einem
Schein religiöſer Heiligkeit umgeben geweſen war. Solon hatte den
Areopagus noch ehrwürdiger und angeſehener gemacht, weil er ſich
deſſelben bedienen wollte, um der leicht in Zügelloſigkeit ausartenden
Volksherrſchaft ein oligarchiſches Gegengewicht zu geben. Er ließ

demſelben alſo jene Gerichtsbarkeit und machte ihn außerdem zum Wächter der Verfaſſung und der Sitten. Worin die von Solon dem Areopagus übertragene Gewalt im Einzelnen beſtand, läßt ſich nicht genau angeben und vielleicht war dies von Solon ſelbſt abſichtlich unbeſtimmt gelaſſen worden. Der Areopagus hatte wahrſcheinlich bei außerordentlichen Fällen in allen allgemeinen Staatsangelegenheiten eine entſcheidende Gewalt und bildete außerdem eine Art von Cenſur- und Oberpolizei-Behörde, welche über die Religion und die Sitten zu wachen hatte. Namentlich beauffichtigte er die moraliſche Erziehung der Jugend, ſuchte den Luxus und die Schwelgerei zu hemmen, unter- ſuchte den Erwerb, durch welchen die einzelnen Bürger ſich ernährten u: dgl. m. Seine gerichtlichen Sitzungen wurden, wie erzählt wird, bei Nacht und im Dunkeln gehalten, damit die Richter nicht durch die Mienen des Beklagten beſtochen würden; der Ankläger mußte einen furchtbaren Eid ſchwören, daß er keine falſche Anklage beabſichtige; ihm und dem Beklagten waren in ihren Vorträgen alle nicht zur Sache ſelbſt gehörenden Wendungen und alle auf die Erregung des Gemüths und der Leidenſchaften berechneten Redekünſte verboten; die ganze Ver- handlung aber hatte etwas ſehr Feierliches und Ehrfurcht Erweckendes.

Dies ſind die weſentlichen Theile der Verfaſſung, welche Solon dem atheniſchen Staate gab und um die ſich in der folgenden Zeit die innere Geſchichte Athens dreht. Außerdem erließ Solon noch viele einzelne Geſetze für das Privatleben der Bürger, welche das eigentliche Ziel ſeiner Beſtrebungen zu erkennen geben und von denen deswegen einige angeführt werden müſſen. Wer ſich dem Kriegsdienſte entzog oder feige den ihm angewieſenen Poſten verließ, verlor die activen Bürgerrechte; dagegen wurden die Kinder der im Kriege Gebliebenen auf Koſten des Staates erzogen. Weil in einer demokratiſchen Repu- blik Parteiungen unvermeidlich ſind und es eben deshalb in ihr mehr als in jedem anderen Staat Schaden bringt, wenn die Beſſeren ſich von denſelben fern halten, ſo verordnete Solon bei Strafe der Ver- bannung, daß bei inneren Unruhen jeder Bürger ſich für eine beſtimmte Partei erklären müſſe: er wollte dadurch bei inneren Streitigkeiten eine raſche Entſcheidung ſichern. Jeder Athener war ferner verpflichtet, dem Areopagus, ſo oft derſelbe es verlangte, über ſeinen Erwerb Aus- kunft zu geben und der Müßiggänger wurde von dieſem beſtraft. Allen Eltern war geboten, ihre Kinder irgend ein Geſchäft erlernen zu laſſen; die Kinder aber mußten bei Strafe des Verluſtes der höheren bürger- lichen Rechte ihre dürftigen Eltern ernähren, wenn ſie nicht nachweiſen konnten, daß dieſe die Erfüllung jener Pflicht verſäumt hatten. Be- ſtimmte Luxusgeſetze beſchränkten den Putz der Frauen, die Pracht der Leichenbegängniſſe und andere Ausartungen der Eitelkeit.

Diese Verfügungen Solon's und seine Einrichtung der Verfassung zeigen, daß er aus seinen Mitbürgern nicht, wie Lykurg, ritterliche Krieger, sondern ein gewerbthätiges, durch den Fleiß seiner Hände und durch Verkehr und Handel aufblühendes Volk zu machen strebte, welches gleich den Spartanern sein Gemeinwesen liebe, aber sich durchaus selbst regiere und durch den fast gleich großen Antheil Aller am Staate seine Geisteskräfte rege erhalte und entwickele. Die Bürger Athens, deren Zahl man in der späteren Zeit auf etwa 20,000 anschlagen kann, waren durch die Verfassung selbst in den Stand gesetzt, in demokratischer Weise sich selbst zu regieren, während dies in einer Handelsstadt der neueren Zeit schwerlich würde geschehen können; denn die Verhandlungen der Volksversammlung, die große Zahl der Richter und Beamten und der stete Wechsel durch jährliche Wahlen bildeten fast jeden Athener zu einem Kenner der Verwaltungs- und Regierungsgrundsätze aus und verbreitete unter allen Klassen politische Einsicht und die Kenntniß der Verhältnisse. Freilich hatte dies auch seine Schattenseite, indem später die größere Masse der Athener in Sophisten und Advokaten umgewandelt ward; aber dagegen wurde andererseits der Geist derselben so sehr entwickelt, daß in Athen die Bildung in einem Grade und Umfang sich verbreitete, wie dies bei keinem anderen größeren oder kleineren Volke jemals der Fall gewesen ist.

Die Solonische Verfassung war eine Demokratie, durch welche die bisherige Aristokratie der alten Geschlechter umgestoßen wurde; allein Solon hatte ihr doch von dieser soviel beigemischt, als zu ihrer eigenen Erhaltung nöthig war. Der Adel behielt nämlich noch immer vorzugsweise einen Einfluß auf den Staat, nicht nur weil er der reichste Theil der Bürgerschaft und zu den höheren Stellen am meisten befähigt war, sondern auch weil ihm allein ein Theil der Priesterwürden und des Gottesdienstes anvertraut blieb und weil nur aus der ersten Klasse die Archonten gewählt werden konnten und also auch das hochwichtige Tribunal des Areopagus in dem alleinigen Besitz der Reichen blieb. Außerdem war durch den Areopagus und durch andere zum Schutz der Sitten gemachten Einrichtungen dafür gesorgt, daß das Volk trotz seines großen Antheils an der Regierung nicht leicht in Zügellosigkeit verfiel. In den folgenden Zeiten, als die Macht des Staates in hohem Grade aufblühte und Sittenlosigkeit einriß, artete freilich auch diese Staatseinrichtung aus. Auch lag allerdings in ihr selbst der Keim zur Schrankenlosigkeit; denn die Solonische Verfassung rief stets Parteiungen und Parteihäupter hervor, ja diese waren sogar durchaus nöthig, damit Ein Ehrgeiz den andern im Zaume halte und damit der Einzelne, der sich selbst nicht geltend machen konnte, doch wenigstens durch seine Stimme für oder gegen eine Partei bedeutend werde.

Daß die Solonische Verfassung ohne Schwierigkeit angenommen wurde und sich gleich anfangs festsetzte, lag in dem Wesen derselben: es wurden nämlich durch die Errichtung einer jährlich wechselnden Staatsbehörde, welche aus vierhundert Personen bestand, zu viele Bürger in das Interesse der neuen Verfassung hineingezogen, als daß an eine Aufhebung derselben zu denken gewesen wäre. Obgleich übrigens Solon durch dieses Mittel die Dauer seiner Verfassung im Allgemeinen gesichert hatte, so scheint er doch gefürchtet zu haben, man möchte zu bald einzelne Bestimmungen derselben ändern und dadurch das Ganze untergraben. Er ließ deshalb die Athener schwören, in den nächsten zehn Jahren nichts an seinen Verordnungen zu ändern; denn sobald man eine Verfassung, besonders eine für Staat und Volk so durchaus passende, wie die Solonische, einmal zehn Jahre lang gewohnt war, fiel der Wunsch nach einer anderen von selbst weg.

Die inneren Unruhen, welche früher in den Verhältnissen der Adeligen zum Volk und unter sich selbst ihren Grund gehabt hatten, hörten auch nach Solon's Gesetzgebung nicht auf; denn da nach der neuen Verfassung die Aemter nur den drei ersten Klassen zugänglich waren, so mußte alsbald ein Kampf der Familien und der Einzelnen um Ehre und Einfluß entstehen; ja, weil die Volksversammlung, sowie der aus ihr hervorgehende Rath und die Gerichte dem gesammten Volke anheim gegeben waren, so mußte dieser Kampf jetzt bei weitem stärker werden und viel mehr die ganze Bürgerschaft beschäftigen, als früher. Namentlich konnte ein Einzelner, welcher einige Gewandtheit besaß, die bedenklichsten Unruhen dadurch erregen, daß er die große Masse der Bürger von der vierten Klasse, die an den Gerichten und an der Volksversammlung Theil nahmen, für sich zu gewinnen wußte. Außerdem war Solon nicht im Stande gewesen, die Parteien der Pediäer, Paraler und Diakrier zu vernichten und in einem Gemeinwesen, in welchem lange Zeit die Gegensätze so schroff einander gegenübergestanden haben, weicht die Parteileidenschaft nicht so schnell der Besonnenheit, deren ein Volk bedarf, wenn ihm eine freie Verfassung wirklich frommen soll. Bald brachen von neuem heftige Parteizwiste aus. Megakles, das Haupt der Alkmäoniden, deren Sündenschuld damals in Vergessenheit gerathen war, stand an der Spitze der Paraler, Lykurg war der Leiter der Pediäer; Beide arbeiteten gegen einander und Solon scheint nicht Einfluß genug gehabt zu haben, um der Parteiung steuern zu können. Er verließ damals, vielleicht gerade deswegen, seine Vater-stadt und reiste nach Kleinasien und Aegypten (571 v. Chr.). Auf dieser Reise war es, wo er mit dem reichen und mächtigen König Krösus von Lydien die oben erwähnte Zusammenkunft hatte. Nach einer Abwesenheit von zehn Jahren kam Solon in seine Vaterstadt zurück, in welcher der Kampf der Parteien unterdessen ununterbrochen fortgedauert hatte. Er vermochte demselben auch jetzt nicht zu steuern und mußte es sogar noch erleben, daß einer der Parteiführer sich zum Tyrannen aufwarf.

Während der Abwesenheit Solon's hatte nämlich ein naher Anverwandter desselben, Pisistratus, neben jenen beiden Parteien eine dritte gebildet, welche ganz demokratisch war und deswegen die der Diakrier hieß. Sein Ziel war die Alleinherrschaft und um dasselbe zu erreichen, hatte er sich an die Spitze der Volkspartei gestellt, weil dies der Weg ist, der in unruhigen Demokratieen gewöhnlich zur Einherrschaft führt. Seine Partei war die zahlreichste und er selbst war vermöge seiner persönlichen Vorzüge ganz der Mann, um das Volk zu gewinnen und für sich zu begeistern; allen seinen Gegnern war er an Schlauheit und Gewandtheit weit überlegen. Nachdem er die Masse des Volkes so für sich eingenommen hatte, daß sie mit blinder Ergebenheit an ihn gefesselt war, zeigte er eines Tages den auf dem Marktplatz versammelten Bürgern eine blutende Wunde, die er sich selbst beigebracht hatte, behauptete von seinen Gegnern meuchelmörderischer Weise überfallen worden zu sein und bat um den Schutz des Volkes, weil er wegen seines Eifers für das Volkswohl seines Lebens nicht länger sicher sei. Er erhielt, wonach er lange gestrebt hatte, eine Leibwache von fünfzig Mann, obgleich Solon alles aufbot, um das Volk von einem solchen Beschlusse abzuhalten. Pisistratus vermehrte insgeheim die Zahl der ihm gewährten Bewaffneten und bemächtigte sich dann durch plötzlichen Ueberfall der Burg von Athen (560 v. Chr.). Solon soll die Gegner des Pisistratus zur Wiedereroberung derselben zu bewegen gesucht haben, diese ergriffen aber bestürzt die Flucht und Pisistratus war und blieb als Besitzer der Burg und als Führer der ihm ergebenen Volksmasse Alleinherrscher oder Tyrann von Athen. Er sah, wie alle verständigen unter den sogenannten Tyrannen, wohl ein, daß er seine Macht der demokratisch gesinnten Menge verdanke und daß der große Haufen bei jeder Staatsverfassung leicht zu gewinnen ist; er ließ deshalb auch der Form nach die Solonische Verfassung bestehen. Solon selbst, den seine Freunde vergebens zur Flucht zu bewegen gesucht hatten, wurde von ihm mit Ehrerbietung behandelt und sogar in wichtigen Dingen zu Rathe gezogen. Der große Gesetzgeber, welcher auf diese Weise die Volksfreiheit hatte untergehen sehen, erlebte auch noch das Ende der Herrschaft des Pisistratus; denn dieser blieb kein volles Jahr im Besitze derselben und Solon starb bald nach seinem Sturze (559 v. Chr.), im achtzigsten Jahre seines Lebens.

Die beiden Parteien, welche dem Pisistratus entgegenstanden, vereinigten sich mit einander, um den Tyrannen zu stürzen und ihrer Uebermacht erlag Pisistratus und mußte die Stadt verlassen. Kaum hatten jedoch jene sich ihres Gegners entledigt, als sie sich entzweiten und die Waffen gegen einander wandten. Lykurg's Partei erhielt das Uebergewicht und dies brachte natürlicher Weise eine Annäherung zwischen den Pediäern unter Megakles und der demokratischen Partei hervor. Megakles, welcher ebenfalls nach der höchsten Macht im Staate gestrebt hatte, verzweifelte für sich selbst an der Möglichkeit ihres Besitzes, versuchte aber, sie wenigstens an seine Nachkommen zu bringen; er verabredete deßhalb mit Pisistratus eine eheliche Verbindung desselben mit seiner Tochter und versprach ihm seinen Beistand zur Wiedererlangung der Alleinherrschaft unter der Bedingung, daß Pisistratus dieselbe einst einem aus dieser Ehe zu hoffenden Sohne hinterlasse. Pisistratus willigte ein, heirathete Megakles Tochter und kehrte mit Hülfe seines Schwiegervaters, sechs Jahre nach seiner Vertreibung, wieder in die Vaterstadt zurück, um von neuem Alleinherrscher zu werden (553 v. Chr.). Er und Megakles sollen, um seine Wiedereinsetzung zu erzwingen, sich einer List bedient haben, welche, wenn man sie als wirklich geschehen annimmt, beweisen würde, daß die damalige Bevölkerung Athens noch weit von jener Aufklärung und kritischen Schärfe entfernt war, welche sie später kennzeichnete. Sie kleideten nämlich, wie es heißt, eine durch Schönheit und Größe ausgezeichnete Blumenhändlerin als Pallas-Athene und ließen sie auf einem prachtvollen Wagen in die Stadt fahren; vor ihr her liefen Herolde, die mit lauter Stimme ausriefen: „Athener, nehmt mit willigem Gemüthe den Pisistratus auf, welchen die Göttin Athene selbst vor allen andern Menschen ehrt und jetzt in eure Burg zurückführt!" Das Volk, überrascht und geblendet, staunte das Wunder an oder ließ sich die plumpe List gefallen und nahm den Pisistratus zum zweiten Mal als Gewaltherrscher an.

Er war so von neuem auf zwei Jahre Tyrann von Athen und änderte auch diesmal die Einrichtungen und Gesetze des Staates nicht; denn er beburfte dessen ebensowenig jetzt wie früher, weil er einen zahlreichen Anhang im Volke hatte und außerdem in seinen großen Talenten und seinem sehr bedeutenden Privatvermögen Mittel genug besaß, um seinen Willen durchzusetzen. Er ließ aber alsbald die Absicht merken, seine Herrschaft einst seinem Sohne erster Ehe zu hinterlassen und deßhalb beschloß Megakles, der dadurch um allen Vortheil der Verbindung mit ihm gebracht war, ihn zu stürzen. Megakles bewirkte dies durch dasselbe Mittel, durch welches er ihn das erste Mal verdrängt hatte. Er brachte nämlich wieder eine Aussöhnung der beiden dem Pisistratus feindlichen Parteien zu Stande. Pisistratus wich freiwillig der Uebermacht und verließ Athen zum zweiten Mal, um dann, wenn die Zeit zur bleibenden Begründung seiner Herrschaft

gekommen sei, wieder zurückzukehren. Er begab sich auf seine großen
Güter in Euböa. Hier brachte er elf Jahre zu, lebte gleich einem
Fürsten und unterhielt mit nahen und fernen Staaten und Herrschern
Verbindungen. Endlich machte er, unterstützt von einem Theile dieser
Staaten und von seinen Freunden in Athen, zum letzten Mal einen
Angriff auf die Freiheit der Athener. Mit einer nicht unerheblichen
Zahl von Truppen brach er plötzlich in Attika ein und besetzte den Ort
Marathon, wo sich seine alten Anhänger und viele andere unzufrie-
denen Athener mit ihm vereinigten. Als die Truppen der Stadt gegen
ihn auszogen, brachte er ihnen in nächtlichem Ueberfall eine Niederlage
bei und trieb sie aus einander. Ohne Widerstand zu finden, drang er
hierauf in die Stadt ein und ward zum dritten Male Alleinherrscher
(um das Jahr 540 v. Chr.).

Von da an blieb er bis zu seinem Tode (527 v. Chr.) im unge-
störten Besitze der Herrschaft. Er war zum Herrscher geboren, besaß
vortreffliche Eigenschaften des Geistes und Herzens und regierte, nachdem er das Ziel seines Ehrgeizes erreicht hatte, auf eine sehr milde
Weise. Viele von seinen Gegnern waren entweder in dem Kampfe
gefallen oder unmittelbar nach demselben entflohen; die angesehensten
der übrigen zwang er, ihm ihre Kinder als Geiseln zu geben, welche
er sodann dem ihm befreundeten Tyrannen von Naxos zur Bewachung
übergab; an Leib und Gut dagegen wurde Niemand gekränkt. Söldner
hielt er sich zwar auch fernerhin, allein er stützte seine Regierung, wie
Kypselus von Korinth, mehr auf Maßregeln der Milde und auf die
Zuneigung der Volkspartei, als auf Waffengewalt und behauptete sich
vorzugsweise dadurch und mit Hülfe seines Reichthums im Besitz der
Alleinherrschaft. Er ließ auch jetzt die Formen und Gesetze der Solonischen Verfassung bestehen und schonte sogar den streng aristokratischen Theil derselben so sehr, daß er kein Bedenken trug, einmal in
eigener Person vor dem Tribunal des Areopagus zu erscheinen. Er
war mild gegen diejenigen, welche sich gegen ihn vergaßen, nahm sich
der Armen und Unglücklichen an und wußte durch seine angeborene
Liebenswürdigkeit und durch ein Benehmen, welches nie blos den Gebieter zu erkennen gab, die Herzen seiner Unterthanen zu gewinnen.
In seinen Gärten und Landgütern war jedem Athener der Eintritt
und der Genuß der Früchte erlaubt.

Seine Regierung war eine bleibende Wohlthat für Athen, welches
ihm seine erste Blüthe verdankt. Er belebte den Ackerbau von neuem,
hob den Handel und pflegte Wissenschaft und Kunst aus wahrer Liebe.
Er und einer seiner Söhne sollen zuerst die im Munde der Rhapsoden
stückweise fortlebenden Gedichte Homer's gesammelt, dieselben in der
Form, in welcher sie unter dem Namen Iliade oder Odyssee sich bis

auf unsere Tage erhalten haben, zusammengesetzt und den öffentlichen
Vortrag dieser Werke an dem Feste der Panathenäen angeordnet haben.
Sogar die Anlegung einer öffentlichen Bibliothek schreiben spätere
Schriftsteller des Alterthums ihm zu. Auch verschönerte er Athen durch
Bauwerke, wie Polykrates von Samos, indem er das gemeine Volk
beschäftigte, und durch den ihm gewährten Erwerb seiner Herrschaft
geneigt erhielt, zugleich aber seinem eigenen Kunstsinn Genüge that.
So begann er einen prächtigen Tempel des olympischen Zeus zu bauen,
sorgte für Brunnen in dem wenig wasserreichen Lande und legte
Straßen an, indem er zugleich die Entfernungen durch Meilensteine,
die mit dem Hermeskopfe geziert waren, bezeichnen ließ.

Als er 527 v. Chr. starb, folgte ihm sein älterer Sohn Hippias
in der Regierung nach. Dieser gewährte seinem Bruder Hipparchus
so viel Einfluß, daß gewöhnlich beide Brüder unter dem Namen der
Pisistratiden als gemeinschaftliche Herrscher bezeichnet werden.
Hippias war zwar von Natur zum Despoten geschaffen und Hipparchus
liebte rauschende Vergnügungen, Schwelgerei und sinnliche Genüsse;
allein Beide regierten anfangs in der freundlichen und verständigen
Weise ihres Vaters. Hipparchus zeichnete sich außerdem durch seine
Bildung und seine Liebe zu Wissenschaft und Kunst aus, zog große
Dichter, wie Anakreon und Simonides von Ceos, an seinen Hof und
suchte auch unter den Athenern den Sinn für Bildung zu beleben.
Die Athener befanden sich unter den Pisistratiden in der gleichen Lage,
wie unter ihrem Vater und hatten keine Ursache zur Unzufriedenheit.
Dessen ungeachtet fiel Hipparchus als das Opfer einer Verschwörung
und diejenigen, welche ihn ermordeten, wurden in späteren Zeiten
von den Athenern als Helden und Märtyrer der Freiheit gepriesen
und verherrlicht. Es war aber nicht der Haß der Tyrannei, sondern
Privatrache, was den einen der Pisistratiden ins Verderben stürzte.
Harmodius nämlich, ein junger Athener, welchen Hipparchus beleidigt hatte, beschloß in Verbindung mit seinem vertrauten Freunde
Aristogiton, Rache an ihm zu nehmen. Zu diesem Zwecke benutzten
die beiden jungen Leute die Freiheitsliebe einiger athenischen Bürger
und machten eine Verschwörung, deren nächster Zweck die Ermordung
der Pisistratiden war. Da die Stadt mit der Herrschaft der Letzteren
zufrieden war, so konnten die wenigen Bürger, die sich mit Harmodius
und Aristogiton verschworen, nur auf den ihrem Volke eingeborenen
Haß gegen angemaßte Gewalt überhaupt die Ueberzeugung stützen,
daß der bloße Aufruf zur Freiheit alle Athener unter die Waffen
bringen würde. An dem Feste der Panathenäen, an welchem alle
Bürger mit Schild und Spießen bewaffnet einen Umzug zu halten
pflegten, sollten die Pisistratiden durch die Dolche der Verschworenen

fallen, dadurch aber, daß die Letzteren im Augenblick der Ausführung
ſich verrathen glaubten, entging Hippias dem Tode und nur Hipparchus wurde ermordet. Hippias ließ ſogleich alle Theilnehmer des
Feſtzuges durchſuchen und diejenigen von ihnen, welche einen Dolch
bei ſich hatten, verhaften. Auf dieſe Weiſe unterdrückte er mit großer
Kaltblütigkeit und Geiſtesgegenwart die Verſchwörung noch vor ihrem
Ausbruch (514 v. Chr.).

Von dieſem Augenblicke an regierte Hippias hart und tyranniſch.
Vor allem Andern wurden die Verſchworenen ſtrenge beſtraft. Harmodius war gleich nach der Ermordung Hipparch's von der Leibwache
niedergeſtoßen worden; Ariſtogiton und die übrigen Verſchworenen
wurden hingerichtet. Nach Hippias Vertreibung ſetzte man den beiden
Häuptern der Verſchwörung Statuen von Erz, ihr Andenken wurde
in den folgenden Zeiten durch Lieder und Feſte verherrlicht und die
Nachwelt verehrte ſie als Heroen der Freiheit, obgleich ſie bei ihrer
That nur durch Privatrache geleitet worden waren. Schriftſteller der
ſpäteren Zeit erzählen Manches von ihrem Heldenmuthe und ihrer
Freiheitsliebe, was offenbar erdichtet iſt und dieſer Verherrlichung
ſeine Entſtehung verdankt, ſo z. B. daß Ariſtogiton, als er auf die
Folter geſpannt wurde, die Freunde des Hippias als Mitverſchworene
angegeben habe, welche dann auf Befehl des Herrſchers ſogleich umgebracht worden wären und daß die mitverſchworene Geliebte Ariſtogiton's auf der Folter ſich die Zunge abgebiſſen habe, damit ſie außer
Stand ſei, die Theilnehmer zu verrathen.

Hippias, von Argwohn erfüllt, ließ jetzt ſeinem deſpotiſchen Sinne
ungehemmt die Zügel ſchießen und ſuchte ſeine Herrſchaft durch auswärtige Verbindungen zu befeſtigen. Da er von ſeinem Vater her
anſehnliche Güter in Kleinaſien und Thracien beſaß, welche Länder
damals dem Perſerkönig untergeben waren, ſo ſuchte er vor Allem mit
dieſem in Verbindung zu treten. Er vermählte deshalb ſeine Tochter
mit dem Beherrſcher von Lampſakus, einem perſiſchen Vaſallen, welcher
bei dem Könige in großer Gunſt ſtand. Die vom Piſiſtratus vertriebenen Alkmäoniden und andere Flüchtlinge boten Alles auf, um in
den griechiſchen Staaten Unterſtützung zu erhalten und den Tyrannen
zu ſtürzen. Sie hatten ſchon unter Piſiſtratus und gleich nach ſeinem
Tode mehrere Verſuche gemacht, Athen zu befreien, waren aber ſtets
mit blutigen Köpfen zurückgewieſen worden. Nach Hipparch's Ermordung zeigten ſich zwar beſſere Ausſichten, aber auch Hippias ſchlug
drei Jahre lang jeden Angriff der Alkmäoniden zurück. Deſſen ungeachtet gaben dieſe die Hoffnung der Rückkehr nicht auf und ſuchten von
einer Feſtung her, welche ſie an der attiſchen Gränze errichtet hatten,
dieſelbe auf jede Weiſe zu bewerkſtelligen. Um die Zuneigung der

anderen griechischen Staaten und der delphischen Priesterschaft zu gewinnen, gaben sie aus ihrem großen Vermögen einen sehr bedeutenden
Beitrag zur Wiederherstellung des Apollo-Tempels zu Delphi, welcher
im Jahr 548 v. Chr. abgebrannt war und damals von den Gliedern des
Amphiktyonen-Bundes wieder aufgebaut wurde. Das von den Alkmäoniden gewonnene Orakel forderte die Spartaner, so oft sich diese an dasselbe wandten, auf, den Athenern zur Wiedererlangung ihrer Freiheit zu
verhelfen. Die Spartaner, welche in dieser Zeit anderen Staaten zur
Vertreibung ihrer Tyrannen, in denen sie Feinde der aristokratischen
Verfassung bekämpften, behülflich gewesen, mit Hippias aber durch ein
besonderes Bündniß in freundlichen Verhältnissen standen, benutzten
die Aufforderung des Orakels als einen guten Vorwand, um auch
diesen Herrscher zu verdrängen. Sie leisteten den Alkmäoniden zwar
von Staatswegen keine Hülfe, erlaubten aber einem ihrer angesehenen
Mitbürger, mit einer kleinen Schaar Spartaner einen neuen Angriff
derselben zu unterstützen. Hippias hatte sich, als er davon hörte, mit
einem thessalischen Fürsten verbündet, und als jene Spartaner bei
Athen landeten, schlug er sie mit Hülfe thessalischer Reiter und tödtete
ihren Anführer. Jetzt forderte die Ehre Spartas einen förmlichen
Kriegszug von Staatswegen. Der König Kleomenes I. erschien mit
einem Heere vor Athen, nahm in Verbindung mit den Alkmäoniden
die Stadt ein und drängte Hippias in die Burg zurück. Hier wurde
derselbe nun belagert, aber schon nach einigen Tagen zogen die Spartaner wieder nach Hause zurück, weil Hippias hinreichend mit Allem
versehen war, um eine lange Belagerung aushalten zu können. Auch
die Athener, welche diese fortsetzten, hätten die Burg nicht zu erobern
vermocht, wenn nicht Hippias auf den unglücklichen Gedanken gekommen wäre, seine Kinder aus dem Lande zu schicken, um sie in Sicherheit
zu bringen. Diese geriethen in Gefangenschaft und um sie zurückzuer-
halten, verstand sich Hippias zu einem Vergleiche, in Folge dessen er
die Burg räumte und Attika verließ (510 v. Chr.). Er begab sich auf
seine Güter in Kleinasien und von da an den Hof des persischen Königs
Darius, welcher ihn fürstlich behandelte und sich später bei dem Zuge
gegen Griechenland seines Rathes bediente.

Athen hatte nun seine Freiheit wieder erlangt, aber die Kämpfe
der Parteien brachen sogleich von neuem aus. Die Solonische Verfassung blieb, wie unter Pisistratus und seinem Sohne, in Kraft.
Statt daß aber diese Männer durch äußere Gewalt den ersten Rang
erlangt hatten, mußten jetzt die Parteihäupter, wenn sie dauernden
Einfluß haben wollten, sich entweder des Volkes oder der Aristokratie
zu versichern suchen. Klisthenes, das Haupt der Alkmäoniden, errang
sich die Gunst des Volkes und ward dadurch der erste Mann des

Staates. Sein Gegner Jsagoras gewann den Abel und zugleich die Spartaner, welche in allen Staaten die Oligarchie unterstützten und diesem Manne um so mehr gewogen sein mußten, da er mit ihrem König Kleomenes in dem Verhältniß der Gastfreundschaft stand. Klisthenes ergriff, um sich des Volkes besser zu versichern, eine Maß-regel, welche, so sehr sie auf den ersten Blick als eine nur äußerliche erscheint, die ganze Solonische Verfassung in ihren Grundfesten er-schütterte, dem demokratischen Elemente ein vollständiges Uebergewicht verschaffte und dadurch allen späteren Demagogen den Weg zu Neue-rungen bahnte. Er setzte nämlich, im Jahre 509 v. Chr., den Beschluß durch, daß die Zahl der Phylen von vier auf zehn vermehrt und der Rath, welcher seither aus je 100 Bürgern jeder der „Phyle“ bestan-den hatte, fortan aus je 50 Bürgern der zehn Phylen zusammengesetzt und somit um 100 Mitglieder vergrößert werde. Dadurch wurde nicht allein der Rath gemischter und demokratischer, sondern es wurden auch die Reste der alten Aristokratie in der Wurzel vertilgt, alle seitherigen Abhängigkeitsverhältnisse zerstört und die Wahl der Buleuten dem Einfluß der großen Familien entzogen. Vorher konnte nämlich ein einzelner Mann, der in einem Geschlechte den ersten Rang hatte, auf die ganze Phyle oder den vierten Theil der Bürgerschaft einwirken und überdies war stets ein Theil der Beamten der verschiedenen Volks-gemeinden und ihrer Unterabtheilungen aus den alten Familien gewählt worden, jetzt aber hörte dies auf. Ferner waren die verschiedenen Abtheilungen, in welche das Volk zerfiel, selbstständige Körper: jede hatte ihre besonderen Beamten, Versammlungen und Religionsfeste; die Vermehrung der Phylen und ihrer Unterabtheilungen war also eine Vervielfältigung der einzelnen Bürger-Vereine und somit eine Verstärkung der Volksherrschaft. Man hat die Maaßregel nicht ohne Grund einer ähnlichen Aenderung in neueren Zeiten, der Eintheilung Frankreichs in Departements anstatt der alten Eintheilung in Pro-vinzen (1790) verglichen: in beiden Fällen trat mit einer anscheinend nur äußerlichen Maaßregel ein völliger Bruch mit der Vergangenheit, eine vollständige Umänderung des Staatsorganismus ein. Außerdem vermehrte Klisthenes die Zahl der Bürger durch die Aufnahme von Beisaßen und Fremden.

Klisthenes soll es auch gewesen sein, der den sogenannten Ostra-cismus in Athen einführte. Dieser war ein Gericht des Volkes, durch welches ein einzelner Bürger seines Einflusses wegen für ver-fassungsgefährlich erklärt und auf zehn Jahre aus Athen verbannt werden konnte. Das Urtheil ward nicht als Strafe angesehen und war deßhalb weder im mindesten entehrend, noch, wie sonst Landesver-weisung, mit dem Verlust des Vermögens verbunden. Von Zeit zu

Zeit wurde dem Volke die Frage vorgelegt, ob Grund zur Verbannung eines Bürgers vorzuliegen scheine und dieses eigenthümliche Verfahren hatte seinen Namen von einem Worte, welches Scherbe bedeutet, weil jeder Bürger zum Behuf der Abstimmung eine Scherbe erhielt, auf welche er den Namen des zu Verbannenden schrieb. Uebrigens mußten beim Ostracismus wenigstens 6000 Bürger mitstimmen. Der Ostracismus war das Mittel, solche Männer unschädlich zu machen, welche zu mächtig geworden waren und deshalb für das Fortbestehen der Republik gefährlich werden konnten. Diese Einrichtung war jedenfalls eine große Ungerechtigkeit und hatte etwas sehr Gehässiges; allein die republikanische Verfassung macht zuweilen die Aufopferung eines Einzelnen nöthig, damit das Ganze bestehe. Ebendasselbe kommt übrigens, nur in anderer Form, auch bei anderen Völkern vor. Eine Art Ostracismus war es nicht minder, wenn die Römer einen wegen seines Einflusses gefährlichen Mann durch Beauftragung mit einem auswärtigen Geschäfte wider seinen Willen auf eine Zeitlang von Rom entfernten, oder wenn im Mittelalter ein gefährlicher Großer durch das Gebot des Herrschers ohne Urtheil und Recht verbannt wurde, oder endlich, wenn heut' zu Tage ein allzu einflußreicher Staatsmann wider Willen auf einen auswärtigen Gesandtschafts-posten geschickt wird.

Isagoras wagte nicht, die neuen vom Volke angenommenen Einrichtungen geradezu anzugreifen, sondern er suchte zuerst den Urheber derselben aus der Stadt zu vertreiben. Er bediente sich dazu seines Gastfreundes, des Königs Kleomenes, mit welchem er auch die weiteren Maaßregeln zur Herstellung einer Aristokratie verabredete. Kleomenes brachte es in Sparta dahin, daß man die Athener auffordern ließ, die Alkmäoniden als eine mit schwerer Sündenschuld beladene Familie aus ihrer Stadt zu entfernen. Die Athener waren unvermögend, der Gewalt zu widerstehen und Klisthenes mußte mit den Seinen in die Verbannung ziehen. Hierauf erschien Kleomenes selbst mit einem kleinen Heere in Athen, um seinem Freunde zur Durchführung seiner Pläne behülflich zu sein. Er jagte, wie erzählt wird, nicht weniger als 700 Familien, welche Isagoras ihm bezeichnet hatte, aus der Stadt und wollte auch die Bule auflösen und statt derselben einen Rath von 300 Aristokraten einsetzen. Allein dies ging zu weit; der bestehende Rath gehorchte seinem Gebote nicht, sondern empörte sich sammt der Bürgerschaft gegen die beiden Gewalthaber. Diese mußten sich in die Burg flüchten, wo sie schon am dritten Tage genöthigt waren, zu capituliren. Sie erhielten freien Abzug; die Anhänger des Isagoras aber wurden umgebracht. Klisthenes und die anderen Verbannten kehrten nach Athen zurück.

Ein Krieg mit Sparta schien jetzt unvermeidlich und die Athener beschlossen deshalb, die Perser um Hülfe anzugehen, weil sie damals auch mit ihren Nachbarn, den Böotiern, Euböern und Aegineten in Zwist waren. Sie schickten also Gesandte an den persischen Satrapen Artaphernes, welcher zu Sardes in Lydien residirte. Diese erhielten die gewünschte Zusage, jedoch nur unter der Bedingung, daß sie im Namen ihres Staates sich für persische Vasallen erklärten. Die Gesandten gingen zwar auf diese Forderung ein, die Athener aber erkannten das, was diese zugestanden hatten, nicht an und wiesen das persische Bündniß zurück. Dies war die erste diplomatische Berührung, welche zwischen Persien und einem Staate Griechenlands Statt fand. Kleomenes hatte unterdessen ein aus Spartanern und peloponnesischen Bundesgenossen bestehendes Heer gesammelt und zugleich die Böotier und die Bürger von Chalcis auf Euböa zu einem Angriff auf das athenische Gebiet bewogen. Er selbst rückte mit seinem Heere in Attika ein und war bereits bei Eleusis angekommen, als die Korinther, denen man wie den übrigen Bundesgenossen beim Aufgebot ihres Kontingents den eigentlichen Zweck des Zuges nicht angegeben hatte, sich weigerten, dem Kleomenes als Werkzeuge seiner Rachsucht zu dienen und nach Hause zurückkehrten. Auch der zweite spartanische König, Demaratus, der sich ebenfalls beim Heere befand, wollte an Kleomenes Racheplan nicht Theil nehmen. Hierauf verließen alle Bundesgenossen den Kleomenes und dieser mußte eilen, mit dem Rest des Heeres sich aus Attika zurückzuziehen.

Athens Verfassung und Selbstständigkeit war also der drohenden Gefahr auf eine unerwartet glückliche Weise entgangen: die Demokratie blieb seit dieser Zeit unerschüttert bestehen und der kleine Staat blühte von jetzt an frisch empor. Die Athener wendeten gleich nach dem Abzug der Spartaner ihre ganze Macht gegen die Böotier und Chalcidier und schlugen beide Feinde an einem und demselben Tage. Den Chalcidiern nahmen sie einen großen Theil ihres Landes weg und diese Erwerbung, welche sogleich unter 4000 unbemittelte Bürger vertheilt ward, war für den athenischen Staat und sein Kriegswesen im höchsten Grade wichtig, weil die weggenommenen Ländereien Pferdeweiden enthielten, diese aber den Athenern seither ganz gemangelt hatten. Die Böotier wandten sich nach Aegina um Hülfe. Die Aegineten, von alter Zeit her Feinde der Athener, gingen auf das Gesuch ein und verwüsteten die Küste von Attika. Die Athener waren dem Kampfe mit Aegina, eines der am meisten entwickelten Seestaaten des damaligen Griechenlands, nicht gewachsen; sie beschlossen daher, ihre kleine Flotte zu vermehren, kaum hatten sie aber ihre Rüstungen begonnen, als eine neue und größere Gefahr ihnen von Sparta her drohte. Der rachgierige Kleomenes hatte nämlich die spartanische Regierung zu dem

Beschlusse bewogen, einen neuen Angriff auf Athen zu machen. Man wollte sich hierzu des Vorwandes bedienen, daß einst Hippias mit Unrecht vertrieben worden sei, weil, wie man jetzt erst erfahren zu haben vorgab, die dazu aufforbernben Priester des belphischen Oracels von den Alkmäoniden bestochen gewesen seien. Man ließ daher den Tyrannen Hippias in den Peloponnes kommen, um ihn nach Athen zurückzuführen; und damit die Bundesgenossen nicht wieder abfielen, berief man zuerst die Gesandten derselben zu einem Bundesrath nach Sparta. Allein der Plan scheiterte an der edlen Freimüthigkeit, mit welcher der korinthische Abgeordnete Sosikles gegen die Kabalen des elenden Kleomenes und für die Freiheit des athenischen Staates auftrat. Die Bundesgenossen verjagten in Folge davon ihren Beistand, die Spartaner mußten ihr Vorhaben aufgeben und Hippias kehrte nach Kleinasien zurück. Hier gewann er den Satrapen Artaphernes für sich und dieser forderte die Athener drohend zu seiner Wiedereinsetzung auf, allein man ließ sich dadurch nicht einschüchtern. Der Ausgang des Krieges mit Böotien und Aegina wird uns nicht gemeldet. Gleich nach den zuletzt erzählten Begebenheiten mischten sich die Athener in den Aufstand der Jonier gegen den Perserkönig, beleidigten dadurch den Beherrscher des ganzen Vorderasiens und veranlaßten so die Kriege, welche so lange Zeit hindurch zwischen den Persern und Griechen geführt wurden.

6. Geistiges Leben der Griechen in der älteren Zeit ihrer Geschichte.

Wie die Geschichte der Griechen überhaupt, so beginnt auch die Geschichte ihrer Litteratur und Kunst mit Sagen und Mythen. Es werden uns in Betreff der Kunst Namen von Männern genannt, welche, wie Dädalus auf Kreta und Smilis auf Samos, schon in uralter Zeit als Künstler sich ausgezeichnet haben sollen. Die Sage erzählt von ihnen wunderbare Geschichten und läßt sie sogar förmliche Schulen gründen, durch welche der Geist ihrer Kunst sich fortpflanzte. Außerdem werden von der Sage ganze Stämme, wie die Cyklopen, Telchinen und Andere wegen ihrer Handwerks- oder Kunstgeschicklichkeit gepriesen und als die Schöpfer der ältesten griechischen Bauwerke genannt. Ebenso, wie mit diesen Kunstsagen, verhält es sich auch mit den Nachrichten über die Anfänge der griechischen Litteratur. Die Sage zählt die Namen einer großen Zahl von Männern auf, welche schon in der ältesten Zeit dichterische Werke verfaßt und hohe Weisheit gelehrt haben sollen; und von einigen derselben berichtet sie nicht geringere Wunder, wie von Dädalus und anderen Künstlern. Ja, es haben sich sogar unter dem Namen dieser Urschriftsteller bis auf unsere Tage

Werke erhalten; diese sind aber alle untergeschoben, sie wurden in
späterer Zeit verfaßt und ebenso für uralt ausgegeben, wie in unseren
Tagen Münzen und andere Alterthümer. Nur in einigen derselben
mögen einzelne alterthümliche Ideen, sowie Ueberreste jener alten
Formeln enthalten sein, welche bei allen Nationen die rohen Anfänge
der Gotteserkenntniß und Gottesverehrung dunkel aussprechen. Die
Poesie jener mythischen Dichter ist hauptsächlich eine religiöse und so
erscheinen diese Männer denn auch in den Ueberlieferungen der Sage
als heilige Sänger und Propheten.

Die berühmtesten mythischen Dichter und Urschriftsteller der Griechen
sind: Linus von Chalcis, welcher ein Sohn des Apollo und einer der
neun Musen genannt wird; Melampus, der die Sprache der Thiere
verstanden und deßhalb eine große prophetische Gabe besessen haben
soll; Thamyris, ein Thracier, der einst die Musen zu einem poetischen
Wettstreit herausforderte; die sogenannten Sibyllen oder Wahr-
sagerinnen der Urzeit, welche jedoch nicht alle dem griechischen Volke
angehörten und unter denen die von Kumä in Unteritalien die be-
kannteste ist; vor allen Andern aber endlich Orpheus und Musäus.
Unter dem Namen der beiden letzteren Dichter sind einige Werke auf
unsere Zeit gekommen, diese sind aber in der so eben angegebenen
Weise entstanden und folglich als untergeschoben anzusehen. Orpheus, dessen Lebenszeit in das 14. Jahrhundert v. Chr. gesetzt
wurde, war nach der Sage der Sohn eines thracischen Königs und der
Muse Kalliope, nahm Theil an dem Argonauten-Zuge und besaß eine
solche Kunst des Gesanges und der Leier, daß er wilde Thiere herbei-
lockte, Bäume und Felsen ihm nachzufolgen zwang und selbst Flüsse
und Winde in ihrem Laufe aufhielt. Durch die Macht seines Gesanges
bewog er sogar einst die sonst unerbittlichen Götter der Unterwelt, ihm
seine Gemahlin Eurydike zurückzugeben. Seinen Tod berichtet die
Sage in verschiedener Weise; nach der gewöhnlichen Erzählung zerrissen ihn thracische Weiber, welche gerade die wilden Feste des Bacchus-
Dienstes feierten und in ihrer schwärmerischen Wuth ihn umbrachten,
weil er ein Feind dieser rohen Ceremonien war. Von den ihm zugeschriebenen Werken sind das erzählende Gedicht von dem Zuge der
Argonauten und eine Anzahl Hymnen die berühmtesten. Den Namen
des Dichters Musäus, welcher in Attika geboren war und ein Schüler
oder nach Andern der Lehrer des Orpheus gewesen sein soll, tragen
ebenfalls mehrere Gedichte, die in späterer Zeit verfaßt wurden und
sich bis auf unsere Zeit erhalten haben.

Heller wird die Geschichte der griechischen Geistesentwickelung in
dem heroischen Zeitalter. Wir besitzen zwei größere Gedichte, die
Iliade und die Odyssee, welche am Ende dieser Zeit verfaßt wur-

den und sowohl an und für sich selbst ein redendes Zeugniß von der damaligen Entwickelungsstufe des griechischen Volkes sind, als auch durch die in ihnen enthaltenen Schilderungen und Beschreibungen die Art und Weise des Lebens und der Bildung jenes Zeitalters so, wie sie oben dargestellt wurde, zu erkennen geben. Das heroische Zeitalter der Griechen war eine Zeit des Epos oder des Heldengedichts. Das rüstige und wechselvolle Leben des Krieges und der Jagd, verbunden mit Einfachheit und Heiterkeit des Sinnes, dem Vollgefühl körperlicher und geistiger Kraft und Frische, erhält in der Seele der Männer eine gehobene Stimmung, nährt die Freude an Lied und Gesang und richtet bei den Mahlen und Festen die Unterhaltung vorzugsweise auf die Thaten und Abenteuer der Helden. Dadurch gedeiht in solchen Zeiten die epische Poesie mehr als in jeder anderen und es stehen auf dieser Stufe der Entwickelung eines Volkes Dichter auf, welche einen Lebensberuf daraus machen, jene Thaten und Abenteuer poetisch zu schildern und vor den versammelten Helden vorzutragen; sie wurden bei den Griechen Sänger oder Aöden genannt.

Die Iliade und Odyssee tragen den Namen Homer's, eines Dichters, welcher wahrscheinlich etwa 1000 Jahre v. Chr. lebte. Seine Lebensgeschichte ist in ein völliges Dunkel gehüllt, doch kann die Existenz eines großen Dichters dieses Namens vernünftigerweise nicht bezweifelt werden. Er gehörte dem Lande Jonien an; welche Stadt desselben aber seine Vaterstadt war, ist unbekannt. In der späteren Zeit stritten sieben griechische Städte um die Ehre, ihn geboren zu haben, von denen nach der Meinung des Alterthums Smyrna und Chios die meiste Wahrscheinlichkeit für sich hatten. Eine Sage läßt ihn blind gewesen sein, allein sie ist schlecht beglaubigt und wird durch seine Werke widerlegt, die vielmehr von einer unvergleichlichen Gesundheit des inneren und äußeren Auges zeugen.

In neuerer Zeit hat ein deutscher Gelehrter, Friedrich August Wolf, mit großem Scharfsinn zu beweisen gesucht, daß die beiden erwähnten Heldengedichte, welche die alten Griechen dem Homer zuschrieben, nicht das Werk eines einzigen Mannes seien, sondern daß sie aus einer Zusammensetzung einzelner Lieder beständen, welche von verschiedenen Dichtern der heroischen Zeit verfaßt und erst lange nachher zusammengefügt worden seien. Diese Behauptung gründet sich hauptsächlich darauf, daß die Griechen zu Homer's Zeit die Schreibekunst noch nicht gekannt haben und daß in den verschiedenen Theilen der Iliade und Odyssee Ungleichheiten in der Sprache und den Vorstellungen vorkommen. Um Wolf's Ansicht zu verstehen, muß man den Charakter der Dichtkunst in einer Heldenzeit richtig auffassen. Wie nämlich in einer solchen einfachen Zeit ein und dieselbe Geist alle Helden durch-

bringt, so hat auch die Dichtkunst einen bestimmten, sich gleich bleibenden Charakter: alle Sänger haben die gleiche Art und Weise der
Auffassung und Behandlung und dichten in derselben Form, so daß
durch ihre verschiedenen Werke Ein Ton durchgeht, und daß diese, im
Unterschied von der modernen Dichtkunst, leicht das Aussehen haben
können, als wenn sie von einem einzigen Manne verfaßt wären und
folglich auch leicht zu einem größeren Ganzen hätten zusammengesetzt
werden können. Auch pflegen die Gesänge dieser Dichter nicht niedergeschrieben zu werden, sondern sie werden von ihnen mündlich vorgetragen und durch das bloße Gedächtniß auf die Nachlebenden fortgepflanzt.

Wolf's Ansicht, von Anderen weitergebildet und übertrieben, ist
noch jetzt ein Gegenstand des Streites unter den Gelehrten, welche
zum Theil dieselbe angenommen haben, zum Theil bei der Meinung
der alten Griechen verharren und also glauben, daß nicht etwa blos
einzelne Stücke der Iliade und Odyssee, sondern diese beiden Werke
selbst von Homer verfaßt seien. Ueberwiegend wahrscheinlich ist nur
das, daß beide Gedichte als große epische Ganze, erst nachdem sie lange
Zeit durch das Gedächtniß sich erhalten hatten, niedergeschrieben worden sind und im Verlaufe dieser Zeit, während wandernde Sänger,
sogenannte Rhapsoden, sie weiter trugen, manche Aenderung erlitten
haben. Gewiß ist es aber auch, daß sie, trotz mancher Zudichtung und
Aenderung im Einzelnen, in der Hauptsache unverändert geblieben
sind und das unnachahmliche Gepräge einer ganz eigenen Bildung
und Sitte an sich tragen, die wir auch bei den alten Germanen, Skan-
dinaviern, Schotten und Briten wiederfinden. Uebrigens brachte, nach
den Berichten des Alterthums, zuerst Lykurg die homerischen Gedichte
aus Kleinasien nach dem eigentlichen Griechenland und drei Jahrhunderte nach ihm ließen, wie im späteren Alterthum angenommen wurde,
Pisistratus und Hipparchus alle Reste derselben sammeln und, nach
der Meinung der Einen, als bereits vorhandene Werke blos sammeln
und niederschreiben, nach der der Andern aber so zusammenfügen, daß
aus ihnen damals erst die beiden Heldengedichte Iliade und Odyssee
entstanden wären, denen der Name Homer's, als des berühmtesten
unter den alten griechischen Barden, vorgesetzt worden wäre.

Den Namen Homer's tragen noch einige kleine Gedichte, welche
aber alle erst nach seiner Zeit und zum Theil sogar viel später in Form
und Sprachweise seiner Poesie gedichtet wurden. Einige 30 Hymnen
sind die berühmtesten dieser kleineren homerischen Werke. Die beiden
Heldengedichte Homer's haben vor allen anderen Werken der älteren
Jahrhunderte Griechenlands vorzugsweise eine Bedeutung, nicht nur
weil sie die vollendetsten Heldengedichte aller Zeiten sind, sondern

namentlich auch weil sie bei den Griechen der späteren Zeit am meisten
von allen Schriften gelesen wurden und deshalb als das wichtigste
Volksbuch derselben eine der Hauptquellen ihrer Bildung waren.

Die Heroen-Zeit ging mit dem zehnten Jahrhundert v. Chr. zu
Ende und vom neunten an begann in allen von Griechen bewohnten
Ländern eine neue Entwickelung der Kunst und der geistigen Bildung.
Diese hatte ihren Hauptsitz in den Colonieen und nahm denselben
Weg, wie die Entwickelung der Gewerbe und der Verfassungen. Sie
zeigte sich nämlich zuerst unter den Doriern, bei welchen zur Zeit
Lykurg's und unmittelbar nach ihm mehrere Künstler und Dichter im
Peloponnes und auf Sicilien auftraten. Im achten Jahrhundert vor
unserer Zeitrechnung begannen hierauf Kunst und Wissenschaft schon
in den Colonieen Kleinasiens, auf den Inseln und in Großgriechenland sich zu entwickeln. In den beiden folgenden Jahrhunderten
blühten dieselben in Kleinasien und auf den Inseln am meisten auf.
Damals wurden insbesondere Samos und Aegina Hauptsitze der griechischen Kunst. Erst in der nachfolgenden Zeit ward Athen der Mittelpunkt des geistigen Lebens der Griechen, welches in dieser Stadt seine
höchste Entwickelung erlangte.

Kunst und Poesie verbreiteten sich damals so allgemein über die
griechischen Länder und selbst über Flecken und Dörfer, daß schon die
alten Römer darüber erstaunt waren und daß dies noch mehr für die
neuere Zeit eine überraschende und schwer erklärliche Erscheinung ist.
Alle Stämme und Zweige des griechischen Volkes nahmen daran Theil;
das griechische Leben wurde überall durch Kunst, Poesie, Philosophie
und Gesetzgebung bestimmt und gestaltet und die Reichthümer anderer
Völker, welche durch den Handel und die Gewerbe den Griechen zu-
flossen, dienten dieser Entwickelung und machten es möglich, daß die
griechische Bildung in einem so hohen Grade und so allgemein aufblühte.

Neben dem neuen Aufschwung, welchen das geistige Leben des griechischen Volkes mit der Ausbreitung desselben durch Colonisationen
nahm, zeichneten sich die Jahrhunderte zwischen dem heroischen Zeitalter und den Perser-Kriegen noch dadurch aus, daß damals, ältere
Ansprüche erneuernd, orientalische Ansichten zu den Griechen
drangen. Doch behielt zu allen Zeiten der griechische Geist das Uebergewicht und die Spuren der eingedrungenen orientalischen Vorstellungen
und Formen sind nur ein unwesentlicher und untergeordneter Theil
der griechischen Bildung, keineswegs aber einer der Charakterzüge
derselben. Durch den Verkehr der östlichen Inseln und Colonieen mit
Phrygien, Lydien, Phönicien und Aegypten erhielten die dem Orient
eigenthümlichen Vorstellungen von göttlichen und menschlichen Dingen
zuerst Eingang in Griechenland. Schon in den bald nach Homer

abgefaßten Schriften dämmern orientalische Vorstellungen, welche der
Iliade und Odyssee und den in ihnen geschilderten Griechen der Heroen-
zeit ganz und gar fremd waren. Jene Berührung mit dem Orient
brachte über Cyzikus, Lampsakus, Samothrake und andere Städte und
Inseln das aegyptische Mysterien-Wesen, sowie phönicische, phrygische
und lydische Ansichten in die Religion und Philosophie der Griechen.
Nach und nach wurde es sogar Sitte, daß Staatsmänner, Dichter und
Weisen, wie Pythagoras, Solon und der Philosoph Thales, in den
Geheimlehren des Orients die Quelle der wahren Weisheit suchten.

Dadurch änderten auch die religiösen Dichtungen und der Gottesdienst der Griechen theilweise ihren Charakter und ihre Gestalt. Namentlich wurde von Osten her das **Mysterien-Wesen** eingeführt
und dem Volksglauben angepaßt; indem dasselbe den einsichtsvollen
Männern unter den Griechen ein vortreffliches Mittel schien, die demokratische Zügellosigkeit in Schranken zu halten. Weil die Mysterien
einem Staatszweck dienten, so wurden sie auch mit dem Staate in unmittelbare Verbindung gebracht und standen, als eine wirkliche Staatseinrichtung, unter seiner Aufsicht und Leitung. Die Hauptgottheiten,
welche in diesem nur den Eingeweihten zugänglichen Gottesdienst verehrt wurden, waren Demeter und Bacchus, weil sie die Gottheiten des
Acker- und Weinbaues waren und folglich als die Urheber und Ver-
breiter der höheren menschlichen Cultur angesehen wurden. Vorstellungen dieser Art lagen allen griechischen Mysterien zu Grunde, aber
sie waren stets in Symbole eingekleidet und deshalb zugleich vieldeutig
und schwer verständlich. Die berühmtesten griechischen Mysterien
waren, außer den bereits oben angeführten samothrakischen, die von
Eleusis in Attika, welche auch die Eleusinien genannt werden; ihnen
stand der zweite Archont von Staatswegen vor und der Hauptpriester
desselben gehörte der alten athenischen Familie der Eumolpiden an,
in welcher dieses Priesterthum erblich war.

Die Geschichte der Schöpfungen des griechischen Geistes, deren
äußerer Gang angegeben worden ist, knüpft sich, ihrer inneren Entwickelung nach, zunächst an die Dichtkunst des heroischen Zeitalters
an. Die Heldenpoesie war zur Zeit Homer's über die Inseln und die
Küste Kleinasiens verbreitet, sie blühte namentlich unter den dortigen
Joniern, und auf der Insel Chios bestand nach Homer noch lange Zeit
eine Art von Sängerschule, deren Mitglieder sich Homeriden nannten und im Geiste der homerischen Poesie dichteten. Bald nach Homer
aber nahm die Dichtkunst der Griechen eine neue, von dem Charakter
des heroischen Zeitalters verschiedene Richtung, welche bis etwa zum
Beginn des siebenten Jahrhunderts v. Chr. herrschend blieb. Während
nämlich einerseits die Poesie auch damals fortwährend eine meist

erzählende oder epische war und die seitherige Form derselben beibehalten wurde, nahm sie andrerseits einen mehr afiatischen Charakter an, indem sie namentlich theilweise einen geheimnißvollen, priesterlichen Ton erhielt. Zugleich änderte sich auch der Inhalt und das Ziel der poetischen Erzeugnisse. Während nämlich vorher die reine Darstellung des Geschehenen oder durch die Sage Ueberlieferten der Zweck des Dichters war und die Helden sich bei seinem Gesange an der Betrachtung der im Lichte der Poesie vorgeführten Waffenthaten und Abenteuer an und für sich selbst erfreuten, trat jetzt eine in ihren Formen und Weisen sehr mannigfaltige Poesie ins Leben, in welcher mehr und mehr die Stimmung der Einzelnen den Dingen der äußeren und inneren Welt gegenüber zum Ausdruck gelangte.

Zunächst setzte sich die epische Dichtung noch in den Werken derjenigen Dichter fort, welche zum Unterschied von den Barden der heroischen Zeit cyklische Dichter genannt werden, weil sie einzelne Sagen dichterisch behandelten und so von ihnen nach und nach fast der ganze Cyklus oder Kreis griechischer Sagen vom Ursprung der Dinge an bis zum Tode des Odysseus poetisch bearbeitet wurde. Die cyklischen Dichter faßten ihre Werke nach dem Muster der Iliade und Odyssee ab und wie in diesen ein Theil des trojanischen Krieges und die Irrfahrten des Odysseus dargestellt sind, so suchten sie alle übrigen Sagen in epischer Form zu behandeln; sie blieben aber in ihrem Streben hinter jenen homerischen Werken ebenso weit zurück, wie ihre Zeit von der Zeit Homer's verschieden war. Sie erzählten die Geschichte der Götter und Helden blos, weil sie eine poetisch noch nicht beschriebene Sage in Versen darstellen wollten; sie dichteten also ohne wahres poetisches Interesse, ohne Liebe zu einer Begebenheit an und für sich selbst und zu ihrer Entwickelung, und ohne Einheit der Darstellung, vor allem aber ohne den überlegenen Dichtergeist Homer's. Ihre Werke führen nach den behandelten einzelnen Sagen ihre Namen; sie heißen Kosmogonieen, wenn sie die Sagen von der Entstehung der Welt erzählen, Theogonieen oder Genealogieen, wenn sie sich mit der Entstehung oder den Verwandtschaften der Götter beschäftigen, Titanomachieen, Argonautika, Thebaiden, Epigonieen, Theseiden u. s. w., wenn die Geschichte der Titanen, der Argonauten, der ältesten Thebaner, der Epigonen, des Theseus u. a. der Gegenstand derselben ist. Alle diese Werke sind bis auf unbedeutende Reste untergegangen.

Die andere Klasse von Dichtern könnte man der Mehrzahl nach die heiligen Dichter nennen. Es sind diejenigen, welche theils in Hymnen das Lob der Götter verkündeten, theils theologische und moralisch-religiöse Lehren, sowie Vorschriften für das Leben und seine Geschäfte in Versen aussprachen, theils Geschichten und Sagen in der

Absicht erzählten, damit der Hörer durch dieselben über göttliche Dinge und über seine Pflichten belehrt werde. In der letzteren Art waren meistens auch die Theogonieen und Kosmogonieen abgefaßt und deshalb sind diejenigen cyklischen Dichter, welche dieselben behandelten, mit zu dieser zweiten Klasse zu zählen. In diesen erzählenden, wie in den blos belehrenden Gedichten spricht der Dichter gleichsam nicht als Sänger, sondern als ein gottbegeisterter Seher. Zu den heiligen Dichtern gehört der oben erwähnte Thales von Kreta, welcher durch seine Lieder dem Lykurg den Weg zu seiner Gesetzgebung gebahnt haben soll. Der berühmteste unter ihnen aber ist Hesiobus aus Kumä in Aeolis, welcher etwa um das Jahr 900 v. Chr. lebte. Unter seinem Namen sind zwei Hauptwerke auf unsere Zeit gekommen. Das eine ist eine Theogonie, in welcher unter der Hülle von Bildern und sonderbaren Göttergeschichten eine Art von theologischer Lehre verborgen ist. Das andere führt den Titel „Werk und Tage" und besteht aus einer Reihe von Vorschriften über Land- und Hauswirthschaft, Schifffahrt, Erziehung und andere Verhältnisse des täglichen Lebens, enthält aber, neben dieser Hauptbeziehung auf irdische Geschäfte und moralische Pflichten, auch einige mythische Erzählungen oder bildliche Darstellungen.

Mit dem Beginn des siebenten Jahrhunderts v. Chr. entwickelt sich aus den cyklischen und religiös-moralischen Gedichten der vorhergehenden Zeit eine neue Art von Litteratur, deren Keime bereits in jenen lagen und sich nun zu neuen Arten geistiger Thätigkeit entfalteten. Diese neuen Gattungen der Litteratur waren, wie die früheren, poetisch, weil fortwährend Gesang, Tanz, Spiel und Kunst das Leben der freien Bürger der kleinen griechischen Freistaaten erheiterten. Die Reste derselben, welche sich bis heute erhalten haben, zeigen uns, daß ein reges inneres Leben auch in dieser Zeit über ganz Griechenland verbreitet war, und daß es damals eine bedeutende Litteratur gab, die aber nicht in Büchern, sondern im Leben selbst, bei Festen, öffentlichen Versammlungen und Gastmählern auf die Nachkommen vererbt ward.

Die Werke dieses Zeitraumes der Litteratur, welcher ungefähr von 700 v. Chr. bis zu den Perser-Kriegen dauerte, zerfallen in vier Klassen, nämlich in eine in politischer und moralischer Hinsicht lehrende oder auch satyrische Dichtkunst, in lyrische Gedichte, in eine philosophische Poesie und in historische Dichtungen. Die letzte dieser Klassen hängt mit der cyklischen Poesie enge zusammen; die drei ersten aber sind theils aus der kurz zuvor erwähnten heiligen Dichtkunst hervorgegangen, welche Theogonieen, Kosmogonieen, Hymnen, moralische und religiöse Lehren enthielt, theils sind sie in den Fortschritten begründet, welche mit Nothwendigkeit bei mannigfach bewegten

Verhältniſſen in dem geiſtigen Leben der griechiſchen Nation her-
vortreten.

Die erſte Klaſſe begreift die in moraliſcher und politiſcher
Hinſicht belehrende Poeſie in ſich. Sie beſteht nämlich aus ſolchen
Gedichten, deren Verfaſſer theils Lehren der Erfahrung und Klugheit
ertheilten, theils die erſten Geſetze und Einrichtungen des bürgerlichen
Lebens in leicht zu behaltende Verſe brachten, damit dieſe bei Feſten
und Mahlen zur Leier geſungen oder nach beſtimmtem Maße hergeſagt
würden, theils die edlen Gefühle hoher und tapferer Seelen aus-
ſprachen, theils endlich durch den poetiſchen Ausdruck des Spottes und
Zornes das Schlechte bekämpften. Zu dieſer Dichtungsart gehört auch
das zuvor erwähnte Werk Heſiod's, welches Werke und Tage betitelt
iſt, ſowie die Orakelſprüche, die von alter Zeit her in kurzen Verſen
ertheilt wurden. Außerdem iſt zunächſt die poetiſche Einkleidung der
Geſetze hervorzuheben, welche in manchen älteren Staaten üblich war.
Schon Lykurg oder ſeine Zeitgenoſſen hatten die Hauptſätze der ſpartaniſchen Verfaſſung in kurze Verſe gefaßt, damit ſie beſſer behalten
und den Nachkommen unentſtellt überliefert würden. Ebenſo ſollen
die einzelnen Beſtimmungen der beiden berühmten Verfaſſungen, welche
Zaleulus von Lokri und Charondas von Katana zu Urhebern
hatten, von dieſen in Verſe gebracht worden ſein. Man bediente ſich
aber außerdem auch der Poeſie, um durch beſondere Lieder auf die
Gemüther der Bürger zu wirken und ſo die Erreichung politiſcher
Zwecke zu fördern. Dies thaten unter Andern Pythagoras in Kroton, Solon in Athen und Tyrtäus in Sparta. Der Letztere, welcher zur Zeit des zweiten meſſeniſchen Krieges lebte, machte nicht etwa
blos Kriegslieder, ſondern war recht eigentlich Spartas Nationaldichter. Er verfaßte außer ſeinen Kriegsgeſängen, welche noch lange
nach ihm in den Kriegen der Spartaner bei den Märſchen ihrer Truppen geſungen wurden, auch lehrende, beſänftigende und erhebende Gedichte, durch die er dem ſpartaniſchen Volk das geſchwundene Selbſt-
vertrauen wiedergab und die Tugenden der Einigkeit, Vaterlandsliebe
und Ausdauer von neuem belebte. Von ſeinen Gedichten haben ſich
außer einigen kleinen Bruchſtücken nur drei erhalten.

Neben dieſer politiſchen Poeſie ſind zunächſt die ſogenannten
gnomiſchen Gedichte anzuführen, welche übrigens auch zu den die
zweite Klaſſe bildenden lyriſchen oder den in der dritten Klaſſe be-
griffenen philoſophiſchen Gedichten gezählt werden können. Man gab
ihnen jenen Namen deshalb, weil ſie aus Gnomen beſtehen, d. h. aus
ſolchen Denkſprüchen, welche die Verbreitung von Weisheit, Frömmigkeit und Klugheit bezwecken. Die berühmteſten gnomiſchen Dichter
waren Theognis aus Megara und Phocylides aus Milet,

welche Beide um 550 v. Chr. lebten. Den Namen des Ersteren, welcher
in den politischen Streitigkeiten seiner Vaterstadt Megara eine Rolle
spielte und auch in seinen Gedichten ein lebhaftes aristokratisches Standesgefühl und einen grimmigen Haß gegen die demokratische Partei
ausspricht, trägt eine noch vorhandene Sammlung solcher Sprüche,
von den Gnomen des Letzteren aber haben nur sehr wenige sich erhalten. Auch Pythagoras wird häufig zu den gnomischen Dichtern
gerechnet, weil seinen Namen eine Sammlung von Gnomen führt,
welche „goldene Worte" betitelt ist; allein diese Sprüche rühren ganz
gewiß nicht von Pythagoras her, sondern sind das Werk irgend eines
späteren Anhängers seiner Philosophie. Endlich wird unter.den
berühmteren gnomischen Dichtern gewöhnlich auch der Gesetzgeber
Solon mit angeführt, weil er Gedichte verfaßt hat, durch die er seine
Mitbürger zu sittlicher Veredlung zu erheben suchte. Von diesen haben
sich einige schöne Reste erhalten.

Den gnomischen und den politischen Dichtern stehen, ihrem Wesen
und der Art ihrer Wirkung nach, die sogenannten sieben Weisen
sehr nahe. Diese Männer, welche mit Ausnahme eines einzigen, des
Thales, einen großen Einfluß auf die Verwaltung und Leitung ihrer
Staaten hatten, erhielten durch ihre Lebensklugheit und Staatsweisheit
ein großes Ansehen und wirkten durch ihre in Verse gebrachten moralischen Kernsprüche noch über die Grenzen ihres heimischen Wirkungs-
kreises hinaus. Ihre Geschichte ist zum großen Theil in Fabeln gehüllt. Sie leben zu einer und derselben Zeit und die Sage behauptet
sogar, daß sie durch die innigste Freundschaft mit einander verbunden
gewesen wären und öftere Zusammenkünfte gehalten hätten. Ihre
Aussprüche, in welchen sie die wichtigsten Ergebnisse ihres Nachdenkens
und ihrer Kenntniß der menschlichen Verhältnisse niederlegten, sind
später zusammengestellt und uns in drei verschiedenen Sammlungen
überliefert worden. Jeder von ihnen soll einen seiner Aussprüche als
den wichtigsten angesehen und gleichsam wie eine Haupt-Lebensregel
oder einen Wahlspruch betrachtet haben. Von diesen sieben Weisen,
deren Namen, mit Hinzufügung ihrer Wahlsprüche, nachfolgend angegeben sind, waren Solon und Thales von Milet die wichtigsten;
der Erstere, dessen Hauptspruch „Nimmer zu sehr!" war, ist der berühmte athenische Gesetzgeber; der Letztere aber, welcher nicht mit dem
viel älteren Thales von Kreta verwechselt werden darf, zeichnete sich
als Philosoph aus und gibt in einem beherzigenswerthen Spruche
den Rath, immer nur Eines zu ergründen, nur nach Einem Ruhme zu
streben. Die übrigen waren: Pittakus von Mitylene, dessen bereits
oben Erwähnung gethan ist, „Wohl erwäge die Zeit!" und: „Die
Herrschaft zeigt, was an einem Manne ist;" Kleobulus von Lindus

auf der Insel Rhodus (Maß zu halten ist gut!); der erwähnte Tyrann von Korinth Periander (Jegliches vorbedacht!); Chilon aus Sparta (Kenne dich selbst!); endlich Bias von Priene in Jonien (Mehrere machen es schlimm!).

Zu den belehrenden Dichtungsarten dieses Zeitraumes gehören noch die Fabel und die Satire. Die Fabel, deren Entstehung ein sinniges Leben in der Natur und zugleich ein scharfes Erfassen des Treibens in der Menschenwelt voraussetzt, erhielt bei den Griechen in dem gegenwärtigen Zeitraum ihre erste Entwickelung. Am berühmtesten wurde unter den griechischen Fabeldichtern Aesopus, ein Zeitgenosse Solons (?), nach welchem man diese Dichtungsart auch die Aesopische Fabel zu nennen pflegt. Seine Geschichte ist durch die Sage sehr entstellt: er soll ein Sklave aus Phrygien gewesen sein.

Die Satire, welche im Anfang des siebenten Jahrhunderts v. Chr. als besondere Dichtungsart aufkam, ging aus den moralisch belehrenden Gedichten hervor und begann ihre Anfänge damit, daß Spott und Bitterkeit sich mit der moralischen Belehrung vereinigten, um die Schlechten zu schrecken und die Guten zu ermuntern. Als ein Muster in dieser Gattung wurde von den Alten Archilochus von Paros angesehen, der nach einem wechselvollen Leben, von dem die Reste seiner Gedichte Kunde gaben, in einem Kampfe der Parier gegen die Naxier 670 v. Chr. seinen Tod fand. Er wird für den Erfinder der Jamben gehalten, eines Versmaßes, dessen sich die Griechen vorzugsweise zum Spottgedichte bedienten. Außer ihm ist namentlich Alcäus aus Mytilene zu nennen, ein berühmter lyrischer Dichter, der um das Jahr 600 v. Chr. lebte. Von wilder Freiheitsliebe begeistert, ein Anhänger aristokratischer Regierungsweise, machte er sich ein eigenes Geschäft daraus, die Tyrannen Kleinasiens und seiner Heimathinsel Lesbos zu brandmarken und das Volk beständig zum Aufstande zu reizen; namentlich aber verfolgte er Pittakus, den Beherrscher seiner eigenen Vaterstadt, mit bitteren Liedern.

Die zweite Klasse von Gedichten dieses Zeitraums umfaßt die Werke der eigentlich lyrischen Poesie. Das selbstständige Auftreten dieses Zweiges der Dichtkunst hängt einerseits und äußerlich mit den Fortschritten der griechischen Musik zusammen, welche damals sehr vervollkommnet wurde und auch in der Poesie neue und mannigfaltigere Weisen hervorrief. Andererseits aber und dem inneren Wesen dieser Dichtungsart nach stehen die lyrischen Gedichte jener Zeit in einem innigen Zusammenhange mit den moralischen Poesieen der vorhergehenden Abtheilung. In Beiden herrscht dieselbe Lehre: „Der Mensch ist hinfällig und schwach, das Leben kurz, also entweder genieße es vollständig, oder suche das Dauernde in euch selbst und fliehst jeden

Genuß, welcher unſicher und unbeſtändig iſt!" Die lyriſche Dichtkunſt jener Zeit hat alſo eine doppelte Seite. Sie ruft zu vollem Lebensgenuß auf und ſie lehrt die Nichtigkeit aller irdiſchen Genüſſe und die Seligkeit betrachtender Ruhe: zwei Gegenſätze der Lebensweisheit, welche in der Culturgeſchichte der Völker gewöhnlich zuſammen auftreten, ſobald bei einem gewiſſen Grade von Bildung die Genüſſe ſich mehren. Damals waren es die ioniſchen und aeoliſchen Griechen Kleinaſiens, welche von ihrem erſten Wohlſtand ſchnell zu üppigem Leben übergingen, und bei ihnen blühte deshalb auch vorzugsweiſe die Philoſophie und Lyrik in dieſer doppelten Richtung auf.

Von den berühmteſten lyriſchen Dichtern dieſes Zeitraums, welche nicht bereits vorher in der Klaſſe der moraliſch oder politiſch lehrenden Dichter angeführt ſind, iſt Alkman aus Sardes in Lydien der älteſte. Er lebte am Hofe ſeiner Vaterſtadt und die wenigen Ueberreſte ſeiner Gedichte zeigen, wenn man ſie mit denen ſeines Zeitgenoſſen Tyrtäus vergleicht, recht auffallend den Gegenſatz zwiſchen altſpartaniſcher Zucht und Sitte und der Lebensweisheit und Lebensluſt der üppigen Phryggier und Lydier: ſeine Lieder ermunterten ebenſo entſchieden zu Genüſſen jeder Art, wie die des ſpartaniſchen Dichters zu den männlichen Tugenden der Tapferkeit und Beharrlichkeit. Ungefähr zu derſelben Zeit, wie Alkman, lebte der Lesbier Terpander, welcher Skolien oder Volks und Tiſchlieder verfaßte und wegen einiger wichtigen Verbeſſerungen der Muſik berühmt iſt. Terpander's Landsmann Arion von Methymna auf der Inſel Lesbos (gegen 600 v. Chr.) iſt unter uns beſonders wegen der altgriechiſchen Sage von ſeiner Errettung durch einen Delphin berühmt geworden. Zur Zeit Arion's lebte auch die Dichterin Sappho aus Lesbos, von welcher außer einigen kleineren Bruchſtücken ſich nur zwei Oden erhalten haben, in denen, wie in den Werken der nachfolgenden Lyriker, eine gewiſſe Philoſophie der Leidenſchaft und des Genuſſes nicht zu verkennen iſt. Ihre Lebensgeſchichte iſt durch die Sage ſehr entſtellt worden und es iſt ſehr wahrſcheinlich, daß die Erzählungen von ihren Ausſchweifungen und ihrem aus verzweifelnder Liebe begangenen Selbſtmord erdichtet ſind. Eine jüngere Freundin derſelben war Erinna, welche entweder ebenfalls auf Lesbos geboren war, oder doch wenigſtens daſelbſt lebte und die, obgleich ſie ſchon im 20. Jahre ſtarb, von den Alten als eine der größten Dichterinnen geprieſen wurde. Zur Zeit der Sappho und Erinna lebte auch Mimnermus aus Kolophon, welchen man als denjenigen Dichter anſieht, der zuerſt das elegiſche Versmaß zum Ausdruck der Klage und Wehmuth anwandte. Das Wort Elegie nämlich, mit welchem bei uns jedes lyriſche Gedicht von ſanftgehaltenem, wehmüthigem oder an's Wehmüthige ſtreifendem Weſen benannt wird, bezeichnet in der Litteraturgeschichte der Griechen eigentlich blos eine besondere äußere Form der lyrischen Dichtkunst, oder jedes aus Distichen d. h. mit einem Hexameter und einem Pentameter wechselnde Gedicht, ohne Rücksicht auf den Inhalt desselben. Die Lieder des Mimnermus beklagten die Vergänglichkeit der Freuden, die Kürze des Lebens und die Menge menschlicher Leiden, aber sie fordern zugleich auch zum Genusse auf. Kurz nach ihm lebten Stesichorus aus Himera in Sicilien, welcher die Ode in die später von dem Thebaner Pindar ausgebildete Form hinüberführte und Ibykus aus Rhegium in Unteritalien oder aus Messina in Sicilien, der im deutschen Volke durch die von Schiller als Ballade behandelte Sage von seiner Ermordung allgemein bekannt geworden ist.

Einer der berühmtesten lyrischen Dichter der Griechen war Anakreon von Teos in Jonien, ein Zeitgenosse und Freund des Polykrates und des Pisistratus und seiner Söhne, welcher nach einander an den Höfen dieser Herrscher lebte und erst 474 v. Chr., fünfundachtzig Jahre alt, starb. Er lehrte die Lebensphilosophie des Genusses am ausdrucksvollsten von allen griechischen Dichtern und sein Name ist zur Bezeichnung eines berufenen Sängers der Liebe und des Weines sprichwörtlich geworden. Ein jüngerer Zeitgenosse desselben war Simonides von Teos, einer Cykladen-Insel. Er war ebenfalls mit den Pisistratiden, sowie mit Pittakus von Mytilene und mit Hiero von Syrakus enge befreundet und starb erst im neunzigsten Jahre seines Lebens, 469 v. Chr. Er ist besonders wegen seiner Klagelieder berühmt und war derjenige elegische Dichter im neueren Sinne des Wortes, welcher nach Mimnermus sich am meisten auszeichnete. Aber er kommt in seinen Liedern stets auf den Satz zurück, daß das Leben kurz sei und daß man deßhalb eilen müsse, es zu genießen. Hundert Jahre vor seiner Jugendzeit zeichnete sich sein Großvater, Simonides von Amorgus, einer Sporaden-Insel, als Dichter aus, dessen Namen ein satirisches Gedicht über das Wesen der Frauen trägt. Dieses enthält eine bittere Charakterisirung des weiblichen Geschlechts seiner Zeit und schildert zugleich einerseits die Verirrungen der Eitelkeit, Koketterie, Neugierde und Schwatzhaftigkeit, sowie andererseits den Segen der würdigen Hausfrau, Gattin, Mutter und Gesellschafterin.

Die dritte Art von Dichtungen dieses Zeitraums oder die philosophische Poesie entwickelte sich aus den Theogonieen und Kosmogonieen, indem die dichterischen Sagen von der Entstehung der Welt und der Götter zu den Anfängen der Physik, Mathematik, Astronomie und Philosophie leiteten. Diese Dichtungen gingen von den Colonieen in Jonien und Unteritalien aus und bereiteten die eigentliche

Philosophie vor, welche im folgenden Zeitraum zu Athen ihren Sitz hatte. Sie zerfallen in drei Arten.

Die erste dieser drei Arten war Naturphilosophie und führt den Namen der ionischen Philosophie, weil sie in Jonien entstand (um 600 v. Chr.). Sie stand jenen Kosmogonieen und Theogonieen am nächsten und suchte auf dem Wege des Denkens und Schließens, ohne Rücksicht auf die Götter der Volksvorstellung, den Urgrund der Dinge zu ermitteln, welchen jene Poesie nur in Mythen darstellte. Ihre Sprache aber blieb noch poetisch. Thales von Milet, welcher schon früher als einer der sieben Weisen angeführt worden ist, war der älteste Philosoph der ionischen Schule und wird deswegen auch geradezu der Schöpfer der griechischen Philosophie genannt. Er nahm, wie man sich gewöhnlich ausdrückt, das Wasser als den Urstoff aller Dinge an, oder vielmehr er glaubte, daß dieser als ein Fluidum oder etwas Flüssiges zu denken sei. Thales soll auch die Mathematik und Astronomie aus Aegypten nach Griechenland verpflanzt und zuerst unter den Griechen eine Sonnenfinsterniß vorhergesagt haben. Sein Freund und Schüler Anaximander aus Milet gab jenem Urstoff der Dinge, damit er nicht mit einem besonderen einzelnen Stoffe verwechselt werde, den Namen des Unendlichen. Unter den nachfolgenden ionischen Philosophen sind Anaximenes von Milet, ein Schüler Anaximander's und der im Jahr 500 v. Chr. geborene Anaxagoras von Klazomenä in Jonien die berühmtesten. Der Letztere verpflanzte die ionische Philosophie nach Athen, brachte sie zuerst in ein eigentliches System und nahm zuerst unter den griechischen Philosophen eine höchste Intelligenz oder ein höchstes erkennendes Wesen als dasjenige an, was der todten, nach seiner Meinung ewigen Masse Leben, Gestalt, Bewegung und Ordnung gegeben habe.

Die zweite Art der philosophischen Dichtung fand in Italien und Sicilien ihre meisten Bearbeiter und heißt die italische oder die pythagoreische Schule. Sie ging von dem berühmten Pythagoras aus, von welchem bereits oben geredet worden ist. Pythagoras soll es gewesen sein, der den Namen Philosoph schuf: er gab nämlich aus Bescheidenheit nicht zu, daß man ihn einen Sophos d. i. einen Weisen nenne, sondern erfand statt dessen den Namen Philosophus d. i. ein Freund der Weisheit oder ein nach Weisheit Strebender. Pythagoras nahm zuerst das Ethische oder die Moral als etwas Wesentliches in die Philosophie auf. Er kleidete ferner die Begriffe von dem Höheren in das Gewand der Mathematik, indem er dieselben als Größen bezeichnete und z. B. den Urgrund aller Dinge die Einheit, die Materie aber die Zweiheit benannte und die Tugend als die Harmonie oder Einheit der Seele ansah. Auch die Welt ist nach der pythagoreischen

Philosophie ein harmonisch geordnetes Ganze, welches aus zehn großen
Körpern besteht, die sich um die Sonne als ihr Centrum in har-
monischen Verhältnissen bewegen. Die Gottheit ist nach der pythagoreischen Lehre die Seele der Welt, die menschliche Seele aber ist
ein Ausfluß derselben und kehrt, nach ihrer Wanderung durch viele
Körper, zuletzt in jene zurück. Pythagoras legte endlich zuerst einen
festen Grund für die mathematischen Wissenschaften unter den Griechen. Er selbst erfand eine der wichtigsten Stützen derselben, den nach
ihm benannten pythagoreischen Lehrsatz; und zu den Pythagoreern
der folgenden Zeit gehören einige Männer, durch welche die Astronomie, die Mechanik und andere Fächer der Mathematik in hohem
Grade gefördert worden sind.

Wie durch Pythagoras Kroton in Unteritalien den Sitz eines
philosophisch-politischen Strebens wurde, so ging die dritte Art von
Philosophie aus der damals sehr mächtigen Stadt Kolophon in Jonien
hervor, welche ebenfalls eine Zeitlang der Sitz einer philosophischen
Dichtung war. In ihr ward Xenophanes geboren und erzogen, der
in der zweiten Hälfte des sechsten Jahrhunderts in die griechische
Colonie Elea in Unteritalien auswanderte und hier die sogenannte
eleatische Philosophie gründete. Seine und seiner Schüler Lehre
war Pantheismus, oder mit anderen Worten die Eleatiker gingen von
der Vorstellung aus, daß alle Dinge ein einziges, untrennbares
All bildeten und daß folglich Gottheit und Welt eins und dasselbe
sei. Die eleatische Philosophie war das erste eigentliche System,
welches unter den Griechen entstand. Außerdem haben die Eleaten
zuerst die Wahrnehmungen durch die Sinne und die Erkenntniß der
Vernunft scharf von einander geschieden und die Erstere für trügerisch
und für bloße Schein-Erkenntniß erklärt. Sie trugen ihre Lehren in
einer poetischen Form vor, welche sich der didaktischen Poesie oder
dem Lehrgedicht einigermaßen näherte, einer Dichtungsart, deren Entstehung bei allen Völkern erst in die späteren Zeiten ihrer Cultur fällt
und die auch bei den Griechen erst nach Alexander dem Großen in
weiterem Umfange aufkam. Von den Eleaten sind Parmenides
und Zeno von Elea, zwei unmittelbare Schüler des Xenophanes, sowie
Leucippus, dessen Heimath und Lebenszeit unbekannt ist, und De-
mokritus von Abdera, welcher im fünften Jahrhundert v. Chr. lebte,
die berühmtesten. Auch Heraklit von Ephesus, der um das Jahr 500
lebte und nicht in der Schule der Eleaten gebildet worden war, trug
in Kleinasien die pantheistische Lehre vor. Empedokles von Agrigent,
welcher um die Mitte des fünften Jahrhunderts blühte, hatte ein anderes System, schrieb aber seine Lehren ebenfalls in poetischer Form
nieder, während Demokrit seine Schriften schon in Prosa abfaßte.

19*

Ueberhaupt wurde durch die zuletzt angeführten, in einer annähernd biblischen Form schreibenden Dichter die Philosophie aus der Dichtkunst in die Prosa herübergeleitet und auf diesem Wege, sowie durch den angedeuteten Entwickelungsgang erst die eigentliche Philosophie hervorgerufen, welche im nächsten Zeitraum zu Athen sich ausbildete.

Die vierte und letzte Gattung der litterarischen Werke dieses Zeitraumes ist diejenige, welche den Uebergang zur Geschichte bildet. Sie entsprang aus der cyklischen Dichtkunst der vorhergehenden Zeit, welche jedoch noch eine Zeitlang neben dieser veränderten Richtung fortbestand. Man nennt die damals neu entstandene Behandlungsart der überlieferten Erzählungen, welche zwischen jener Dichtungsart und der wahren Geschichte in der Mitte steht, Logographie d. i. wahrhafte Geschichtserzählung in Prosa, als Gegensatz gegen die Mythographie oder die bloße Sagenschreibung und gegen das Epos oder die poetische Behandlung der Sage. Alle Erzähler vergangener Begebenheiten bis auf Herodot, mit welchen zuerst die wahre Geschichtschreibung beginnt, gehören zu den Logographen. Da von den Werken derselben ebenso, wie von denen der cyklischen Dichter, sich nichts erhalten hat, als einige wenige Bruchstücke, so ist es nicht möglich, die Art und Weise anzugeben, wie aus der poetischen Behandlung der Sage die prosaische Erzählung derselben entstanden und aus dieser nach und nach die wirkliche Geschichtschreibung hervorgegangen ist. Der erste Gebrauch der Prosa wird in die Mitte des sechsten Jahrhunderts v. Chr. verlegt und einem ionischen Philosophen, Pherecydes von der Cykladen-Insel Syros, zugeschrieben. Der älteste Logograph war Kadmus von Milet, welcher die Geschichte seiner Vaterstadt schrieb. Außer ihm sind Hekatäus von Milet, der zugleich auch einer der ältesten griechischen Geographen war und Hellanikus aus Lesbos die berühmtesten.

IV. Geschichte der Griechen

vom Beginn der Perserkriege bis zum Ende des peloponnesischen Krieges.

1. Beginn der Perserkriege.

Das persische Reich war unter Cyrus bis an die Küste des Archipelagus, unter Kambyses bis zum Westen von Aegypten, unter Darius I. endlich bis an die Nordgrenze Griechenlands ausgebreitet worden.

Bei der erobernden Richtung, in welcher dieses Reich sich bewegte, konnte es also nicht fehlen, daß dasselbe über kurz oder lang auch mit den Staaten des europäischen Griechenlands in eine feindselige Berührung gerieth. Der Anlaß dazu ward durch die Hülfe gegeben, welche Athen und die euböische Stadt Eretria den gegen Darius empörten kleinasiatischen Griechen gewährten. Die Eroberungssucht und der durch diese Unterstützung beleidigte Stolz der persischen Könige veranlaßten, im Anfange des fünften Jahrhunderts v. Chr., eine Reihe von Kriegen, welche einerseits den Verfall und endlichen Untergang des persischen Reiches herbeiführten, andererseits aber das griechische Volk zu großer Macht und seine geistige Bildung zum höchsten Gipfel der Vollendung emporhoben. Nach der Unterdrückung der Kleinasiaten beschloß Darius, seine Eroberungen auch nach dem europäischen Griechenland auszudehnen und zugleich die Beleidigung zu rächen, welche Athen und Eretria durch ihre Unterstützung jener Empörung ihm zugefügt hatten. Einer von den Griechen überlieferten Sage nach soll Darius über diese Unterstützung so erzürnt gewesen sein, daß er schon auf die erste Nachricht davon den Athenern und Eretriern Rache geschworen und einem seiner Diener den Befehl gegeben habe, ihm jeden Tag während des Mittagsmahles dreimal die Worte zuzurufen: „Herr, gedenke der Athener!"

Wenige Jahre nach der Unterdrückung der kleinasiatischen Empörung setzte ein Heer und eine mit Landungstruppen versehene Flotte unter Mardonius, dem Schwiegersohn des Königs, nach Europa über, um durch Thracien und Macedonien gegen Griechenland zu ziehen (492 v. Chr.). Dieses Heer drang bis an die Grenze Macedoniens vor, wurde aber hier durch einen kriegerischen Volksstamm lange aufgehalten und größtentheils aufgerieben; die Flotte halle an dem gefährlichen Vorgebirge Athos, welches eine der Südspitzen der thracischen Halbinsel Chalcidice bildet, einen furchtbaren Sturm zu bestehen und ging sammt ihrer Bemannung fast ganz unter. Mardonius mußte also mit dem Rest seines Heeres noch in demselben Jahre unverrichteter Dinge nach Asien zurückkehren.

Im nächsten Jahre wurde von den Persern die Insel Thasos unterworfen und ein neuer Kriegszug ausgerüstet. Außerdem mußten königliche Herolde in die einzelnen griechischen Staaten reisen, um dieselben mit dem üblichen Ausdruck, daß sie dem Perserkönig Erde und Wasser geben sollten, zur Unterwerfung aufzufordern. Theben und fast alle übrigen böotischen Städte, sowie die meisten Inseln des Archipelagus leisteten Gehorsam. In Sparta und Athen dagegen wurden die persischen Herolde nicht allein zurückgewiesen, sondern sogar umgebracht. Man warf sie zu Athen in einen Abgrund, in

welchen gemeine Verbrecher geſtürzt zu werden pflegten und zu Sparta
in einen Brunnen, damit ſie dort Erde und Waſſer ſich holen ſollten.
Später fühlten ſich die Spartaner durch häufige ungünſtige Zeichen
bei den Opfern wegen dieſer Verletzung des Völkerrechts beunruhigt
und ſuchten dasſelbe durch eine Art von Sühne wieder gut zu machen.
Der ſpartaniſche Senat ließ an das Volk die Anfrage ergehen, ob
einige Bürger bereit wären, als Opfer für jene Herolde zu ſterben.
Zwei edle Spartaner boten ſich dazu an. Dieſe wurden an Xerxes,
den Sohn und Nachfolger des Darius, geſchickt, damit derſelbe durch
ihre Tödtung ſich für den Mord ſeiner Geſandten Genugthuung ver-
ſchaffe. Auf ihrer Reiſe nach Perſien kamen ſie zu Hydarnes, dem
Satrapen Kleinaſiens. Dieſer bewirthete ſie und forderte ſie dringend
auf, ihre Mitbürger zur Unterwerfung unter die Perſer zu bewegen,
welche ihnen dann die erſte Stelle in Griechenland verſchaffen
würden. Sie antworteten ihm: „Du ſprichſt von einer dir gänzlich
unbekannten Sache; denn was Knechtſchaft iſt, das weißt du, das
Glück der Freiheit aber kennſt du nicht. Hätteſt du einmal die Süßig-
keit derſelben gekoſtet, ſo würdeſt du ſtatt deiner jetzigen Aufforderungen
uns vielmehr gerathen haben, aus allen Kräften für die Erhaltung
unſerer Freiheit zu kämpfen.“ Als die beiden Spartaner in Suſa vor
den König geführt wurden, wollte man ſie zwingen, ſich dem perſiſchen
Gebrauche gemäß vor demſelben auf die Erde zu werfen; ſie thaten es
aber durchaus nicht und erklärten, daß dieſes bei ihnen nicht Sitte ſei
und daß ſie unter keiner Bedingung einem Menſchen auf ſolche Weiſe
ihre Ehrerbietung bezeugen würden. Als ſie hierauf dem König den
Zweck ihrer Reiſe ausgeſprochen hatten, ſchickte ſie derſelbe ſogleich
wieder nach Sparta zurück, indem er erklärte: er wolle weder gleich
den Spartanern ein Verbrechen begehen, noch auch ſo thöricht ſein,
ſeine Feinde von der auf ihnen laſtenden Blutſchuld zu befreien.
        Die Athener benutzten die Huldigung der meiſten Inſelbewohner,
um an den Aegineten, ihren alten überlegenen Feinden und Nebenbuhlern, Rache zu nehmen; ſie verklagten dieſelben bei dem ſpartaniſchen
Volk als dem Oberhaupte des doriſch-peloponneſiſchen Bundes, indem
ſie erklärten, daß die Aegineten ſich nur darum vor den Perſern gede-
müthigt hätten, um in Verbindung mit dieſen die Athener beſiegen zu
können. Die Spartaner erkannten die Beſchwerde der Athener als
gerecht an und ſchickten ihren König Kleomenes zur Beſtrafung der
Aegineten ab. Dieſer verlangte in Aegina die Auslieferung derjenigen
Bürger, welche am meiſten perſiſch geſinnt waren und zu jener Huldigung gerathen hatten; allein die Aegineten wurden von Demaratus,
dem andern ſpartaniſchen König, insgeheim zum Widerſtande angereizt
und wieſen die Forderung des Kleomenes zurück. Aus Haß gegen

Demaratus verdrängte Kleomenes hierauf diesen seinen Mitkönig vom
Thron, indem er ihn für einen untergeschobenen Sohn seines Vaters
ausgab und das delphische Oracel, dem man die Entscheidung überließ,
durch Bestechung auf seine Seite zog. Der abgesetzte Demaratus verließ
seine Heimath und begab sich nach Persien, wo er von Darius zwar
sehr freundlich aufgenommen wurde, aber weder ihm noch seinem Nachfolger durch seinen Rath nützlich werden konnte, weil man, um in
Persien Gehör zu finden, Hofmann sein mußte. An Demaratus Stelle
wurde Leotychides, der nächste Thronerbe aus dem Hause der Prokliden, auf den Thron erhoben. Mit ihm reiste Kleomenes nochmals
nach Aegina, wo man ihm jetzt keinen Widerstand mehr leistete, sondern auf sein Verlangen die zehn vornehmsten und wohlhabendsten
Bürger als Geiseln auslieferte. Kleomenes selbst übergab dieselben,
um sich an den Aegineten zu rächen, ihren Feinden, den Athenern,
zur Bewachung. Bald nachher starb dieser rachgierige und herrschsüchtige Mann im Wahnsinn. Nach seinem Tode brachten die Aegineten
es dahin, daß man von Sparta aus die Athener zur Auslieferung jener
Geiseln aufforderte; ihrem Verlangen wurde aber nicht Folge geleistet
und es brach nun wieder ein Krieg zwischen Athen und Aegina aus,
welcher bis zur Ankunft der Perser auf griechischem Boden fortwährte.

2. Der zweite Perserkrieg.

Im persischen Reiche waren unterdessen die Rüstungen zu einem
neuen Feldzuge nach Griechenland beendigt worden und unter der
Anführung zweier Satrapen, die an Mardonius Stelle ernannt worden waren, Datis und Artaphernes, schiffte sich im Jahre 490
v. Chr. ein Heer ein, dessen Größe von den Schriftstellern des Alterthums sehr verschieden angegeben wird. Der Pisistratide Hippias
befand sich bei demselben, um ihn den Anführer mit seinem Rathe zu
unterstützen. Die Fahrt ging diesmal auf dem südlichen Wege mitten
durch den Archipelagus und das Hauptziel des Zuges war Athen und
die euböische Stadt Eretria. Die letztere wurde von den gelandeten
Persern nach einigem Widerstand erobert und ihre Einwohner als
Sklaven nach Asien geschickt. Von Euböa fuhren die Perser über die
Meerenge Euripus nach der Ostküste von Attika hinüber. Die Athener
hatten gleich nach dem Fall von Eretria die Spartaner um Hülfe gebeten; diese hatten zwar ihren Beistand zugesagt, konnten aber erst
fünf Tage später ein Heer abschicken, weil ein altes, religiöses Gesetz
ihnen verbot, vor dem Vollmonde zu einem Kriege auszurücken. So
waren die Athener sich selbst überlassen und nur tausend Bürger der
kleinen böotischen Stadt Platää schlossen sich an das Heer derselben
an. Dagegen lebte zum Glück für die Athener in ihrer Stadt ein ehe-

maliger Vaſall des perſiſchen Königs, welcher ſie nicht allein vom
Untergang rettete, ſondern ſogar auf den Gipfel des Ruhmes erhob.

Dieſer Mann war Miltiades, ein atheniſcher Bürger und zugleich Fürſt eines kleinen Staates auf dem Cherſones, oder der an der
europäiſchen Seite des Hellespont gelegenen kleinen Halbinſel. Hier war
nämlich um die Zeit, als Piſiſtratus zum erſten Male die Alleinherr-
ſchaft in Athen erlangte, eine atheniſche Colonie gegründet worden
und Miltiades, der Leiter dieſer Anſiedelung, ein Mann aus einer
alten atheniſchen Familie, hatte ſich zum Fürſten der Colonie und der
ganzen von Thraciern bewohnten Halbinſel aufgeworfen. Als er ſtarb,
ging dieſe Herrſchaft auf ſeinen Neffen Steſagoras über und nach
deſſen Tode ward Miltiades, der Bruder des Letzteren, der Beherrſcher
des Cherſones. Dieſer wurde, als alle Städte und Fürſten der thraciſchen Küſte den Perſern huldigen mußten, perſiſcher Vaſall und
begleitete als ſolcher den König Darius auf ſeinem ſcythiſchen Zuge.
Er machte damals den anderen perſiſchen Anführern griechiſcher
Abkunft, welche mit ihm die Donau-Brücke zu bewachen hatten, den
Vorſchlag, dieſe abzubrechen und ſo den König und ſein Heer der
Vernichtung preiszugeben. Ungeachtet dieſes Anſchlags blieb er im
Beſitz ſeiner Herrſchaft; als jedoch bald nachher die empörten ioniſchen
Häuptlinge von Darius wieder unterworfen und beſtraft wurden, hielt
er ſich nicht mehr für ſicher und flüchtete mit ſeinen Schätzen und fünf
Kriegsſchiffen nach Athen. Eins von dieſen Schiffen, das ſein Sohn
befehligte, ward von der ihnen nachſetzenden perſiſchen Flotte weg-
genommen und der Führer als Gefangener zum König Darius geſchickt,
welcher ſeinem großmüthigen Charakter gemäß den Sohn nicht für
das Vergehen des Vaters büßen ließ, ſondern ihn als einen ſeiner
Großen behandelte, ihm Güter ſchenkte und ihn mit einer vornehmen
Perſerin vermählte. Miltiades entkam mit den andern vier Schiffen
glücklich nach Athen, wo er zwar, weil er ſich zum Tyrannen über die
Bürger einer atheniſchen Colonie aufgeworfen hatte, ſogleich vor Gericht geſtellt ward, aber nur, um freigeſprochen zu werden. Miltiades
Ankunft in Athen, welche gerade in die Zeit des Beginnes des von
Mardonius unternommenen Zuges gegen Griechenland fiel, war ein
ſehr großes Glück für die Athener, denn er war ein ausgezeichneter
Feldherr, kannte der Perſer Art und Natur vortrefflich, beſaß anſehnliche Geldmittel und brachte vier große Schiffe mit. Die beiden
letzteren Umſtände verſchafften ihm ſogleich die größte Bedeutung in
ſeiner Vaterſtadt; denn die Athener hatten damals noch eine ſo geringe
Seemacht, daß ſie ſich gerade damals im Kampfe mit den Aegineten
nicht anders zu helfen wußten, als dadurch, daß ſie von den Korinthern zwanzig Schiffe liehen: erſt der Kampf gegen die Perſer ent-

wickelte jetzt mit wunderbarer Schnelligkeit die Seemacht, welche die große Zukunft der Stadt begründete.

Als gegen Datis und Artaphernes ein Heer gerüſtet ward, erwählte man den Miltiades zu einem der zehn Strategen oder Generale, welche der Zahl der Phylen entſprechend alljährlich ernannt wurden, um das Kriegsweſen zu leiten und im Kriege das Heer anzuführen. Dieſes Heer zog bei der Nachricht von der Landung der Perſer in Attika ihnen zwar entgegen, die Hälfte der Strategen aber wollte den Kampf mit dem weil überlegenen Heer der Feinde nicht wagen, ſondern einen bloßen Vertheidigungskrieg führen; Miltiades verſchaffte durch das Gewicht ſeiner Gründe der entgegengeſetzten Meinung den Sieg. Er rettete auf dieſe Weiſe Athen nicht allein von der augenblicklichen Gefahr, ſondern legte durch ſeinen Sieg auch den Grund zu der nachherigen Größe der Stadt.

Ueber die Stärke der beiden Heere, welche damals ſich mit einander maßen, ſind die Angaben der alten Schriftſteller ſehr widerſprechend und es läßt ſich aus denſelben nichts Anderes zur Gewißheit bringen, als daß die Perſer den Athenern an Zahl weit, man darf annehmen um das Zehnfache, überlegen waren. Daß die Letzteren deſſen ungeachtet ihre Feinde beſiegten, daß überhaupt das kleine Volk der Griechen alle Angriffe der mehr als die Hälfte von Aſien beherrſchenden Perſer zurückſchlugen, wird uns nicht wundern, wenn wir die verſchiedene Natur der beiden ſtreitenden Mächte ins Auge faſſen. Der perſiſche Staat war eine bloße Maſchine, in welcher Entwickelung, freie Bewegung und Begeiſterung durch blinden Gehorſam und durch das Mechaniſche und Unverrückbare der Einrichtungen unmöglich gemacht war; bei ihnen hing es ferner nur von dem Zufall der Perſönlichkeiten und Verhältniſſe ab, daß die Unternehmungen verſtändig geleitet wurden; noch ſeltener aber geſchah es, daß irgend eine Einrichtung den gemachten Erfahrungen und den Umſtänden gemäß geändert, oder die Art und Weiſe einer Unternehmung dem Bedürfniß der Zeit und der Natur des Landes und Volkes angepaßt wurde; das Heer endlich war zwar in jedem Kriege ſehr zahlreich, zum Theil auch tapfer, aber es beſtand aus einer ungeordneten Maſſe von Bewaffneten ohne Geiſt und ohne Selbſtgefühl. Die Griechen dagegen, welche noch dazu gerade damals in der Blüthe ihrer nationalen Kraft ſich befanden, bildeten kleine Staaten, deren Kraft und Stütze nicht in der Zahl, ſondern in der Bildſamkeit, der freien Entwickelung, der Vaterlandsliebe und dem wetteifernden Muthe der Einzelnen beſtand. Die Zuſammenſetzung, Uebung und Bewaffnung ihrer Heere war rein national, in Sitte und Verfaſſung gegründet; und bei der freien Bewegung des Staatslebens und aller ſeiner Kräfte kamen die Erfindungen und

Erfahrungen der fortschreitenden Zeit allen ihren Einrichtungen und Unternehmungen zu Statten. Der Kern des Heeres oder die Schwerbewaffneten bestanden in allen griechischen Staaten aus lauter solchen Bürgern, welche vorzugsweise den Staat regierten, Vermögen und einen nicht geringen Grad von Bildung besaßen und deshalb mit keinem Heere unserer Tage, sondern etwa nur mit den sogenannten Reisigen des Mittelalters verglichen werden können. Außerdem wurden alle Officiere jährlich neu gewählt, und ein griechisches Heer der demokratischen Zeit war also durch seine ganze Organisation und Zusammensetzung so beschaffen, daß jeder gemeine Soldat den Officier ersetzen konnte, ja, daß die meisten sogar hinreichend gebildet waren, um Generale zu sein und neben den Kenntnissen auch das zu einem Oberbefehl nöthige Selbstgefühl besaßen. Ein solches Heer wäre daher selbst einer gleich großen Truppenzahl unseres militärischen und in der Kriegskunst so weit vorgeschrittenen Zeitalters überlegen gewesen. Zu allem diesen kommt endlich noch, daß jeder einzelne Grieche von Jugend auf ein Krieger war, und daß in den Bürgern griechischer Staaten durch die Volksgesänge, durch den Gottesdienst, durch die ganze Einrichtung des bürgerlichen Lebens, sowie durch die unzähligen Kunstwerke, die sie überall erblickten, die Liebe zu Freiheit und Vaterland stets lebendig erhalten und genährt ward.

Auf einer kleinen Ebene, bei dem Flecken Marathon, welcher einige Meilen von Athen entfernt lag, wurde am 12. September des Jahres 490 v. Chr. die erste große Feldschlacht zwischen den Persern und den europäischen Griechen geliefert. Miltiades war in derselben der Anführer der Athener. Der Oberbefehl wechselte in dem athenischen Heere zwischen den zehn Strategen und zwar so, daß jeder von diesen ihn einen Tag lang führte. Fünf Strategen, unter denen Aristides, Sohn des Lysimachus, traten ihre Tage dem Miltiades als dem tüchtigsten und erfahrensten unter ihnen ab, dieser richtete es aber der Verantwortlichkeit seiner Collegen wegen so ein, daß die Schlacht an dem Tage geliefert ward, an welchem er der Reihenfolge nach ohnehin den Oberbefehl hatte. Durch glückliche Benutzung der Oertlichkeit, des günstigen Augenblicks und des Enthusiasmus seiner Mitbürger gewann Miltiades die Schlacht, in welcher die Perser von Hippias geleitet wurden. Indem die Griechen, von den Höhen herab stürmend, in vollem Lauf die Ebene gewannen und auf die Perser losrückten, machten sie diesen den Gebrauch der Fernwaffen, in denen sie ihre Stärke hatten, unmöglich und sicherten sich die Vortheile des Nahekampfes, in welchem ihre bessere Bewaffnung, ihre gymnastische Gewandtheit und höhere Kraft des Körpers und des Geistes ihnen den Sieg verschafften.

Ungeheure Beute, noch weit größere Ehre waren die nächsten Folgen des Sieges. Unter der gemachten Beute befanden sich auch Ketten, welche die Perser zur Fesselung der griechischen Gefangenen aus Asien mitgebracht hatten, sowie ein parischer Marmorblock, aus welchem sie, des Sieges gewiß, sich selbst ein Denkmal hatten errichten wollen. Aus dem Letzteren ließen die Athener später durch Phidias, ihren größten Bildhauer, eine Statue der Göttin Nemesis, der Bestraferin des menschlichen Uebermuths, verfertigen, welche auf dem Schlacht= feld aufgestellt ward. Sie errichteten außerdem noch andere Denkmale dieses Sieges und feierten noch lange Zeit nachher den Tag, an welchem er erfochten war. Der Verlust der Perser an Todten war übrigens nicht bedeutend: er betrug nur 6400 Mann, unter welchen auch der Tyrann Hippias sich befunden haben soll: andere erzählen, daß er auf der Rückfahrt gestorben sei. Von den Athenern verloren nur 192 das Leben. Als ein Beispiel ihres großen Muthes und ihrer begeisterten Vaterlandsliebe kann der Heldentod des Cynegirus, eines Bruders des berühmten Dichters Aeschylus, dienen. Dieser hielt beim Ver= folgen der nach den Schiffen fliehenden Feinde ein Boot mit der rechten Hand fest und als ihm dieselbe abgehauen war, soll er auf gleiche Weise auch die Linke verloren und hierauf sogar mit den Zähnen das Fahrzeug festzuhalten versucht haben, bis ihn die Perser nieder= hieben. Ebenso wird berichtet, daß ein athenischer Bürger gleich nach dem Ende der Schlacht in vollem Laufe nach Athen geeilt sei, um seinen Mitbürgern die Siegesbotschaft zuerst zu überbringen, und daß derselbe auf dem Markte angekommen mit den Worten: „Freuet euch, wir haben gesiegt!" todt niedergestürzt sei. Einige Tage nach der Schlacht kamen die Spartaner, 2000 Mann stark, bei Marathon an. Sie waren gleich nach dem Vollmond ausgerückt und so schnell mar= schirt, daß sie den Weg nach Athen, welcher 30 deutsche Meilen betrug, in drei Tagen zurücklegten.

Unmittelbar nach der Schlacht segelte die persische Flotte, von welcher sieben Schiffe in die Hände der Athener gefallen waren, an der Küste von Attika hin, um das Vorgebirge Sunium, um die Stadt Athen noch vor der Rückkehr ihres Heeres vom Süden her zu überrumpeln; allein Miltiades, der diese Absicht merkte, kam ihnen zuvor und die Perser fuhren daher, als sie in der phalerischen Bucht angekommen waren, sogleich wieder in die hohe See. Sie segelten, da der Winter vor der Thür war, gerades Weges nach Asien zurück. Gegen die gefangenen Eretrier, welche sie mit sich nahmen, zeigte sich Darius eben so menschenfreundlich, wie einst gegen die gefangenen Milesier: er schenkte ihnen die Freiheit und wies ihnen einen Ort im Innern seines Reiches an, wo sie sich ansiedelten.

3. Die Zeit zwiſchen dem zweiten und dritten Perſerkriege.

Den Athenern gebührte es natürlich, diejenigen Griechen zu beſtrafen, durch welche die Perſer bei ihrer Unternehmung begünſtigt worden waren. Sie mußten dazu um ſo eher geneigt ſein, als dies ihnen einen gerechten Vorwand zur Erweiterung ihrer Macht gab und die ärmeren Bürger dadurch eine Gelegenheit erhielten, ſich auf Koſten der Beſiegten zu bereichern. Miltiades faßte dies als nächſtes Ziel der atheniſchen Politik ins Auge und forderte die Athener zur Ausrüſtung einer Flotte von 70 Schiffen auf, beging aber dabei den Fehler, daß er ſeine eigentliche Abſicht nicht ausſprach und diejenigen, welche er bekämpfen wollte, nicht einmal mit Namen nannte, ſondern nur ganz im Allgemeinen die Bereicherung der Athener und die Erweiterung ihrer Macht als den Zweck der Expedition angab. Miltiades nahm, indem er einen ſolchen Antrag ſtellte, eben damit auch die ganze Verantwortlichkeit für den Ausgang des koſtſpieligen Unternehmens auf ſich. Das Volk ging auf ſeinen Vorſchlag ein und übertrug ihm ſelbſt das Commando. Miltiades wandte ſich zunächſt gegen die Inſel Paros, deren Bewohner nicht allein den Perſern gehuldigt, ſondern ſie ſogar mit einem Kriegsſchiff unterſtützt hatten. Das Glück war den Athenern nicht günſtig: Miltiades belagerte die Hauptſtadt der Inſel 26 Tage lang und ſah ſich hierauf in Folge eines Sturzes, der ihm ein ſchweres Leiden zuzog, genöthigt, mit ſeiner Flotte nach Athen zurückzuſegeln. Hier ward er ſogleich wegen der von ihm angerathenen Unternehmung vor Gericht gezogen. Man hatte ihm, der im Cherſones als Fürſt geherrſcht hatte, nie recht trauen wollen und der demokratiſche Sinn der Athener erweckte in ihnen ſtets eine ſtarke Eiferſucht gegen alles, was über Andere hinaus ſtrebte. Die Alkmäoniden, welche durch Miltiades in den Hintergrund gedrängt worden waren, benützten dieſen Geiſt der Bürger und Xanthippus, das Haupt derſelben, klagte den Sieger von Marathon auf Tod und Leben an, weil derſelbe die Athener durch das gegebene Verſprechen großer Vortheile zur Ausrüſtung einer Flotte und eines Heeres veranlaßt und, wie der Ausgang der Sache zeige, das Volk auf Koſten der Staatskaſſe und des Lebens vieler Bürger getäuſcht habe, er habe überdieß, beſchuldigten ſie ihn, aus Gründen perſönlichen Haſſes dieſen Zug übernommen. Miltiades konnte, da ſein Uebel ſich verſchlimmert hatte, ſich nicht ſelbſt vertheidigen und ſeine Freunde vermochten nur die Todesſtrafe von ihm abzuwenden. Er wurde aber zur Bezahlung der auf den Zug gegen Paros verwendeten Koſten, einer Summe von 50 Talenten (130,000 fl. oder 72,000 Thlrn.), verurtheilt und in Folge dieſes Spruches ebenſo behandelt,

wie nach athenischem Rechte jeder Bürger, d. h. er war bis zur
Bezahlung der dem Staate schuldigen Summe von allen bürgerlichen
Rechten suspendirt und nöthigenfalls der persönlichen Haft unterworfen. Diese Verurtheilung des Befreiers von Athen ist von der
späteren Zeit falsch beurtheilt worden, indem man dieselbe als ein
Verbrechen schändlicher Undankbarkeit den Athenern zum Vorwurf
machte. Miltiades starb bald darauf an seiner Krankheit; ob im
Gefängniß, wie einige Schriftsteller des späteren Alterthums sagen, ist
ungewiß. Sein nachher berühmt gewordener Sohn Cimon bezahlte
die Summe, für welche, nach athenischem Recht, der Staat sich an
Hab und Gut des Verurtheilten halten konnte.

Miltiades hatte seit seiner Rückkehr vom Chersones das athenische
Volk geleitet; nach seinem Tode traten sogleich andere tüchtige Männer
an seine Stelle. Diese waren Xanthippus, Aristides und The-
mistokles. Von ihnen sind die beiden Letzteren die wichtigsten.
Aristides, welcher im Todesjahr des Miltiades das Amt des ersten
Archonten bekleidete, war einer der wackersten Männer, die je in Athen
gelebt haben. Als ein durchaus redlicher und biederer Mann ließ er
sich sein ganzes Leben hindurch weder vom Ehrgeiz, noch von der
Rücksicht auf seinen persönlichen Vortheil leiten, sondern blieb mit
Aufopferung jedes eigenen Vortheils stets nur für das Wohl seiner
Vaterstadt thätig. Seine Mitbürger gaben ihm wegen dieser Uneigennützigkeit und Geradheit seines Charakters den ehrenden Beinamen
des Gerechten oder Rechtlichen und hatten ein so großes Vertrauen
zu seiner Unparteilichkeit, daß viele von ihnen ihre Streitigkeiten, statt
sie vor die Gerichte zu bringen, durch ihn als Schiedsrichter entscheiden
ließen. Themistokles dagegen, ein Mann nicht von vornehmer
Herkunft, aber durch seine großen Geistesgaben vor allen Andern zur
Leitung des Staates berufen, war von einem mächtigen Ehrgeiz erfüllt
und strebte von früher Jugend an nach dem ersten Platze, zu welchem
seine angebornen Talente ihn befähigten. Man erzählt von ihm, daß
er schon als Knabe nur in demjenigen Theile des Unterrichts, welcher
auf Staat und Krieg Bezug hatte, sich ausgezeichnet habe, allen
den Uebungen aber, welche wie die Musik auf Veredelung des Herzens
und Verschönerung des Lebens hinzielten, abgeneigt gewesen sei. Ebenso
deuten alle Anekdoten, welche auf den Anfang seines Mannesalters
sich beziehen, auf ein lebhaftes Bewußtsein von seinem Beruf zum
Herrschen, zum Lenken der Menschen als Staatsmann oder Feldherr:
in Gedanken eines solchen berechtigten Ehrgeizes wuchs er auf. Er
soll z. B., da er keine musikalische Bildung erhalten hatte und deshalb in Gesellschaft nicht, wie man es in Athen von jedem gebildeten
Manne gewohnt war, von dieser Seite her zur Unterhaltung beitragen

konnte, sich einst damit entschuldigt haben, daß er sagte, die Saiten zu schlagen verstehe er nicht, wohl aber verstehe er die Kunst, einen schwachen und kleinen Staat zu Macht und Ansehen zu erheben. Jetzt nach der Schlacht bei Marathon, wo die Gefahr nur vertagt aber nicht beseitigt war, jetzt war die Zeit für einen solchen Mann gekommen: das Beispiel des Miltiades, dessen Name in Aller Munde war, wirkte mächtig auf den jüngeren Mann und trieb ihn vorwärts: die Trophäen des Miltiades, wie eine der vielen Anekdoten ihn äußern läßt, ließen ihn nicht schlafen.

Themistokles und Aristides standen nach Miltiades Tode drei Jahre lang neben einander an der Spitze des Staates und arbeiteten zusammen, der Eine, als sparsamer Verwalter der Finanzen und als rechtlicher Mann, der Andere als ein Staatsmann, welchem jedes Mittel, das zum Zwecke führt, gut und recht erschien; im Jahre 486 v. Chr. aber bewirkte Themistokles, daß Aristides durch den Ostracismus aus Athen verbannt wurde. Man erzählt, daß bei der Abstimmung hierüber ein gemeiner Athener, welcher nicht schreiben konnte, dem ihm unbekannten Aristides die Scherbe mit der Bitte gereicht habe, den Namen Aristides darauf zu schreiben; und daß er, als dieser ihn fragte, was ihm denn Aristides Böses gethan habe, geantwortet habe: „Gar nichts, ich kenne ihn nicht einmal, allein es ärgert mich, daß alle Welt ihn vorzugsweise den Gerechten nennt."

Mit dieser sorgfältig abwägenden bedächtigen Gerechtigkeit stand er dem Themistokles im Wege, der für die außerordentliche Zeit auch außerordentliche Mittel und Wege nöthig glaubte. Dieser stand jetzt ohne Nebenbuhler an der Spitze des Staates und lenkte das Volk vermittelst des großen Einflusses, den er sich verschafft hatte. Er wußte die Mittel, welche eine Demokratie talentvollen Männern darbietet, so zu benutzen, daß Athen bald aus einem Städtchen eine der Hauptstädte der damaligen Welt ward. Er verfolgte die zwei Zwecke, sich selbst unentbehrlich und seine Vaterstadt groß und berühmt zu machen, und erreichte beide. Athen stand damals ganz allein, während die Spartaner das anerkannte Haupt des dorisch-peloponnesischen Bundes waren; ja Athen hatte sogar an den Aegineten einen mächtigen Feind in seiner unmittelbaren Nähe. Außerdem mußte Athen damals einen neuen Angriff von Seiten der Perser erwarten, deren Macht um so furchtbarer schien, da alles Land vom Hellespont bis nach Thessalien, sowie fast alle Inseln des Archipelagus ihnen gehorchten. Athen hatte daher nichts Wichtigeres zu thun, als seine Flotte zu vermehren. Themistokles erkannte dies und suchte so viel als möglich die Seemacht seiner Vaterstadt zu vergrößern, damit Athen auf dem sichersten und natürlichsten Wege zu größerem Ansehen gelange und dem Kampfe mit Aegina und dem Perserkönige gewachsen sei. Bis dahin war der jährliche Ertrag der Silbergruben in dem attischen Berge Laurion stets unter die Bürger vertheilt worden; Themistokles bewog sie, diese Vertheilung so lange einzustellen, bis man von dem Gelde eine Flotte erbaut habe, welche groß genug wäre, um den Athenern das Uebergewicht über Aegina zu verschaffen. Auf diese Weise vermehrte damals Athen seine Flotte bis auf 200 Schiffe, welche freilich keine vollkommenen Kriegsschiffe waren, durch die aber doch ihrer verhältnißmäßig großen Zahl wegen Athens Seemacht die bedeutendste in Griechenland wurde.

Athen und Aegina waren noch im blutigen Kampfe begriffen, als die Griechen von dem ganzen Umfange der ungeheuren Zurüstungen, welche in Persien zu einem neuen Feldzuge gemacht wurden, Nachricht erhielten. Sie mußten jetzt ihre ganze Macht aufbieten, um ihre Freiheit gegen diese neue von Asien her drohende Gefahr zu schützen. Dazu kam ihnen, wie der weitere Verlauf der Erzählung zeigen wird, nichts so sehr zu Statten, als jene Vergrößerung der athenischen Flotte, und der Geschichtschreiber Herodot sagt daher mit Recht, daß der Krieg mit Aegina, welcher die Athener zwang, eine große Kriegsflotte zu erbauen, Griechenland gerettet habe.

4. Der dritte Perserkrieg.

Darius war durch Zwistigkeiten, welche unter seinen Söhnen über die Thronfolge entstanden waren und durch eine in Aegypten ausgebrochene Empörung an der Fortsetzung des Krieges mit den Griechen gehindert worden. Als er 485 v. Chr. starb, konnte sein Sohn und Nachfolger Xerxes erst nach der Unterdrückung dieser Empörung an die Erneuerung des Kampfes mit Griechenland denken. Im zweiten Jahre der Regierung dieses Königs ward Aegypten wieder unterworfen und nun wurden im persischen Reiche vier Jahre lang die kolossalsten Vorbereitungen zur Eroberung von Griechenland getroffen. Es war ein Nationalzug von ganz Asien, welchen Xerxes veranstaltete. Aus allen Völkern des großen persischen Reiches, von Indien und dem Lande der Scythen an bis zu den Grenzen Aegyptens und Thraciens hin, wurde ein ungeheures Heer zusammengebracht. Dieses soll, ohne den zahllosen Troß, aus nicht weniger als 1,700,000 Mann zu Fuß und 80,000 Reitern bestanden haben, es befanden sich in demselben aber keine 200,000 Mann brauchbarer Streiter und nur 10,000 Mann eigentlicher Kerntruppen; die große Mehrzahl des Heeres waren undisciplinirte Schaaren, deren ungeheure Menge ihnen selbst sehr leicht verderblicher werden konnte, als jeder Kampf mit den Feinden. Die Flotte bestand aus 1207 Kriegsschiffen und etwa 3000 Trans-

portschiffen und hatte eine Bemannung von 517,000 Köpfen. Die
Schiffe waren von den verschiedenen dem persischen Reiche unterworfenen Seevölkern des Ostens ausgerüstet worden; die besten waren
die phönicischen Kriegsfahrzeuge, 300 an der Zahl; von den unterworfenen Griechen Kleinasiens und der Inseln befanden sich nicht
weniger als 450 Kriegsschiffe bei der persischen Flotte, unter ihnen
allein 150 ionische. Für die Verpflegung des ungeheueren, zu
Wasser und zu Land gegen Europa anrückenden Heeres wurden,
bis nach Macedonien hinein, Magazine an den Küsten angelegt.
Außerdem sollte die Flotte immer gleichmäßig am Ufer vorgehend
dem Marsche der Truppen folgen, um den Millionen des Heeres die
nöthigen Lebensmittel zu liefern: eine gebrechliche Stütze für eine
so große Menschenmenge, deren Existenz so ganz allein auf der
Erhaltung der Flotte beruhte! Um die Fahrt an dem gefährlichen
Vorgebirge Athos in Thracien, an welchem die erste persische Unternehmung gegen Griechenland gescheitert war, zu vermeiden, wurde
die Landenge, welche jenes Vorgebirge mit dem festen Lande verbindet,
durchgraben und ein breiter und tiefer Kanal angelegt. Endlich wurden
an der engsten Stelle des Hellespont oder der Dardanellen-Straße,
welche nur etwa 2000 Schritt oder eine Drittel-Stunde breit ist,
zwei Schiffbrücken für den Uebergang des Heeres gebaut. Diese
Arbeit mußte zweimal gemacht werden, weil die Brücken bald nach
ihrer Vollendung von der starken Strömung jener Meerenge fortge-
rissen wurden. Nach der Erzählung der Griechen ließ Xerxes zur
Strafe dafür nicht nur die Leiter des Werkes hinrichten, sondern
sogar auch dem Wasser des Hellespont Peitschenhiebe geben und
ein Paar Ketten in denselben werfen: man vermuthet, daß dies religiöse Ceremonieen waren, dazu bestimmt, die Dämonen des Meeres
zu bändigen.

Die Nachricht von den ungeheuren Rüstungen der Perser mahnte
die Griechen dringend zur Beilegung ihrer Zwistigkeiten und zur Vorbereitung eines gemeinschaftlichen Widerstandes gegen die Barbaren.
Auch wurden wirklich jetzt alte Feindschaften ausgeglichen, Aegina
und Athen versöhnten sich, eine große Zahl griechischer Staaten vereinigte sich zu einem Bunde und unter der Leitung der Spartaner
wurden die nöthigen Anstalten zur Vertheidigung des Vaterlandes
getroffen. Nur Argos war zu sehr von seinem alten Haß gegen die
Spartaner beherrscht, um unter dem Oberbefehl derselben zu fechten
und wies daher die Aufforderung zur Theilnahme an Bunde zurück.
Außerdem entzogen sich auch die beiden Inseln Kreta und Korcyra
diesem Bündniß. Der Tyrann Gelo von Syrakus, dessen Macht
größer war als die irgend eines andern griechischen Staates, erklärte

sich zwar zur Theilnahme bereit und bot sogar 200 Kriegsschiffe, 28,000 Mann Truppen und die Lieferung der für das gesammte griechische Heer während des Krieges nöthigen Lebensmittel an, verlangte aber dafür den Oberbefehl über die gesammte Streitmacht der Griechen, oder wenigstens über die Flotte. Das erstere konnte der spartanische Stolz nicht zugestehen, dem letztern widersetzte sich das Selbstgefühl der Athener und Gelo versagte deshalb seinen Beistand. Er ließ im Hinblick auf die Größe seiner Macht den Spartanern sagen, ihre Zurückweisung seiner Anerbietungen sei ebenso anzusehen, als wenn sie dem Jahre den Schmuck des Frühlings raubten. Einige Staaten Griechenlands, die dem Bunde beigetreten waren, verloren den Muth und unterwarfen sich insgeheim den Persern, welche Herolde nach Griechenland vorausgesandt hatten, um wie früher von den einzelnen Völkerschaften Erde und Wasser zu fordern. Die verbündeten Griechen oder wie sie sich nannten die „Eidgenossen" schickten ihrerseits, während sie ihre Rüstungen machten, Kundschafter nach Kleinasien, um sich von den Plänen der Feinde, der Zahl ihrer Truppen und der Beschaffenheit derselben zu unterrichten. Themistokles aber bot seine ganze Kraft auf, um Athen völlig in eine Seemacht umzuwandeln und erreichte seinen Zweck mit Hülfe des delphischen Orakels. Dieses, welches die Athener anfangs zur Flucht als dem einzig möglichen Rettungsmittel aufgefordert hatte, gab, nochmals befragt, die Antwort, nur die hölzerne Mauer werde für Athen eine unüberwindliche Schutzwehr sein. Themistokles überzeugte seine Mitbürger, daß damit die Flotte gemeint sei, und bewog sie dadurch zu neuer Ausrüstung von Kriegsschiffen.

Von Demaratus und anderen griechischen Flüchtlingen begleitet, setzte sich Xerxes im Frühling des Jahres 480 v. Chr. mit seinem Landheere von Sardes aus in Bewegung. Der durch Trojas Gebiet fließende Skamander und einige andere Flüsse hatten nicht Wasser genug, um die Millionen des Heeres zu tränken. In der Nähe jenes Flusses, wo einst zum ersten Male Asien und Europa in Waffen gegen einander gestanden hatten, brachte Xerxes den Manen der trojanischen Helden Opfer dar. Am Hellespont angekommen, musterte er sein großes Heer und die ebendaselbst versammelte Flotte. Als der König den Hellespont mit Schiffen und alles umliegende Land mit Truppen angefüllt sah, pries er sich glücklich, der mächtigste Herrscher zu sein; bald aber änderte sich seine Stimmung und der Anblick des ungeheuren Menschengewühls erweckte das Gefühl der Wehmuth in ihm und entlockte seinem Auge Thränen. Als Artabanus, der hochbejahrte Oheim des Königs, welcher neben ihm stand, ihn um den Grund seines plötzlichen Schmerzes fragte, antwortete er, daß der Anblick der Millionen den Gedanken in ihm erweckt habe, wie kurz des Menschen Leben sei und wie wenige in dieser großen Masse von Kriegern ein hohes Alter erreichen würden. Artabanus, der seinen Neffen früher vergebens von dem Zuge gegen Griechenland als einer für das persische Reich verderblichen Unternehmung abzuhalten gesucht hatte, erwiderte, in des Königs Stimmung eingehend: „Ach, das Leben der Menschen hat eine noch viel traurigere Seite. So kurz es auch ist, so ist doch weder von diesen Millionen noch von allen übrigen Menschen ein einziger so unausgesetzt glücklich, daß er nicht von Zeit zu Zeit lieber sterben als fortzuleben wünschte. Denn vielfache Leiden trüben eines Jeden Glück, sie machen, daß die kurze Spanne des Lebens dem Menschen oft allzu lange dünkt und der Tod erscheint ihm deshalb zuletzt als ein freundlicher Erlöser aus den Mühsalen des irdischen Daseins. So hat die Gottheit, die uns des Lebens Süßigkeiten kosten läßt, ihnen auch die bitteren Tropfen des Leibes beigemischt." Xerxes, der einer ernsten Betrachtung solcher Art nicht lange nachhängen konnte, sprang plötzlich von dem Gegenstande ab und ging auf die bevorstehende Unternehmung selbst über. Artabanus versuchte nun, im Angesicht der Grenzen von Europa und Asien, noch einmal seinem Neffen die Ueberzeugung beizubringen, daß bei diesem Kriege gerade die ungeheure Größe der aufgebotenen Kriegsmacht den Persern am meisten gefährlich sein könne, weil ein Heer, je stärker es an Zahl sei, um so mehr allen Wechselfällen des Schicksals und dem Untergang durch Hunger und Krankheiten preisgegeben sei und bei jeder Niederlage um so leichter in Verwirrung und rettungslose Noth gerathe. Allein Xerxes war hiervon nicht zu überzeugen und Artabanus reiste unverrichteter Sache nach Susa zurück, um daselbst während der Abwesenheit des Königs die Regierung zu führen.

Am nächsten Tage trat das persische Heer seinen Uebergang über den Hellespont an, nachdem Xerxes in früher Morgenstunde zur Sonne gebetet und dieser Gottheit zum Opfer eine goldene Schale, einen Becher von Gold und einen persischen Säbel in das Meer geworfen hatte. Sieben Tage und sieben Nächte dauerte dieser Uebergang, obgleich die Truppen ohne Unterbrechung über die Brücke marschirten. Die Schiffbrücken, welche man thörichter Weise aufgeschlagen stehen ließ, wurden bald nachher durch die heftige Strömung und durch Stürme vernichtet. Auf der Ebene von Doriskus, an der Mündung des Hebrusflusses in Thracien, hielt Xerxes noch einmal eine Musterung über die Flotte und das Heer und hier wurde auch eine Zählung der großen Menschenmasse vorgenommen. Man zählte nämlich 10,000 Mann oder eine Myriade ab, ließ dieselben dann in einen Kreis so dicht als möglich zusammentreten und umgab den von ihnen ein-

genommenen Raum mit einer Umfriedigung. Hierauf führte man alle
Theile des Heeres nach einander in diesen Raum und zählte so die
gesammte Macht nach Myriaden. Nach der Musterung unterhielt sich
Xerxes mit Demaratus, dem ehemaligen König der Spartaner über
die außerordentliche Größe seines, dem Befehl eines Einzigen untergebenen Heeres und die geringe Truppenzahl des noch dazu in viele
Staaten zertheilten und zwieträchtigen Volkes der Griechen. Demaratus bemühte sich vergebens, dem Perserkönig einen richtigen Begriff
von dem, worin die wahre Kraft eines Volkes besteht, beizubringen;
er suchte ihn zu überzeugen, daß ein freies, gebildetes und unverweich-
lichtes Volk, wie die Griechen, bei der Vergleichung mit anderen Nationen nicht nach der Zahl seiner Glieder, sondern nach dem es belebenden Geiste, nach der unter ihm herrschenden Gesinnung und nach
dem Charakter seines bürgerlichen Lebens geschätzt werden müsse, und
daß unter den Griechen insbesondere die Spartaner vor der persischen
Uebermacht nicht zurückbeben, sondern ohne Rücksicht auf die Größe
des feindlichen Heeres ihren Gesetzen und ihrer Volkssitte treu, ihre
Freiheit bis auf den letzten Mann vertheidigen würden. Xerxes fand
eine solche Behauptung lächerlich. Auf seinem weiteren Marsche vermehrte er sein großes Heer noch durch Thracier, Macedonier und
Thessalier. Widerstand fand er auf dem ganzen Wege von Dorisku8
bis zu dem Paß der Thermopylen nirgends.

Unterdessen hatten die in Korinth zusammengekommenen Abgeordneten der griechischen Staaten über die Vertheidigung ihres Vaterlandes Berathung gepflogen und den Beschluß gefaßt, durch ein in dem
Tempepaß aufzustellendes Heer den Persern den Eintritt in Griechenland zu verwehren. 10,000 Schwerbewaffnete, zu welchen noch die
gesammte thessalische Reiterei stieß, besetzten unter der Anführung des
Spartaners Euänetus und des Atheners Themistokles den genannten
Engpaß, welcher von der macedonischen Küste her den einzigen natürlichen Eingang in Griechenland bildet. Dieses Heer verweilte jedoch
nur wenige Tage im Tempe; denn eines Theils war den Thessaliern
nicht zu trauen, welche wirklich auch bald nachher sich an die Perser
anschlossen und mit ihnen gegen die übrigen Griechen zu Felde zogen,
anderes Theils aber konnte bei einem Kampfe im Tempe nach der
Beschaffenheit der dortigen Seeküste und des offenen Meeres die
griechische Flotte das Landheer nicht unterstützen und außerdem erfuhr
man, daß die Perser beschlossen hätten, durch einen Gebirgspaß im
Nordwesten von Thessalien in dieses Land einzubrechen und so das
griechische Heer zu umgehen und von seinen Landsleuten abzuschneiden. Die Griechen bestiegen also ihre am Ausgang des Thales
Tempe vor Anker liegenden Schiffe und segelten nach Korinth zurück.

Hier wurde von den versammelten Abgeordneten das Verfahren des
Heeres gebilligt und zugleich der Beschluß gefaßt, ganz Thessalien dem
Feinde preiszugeben und diesen erst an der Grenze von Mittelgriechenland in dem Paß von Thermopylä zu erwarten. Dadurch wurde
nicht allein die Vertheidigungslinie enger gezogen, was bei dem Kampfe
einer kleinen Macht mit einer weit überlegenen größeren der Ersteren
bedeutende Vortheile gewährt, sondern der von den Griechen gefaßte
Beschluß war zugleich auch sonst der beste Kriegsplan, den man entwerfen konnte. Die Thermopylen sind nämlich ein schmaler Weg,
welcher zwischen dem steilen Abhang des ungangbaren Oeta-Gebirges,
und dem Busen von Zeitun liegt und in aller Zeit so enge war, daß
an einer Stelle nur für einen einzigen Wagen Raum übrig blieb.
Dieser Paß war deßhalb durch eine kleine Zahl tapferer Krieger leicht
zu vertheidigen und die Angreifenden vermochten bei einer noch so
großen Uebermacht stets nur mit gleicher Zahl gegen dieselben zu
kämpfen. Dazu kommt noch, daß der anstoßende Meerbusen sowohl
von der Nordseite wie vom Westen Euböas her nur schmale, durch
Klippen und häufige Stürme gefährliche Zugänge hat, welche einer
verhältnißmäßig kleinen Flotte, wie die griechische war, die Möglichkeit
gewährten, einer viel größeren Zahl von Schiffen die Einfahrt in den
Busen zu verwehren und diese also von der Annäherung an die Thermopylen abzuhalten. Wenn nun das in dem Passe aufgestellte Heer
mehrere Wochen lang tapfer aushielt, so konnte das ungeheure Landheer der Perser sich nicht von der Stelle bewegen; und wenn anderer
Seits die griechische Flotte ihre Schuldigkeit that, so konnten die
persischen Schiffe nicht zu ihrem Heere gelangen und ihm die nöthigen
Lebensmittel bringen; das gesammte Thessalien aber konnte, wenn eine
aus mehreren Millionen bestehende Menschenmasse lange an einem
und demselben Punkt festgehalten wurde, zur Ernährung derselben
nicht ausreichen. Das persische Heer ward auf solche Weise dem
Hunger preisgegeben und dieser mußte bei ihm sehr bald Unordnung
und Verwirrung hervorbringen.

Zur Erreichung dieses Zweckes kam es vor Allem darauf an, daß
die in die Thermopylen zu sendende Truppenschaar die nöthige Ausdauer und Tapferkeit habe, und daß die im Norden von Euböa aufzu-
stellende Flotte gut befehligt werde. Diese, aus 271 größeren Kriegsschiffen bestehend, bei welchen auch Themistokles mit dem athenischen
Geschwader sich befand, wurde unter der Anführung des spartanischen
Admirals Eurybiades nach der Nordküste von Euböa gesandt
und erwartete bei dem dortigen Vorgebirge Artemisium die Ankunft
der feindlichen Seemacht. Nach den Thermopylen aber zog ein
Heer von mehreren 1000 Mann und zugleich suchte man die dem

Passe zunächst wohnenden Völkerschaften von Mittelgriechenland auf
jede Weise zur Ausdauer und zum Vertrauen auf die Götter zu
ermuthigen. Durch die Besetzung der Thermopylen und die am Eingang des sie bespülenden Meeres aufgestellte Flotte ließ man ihnen
durch Boten sagen, sie seien gegen die drohende Gefahr vollkommen
geschützt; und obgleich die Macht der Perser sehr groß sei, so sei doch
kein Grund zur Furcht vorhanden; denn nicht ein Gott, sondern ein
Mensch sei es, der gegen das Vaterland heranrücke; es gäbe aber
keinen Menschen, welcher Macht genug habe, um das Unglück von sich
abzuwenden; im Gegentheil, je mächtiger Jemand wäre, um so härter
pflege der Schlag des Schicksals ihn zu treffen; es würde also gewiß
auch der heranziehende Perserkönig in seiner stolzen Hoffnung getäuscht
werden.

Die persische Flotte hatte, noch ehe sie in die Nähe der griechischen
kam, ein schweres Unglück zu erleiden. Sie ward nämlich an dem die
südöstliche Spitze von Thessalien bildenden Vorgebirge Sepias von
einem Sturme überfallen, welcher drei Tage hindurch anhielt und
mehrere hundert Schiffe mit vielen Menschen vernichtete. Sie segelte
hierauf weiter und traf bald mit den Griechen bei dem euböischen Vorgebirge Artemisium zusammen. Ehe hier beide Flotten mit einander in
Kampf geriethen, war Xerxes mit dem Landheer bereits bei Thermopylä
angekommen und hatte den Kampf mit dem dort aufgestellten griechischen
Heere begonnen. Dies war aus Spartanern, Arkadiern, Korinthiern,
Phliasiern, Bürgern von Mycenä, Böotiern, Photiern und opuntischen
Lokrern zusammengesetzt; den Oberbefehl führte der spartanische König
Leonidas I., welcher seinem Bruder Kleomenes in der Regierung
gefolgt war. Leonidas war entschlossen, seiner Aufgabe vollkommen
Genüge zu leisten und hatte deshalb auch die 300 Krieger, welche
Sparta zum Heere sandte, unter seinen Mitbürgern sorgfältig aus-
gewählt und nur solche Männer genommen, welche von gesetztem
Alter waren und schon Kinder hatten. Als Xerxes vor den Thermopylen anlam, war er sehr erstaunt, daß einige tausend Mann seinem
ungeheuren Heere Widerstand leisten wollten. Er schickte sogleich
Reiter als Kundschafter nach dem Passe. Diese näherten sich den
griechischen Vorposten, welche an jenem Tage gerade aus Spartanern
bestanden und waren nicht wenig überrascht, als sie dieselben theils
mit gymnastischen Uebungen, theils mit dem Flechten ihrer Haare
beschäftigt sahen. Xerxes, dem ein solches Benehmen unerklärlich und
lächerlich vorkam, fragte den König Demaratus um die Ursache desselben. Dieser sagte ihm, es gehe daraus hervor, daß die Griechen in
den Thermopylen zu einem Kampfe auf Leben und Tod entschlossen
seien; denn es sei bei den Spartanern Gebrauch, vor dem Kampfe

ſich das Haupt zu ſchmücken; Xerxes habe jetzt die tapferſten Männer
der Erde vor ſich und wenn er dieſe zu beſiegen vermöge, ſo gäbe es
kein Volk, welches ihm zu widerſtehen im Stande ſei. Der Perſerkönig war jedoch nicht zu überzeugen, daß die Spartaner und ihre
Kampfgenoſſen wirklich mit der gewiſſen Ausſicht auf ihren eigenen
Untergang gegen ihn zu kämpfen entſchloſſen ſeien und wartete vier
Tage lang. Er glaubte, die Spartaner würden nicht ſo unſinnig ſein,
zu bleiben, ſondern ſich von freien Stücken zurückziehen.

Am fünften Tage ſchickte Xerxes einen Theil ſeiner Truppen zum
Kampfe aus; dieſe fochten bis zum Abend, wurden aber zuletzt mit
großem Verluſt zurückgeſchlagen. Der König, welcher nun den Muth
der Griechen kennen gelernt hatte, übertrug den ferneren Angriff auf
die Thermopylen dem eigentlichen Kern ſeines Heeres. Dieß waren
die ſogenannten Unſterblichen; das Corps beſtand aus 10,000 aus-
erleſenen Perſern und führte jenen Namen, weil ſie immer vollzählig
erhalten und deßhalb bei jedem Verluſt ſogleich wieder ergänzt wurden.
Dieſe Schaar focht zwar ſehr tapfer gegen Leonidas und ſeine Truppen,
konnte aber ebenfalls nichts ausrichten und verlor viele Leute. Xerxes
wurde durch den unbeſiegbaren Widerſtand der Griechen in große
Verlegenheit gebracht; denn er konnte mit ſeinen großen Heeresmaſſen
unmöglich lange Zeit an einer Stelle ſich aufhalten, ohne daß dieſelben
durch Hungersnoth und ausbrechende Krankheiten aufgerieben wurden
und ſo ſeine ganze Unternehmung auf die ſchrecklichſte Weiſe ſcheiterte.
Aus dieſer Verlegenheit half ihm ein Verräther unter den Griechen,
Ephialtes, welcher der nahe bei den Thermopylen wohnenden
theſſaliſchen Völkerſchaft der Malier angehörte. Es gab nämlich einen
wenig gekannten Fußſteig über das Gebirg, auf welchem man mit
Umgehung der Thermopylen nach Mittelgriechenland und in den Rücken
der griechiſchen Stellung gelangen konnte. Dieſen zeigte Ephialtes,
durch die Hoffnung auf Belohnung gereizt, dem Perſerkönig. Der
Verräther ſah ſich ſpäter genöthigt, vor der Rache ſeiner Landsleute
aus ſeiner Heimath zu entfliehen; die Amphiktyonen ſetzten aber einen
Preis auf ſein Haupt und er wurde einige Zeit nachher von einem
Griechen aus der Stadt Trachis erſchlagen.

Durch Ephialtes Verrath wurden die Perſer vom Untergang gerettet
und der von den Griechen entworfene Plan des Feldzugs vereitelt.
Ephialtes führte die Schaar der Unſterblichen unter Hydarnes nächt-
licher Weile über das Gebirge, damit, wenn ſie an dem jenſeitigen
Fuße deſſelben angekommen wären, das griechiſche Heer zu gleicher
Zeit von vorn und von hinten angegriffen werde. Als die Perſer mit
Tagesanbruch auf die Höhe des Gebirges kamen, fanden ſie dieſelbe
von tauſend Phokiern beſetzt, welche Leonidas aus Vorſicht gleich

anfangs zur Bewachung des Pfades dort aufgestellt hatte. Diese wurden
von den Persern seitwärts in das Gebirge gedrängt, dann stiegen die
Letzteren so schnell als möglich bergab, um den gemachten Anschlag
auszuführen; doch ward Leonidas durch Ueberläufer vom persischen
Heere noch zeitig genug von dem, was vorging, in Kenntniß gesetzt.
Er hielt sogleich in der ersten Stunde des Tages einen Kriegsrath.
Alle seine Bundesgenossen erklärten den ferneren Kampf für nutzlos
und beschlossen, so schnell als möglich die Thermopylen zu verlassen,
mit alleiniger Ausnahme der kleinen Schaar aus der böotischen Stadt
Thespiä. Leonidas selbst, der demgemäß in richtiger Erkenntniß der
Lage den Abzug des Hauptheeres anordnete, hielt es für Pflicht des
Spartaners, zu bleiben, um sich zu opfern und diesen Rückzug zu
decken. Ein Spruch des delphischen Orakels, der den Spartanern
gleich am Anfang des Krieges verkündet hatte, daß entweder Sparta
oder einer seiner Könige fallen werde, sowie der Gedanke an die
Unsterblichkeit seines Namens und an die Wirkung, welche das von
ihm gegebene Beispiel aufopfernder Vaterlandsliebe bei Mit- und
Nachwelt hervorbringen müsse, bestärkten und ermuthigten ihn in seinem
heldenmüthigen Entschlusse. Er ließ also die Bundesgenossen außer
den Thespiern, welche Tod und Ruhm mit den Spartanern theilen
wollten, nach ihrer Heimath zurückziehen: nur die Thebaner, die schon
am Anfang ungern ihm in die Thermopylen gefolgt waren, hielt er
wider ihren Willen zurück, weil er gegen ihre Vaterstadt den gerechten
Verdacht hegte, daß sie zum Abfall von der griechischen Sache entschlossen
sei. An eine Vertheidigung des Passes war nicht mehr zu denken,
sondern es galt, ruhmvoll zu sterben und dabei dem Feinde noch so viel
als möglich zu schaden. Darum forderte Leonidas seine Spartaner,
die 700 Thespier und die 400 verdächtigen Thebaner auf, sich zum
Tode zu rüsten. Er hieß sie sich durch Speise und Trank zu dem bevorstehenden Kampfe stärken und ihr Morgenbrod mit dem Gedanken
einnehmen, daß sie das Mittagsmahl in der Unterwelt halten würden.

Einige Stunden nach Sonnenaufgang rückten die persischen Truppen, der mit Ephialtes genommenen Abrede gemäß, aus dem Lager
und es begann nun ein blutiger Kampf. Die Griechen zogen dem
herannahenden persischen Heere entgegen und fochten mit so verzwei-
feltem Muthe, daß eine Menge Feinde von ihnen niedergestoßen oder
ins Meer gedrängt wurden, und daß ein großer Theil des persischen
Heeres von seinen Offizieren durch Geißelhiebe vorwärts getrieben
werden mußte. Als die Speere zerbrochen oder stumpf geworden waren,
griffen die Griechen zu den Schwertern und metzelten viele Feinde
nieder. Unter den Gefallenen befanden sich auch zwei Brüder des
Xerxes. Auch von den Griechen erlitten nicht wenige den Tod, namentlich

der König Leonidas, welcher vor allen Andern ein Beispiel hohen Heldenmuthes gegeben hatte. Um seine Leiche entstand ein furchtbarer Kampf; viermal wurden die Perser, die sich derselben bemächtigen wollten, zurückgeschlagen und nur mit Mühe behaupteten die Griechen endlich den Besitz des königlichen Leichnams. Jetzt erblickten sie in ihrem Rücken die 10,000 Unsterblichen, welche von Ephialtes über den Bergpfad geführt worden waren. Als diese erschienen, zogen sich die Griechen auf eine Anhöhe zurück, welche an der engsten Stelle des Passes hinter einer Mauer lag, um dort den letzten Kampf zu kämpfen. Diese Gelegenheit benutzten die Thebaner zum Abfall: sie liefen mit emporgehobenen Armen zu den Persern über, viele von ihnen aber wurden bei ihrer Annäherung an die Feinde im Gewühle des Kampfes getödtet. Der Rest der Spartaner und Thespier war bald von allen Seiten umzingelt; sie fochten gegen die heranbringenden feindlichen Massen so lange, als ihre Kraft ausreichte und fielen endlich in rühmlichstem Kampfe alle bis auf den letzten Mann.

Xerxes erkannte jetzt die Wahrheit dessen, was Demaratus ihm einst von den Spartanern gesagt hatte. Er war über den erlittenen Verlust vieler tausend Krieger sehr ergrimmt und ließ in seinem Zorn die Leiche des spartanischen Königs enthaupten und ans Kreuz schlagen: eine Behandlung, welche der altpersischen Denkweise und Sitte ganz und gar zuwiderlief; denn die Perser pflegten, wie des Xerxes Zeitgenosse, der Geschichtschreiber Herodot, sagt, bis dahin stets so sehr als irgend ein anderes Volk tapfere Männer zu ehren.

Den Griechen blieb das Andenken des Leonidas und derer, die mit ihm den Tod für das Vaterland gestorben waren, durch alle Zeiten ihrer Geschichte hindurch heilig. Die gefallenen Helden wurden an der Stelle, wo sie den letzten Kampf gekämpft hatten, in einem gemeinschaftlichen Grabe beerdigt und Denkmale und Inschriften verkündeten ihren Ruhm den nachkommenden Geschlechtern. Die 300 Spartaner wußte man noch einige Zeit nach ihrem Tode mit Namen zu nennen und viele Lieder verherrlichten ihre und der Thespier That bei allen Völkerschaften der griechischen Nation. Des Nationalruhms wegen schmückte man im Laufe der Zeit die Erzählungen von dem Heldenmuth und der patriotischen Gesinnung dieser Männer immer mehr aus und daraus entsprangen viele von den Anekdoten, welche in den Büchern griechischer Schriftsteller zu finden sind. Diese sind offenbar auf eben dieselbe Weise entstanden, wie so viele andere Erzählungen von großen Männern und Begebenheiten aller Zeiten und Völker. Es spricht sich in ihnen das Urtheil des Volkes aus, welches überall den Gedanken durch eine Erzählung zu verkörpern liebt, sowie der Eindruck, den eine große That stets auf Geist und Gemüth macht.

Aus diesem Grunde, besonders aber wegen der öfteren Erwähnung der meisten dieser historischen Anekdoten ist es nöthig, einige derselben anzuführen. Xerxes ließ, wie es in einer derselben heißt, am ersten Tage die Griechen auffordern, ihm ihre Waffen abzuliefern. „Komm und hole sie dir!" war die lakonische Antwort, welche Leonidas ihm gab. Als Jemand äußerte, der Perser seien so viele, daß, wenn sie ihre Pfeile abschössen, die Sonne verdunkelt würde, rief einer der tapfersten Spartaner aus: „Desto besser, dann werden wir im Schatten fechten!" Auf das vom Perserkönig gemachte Anerbieten einer Vergrößerung des spartanischen Landes, im Falle Leonidas sich ihm unterwerfen wolle, erwiderte dieser: „Die Spartaner pflegen Länder mit dem Schwerte zu erobern, nicht aber durch Verrätherei zu erkaufen." Leonidas wünschte zwei ihm vorzugsweise befreundete Spartaner am Leben zu erhalten und beauftragte sie deshalb vor dem letzten Kampfe mit einer Botschaft nach Sparta; allein diese verweigerten es mit der Erklärung, daß sie nicht nach Thermopylä gekommen wären, um Botendienste zu thun, sondern um zu kämpfen. Einer von den 300 Spartanern, welcher als Bote in einen benachbarten Ort geschickt worden war und auf diese Weise am Leben blieb, soll deshalb in Sparta seine Ehre verloren und aus Schmerz darüber sich selbst das Leben genommen haben. Von zwei andern Spartanern, welche am Morgen des letzten Tages abwesend waren, wird Folgendes berichtet, was als wahr anzunehmen ist, da der Geschichtschreiber Herodotus es mit Bestimmtheit erzählt und ihre Namen nennt. Beide waren in eine benachbarte Stadt gebracht worden, weil eine Augenkrankheit sie befallen hatte. Als sie erfuhren, daß die Perser durch den Verrath des Ephialtes ihre Landsleute umgangen hätten, ließ der Eine, Eurytus, sich in den Engpaß zurückführen, stürzte sich in das Kampfgewühl und starb den Tod des Helden. Der Andere dagegen, Aristodemus, entfloh nach Sparta, hatte aber hier die größte Schmach zu dulden: Niemand sprach mit ihm, und Jedermann nannte ihn nur den Flüchtling Aristodemus. Ein Jahr später jedoch tilgte er durch tapfern Kampf und durch den Tod auf dem Schlachtfeld seine Schuld und Schmach wieder aus.

Während des Kampfes in den Thermopylen hatte auch die Flotte der Griechen sich mit den Persern gemessen. Sie lag im Norden von Euböa, bei dem Vorgebirge Artemisium vor Anker, als die persische Flotte nach ihrem Unfall beim Kap Sepias derselben zum ersten Male in Sicht kam. Bei der Annäherung der ungeheuren feindlichen Seemacht verlor der Admiral Eurybiades und ein Theil der übrigen griechischen Anführer den Muth. Im Kriegsrathe stimmten die meisten Befehlshaber für den Rückzug, und dieser wäre auch beschlossen worden,

wenn nicht Themistokles, als er durch seine Vorstellungen nichts
dagegen ausrichten konnte, ein wirksames Mittel angewandt hätte.
Die Bewohner von Euböa, deren Küste durch die Abfahrt der griechischen Flotte der Wuth der Feinde preisgegeben worden wäre, hatten
ihm insgeheim eine Summe von dreißig Talenten (78,000 fl. oder
43,000 Thlr.) versprochen, wenn er die griechische Flotte vom Rückzuge abhielte und zu einer Schlacht veranlaßte. Themistokles, der seine
Leute kannte, bestach den Oberanführer Eurybiades und den Befehlshaber der korinthischen Schiffe, den einen mit fünf, den andern mit
drei Talenten, und die griechische Flotte blieb bei Artemisium.

Die persischen Admirale hatten den Beschluß gefaßt, sich nicht
eher in einen Kampf einzulassen, als bis 200 größere Schiffe, welche
sie insgeheim abschickten, Euböa umsegelt hätten und den Griechen
in den Rücken gekommen wären. Ein auf der persischen Flotte die-
nender Grieche jedoch, der zu seinen Landsleuten entfloh, verrieth
diesen, was geschehen war und die Griechen griffen jetzt sogleich die
Flotte der Feinde an, welche durch jene Absendung von 200 Schiffen
bedeutend vermindert worden war. Obgleich der Sieg unentschieden
blieb, so nahmen die Griechen doch ihren Feinden 30 Schiffe weg.
In der darauf folgenden Nacht litten die Perser sehr durch einen
ausbrechenden starken Gewitter-Sturm, während die Griechen in dem
Hafen von Artemisium gegen das Wetter gesichert waren. Was aber
noch wichtiger war, eben derselbe Sturm vernichtete die 200 zur Um-
schiffung Euböas abgesandten Fahrzeuge. 53 athenische Schiffe, welche
am nächsten Tage bei Artemisium ankamen, brachten zu gleicher Zeit
ihren Landsleuten diese willkommene Nachricht und verstärkten die griechische Flotte. Gegen Abend gelang es dieser, einen kleinen Theil der
persischen Flotte abzuschneiden und in den Grund zu bohren. Am
folgenden Tage kam es zu einem zweiten Haupttreffen zwischen den
beiden Flotten. In diesem ward von beiden Seiten sehr tapfer gestritten; zuletzt wurden zwar die Perser zum Rückzug genöthigt, allein die
Griechen hatten ihnen keine Schiffe nehmen können und von den ihrigen war ein großer Theil beschädigt worden. Sie mußten deshalb ihre
Stellung aufgeben und wurden in diesem Vorhaben durch die Ankunft
eines Schnellseglers bestärkt, welcher bei Thermopylä aufgestellt war,
um der griechischen Flotte sogleich die Anzeige zu machen, wenn der
Engpaß von den Persern genommen würde. Die griechische Flotte,
deren Aufstellung bei Artemisium jetzt keinen Zweck mehr hatte, segelte
zwischen Euböa und dem festen Lande südwärts und warf endlich in
der durch die Insel Salamis und die Südküste von Attika gebildeten
Meerenge die Anker aus. Der schlaue Themistokles wußte selbst bei
diesem Rückzuge ein Mittel zu finden, den Feinden zu schaden und

seinem Vaterlande zu nützen. Er ließ vor der Abfahrt von Artemisium an den Stellen, wo die Schiffe Trinkwasser einzunehmen pflegten und wo deswegen auch die Perser auf ihrer weiteren Fahrt landen mußten, an die Felsen einige Worte schreiben, durch welche die auf der persischen Flotte befindlichen Griechen Kleinasiens aufgefordert wurden, entweder zu ihren Landsleuten überzugehen, oder, wenn ihnen dies nicht möglich sei, durch geringe Theilnahme am Kampfe den Sieg derselben zu erleichtern. Diese Worte hatten, selbst wenn ihnen von den kleinasiatischen Griechen nicht Folge geleistet wurde, doch wenigstens den Vortheil, daß die persischen Admirale gegen deren Treue Verdacht schöpften und nicht wagten, dem ansehnlichen und gewandten griechischen Theil ihrer Flotte in der Schlacht einen wichtigen Posten anzuvertrauen.

Das Landheer der Perser war unterdessen durch die Thermopylen in Mittelgriechenland eingerückt und zog plündernd und verheerend durch Phokis und Böotien gegen Attika hin. Es fand nirgends Widerstand, da ein Theil der dortigen Völkerschaften dem Perserkönig bereits insgeheim gehuldigt hatte und der andere sich zum Kampfe zu schwach fühlte, die peloponnesischen Staaten aber nur an die Vertheidigung ihrer Halbinsel dachten und ihre Truppen hinter einer auf dem Isthmus aufgeführten Verschanzung aufgestellt hatten. Die Perser hausten auf ihrem Marsche wie eine Horde wilder Raubthiere, mißhandelten die Einwohner auf empörende Weise und zerstörten sengend und brennend Städte und Dörfer. Delphi und die Schätze des dortigen Orakels wurden durch die vom Glücke begünstigte Schlauheit der Priester gerettet. Diese veranlaßten die Delphier zur Flucht auf die benachbarten Felsenhöhen, verbargen wahrscheinlich die Schätze des Tempels und sprengten, um die Gemüther der Feinde zu beunruhigen, das Gerücht aus, Apollo habe verkündet, daß er selbst sein Heiligthum vertheidigen und die Angreifenden vernichten werde. Die Perser näherten sich sorglos der, wie sie erfuhren, von Menschen verlassenen Stadt, zu welcher man von Böotien her nur über rauhe Berge und durch enge Schluchten gelangen konnte. Sie wurden plötzlich durch die auf den Höhen versteckten Delphier, welche Felsblöcke herabstürzten, angegriffen, ohne sich gegen ihre Feinde vertheidigen oder dieselben auch nur erblicken zu können und geriethen dadurch um so mehr in Verwirrung, als zufällig zugleich ein furchtbares Gewitter ausbrach. Sie ergriffen bestürzt die Flucht und verloren, von den auf den Berghöhen verborgenen Delphiern fortwährend angegriffen, viele Leute. Diese Rettung einer menschenleeren Stadt und ihrer Heiligthümer fand auf eine so ungewöhnliche Weise Statt, daß man sie nur durch ein Wunder erklären zu können glaubte und daß sich im griechischen Volke die Meinung festsetzte, Apollo habe wirklich selbst den heiligen Sitz seiner Ver-

ehrung gegen die Feinde vertheidigt. Manche Delphier wollten ſogar
Weſen von übermenſchlicher Größe gegen die Perſer kämpfen geſehen
haben und in einem Tempel ihrer Stadt wurden ſpäter zwei Felsſtücke
aufbewahrt, von denen man behauptete, daß ſie durch den Gott ſelbſt auf
die Feinde geſchleudert worden ſeien.

Dadurch, daß die peloponneſiſchen Griechen nach der Eroberung
von Thermopylä nur den Zugang zu ihrer Halbinſel zu vertheidigen
beſchloſſen hatten, war Mittelgriechenland den Feinden ebenſo preisgegeben worden, wie einige Wochen früher durch die Zurückziehung
der griechiſchen Truppen aus dem Tempepaß das Land Theſſalien.
Auch Attika war ohne die Hülfe der Peloponneſier ebenſowenig zu
vertheidigen, als irgend ein anderer Theil des mittleren Griechenlands.
Als daher die Perſer von Böotien aus ſich dem attiſchen Lande näherten, blieb den Bewohnern deſſelben nichts übrig als Unterwerfung
oder Flucht. Sie wählten das Letztere und ſuchten ihre Rettung da,
wo nach des Themiſtokles ſicherem Blicke allein auch der entſcheidende
Sieg zu erwarten war, auf dem Meere. Die ſtreitbaren Männer der
Stadt Athen begaben ſich größtentheils zur Flotte, die übrigen fuhren
mit den Weibern und Kindern nach Salamis, Aegina und Trözen
hinüber, und nur einige wenige blieben in der befeſtigten Akropolis
ihrer Vaterſtadt zurück, in der Meinung, daß in der hölzernen Umfriedigung derſelben die unbezwingliche „hölzerne Mauer" des Orakels
zu ſuchen ſei. Bald nachher erſchienen die Perſer, welche auch Attika
auf ihrem Zuge verheerten, in Athen, nahmen mit Sturm die Akropolis, hieben alle in ihr Befindlichen nieder und übergaben die Stadt
den Anhängern der vertriebenen Piſiſtratiden-Partei, welche mit dem
perſiſchen Heere von Aſien herübergekommen waren.

Griechenlands Selbſtſtändigkeit ward durch des Themiſtokles
Scharfblick und Gewandtheit vermittelſt der Flotte gerettet. Dieſe
beſtand jetzt aus 380 größeren Kriegsſchiffen, von welchen allein
180 den Athenern gehörten, während von den übrigen Staaten kein
einziger mehr als 40 geſchickt hatte. Die Führer, an deren Spitze
als commandirender Admiral Eurybiades ſtand, waren getheilter
Meinung. Die einen, zu welchen Themiſtokles gehörte, verlangten,
daß man die feindliche Flotte in der Meerenge von Salamis, einem
Orte, der nicht günſtiger hätte gewählt werden können, erwarte, um
ihr eine Schlacht zu liefern; die anderen aber und unter ihnen auch
der Oberanführer wollten den Kampf in die Nähe der korinthiſchen
Landenge verlegt wiſſen, weil im Falle einer Niederlage das von den
Perſern bereits eroberte mittlere Griechenland keine Zufluchtsſtätte
darbot, und die benachbarte Inſel Salamis leicht von den Feinden
umzingelt werden konnte, in der Nähe des Peloponnes dagegen die

Mannschaft der geschlagenen Flotte der Rettung gewiß war. Die letztere Meinung trug in dem Kriegsrath der Admirale den Sieg davon. Sie mußte aber den Griechen Verderben bringen, nicht allein, weil der Kampf in einem engen Meere die Perser leichter in Verwirrung gebracht und an der Entwickelung ihrer ganzen, den Griechen weit überlegenen Macht gehindert hätte, sondern auch, weil bei der ängstlichen Stimmung der Gemüther zu erwarten war, daß nach der Abfahrt von Salamis ein Theil der griechischen Flotte die andern Schiffe verlassen und nach Hause segeln würde. Themistokles bewog daher den Oberanführer zu einer nochmaligen Berathschlagung mit den andern Admiralen. In diesem Kriegsrath ging es so stürmisch zu, daß man sogar erzählt, Eurybiades habe in der Hitze des Streites seinen Stab gegen Themistokles erhoben, worauf dieser ruhig gesagt habe: „Schlag' immer zu, aber höre mich nur an!" Der athenische Anführer setzte seine Meinung zuletzt vermittelst der Drohung durch, daß die Athener, deren Schiffe fast die Hälfte der ganzen Flotte ausmachten, diese verlassen, zur Gründung einer neuen Niederlassung in eine ferne Gegend segeln, und so die übrigen Griechen dem Untergang preisgeben würden, wenn man sich nicht bei Salamis zur Schlacht entschließen würde.

Auch bei den Persern, deren Flotte von Artemisium aus auf demselben Wege wie die der Griechen weiter gesegelt war, und jetzt weithin den Strand an der Südküste von Attika hin bedeckte, herrschte eine Verschiedenheit der Ansichten; aber bei ihnen trug die bessere Meinung nicht den Sieg davon. In einem von Xerxes gehaltenen Kriegsrath machte Artemisia, die Wittwe des den Persern unterworfenen Beherrschers von Halikarnassus, welche ihrem Gemahl in der Regierung nachgefolgt war, sowohl auf die gänzliche Zwecklosigkeit einer Schlacht überhaupt, als auch auf die große damit verbundene Gefahr für die Perser aufmerksam; allein man schenkte ihren Vorstellungen kein Gehör und entschied sich dahin, daß bei Salamis eine Schlacht geliefert werden solle. Ungeachtet auf diese Weise von beiden Seiten ein entscheidender Kampf beschlossen war, wäre es vielleicht dessen ungeachtet nicht dazu gekommen, wenn nicht eine List des Themistokles die Ausführung beschleunigt hätte. Es waren nämlich nicht wenige unter den Anführern der Griechen gegen den gefaßten Beschluß eingenommen, und Themistokles mußte befürchten, daß, wenn nicht bald eine Schlacht geliefert würde, ein großer Theil der griechischen Schiffe sich von den übrigen trennen und nach Hause segeln würde. Um dies zu verhindern, schickte Themistokles insgeheim einen zuverlässigen Sklaven von persischer Abkunft an Xerxes, und ließ diesem unter der Maske des Verraths sagen, daß die Griechen aus Furcht und Uneinig-

teil beschlossen hätten, auseinander zu gehen, und daß, wenn er dieselben nicht bald angreife, die günstige Gelegenheit, ihre ganze Flotte
vernichten zu können, für immer vorübergehen würde. Xerxes ließ sich
täuschen und traf sogleich die nöthigen Vorkehrungen, um am nächsten
Tage die Griechen anzugreifen: noch in der Nacht segelte das phönicische Geschwader um Salamis herum und sperrte den Griechen den
letzten Ausgang, für die es nun keine andere Wahl mehr gab, als
völligen Sieg oder völligen Untergang.

Auf diese Weise ward Ende September des Jahres 480 v. Chr.
die berühmte Schlacht bei Salamis herbeigeführt. Die Perser
rüsteten sich in der Nacht zum Angriff. Dies erfuhren die Griechen
zuerst durch Aristides, welcher, obgleich von seinen Mitbürgern, wie
wir sahen, durch Ostracismus verbannt, doch von Aegina her unter
Lebensgefahr mitten durch die feindlichen Schiffe hindurchfuhr, um
das, was die Perser vorhatten, seinem Gegner Themistokles anzu-
zeigen und so, mit Beiseitesetzung aller persönlichen und politischen
Feindschaft, im Augenblick der Noth seinem Vaterlande nach Kräften
beizustehen. Mit Tagesanbruch begann die Schlacht, welcher Xerxes
selbst und sein Heer von der attischen Küste her zuschauten. Von
beiden Seiten wurde mit großer Tapferkeit gefochten; allein zuletzt
siegten die Griechen, welchen die gute Sache, für die sie kämpften,
die höhere Tapferkeit und Gewandtheit, die Kenntniß der Oertlichkei-
ten und das enge Fahrwasser zur Seite standen: und die Verwirrung,
welche in der persischen Flotte durch das Gedränge der zurückweichenden Schiffe der ersten Reihen entstand, steigerte das Unglück der
Perser bis auf den höchsten Grad. Sie erlitten eine furchtbare Niederlage, bei weitem der größte Theil ihrer Flotte ward vernichtet, und
unermeßliche Beute fiel den Siegern in die Hände. Von der Königin
Artemisia wird berichtet, daß sie in dieser Schlacht sich ebenso sehr
durch Geistesgegenwart ausgezeichnet habe, wie im Kriegsrath durch
ihre Einsicht. Als sie nämlich in der allgemeinen Verwirrung sich von
einem athenischen Schiffe verfolgt sah, rettete sie sich dadurch, daß sie
das ihr am nächsten fahrende Schiff, welches von einem gegen sie
feindlich gesinnten persischen Vasallen kommandirt war, in den Grund
bohrte; der athenische Führer schloß daraus, daß ihr Schiff eines von
denen sei, welche zu den Griechen übergegangen waren, und ließ von
der Verfolgung desselben ab. Xerxes soll bei dem Anblick der listigen
Selbstrettung der Artemisia ausgerufen haben: „Die Männer sind
zu Weibern und die Weiber zu Männern geworden!"

Nach der Niederlage bei Salamis konnten die Perser, deren Flotte
theils vernichtet, theils verjagt war, sich nicht länger auf griechischem
Boden halten. Der Rest ihrer Schiffe entfloh nach dem Hellespont,

und das Landheer zog schnell unter der Anführung des Königs nach
Thessalien. Hier ließ Xerxes 300,000 Mann unter Mardonius
zurück, um den Angriff im nächsten Frühjahr zu erneuern; mit dem
Reste eilte er selbst nach dem Hellespont. Unterwegs hatten seine
Truppen, bei der Schnelligkeit des Marsches und dem Mangel an
Magazinen, durch Hunger und Krankheiten so sehr zu leiden, daß sie
oft von Gras und Baumrinden sich nähren mußten, und daß die
meisten von ihnen starben. Der Geschichtschreiber Herodot erzählt,
daß Themistokles nach der Schlacht bei Salamis im Kriegsrathe der
Griechen anfangs darauf gedrungen habe, den Sieg sogleich zu benutzen, mit der gesammten Flotte den Persern zuvorzukommen und
sich des Uebergangs über den Hellespont zu bemächtigen. Als man
darauf nicht einging, sandte, wie Herodot weiter berichtet, Themistokles
einen vertrauten Sklaven an Xerxes mit der scheinbar wohlwollenden
Anzeige, die Griechen hätten den Rest seiner Flotte verfolgen und die
Brücken über den Hellespont abbrechen wollen, er aber habe sie davon
abgehalten. Spätere Geschichtschreiber geben statt dessen die weniger
wahrscheinliche Nachricht, daß Themistokles, um die Perser zum eiligen
Rückzug aus Europa zu bewegen, dem Xerxes gemeldet habe, die
Griechen wollten jene Brücken zerstören.

An demselben Tage, an welchem die Griechen bei Salamis die
Macht übermüthiger Barbaren brachen, erfochten auch ihre Landsleute
in Sicilien einen glänzenden Sieg, der dieselben aus einer gleich großen
Gefahr errettete. Die Karthager nämlich hatten mit einer starken Flotte
und einem ungeheuren Heere die griechischen Colonieen in Sicilien
angegriffen; sie wurden aber von den verbündeten Griechen unter
Gelo von Syrakus und Theron von Agrigent, am Tage der Schlacht
bei Salamis, in der Nähe der Stadt Himera gänzlich geschlagen und
verloren Heer und Flotte.

Im griechischen Mutterlande wandte sich ein Theil der Flotte nach
dem Siege bei Salamis gegen einige der Inseln, um sie durch Brand-
schatzungen für ihren Abfall zu bestrafen, und bei dieser Gelegenheit
soll Themistokles, der den Oberbefehl hatte, sich selbst nicht wenig
bereichert haben. Hierauf wurde durch Weihgeschenke und Opfer den
Göttern für den errungenen Sieg gedankt, und von den Anführern
über die unter den Griechen gebräuchlichen Ehrenzeichen berathen.
Der erste Siegespreis konnte nicht ausgetheilt werden, da jeder ihn
für sich selbst in Anspruch nahm; den zweiten aber erkannten die
meisten Stimmen dem Themistokles zu. Als hierauf die Geschwader
der einzelnen Staaten in ihre Heimath zurückgekehrt waren, reiste
Themistokles sogleich nach Sparta, weil er vermittelst der Ehrenbezeugungen, welche er dort von dem ersten griechischen Staate erhielt,

sein eigenes Ansehen in Athen und in Griechenland überhaupt erhöhen
wolle, und weil er wohl wußte, daß die Spartaner ihm bei seiner
persönlichen Erscheinung dieselben nicht vorenthalten würden. Die
Spartaner nahmen wirklich den Befreier Griechenlands auf eine sehr
ehrenvolle Weise auf: sie ertheilten zwar ihrem eigenen Admiral den
aus einem Olivenkranze bestehenden ersten Siegespreis, gewährten
aber dem Themistokles die gleiche Ehre, indem sie unter dem Namen
eines Preises des Feldherrngeschicks und der Kriegsgewandtheit ihm
denselben Kranz überreichten. Außerdem machten sie ihm einen Wagen
zum Geschenk, und bei seiner Abreise geleitete die aus 300 Rittern
bestehende Leibwache der Könige ihn bis zur Landesgrenze, eine Ehre,
die bis dahin in Lakonien noch niemals einem Fremden erwiesen
worden war.

Im Frühling des nächsten Jahres (479 v. Chr.) begann der Krieg
von neuem. Die persische Flotte, welche während des Winters wieder
hergestellt worden war, ging bei der Insel Samos vor Anker, nicht
um am Kriege Antheil zu nehmen, sondern um durch ihre Gegenwart
in den östlichen Gewässern die Inseln und die kleinasiatischen Griechen
im Gehorsam zu erhalten. Mardonius aber, der Anführer des in
Thessalien zurückgebliebenen Landheeres, beschloß, die Athener für sich
zu gewinnen, und sandte deswegen vor der Eröffnung des Feldzugs
den König Alexander I. von Macedonien, einen persischen Vasallen,
an die Athener, welche bald nach der Schlacht bei Salamis in ihre
zerstörte Stadt zurückgekehrt waren. Dieser Fürst, dessen Familie von
Alters her mit dem athenischen Staat in einem Verhältniß der Gastfreundschaft stand, sollte den Athenern ein Bündniß mit dem persischen
Könige antragen, und ihnen, damit sie darauf eingingen, eine vollständige Entschädigung für die von ihnen erlittenen Verluste, sowie
die beliebige Vergrößerung ihres Landes und die Erhaltung ihrer
vollkommenen Selbstständigkeit versprechen. Die Athener gaben dem
macedonischen König zum officiellen Vortrag seiner Botschaft nicht
eher Audienz in der Volksversammlung, als bis spartanische Gesandten
erschienen waren, die abgeschickt waren, um die Athener vor der Verbindung mit den Persern zu warnen. Hier wurde nach kurzer Berathung seine Aufforderung mit der Erklärung zurückgewiesen, daß,
so lange die Sonne ihren gewöhnlichen Lauf nähme, Athen sich nie mit
den Persern befreunden werde, sondern im Vertrauen auf den Beistand seiner Götter, deren Tempel und Statuen Xerxes zerstört habe,
zur Vertheidigung gegen die persische Macht entschlossen sei, und daß
der König Alexander, wenn er die Athener zu Freunden behalten
wolle, ihnen nie mehr ein solches Anerbieten machen solle.

Nach Alexander's Rückkehr brach Mardonius mit seinem Heere

auf und rückte, ohne irgendwo Widerstand zu finden, bis in das Land
Attika vor. Die Spartaner benahmen sich elend; sie hörten auf die
Bitten der Athener nicht, wollten nur den Zugang zum Peloponnes
vertheidigen, und gaben Athen abermals den Persern preis. Die
Athener wurden dadurch genöthigt, ihre Stadt zum zweiten Male
zu verlassen und mit Hab und Gut nach Salamis zu flüchten; doch
hatten sie jetzt wenigstens nichts auf dieser Insel zu befürchten, da
kein persisches Schiff sich auf der europäischen Seite des Archipelagus
befand. Von der menschenleeren Stadt Athen aus schickte Mardonius
einen Gesandten nach Salamis, um zu versuchen, ob die von ihren
Verbündeten treulos verlassenen Athener vielleicht jetzt zu dem persischen Bündnisse sich bewegen lassen würden. Sein Gesandter wurde
aber gar nicht in die Volksversammlung zugelassen, sondern nur von
dem Rath der Fünfhundert angehört, und von diesem sogleich unverrichteter Sache zurückgeschick'l. Einer der Senatoren, Lykidas, hatte bei
der Berathung den Antrag gestellt, das Anerbieten der Perser anzunehmen und zur weiteren Beschlußnahme vor die Volksversammlung
zu bringen; darüber waren aber seine Mitbürger so ergrimmt, daß
man sogleich über ihn herfiel und ihn zu Tode steinigte. Ja, Herodot
erzählt sogar, athenische Weiber wären auf die Nachricht davon in
Lykidas Wohnung eingebrochen und hätten auch dessen Frau und
Kinder getödtet.

In Sparta, wohin die Athener, Plataer und Megareer Gesandte
geschickt hatten, wollten die Ephoren, welche damals bereits die größte
Macht besaßen, von einem Kampfe außerhalb der Halbinsel durchaus
nichts wissen; endlich aber gelang es dem Pausanias, welcher als
Vormund des minderjährigen Sohnes des Leonidas regierte, ihren
Einfluß zu beseitigen und die Gewährung der von den Athenern verlangten Hülfe durchzusetzen. Er marschirte mit 5000 Spartanern,
von welchen jeder sieben leichtbewaffnete Heloten bei sich hatte und zu
denen später noch 5000 Periöten mit je einem solchen Heloten kamen,
nach Mittelgriechenland ab. Die Todfeinde der Spartaner, die Argiver, verfehlten nicht, den Mardonius davon sogleich zu benachrich-
tigen, und dieser zog nun, nachdem er Attika verwüstet und Athen
völlig zerstört hatte, nach Böotien zurück, wo die Hauptstadt Theben
ihm verbündet und das ebene Land seinen Truppenmassen günstig
war. Als das spartanische Heer, dem sich auch die übrigen Peloponnesier angeschlossen hatten, in Mittelgriechenland angekommen war,
vereinigten sich mit ihm außer den Truppen der Megareer, Plataer,
Aglneten und anderer Völkerschaften auch 8000 Athener. Diese standen unter dem Befehle des Aristides, welcher nach seinem ruhmvollen
Benehmen bei Salamis wieder nach Athen zurückgerufen worden war.

In Böotien angekommen, lagerten sich die Griechen, über welche Pausanias den Oberbefehl führte, den Persern gegenüber, und nach einigen kleineren Gefechten kam es endlich, im September des Jahres 479 v. Chr., zu der entscheidenden Schlacht bei Platää. Kurz vor derselben war unter den Griechen ein Zwist ausgebrochen, der ihnen leicht hätte Schaden bringen können, den aber Aristides durch sein wackeres Benehmen bald beseitigte. In den Schlachten der Griechen nämlich galt der rechte Flügel für den ersten und der linke für den zweiten Ehrenposten. Jener war von jeher stets den Spartanern eingeräumt worden, um diesen aber entstand jetzt ein Streit zwischen den Bürgern der arkadischen Stadt Tegea, welche im peloponnesischen Bundesheer diesen Posten seither immer eingenommen hatten, und den Athenern, als der mächtigsten und angesehensten griechischen Völkerschaft nächst den Spartanern. Die Tegeaten suchten ihre Ansprüche durch eine ausführliche Darstellung der glänzenden Thaten ihrer Vorfahren zu begründen; der edle Aristides trug aber, durch den Ausdruck der würdigsten und ehrenhaftesten Gesinnung, den Sieg über sie davon. „Wir sind", sprach er im Namen der Athener, „nicht hierher gekommen, um Reden zu halten, sondern um das Heer der Barbaren zu besiegen. Auch wir Athener könnten, wie die Arkadier, uns großer Thaten der Vorzeit rühmen; allein es kommt nicht darauf an, was wir einst waren, sondern was wir jetzt sind, und da können wir uns sowohl auf andere rühmliche Thaten, als auch namentlich auf die Schlacht bei Marathon beziehen, in welcher wir allein ein aus 46 Völkerschaften zusammengesetztes Heer besiegt haben. Doch, es geziemt sich im gegenwärtigen Augenblicke nicht, über den Vorrang mit Andern zu streiten. Entscheidet hierüber nach Gutdünken, ihr Lacedämonier, und stellt uns hin, wo ihr wollt! Wir werden eurem Gebote gehorchen, und auf jeder Stelle, die ihr uns geben werdet, uns als tapfere Männer erweisen!" Nach dieser Erklärung sprach das Heer der Spartaner den Athenern einstimmig den Ehrenposten des linken Flügels zu.

Nachdem die Griechen und die Perser zehn Tage lang unthätig einander gegenüber gelegen hatten, beschloß endlich Mardonius, am elften die Griechen anzugreifen und die entscheidende Schlacht zu liefern. In der Nacht vor diesem Tage verließ der macedonische König Alexander, welcher zu der Sache der Perser kein Vertrauen mehr hatte, insgeheim das persische Lager, ritt zu dem griechischen Vorposten hinüber und zeigte den Griechen den Beschluß ihres Feindes an, indem er sie zugleich darauf aufmerksam machte, daß die Perser an Lebensmitteln Mangel litten, und deswegen, wenn aus irgend einem Grunde der von ihnen beabsichtigte Kampf unterbliebe, ihr befestigtes

Lager bald verlassen mußten. Als Mardonius am folgenden Morgen
die Griechen angreifen wollte, sah er zu seinem Erstaunen, daß dieselben gerüstet waren und ihre gewöhnliche Schlachtordnung geändert
hatten; denn auf den Vorschlag des Pausanias hatten die Spartaner
ihre Stelle mit der der Athener vertauscht, weil im Heere der Feinde
die eigentlichen Perser sich dem rechten Flügel der Griechen gegenüber
gestellt hatten, und die Athener mit der Kampfart derselben bekannt
waren, die Spartaner dagegen nicht. Mardonius änderte nun ebenfalls seine Schlachtordnung, und zwang dadurch die Spartaner und
Athener, in ihre vorige Stellung zurückzukehren. Auch ließ er die
Griechen nur durch seine Reiterei angreifen. Diese errang einige
Vortheile und es gelang derselben außerdem, den Griechen ihre einzige Wasserquelle und eine auf dem Wege zu ihnen begriffene Zufuhr
von Lebensmitteln abzuschneiden. Dadurch wurden die Griechen gezwungen, ihre Stellung zu verlassen; sie brachen in tiefer Nacht auf,
geriethen aber auf ihrem Marsche theilweise in Unordnung. Mardonius hielt den Abzug der Griechen für Flucht und ließ deshalb mit
Tagesanbruch sein Fußvolk ausrücken, um sie zu verfolgen; dadurch
wurde endlich die Schlacht herbeigeführt. Die Gesammtzahl der an
derselben theilnehmenden Griechen betrug 110,000 Mann, unter
welchen sich 38,000 Schwerbewaffnete befanden; die der Perser war
mehr als dreimal stärker, aber Mardonius hatte in seinem Heere viele
griechischen Truppen, wie die Thebaner und Phokier, denen er größtentheils nicht trauen konnte und unter welchen nicht wenige nur
gezwungen ihm gefolgt waren. Die Hauptschuld des für ihn unglücklichen Ausganges der Schlacht trug er selbst, weil er nicht verstand,
von seiner Reiterei angemessenen Gebrauch gegen einen Feind zu
machen, welcher selbst keine hatte. Die Perser wurden gänzlich geschlagen, und Mardonius selbst kam im Kampfe ums Leben. 40,000
Mann verließen unter der Anführung des Artabazus noch zu rechter
Zeit das Schlachtfeld und retteten sich nach dem Hellespont. Das
übrige Heer floh nach der hölzernen Feste, welche den Mittelpunkt
ihres Lagers bildete, zurück, wurde aber, als dieses erstürmt war, bis
auf einige tausend Mann niedergemetzelt. Von den Griechen blieben
nach dem einen Berichte 1360, nach einem andern aber mehr als
10,000 Mann.

Die Sieger machten eine unermeßliche Beute an Geld, goldenen
und silbernen Geräthen und anderen Kostbarkeiten. Von dieser wurde
zuerst, nach einer alten griechischen Sitte, der zehnte Theil abgesondert,
um zu Weihgeschenken für die Götter, besonders für den delphischen
Apollo und den Zeus zu Olympia, verwendet zu werden. Von dem
Reste wurde ein Zehntel dem Pausanias als Oberanführer gegeben,

das Uebrige aber unter die Theilnehmer des Sieges vertheilt. Hierauf
beſtattete man auf feierliche Weiſe die Todten. Unter den gefallenen
Griechen befand ſich auch jener Ariſtodemus, der bei Thermopylä dem
Tode entgangen war und deshalb ſeine Bürgerehre verloren hatte.
Seine Mitbürger erkannten an, daß er von allen Spartanern am
tapferſten gefochten habe; aber deſſen ungeachtet wurden in Beziehung
auf die beſondere Ehre, welche man dem Andenken der muthigſten
Streiter zu erweiſen pflegte, drei andere Spartaner ihm vorgezogen;
denn man war der Meinung, daß er nur deshalb ſo tapfer gefochten
habe, weil er, der Beſchimpfung müde, den Tod geſucht hätte. Nachdem man die Pflicht gegen die Gebliebenen erfüllt hatte, wurde unter
den griechiſchen Heerführern berathen, welchem ihrer Völker der Preis
der größten Tapferkeit gebühre. Auf dieſen machten zugleich die Athener und die Spartaner Anſpruch, und es entſtand darüber zwiſchen
Beiden ein bedenklicher Zwiſt; endlich half man ſich damit, daß man
ihn keinem von beiden Völkern, ſondern den Plataern ertheilte, auf
deren Gebiet der Sieg erfochten worden war.

Das ſiegende Heer der Griechen zog von Platää gerades Weges
gegen Theben, um dieſe Stadt, welche ſich den Perſern beſonders
gewogen gezeigt hatte, zu beſtrafen. Theben lieferte, nachdem es
einige Wochen hindurch belagert worden war, die Häupter der perſiſch
geſinnten Partei aus, und dieſe wurden von Pauſanias mit fortge-
ſchleppt und in Korinth mit dem Tode beſtraft.

An demſelben Tage, an welchem Pauſanias bei Platää das perſiſche Heer vernichtete, erfocht auch die griechiſche Flotte einen glänzenden Sieg. Dieſe ward von dem ſpartaniſchen König Leotychides
befehligt; an der Spitze des atheniſchen Theils derſelben aber ſtand
der bereits früher als Gegner des Miltiades erwähnte Xanthippus.
Leotychides hatte von Delos aus, wo ſeine Flotte den ganzen Sommer über vor Anker lag, geheime Unterhandlungen mit den ioniſchen
Griechen in Kleinaſien gepflogen; zur Herbſtzeit ſegelte er endlich
nach Samos ab, um, im Einverſtändniß mit den Bewohnern dieſer
Inſel, die daſelbſt liegende Flotte der Perſer anzugreifen. Auf die
Nachricht von dem Vorhaben der Griechen verließ der perſiſche Admiral
ſogleich Samos und fuhr mit ſeinen Schiffen nach dem benachbarten
Vorgebirge Mykale an der ioniſchen Küſte, wo ein Landheer von
60,000 Mann zur Bewachung der Ionier ſtand. Er ließ ſeine
Schiffe, nach dem bei den Alten im Beginne des Winters üblichen
Gebrauch, auf das Land ziehen, und verſchanzte ſich hinter ein Pfahl-
werk, das er um die Flotte herum errichten ließ. Vor der Abfahrt
von Samos hatte er, nachdem er für dieſes Jahr den Seekampf
aufgegeben, die phöniciſchen Schiffe, welche den beſten Theil ſeiner

Flotte ausmachten, nach Hause entlassen. Dies bestimmte die Griechen bei ihrer Ankunft in Samos, die feindliche Flotte bei Mykale anzugreifen; als sie aber sahen, daß die Perser das Meer ganz und gar geräumt hatten, beschlossen sie, einen Kampf zu Lande zu versuchen. Sie verließen also ihre Schiffe und griffen die Verschanzungen der Perser an, deren ionische Truppen mit ihren Landsleuten im geheimen Bunde standen und alsbald zu ihnen übergingen. Beim Beginn der Schlacht verbreitete sich unter den Griechen, wie es heißt auf Veranlassung des Leotychides, das ermuthigende Gerücht von einem großen Siege, den ihre Landsleute in der Heimath über Mardonius erfochten hätten. Die Perser, obgleich sie tapfer kämpften, wurden gänzlich geschlagen und größtentheils getödtet; das Lager und die Flotte derselben fielen in die Hände der Sieger und wurden von ihnen verbrannt.

Die Verdrängung der Perser aus dem Archipelagus und die Unmöglichkeit, die Herrschaft über die kleinasiatischen Griechen vollständig zu behaupten, waren die wichtigsten Folgen des Sieges bei Mykale. Die Samier, Chier und andere Inselbewohner wurden sogleich in den Bund der Griechen aufgenommen, und die Griechen des festen Landes warteten nur auf das Wiedererscheinen der jetzt nach Hause zurückkehrenden Flotte ihrer Landsleute, um die Perser zu vertreiben. Alle Gefahren waren für das europäische Griechenland jetzt verschwunden und deshalb sehen auch die Schriftsteller des griechischen Alterthums den persischen oder, wie er auch genannt wird, medischen Krieg mit der Schlacht bei Mykale als beendigt an. Die nachfolgenden Kämpfe mit den Persern hatten nicht mehr die Befreiung Griechenlands, sondern die Erweiterung seiner Macht zum Zweck, und man trug den Persern den Krieg in ihr eigenes Land.

5. Geschichte der Griechen von der Schlacht bei Platää bis zu Cimon's Tod.

Durch den siegreichen Ausgang des Krieges, den die Griechen zur Vertheidigung ihres Vaterlandes geführt hatten, wurde ihre Schifffahrt gegen die persische Seemacht gesichert und ein großer Theil der an den nördlichen und östlichen Küsten des Archipelagus gelegenen griechischen Handelsstädte der Herrschaft der Perser entrissen. Dies kam am meisten den Athenern zu Statten, welche im Verlauf jenes Krieges das erste Seevolk der Griechen geworden waren. Sie konnten jetzt mit leichter Mühe zur Seeherrschaft und zur Hegemonie in Griechenland gelangen. Um jedoch dieses Ziel zu erreichen, war ihnen durchaus ein geräumiger und sicherer Hafen und die Befestigung ihrer Stadt nöthig; denn seither war Athen als schwach befestigte Stadt in

jedem Kriege mit dem Untergang bedroht, und der kleine Hafen Pha-
lerum, dessen sich die Athener bis jetzt allein bedient hatten, war sehr
seicht und nicht hinlänglich gegen die Winde gedeckt. Themistokles,
dessen Scharfblick und Klugheit den Grund zu der Macht Athens
gelegt hatte, verhalf mit demselben Scharfblick seinen Mitbürgern
auch zum besten Hafen von ganz Griechenland und zur Befestigung
ihrer Stadt.

Themistokles hatte im letzten Jahre des Perserkrieges kein Commando erhalten, sondern seine Gegner Aristides und Xanthippus
hatten Heer und Flotte angeführt: entweder weil seine ausgezeichneten Verdienste die Eifersucht des Volkes erweckt hatten, oder weil
das Mißfallen, welches die ihm in Sparta erwiesenen Ehrenbezeugungen zu Athen erregt hatten, von seinen Feinden geschickt benutzt
worden war. Bald nach der Schlacht bei Platää war er wieder
der erste Mann in Athen und leitete durch sein großes Talent alle
Beschlüsse der Volksversammlung. Die Stadt lag in Trümmern, als
die Athener von Salamis dahin zurückkehrten. Themistokles bewirkte
sogleich den Volksbeschluß, daß dieselbe durch eine starke und dauer-
hafte Mauer befestigt werden sollte, und daß alle Bürger sich einstweilen mit den zerstörten Resten ihrer Wohnungen behelfen und die
Wiederherstellung derselben so lange unterlassen sollten, bis die
Festungswerke vollendet wären; denn Themistokles sah voraus, daß
die Befestigung Athens von Seiten der auf die Erhaltung ihrer
Oberherrschaft eifersüchtigen Spartaner, sowie der andern griechischen
Staaten Widerspruch erfahren würde. Wirklich war auch der Bau
der Mauern kaum begonnen worden, als die Aegineten Gesandte nach
Sparta schickten, um dieses Unternehmen zu hintertreiben. Die Spartaner ließen hierauf durch eine Gesandtschaft den Athenern sogleich
erklären, daß man die Befestigung einer außerhalb des Peloponnes
gelegenen Stadt im Interesse des gesammten griechischen Volkes nicht
zugeben könne, weil man einem in Griechenland einfallenden Feinde
keinen Platz bieten dürfe, wo er sich festsetzen könne: der Peloponnes
allein sei die natürliche Festung von Griechenland, in diese könnten
die übrigen Griechen sich nöthigenfalls zurückziehen.

Die Athener wären, wenn Sparta und seine Bundesgenossen
dieses Verlangen mit den Waffen hätten unterstützen wollen, durchaus
nicht im Stande gewesen, sich demselben mit Erfolg zu widersetzen;
sie mußten daher ihren Zweck durch eine hinhaltende Politik und durch
List zu erreichen suchen. Dazu war Niemand geschickter als Themistokles; die Athener folgten daher auch ganz seinem Rathe und überließen ihm die Leitung der Sache. Sie ertheilten den Gesandten des
spartanischen Senats die Antwort, daß sie nichts unternehmen würden,

was dem allgemeinen Interesse von Griechenland widerstreite, und daß sie zur weiteren Verhandlung eine Gesandtschaft nach Sparta schicken wollten. Themistokles, Aristides und Abronychus wurden zu dieser Gesandtschaft ausersehen. Der erstere reiste, nachdem er mit seinen beiden Collegen den ganzen Plan verabredet hatte, sogleich nach Sparta ab, während man in Athen alle Kräfte anstrengte, um die Befestigung der Stadt so schnell als möglich zu vollenden. Die gesammte Bürgerschaft ohne Unterschied der Stände, ja selbst Weiber und Kinder legten Hand an, und um in der kürzesten Zeit fertig zu werden, verwendete man sogar die Steine von den Grabmälern, sowie Bildwerke der Tempel als Baumaterial. Themistokles machte, als er in Sparta angekommen war, weder seine Besuche, noch meldete er sich bei dem Senat als Gesandter, und gab, so oft er darüber befragt wurde, stets die Antwort, er müsse zuvor die Ankunft seiner Mitgesandten abwarten und könne gar nicht begreifen, warum dieselben so lange ausblieben. Man erhielt jedoch in Sparta natürlich Nachricht von dem, was in Athen vorging. Themistokles wurde darüber zur Rede gestellt, half sich aber damit, daß er Alles für Unwahrheit oder Uebertreibung erklärte. Als er zuletzt die spartanischen Behörden nicht länger hinhalten konnte, sagte er, man solle in einer Staatsangelegenheit doch nicht nach Privatnachrichten urtheilen, sondern durch die Absendung von Staatsbeamten sich von der wirklichen Beschaffenheit der Sache überzeugen. Dies geschah. Zu Athen, von wo jetzt endlich die Collegen des Themistokles nach Sparta abreisten, hielt man die spartanischen Gesandten unter allen möglichen Vorwänden hin und war entschlossen, sie nöthigenfalls mit Gewalt festzuhalten, bis Themistokles, Aristides und Abronychus wieder nach Hause zurückgekommen wären; denn man mußte bei einer so hinterlistigen Politik sich auch gegen den Fall sicher stellen, daß die Spartaner die Gesandten Athens nicht wieder entlassen und an ihre Freigebung Bedingungen knüpfen würden.

Durch seine beiden Collegen erhielt endlich Themistokles die Anzeige, daß die Mauern der Stadt bis zu einer wirksamen Vertheidigung ausreichende Höhe hätten. Jetzt warf er die Maske ab. Er erklärte dem spartanischen Senat, die Athener, deren Stadt jetzt gegen feindliche Angriffe hinlänglich gesichert sei, wüßten selbst zu beurtheilen, was sowohl ihnen als auch dem gesammten griechischen Volke nützlich sei, nach ihrer Meinung wäre die Befestigung von Athen auch in letzterer Beziehung durchaus nöthig gewesen; außerdem müßten aber bei einer Verbindung mehrerer Staaten diese durchaus entweder alle den gleichen Schutz ihrer Selbstständigkeit haben, oder insgesammt demselben entsagen. Der spartanische Senat war zwar in seinen Absichten

betrogen, konnte aber doch gegen die Athener jetzt nichts mehr unternehmen. Er entließ also die athenischen Gesandten, und auch die
spartanischen kehrten jetzt nach Hause zurück.

Das Nächste, was Themistokles that, um Athen zu heben, war,
daß er der Stadt einen neuen Hafen gab und diesen befestigte. Er
hatte dazu eine im Westen des phalerischen Hafens gelegene und zwei
Stunden von Athen entfernte Bucht ausersehen, welche der Piräus
hieß. Diese Bucht, welche drei natürliche Häfen bildete und eine ziemliche Zahl Schiffe fassen konnte, war auf Themistokles Antrag schon
vor dem dritten Perserkriege verbessert worden; jetzt aber bewirkte er,
daß dieselbe auf der Landseite ringsum mit einer sehr starken Mauer
umgeben wurde. Diese ward mit der größten Rücksicht auf Dauer-
haftigkeit und Festigkeit gebaut, und war schon im zweiten Jahr nach
der Schlacht bei Plataä vollendet. Auch hierbei hatte Themistokles
die Spartaner zu täuschen und ihr Mißtrauen zu beschwichtigen
gewußt.

Unterdessen war die verbündete Flotte der Griechen, unter Pausanias Anführung, mit der Befreiung der griechischen Städte am
Hellespont und der noch von den Persern besetzten Inseln beschäftigt.
Bei dieser Gelegenheit wurde auch die Stadt Byzanz angegriffen und
nach einer langen Belagerung durch Sturm erobert. Hier geriethen
sehr viele Perser von hohem Rang in die Gefangenschaft der Sieger:
ein Umstand, welcher durch eine zufällige Verkettung der Umstände
nicht wenig zur Entwickelung der athenischen Seeherrschaft beitrug.
Pausanias nämlich, ein stolzer und herrschsüchtiger Mann, war vom
Glücke geblendet worden und hatte eine Bahn betreten, welche ihn
ins Verderben führte. Er hatte bei Plataä den glänzendsten Sieg
erfochten, welcher je von einem griechischen Manne erfochten worden
war, und durch den ihm bei dieser Gelegenheit zugefallenen Antheil
an der Beute hatte er einen Reichthum erlangt, der für einen Spartaner allzu groß war. Die glücklichen Unternehmungen, welche er
hierauf an der Spitze der griechischen Flotte machte, steigerten seinen
Uebermuth und vermehrten durch reiche Beute seine Schätze. Von
dieser Zeit an strebte er nicht allein nach dem bleibenden Besitz der
spartanischen Königsmacht, die ihm als Vormund seines jungen Vetters nur auf bestimmte Zeit übertragen war, sondern er wollte auch
unumschränkt und über ein größeres Gebiet herrschen. Seinem Sinne
entsprach die willkürliche Gewalt, wie sie die blos von einem einzigen
Manne und auch von diesem im Grunde nur der Form nach abhängigen persischen Satrapen besaßen, weit mehr, als die Regierung
eines spartanischen Königs, dessen Bestrebungen und Handlungen
von Senat, Ephoren und Bürgerschaft stets mit eifersüchtigen Augen

überwacht wurden. Ebenso mißfiel ihm die einfache und einförmige Lebensweise, zu der Lykurg's Gesetze den Spartaner verdammten, im Vergleich mit der Pracht und Schwelgerei, in welcher die persischen Großen auf Kosten ihrer Unterthanen lebten. Er beschloß also, durch Verrätherei zugleich seinen Stolz und seine Herrschsucht zu befriedigen. In Byzanz erhielt er eine gute Gelegenheit, dies ins Werk zu setzen. Er fand hier nämlich unter den Gefangenen viele Perser aus den vornehmsten Geschlechtern und kam zu gleicher Zeit mit einem Griechen, dem Eretrier Gongylus, in Verkehr, welcher zur Zeit des Darius ebenfalls sein Vaterland verrathen hatte und dafür mit dem Besitz von vier einträglichen aeolischen Städten belohnt worden war. Mit diesem entwarf er seinen Plan. Er übergab ihm den Oberbefehl in Byzanz und die Bewachung jener Gefangenen. Gongylus ließ der genommenen Abrede gemäß bald darauf die Letzteren entfliehen und überbrachte dem Perser-König ein Schreiben des Pausanias, in welchem dieser jene Befreiung der vornehmsten Gefangenen als sein Werk bezeichnete, sich um die Hand einer Tochter des Xerxes bewarb und seine Hülfe zur Unterwerfung Griechenlands anbot. Der persische König nahm sein Anerbieten bereitwillig an und ernannte sogleich einen für solche Angelegenheiten besonders geeigneten Mann, Artabazus, zum Statthalter von Phrygien, um mit Pausanias das Weitere zu verabreden.

Pausanias überließ sich jetzt ganz seinem übermüthigen Sinne und verfuhr ganz so, als wenn er bereits das Ziel seiner verrätherischen Pläne erreicht hätte. Er umgab sich mit persischer Pracht, schwelgte nach asiatischer Weise, legte die Kleidung persischer Satrapen an und bildete sich aus einem Theile der Gefangenen eine Art von Leibwache; ja, er behandelte sogar die ihm untergebenen griechischen Truppen mit tyrannischem Stolze und übertriebener Strenge. Dies hatte sehr bald die Folge, daß die griechischen Bundestruppen ihm den Gehorsam aufkündigten. Die Peloponnesier segelten nach ihrer Heimath zurück, die andern Griechen aber, welche zum größten Theil dem ionischen Stamme angehörten, übertrugen das Commando der gesammten Flotte den Befehlshabern der athenischen Schiffe, Aristides und Cimon, deren Milde und Gerechtigkeit dem Charakter und Benehmen des Pausanias ganz entgegengesetzt waren. Athen verdankte diesen wichtigen und folgereichen Schritt der Bundesgenossen am meisten dem Aristides, welcher durch seine Rechtlichkeit in ganz Griechenland, besonders aber in Aegina, der ersten dorischen Seemacht, sich das größte Vertrauen erworben hatte. Die spartanische Regierung rief zwar den Pausanias schnell nach Sparta zurück und setzte einen andern Admiral an seine Stelle; allein fast alle Bundesgenossen erkannten diesen nicht als

Oberbefehlshaber an. Die Spartaner waren hierauf klug genug, ihre Schiffe nach Hauſe zurückzurufen, und einen Oberbefehl freiwillig aufzugeben, der bei der verhältnißmäßig geringen Zahl ihrer Schiffe doch nicht zu behaupten war, und vielleicht auch ihnen ſelbſt für die Erhaltung ihrer Stellung in Griechenland nicht ſo wichtig ſchien, als er wirklich war. Auf dieſe Weiſe ging faſt unmittelbar nach dem großen Siege über die Perſer in den Jahren 478 und 477 v. Chr. die Hegemonie zur See von Sparta auf Athen über, und bald hielten die Athener auch zu Lande den Spartanern völlig die Wage.

Pauſanias wurde in Sparta zwar vor Gericht geſtellt, entging aber durch ſeinen Einfluß der Strafe. Seine herrſchſüchtigen Pläne gab er nicht auf, ſondern beſchloß, die Verbindung mit den Perſern fortzuſetzen, mit ihrer Hülfe das ſpartaniſche Ephorat aufzuheben und ſich eine unumſchränkte Königsgewalt zu verſchaffen. Zu dieſem Behuſe kehrte er als Privatmann nach Byzanz zurück und ſetzte von hier aus ſeine Unterhandlungen fort. Er that dies aber auf eine ſo unvorſichtige Weiſe, daß ſeine Abſichten bald offenbar wurden. Die Spartaner ſchickten ihm hierauf durch einen Staatsboten den Befehl zu, ſogleich nach Sparta zurückzukehren. Pauſanias gehorchte im Vertrauen auf ſeine Schätze und auf die Beſtechlichkeit der leitenden Männer ſeiner Vaterſtadt; denn die Spartaner hatten ſich von dem Geiſte der Ly= kurgiſchen Geſetzgebung ſchon ſo weit entfernt, daß er auf die Wirk= ſamkeit dieſes Mittels mit Zuverſicht rechnen konnte. Beſtechlichkeit war damals bei den erſten Männern des ſpartaniſchen Staates nicht ſelten, und kurz vorher hatte unter Andern auch König Leotychides, der Sieger von Mykale, wegen dieſes Vergehens aus Lakonien entfliehen müſſen. Pauſanias wurde zwar unmittelbar nach ſeiner Ankunſt in Sparta verhaftet, erlangte aber alsbald ſeine Freiheit wieder und blieb auch diesmal unbeſtraft. Er ſetzte ſeinen Briefwechſel mit Artabazus von Sparta aus fort und bearbeitete zu gleicher Zeit die Heloten, um mit ihrer Hülfe die beſtehende Regierung zu ſtürzen. Auch dies blieb nicht verborgen, allein nach Lykurgiſchem Rechte hatte kein Zeugniß eines Unfreien gegen einen Spartaner Gültigkeit, man konnte ihm ſei= nen Verrath nicht beweiſen und wagte nicht, ohne einen ſolchen Beweis gegen ihn vorzugehen. Endlich fing der Verräther ſich in ſeinen eige= nen Schlingen. Artabazus ließ nämlich dem Wunſche des Pauſanias gemäß alle Ueberbringer von Briefen desſelben tödten; endlich ſchöpfte aber ein mit einem Schreiben abgeſchickter Helote aus dem Umſtand, daß keiner ſeiner Vorgänger wieder zurückgekommen war, Verdacht, und erbrach den ihm anvertrauten Brief. Er fand am Schluſſe des= ſelben die Aufforderung, den Ueberbringer wie gewöhnlich zu tödten, und übergab das Schreiben den Ephoren. Dieſe veranlaßten denſelben, sich in einen Tempel zu flüchten und trugen Sorge, daß Pausanias davon Nachricht erhielt. Der Verräther eilte sogleich dahin und stellte seinen Diener zur Rede; er wurde aber dabei von einigen in der Nähe versteckten Ephoren belauscht, die nun aus dem von ihnen angehörten Gespräche den sicheren Beweis der Verrätherei erhielten. Pausanias sollte hierauf verhaftet werden, ward aber von einem ihm befreundeten Ephoren gewarnt und floh in einen Tempel. Aus diesem als einem geheiligten Asyl durfte man ihn nicht gewaltsamer Weise entfernen; man ummauerte also den Tempel, um den Verräther durch Hunger zum Verlassen des Ortes zu zwingen. Pausanias verließ seine Zufluchtsstätte nicht, wurde aber, als er dem Hungertode nahe war, aus dem Tempel getragen, damit dieser nicht durch eine Leiche entweiht werde, und starb wenige Augenblicke nachher (469 v. Chr.).

In das Schicksal des Pausanias wurde auch Themistokles verwickelt, dessen Vaterstadt einige Jahre vorher eine große Veränderung in ihrer Verwaltung erfahren hatte. Aristides war der einflußreichste Mann von Athen geworden und hatte sein Ansehen durch eine sehr folgenreiche Maaßregel, die er beantragte und durchsetzte, zu befestigen gewußt. Um nämlich die Tapferkeit, welche auch die unteren Klassen im Perserkriege gezeigt hatten, zu belohnen, namentlich aber, um die Zahl der Steuerpflichtigen zu vermehren, ließ Aristides durch die Volksversammlung das Gesetz geben, daß alle vier Klassen des Volkes gleiche Rechte und gleiche Pflichten haben sollten. Dadurch wurden die seither steuerfreien Theten oder die Bürger der vierten Klasse zur Theilnahme an den Abgaben herangezogen, erhielten aber auch zu gleicher Zeit das Recht der Aemter-Verwaltung und begannen von jetzt an in alle Stellen sich einzudrängen und bald in den verschiedenen Collegien den Ton anzugeben. Athen ward durch diesen wichtigen Schritt in seiner politischen Entwickelung ganz demokratisch und es bildete sich damals eine entschiedene Trennung der Parteien, ein Entwickelungskampf, welchem Athen seine herrlichsten Talente, seine schönsten Zierden, seine größten Redner und Staatmänner verdankt. Aristides blieb bis zu seinem Tode der Mann des Volkes; Themistokles aber ward, obgleich er Athen gerettet und mehr als irgend Jemand vor ihm emporgehoben hatte, ein Opfer der starken demokratischen Eifersucht seiner Mitbürger: er sank in demselben Grabe, in welchem des Aristides Ansehen stieg, und erlag zuletzt den vereinten Anstrengungen seiner Gegner. Er wurde durch den Ostracismus aus Athen vertrieben (471 v. Chr.) und zog sich nach der Stadt Argos zurück. Auch in der Verbannung verfolgte ihn die Eifersucht seiner Feinde und der Haß der Spartaner. Von den Letzteren wurde er nach dem Tode des Pausanias in Athen angeklagt, daß er, wie aus der gegen den Letztern angestellten Unter-

suchung hervorgehe, mit Pausanias im geheimen Einverständnisse gewesen sei. Ob die Anklage gegründet war oder nicht, ist ungewiß;
genug, sie wurde gegen ihn erhoben, und Themistokles Gegner in
Athen benutzten dieselbe, um ihn völlig zu vernichten. Man gab der
Forderung der Spartaner nach, daß er verhaftet und als Verräther
an dem gesammten Griechenland vor das Gericht der Amphiktyonen
gestellt werden solle.

Auf die Nachricht hiervon entfloh Themistokles nach Korcyra und
von da nach Epirus zu dem molossischen König Admetus. Dieser
gewährte ihm Aufnahme und Schutz, obgleich er seit längerer Zeit sein
Feind war. Themistokles war in seine Residenz gekommen, als Admet
gerade verreist war, hatte sich der Fürsprache der Königin versichert
und ließ sich bei der Rückkehr des Königs mit dessen kleinem Sohne
an dem Herde, der heiligsten Stelle des griechischen Hauses, nieder.
Admet erfüllte die ihm auf diese Weise vorgetragene Bitte. Als die
Spartaner und Athener die Auslieferung des Themistokles verlangten,
gehorchte er ihnen nicht, sondern ließ seinen Schützling nach Pydna in
Macedonien geleiten, damit er von da zu Schiffe nach Asien entfliehe.
Unter einem angenommenen Namen gelangte Themistokles glücklich
nach Kleinasien. Von hier wandte er sich in einem Schreiben an den
persischen König, der ihn mit Freuden aufnahm und große Hoffnungen
an sein Erscheinen knüpfte. Man wies ihm die Einkünfte von drei
kleinasiatischen Städten zum Unterhalte an und Themistokles, welcher
die Sprache der Perser bald erlernte und sich rasch in ihre Sitten fand,
erhielt am Hofe zu Susa, wohin er sich nach einem Jahre begab, ein
Ansehen, wie noch niemals ein anderer Grieche. Ueber sein Ende
lauten die Nachrichten aus dem Alterthum verschieden. Seine Lage
im persischen Reich war von der anderer griechischer Flüchtlinge sehr
verschieden; denn der König mußte von ihm erwarten, daß er durch
sein Feldherrn-Talent, seine Gewandtheit und seine Kenntniß der griechischen Verhältnisse zur Unterwerfung der Griechen mehr als irgend
ein anderer Mensch behülflich sein könne und werde. Themistokles selbst
mußte aber andererseits, auch wenn er wirklich bereit gewesen wäre,
gegen sein Vaterland aufzutreten, am besten einsehen, daß jene Unterwerfung von Seiten eines Reiches, wie das persische, unmöglich war;
und doch konnte er die Erwartung, die man von ihm hegte, nicht zurück-
weisen. Unter den Griechen ging bald nach seinem Tode die Sage,
er habe dem Perserkönig seinen Beistand bei einer erneuerten Unternehmung gegen Griechenland versprochen, ihn aber lange hingehalten
und als er zuletzt dies nicht länger thun konnte, aus Vaterlandsliebe
und klarer Erkenntniß der Unmöglichkeit eines glücklichen Ausganges,
Gift genommen. Gewiß ist dies jedoch nicht; es hat vielmehr die Nach-

richt, daß er eines natürlichen Todes gestorben sei, größere Wahrscheinlichkeit für sich. In einer der drei ihm zum Unterhalt angewiesenen
Städte wurde ihm ein Denkmal errichtet; seine Gebeine aber sollen auf
seinen Wunsch heimlich nach Attika gebracht und dort beerdigt worden
sein. Das Jahr seines Todes ist unbekannt; es wird uns nur berichtet,
daß er in seinem 65. Lebensjahre gestorben sei.

Athen war unterdessen so glücklich gewesen, in Aristides und Cimon
Männer zu besitzen, welche seine Macht fortwährend hoben und seine
Herrschaft ausbreiteten. Das athenische Volk war statt der Spartaner
an die Spitze der verbündeten Griechen Kleinasiens und der Inseln
gelangt und zum Versammlungsorte und Mittelpunkte dieses Bundes,
wo die gemeinsamen Angelegenheiten in Versammlungen berathen werden sollten, war auf Aristides Vorschlag nicht Athen, sondern die Insel
Delos bestimmt worden. Dieser kluge und besonnene Staatsmann
hatte dadurch bewirkt, daß vor der Befestigung des neuen Verhältnisses
kein Mißtrauen gegen seine Vaterstadt aufkam. In Delos wurden nun
öfters Kongresse der Verbündeten gehalten, welche aber, bei der trefflichen Leitung des athenischen Staates durch Aristides und Cimon, im
Grunde eine bloße Form waren, hinter der die Oberherrschaft Athens
sich verbarg. Zur Fortsetzung des Krieges wurde aus den jährlichen
Beiträgen der Bundesgenossen ein Schatz gebildet und dieser in den
Apollo-Tempel zu Delos niedergelegt. Für die Beaufsichtigung desselben erwählten die Verbündeten den Aristides wegen des allgemeinen
und großen Vertrauens in seine Rechtlichkeit zum Generalschatzmeister
des Bundes. Nach seinem Abgang gestattete man den Athenern, dieses
Amt ebenso, wie ihre eigenen obrigkeitlichen Stellen, jährlich aus der
Mitte ihrer Bürger zu besetzen, wodurch also die Bundeskasse ganz in
die Gewalt der Athener kam. Dieser Schatz war sehr bedeutend; denn
die jährlichen Beiträge der Verbündeten beliefen sich auf nicht weniger
als 460 Talente (d. i. fast 666,000 Thlr. oder gegen 1,200,000 fl.).
Sie wurden nach und nach gesteigert und betrugen 30 bis 40 Jahre
später das Doppelte.

Aristides, welchem Athen neben Themistokles diese wichtige Stellung verdankte, starb vier Jahre nach der Verbannung des Letzteren,
und gab auch in seinem Tode den Charakter zu erkennen, der ihn vor
andern griechischen Staatsmännern stets ausgezeichnet hatte. Während
nämlich Themistokles, dessen ganzes ererbtes Vermögen nur drei Talente (4300 Thlr. oder 7800 fl.) betragen haben soll, in seiner Laufbahn als Staatsmann einer der reichsten Männer Athens wurde,
hinterließ Aristides, wie erzählt wird, nicht einmal soviel, daß seine
Familie die Kosten seiner Beerdigung bestreiten konnte. Der Staat
übernahm diese Kosten, sorgte für seine hinterlassenen Kinder und ehrte

sein Andenken durch ein Denkmal, welches ihm in einem der Häfen Athens errichtet wurde.

Die nächste Zeit nach seinem Tode stand Cimon, Miltiades Sohn, allein an der Spitze des athenischen Staats, nachdem er vorher mit Aristides vereint denselben gelenkt hatte. Von 470 an, wo Cimon zum ersten Mal den Oberbefehl über Heer und Flotte der Athener führte, wurde er eine Reihe von Jahren hindurch fast beständig zum Strategen erwählt und machte sich beinahe jedes Jahr durch irgend eine glänzende That berühmt. Reich durch sein ererbtes Vermögen, noch reicher durch seine Heirath mit einer sehr begüterten Frau aus Thracien, gewandten Geistes, von ritterlich schöner Gestalt, freundlich von Natur und populär aus Grundsatz, erhielt er sich lange in der Gunst des Volkes, obgleich er seiner politischen Ueberzeugung nach aristokratisch gesinnt war. Er wandte sich, als Stratege, zuerst gegen die noch den Persern unterworfenen Punkte der thracischen Küste. Hier leistete die persische Besatzung der Stadt Eion unter Boges ihm einen Widerstand, wie er in der Geschichte despotischer Staaten selten ist. Der persische General war trotz aller Anstrengungen Cimon's nicht zur Uebergabe der Stadt zu zwingen, und als endlich der Hunger ihm die fernere Vertheidigung derselben unmöglich machte, beschloß er, lieber durch seine eigene Hand zu sterben, als den Feinden sich zu unterwerfen. Er tödtete seine Weiber, Kinder und Sklaven, ließ alles Gold und Silber der Stadt in den an derselben vorbeifließenden Strymonfluß werfen und brachte sich dann selbst ums Leben. Hierauf ergab sich die Besatzung, welche von den Griechen in die Sklaverei verkauft wurde.

Cimon verjagte die Perser auch aus den übrigen thracischen Städten mit Ausnahme von Doriskus, welches allein von allen persischen Besitzungen in Europa nicht erobert werden konnte und noch lange Zeit hindurch in der Gewalt der Perser blieb. Hierauf zerstörte er ein Seeräubernest auf der Insel Scyros, auf welcher der Sage nach einst Theseus sein Leben geendet hatte, verkaufte die Einwohner als Sklaven und legte daselbst eine athenische Colonie an. Zugleich benutzte er jene Erinnerung an den alten attischen Heros, um sich in der Gunst des athenischen Volkes festzusetzen, und die Reste der alten Aristokratie in ihrem Ansehen zu heben. Er brachte nämlich die vorgeblichen Gebeine dieses mythischen Wohlthäters seiner Vaterstadt auf eine feierliche Weise nach Athen zurück und veranstaltete zur Ehre desselben glänzende Feste, bei welchen unter Andern auch die Dichter Aeschylus und Sophokles in einem dramatischen Wettstreit gegen einander auftraten. Uebrigens wurde damals dem Theseus als einem Halbgott zu Athen ein Tempel errichtet, welcher das Theseum hieß und der bis auf den heutigen Tag sich erhalten hat.

Die Athener wandten unter Cimon's Führung ihre Waffen auch gegen freie Griechen, indem sie, bei ihrer weit überlegenen Macht, schon damals sich nicht mehr als das leitende Haupt verbündeter Staaten, sondern als deren Beherrscher ansahen. Sie trieben die Abgaben derselben zur Bundeskasse mit Strenge bei, bestraften jeden Rückstand in der Lieferung der Schiffe zur gemeinschaftlichen Flotte und jede Schlaffheit in der Theilnahme am Kriege hart, und beraubten sogar einen der Bundesstaaten geradezu seiner Freiheit, obgleich ein besonderer Artikel des Bundesvertrags die Unabhängigkeit aller verbürgte. Dies waren die vom Bunde abgefallenen Bewohner der Insel Naxos; Cimon unterwarf sie und machte sie zu Unterthanen Athens. Um jene Zeit begingen übrigens die meisten Bundesgenossen einen sehr großen Fehler, durch welchen ebenso, wie durch jede von der verbündeten Flotte gemachte Eroberung, die Macht der Athener auf Unkosten anderer Griechen vermehrt wurde. Das Uebergewicht der Athener war nämlich in dem Kongreß zu Delos so bedeutend, daß die Fortdauer des Seekrieges gegen die Perser beschlossen ward, ungeachtet derselbe für die Mehrzahl der Verbündeten sehr drückend und zum mindesten sehr unnöthig war. Um nun ihre Schiffe und Bürger nicht beständig auszuschicken zu müssen, und um durch die damit verbundene Stockung der Gewerbe und des Handels nicht in Noth zu gerathen, kamen viele der Bundesgenossen mit den Athenern dahin überein, daß sie jährlich eine bestimmte Summe Geldes an dieselben bezahlten, und diese dafür statt ihrer die vorgeschriebene Zahl von Schiffen und Truppen besorgten. So setzten sie mit ihrem eigenen Gelde die Athener in den Stand, ihre Seemacht zu vergrößern, sie selbst aber waren natürlicher Weise von jetzt an gänzlich machtlos und der athenischen Willkür preisgegeben. Dieses verkehrte Verfahren der meisten Bundesgenossen, zu welchem, wie es scheint, Cimon selbst mit wohlberechneter Politik den Vorschlag gemacht hatte, verschaffte den Athenern die vollständige Herrschaft zur See. Sie unterhielten nun und größtentheils auf fremde Kosten eine große und wohlgeübte Flotte, und die Colonieen, welche sie damals auf Inseln und Küsten anlegten, bildeten eine vortreffliche Waffe, durch die man jede Bewegung der Bundesstaaten und der Barbaren beobachtete.

Nach der Unterwerfung von Naxos segelte Cimon in die Gewässer des südlichen Kleinasiens, eroberte daselbst viele Seepläße und erfocht 469 v. Chr. am Eurymedonfluß an Einem Tage einen glänzenden Sieg über die Land- und Seemacht der Perser. Die Flotte der Letzteren war nämlich an der Mündung dieses pamphylischen Flusses vor Anker gegangen, und nicht weit davon hatte ein zahlreiches persisches Landheer sein Lager aufgeschlagen. Cimon griff die persische Flotte an und brachte ihr eine solche Niederlage bei, daß 200 große Schiffe

der Feinde von ihm genommen, die meisten übrigen aber in den Grund
gebohrt wurden. Gleich nach der gewonnenen Schlacht setzte er seine
Truppen ans Land, um auch das persische Lager anzugreifen, wohin
die Nachricht von diesem Kampfe noch nicht gelangt war. Ein Theil
des griechischen Heeres mußte, nachdem er die Kleidung der auf den
Schiffen in Gefangenschaft gerathenen Perser angelegt hatte, gegen
die nichts ahnenden feindlichen Vorposten vorausziehen und drang auf
diese Weise ohne Schwertstreich in das Lager ein. Die überraschten
Feinde geriethen in Verwirrung, und wurden theils niedergehauen,
theils gefangen genommen. So erfocht Cimon zwei glänzende Siege
an einem und demselben Tage, und vernichtete Heer und Flotte der
Feinde mit Einem Schlage. Nach diesem ruhmvollen Siege kehrte er
mit der Flotte nach Hause zurück.

Cimon brachte als Frucht seiner siegreichen Unternehmungen eine
außerordentlich große Beute mit nach Athen. Von dieser fiel nach
griechischer Sitte ein bedeutender Theil dem Anführer zu; das Uebrige
wurde theils in die Staatskasse niedergelegt, theils zur Belohnung der
Tapfersten des Heeres verwendet. Cimon machte nicht nur von seinem
eigenen Antheil den besten Gebrauch zur Befestigung seines Ansehens
und zur Hebung der schwachen aristokratischen Partei der Stadt, sondern er trug auch Sorge, daß die so reichlich vermehrten Staatsgelder
zur sicheren Begründung der athenischen Macht und zur Verschönerung
der Stadt benutzt wurden. Auf seinen Vorschlag ward namentlich der
Bau der zwei sogenannten langen Mauern begonnen, durch welche
das zwei Stunden vom Piräus entfernte Athen mit diesem Hafen und
dem von Munychia verbunden wurde, und welche später Perikles
vollendete. Durch diese starken Mauern, welche schenkelartig von Athen
nach den entgegengesetzten Enden beider Häfen liefen, ward der Raum
zwischen See und Stadt befestigt und Athen gegen die Gefahr gesichert,
von seinen Häfen abgeschnitten zu werden. Cimon legte ferner den
unter dem Namen Hain des Akademos oder Akademie bekannt geworbenen Spaziergang an, welcher später Plato's Lieblingsaufenthalt war
und durch ihn und seine Schüler weltberühmt wurde. Er schmückte
außerdem den großen Marktplatz der Stadt mit Platanen-Gängen
und war der Erste, der in Athen eine Stoa oder einen von jenen im
warmen Süden so beliebten schattenspendenden Säulengängen anlegte.
Endlich erhöhte er auch den Glanz der öffentlichen Feste und veranstaltete neue. Seinen eigenen Reichthum benutzte er, um durch Pracht
und Freigebigkeit sich die Gunst des Volkes zu sichern und dasselbe
seinen politischen Zwecken geneigt zu machen. Wie einst Pisistratus,
so erlaubte auch er allen Bürgern den Eintritt in seine prächtigen
Gärten und gestattete den Besuchenden sogar den freien Genuß ihrer

Früchte. Er ließ ferner in seinem Hause täglich für arme Bürger Speisen zubereiten, vertheilte große Summen unter die Nothleidenden, nahm sich besonders der verschämten Armen an und ließ, wenn er beim Ausgehen einem schlechtgekleideten Bürger begegnete, ihm sogleich das Kleid eines seiner Diener geben, welche ihn stets in großer Zahl begleiten mußten.

Obgleich die Perser aus den europäischen Meeren ganz und gar verdrängt waren, so setzten doch die Griechen ihren Angriffskrieg fort. Die Athener beabsichtigten damit bloß die Erweiterung ihrer eigenen Macht und diesem Zwecke opferten sie ohne Rücksicht auch ihre Bundesgenossen auf. Die nächste Unternehmung Athens war gegen die Bewohner der griechischen Insel Thasos gerichtet. Diese besaßen an der thracischen Küste, wo damals die Athener Colonieen zu gründen begannen, Gold- und Silberminen und trieben daselbst einen einträglichen Handel mit dem Innern von Thracien. Beides reizte die Habgier der Athener und es kam darüber zu Zwistigkeiten, in Folge deren die Thasier vom Bunde abfielen. Die Athener schickten eine Flotte unter Cimon's Anführung gegen Thasos aus, fanden aber einen hartnäckigen Widerstand und belagerten die gleichnamige Stadt der Insel drei Jahre hindurch vergebens. Während der Belagerung wandten sich die Thasier an die Spartaner um Hülfe. Diese versprachen ihnen, mit einem Heere in Attika einzufallen und hätten dies auch gethan, wenn nicht ein Aufstand der Heloten ausgebrochen wäre, der sie in ihrem eigenen Lande längere Zeit hindurch beschäftigte. Die Thasier waren dadurch genöthigt, zu capituliren (463 v. Chr.). Athen legte ihnen äußerst harte Bedingungen auf: sie mußten ihre Kriegsschiffe ausliefern, eine Summe Geldes bezahlen, ihre Festungswerke schleifen, allen Ansprüchen auf das ihrer Insel gegenüberliegende Festland entsagen und sich zu einem jährlichen Tribut verpflichten.

Während Cimon den Krieg gegen Thasos führte, war in Athen zum ersten Male Perikles, der große Staatsmann des griechischen Alterthums, hervorgetreten. Er war der Sohn des Siegers von Mykale, Xanthippus, und gehörte der angesehenen Familie der Alkmäoniden an, unterstützte aber die demokratische Partei, um mit ihrer Hülfe sich den Weg zur Herrschaft zu bahnen. Diese Partei, an deren Spitze damals neben ihm Ephialtes stand, hob sich während Cimon's Abwesenheit, und glaubte demselben bei seiner Rückkunft vollkommen gewachsen zu sein. Sie klagte den gehaßten Gegner bei dem Volke an, daß er, durch den König von Macedonien bestochen, die Gelegenheit zur Eroberung dieses Landes unbenutzt habe vorübergehen lassen; das Ansehen Cimon's war aber so fest gegründet, daß er kaum darauf zu antworten brauchte und die Anklage von dem Volke sogleich zurückgewiesen wurde. Ja, Cimon vermochte damals sogar die Athener zur Unterstützung der im Kampfe mit ihren Heloten hart bedrängten Spartaner zu bewegen.

Im Jahre 464 v. Chr. hatte nämlich ein starkes Erdbeben die spartanische Landschaft erschüttert und einen Aufstand der Heloten veranlaßt. Das Naturereigniß trat um die Mittagsstunde ein und war so furchtbar, daß große Felsstücke vom Taygetus losgerissen und in der Stadt Sparta selbst fast alle Häuser zerstört wurden. Viele junge Leute der ersten spartanischen Familien wurden durch den Einsturz des Gebäudes, in welchem sie gerade zu gymnastischen Uebungen versammelt waren, getödtet, und die Zahl aller durch dieses Erdbeben in Sparta umgekommenen Menschen soll nicht weniger als 20,000 betragen haben. Die Heloten benutzten sogleich dieses allgemeine Unglück und die mit demselben verbundene Verwirrung, um, wo sie deren habhaft werden konnten, ihre Gebieter zu ermorden und sich der Stadt und des Landes zu bemächtigen. Da Jedermann nur an seine eigene Rettung dachte, so wäre ihnen dies vielleicht auch gelungen, wenn nicht der König Archidamus II. schnell einige Leute um sich versammelt und seine Mitbürger durch die Schlachttrompete zu den Waffen gerufen hätte. Die an strenge Kriegszucht gewöhnten Spartaner kamen auf dieses Signal sogleich bewaffnet auf dem Markte zusammen und stellten sich in Schlachtordnung auf, und die Heloten, die den Kampf mit einem geordneten Heere nicht wagen konnten, verließen bestürzt die Stadt. Sie zogen sich auf das platte Land zurück, riefen hier ihre Volksgenossen und Leidensgefährten zu einer allgemeinen Empörung auf, bemächtigten sich der messenischen Bergfeste Ithome und befestigten sie von neuem, um von ihr aus sich gegen die Spartaner zu vertheidigen. Da die Mehrzahl der Empörten Nachkommen der unglücklichen Messenier waren und der Kampf hauptsächlich in dieser Landschaft ausgefochten war, so nennt man denselben den dritten messenischen Krieg. Derselbe dauerte zehn Jahre lang (von 464 bis 454 v. Chr.) und setzte die Spartaner in große Verlegenheit. Sie vertrieben zwar die Empörten alsbald aus dem platten Lande und beschränkten sie auf den Besitz von Ithome, vermochten aber, da sie von jeher sich sehr schlecht auf die Belagerung fester Plätze verstanden, diese Stadt nicht einzunehmen und mußten jeden Augenblick einer neuen Erhebung des wieder unterdrückten Theils der Heloten gewärtig sein. Nachdem sie Ithome einige Jahre hindurch vergebens belagert hatten, baten sie die Athener um Hülfe, weil diese im Ruf standen, unter allen Griechen die Belagerungskunst am besten zu verstehen.

In Athen war man nicht geneigt, den mächtigen Nebenbuhlern in ihrer Noth beizustehen, und namentlich bot die demokratische Partei

Perikles und Ephialtes Alles auf, um dies zu verhindern; allein Cimon, dessen Einfluß noch unerschüttert bestand, setzte es durch, daß man dem Hülfegesuch der Spartaner willfahrte. Er war nämlich, wie alle Aristokraten Griechenlands, ein Bewunderer der spartanischen Ver- fassung, und seine Vorliebe für diesen Staat ging so weit, daß er sogar seinem ältesten Sohne den Namen Lacedämonius gegeben hatte. Auch mußte es ihm zur Erreichung seiner eigenen politischen Zwecke in Athen von besonderer Wichtigkeit sein, daß ein griechischer Staat wie der spartanische, dessen ganzes Wesen aristokratisch war, in Macht und Ansehen erhalten werde, man dürfe, soll er sich ausgedrückt haben, das zweite Roß am Wagen von Hellas nicht lähmen. Ein Hülfscorps von 4000 Mann begab sich auf den Marsch nach Messenien. Diese atheni- schen Truppen vermochten aber nicht allein nichts gegen Ithome aus- zurichten, sondern ihre Anwesenheit beim spartanischen Heere regte auch den alten Stammhaß zwischen Athen und Sparta von neuem auf. Beide Theile des Heeres geriethen in eine fast feindliche Lage gegen einander und die Spartaner wurden zuletzt so mißtrauisch gegen die Athener, daß sie die geringen Fortschritte der Belagerung den bösen Absichten derselben zuschrieben. Sie entließen daher das athenische Heer unter dem Vorwand, daß sie der Hülfe ihrer Verbündeten nicht länger bedürften, obgleich sie die Agineten und Phokier, welche eben- falls Truppen geschickt hatten, zurückbehielten. Diese Beleidigung erweckte in den Athenern den größten Haß gegen Sparta und mußte nothwendiger Weise Cimon's Ansehen schwächen. Man schloß sogleich ein Bündniß mit den Argivern, den Erbfeinden Spartas, welche da- mals die Lage der Spartaner benützten, um die gegen Argos von jeher feindliche Stadt Mycenä zu erobern und zu zerstören. Die demokra- tische Partei in Athen aber setzte unter Perikles Leitung mit leichter Mühe durch, daß Cimon 461 v. Chr. durch den Ostracismus aus der Stadt verbannt wurde. Der messenische Krieg dauerte noch sieben Jahre lang fort, und die Spartaner sahen sich endlich genöthigt, einen Vergleich einzugehen, in Folge dessen den Empörten erlaubt ward, frei und ungehindert aus dem Peloponnes abzuziehen. Die Athener räumten den auswandernden Heloten die Stadt Naupaktus ein, welche sie kurz zuvor den ozolischen Lokrern entrissen hatten und die Messe- nier, die daselbst einen kleinen, unter Athens Schutz stehenden Staat bildeten, machten sich in dem späteren Krieg zwischen Athen und Sparta den Athenern im höchsten Grade nützlich.

In Athen traten Tolmidas und Thucydides der Aeltere in Cimon's Fußstapfen, sie besaßen aber weder dieselben Mittel und Talente, noch dieselben Verdienste, und hatten an Männern wie Ephi- altes, Leokrates und Myronides die heftigsten Demagogen

22*

gegen sich. Zwischen beiden Parteien bahnte der große Perikles sich seinen Weg. Er huldigte der Demokratie, aber nicht weil sie ihm Zweck war, sondern weil sie ihm als Mittel dienen sollte. Die Demokraten erhielten das Uebergewicht über ihre Gegner, und eine ihrer wichtigsten Maaßregeln, welche sie um diese Zeit durchsetzten, war, daß sie das einzig noch bestehende aristokratische Gegengewicht in der Verfassung fast ganz und gar vernichteten. Auf den Vorschlag des Ephialtes nämlich, welchen Perikles insgeheim unterstützte, wurde im Jahre der Verbannung Cimon's dem Gerichtshof des Areopagus soviel von seinem Ansehen und seiner Macht entzogen, daß ihm nur noch ein Schatten seiner früheren Bedeutung übrig blieb. Der Areopagus verlor durch diesen Beschluß alle seine Befugnisse außer der richterlichen Thätigkeit, und selbst diese wurde theilweise beschränkt; erst nach dem peloponnesischen Krieg ward seine frühere Bedeutung wieder hergestellt.

Athen stand um jene Zeit auf dem höchsten Gipfel seiner Macht, zumal da (um das Jahr 460 v. Chr.) auch der Bundesschatz von Delos nach Athen verlegt wurde und die Athener denselben fortan als ihr Eigenthum und die Bundesgenossen als ihre Unterthanen betrachteten. Um ihre große Macht zu gleicher Zeit in Thätigkeit zu erhalten und zu erweitern, fuhren sie wie unter Cimon's Leitung fort, neue Unternehmungen in entfernten Gegenden zu machen. Sie sandten zunächst zweihundert Kriegsschiffe aus, um die reiche Insel Cypern den Persern zu entreißen; diese waren aber daselbst kaum angekommen, als eine andere Aussicht auf Eroberung sich eröffnete. Die Aegypter, von je der persischen Herrschaft abgeneigt, hatten nämlich unter Inarus, dem Häuptling einiger afrikanischen Stämme, das Joch der Perser abgeworfen und Inarus wandte sich, um die erlangte Freiheit behaupten zu können, nach Athen um Hülfe. Hier ging man auf sein Gesuch ein und befahl der Flotte, von Cypern nach Aegypten zu segeln. Es gelang den verbündeten Athenern und Aegyptern, dem zur Wiederunterwerfung des Landes herbeieilenden persischen Heere eine vollständige Niederlage beizubringen. Die Besiegten zogen sich nach Memphis zurück, wo sie zwar zwei Drittel der Stadt alsbald verloren, in dem übrigen Theile aber um so hartnäckiger sich behaupteten.

Unterdessen war Athen in Griechenland selbst in einen neuen Krieg verwickelt worden. Die Megarer waren mit den benachbarten Korinthern in einen Grenzstreit gerathen und hatten den peloponnesischen Bund verlassen, um die Hülfe der Athener zu erhalten. Es war ein Bündniß zwischen beiden Staaten geschlossen worden und Athen hatte eine Besatzung nach Megara geschickt. Darüber brach ein Krieg zwischen den Korinthern und Athenern aus, an welchem auch Aegina gegen die Letzteren Theil nahm. Die Athener schlugen unter Myronides

Anführung die Korinther, schlossen unter Leokrates die Aegineten in ihrer Hauptstadt ein und zwangen dieselben zuletzt (456 v. Chr.), sich unter der Bedingung zu ergeben, daß sie ihre Kriegsschiffe auslieferten, ihre Festungswerke schleiften und einen jährlichen Tribut zahlten. Die Spartaner, welche durch das Unglück des Erdbebens geschwächt und noch mit der Bekriegung der messenischen Heloten beschäftigt waren, blieben dabei anfangs ruhig, bald aber kam es bei einer anderen Gelegenheit zum förmlichen Krieg zwischen ihnen und den Athenern. Die Phoker nämlich griffen die Bewohner des Landes Doris an, die Spartaner eilten ihren Stammgenossen zu Hülfe und trieben die Ersteren aus Doris zurück. Auf dem Rückmarsch in den Peloponnes benutzten die Spartaner ihre Anwesenheit in Böotien, um den Thebanern zur Oberherrschaft über die anderen Städte des Landes zu verhelfen und sich in ihnen mächtige Bundesgenossen gegen Athen zu verschaffen; dies hatte 457 v. Chr. den Ausbruch eines Krieges zur Folge, in welchem die Athener durch die Thessalier und Argiver, die Spartaner aber durch die Böotier unterstützt wurden. Bei Tanagra in Böotien, wo die feindlichen Heere zusammentrafen, erlitten die Athener eine Niederlage, deren nächste und wichtigste Folge die Zurückberufung Cimon's war. Cimon war, wie einst Aristides bei Salamis, vor der Schlacht zu dem athenischen Heere geeilt, um mitzukämpfen; er wurde zurückgewiesen, beschwor aber vor seiner Abreise seine gleich ihm aristokratisch gesinnten und deshalb mit Mißtrauen angesehenen Freunde im Heere, durch tapfern Kampf die Ehre ihrer Partei zu retten. Diese Männer schaarten sich zusammen, schworen unter einander, lieber zu fallen als zu fliehen, und starben in der Schlacht insgesammt den Tod der Helden. Diese durch die That so glänzend bewährte Vaterlandsliebe mußte ebenso das Ansehen Cimon's und seiner Partei wieder steigern, wie andererseits durch die erlittene Niederlage das Vertrauen in die demokratischen Machthaber geschwächt wurde. Perikles selbst trug jetzt auf die Zurückberufung Cimon's an und diese wurde auch sogleich vom Volke beschlossen (456).

Der Krieg dauerte sieben Jahre lang fort (bis 450 v. Chr.) und wurde im Allgemeinen zum Vortheil Athens geführt. Myronides tilgte 62 Tage nach der Tanagräischen Schlacht die daselbst erlittene Schmach durch einen vollständigen Sieg, den er in derselben Gegend bei der Stadt Oenophylä über die Böotier erfocht. Er zwang hierauf alle böotischen Städte, mit Ausnahme Thebens, so wie die opuntischen Lokrer und die Phoker, eine demokratische Verfassung einzuführen und dem athenischen Bunde beizutreten. Tolmidas und Perikles landeten an verschiedenen Punkten des Peloponnes und zerstörten daselbst viele Küstenorte und Schiffswerften der spartanischen

Bundesgenossen. Die Spartaner zeigten sich in diesem ganzen Kriege ziemlich lau, doch hielt es sehr schwer, sie zur Beendigung desselben zu bewegen. Cimon, welcher gleich nach seiner Rückkehr die Herstellung des Friedens betrieb und Athens Macht und Unternehmungsgeist gegen die Perser zu richten suchte, vermochte erst nach dreijährigen Unterhandlungen Sparta und Athen zu versöhnen und selbst dann gelang es ihm nur, einen Waffenstillstand auf fünf Jahre zu Stande zu bringen.

Jetzt wurde sogleich eine Flotte unter Cimon's Anführung gegen die Perser ausgeschickt, welche damals den Aufstand der Aegypter gedämpft und Inarus nebst seinen athenischen Hülfstruppen gänzlich besiegt hatten. Der persische General Megabazus war nämlich mit einem großen Heere nach Aegypten gezogen, hatte die Empörten und ihre Verbündeten mehrmals geschlagen und so den Aufstand unterdrückt; Inarus selbst, der Anstifter desselben, war gefangen genommen und ans Kreuz geschlagen worden. Von den athenischen Hülfstruppen hatten nur wenige sich nach der griechischen Pflanzstadt Cyrene zu retten vermocht, und auch fünfzig Kriegsschiffe, die man von Athen zu Hülfe geschickt hatte, waren an der aegyptischen Küste fast insgesammt in den Grund gebohrt oder weggenommen worden. Auf diese Weise hatte, nach sechsjährigem Kampfe, die aegyptische Empörung und der zu ihrer Unterstützung von den Athenern unternommene Feldzug geendigt (455 v. Chr.). Athen konnte bis zum Waffenstillstand mit Sparta an eine Herstellung seiner Waffenehre in Aegypten nicht denken. Als hierauf Cimon mit 200 Kriegsschiffen durch einen Angriff auf Cypern den Krieg gegen die Perser von neuem begann, schickte er sogleich 60 Schiffe nach Aegypten. Hier hatte Amyrtäus, einer der Anführer der unterworfenen Empörer, sich in den Sümpfen des Deltas zu behaupten gewußt und Cimon sandte daher jene Schiffe in der Absicht nach Aegypten, um die Aufmerksamkeit der Feinde soviel als möglich von Cypern abzulenken und ihre Macht zu theilen. Cimon's Tod, welcher schon ein Jahr nach dem Beginn des Krieges (449 v. Chr.) erfolgte, vereitelte den Hauptzweck der athenischen Unternehmung, die Eroberung von Cypern; die Flotte erfocht aber, vor ihrer Rückkehr nach Athen, noch einen Sieg in der Nähe der cyprischen Stadt Salamis. Die Athener hatten nämlich aus Mangel an Lebensmitteln die Belagerung von Citium, bei welcher Cimon erkrankte und starb, aufgeben müssen; auf der Höhe von Salamis wurden ihre Schiffe von der persischen Flotte angegriffen, sie brachten derselben aber eine Niederlage bei. Zu gleicher Zeit erfochten die noch nicht eingeschifften athenischen Truppen auf der benachbarten Küste einen Sieg über das persische Landheer. Hierauf segelten die Athener, zugleich mit den von Cimon nach Aegypten abgesandten Schiffen, nach Hause zurück. Nach einer sehr unwahrscheinlichen Sage hatte Cimon, damit die Truppen nicht den Muth verlören, vor seinem Ende den Anführern geboten, seinen Tod bis zur gelieferten Schlacht zu verheimlichen, so daß er gleichsam noch im Tode einen Sieg erfochten hätte.

Mehrere Schriftsteller des Alterthums sagen, daß Cimon vor seinem Tode die Perser zum Abschluß eines förmlichen Friedens gezwungen habe, den sie den Cimonischen Frieden nennen. In diesem Frieden, welchen andere Schriftsteller zwanzig Jahre früher setzen, und als ein Ergebniß der Schlacht am Eurymedon darstellen, sollen die Perser sich verpflichtet haben, die Unabhängigkeit aller kleinasiatischen Griechen anzuerkennen und sowohl in Kleinasien bis auf eine Entfernung von drei Tagereisen von der Westküste kein Heer, als auch im Westen derselben kein Kriegsschiff erscheinen zu lassen. Die zuverlässigsten Geschichtschreiber Griechenlands wissen nichts von einem solchen Frieden und aus allen Berichten über die Geschichte der nächsten Zeit geht mit Bestimmtheit hervor, daß der Kriegszustand zwischen Persien und Griechenland ununterbrochen fortdauerte, daß der Perserkönig nie aufhörte, ganz Kleinasien sammt den dortigen griechischen Städten als ein unterworfenes und tributpflichtiges Land zu betrachten, und daß namentlich ein Theil der letzteren sogar unmittelbar nach Cimon's Tod der persischen Regierung noch Steuern bezahlte. Man ist deshalb in neuerer Zeit durch die sorgfältigsten Untersuchungen zu der Gewißheit gelangt, daß weder nach der Schlacht am Eurymedon, noch um die Zeit von Cimon's Tod ein förmlicher Frieden geschlossen wurde. Die bei einigen Schriftstellern vorkommende Annahme eines solchen Friedens ist ein Irrthum, in welchen diese durch den Umstand verfielen, daß die Perser, in Folge der Unternehmungen Cimon's, auf längere Zeit aus den griechischen Meeren verdrängt wurden.

6. Perikles und Athen.

Nach Cimon's Tod schwang sich Perikles an die Spitze des athenischen Staates empor, und obgleich die Verfassung von Athen bereits zu einer fast schrankenlosen Demokratie geworden war, so leitete er das Volk doch mehr und mehr, fast wie ein unumschränkter Monarch. Die Geschichte dieses größten griechischen Staatsmannes bedarf deshalb einer ausführlicheren Darstellung. Perikles, ein Sohn des Xanthippus, gehörte der reichen und vornehmen Familie der Alkmäoniden an. Seiner äußeren Gestalt nach hatte er mit dem wegen seiner Schönheit berühmten Pisistratus eine so große Aehnlichkeit, daß er anfangs sogar schon dadurch allein die Demokraten Athens gegen sich einnahm. Er war mit den größten Gaben des Geistes ausgestattet und hatte die beste Erziehung erhalten. Er selbst vollendete dieselbe in der Blüthe des

Alters und vereinigte zuletzt die ganze Bildung seiner Zeit in sich. Ehe er in das politische Leben eintrat, suchte er durch die Philosophie sich die möglichst tiefe Einsicht menschlicher und göttlicher Dinge zu erwerben und beschäftigte sich außerdem namentlich mit den Künsten und dem Studium des Staatswesens und der Beredsamkeit. Phidias, der größte griechische Bildhauer, Damon, einer der besten Lehrer der Redekunst, der Philosophe Anaxagoras und andere durch ihre geistige Größe ausgezeichneten und berühmten Männer waren seine Freunde und lebten mit ihm auch späterhin in vertraulichem Verkehr.

Neben diesen Männern gehörte in Perikles höherem Lebensalter noch Aspasia aus Milet, eine der gebildetsten Frauen des Alterthums, zu dem engeren Kreise seiner Freunde. Sie war eine jener Frauen, welche von den Griechen Hetären, d. i. Freundinnen genannt wurden, und von Perikles Zeit an eine immer größere Bedeutung erhielten. Die griechischen Frauen nahmen nämlich, bei dem vorherrschend politischen Streben der Männer, an dem gesellschaftlichen Leben derselben keinen Antheil, ja, sie lebten überhaupt den bei dem ionischen Stamme herrschenden Ansichten von Anstand und weiblicher Sitte gemäß so zurückgezogen, daß sie, ausgenommen bei Leichenbegängnissen und bei einigen religiösen Festen, sogar das Haus nur selten verließen. Sie standen aber deshalb auch an Bildung den Männern bedeutend nach und dies gab mit dem Fortschreiten der Cultur jenen sogenannten Hetären eine große Bedeutung. Diese waren Frauen, welche gegen die bestehende Sitte mit Männern frei und auf dem Fuße gleicher Berechtigung verkehrten und namentlich durch Feinheit des Benehmens, durch Geist und Bildung sich auszeichneten. In den späteren Zeiten waren sie insgesammt zu großer Sittenlosigkeit entartet, zu Perikles Zeit aber standen sie, wenigstens der größeren Zahl nach, moralisch viel höher. Uebrigens waren alle athenischen Hetären Ausländerinnen, da die Gesetze des Staates und die öffentliche Meinung den Bürgerinnen ein solches Verhältniß nicht gestatteten. Die Hetären wußten, indem sie Geist und Kenntnisse mit weiblicher Anmuth verbanden, besonders Männer von Rang und Bildung zu fesseln, welche, vermöge der Beschaffenheit der Erziehung und der gesellschaftlichen Stellung, welche die Sitte den Bürgerinnen zuwies, des Reizes und der Erquickung weiblichen Umgangs entbehrten. Aspasia war die berühmteste dieser emancipirten Frauen Athens und mit den ausgezeichnetsten Athenern ihrer Zeit befreundet; selbst der Philosoph Sokrates lebte mit ihr in freundschaftlichem Verkehr und bekannte, durch ihren Umgang in seiner Bildung sehr gefördert worden zu sein. Auch Perikles brachte seine Mußezeit vorzugsweise in ihrem Kreise zu, und als er von seiner ersten Gemahlin sich getrennt hatte, vermählte er sich sogar mit ihr.

Perikles war in Hinsicht auf die Beredsamkeit, welche in den alten Freistaaten eine der wichtigsten und unentbehrlichsten Eigenschaften der Staatsmänner war, allen seinen Zeitgenossen so sehr überlegen, daß man ihm wegen dieses Vorzuges, sowie wegen seiner großen politischen Fähigkeiten überhaupt den Beinamen des olympischen gab. Man pflegte zu sagen, seine Worte glichen dem Blitz und dem Donner und träfen wie diese. Uebrigens gehörte er zu denjenigen Rednern, welche vor Allem auf den inneren Gehalt und nicht auf die künstlerische Form des Vortrags Bedeutung legten. Seine Beredsamkeit beruhte auf gediegener philosophischer Bildung, auf vollkommener Kenntniß der menschlichen Natur und der Staatsgeschäfte und obgleich er auch die künstlichen Mittel der Ueberredung nicht verschmähte, so sank er doch nie zu dem Pöbel seiner Zuhörer herunter, sondern hob vielmehr diesen stets zu sich herauf.

Durch Geburt der Aristokratie angehörend, konnte er bei seinem ersten Auftreten nur als Begünstiger der Demokratie sich der Menge empfehlen, indem jene Partei an Cimon und Anderen bereits ihre Führer hatte. Die Demokratie war ihm aber nicht Zweck, sondern Mittel; er führte die schrankenloseste Demokratie theils selbst ein, theils veranlaßte er die Hinwegräumung aller Schranken, allein er wollte dem Volke eine solche unbegränzte Macht nur aus dem Grunde verschaffen, damit er selbst als Leiter desselben den Staat nach seinem eigenen Willen lenken könne. Dies erreichte er auch aufs vollständigste; denn trotz dieser vollständigen demokratischen Freiheit, die sich in allen Staatsgebieten aussprach, blieb Perikles doch bis zu seinem Tode ein Herrscher im vollen Sinne des Wortes und hielt das unlenksamste Volk der Welt mit demselben Zauber fest, mit welchem etwa ein Napoleon sein ruhmberauschtes Heer beherrschte. Er selbst mußte sich in dieser Stellung so unentbehrlich zu machen und das Volk fühlte das Bedürfniß eines solchen Regenten so lebhaft, daß er späterhin sogar die Maske der Popularität oft ablegen konnte, daß er das Volk oft tadeln und schrecken und gewissermaßen den Monarchen spielen durfte, ohne von der demokratischen Eifersucht des Volkes und dem ohnmächtigen Hasse seiner vielen Feinde etwas fürchten zu müssen. Die Mittel, durch welche Perikles sich diese Stellung erwarb und sicherte, waren so gut gewählt und so mannigfaltig, wie sie nur ein außerordentliches staatsmännisches Talent aufzufinden vermag. Er hatte die Klugheit, daß er, ehe er in der Gunst des Volkes fest genug stand, nie als ein eigentliches Parteihaupt auftrat. Auch verschaffte und erhielt er sich seine Macht nicht, wie viele Andere, durch unrechtmäßige Mittel; er war namentlich stets unbestechlich und höchst gewissenhaft in der Verwaltung der Staatsgelder. Dem Charakter des atheniſchen Volkes und den Zeitumſtänden waren die Mittel angepaßt, durch welche er von Zeit zu Zeit ſeine Herrſchaft zu befeſtigen ſuchte. Er veranlaßte die Gründung neuer Colonieen, um Tauſende von armen Bürgern zu verſorgen und bewirkte Getreide-Austheilungen auf Koſten des Staates. Er ließ ferner viele und große Bauwerke errichten, wodurch er nicht allein die Stadt verſchönerte und ſich ſelbſt als den Verherrlicher derſelben hob, ſondern zugleich auch einer Menge von Handwerkern und Künſtlern Beſchäftigung und Nahrung ver- ſchaffte. Ebenſo veranſtaltete er viele Feſte und erhöhte den Glanz der bereits beſtehenden, theils um durch Schaugepränge und öffentliche Bewirthungen ſeine Mitbürger an ſich zu feſſeln, theils um ſie wie ein Erzieher durch belehrende und erhebende Ergötzlichkeiten zu bilden. Dies war in Athen von ganz beſonderer Wichtigkeit; denn bei der großen Bildung, zu der die Bürger dieſer Stadt emporgeſtiegen waren, bei der Bedeutung, welche Kunſt und Litteratur bei dem ganzen griechi- ſchen Volke hatten und bei dem innigen Zuſammenhang, in welchem dieſe Seite des menſchlichen Lebens bei allen Griechen mit dem Staat und ſeinen Zwecken ſtand, war in Athen die Veranſtaltung von Feſtlich- keiten und Schauſpielen eben ſo wichtig, als in den großen Haupt- ſtädten unſerer Zeit die Sorge für Wohlfeilheit des Brodes es iſt. Deshalb führte Perikles namentlich auch das ſogenannte Theorikon ein, d. h. er bewirkte die Errichtung einer beſonderen Kaſſe, aus welcher den ärmeren Bürgern der Eintrittspreis in das Theater bezahlt wurde. So groß war die Schauluſt, Kunſtliebe und Genußſucht des atheni- ſchen Volkes, daß bald nach Perikles Zeit nicht allein dieſe Kaſſe auch zur Erhöhung des Glanzes anderer Feſte verwandt wurde, ſondern daß man auch ſie zu ganz verſchiedenen Zwecken beſtimmten Staats- gelder für dieſelben in Anſpruch nahm und ſpäter ſogar ein Geſetz erließ, nach welchem Jeder, der auf die Verwendung des Theorikon zu Kriegsausgaben antragen würde, die Todesſtrafe erleiden ſolle.

Perikles führte ferner den Richterſold ein. Auf ſeinen Antrag erhielten nämlich alle zu Richtern erwählten Bürger für jede Gerichts- ſitzung je einen Obolus (d. i. drei Kreuzer oder elf Pfennige), oder vielleicht auch drei Obolen; denn es iſt ungewiß, ob ſchon Perikles die letztere Summe einführte, oder ob der Richterſold erſt etwa zwölf Jahre ſpäter bis auf das Dreifache erhöht wurde. Wie ſehr Perikles durch dieſe Maaßregel ſich alle Aermeren unter den 6000 jährlich zu Richtern erwählten Bürgern verpflichtete, kann daraus ermeſſen wer- den, daß man nach allen Anzeichen in Athen damals mit 200 Gulden oder 114 preußiſchen Thalern jährlich eine Familie ernähren konnte, und daß folglich drei Obolen für die nothdürftige Exiſtenz eines ein- zelnen Bürgers hinreichten. Auch die Bezahlung für die Theilnahme

an der Volksversammlung soll Perikles eingeführt haben; doch war
diese nicht bedeutend. Sie betrug nämlich bestimmt nur einen Obolen,
welchen jeder Theilnehmende, wenn er wollte, sich bezahlen lassen
konnte; erst im Jahre 393 v. Chr. wurde sie auf drei Obolen erhöht.
Auch durch diese Maaßregel verpflichtete sich Perikles die ärmeren
Bürger; er bewirkte aber dadurch zugleich auch, daß diese fast insgesammt in jeder Volksversammlung erschienen, und daß somit die
Gesetzgebung, Staatsverwaltung und Rechtspflege vielfach in die
Hände von solchen kam, welche mehr oder weniger blinde Werkzeuge
dessen waren, der sie zu leiten verstand.

Perikles gewann sich das Volk noch durch einige andere Mittel
ähnlicher Art. Er setzte den Beschluß durch, daß der Staat den
Bürgern im Kriege Sold und Verpflegung gebe, während der Kriegsdienst seither unentgeltlich gewesen war. Der Sold eines Hopliten
oder Schwerbewaffneten betrug niemals weniger als zwei Obolen
täglich und ebensoviel für die Verpflegung; die Offiziere pflegten das
Doppelte, die Reiter das Dreifache zu erhalten. Bedenkt man nun,
daß um jene Zeit der Werth des Geldes sechs- bis achtmal höher war
als jetzt, so sieht man, daß damals der Krieg allein Tausende von
Menschen in den Stand setzte, ein Leben zu führen, wie etwa unsere
Beamten des Mittelstandes. Perikles sorgte ferner dafür, daß jährlich
eine athenische Flotte von wenigstens sechszig Schiffen die See hielt,
wodurch es ihm möglich ward, eine große Anzahl Menschen, die er
bei den Staatsbauten nicht beschäftigen und ernähren konnte, acht
Monate lang auf Staatskosten zu unterhalten. Endlich dienten ihm
noch einzelne Kriegsunternehmungen dazu, die Bürger durch Beute
zu bereichern, wie schon Cimon begonnen hatte.

Alle angeführten Maaßregeln des Perikles mußten, sobald mit
seinem Tode der verständige Leiter fehlte, den Athenern zum Verderben gereichen; ihm selbst aber machten sie Dinge möglich, die den
mächtigsten Monarchen unmöglich geblieben sind. Nicht nur brachte
er die Athener in gänzliche Abhängigkeit von sich und seinem Willen,
sondern er gab auch ihrem Leben einen Charakter, ihren Künsten einen
Glanz und ihrer Wissenschaft einen Adel, den später selbst die stolzen
Römer den Athenern als einen ganz nur ihnen eigenen Vorzug zugestehen mußten. Man kann fast geradezu behaupten, daß unmittelbar
nach Perikles Zeit der gemeinste Bürger Athens an Feinheit, Kunstsinn und Geschmack den gebildetsten Männern aller Zeiten gleich stand.
Perikles machte Kunst und Wissenschaft zu wesentlichen Bestandtheilen
der athenischen Demokratie, verschaffte seinen Mitbürgern den höchsten
damals möglichen Grad von Bildung und erhob Athen zur glänzendsten
Stadt, zum Sitz aller Künste und Gewerbe und zum Mittelpunkt des

geiſtigen Lebens der Griechen. Jeder Athener ohne Ausnahme beſchäftigte ſich mit der Kunſt und mußte ſich mit derſelben beſchäftigen,
weil täglich auf dem Markt, in den Barbierſtuben, Kramläden,
Säulenhallen und öffentlichen Gartenanlagen, den gewöhnlichen Ver-
einigungsorten der Einwohner, von dieſen Dingen die Rede war und
weil außerdem unter zwanzig Bürgern wenigſtens drei auch durch ihre
äußeren Verhältniſſe mit Kunſt und Künſtlern in Berührung kamen.
Ebenſo waren auch Grammatik und Dialektik oder die Wiſſenſchaft der
Sprache und des Denkens im täglichen Leben der Athener von großer
Bedeutung: Jeder konnte ja jeden Augenblick in den Fall kommen, als
Geſchworener, als Buleut oder in der Volksverſammlung über die
verwickelſten Fälle Rechenſchaft geben zu müſſen; Jeder hörte in den
Gerichtsſitzungen und in der Volksverſammlung die trefflichſten Reden
und brauchte kein anderes Studium, als den Markt, den täglichen
Verkehr und die Gerichte, keine fremde Sprache und keine andere
Kenntniß, als die mit ihm und ſeinem Leben unmittelbar zuſammen-
hängende. Wer wird ſich daher wundern, daß jeder Athener der
Perikleiſchen Zeit ſich einbilden konnte, ein beſſerer Richter über Kunſt,
Poeſie und Beredſamkeit zu ſein, als die gelehrten Kenner irgend einer
anderen Zeit?

Athen ward zu Perikles Zeit und hauptſächlich durch dieſen Staatsmann herrſchender und tonangebender Staat in Griechenland und
zwar nicht allein ſeiner äußeren Stellung und Macht nach, ſondern
auch in Hinſicht auf Kunſt, Wiſſenſchaft, Gewerbe und Lebensweiſe.
Alles, was ſich bisher einzeln und zerſtreut bei dem griechiſchen Volke
gefunden hatte, drängte ſich jetzt in Athen zuſammen; dieſe Stadt
wurde das Muſterbild des eigentlichen griechiſchen Weſens, das ganze
geiſtige Leben der geiſtreichſten unter den Nationen erhielt in Athen
ſeinen Brennpunkt und ſtrahlte von hier aus wieder in alle andere
Theile Griechenlands, mit Ausnahme etwa von Sparta und Böotien,
welche dieſer geiſtigen Bewegung am fernſten blieben. Dieſe große
Bildung und Bedeutung der atheniſchen Bürgerſchaft ward äußerlich
durch den Reichthum, der in ihr zuſammenfloß, durch die Leichtigkeit
des Erwerbs und durch die Wohlfeilheit der Lebensbedürfniſſe möglich gemacht. Athen war damals die erſte griechiſche Handelsſtadt und
das Haupt eines großen Bundesreichs; es war der Mittelpunkt des
Verkehrs und der Sitz der Regierung von vielleicht 15 Millionen
Menſchen; unter den von ihm abhängigen Staaten gab es ſogar
mehrere, welche Athen an Bevölkerung weit überragten. Die Athener
hatten viele Colonien in verſchiedenen Ländern gegründet und daſelbſt
ganze Striche Landes ſich unterworfen. Sie ſtanden außerdem an der
Spitze eines großen Bundes, deſſen ſchwächere Glieder von ihnen mehr

und mehr wie Unterthanen behandelt wurden; die Bundeskasse sahen sie, wie einst Perikles in Athen vor dem versammelten Volk laut aussprach, als einen Schatz an, welcher nicht denen, die die Steuer gaben, sondern denen, welche sie einnahmen und verwalteten, gehöre. Ja, zu Perikles Zeit verloren die meisten verbündeten Staaten nach und nach sogar ihre eigene Gerichtsbarkeit und mußten alle ihre Processe vor die athenischen Gerichte bringen; nur Chios und die lesbische Stadt Methymna behaupteten wenigstens in dieser Hinsicht ihre Selbstständigkeit.

Die jährliche Gesammteinnahme des athenischen Staates ist zwar nicht bekannt; aber sie läßt sich im Allgemeinen aus einigen einzelnen Angaben schätzen, so wie aus dem Umstand, daß man, ungeachtet des größten Aufwandes für Bauten, Kunstwerke, Feste und Schauspiele, in einer im Ganzen gelbarmen Zeit aus dem reinen Ueberschuß einen großen Schatz anzulegen vermochte. Die Steuer der Bundesgenossen allein betrug gegen 1000 Talente oder mehr als dritthalb Millionen Gulden (gegen 1½ Millionen Thaler) und da, wie bemerkt, das Geld zu jener Zeit einen sechs- bis achtfach höheren Werth als heut zu Tage hatte, so gibt schon diese einzige Einnahme eine Summe, welche den Einkünften einer ganzen Anzahl deutscher Bundesstaaten gleichkommt. Der Reichthum des athenischen Staates war so groß, daß zur Zeit des Perikles innerhalb weniger Jahre, ungeachtet aller Ausgaben, als Ersparniß 8000 Talente oder gegen 21 Millionen Gulden (11½ Millionen Thaler) in den Staatsschatz niedergelegt werden konnten, d. h. eine Summe, die man wieder um das Sechs- und Achtfache erhöhen muß, wenn man sie nach dem Geldwerth unserer Zeit schätzen will. Der Reichthum einzelner Bürger war ebenfalls außerordentlich groß geworden. Während noch zur Zeit Solon's ein Vermögen von sieben Talenten oder 18,000 fl. (10,000 Thalern) für eines der größten galt, gab es zu Perikles Zeit athenische Bürger, welche, wie Nicias, Niceratus Sohn, 100 Talente besaßen und allein in den ihnen zugehörenden Bergwerken 1000 Sklaven beschäftigten. Ein anderer wegen seines Reichthums berühmter Mann, Kallias, welcher kurz vor Perikles lebte, war so wohlhabend, daß er im Stande war, eine ihm auferlegte Geldstrafe von 50 Talenten (130,000 fl. oder 72,600 Thalern) zu bezahlen. Das ererbte Vermögen des Alcibiades endlich wurde auf mehr als 100 Talente angeschlagen. Zu allem diesem kommt noch, daß zu Perikles Zeit die Lebensbedürfnisse sehr wohlfeil und die Erwerbsmittel mannigfaltig und leicht waren. Es konnte also ein Athener, ohne bedeutenden Nachtheil für sein Hauswesen, den größten Theil seiner Zeit den Künsten, der philosophischen Unterhaltung und allen Arten von geistreicher Geselligkeit widmen.

Die ungeheure Macht und der große Reichthum Athens hatten übrigens auch sehr nachtheilige Folgen. Schon der bedeutende Kriegssold allein konnte einen Bürger reich machen; denn zu Perikles Zeit betrug der tägliche Sold eines Reiters nebst seiner Verpflegung zwölf Obolen (32 kr. oder 11¼ Groschen), soviel Getreide aber, als ein Mann zur täglichen Nahrung braucht, kostete zweiundbreißigmal weniger. Dies und der leichte Erwerb des Geldes überhaupt hatten zur Folge, daß Stadt und Land mit vornehmen Müßiggängern angefüllt wurden. Die entstehende Ungleichheit des Vermögens brachte, verbunden mit der bis zum äußersten Grade entwickelten Volksherrschaft, einen furchtbaren Despotismus der schlechteren Klasse von Reichen gegen die Aermeren hervor, während die besseren und edleren Reichen oft einen Gegenstand der Verfolgung des gemeinen Haufens bildeten. Noch zur Zeit des Beginnes der Perser-Kriege waren die Reste der alten Aristokratie geachtet und hielten die andern Bürger in einer gewissen ehrerbietigen Ferne; jetzt dagegen, wo das demokratische Wesen durch alle Adern des athenischen Staatslebens verbreitet war, bestand eine wahre Tyrannei des Pöbels; auf der andern Seite machte sich der Uebermuth des Reichthums breit und übte einen verderblichen Einfluß auf Regierung und Sitten aus. In der Republik steht, wie in der Monarchie, nur dann Alles wohl, wenn das Gesetz herrscht; artet ihre Verfassung aber in Ochlokratie oder Pöbelherrschaft aus, dann siegen, wie in der entarteten Monarchie, Leidenschaft, Parteiwuth und Aberglauben über alles Recht. Kommt nun gar noch der verderbliche Einfluß von Reichthum und Luxus hinzu, so ist nichts mehr heilig und Alles wird der Herrschsucht und Habgier der Einzelnen und der Parteien geopfert. Freilich weckt und belebt ein solches Staatsleben, wo alle Kräfte fessellos sich entfalten können, auch alle Fähigkeiten des Geistes und neben den Leidenschaften werden auch die Talente angeregt und entwickelt. Der athenische Staat bildete daher den entschiedensten Gegensatz gegen die Reiche des Orients, in welchen das Glück stets nur von einem Einzigen abhing, der die Maschinerie des Ganzen leitete und mit willkürlicher Gewalt jeden Streit entschied. In Athen dagegen war der Zustand des Staates das Werk der Bestrebungen aller Einzelnen, ihrer sich gegenseitig fördernden und hemmenden Tugenden und Laster und des von ihnen gemeinschaftlich festgestellten Gesetzes. Uebrigens war der bessere Theil der Athener natürlich der allmälig zu einer wahren Tyrannei ausartenden Demokratie abgeneigt und strebte, obgleich vergebens, nach einer Aristokratie im alten und guten Sinne des Wortes. Dies geben auch die besseren Schriftsteller jener Zeit, ein Thucydides, ein Aristophanes, ein Plato, zu erkennen, obgleich sie nicht in den Irrthum des ebenfalls aristo-

tralischen Geschichtschreibers Xenophon verfielen, welcher die spartanische Oligarchie als eine für Athen wünschenswerthe Verfassung
ansah.

Ein besonders großer Nachtheil, den der Reichthum Athens und
der so außerordentlich vermehrte Geldumlauf diesem Staate und dem
gesammten übrigen Griechenland brachte, war das Söldnerwesen,
welches von der letzten Zeit des fünften Jahrhunderts v. Chr. an
in hohem Grade zunahm. Die Athener waren durch ihre ausgedehnte
Herrschaft genöthigt, Söldner in Dienst zu nehmen; die große Zahl
von fremden Truppen aber, welche sie unterhalten mußten, wurde
dem Staat und seinen Finanzen auf eben dieselbe Weise verderblich,
wie den Holländern ihre überseeischen Besitzungen geworden sind und
wie auch den Engländern früher oder später ihr indisches Reich nachtheilig werden wird. Während vorher nur Kreter und Arkader sich
als Söldner anwerben ließen, wurde durch das athenische Geld der
Kriegsdienst zum einträglichen Gewerbe gemacht und in weiterem
Verfolge dieser verhängnißvollen Entwickelung ganz Griechenland in
eine Pflanzschule von Kriegern umgewandelt. Die athenischen Bürger
selbst fanden es schon gegen das Ende des peloponnesischen Krieges
bequemer, Truppen anzuwerben, als selbst zu dienen. Die Reichern
unter ihnen ließen sich zwar noch unter die Reiter einschreiben, stellten
aber einen Mann für sich; und die Flotte wurde mit fremden Seeleuten bemannt, welche, sobald der Feind einen größeren Sold zahlte,
schaarenweise zu demselben überliefen.

In dem ganzen Geiste der athenischen Demokratie, wie sie im
fünften Jahrhundert v. Chr. sich entwickelte, ist eine besondere finan-
zielle Einrichtung begründet, welche allen Staaten der neueren Zeit
durchaus fremd ist. Dies sind die sogenannten Liturgieen, die zwar
schon in älterer Zeit vorkamen, aber erst mit der Ausbildung der
eigentlichen Volksherrschaft ihre vollständige Entwickelung erhielten.
Man bezeichnete in Griechenland mit dem Ausdruck Liturgie, welcher
wörtlich so viel als Dienst für das gemeine Wesen bedeutete, Natural-
leistungen für den Staat von Seiten der reicheren Bürger. Es war
nämlich in Athen Gesetz, daß gewisse Ausgaben, die der Staat zu
machen hatte, von einzelnen Reichen übernommen und besorgt wurden. Zu dieser eigenthümlichen Art von Steuern waren der Reihe
nach alle diejenigen Bürger verpflichtet, welche ein Vermögen von
mindestens drei Talenten, (7800 fl. oder 4300 Thalern) besaßen; jedoch
konnte dieselbe jeden von ihnen nur ein Jahr ums andere treffen.
Sie wurde übrigens nicht als eine Last, sondern als eine ehrenvolle
Pflicht angesehen und der zu ihr Verbundene leistete gewöhnlich mehr,
als das Gesetz vorschrieb. Durch die Liturgieen wurden nach und nach

die meiſten großen Laſten des Staates auf die Reichen gewälzt. Dieſe
trugen anfangs gern einen drückenden Vorzug, weil derſelbe ein
Mittel war, bei einer höchſt eiferſüchtigen Demokratie ſich viele Freunde
zu machen, ohne daß man Argwohn erregte, einen großen Reichthum
zu beſitzen, und ohne deshalb gehaßt und verfolgt zu werden. Später
erkaltete aber ihr Eifer und der Staat hatte durch die Liturgieen bei
ſeinen Unternehmungen den Nachtheil, daß die Ausrüſtungen für dieſelben verzögert wurden. Die Liturgieen waren von doppelter Art,
nämlich regelmäßig wiederkehrende und außerordentliche. Die Erſteren
beſtanden in der Choregie, Gymnaſiarchie, Heſtiaſis und Architheorie;
von den Letzteren iſt die Trierarchie die wichtigſte. Die Choregie
war die Beſorgung des für eine theatraliſche Vorſtellung oder für
einen feſtlichen Aufzug nöthigen Chors; der zu dieſer Liturgie Verpflichtete mußte das zu einem ſolchen Chor nöthige Perſonal auf ſeine
Koſten anwerben und verköſtigen und daſſelbe kleiden, ſchmücken und
einüben laſſen. Die Gymnaſiarchie beſtand darin, daß ein einzelner
reicher Bürger in eben derſelben Weiſe für die Kämpfer bei einem
öffentlichen Feſtſpiel ſorgte. Die Heſtiaſis und Architheorie kamen
ſeltener vor: jene war die bei beſonderen Feſten Statt findende Veranſtaltung eines Gaſtmahls für die Bürger der einzelnen Phylen,
dieſe die Ausſtattung und Führung der heiligen Geſandtſchaften zu
dem deliſchen und andern auswärtigen Tempeln oder Feſten. Die
Trierarchie war die koſtſpieligſte von allen Liturgieen; ſie beſtand
darin, daß man für ein Kriegsſchiff, deſſen Rumpf der Staat ſtellte,
alle zur Ausrüſtung nöthigen Geräthſchaften liefern und daſſelbe in
dienſtfähigem Stande erhalten mußte. Dieſe Verpflichtung dauerte
nur ein Jahr lang und nach Ablauf deſſelben war man zwei Jahre
hindurch von jeder Trierarchie frei. Sie wurde gegen das Ende des
fünften Jahrhunderts außerdem noch dahin abgeändert, daß die
weniger vermögenden unter den Reichen zu einer gemeinſchaftlichen
Leiſtung derſelben zuſammentreten durften. Als endlich 357 v. Chr.
die Zahl der Trierarchen nicht mehr ausreichte, wurden die 1200
wohlhabendſten Bürger in zwanzig Klaſſen, welche Symmorieen
hießen und Unterabtheilungen von je fünf bis ſechszehn Bürgern
hatten, eingetheilt und das Geſetz gemacht, daß jede dieſer Unterabtheilungen für je ein Schiff zu ſorgen hatte. Die Trierarchie war im
peloponneſiſchen Krieg, in welchem häufig Schiffe verloren gingen, der
Ruin vieler Familien. Die übrigen Liturgieen waren viel weniger
koſtſpielig als die Trierarchie; denn die regelmäßig wiederkehrenden
Liturgieen koſteten, ein Jahr ins andere gerechnet, einem reichen Athener
jährlich nicht mehr als höchſtens den fünften Theil eines Talentes
oder 520 fl. (gegen 290 Thlr.), wiewohl bei dem Streben nach Glanz

und Ehre häufig viel größere Summen, als das Gesetz verlangte, dabei aufgewandt wurden und aus dem Jahre 410 v. Chr. uns ein Bürger angeführt wird, welcher in diesem einzigen Jahre für zwei von ihm übernommene Choregieen fast ein Talent oder 2600 fl. (1447 Thlr.) verausgabte.

Athen wurde zu Perikles Zeit und hauptsächlich durch ihn mit den schönsten und großartigsten Kunstwerken ausgeschmückt und erhob sich auch in dieser Beziehung zur ersten Stadt der alten Welt. Alle Künste erhielten dort ihren Hauptsitz und stiegen zur höchsten Vollendung empor. In dieser Stadt lebten damals eine Menge Künstler, von welchen folgende als die berühmtesten anzuführen sind: Phidias, der größte griechische Bildhauer, Mnesikles; Iktinus und Kallikrates, die ersten Architekten jener Zeit, sowie Polygnotus und Parrhasius, welche zu den ausgezeichnetsten Malern des griechischen Alterthums gezählt werden. Die Haupt-Kunstwerke, welche damals in Athen geschaffen wurden, waren Bildhauerarbeiten und Gebäude. Die Letzteren waren insgesammt öffentliche Gebäude; denn die höhere Baukunst des griechischen Alterthums diente bis zur Zeit Alexander's des Großen fast ganz allein den Zwecken der Religion und des Staates, sie hatte früher durchaus nicht, wie nach jener Zeit, vorherrschend Beziehung auf die Bequemlichkeit und Verschönerung des häuslichen Wohnens und Lebens der Einzelnen, und die Wohnungen der Bürger blieben so weit hinter den Fortschritten der Architektur zurück, daß zur Zeit des Perikles selbst der angesehenste Privatmann eine sehr mittelmäßige Behausung hatte, während z. B. das damals zu Athen aufgeführte Staatsgebäude der Propyläen, die Eingangsthorhalle zur Burg, über fünf Millionen Gulden oder fast drei Millionen Thaler kostete. Athen erhielt zu jener Zeit eine so große Menge schöner Bauwerke, daß es dadurch alle anderen griechischen Städte übertraf; besonders ward seine Akropolis oder Burg mit Kunstwerken ausgeschmückt.

Die berühmtesten Gebäude, welche in Athen damals errichtet wurden, sind der Parthenon, die Propyläen, das Odeum und mehrere Hallen. Der Parthenon war der Haupttempel der Stadt Athen und der Schutzgöttin derselben, Pallas Athene, geweiht; den Namen Parthenon erhielt er deshalb, weil Athene nebst der Artemis und der Heerdgöttin Hestia oder Vesta allein von allen Göttinnen unvermählt blieb und daher den Beinamen Parthenos d. i. Jungfrau führte. Dieser ganz aus Marmor erbaute und noch jetzt in ziemlich wohl erhaltenen Trümmern vorhandene Tempel ist eines der schönsten Gebäude, welche jemals auf Erden errichtet worden sind. Er stand auf der Akropolis und bildete ein mit dorischen Säulen umgebenes längliches Viereck. In den Jahren 448—438 v. Chr., unter Perikles

Staatsleitung, ward er von Iktinus und Kallikrates erbaut und der
große Bildhauer Phidias schmückte ihn mit seinen Werken aus. Von
den Reliefs dieses Tempels haben sich viele erhalten, welche gegenwärtig fast insgesammt sich im britischen Museum befinden und nach
dem Lord Elgin, der sie dahin brachte, den Namen Elgins Mar-
morwerke (Elgins marbles) führten: sie sind entweder von Phidias
selbst oder von Schülern desselben unter seiner Leitung verfertigt
worden. Im Innern des Tempels stand die 36 Fuß hohe Statue
der Athene, eines der Hauptwerke dieses Bildhauers, welches aber
schon längst untergegangen ist. Diese Statue war aus Elfenbein und
Gold zusammengesetzt. Der letztere Stoff bildete das Gewand der
Göttin und war so angebracht, daß er im Nothfall abgenommen werden konnte, um zu den Bedürfnissen des Staates verwendet zu werden.
Man hat den Werth dieses Goldes auf 786,500 Thaler berechnet.
Phidias hatte noch zwei andere Statuen der Pallas verfertigt; eine
derselben, welche aus dem zehnten Theile der Marathonischen Beute
in Erz gegossen war, stand auf dem höchsten Punkte der Burg und
war so groß, daß behauptet wird, man habe bei hellem Wetter ihren
blinkenden Helm und Speer von dem fünf Meilen von Athen entfernten Vorgebirge Sunium aus sehen können.

    Den Namen Propyläen d. i. Vorhof oder Vorhallen führten
die jetzt ganz in Trümmern liegenden Bauwerke, durch welche Perikles
die von Cimon begonnene Befestigung der Akropolis vollendete. Sie
wurden von 437—433 v. Chr. von dem Architekten Mnesikles erbaut
und bestanden aus mehreren zusammengehörenden Gebäuden, welche
auf dem einzigen in die Akropolis führenden Wege errichtet waren und
den Zugang zu dieser bildeten. Die Propyläen waren also nicht etwa
blos ein einzelnes Thor, wie etwa das Brandenburger Thor zu Berlin,
welches einem Theile der Propyläen nachgebildet ist, sondern sie bestanden theils aus einem großen, fünf Hallen bildenden Säulenthor
von Marmor, zu welchem man auf einer prachtvollen Treppe gelangte,
theils aus einigen vor demselben zu beiden Seiten errichteten Gebäuden. Eines der Letzteren war die eine Säulenhalle oder Stoa, deren
Wand von Polygnot's Hand mit Gemälden verziert worden war.
Das unter Perikles Staatsverwaltung erbaute Odeum, welches am
Fuße der Akropolis lag, war ein zu poetischen und musikalischen Wettkämpfen bestimmtes Gebäude. Es war dem einst erbeuteten Pracht-
Zelte des Königs Xerxes nachgebildet. Sein Dach war aus Masten
und Segelstangen der eroberten persischen Schiffe zusammengesetzt
und es diente auf diese Weise zugleich auch als Denkmal des großen
Freiheitskampfes gegen die Perser. Unter Stoa versteht man Säulenhallen, welche gegen die Straße hin offen waren und je nach der

Jahreszeit gegen Sonne oder Regen Schutz gewähren. Athen hatte, wie alle griechischen Städte, viele solche Hallen, die berühmteste unter ihnen ist diejenige, welche den Namen Stoa Pöcile, d. i. bunte Halle führte, weil ihr Inneres mit Gemälden von Polygnot und anderen Malern geschmückt war. Diese Gemälde stellten Scenen aus dem trojanischen Krieg, aus den Sagen vom Theseus und aus der Schlacht bei Marathon dar.

7. Geschichte der Griechen von Cimon's Tod bis zum Beginn des peloponnesischen Krieges.

Bald nach Cimon's Tode brach in Griechenland von neuem Krieg aus; denn die Verhältnisse der griechischen Staaten zu einander gestalteten keinen dauernden Frieden. Athen war zu mächtig und zu übermüthig geworden, als daß es mit seinem Nebenbuhler Sparta lange auf dem Friedensfuße hätte bleiben können und im Innern jenes Staates arbeitete die demokratische Partei, um die Herrscherstellung Athens zu vollenden, ununterbrochen auf den Krieg los. Die athenischen Aristokraten, an deren Spitze Thucydides der Aeltere stand, boten damals alle ihre Kräfte auf, um das Uebergewicht zu erlangen; allein sie scheiterten an der größeren Entschlossenheit und dem überlegenen Talent ihrer Gegner unter Führung des Perikles. Diese suchten auf jede Weise das Volk sich günstig zu erhalten und zu den Mitteln, welche sie dazu anwandten, gehörten auch Kriege, welche das Volk bereicherten und seinem Stolze schmeichelten, gerade deßhalb aber zugleich die meisten andern griechischen Völkerschaften kränkten und beleidigten. Unter diesen Umständen war es natürlich, daß der Friede unter den Griechen stets nur ein Waffenstillstand war, bis zuletzt zwischen den beiden Hauptmächten jener langwierige Kampf auf Tod und Leben ausbrach, welcher den Namen des peloponnesischen Krieges führt und einen der interessantesten Abschnitte in der Geschichte des Alterthums bildet.

Ein Streit, welcher zwischen den Delphiern und den übrigen Phociern entstanden war, veranlaßte ein Jahr nach dem Tode Cimon's (448 v. Chr.) zuerst einen Krieg zwischen den Verbündeten von Sparta und Athen. Die Phocier verlangten die Aufsicht über den delphischen Tempel als ein gemeinschaftliches Recht der Bewohner desjenigen Landes, in welchem derselbe lag, die Bürger von Delphi aber nahmen dieses Recht für sich allein in Anspruch. Sparta unterstützte die Letzteren und setzte sie durch ein nach Phocis gesandtes Heer in den Besitz des Tempels; kaum aber waren die spartanischen Truppen wieder nach Hause zurückgekehrt, als die Athener ein Heer unter Perikles Anführung gegen Delphi schickten und den Phociern die Aufsicht über den

Tempel gaben. Die Spartaner verhielten sich ungeachtet dieses gewaltsamen Umsturzes einer von ihnen getroffenen Verfügung ruhig, wahrscheinlich weil die Athener, als Herren von Megara, den Zugang nach
Mittelgriechenland beherrschten und weil auch die übrigen Verhältnisse
den Spartanern für einen entscheidenden Kampf allzu ungünstig
schienen. Man pflegt jenen Zwist zwischen Phokis und Delphi den
zweiten heiligen Krieg zu nennen. Er unterschied sich von den
übrigen Kriegen dieses Namens dadurch, daß der Amphiktyonen-Bund,
welcher eigentlich den Streit hätte entscheiden müssen, an demselben
keinen Antheil nahm.

In den beiden nächsten Jahren nach dem heiligen Kriege brachen
kurz nach einander in Böotien, Euböa und Megara Empörungen gegen
die athenische Oberherrschaft aus. In dem Kampf mit den Böotiern
waren die Athener unglücklich, sie erlitten in der Schlacht bei Koronea,
in welcher auch Tolmidas fiel, eine blutige Niederlage und sahen sich
dadurch zu einem Frieden mit den Böotiern genöthigt, welcher diese
von der Abhängigkeit von Athen wieder befreite. Mit den Megarern
und Euböern waren die Athener unter Perikles Anführung noch im
Kampfe begriffen, als die Spartaner die augenblickliche Lage Athens
benutzten, um dasselbe zu bekriegen. Ein spartanisches Heer erschien
unter dem jungen König Plistonax, des Pausanias Sohn, welchem
Kleandridas als Rathgeber zugesellt war, plötzlich in Attika und lagerte
sich nahe bei Eleusis (446 v. Chr.). Perikles eilte sogleich mit der gesammten athenischen Kriegsmacht herbei und schlug den Feinden gegenüber ein Lager auf. Er fand es unter den damaligen Umständen zu
gewagt, eine entscheidende Schlacht zu liefern und da er wußte, wie
sehr die meisten vornehmen Spartaner der Bestechlichkeit zugänglich
waren, so nahm er zu diesem Mittel seine Zuflucht. Es gelang ihm
wirklich, den Kleandridas zu bestechen und das spartanische Heer kehrte
ohne Weiteres nach Hause zurück. Kleandridas sah sich freilich bald
genöthigt, aus seiner Vaterstadt zu entfliehen und wurde abwesend als
Staatsverräther zum Tode verurtheilt und auch der König Plistonax
mußte, da er die über ihn verhängte Geldstrafe nicht zu bezahlen vermochte, Sparta verlassen; allein das Geschehene war nicht wieder gut
zu machen, denn Athen hatte unterdessen die nöthige Zeit gewonnen,
um Euböa wieder zu unterwerfen und seine Kräfte zu sammeln. Das
von Perikles angewandte Mittel der Bestechung hatte zehn Talente
oder 26,600 fl. (gegen 14,500 Thaler) gekostet. In der Rechnung,
welche Perikles später von den während seines Commandos gemachten
Ausgaben vor der Volksversammlung ablegen mußte, führte er diese
Summe bloß unter der Rubrik „zu nöthigen Ausgaben verwendet" an
und das Volk ließ den so unbestimmt bezeichneten Posten ohne die

minbeste Schwierigkeit durchgehen. So groß war das Vertrauen,
welches Perikles bei dem so mißtrauischen Volke der Athener sich zu
erwerben gewußt hatte, während anderseits in Sparta der sittliche
Zustand der leitenden Staatsmänner so tief gesunken war, daß von
einigen Geschichtschreibern sogar berichtet wird, Perikles habe, wie in
neuerer Zeit Ludwig XIV. von Frankreich, seine Feinde förmlich im
Solde gehabt und jährlich zehn Talente zur Bestechung derselben nach
Sparta geschickt. Uebrigens ließ Perikles, nachdem er die empörten
Euböer wieder unterjocht hatte, einen Theil ihres Gebietes unter
athenische Familien vertheilen, welche auf der Insel angesiedelt wurden. Der Ausgang der megarischen Empörung ist unbekannt. Mit
Sparta ward bald nach dem Rückzuge des Heeres (446 v. Chr.) ein
neuer Waffenstillstand auf 30 Jahre geschlossen, in welchem Athen
zwei megarische Häfen, sowie die von ihm in der jüngsten Zeit besetzten
Punkte des Peloponnes räumen mußte.

Unmittelbar nach diesem Waffenstillstand gelangte Perikles in den
vollständigen Besitz der Herrschaft von Athen; denn Thucydides, welcher
allein von seinen Gegnern ihm einigermaßen die Spitze bieten konnte,
wurde damals durch den Einfluß des Perikles aus Athen verbannt
und die ganze aristokratische Partei fiel, nachdem sie ihres fähigsten
Führers beraubt worden war, auseinander. Perikles, welcher seitdem
ohne Nebenbuhler herrschte, erstieg jetzt den Gipfelpunkt seiner Macht.
In die nächsten fünf Jahre nach dem Waffenstillstand, welche ohne
offene Feindseligkeiten vorübergingen, fällt ein Theil der oben erwähnten Maßregeln, durch welche dieser große Staatsmann Athens Demokratie entwickelte, sich vermittelst derselben zum Alleinherrscher unter
demokratischen Formen erhob, die Stadt zu höherem Glanze und ihre
Bürger zu stolzerem Selbstgefühl emportrug, und die ärmeren Athener
durch Bauten, Kriegsunternehmungen und Colonisationen versorgte.

Nach Verlauf jener fünf Jahre wurden die Waffen der Athener
wieder auf einer der verbündeten Inseln beschäftigt. Milet und Sa-
mos geriethen nämlich miteinander in Zwist, Athen nahm sich der
Milesier an und zwang die Bewohner von Samos, unter welchen kurz
vorher die aristokratische Partei das Uebergewicht erhalten hatte, ihre
Verfassung wieder in eine Demokratie umzuändern und für ihre Treue
Geiseln zu stellen. Viele von den Aristokraten verließen hierauf Samos und baten den persischen Statthalter zu Sardes, ihnen zum
Umsturz der Volksherrschaft in ihrer Heimath behülflich zu sein. Ihr
Gesuch ward erfüllt und sie bemächtigten sich nun mit persischer Hülfe
der Herrschaft von Samos, befreiten die von den Athenern nach Lemnos gebrachten Geiseln und schickten sogar eine Anzahl Kriegsschiffe
gegen Milet aus. Auf die Nachricht davon segelte Perikles sogleich

mit einer Flotte nach Samos. Er schlug und zerstreute die von Milet zurückkehrenden Schiffe der Samier und schloß die Hauptstadt der Insel zu Wasser und zu Land ein. Als er bald darauf nach der karischen Küste fuhr, um die daselbst befindliche persische Flotte einzuschüchtern, benutzten die Samier seine Abwesenheit und brachten den zurückgebliebenen athenischen Schiffen eine Niederlage bei. Sie hatten sich bereits früher an den peloponnesischen Bund gewendet, dieser wies aber ihr Hülfegesuch zurück und da auch die Perser sie nur schwach unterstützten, so waren sie, als Perikles nach Samos zurückkam, der Uebermacht der Athener nicht gewachsen. Sie mußten nach neunmonatlicher Belagerung sich ergeben und wurden, wie früher die Aegineten und später die Lesbier, Melier und andere abgefallene Verbündete, mit großer Härte behandelt; ihre Insel ward zum Theil verwüstet, alle ihre Kriegsschiffe wurden weggenommen, ihre Festungswerke geschleift und sie mußten außerdem die Kriegskosten bezahlen und Geiseln geben. Bei der Ehrenfeier, durch welche nach der Rückkehr der Flotte wie gewöhnlich das Andenken der Gebliebenen zu Athen verherrlicht wurde, hielt Perikles die Leichenrede und erweckte durch seine Worte eine solche Begeisterung in den Zuhörern, daß, als er von der Rednerbühne herabstieg, die Frauen ihn, gleich den Siegern in den öffentlichen Spielen, mit Kränzen und Bändern schmückten. Nur Elpinice, die Schwester Cimon's, nahm keinen Theil an dieser Verherrlichung des Perikles, sondern rief vielmehr im Geiste ihres Bruders dem Redner zu: „Ist das eine so große That und der Bekränzung werth, daß du viele wackere Mitbürger in den Tod geführt hast, nicht um die Perser, sondern um stammverwandte und verbündete Griechen zu besiegen?"

Die Athener waren jetzt im unbestrittenen und alleinigen Besitz der Herrschaft zur See; kein anderer Seestaat war ihnen gewachsen; selbst dorische Pflanzstädte wie Byzanz und Potidäa huldigten ihnen und nahmen ihre Befehle an, und sogar bis in die fernsten Gegenden des schwarzen Meeres erstreckte sich ihr gebietender Einfluß. An der asiatischen Küste dieses Meeres vertrieben sie um jene Zeit den Tyrannen von Sinope und siedelten 600 Bürger aus ihrer Mitte ebenso auf seinen Gütern an, wie sie nicht lange vorher auf dem thracischen Chersones, in der Nähe von Amisus und andern Orten Colonien gegründet und 444 v. Chr. das zerstörte Sybaris in Italien unter dem Namen Thurii wieder hergestellt hatten. Wegen dieser großen Macht, deren entscheidender Einfluß sich von Cypern und von der Nähe des Kaukasus an bis zu den griechischen Pflanzstädten im Westen erstreckte, kannte aber auch der Uebermuth des so schnell groß gewordenen athenischen Volkes keine Grenzen mehr. Die große Menge der Athener

wurde von ihrem Stolze, ihrer Herrschsucht und den Eindrücken des
Augenblicks geleitet. Schon damals träumten sie von der Unterwerfung Siciliens und von der Besiegung der Etrusker und Karthager,
der herrschenden Seemächte des Westens, und ebenso lockten andererseits Aegypten und die persischen Seeprovinzen ihren hochstrebenden
Sinn an. Hätte Perikles nicht mit Einsicht und Kraft die Zügel ihrer
Regierung gelenkt, so würden sie in ihrem Uebermuth sich gewiß zu
verkehrten Unternehmungen haben hinreißen lassen; aber dieser große
Staatsmann, welcher das athenische Volk zugleich liebte und fürchtete,
hielt den Blick unverwandt auf das Nächste gerichtet und widersetzte
sich mit unerschütterlicher Festigkeit allen weitaussehenden Projecten.
Bald zeigte sich jedoch auf der Insel Korcyra eine günstige Gelegenheit,
dem dorischen Bunde bedeutende Kräfte zu entreißen und diese glaubte
auch Perikles nicht versäumen zu dürfen. Es entspannen sich daraus
Verwickelungen und Zwistigkeiten, welche endlich den Ausbruch des
entscheidenden Kampfes zwischen Sparta und Athen oder den sogenannten peloponnesischen Krieg herbeiführten: den Wendepunkt in
den Geschicken des griechischen Volkes.

8. Der peloponnesische Krieg bis auf Perikles Tod.

Der Krieg, welcher von den Staaten des peloponnesischen Bundes
mit Athen geführt wurde und der deswegen den Namen des peloponn-
nesischen führt, begann im Jahre 431 v. Chr. und dauerte mit einer
kurzen Unterbrechung bis zum Jahre 404. Der Anlaß zum Ausbruch
desselben wurde von zwei Seiten her gegeben, nämlich von der Insel
Korcyra oder dem heutigen Korfu und von der Stadt Potidäa auf der
Halbinsel Chalcidice.

Die Republik Korcyra, eine Colonie von Korinth, war seit dem
Sinken der aeginetischen Macht so blühend geworden, daß sie nächst
Athen unter allen griechischen Staaten die größte Flotte besaß. Ihre
Seemacht war die einzige, welche den Athenern sich widersetzen konnte
und hätte, mit der korinthischen verbunden, diesen wohl die Spitze bieten
können. Das Verhältniß, in welchem Korcyra und Korinth als Colonie
und Mutterstaat zu einander standen, würde auch eine solche Verbindung beider Staaten von selbst herbeigeführt haben, wenn nicht gegenseitige Handelseifersucht und die Ueberlegenheit der Korcyräer schon
vor längerer Zeit einen großen Haß zwischen Mutterstaat und Colonie
veranlaßt hätten. Dieser Haß brach jetzt in offenen Kampf aus, welcher
eine der Veranlassungen des peloponnesischen Krieges wurde. In der
illyrischen Stadt Epidamnus oder Dyrrhachium nämlich, welche die
Korcyräer in Gemeinschaft mit den Korinthern gegründet hatten und
in der, wie in allen griechischen Staaten, die demokratische Partei mit

dem Abel im Streite lag, wurde der Letztere endlich aus der Stadt
verjagt. Die Vertriebenen setzten sich mit den räuberischen Jllyriern
der Umgegend in Verbindung und suchten mit Hülfe derselben ihren
Feinden in Epidamnus allen möglichen Schaden zu thun. Die Letzteren
kamen dadurch sehr in Noth und baten die Korcyräer um Beistand.
Diese aber, bei denen damals wahrscheinlich die Aristokraten das
Uebergewicht hatten, wiesen ihr Gesuch zurück. Die Epidamnier wandten
sich deshalb, auf den Rath des delphischen Orakels, an Korinth, welches
sie als ihre zweite Mutterstadt ansahen. Die Korinther leisteten die
erbetene Hülfe mit großer Bereitwilligkeit: sie schickten sowohl neue
Ansiedler, um die Bevölkerung von Epidamnus zu verstärken, als auch
Truppen, um die Stadt zu beschützen. Auf die Nachricht davon beschlossen die Korcyräer sogleich, sich der verbannten Aristokraten anzunehmen und die Korinther wieder aus Epidamnus zu vertreiben. Sie
schickten Truppen ab und belagerten in Verbindung mit den Vertriebenen die Stadt. Nun rüsteten die Korinther, von Megara und
einigen andern befreundeten Staaten unterstützt, eine Flotte aus,
kündigten den Korcyräern förmlich den Krieg an (435 v. Chr.) und
lieferten ihnen eine Seeschlacht, in welcher die Korinther geschlagen
wurden. Epidamnus mußte sich hierauf den Korcyräern ergeben. Der
Krieg wurde dadurch nicht geendet, sondern vielmehr von den Letzteren
mit unglaublicher Wuth fortgesetzt. Die Korcyräer erwürgten einen
Theil der Gefangenen, griffen die Häfen der Korinther und ihrer
Verbündeten an, plünderten und verbrannten einige Seestädte und
Werfte derselben und suchten ihnen überhaupt auf jede nur mögliche
Weise zu schaden.

Als zuletzt die Korinther die größten Anstrengungen machten, um
eine zahlreiche Flotte gegen die Korcyräer auszuschicken, wurde es
diesen bange, zumal da sie weder dem peloponnesischen noch dem athenischen Bunde angehörten, die Korinther aber als Mitglieder des Ersteren
einen Rückhalt an denselben hatten. Die Korcyräer mußten sich daher
ebenfalls nach fremder Hülfe umsehen, und diese war unter den obwaltenden Umständen für sie nirgends anders als bei den Athenern zu
finden. Sie suchten bei ihnen um ein Schutzbündniß nach und die
Athener gingen, obgleich die Korinther durch eine besondere Gesandtschaft Vorstellungen dagegen machen ließen, auf die angetragene Verbindung ein, weil dadurch die große, im Fall eines allgemeinen Krieges
höchst wichtige Seemacht der Korcyräer den Stammverwandten derselben entzogen wurde. Ein vollkommenes Schutzbündniß mit Korcyra
wäre, da dieser Staat sich im Kriegszustand mit Korinth befand, eine
Kriegserklärung gegen die letztere Stadt und folglich ein Bruch jenes
Waffenstillstandes gewesen, welchen Athen etwas mehr als ein Jahr-

zehnt früher mit Sparta und den übrigen Gliedern des peloponnesischen Bundes abgeschlossen hatte. Die Athener suchten daher die Sache so einzurichten, daß dies vermieden und doch sowohl die korcyräische Seemacht für Athen gewonnen, als auch die der Korinther und ihrer Bundesgenossen durch den Kampf mit derselben geschwächt werde. Sie schlossen mit den Korcyräern kein Schutz- und Trutzbündniß, sondern blos einen gegenseitigen Vertheidigungsvertrag und gaben dem Führer der zehn Schiffe, welche sie ihnen zu Hülfe schickten, den Befehl, sich mit den Korinthern nur dann in einen Kampf einzulassen, wenn dieselben eine Landung auf Korcyra versuchen würden. Es kam alsbald zu einer Schlacht, in welcher die athenischen Schiffe zwar nicht mitkämpften, aber doch durch ihre Anwesenheit die Korinther nicht wenig beunruhigten; die Korcyräer siegten in derselben auf dem einen Flügel, wurden aber auf dem andern mit großem Verlust zurückgeschlagen. Eine zweite Schlacht ward dadurch verhindert, daß die Athener eine Verstärkung von zwanzig Schiffen sandten; die Korinther wagten jetzt nicht, einen nochmaligen Kampf zu versuchen und segelten nach Hause zurück.

Die Korinther, welche ohnedies auf Athen schon längst erbittert waren, erkannten in dem Benehmen der Athener einen Friedensbruch: die Spartaner aber nahmen die Sache anders und zögerten, die bloße Zusendung von Schiffen für eine Verletzung des auf dreißig Jahre geschlossenen Waffenstillstandes zu erklären. Es hätte daher der Ausbruch des Krieges zwischen den beiden Hauptmächten Griechenlands und ihren Verbündeten sich vielleicht noch länger hinausgeschoben, wenn nicht bald eine neue offene Fehde hinzugekommen wäre, welche endlich den gesammten Bund der Peloponnesier nöthigte, den Athenern den Krieg zu erklären. Diese Fehde entspann sich in der, auf der südlichsten der drei Landzungen von Chalcidice gelegenen Stadt Potidäa, einer Colonie der Korinther. Die Potidäer waren, gleich den meisten übrigen Pflanzstädten jener Küste, seit einiger Zeit den Athenern tributpflichtig, obgleich sie mit Korinth noch immer in dem alten Verhältniß standen und von dort her jährlich einen Beamten erhielten, welcher in Potidäa gewisse feierliche Opfer zu verrichten hatte und einen Einfluß auf die Regierung ausübte. Die Korinther beschlossen, nach jenem Kampfe mit den Korcyräern, sich dadurch an den Athenern zu rächen, daß sie Potidäa unabhängig machten, und verbanden sich zu diesem Behufe mit dem benachbarten König Perdikkas II. von Macedonien, welcher kurz vorher mit den Athenern in Zwist gerathen war und nun auch andere den Athenern unterworfene Städte der macedonischen Küstengegenden gegen diese aufwiegelte. Sobald die Athener davon Nachricht erhielten, rüsteten sie sich zum Kriege und suchten dem

Abfall der Potibäer dadurch zuvorzukommen, daß sie ihnen den Befehl zuschickten, zur Bürgschaft ihres ferneren Gehorsams Geiseln zu geben, die eine Hälfte ihrer Stadtmauern niederzureißen, jenen korinthischen Beamten fortzuschicken und keinen neuen mehr zuzulassen. Die Potibäer leisteten diesem Befehle keine Folge, sondern schickten insgeheim zugleich mit den Korinthern Gesandte nach Sparta, und als man ihnen hier das Versprechen gab, daß, im Fall Potibäa von den Athenern ange- griffen würde, ein peloponnesisches Heer in Attika einrücken würde, empörten sie sich zugleich mit einigen benachbarten Städten offen gegen Athen. Bald erschienen sowohl von Athen, als auch von Korinth Trup- pen an der chalcidischen Küste. Die Athener schlossen Potibäa ein, lieferten dem verbündeten Heere der Potibäer und Korinther ein glückliches Treffen und setzten hierauf die Belagerung der Stadt mit solchem Nachdruck fort, daß Potibäa sich Ein Jahr nach dem Beginn des peloponnesischen Krieges ergeben mußte.

Der Krieg war durch die Belagerung Potibäas endlich zum Aus- bruch gekommen. Die Spartaner hatten, auf Antrieb der Korinther und anderer Staaten, die Abgeordneten des peloponnesischen Bundes nach Sparta zusammenberufen und hier wurde nun, nachdem die Korinther, die Megarer, die Aegineten und andere Bundesgenossen ihre Beschwerden gegen Athen vorgetragen hatten, im Jahr 432 v. Chr. das Verfahren der Athener für einen Bruch des vor vierzehn Jahren mit ihnen geschlossenen Waffenstillstandes erklärt und der Krieg gegen sie beschlossen. Um Zeit für die Rüstungen zu gewinnen, schickte der peloponnesische Bund zuerst dreimal nach einander Gesandte nach Athen. Die erste Gesandtschaft der Peloponnesier verlangte die Versöhnung der Götter wegen des vor mehr als 150 Jahren an Kylon und seinen Anhängern begangenen Mordes und die Verban- nung der mit dieser Schuld beladenen Familie der Alkmäoniden, zu welcher namentlich auch Perikles gehörte, mit anderen Worten also den Sturz des Perikles. Diese Forderung, deren Erfüllung die Pelo- ponnesier selbst nicht erwarteten, hatte für sie doch, wie sie meinten, den Vortheil, daß der fähigste aller Athener an dem bevorstehenden Kriege und dessen Leiden vorzugsweise schuldig erscheinen und deshalb einen Theil seiner Macht und seines Einflusses verlieren würde. Sparta und seine Verbündeten konnten um so eher diese Hoffnungen hegen, als gerade um jene Zeit Perikles Feinde in Athen ihn mit einigem Erfolge angegriffen hatten und die Stimmung des Volkes ihm ent- gegen zu sein schien. Man hatte den großen Mann, um sein Ansehen zu untergraben und eine Anklage gegen ihn selbst vorzubereiten, in der Person seiner Freunde angegriffen. Zuerst wurde Phidias eines dop- pelten Verbrechens angeklagt; er sollte nämlich bei der Verfertigung

der Athene-Statue des Parthenon's einen Theil des für dieselbe
bestimmten Goldes unterschlagen, sowie in dem auf dem Schild dieser
Statue dargestellten Amazonen-Kampfe sein und seines Freundes
Perikles Porträt angebracht und dadurch gegen die Göttin gefrevelt
haben. Der erste Punkt war leicht beseitigt, weil, wie oben erwähnt, das
an der Statue befindliche Gold abgenommen und gewogen werden
konnte; in Betreff des zweiten aber bot Perikles vergebens seine ganze
Beredsamkeit auf, um den Phibias zu vertheidigen. Der große Künstler
wurde für schuldig erklärt und ins Gefängniß geworfen. Er starb entweder im Kerker oder im Lande Elis, wohin zu entfliehen ihm nach einer
andern Nachricht gelungen war. Ein anderer Freund des Perikles,
welcher dessen Feinden zum Opfer fiel, war der berühmte Philosoph
Anaxagoras, dessen bereits oben gedacht worden ist. Gegen ihn erhob
man die Anklage, daß er die Götter leugne und die Naturerscheinungen
auf eine den Lehren der Religion widerstreitende Weise erkläre. Perikles
rettete seinen Freund dadurch, daß er ihm noch zeitig genug zur Flucht
aus Athen verhalf. Auch Aspasia wurde von Perikles Feinden vor
Gericht angegriffen; man klagte sie der Sittenlosigkeit an und nur
mit großer Mühe gelang es dem Perikles, ihre Freisprechung zu bewirken.

Nach solchen Vorgängen konnten die Peloponnesier wohl hoffen,
daß sie durch ihre erste Forderung das erschütterte Ansehen des Perikles
vollends zum Sturze bringen würden. Sie scheiterten aber bei diesem
Versuche, da Perikles zu fest stand und überdies gerade jetzt, beim bevorstehenden Ausbruch des Krieges, den Athenern unentbehrlich war.
Man erwiderte ihre Beschwerde über jene Tempel-Entweihung in
Athen dadurch, daß man sie auf den Hungertod des Pausanias in
einem spartanischen Tempel und auf eine andere ähnliche Verletzung
des Asyl-Rechtes der Tempel gegen einige Heloten hinwies. Die
zweite peloponnesische Gesandtschaft verlangte die Aufhebung der Bela-
gerung von Potidäa und einige andere Aegina und Megara betreffende
Zwangsmaaßregeln. Sie wurde ohne viele Umstände zurückgewiesen.
Die dritte endlich forderte die Herstellung der Unabhängigkeit aller den
Athenern unterworfenen Staaten; auf diese gaben die Athener die
Antwort, daß sie das Verlangte zu erfüllen bereit seien, wenn auch die
Spartaner ihren sogenannten Bundesgenossen die gleiche Freiheit
gewähren wollten. Weitere Verhandlungen fanden nicht Statt und
im Juli des Jahres 431 v. Chr. brach der Krieg wirklich aus.

An diesem Kriege nahmen in der ersten Zeit unter Anführung der
Spartaner alle peloponnesischen Staaten Theil, außer Argos und den
Städten von Achaja, von welchen nur Pellene sich an Sparta anschloß,
die übrigen aber neutral blieben; außerhalb des Peloponnes aber

waren die Megarer, die Thebaner und die meisten übrigen Böotier, die
Phokier, die opuntischen Lokrer, zwei akarnanische Städte, die der Küste
Akarnaniens vorliegende Insel Leukadia und die epirotische Stadt Ambracia mit den Spartanern verbündet. Die athenischen Bundesgenossen
bestanden, außer den vielen ihnen unterworfenen Inseln und Küsten-
städten des aegäischen Meeres, in den Plataern in Böotien, den
Messeniern von Naupaktus, dem größeren Theil der Akarnanen, den
Bewohnern der Inseln Korcyra, Zakynthus und Kephallenia, den
ozolischen Lokrern, den Chiern, der Stadt Methymna auf Lesbos und
einigen thessalischen Städten. Der Truppenzahl nach hatten die
Athener als Kern ihres Heeres 13,000 Schwerbewaffnete, die zum
Feldbienst tüchtig waren und 16,000 Mann, welche als Besatzungen
und zur Vertheidigung der Stadt gebraucht werden konnten, d. h.
lauter Leute von einigem Vermögen, welche einen oder mehrere Diener
hatten und ihre Rüstung bezahlen konnten, also zum Ganzen sich
ungefähr ebenso verhielten, wie eine gleich große Anzahl sogenannter
Reisige im Mittelalter zur Bevölkerung der damaligen Zeit. Zu diesen
Truppen kamen noch 1200 Reiter und berittene Bogenschützen, 1600
Schützen zu Fuß und eine aus 300 großen Kriegsschiffen bestehende
Flotte, deren Bemannung auf 60,000 Mann geschätzt wird. Athen schickte
also beinahe 92,000 Mann ins Feld, freilich nicht der kleine Haupt-
ort des Landes Attika, sondern die Hauptstadt des großen athenischen
Reiches. Die Landmacht der Peloponnesier wird auf 60,000 Mann
Kerntruppen geschätzt, es ist aber in Bezug auf diese Zahl zu bemerken,
daß nicht das volle Drittel der spartanisch-lacedämonischen Macht
ins Feld zu rücken pflegte und daß von den Truppen der anderen
Bundesstaaten höchstens zwei Drittel auszogen. Die Flotte der Peloponnesier sollte, nach einem am Anfang des Krieges gefaßten Beschlusse, aus 500 großen Kriegsschiffen bestehen und würde also eine
Bemannung von etwa 80,000 Mann erfordert haben; sie war aber
zum weitaus größeren Theile erst zu schaffen und wurde auch später
nie ganz so stark, wiewohl freilich in der zweiten Hälfte des Krieges,
als die Peloponnesier von Sicilien und von Persien her unterstützt
wurden, nicht sehr viel daran fehlte. Ferner waren in Athen, der
reichsten Stadt von Griechenland, die größten Geldmittel aufgehäuft
und auch die Peloponnesier kamen, sobald die Perser Antheil am Kriege
nahmen, in den Besitz einer bedeutenden Geldmacht; denn die Subsidien,
welche sie von Persien empfingen, betrugen über 10½ Million Gulden (5,800,000 Thlr.) und der spartanische Admiral Lysander brachte,
obgleich er sehr viel Geld theils für sich selbst brauchte, theils seinen
Freunden und Verwandten zufließen ließ, über sechs Millionen Gulden (über 8,300,000 Thaler) in die Staatskasse. Rechnet man dies

Alles zusammen, so wird man leicht zugeben, daß zu keiner Zeit eine
gleich große Masse wohlgeordneter physischer Kräfte und eine gleiche
Fülle von Geldmitteln gegen einander aufgeboten und von einer Intelligenz, wie die des spartanischen Senats und die der Führer des
athenischen Volkes war, geleitet ward.

Der peloponnesische Krieg, dessen Gang hauptsächlich von den
Grundsätzen, Talenten und Schicksalen der leitenden Männer beider
Mächte abhing, begann im Jahr 431 v. Chr. wegen eines Vorfalles
in Böotien schneller, als vielleicht sonst geschehen wäre. In der Stadt
Platää nämlich, die seit der Schlacht bei Marathon mit den Athenern
enge verbunden war, bestand eine Demokratie, welche natürlich eine
aristokratische Partei gegen sich hatte. Die Letztere entwarf den Plan,
die Stadt mit den übrigen Böotiern, zu denen sie ihrer Lage nach gehörte und an deren Spitze das aristokratische Theben stand, wieder zu
vereinigen, um dadurch das Uebergewicht zu erhalten. Sie unterhielt
zu diesem Zwecke mit Theben verrätherische Verbindungen und in
einer dunklen Nacht zog die ganze thebanische Bürgermacht aus, um
Platää plötzlich zu überfallen (im Mai 431 v. Chr.). Dreihundert
Thebaner, welche dieser vorauseilten, drangen mit Hülfe der Aristokraten Platääs in die Stadt ein und bemächtigten sich derselben in der
Dunkelheit, weil man ihre kleine Anzahl für eine bedeutende Kriegs-
macht hielt. Sie riefen eine aristokratische Verfassung und die Verbin-
dung mit Theben aus, übten aber keine Gewaltthätigkeit gegen die
Führer der Gegenpartei. Die Platäer erkannten beim Anbruch des
Tages, wie gering die Zahl der Feinde sei, fielen über dieselben her
und übermannten sie. Die Dunkelheit der Nacht und ein starker
Platzregen verhinderte das thebanische Hauptheer, früh genug vor
Theben zu erscheinen, weil es nicht über den hochangeschwollenen Fluß
Asopus gelangen konnte. Viele der 300 kamen im Kampfe um, 180
derselben aber, welche meistens vornehmen thebanischen Familien
angehörten, geriethen in Gefangenschaft. Das thebanische Heer selbst
konnte, da die Stadt gut bewacht war, nichts gegen dieselbe ausrichten
und zog bald wieder nach Theben zurück. Von Athen, wohin sogleich
ein Eilbote geschickt worden war, kam der Befehl, die Gefangenen
zu schonen; allein die Platäer hatten dieselben in der Wuth ihres
Hasses bereits insgesammt getödtet. Die Grausamkeit erbitterte natürlich die übrigen Böotier, sowie den ganzen peloponnesischen Bund aufs
heftigste gegen Platää und hatte zur Folge, daß die Peloponnesier
ihre Rüstungen beschleunigten. Im Juli brachen sie unter der Anführung des spartanischen Königs Archidamus II. in das attische
Gebiet ein.

Nach Platää schickten die Athener ein kleines Corps zu Vertheidigung, während man von dort, um eine Belagerung besser aushalten zu können, Weiber und Kinder der Stadt nach Athen sandte. Zu gleicher Zeit fuhren die Athener fort, Potidäa zu belagern, welches endlich im März des zweiten Kriegsjahres erobert wurde. Um sich dafür zu rächen, beschlossen hierauf die Spartaner, den Athenern die Stadt Platää weg-zunehmen und begannen im März des dritten Jahres (429 v. Chr.) den Angriff auf dieselbe. Diese Belagerung, welche zwei Jahre hin-durch dauerte, ist eins der interessantesten Ereignisse des peloponnesi-schen Krieges. In keiner Begebenheit desselben zeigt sich der Charakter jener Zeit, die Begeisterung für Selbstständigkeit, Freiheit und Ruhm, welche selbst die Bürger der kleinsten Flecken beseelte, herrlicher, als bei der Belagerung von Platää. Diese verdient deshalb, vor der An-gabe des eigentlichen Hauptganges des Krieges, eine ausführlichere Darstellung.

Die Besatzung Platääs, welche nur aus 400 Platäern und 80 Athenern bestand, wies, ungeachtet ihrer geringen Zahl, die Aufforde-rung des mit einem starken Heere heranziehenden Königs Archidamus zurück und war entschlossen, die Stadt auf Tod und Leben zu verthei-digen. Platää wurde von den Belagerern mit einem Wall und Graben umgeben und auf diese Weise enge eingeschlossen. Als sich die bloße Einschließung erfolglos erwies und von den Platäern alle Versuche, die Stadtmauer zu erschüttern, vereitelt worden waren, nahmen die Peloponnesier am Ende des ersten Jahres der Belagerung zu einer förmlichen Blokade ihre Zuflucht. Sie fügten nämlich ihrem Walle noch einen zweiten hinzu, der die Belagerer gegen einen Angriff von außen schützte, führten befestigte Wohnungen zwischen beiden Werken auf und legten in dieselben ein Heer, welches Sommers und Winters daselbst verblieb und der Stadt die Zufuhr abschnitt. In Platää entstand da-durch eine unbeschreibliche Noth, weil nicht lange nachher Mangel an Lebensmitteln einriß; aber ungeachtet aller Entbehrungen war der aus-dauernde Muth der Belagerten nicht zu besiegen. Im zweiten Jahr der Belagerung (428), als fast alle vorhandenen Lebensmittel aufge-zehrt waren und deshalb eine längere Vertheidigung unmöglich schien, faßten dieselben mitten im Winter den kühnen Entschluß, sich durch die Linien der Feinde durchzuschlagen. Dieses gefährliche Unternehmen, zu welchem anfangs alle bereit waren, wurde zuletzt nur von etwa 220 ausgeführt, da die übrigen an dem Gelingen desselben verzweifelten.

In der stürmischen Februar-Nacht stiegen jene 220 über die Mauer der Stadt, um zwischen zweien der Thürme, welche die Belagerer rings um die ganze Stadt errichtet hatten, durch die Werke der Feinde hin-durchzudringen. Ein Theil von ihnen gelangte glücklich durch den inneren Graben hindurch auf die Höhe der feindliche Wälle. Ein herabfallender Ziegel machte aber die Wache eines nahen Thurmes aufmerksam und sogleich wurde das ganze Heer der Belagerer unter die Waffen gerufen. Die Plataͤer, von welchen der groͤßere Theil noch nicht einmal den Wall erstiegen hatte, waͤren nun verloren gewesen, wenn nicht ihre Mitbürger in Plataͤaͤ einen Ausfall auf der entgegengesetzten Seite der Stadt gemacht und dadurch die Feinde über das, was beabsichtigt wurde, getaͤuscht haͤtten. Die sich durchschlagenden Plataͤer hatten in Folge davon nur mit einigen hundert Mann zu kaͤmpfen; sie drangen über die feindlichen Wohnungen und so zu sagen über die Koͤpfe der Belagerer hin ins Freie und entkamen alle mit Ausnahme einiger wenigen, welche in die Stadt zuruͤckkehren mußten und eines einzigen, welcher gefangen ward; dagegen war keiner von ihnen getoͤdtet worden. Die Entkommenen, 213 an der Zahl, gelangten gluͤcklich nach Athen.

Die Zuruͤckgebliebenen behaupteten sich, ungeachtet sie die groͤßte Noth litten und von Athen keinen Ersatz erhielten, auf das hartnaͤckigste im Besitze der Stadt, bis endlich im Sommer des naͤchsten Jahres (427) der Hunger sie zwang, den von den Belagerern gemachten Antrag einer Capitulation anzunehmen. Sie ergaben sich auf die Bedingung, daß sie die Spartaner als Richter anerkennen wollten, daß diese aber bloß die Schuldigen unter ihnen und zwar nur nach vorhergegangener Untersuchung, bestrafen dürften. Die Spartaner erklaͤrten jeden von ihnen, der nicht waͤhrend des Krieges den Peloponnesiern irgend einen Dienst erwiesen haͤtte, fuͤr schuldig und ließen, da keiner dies nachweisen konnte, alle hinrichten. Die Zahl derselben betrug 225 und unter ihnen befanden sich 25 Athener. Die Weiber wurden als Sklavinnen verkauft, die Stadt selbst den Thebanern übergeben, welche sie dem Erdboden gleichmachten und das Gebiet als Staatseigenthum verpachteten. Den wenigen noch lebenden Plataͤern ertheilten die Athener das Buͤrgerrecht ihrer Stadt.

Ebenso, wie dieses Verfahren der Spartaner gegen die heldenmuͤthigen Vertheidiger von Plataͤaͤ, zeigt auch das von den Athenern über Aegina verhaͤngte Loos den grausamen Charakter, welchen der Krieg gleich anfangs annahm und jene wilde Natur, die allen, selbst den edelsten Staͤmmen des Suͤdens von Europa eigen ist und die sich ebenso auch in den Kaͤmpfen der italienischen Republiken des Mittelalters kund gab. Schon im ersten Jahre des Krieges wurden die Aegineten insgesammt von ihrer Insel vertrieben, weil sie, wie man ihnen vorwarf, an dem gegenwaͤrtigen Kriege vorzugsweise schuld seien. Ihre verlassenen Wohnungen und Laͤndereien wurden an athenische Buͤrger vertheilt. Der heimathlosen Aegineten nahmen sich die Spartaner an, welche ihnen die auf der Grenze von Lakonien und Argolis liegende Stadt Thyrea einräumten. Hier wurden sie im Jahr 423 v. Chr. von der Mannschaft einer athenischen Flotte überfallen, ihre neue Vaterstadt niedergebrannt, sie selbst aber nach Athen geschleppt und ebenso, wie einst die Plataer, ohne einen andern Grund, als weil sie Feinde waren, insgesammt hingerichtet.

Was den Gang des Krieges im Ganzen betrifft, so waren in den ersten Zeiten desselben beide Theile mehr darauf bedacht, sich gegenseitig nach Möglichkeit Schaden zu thun und durch Verheerungen den Gegner zum Frieden zu zwingen, als etwas die Entscheidung unmittelbar Herbeiführendes vorzunehmen. In jedem der beiden ersten Jahre rückte zwar die spartanische Heeresmacht in Attika ein, sie verweilte aber jedesmal kaum anderthalb Monate daselbst. Die Athener verfuhren nach einem von Perikles ihnen vorgezeichneten Plane, der die Absichten der Feinde bei ihren Angriffen auf das athenische Gebiet vereitelte. Sie verließen sich nämlich ganz auf ihre überlegene Seemacht, nahmen beim jedesmaligen Angriff der Peloponnesier die Bewohner des platten Landes in ihre wohlbefestigte Stadt auf, gaben dieses selbst den Feinden preis und vergalten die Verwüstung, welche ein Landheer in Attika verübte, mit Verwüstung der feindlichen Küsten durch ihre Flotte. Dieses Mittel war vortrefflich gewählt und konnte nicht fehlschlagen, weil die Peloponnesier eher müde werden mußten, als die Athener; die Sache war aber auf die Länge schwer durchzuführen, weil der athenische Landadel zu sehr dabei litt. Dieser mußte nämlich, so oft das spartanische Heer erschien, mit seinen Pächtern und Vasallen in die Stadt flüchten und fülle also die Volksversammlung, in welcher er sonst nicht erschien, mit seinem Geschrei über die von den Feinden verwüsteten Dörfer und Felder. Dies brachte den Perikles auf eine kurze Zeit um die Gunst des Volkes und er wurde deshalb im Jahre 430 nicht wieder wie sonst immer unter die zehn Strategen erwählt. Unglücklicher Weise brach auch im zweiten Jahre des Krieges, gerade als die Stadt mit Landbewohnern überfüllt war, eine pestartige Krankheit aus, welche unsägliche Verheerungen anrichtete.

Diese Krankheit, welche, wie man glaubt, durch Handelsschiffe aus dem Süden eingeschleppt wurde, brach zuerst im Hafen Piräus aus und wüthete bald in der ganzen Stadt mit furchtbarer Gewalt. Alle anderen Krankheiten gingen in dieselbe über; Gesunde aber wurden ganz plötzlich von ihr befallen. Augen, Zunge und Schlund geriethen in Entzündung und wurden feuerroth; Brustleiden, Leibschmerzen und Krämpfe quälten die Erkrankten; Geschwüre brachen auf der Haut hervor und im Innern des Körpers erzeugte sich eine so brennende Hitze, daß die Kranken nicht die mindeste Bedeckung ertragen konnten und daß viele von ihnen, welche unbewacht waren, sich in die Brunnen stürzten, um den Durst und die innere Gluth zu stillen. Schlafen konnte man während der ganzen Dauer der Krankheit nicht. Gänzliche Muthlosigkeit bemächtigte sich des Erkrankten und machte ihn gegen Alles, selbst gegen den Tod gleichgültig. Die meisten, welche von dem Uebel befallen wurden, starben am siebenten oder neunten Tage; von denen aber, welche noch länger lebten, erlag die Mehrzahl später durch die Krankheit dennoch. Nur sehr wenige genasen; und auch von diesen verloren viele ihre Sehkraft, den Gebrauch der Füße und Hände oder das Gedächtniß. Die Menge der Sterbenden war so groß, daß eine Beerdigung Aller unmöglich war, zumal da viele Familien der mit allen Klassen von Menschen überfüllten Stadt die Mittel dazu nicht besaßen. Alle polizeiliche Ordnung löste sich auf, und schrecklich waren die moralischen Wirkungen des Uebels. Man fragte nach keinem göttlichen und menschlichen Gesetze mehr, da der Gute wie der Schlechte von der Krankheit ergriffen wurde und bei der allgemeinen Verwirrung und der Machtlosigkeit der Regierung die Furcht vor Strafe verschwand; der Pöbel hatte keine Zucht und Scham mehr und dachte nur an das Vergnügen, um bei der raschen Vergänglichkeit des Lebens den gegenwärtigen Augenblick nicht ungenossen vorübergehen zu lassen. So hauste der Tod, ein vielgestaltiges äußeres Elend und die größte sittliche Entartung in Athen, und durch den Krieg verbreitete sich das Uebel auch nach anderen und weit entlegenen Orten. Von dem athenischen Heer, welches damals mit der Belagerung von Potidäa beschäftigt war, starben innerhalb 40 Tagen nicht weniger als 1050 Mann an dieser Krankheit.

Perikles, der den athenischen Staat in dieser drangsalsvollen Zeit steuerte, hatte in Folge dieses Uebels nicht allein das Schicksal, sondern auch seine Mitbürger gegen sich. Weil er zum Kriege gerathen hatte und weil in Gemäßheit des von ihm empfohlenen Kriegsplanes die Stadt mit Menschen überfüllt war, so schrieb man ihm vorzugsweise die gegenwärtigen Leiden zu. Er selbst bot zwar alle seine Kräfte auf, um das Volk zu ermuthigen und ihm das verlorene Vertrauen zu sich selbst und zu seiner eigenen Leitung wieder zu geben; allein es gelang ihm nicht. Er selbst wurde vielmehr ein Opfer der herrschenden Verzweiflung: man entsetzte ihn seiner Befehlshaber-Stelle und legte ihm als dem Urheber des Uebels eine Geldstrafe auf, deren Betrag von den griechischen Geschichtschreibern verschieden angegeben wird, die aber nach der geringsten Angabe fünfzehn Talente oder 39,000 fl. (gegen 22,000 Thlr.) betrug. Gerade zu derselben Zeit hatte Perikles großes häusliches Unglück zu erdulden. Nachdem schon vorher viele Glieder seiner Familie und nicht wenige seiner besten und tüchtigsten Freunde von der herrschenden Krankheit hingerafft worden waren, erlitt er jetzt auch den Schmerz, seinen einzigen noch übrigen Sohn sterben zu sehen. Mit der größten Fassung und Ruhe hatte Perikles seither alle diese Leiden ertragen; als er aber, nach der bei den Griechen herrschenden Sitte, daß der nächste Anverwandte dem Verstorbenen den Todtenkranz aufsetzen mußte, an der Leiche seines letzten Sohnes diese Pflicht der Liebe erfüllte, da übermannte ihn der Schmerz und er brach in laute Klagen und in einen Strom von Thränen aus.

Die Athener besannen sich bald eines Besseren und setzten den Perikles, welcher ihnen unentbehrlich geworden war, wieder in seine frühere Stelle ein; ehe er ihnen aber aufs neue nützlich werden konnte, raffte ihn selbst der Tod zur unglücklichen Stunde dahin (429 v. Chr.): auch er wurde von der herrschenden Krankheit befallen und erlag derselben. Es wird erzählt, daß, als die ihn umstehenden Freunde an seinem Sterbebette sich von seinen großen Thaten unterhielten, der sterbende Staatsmann sich noch einmal erhoben und ihnen zugerufen habe: „Ihr preiset meine glücklichen und glänzenden Thaten, vergeßt aber das Schönste und Größte, nämlich, daß nie einer meiner Mitbürger durch meine Schuld in Trauer versetzt worden ist!" Und in der That war wenigstens der letzte Krieg nicht muthwillig von ihm begonnen, sondern ihm und seinem Volke durch eine harte Nothwendigkeit aufgezwungen worden.

9. Der peloponnesische Krieg vom Tode des Perikles bis auf den Frieden des Nicias.

Die Unternehmungen der nächsten Jahre des Krieges blieben ohne wichtigen Erfolg, so verderblich auch die Verwüstungen waren, welche von beiden Seiten angerichtet wurden. Als Perikles starb, gab es in Athen keinen Redner oder Staatsmann von Bedeutung und Einfluß, der zugleich die Verständigen leiten und das gemeine Volk, welches die Regierung in Händen hatte, in Schranken halten konnte. Nicias, Demosthenes, Lamachus und Kleon waren in der nächsten Zeit die am meisten hervortretenden Männer zu Athen. Nicias, der reichste von ihnen, war durchaus nicht zu einem Leiter des Volkes gemacht, wohl aber konnte er wegen seiner Ruhe, Besonnenheit und Sachkenntniß in gewissen Fällen ein nützlicher Anführer des Heeres sein. Ebenso verhielt es sich mit Demosthenes, obgleich dieser General rascher und thatkräftiger war. Lamachus war nichts als ein tapferer Soldat: er liebte ritterlichen Putz und war neben seiner Eitelkeit überdies zu arm, als daß er außer den jungen Offizieren, die sich um ihn sammelten, irgend Jemand hätte gefallen können. Eine viel größere Bedeutung, als Nicias, Demosthenes und Lamachus, erhielt Kleon. Dieser Demagog von ganz eigener Art verdankte seinen Einfluß weder irgend einem

Verdienste, noch seiner Bildung, noch der Geburt oder dem Reichthum, sondern der Entschiedenheit, Zuversichtlichkeit und Rücksichtslosigkeit, mit welcher er auftrat, sowie dem rohen Hasse, mit dem er alle Vornehmen oder Gebildeten als angebliche Aristokraten dem Volke verdächtig machte und sich selbst auf Kosten seiner Gegner in dessen Augen hob. Er galt wegen dieses Verhaltens in den Augen des Pöbels für einen wahren Volksfreund, sein Geschrei für Beredsamkeit, sein zügelloses Schimpfen und Schelten für Einsicht. Kleon war seinem Gewerbe nach ein Fabrik-Inhaber, er besaß eine große Gerberei, welche er durch seine Leute betreiben ließ. Der Komödiendichter Aristophanes und der Philosoph Plato nennen ihn deswegen einen Gerber; sie spotten über diesen Gerber, der den Staat regierte, weil auch in Athen, ungeachtet aller Demokratie, wie bei uns gewöhnlich nur Männer, die sich ausdrücklich den Staatsgeschäften widmeten, öffentlich auftraten, diese aber stets Gewerbe und Erwerb fahren ließen und sich blos mit Staatsangelegenheiten beschäftigten.

Der Krieg wurde nach Perikles Tod in der früheren Weise fortgesetzt: das peloponnesische Landheer fiel jedes Jahr verheerend in Attika ein, und die beiderseitigen Flotten plünderten und verwüsteten einzelne Küstenpunkte, unterstützten die Empörungen, welche da und dort Statt fanden und lieferten einander zuweilen kleinere Treffen, die meistens zum Vortheile der Athener ausfielen. Im vierten Jahre des Krieges (428) fiel die Insel Lesbos von Athen ab, sie wurde aber, obgleich eine peloponnesische Flotte ihr zu Hülfe eilte, im nächsten Jahre wieder unterworfen. Die Hauptstadt Mytilene, welche lange belagert worden war, mußte sich auf Gnade und Ungnade ergeben, und in Athen faßte die Volksversammlung auf das Betreiben Kleon's den Beschluß, daß alle Männer der eroberten Stadt hingerichtet, die Weiber und Kinder aber als Sklaven verkauft werden sollten. Es gelang dem besseren Theile der Bürgerschaft, das Volk umzustimmen; der grausame Beschluß wurde am folgenden Tage dahin abgeändert, daß nur die von dem athenischen General als Anstifter der Empörung bezeichneten Lesbier bestraft, alle anderen aber wenigstens am Leben gelassen werden sollten. Zum Glück kam das den zweiten Beschluß überbringende Schiff, das mit all' seiner Ruderkraft das vorausgesandte einzuholen bemüht war, noch zu rechter Zeit in Lesbos an. Doch war das Loos, welches über die Bürger von Mytilene verhängt wurde, sehr hart: sie mußten alle Kriegsschiffe ausliefern, ihre Festungswerke wurden geschleift und ihre Ländereien unter athenische Ansiedler vertheilt. Die Gefangenen, deren Zahl fast tausend betrug, wurden insgesammt hingerichtet.

Diese demokratischen Gräuel beschränkten sich nicht blos auf das
24*

athenische Volk und seine Beschlüsse, sondern der Kampf der Parteien nahm in diesem, alle Leidenschaften aufregenden Kriege überall einen überaus grausamen und blutigen Charakter an. Ein schauderhaftes Beispiel davon gab die Insel Corcyra von demselben Jahre an, in welchem die unglücklichen Platäer auf Befehl der Spartaner niedergemetzelt wurden. In der gleichnamigen Hauptstadt der Insel war in der letzten Zeit eine demokratische Regierung eingeführt worden; jetzt aber strengte die aristokratische Partei, welche von den Korinthern mit Geld unterstützt wurde, ihre ganze Kraft an, um eine Verfassungsveränderung und einen Abfall der Insel von dem athenischen Bunde zu dem der Peloponnesier zu bewirken. Als die Bemühungen der Aristokraten fehl zu schlagen schienen, nahmen dieselben zur Gewalt ihre Zuflucht: sie drangen eines Tages bewaffnet in die Rathsversammlung ein und tödteten sechszig ihrer Gegner, hierauf griffen sie, von der Mannschaft eines angekommenen korinthischen Schiffes unterstützt, das Volk auf offener Straße an, überwältigten die Menge und bemächtigten sich der Regierung. Die besiegte Partei hatte sich aber in die Burg und in die höheren Theile der Stadt zurückgezogen und Boten auf das Land geschickt, um die daselbst befindlichen Sklaven unter dem Versprechen der Freiheit für sich zu gewinnen. Diese erschienen in großer Zahl, und mit ihnen vereinigt brachen die Demokraten, zwei Tage nach der von ihnen erlittenen Niederlage, wüthend auf die Aristokraten los. Es kam zu einem blutigen Kampfe, welcher einen ganzen Tag lang dauerte und an dem selbst die Weiber Theil nahmen. Am Abend erlagen endlich die Aristokraten; fliehend steckten sie, um ihren Feinden die Verfolgung zu erschweren, die Häuser in Brand und ein großer Theil der Stadt wurde so ein Raub der Flammen. Am folgenden Tage erschien eine kleine athenische Flotte in dem Hafen von Corcyra: und Nilostratus, der Führer derselben, brachte einen Vergleich zwischen den beiden Parteien zu Stande. Die Sache schien nun beendigt zu sein, doch als Nilostratus wieder absegeln wollte, baten ihn die Demokraten, welche jetzt die Regierung in Händen halten, fünf seiner Schiffe zu ihrem Schutze zurückzulassen und dagegen ebensoviele corcyräische mitzunehmen. Er ging auf diese Bitte ein und der Rath von Corcyra wählte zur Bemannung der Letzteren lauter aristokratisch gesinnte Bürger aus. Diese fürchteten, daß man die geheime Absicht habe, sie als Gefangene nach Athen zu schleppen und flüchteten sich, 400 an der Zahl, in einen Tempel der Here. Dadurch wurden die Gemüther von neuem in die größte Aufregung gebracht, und Nilostratus war kaum im Stande, einen nochmaligen blutigen Kampf zu verhindern. Die Geflüchteten, welche den Tempel nicht wieder zu verlassen wagten, hatten den Hungertod zu befürchten, und ihre Gegner waren wegen der

Möglichkeit eines plötzlichen Ueberfalles besorgt; die Ersteren ließen sich daher durch die eidliche Zusage der Sicherheit endlich bewegen, ihre seitherige Zufluchtsstätte mit einer kleinen, nahe an der Küste liegenden Felseninsel zu vertauschen.

Wenige Tage nachher erschien eine peloponnesische Flotte von 53 Segeln vor Korcyra und erfocht einen Sieg über die der Korcyräer. Da als Folge des Sieges eine Landung der Feinde zu befürchten war, so wurden die 400 Aristokraten wieder von der Insel in den Tempel der Here zurückgebracht. Durch die Unfähigkeit des feindlichen Admirals, welcher seinen Sieg nicht zu benutzen verstand, ging die den Korcyräern drohende Gefahr glücklich vorüber, und als gar eine athenische Hülfsflotte von 60 Schiffen sich näherte, segelten die Peloponnesier schnell nach Hause zurück. Die Erscheinung dieser Flotte erweckte in den Korcyräern nicht etwa blos Freude über die unverhoffte Rettung aus großer Gefahr, sondern sie regte auch ihre Leidenschaft und Parteiwuth von neuem auf. Man fiel über alle aristokratisch gesinnten Bürger her, und die Stadt war sieben Tage lang ein Schauplatz von Grausamkeiten aller Art. Einige Aristokraten, welche sich in einen Tempel geflüchtet hatten, wurden durch Hunger getödtet; von den 400, die im Here-Tempel waren, ließen 50 sich von den Gegnern aus ihrer Freistätte herauslocken und wurden insgesammt niedergemacht, die übrigen aber brachten sich größtentheils ums Leben. Etwa 500 Aristokraten entflohen aus der Stadt und ließen sich an der gegenüberliegenden epirotischen Küste nieder. Sie suchten eine Zeit lang durch öftere Landungen ihren Feinden soviel als möglich zu schaden und bemächtigten sich endlich eines festen Punktes auf Korcyra selbst, von welchem aus sie nun zwei Jahre lang durch verheerende Raubzüge ihre Vaterstadt bedrängten. Im Jahre 425 wurden sie endlich durch ein athenisches Hülfs-Corps, nach einer hartnäckigen Gegenwehr, zur Uebergabe gezwungen. Sie unterwarfen sich unter der Bedingung, daß dem athenischen Volk die Entscheidung über ihr Schicksal überlassen werde. Man brachte sie hierauf bis zur Abfahrt nach Athen auf eine kleine Insel bei Korcyra, erklärte ihnen aber dabei, daß jeder Versuch zur Flucht, den auch nur ein einziger von ihnen machen würde, als ein Bruch jener Capitulation würde angesehen werden. Dies benutzten ihre Gegner, welche besorgten, daß die Athener ihnen das Leben schenken möchten. Sie brachten durch Einzelne, die sich in das Vertrauen der Unglücklichen einschlichen, einigen von ihnen die Ueberzeugung bei, daß das athenische Volk sie der Wuth des Pöbels von Korcyra preisgeben würde, und boten denselben die Mittel zur Flucht an. Die Getäuschten gingen in die Falle; sie wurden bei dem Versuche der Flucht erlappt, und die athenischen Generale.

überließen nun wirklich Alle der Willkür ihrer Gegner. Man schleppte sie in ein großes Gebäude. Aus diesen wurden sie in Haufen von je 20 gebunden herausgeführt und von ihren Feinden unter allen möglichen Martern erwürgt. Als etwa 60 auf diese Weise umgebracht worden waren, weigerten die übrigen sich, das Gebäude zu verlassen und setzten sich gegen jeden Eindringenden zur Wehr. Da erstieg der blutgierige Pöbel das Dach, deckte dasselbe ab, und suchte die Gefangenen mit Ziegeln und Pfeilen von oben herab zu tödten. Die wehrlosen Unglücklichen machten jetzt größtentheils selbst ihrem Leben ein Ende. Sie tödteten sich entweder mit den herabgeworfenen Pfeilen oder erhängten sich mit ihren zerrissenen Kleidern. Diese Gräuelscenen dauerten eine ganze Nacht hindurch. Am andern Morgen waren die Gefangenen, deren Zahl sich auf mehrere hundert belief, insgesammt getödtet; ihre Leichen wurden vor die Stadt gebracht und dort haufenweise begraben; ihre Frauen aber, soviel deren noch am Leben waren, verkaufte man in die Sklaverei. So endigte der zwei Jahre hindurch dauernde gräuelhafte Kampf der Parteien auf Korcyra.

Unterdessen hatte der Krieg eine für die Athener sehr glückliche Wendung genommen, obgleich sie noch einmal von der pestartigen Krankheit heimgesucht worden waren. Dieses schreckliche Uebel, welches das erste Mal zwei Jahre lang gedauert hatte, seitdem aber nie ganz geschwunden war, brach am Ende des Jahres 427 zum zweiten Mal mit erneuter Stärke aus und wüthete ein ganzes Jahr lang, ehe es endlich ganz verschwand. Die Zahl der Opfer, welche ihm zu Athen von seinem ersten Entstehen an fielen, ist nicht bekannt; Thucydides berichtet nur, daß von den zu den Schwerbewaffneten gehörenden Bürgern der Stadt 4400, und aus der Klasse der Ritter 300 der Krankheit erlegen seien, daß aber die Zahl aller übrigen, welche an derselben starben, nicht auszumitteln gewesen sei.

Die Athener gaben allmälig den bloßen, durch Verheerungszüge der Flotte unterstützten Vertheidigungskrieg, wie ihn Perikles gerathen hatte, auf, und suchten durch Eroberungen ihre Macht auf Kosten der Feinde zu erweitern. Im Jahre 427 ließen sie sich sogar bewegen, einen Theil ihrer Flotte nach Sicilien zu schicken. Schon zu Perikles Zeit hatten die Demagogen dem Volke mit der Hoffnung geschmeichelt, daß es sich vielleicht Sicilien unterwerfen könne. Diese Projectenmacher waren damals von dem großen Staatsmann zurückgewiesen worden, jetzt aber ließ man sich von ihnen verlocken. Die auf der Ostseite Siciliens, zwischen Katana und Megara Hybla gelegene Stadt Leontini, eine chalcidische Pflanzstadt, war mit den Syrakusanern in Krieg gerathen und bat die Athener um Hülfe. Man gewährte dieselbe, und seitdem war eine athenische Flotte bald an der italischen, bald

an der sicilischen Küste beschäftigt, ohne daß dadurch der Krieg in der
Heimath im mindesten gefördert war. Einer der Flotten, die man
nach Sicilien schickte, war im Jahre 425 Demosthenes als untergeordneter Führer beigegeben worden; dieser stieg auf der Fahrt um den
Peloponnes ans Land und errichtete bei dem verlassenen altmessenischen
Hafen Pylos, da, wo jetzt die in'unseren Tagen durch einen Seesieg
über die Türken berühmt gewordenen Orte Alt- und Neu-Navarino
liegen, eine Burg. Er erkannte mit richtigem Blick, daß durch eine
solche Position auf messenischem Boden den Spartanern die empfind-
lichste Schädigung zugefügt werden könne. Er selbst blieb mit fünf
Schiffen und einem Theil des Heeres in der festen Stellung und der
Platz füllte sich bald mit entlaufenen Heloten und Messeniern der Umgegend. Die Spartaner wurden durch die Gründung einer feindlichen
Festung an der Küste des ihnen unterworfenen Landes Messenien aufs
äußerste beunruhigt, sie griffen daher Pylos zu Wasser und zu Lande
an, wurden aber durch die von Korcyra zurückkehrende athenische Flotte
in die Flucht geschlagen. 420 Spartaner, welche größtentheils den
ersten Familien ihrer Vaterstadt angehörten, hatten gleich anfangs die
vor der Bucht von Pylos liegende Insel Sphakteria besetzt, um
die feindlichen Schiffe an dem Einlaufen in die Bai zu hindern.
Diese Schaar war jetzt abgeschnitten und wurde von der athenischen
Flotte so enge eingeschlossen, daß Sparta, um sie nicht in Feindes
Hand fallen zu sehen, den Frieden unter sehr billigen Bedingungen
anbot und einstweilen einen Waffenstillstand mit Demosthenes schloß.
Zum Unglück aber wurde die Volksversammlung damals von dem
Demagogen Kleon geleitet, der sich höchst unberufen in alle Angelegenheiten mischte, und jetzt dem Volke die Ueberzeugung beibrachte,
die Spartaner seien so sehr aufs äußerste gebracht, daß sie jede Bedingung eingehen müßten, und nur dem bösen Willen der athenischen
Aristokraten sei es zuzuschreiben, daß Sphakteria nicht schon erobert
wäre. Er beredete also die Athener zu den unmäßigsten Forderungen,
auf welche Sparta durchaus nicht eingehen konnte, und so wurde der
Krieg von neuem fortgesetzt.

Die athenischen Generale, denen man eine größere Zahl von Schiffen
zugeschickt hatte, ließen diese Tag und Nacht hin- und hersegeln, damit
keine Lebensmittel in die unbewohnte und waldbedeckte Insel gebracht
würden. Die Spartaner aber boten Alles auf, um Lebensmittel dahin
zu schaffen; sie versprachen jedem Heloten, welcher dies bewerkstellige,
die Freiheit, sowie jedem Freien eine ansehnliche Geldsumme. Die
Umzingelten erhielten so trotz der Wachsamkeit der Athener so viele
Lebensmittel und bewiesen selbst eine so große Ausdauer, daß dadurch
die Nothwendigkeit der Uebergabe lange verzögert wurde. Die einsichts-

vollen Generale der Athener wußten, daß die Umzingelten früher oder
später sich doch ergeben müßten und wollten dies ruhig abwarten, statt
sich mit ihnen in einen Kampf der Verzweiflung einzulassen, obgleich
ihre eigenen Truppen ebenfalls durch Mangel an Wasser und Lebensmitteln nicht wenig litten. Dies benutzte Kleon, um den Demosthenes
und seine Collegen zu verläumden; er warf ihnen Feigheit und Unge-
schicklichkeit vor und behauptete, es wäre ein Leichtes, die kleine Schaar
Feinde auf Sphakteria zu bezwingen. Nicias, einer der Strategen
des laufenden Jahres, welcher in der Volksversammlung anwesend
war, rief ihm zu, wenn er die Sache besser zu verstehen glaube, so solle
er das Commando übernehmen und den Versuch machen. Dies setzte
den Schreier in Verlegenheit: er wich aus, erklärte, nicht er sei ja
Strateg, sondern Nicias. Allein je mehr er sich weigerte, desto heftiger
drang das Volk in ihn; und als Nicias sich erbot, ihm seine Feldherrn-
stelle abzutreten, mußte er endlich nachgeben. Seine Dreistigkeit verließ
ihn aber auch dann nicht; er rief unter lautem Gelächter des Volks
aus, daß er binnen zwanzig Tagen alle Spartaner auf Sphakteria
entweder niederhauen oder gefangen nach Athen bringen würde. Der
Zufall war ihm günstig und an Energie fehlte es ihm nicht; durch
einen Brand auf Sphakteria war kurz vorher ein großer Theil des
Waldes, der die Haupt-Schutzwehr der dortigen Spartaner bildete,
zerstört worden, Demosthenes hatte dies benutzt und als Kleon ankam, die Feinde bereits in die äußerste Noth gebracht. Ein Angriff,
welchen Kleon in Verbindung mit Demosthenes machte, gelang vollkommen und die Spartaner mußten, nach einer sehr hartnäckigen
Gegenwehr, sich ergeben (425 v. Chr.). Die Zahl der Gefangenen
betrug 292; die übrigen von den 400 waren bereits gestorben. Mit
den Gefangenen, unter welchen sich 220 Spartaner von den ersten
Familien befanden, kehrte Kleon triumphirend nach Athen zurück.

Die Spartaner, welche von Pylos aus fortwährend beunruhigt
wurden, boten aus diesem Grunde und um ihrer gefangenen Landsleute willen, wieder den Frieden an; allein die Athener waren trunken
von ihrem Glücke und Kleon, welcher jetzt Alles, auch das Kriegswesen,
zu verstehen glaubte, trieb das Volk zu den unsinnigsten Forderungen.
Der Krieg währte also ununterbrochen fort. Die Athener waren
in ihren Unternehmungen vom Glücke begünstigt, sie eroberten und
befestigten unter andern die korinthische Stadt Methone, nahmen
Nisäa, den befestigten Hafen von Megara, ein und besetzten die an
der lakonischen Küste liegende Insel Cythere. Die Letztere war für
Sparta besonders wichtig, weil die aus Afrika nach Lakonien segeln-
den Frachtschiffe an ihr anlegten, und weil die Seeräuber von dieser
Insel aus am besten von der spartanischen Küste abgewehrt werden

konnten. Das Glück der Athener, welche Kleon von einer Ueber-
eilung zur andern fortriß, schwand plötzlich, als der treffliche spartanische Feldherr Brasidas den Hauptschauplatz des Krieges nach
Macedonien und Thracien verlegte. Brasidas war einer von
den wenigen Spartanern, welche mit der rauhen Tugend ihres
Volkes Milde und Freundlichkeit zu verbinden wußten. Wenn es
Kampf und Sieg galt, entfaltete er stets große Tapferkeit und echte
spartanische Gesinnung; so oft aber Bundesgenossen zu gewinnen
oder festzuhalten waren, zeigte er sich auch wieder als einen rücksichts-
vollen, freundlichen und der allgemeinen Freiheit gewogenen Mann.
Er war der erste Spartaner gewesen, welcher in diesem Kriege die
Ehre einer öffentlichen Belobung erhielt, weil er im ersten Jahre
des Kriegs durch einen sehr kühnen Streich die von den Athenern
umzingelte Stadt Methone gerettet hatte. Er hatte sich auch in den
folgenden Jahren durch Tapferkeit und Gewandtheit ausgezeichnet und
schien bestimmt zu sein, den Krieg zum Vortheile Spartas zu endigen.
Ihn stellten jetzt seine Landsleute an die Spitze einer Unternehmung
in Macedonien und Thracien, welche dem Krieg eine neue Wendung
gab (424 v. Chr.).

Ehe Brasidas Sparta verließ, begingen die Oligarchen seiner
Vaterstadt eine unerhörte Grausamkeit, welche die Menschheit vor
einer Regierung, die sich durch solche Mittel am Ruder halten muß,
schaudern macht. Man war bei der Aussendung eines Heeres nach
dem fernen Thracien in Besorgniß wegen der Heloten, zumal da
die Stimmung derselben damals eine beunruhigende war, und sie
überdies von Pylos her, wohin kurz vorher Messenier aus Naupaktus
übergesiedelt waren, zur Empörung angereizt wurden. Man beschloß
deshalb, sich des kräftigsten Theils derselben zu entledigen und griff zu
einem teuflischen Mittel. Es wurde bekannt gemacht, daß jeder Helote,
welcher Lust hätte, sich durch Tapferkeit im Kriege die Freiheit zu
verdienen, sich melden solle. Man wollte dadurch diejenigen unter
ihnen ausfindig machen, welche am meisten nach der Freiheit begierig
und deswegen auch am meisten zur Empörung geneigt wären. 2000
Heloten gaben sich als solche zu erkennen. Diese wurden, als wenn
sie wirklich für frei erklärt wären, mit Kränzen geschmückt in die Tempel
geführt, verschwanden aber sehr bald insgesammt, weil man insgeheim
einen nach dem andern ums Leben brachte. Aus Periöken, Heloten
und Freiwilligen oder Geworbenen aus anderen peloponnesischen Staaten brachte Brasidas ein Corps von etwa 2000 Schwerbewaffneten
zusammen. Seine Unternehmung in Macedonien und Thracien hatte
den Zweck, die dortigen griechischen Pflanzstädte, namentlich die der
Chalcidike, welche sich gegen Athen empört hatten, der athenischen

Herrſchaft zu entreißen und mit dem peloponueſiſchen Bunde zu vereinigen. Braſidas zog zu Lande dahin und drang auf ſeinem Marſche
nicht allein glücklich durch die verſchiedenen griechiſchen Staaten durch,
ſondern rettete auch unterwegs das damals von den Athenern hart
bedrängte Megara. In Macedonien und Thracien, wo das Heer des
Königs Perdiklas II. ſich mit dem ſeinigen vereinigte, gewann er die
meiſten griechiſchen Pflanzſtädte dem peloponneſiſchen Bunde und es
ſchien, als wenn die atheniſche Herrſchaft daſelbſt ganz untergehen ſolle:
wenigſtens gelang es ihm, die wichtigſte der athenischen Beſitzungen,
die Stadt Amphipolis am Strymon zu gewinnen (424 v. Chr.).
Braſidas verdankte die glänzenden Erfolge ſeines Feldzugs ebenſowohl
ſeinem edlen und freundlichen Sinne, als ſeiner kriegeriſchen Geſchicklichkeit und der Ruhe, mit der er als ein wahrhaft kräftiger Mann
ſich im Augenblick der Gefahr benahm. Das Glück begünſtigte ſeine
Unternehmung auch dadurch, daß zu gleicher Zeit die Athener in Böotien eine Niederlage erlitten. Die unterdrückte demokratiſche Partei in
den böotiſchen Städten nämlich verband ſich mit den Athenern, um die
beſtehenden Regierungen ihres Landes zu ſtürzen. Ein athenisches
Heer unter Hippokrates ſollte, zur Unterſtützung dieſer Revolution, den
im Gebiet von Tanagra gelegenen Tempel des Apollo, das Delium,
beſetzen; daſſelbe war aber mit der Befeſtigung dieſes Punktes noch
nicht fertig, als die böotiſchen Regierungen ſchon ihre Kräfte vereinigt
hatten und ſo den Plan der Demokraten, noch ehe dieſe losbrechen
konnten, vereitelten. Es kam in der Nähe von Delum zu einer Schlacht,
in welcher das athenische Heer gänzlich geſchlagen wurde und mehrere
tauſend Mann verlor (im Herbſt 424).

Dieſe Niederlage gab dem Nicias, welcher um jene Zeit meiſtens
als einer der Strategen mit an der Spitze des Kriegsweſens ſtand und
welcher für den Frieden und ein Zurücklenten in die Bahnen des Ari-
ſtides und Cimon geſtimmt war, wieder größeren Einfluß. Er und ſeine
Freunde ſetzten im Frühling des nächſten Jahres (423) den Abſchluß
eines Waffenſtillſtands auf ein Jahr durch, zu welchem die Athener durch
des Braſidas Fortſchritte in Macedonien und Thracien, die Spartaner
aber durch den Wunſch, vermittelſt weiterer Unterhandlungen die Frei-
laſſung der Gefangenen von Sphakteria zu erlangen, bewogen wurden.
Kleon, obgleich er damals durch den großen Komödiendichter Ariſto-
phanes von der Bühne herab in aller Augen lächerlich und verächtlich
gemacht worden war, und obgleich er ſogar, in Folge einer gegen ihn
erhobenen Anklage wegen Verſchwendung der Staatsgelder eine Strafe
von fünf Talenten (13,000 fl. oder 7200 Thlrn.) hatte zahlen müſſen,
trat auf das nachdrücklichſte gegen den geſchloſſenen Waffenſtillſtand
auf. Da der bedenkliche Zuſtand der Dinge in Thracien und Mace-

bonien der Hauptgrund gewesen war, durch welchen das Volk zum
Waffenstillstand bewogen wurde, so machte Kleon es ebenso, wie früher
bei der Angelegenheit von Sphakteria. Er schalt auf die Unfähigkeit
der athenischen Generale und war dreist genug, sich selbst für einen
guten Heerführer auszugeben. Endlich wurde er von beiden Parteien,
der aristokratischen wie der demokratischen, einstimmig zu einem der
Strategen des Jahres 422 und zum Anführer des neuen gegen Brasidas zu sendenden Heeres erwählt; die eine Partei ging von dem
Gedanken aus, daß er gewiß in sein Verderben rennen und Athen
auf diese Weise des unseligen Demagogen entledigt werden würde;
die andere ließ sich durch sein Schreien hinreißen, und hoffte den Sieg
von ihm, ohne sich für den Fall seines Untergangs im Voraus zu
betrüben.

Kleon segelte, als der Waffenstillstand abgelaufen war, mit 30
Schiffen und einem tüchtigen Heere nach der Halbinsel Chalcidike.
Hier lieferte er nicht lange nach seiner Ankunft dem Brasidas bei Amphipolis eine Schlacht, erlitt eine schmähliche Niederlage und fiel
selbst auf schimpflicher Flucht. Auch der spartanische Held endigte in
dieser Schlacht seine kurze und glänzende Laufbahn. Brasidas starb
eines rühmlichen Todes und die Art, wie man sein Andenken ehrte,
gibt am besten zu erkennen, welch tiefen Eindruck er durch seine ritterliche Tüchtigkeit und sein edles, freundliches und verständiges Wesen
bei seinen eigenen Landsleuten wie bei den Bundesgenossen und
selbst bei den Feinden gemacht hatte. Seine Leiche wurde mit den
größten Feierlichkeiten und unter dem Geleite des ganzen Heeres auf
dem Markte von Amphipolis bestattet, über seinem Grabe ward auf
öffentliche Kosten ein Denkmal errichtet, er selbst wurde, nachdem alles,
was an den athenischen Stifter der Colonie Amphipolis erinnerte,
vernichtet worden war, durch einen Volksbeschluß zum Gründer der
Stadt erklärt und als ein Halbgott durch jährliche Festspiele und Opfer
verherrlicht.

Der gleichzeitige Tod des Brasidas und des Kleon führte das Ende
des Krieges herbei. Beide Männer waren dem Frieden entgegen
gewesen, der eine weil er den Krieg liebte und mit vollem Selbstver-
trauen einen glänzenden Ausgang desselben erwarten durfte, der andere,
weil er nur bei der Unruhe und Spannung, welche der Krieg in den
Gemüthern des athenischen Volks unterhielt, seine Rolle weiterspielen
konnte. An die Stelle Beider traten zwei andere Männer, welche
entschieden den Frieden wünschten, der dem Krieg von jeher abgeneigte
Nicias, welcher in Athen den größten Einfluß besaß, und der spartanische König Plistonax, den man einige Jahre zuvor, auf den Rath
des von ihm bestochenen delphischen Orakels, nach neunzehnjähriger

Verbannung wieder nach Hause zurückgerufen hatte, und der nur im
Frieden einigermaßen eine Bedeutung unter seinen Mitbürgern erlangen konnte. Durch Nicias und Pliftonax wurden die Friedens-Unter-
handlungen, welche bald nach der Schlacht bei Amphipolis begannen,
mit gleich großem Eifer gefördert. Diese dauerten den ganzen Winter
hindurch, und im Frühling des Jahres 421 kam endlich ein Friede
auf fünfzig Jahre zu Stande, welcher gemeiniglich der Friede des
Nicias genannt wird. Die Hauptbedingungen dieses Friedens, in
welchen auch die beiderseitigen Bundesgenossen eingeschlossen wurden,
bestanden darin, daß mit einigen wenigen Ausnahmen alle gemachten
Eroberungen zurückgegeben und die Gefangenen gegenseitig ausgeliefert werden sollten. Die Korinther, Böotier, Eleer und Megarer traten,
wegen einiger Artikel des Friedenvertrags, demselben nicht bei.

10. Geschichte der Griechen vom Frieden des Nicias an bis zum Wiederausbruch des peloponnesischen Krieges.

Unmittelbar nach dem Abschluß des Friedens begingen die Athener
eine neue demokratische Grausamkeit durch die blutige Rache, mit
welcher sie die Bewohner von Skione, einer Stadt auf Chalcidike,
dafür bestraften, daß sie im Anfange des Jahres 423 v. Chr. zu den
Peloponnesiern abgefallen waren. Diese Stadt, welche von den Athenern lange vergebens belagert worden war, wurde bald nach dem Ende
des Krieges gezwungen, sich auf Gnade und Ungnade zu ergeben. Die
Athener führten jetzt den Beschluß aus, den sie bereits früher, bei der
Nachricht vom Abfall Skiones, auf Kleon's Antrag gefaßt hatten.
Alle Männer der Stadt wurden hingerichtet, die Weiber und Kinder
aber als Sklaven verkauft und das Gebiet von Skione den Platäern
geschenkt. Wie das athenische Volk die Skionier im eigentlichen Sinne
des Wortes ausrottete, so hatte es zwei Jahre vorher alle Delier mit
Weibern und Kindern von ihrer Insel vertrieben. Diese Unglücklichen
hatten bei einem persischen Statthalter in Kleinasien Aufnahme gefunden. Jetzt brachte das athenische Volk, ängstlich geworden, dieselben
in ihre Heimath zurück, weil man die seitdem erlittenen Unglücksfälle
dem dadurch erregten Zorne der Götter zuschrieb.

Ruhe war bei der Mannigfaltigkeit der Staatsverfassungen Griechenlands, bei den erblichen Zuneigungen und Abneigungen, bei dem
gänzlichen Mangel eines Mittelpunktes und bei der Menge unruhiger
Köpfe nicht wohl möglich; und man möchte fast sagen, Bewegung war
nothwendig, wenn nicht die ungeübte Kraft erschlaffen oder schädlich
werden sollte. Außer diesen allgemeinen Ursachen wirkte aber auch der
besondere Ehrgeiz eines athenischen Mannes, der bald viel von sich

reben machte, zum Wiederausbruch des Krieges mit. Dieß war Alcibiades, ein noch ganz junger Mann, welcher damals zuerst sich in
Staatsgeschäfte zu mischen begann und die Neigung seiner Mitbürger
zu weil aussehenden Unternehmungen trefflich zu benutzen wußte. Er
war sehr reich und wie Perikles von altem Adel. Er bildete sich auf
seinen Stammbaum, wie auf seine großen Güter, nicht wenig ein;
dennoch wählte er die Rolle eines Kleon, nur mit etwas mehr Würde
und glänzenderem Talente. Unter der Vormundschaft des ihm nahe
verwandten Perikles erzogen und gebildet, von auffallender körperlicher
Schönheit, von Haus aus sehr wohlhabend, seit seiner Verheirathung
mit des reichen Kallias Schwester aber, welche ihm eine Mitgift von
10,000 Talenten (26 Mill. Gulden oder 14½ Mill. Thlrn.) mitgebracht haben soll, im Besitz eines so großen Vermögens, daß dasselbe
sogar heutigen Tages in England ein glänzendes heißen würde, von
aller Welt, selbst den Philosophen, gesucht, geistreich, witzig, tapfer,
mit angebornem Feldherrnblick, wäre er, wie Plato sagt, ein zweiter
Perikles geworden, wenn er sich nur einige Jahre ruhig ausgebildet
hätte. Allein der gewöhnliche Gang war ihm zu langweilig, er wurde
plötzlich Staatsmann, und das athenische Volk freute sich, von einem
genialen Jüngling geleitet zu werden, der im Schwelgen und in jedem
Frevel eines wüsten Lebens eben so groß war, als in den Intriguen
und Listen politischer Verhandlungen.

Alcibiades ist wegen der vielen äußeren und inneren Vorzüge, die
sich in ihm vereinigten, sowie wegen des Wechselvollen und Abenteuerlichen seines Lebens einer von den Männern, welche vorzugsweise das
Interesse der auf bloße Unterhaltung bedachten Menschen erregen, und
deswegen haben die von diesem Standpunkt aus schreibenden Schriftsteller des Alterthums uns viele Anekdoten von ihm überliefert, deren
Wahrheit freilich meist sehr zweifelhaft ist, die aber angeführt werden
müssen, weil häufig auf sie Beziehung genommen wird. Manche dieser
Erzählungen können auch zugleich dazu dienen, den sittlichen Zustand der
Griechen jener Zeit anschaulich zu machen; namentlich zeigen einige
derselben in recht auffallender Weise, wie sehr das athenische Volk
damals schon entartet war, und wie viel ein mächtiger Mann in einer
Demokratie, wie die athenische war, sich erlauben konnte.

Der Ehrgeiz, welcher diesen merkwürdigen Mann sein ganzes Leben
hindurch beseelte, und ein lecker, rücksichtsloser Muthwille werden schon
als hervorstechende Züge seiner Kinderjahre angeführt. Außer manchen andern Anekdoten, welche seinen bereits in der Kinderzeit geäußer-
ten Trotz bezeichnen, erzählt man von ihm, daß er nie zu bewegen war,
die Flöte zu lernen, weil das Flötenspiel das Gesicht entstelle und man
dabei nicht reden oder singen könne. Man erfand auch als Zusatz zu

dieser Anekdote etwas demjenigen Aehnliches, was auch von Themi-
stolles erzählt wird; Alcibiades soll nämlich, mit Beziehung auf die
durch geringe Geistesbildung berufenen Bewohner Böotiens gesagt
haben: „Ueberlaßt die Flöte den Söhnen der Thebaner; denn diese
verstehen sich ja nicht wie wir Athener auf das Reden!" In seinem
Jugendalter kam Alcibiades mit dem Philosophen Sokrates in vertrauten Verkehr. Dieser war der einzige Mensch, auf welchen er je
Rücksicht nahm, wiewohl sein Umgang mit ihm mehr auf der bloßen
persönlichen Achtung vor einem würdigen, männlichen und eigenthümlichen Charakter beruhte und in dem jungen Manne mehr das
Bedürfniß einer geistreichen Unterhaltung befriedigte, als daß das
eigentliche Streben und der moralische Werth des Sokrates ihn angezogen und auf seine Sinnesart und sein Treiben im mindesten Einfluß
gehabt hätte. Uebrigens rettete Sokrates bei der den peloponnesischen
Krieg eröffnenden Belagerung von Potidäa, an welcher Beide Theil
nahmen, ebenso dem Alcibiades das Leben, wie dieser einige Jahre später
in der unglücklichen Schlacht bei Delium des Sokrates Retter wurde.

Von dem großen Ehrgeiz und dem genialen Leichtsinn des Alcibiades in seinem höheren Jugendalter sind uns viele Beispiele überliefert
worden, welche theils der Wirklichkeit entnommen sind, theils aber
auch in die Klasse der erdichteten Erzählungen gehören. Er schickte
einst, was bis dahin noch nie vorgekommen war, sieben mit prächtigen
Rossen bespannte Wagen nach den olympischen Spielen, um in ganz
Griechenland Aufsehen zu erregen, und hatte die Freude, mit dreien
derselben Preise davon zu tragen. In Athen buhlte er schon sehr früh
durch glänzende Choregieen, durch Veranstaltung von Wettkämpfen
und Anderes der Art um die Volksgunst. Nach einer jener Anekboten
soll er einst einen durch Größe und Feinheit der Race ausgezeichneten
Hund für mehrere tausend Gulden unseres Geldes gekauft und hierauf
denselben, blos um von sich reden zu machen, durch Verstümmelung
auf das ärgste entstellt haben. Er war ein so großer und rücksichtsloser Lüstling, daß er sogar in sein eigenes Haus Maitressen einführte
und dadurch sein sittsames Weib nöthigte, ihn zu verlassen und auf
Ehescheidung anzutragen. Sie konnte dies nach athenischen Gesetzen
nicht anders, als indem sie selbst auf dem Markte erschien, um die
Scheidungsklage persönlich vorzubringen. Als Alcibiades Nachricht
davon erhielt, begab er sich mit den Genossen seiner Lüste auf den
Markt, schleppte gewaltsam seine Gemahlin nach Hause und zeigte so
vor aller Welt, wie wenig er die Behörden und Gesetze des Staates
achte. Ebenso machte er es, als er einst sein Haus neu ausschmücken
ließ und ein Maler, der dabei behülflich sein sollte, ihm erklärte, daß
er wegen vieler anderer übernommenen Geschäfte dies nicht könne.

Alcibiades lockte den Maler in sein Haus und zwang ihn dadurch zum Malen, daß er ihn wie einen Gefangenen einige Monate lang gewaltsam festhielt.

Unmittelbar nach dem Abschluß des Friedens begann Alcibiades seine politische Laufbahn. Die gegenseitigen Verhältnisse der griechischen Staaten waren durch den Friedensvertrag keineswegs geordnet worden. Die Ausführung einiger Artikel des Vertrags hatte Schwierigkeit; die Korinther, Böotier, Eleer und Megarer hatten denselben gar nicht anerkannt und das Verhalten dieser vier seither mit Sparta verbündeten Staaten schien den Spartanern so bedenklich, daß sie noch in demselben Jahre, in welchem der Friede zu Stande gekommen war, mit den Athenern sogar ein Vertheidigungs-Bündniß schlossen. Dies bewog auch die Korinther, sich durch ein Bündniß mit andern Staaten gegen jede Gefahr sicher zu stellen. Sie wandten sich deshalb nach Argos. Die Argiver, die alten Erbfeinde Spartas, hatten ihrerseits allen Grund, eine solche Verbindung einzugehen, weil im Jahre 420 v. Chr. ein dreißig Jahre früher zwischen ihnen und den Spartanern geschlossener Waffenstillstand zu Ende ging, und dann unter den obwaltenden Umständen der Ausbruch eines Krieges mit Sparta zu erwarten war. Außerdem schmeichelten sie sich mit der Hoffnung, daß sie, als das Haupt eines mit andern griechischen Staaten gegen Sparta geschlossenen Bundes wieder das Uebergewicht im Peloponnes erlangen würden. Dem argivischen Bunde traten außer den Korinthern auch die Eleer bei, sowie die Bewohner der arkadischen Stadt Mantinea und die Colonieen auf Chalcidice, welche den Frieden des Nicias, der sie unter die athenische Herrschaft zurückführte, ebenfalls nicht anerkannt hatten. Die aristokratischen Regierungen von Böotien und Megara konnten aber kein Vertrauen zu einem Bunde fassen, an dessen Spitze der demokratische Staat Argos stand. Auch bei anderen Staaten scheiterten die Versuche der Korinther und Argiver, sie zum Beitritt zu bewegen und so kam man alsbald zu der Ueberzeugung, daß ein mächtiger Gegenbund gegen Athen und Sparta nicht zu Stande zu bringen sei. Zu gleicher Zeit trat zwischen den beiden letzteren Staaten wieder das alte Mißtrauen ein, da beide die noch nicht erfüllten Friedensbedingungen theils wegen der Unzuverlässigkeit der bestehenden Verhältnisse nicht ausführen wollten, theils wegen der Weigerung ihrer früheren Bundesgenossen nicht ausführen konnten. Daraus entstanden mancherlei Verwickelungen und verschiedene Bündnisse, die zum Theil sehr bald sich wieder auflösten. Für den ränkevollen jungen Alcibiades aber, welcher damals zuerst in die Staatsangelegenheiten eingriff, waren dies die erwünschtesten Verhältnisse, um seine ehrgeizige Rolle zu spielen.

Alcibiades haßte die Spartaner, weil sie in ihren Verhandlungen sich stets an Nicias wandten, ihn selbst aber, der fast noch ein Jüngling war, ganz außer Acht ließen, obgleich er doch für die Spartaner von Sphakteria, so lange sie in athenischer Gefangenschaft waren, auf jede Weise Sorge getragen und deshalb gehofft hatte, daß das Verhältniß der sogenannten Staats-Gastfreundschaft, in welchem seine Ahnen zu Sparta gestanden hatten und das von seinem Großvater aufgegeben worden war, wiederhergestellt haben würde. Er wirkte also den Spartanern auf jede Weise entgegen und entwarf den Plan, ein Bündniß seiner Vaterstadt mit Argos und den diesem noch treu gebliebenen Staaten von Elis und Mantinea zu Stande zu bringen. Da Alcibiades in ganz Griechenland Verbindungen hatte, so war es für ihn nicht schwer, diese Staaten dazu zu bewegen, daß sie die Athener um ein solches Bündniß ersuchten. Die Spartaner schickten, sobald sie dies erfuhren, sogleich Gesandte nach Athen, um die Sache dadurch zu hintertreiben, daß sie die zwischen ihnen und den Athenern entstandenen Mißhelligkeiten beizulegen suchten. Diese Gesandten wurden von Alcibiades auf eine so grobe und unverschämte Weise überlistet, daß man nicht weiß, ob man mehr über seine Unverschämtheit und Gewissenlosigkeit, oder über die Einfalt der spartanischen Gesandten, oder über die Geduld der Athener, die sich etwas derartiges gefallen ließen, erstaunen soll. Die Gesandten fanden im athenischen Rath, dem die Vorbereitung aller Geschäfte oblag und der deswegen ihre Anträge zuerst anhörte, eine gute Aufnahme und Alcibiades mußte daher besorgen, daß sie ihre Absichten auch in der Volksversammlung, in welcher sie am nächsten Tage eine Audienz erhalten sollten, erreichen würden. Er begab sich, um dies zu verhindern, zu den Gesandten und sagte ihnen, sie würden, wenn sie vor dem Volke ebenso wie im Rathe erklärten, daß sie unbeschränkte Vollmacht hätten, von dem Volke zum Unmöglichen gedrängt werden; sie sollten dies also ja nicht thun, er aber wolle sich ihrer Sache annehmen und sie auf das thätigste unterstützen. Die Gesandten ließen sich täuschen. Sie erklärten in der Volksversammlung, nur eine bedingte Vollmacht zu haben und nun wandte sich Alcibiades sogleich an das Volk und rief: „Da seht ihr's! Heute sagen sie im Rathe so, morgen in der Volksversammlung wieder anders; was ist mit einer so unzuverlässigen Regierung anzufangen?" Natürlich war jetzt das Volk gegen jede Verbindung mit Sparta aufgebracht, und schloß, trotz aller Gegenvorstellungen des Nicias und Anderer, auf Alcibiades Rath einen Bund mit Argos, Mantinea und Elis (420 v. Chr.).

Die Folge der Verbindung von Argos und Athen waren Feindseligkeiten der Spartaner und Argiver, welche einige Jahre lang dauerten und an denen auch die Athener als Verbündete der Letzteren

Theil nahmen, sowie beständige Parteikämpfe in Argos, welche zwei Revolutionen hervorriefen und zuletzt damit endigten, daß 416 v. Chr. 300 aristokratisch gesinnte Bürger gewaltsam auf 20 athenische Schiffe geschleppt und nach verschiedenen Inseln des aegäischen Meeres gebracht wurden. In demselben Jahre, in welchem das Letztere geschah, wurden die Bewohner der gewöhnlich zu den Cykladen gezählten Insel Melos von den Athenern ebenso barbarisch behandelt, wie früher die unglücklichen Skionier. Die Melier, welche ihrer Abkunft nach dem dorischen Stamme angehörten und sich seither neutral gehalten hatten, sollten jetzt zur Unterwerfung unter Athen gezwungen werden. Sie vertheidigten sich mit großem Muthe, erlagen aber endlich der Uebermacht und mußten sich auf Gnade und Ungnade ergeben. Das athenische Volk bestrafte sie für die heldenmüthige Vertheidigung ihrer Freiheit damit, daß alle Männer hingerichtet, alle Weiber und Kinder zu Sklaven gemacht und die Ländereien der Insel unter 500 athenische Ansiedler vertheilt wurden.

11. Die Unternehmungen der Athener in Sicilien und der Wiederausbruch des Krieges in Griechenland.

Der Friede wurde, ungeachtet der erwähnten Feindseligkeiten, weder von den Athenern noch von den Spartanern als gebrochen angesehen, konnte aber unmöglich lange fortbestehen. Der Anlaß zum Wiederausbruch des Krieges ward im Jahr 416 v. Chr. von Sicilien ausgegeben. Der Krieg, welchen dort die Athener gegen Syrakus und andere Städte seit 427 mit einigem Glücke geführt hatten, war im Jahr 424 durch die Bemühungen eines patriotischen sicilischen Mannes geendigt worden. Nach dem Vorgang zweier Städte nämlich, welche im vorhergegangenen Winter von ihren beiderseitigen Verbündeten abgefallen waren und mit einander Frieden geschlossen hatten, waren Abgeordnete der übrigen Staaten in einer dieser Städte zusammengekommen, um die Beendigung des Krieges zu berathen; und hier gelang es dem Syrakusaner Hermokrates, seine Landsleute zu überzeugen, wie thöricht es gewesen sei, daß sie selbst die Athener in ihre Angelegenheiten gezogen hätten und wie sehr das gemeinsame Interesse aller sicilischen Staaten die Entfernung derselben und, um diese zu erlangen, die Beilegung aller Zwistigkeiten erheische. Hermokrates brachte dadurch einen allgemeinen Frieden zu Stande und die von ihren Bundesgenossen verlassene Flotte der Athener mußte nach Hause zurücksegeln. Die drei Anführer der Athener wurden nach ihrer Heimkehr vom Volke bestraft, weil sie die Sache nicht hintertrieben hatten; man argwohnte, daß sie sich hätten bestechen lassen und schickte zwei von ihnen in die Verbannung, während der dritte, welchem man mehr gewogen war, nur zu einer Geldbuße verurtheilt wurde.

Acht Jahre später (416 v. Chr.) waren die Städte Segesta und Selinus in einen Krieg mit einander verwickelt und die Erstere bat, da ihre Gegnerin von dem mächtigen Syrakus unterstützt wurde, das athenische Volk um Hülfe. Alcibiades erkannte in der Gewährung dieses Gesuchs für sich selbst die beste Gelegenheit, eine große Rolle zu spielen und suchte mit allen ihm zu Gebote stehenden Mitteln das Volk dazu zu bewegen. Er stellte demselben vor, daß dies die günstigste Gelegenheit sei, nicht allein Syrakus, einen mächtigen dorischen Staat, zu unterwerfen, sondern auch in ganz Sicilien Demokratieen einzuführen und so den ersten Schritt zu einer weitumfassenden Herrschaft des athenischen Volkes zu thun. Die Verständigeren unter der Bürgerschaft, namentlich Nicias, arbeiteten zwar diesen Verlockungen durch vernünftige Vorstellungen entgegen, allein vergebens; der dem Ehrgeize des Volkes schmeichelnde Plan des Alcibiades trug den Sieg davon und es wurde, 415 v. Chr., ohne alle Rücksicht auf Lage und Umstände, sowohl dort wie in Griechenland selbst die Bekriegung einer Insel beschlossen, deren Größe und Bevölkerungsverhältnisse die meisten Athener nicht einmal oberflächlich kannten und deren Unterwerfung eine fast ebenso schwierige Aufgabe war, als die Besiegung der Peloponnesier.

Die Athener machten für den sicilischen Krieg eine ungeheure Ausrüstung und verwendeten alle Schätze des Staates, den Kern ihres Heeres und ihre besten Schiffe auf dieses gefährliche Unternehmen. Sie schickten nach Sicilien eine Flotte von 134 großen Schiffen, von welchen 34 durch die Bundesgenossen gestellt wurden, und ein aus Athenern, Argivern, Mantineern und andern Bundesgenossen bestehendes Heer von 5100 Schwerbewaffneten und 1300 Mann leichter Truppen. Noch nie war von einem einzelnen griechischen Staat eine größere Ausrüstung gemacht worden, und sowohl die Regierung als auch die einzelnen Bürger, welche dabei entweder die Verpflichtung der Trierarchie zu erfüllen hatten, oder selbst am Kriege Antheil nahmen, sparten keine Kosten, um dieselbe zugleich zur schönsten zu machen. Es herrschte ein allgemeiner Wetteifer, um eine Flotte und ein Heer aufzustellen, welche ihres Gleichen nicht hätten und nicht nur die mächtige Vaterstadt in den Augen des gesammten Griechenlands verherrlichten, sondern auch den großen Erwartungen und Hoffnungen genügten, um derentwillen die Ausrüstung gemacht wurde. Zu Anführern wurden Nicias, Lemachus und Alcibiades erwählt. Ein Mann, wie Alcibiades, war allein im Stande, eine Unternehmung glücklich auszuführen, bei welcher es mehr auf das Zutrauen des Heeres und der Flotte und auf Geschicklichkeit im Unterhandeln mit den Parteien der verschiedenen sicilischen Staaten, als auf taktische Kenntnisse ankam; allein zum Unglück für Athen wurde das Heer, bald nachdem es auf Sicilien gelandet war, dieses Führers beraubt.

Alcibiades hatte viele Feinde in Athen; denn wegen seiner Pracht- liebe und seines schwelgerischen Lebens, sowie wegen seiner weitaus- sehenden Anschläge, die sich bei jeder Gelegenheit zu erkennen gaben, war er nicht wenigen seiner Mitbürger als ein Mann, der nach der Alleinherrschaft strebte, verdächtig. Diese hatten schon vor der Abfahrt der Flotte sich vergebens die größte Mühe gegeben, ihm das Com- mando wieder zu entreißen und Anderen in die Hände zu spielen. Sie arbeiteten auch seitdem unausgesetzt an seinem Sturze und benutzten dazu unter Anderm einen Vorfall, der sich kurz zuvor in Athen zuge- tragen hatte. Es gab nämlich in dieser Stadt eine Menge sogenannter Hermen, d. h. kleiner viereckiger Säulen, welche an ihrem oberen Ende in einen Kopf ausgehauen waren und deren Form von den Gelehrten für einen Ueberrest der in den ersten Anfängen der Kunst gebräuch- lichen Art, Götter und Menschen darzustellen, gehalten wird. Sie standen auf öffentlichen Plätzen, vor Tempeln und Wohnungen und dienten als Zierrath und als Wegsteine, galten aber, da sie größten- theils dem Gotte Hermes, dem Schützer des Verkehrs und der Straßen geweiht waren, für heilig. Diese Hermen waren kurz vor der Abfahrt der Flotte in einer Nacht fast insgesammt verstümmelt worden. In einem Staate, in welchem der Buchstabe des Gesetzes nicht mehr das allein geltende Recht ist, wird Alles dem Aberglauben, der Leidenschaft und der Parteiwuth geopfert, mag nun die Regierung von der unbe- schränkten Willkür eines einzelnen, von Vorurtheilen und Leidenschaften beherrschten Mannes, oder von den Launen eines zahlreichen rohen Haufens abhängen. Der Aberglaube siegt über die Religion und aus jedem Ding läßt sich das Verbrechen einer Verschwörung herleiten, in welches man dann jeden verwickeln kann, den man eben hineinbringen will. Alcibiades Gegner benutzten die Stimmung des Volkes, welches durch jenen Vorfall beunruhigt war und brachten ihn in den Verdacht, daß er mit den Genossen seiner nächtlichen Lüste den Frevel an den Hermen begangen habe. Zu gleicher Zeit ward ausgesprengt, Alcibia- des habe auch die eleusinischen Mysterien entweiht, indem er und seine Freunde bei ihren Trinkgelagen die Ceremonieen derselben spottend nachgeahmt hätten. Man suchte durch solche Gerüchte die Gemüther zu beunruhigen und verbreitete in dem Volke die Meinung, daß dieses Betragen des jungen Mannes mit geheimen Anschlägen auf die Freiheit und Verfassung der Staates zusammenhänge. Alcibiades durchschaute die Absichten seiner Feinde und verlangte deshalb selbst, daß noch vor

seiner Abreise zum Kriege eine gerichtliche Untersuchung gegen ihn ein-
geleitet werde; allein seine Gegner boten mit Erfolg Alles auf, um
dies zu verhindern. Alcibiades hatte den größten Einfluß, die Jüngeren
im Volke vergötterten ihn, die Aelteren befürchteten, daß der mantineische
und argivische Theil des Heeres, der nur ihm zu Gefallen sich an den
Zug nach Sicilien angeschlossen hatte, diesen aufgeben und wieder nach
Hause zurückkehren möchte und es war also für gewiß anzunehmen, daß
Alcibiades, mochte er nun schuldig oder unschuldig sein, freigesprochen
werden würde. Seine Feinde bewirkten daher den Volksbeschluß, daß
der Kriegszug durch diese Sache nicht aufgehalten werden, sondern daß
Alcibiades mit der Flotte abreisen, die Anklage desselben aber bis zu
seiner Rückkehr aufgeschoben werden solle.

Nach Alcibiades Entfernung hatten seine Gegner freien Spielraum,
und leiteten das peinliche Verfahren gegen ihn auf eine empörende
Weise. Man schaudert vor einer demokratischen Verfassung, vermöge
deren auf Betreiben persönlicher Feinde eine so tumultuarische und
tyrannische Gerichtsverhandlung, wie die gegen Alcibiades, vorgenommen werden und noch dazu immer den Schein einer regelmäßigen
Justiz behalten konnte. Bei näherer Betrachtung dieses Processes,
über welchen sich sehr specielle Angaben in den auf unsere Zeit gekommenen Schriften finden, möchte man fast glauben, daß Alcibiades,
ungeachtet aller seiner Ausschweifung und Gewissenlosigkeit, im Vergleich mit den übrigen Angeklagten und mit seinen Anklägern noch
einer der besten Bürger gewesen sei. Die Feinde desselben, an deren
Spitze der Demagog Androkles stand, brachten zuerst einen Diener
des Alcibiades, welcher zugleich Schutzbürger oder Metöke war, vor
die Volksversammlung. Dieser sagte als Augenzeuge aus, daß Alcibiades mit einigen Freunden wirklich einst spottweise den heiligen
Gottesdienst der Mysterien aufgeführt habe. In Folge dieser Anzeige,
welche wahr gewesen zu sein scheint und dem Charakter des Alcibiades
und seiner Genossen nicht widerstreitet, wurde einer der Angegebenen
ergriffen und am Leben gestraft, den übrigen gelang es zu entfliehen.
Hierauf mußte man noch mehrere Personen von ähnlicher Art, wie
jener Diener war, aufzufinden, welche gegen andere Männer zeugten
und auf deren Zeugniß hin dann wieder mehrere Bürger eingezogen
und hingerichtet wurden. Da die Angeber mit großen Summen Geldes belohnt wurden, so war dies für die zahlreichen Rabulisten unter
der Bürgerschaft ein Zeichen, daß sich aus der Sache etwas machen
lasse. Jetzt wurde auch die Hermen-Geschichte mit in die Untersuchung
gezogen, man beunruhigte durch neue Zeugen das Volk noch mehr, und
zwei zu Untersuchungsrichtern ernannte Demagogen benutzten ihr Amt
als ein Mittel, sich beliebt zu machen. Da hieß es, man müsse die Sache

viel weiter verfolgen, denn es handle sich um nichts weniger als eine
gefährliche Conspiration, es steckten viele dahinter, es sei darauf abgesehen, die Volksregierung zu stürzen und dergleichen mehr. Ein
Bürger, welcher bald darauf selbst eingestand, daß er durch zwei Andere
zur falschen Aussage bewogen worden sei, zeugte gegen nicht weniger
als 300 Personen und wurde dafür vom Volke als ein Retter des
Staates bekränzt und mit der Ehre, im Prytaneum speisen zu dürfen,
belohnt. Es wurden von neuem Bürger eingezogen und hingerichtet;
andere erkauften ihr Leben mit lügenhaften Aussagen. Gegen Alcibiades wurde beschlossen, daß er verhaftet und nach Athen gebracht werden
solle, um gleich den Andern den Tod zu erleiden. Ein besonderes
Staatsschiff wurde zu diesem Zwecke nach Sicilien abgeschickt; weil
man aber wußte, wie beliebt Alcibiades beim Heere war, so ertheilte
man den abgesandten Herolden den Befehl, ihn nicht sogleich zu verhaften, sondern vielmehr ihn mit freundlicher Miene einzuladen, mit
ihnen nach Athen zurückzukehren, damit er sich daselbst vertheidige.

In Sicilien war seither Alles gut gegangen, weil Alcibiades den
besten Rath gegeben und die Unternehmung geschickt geleitet hatte.
Als das erwähnte Staatsschiff erschien, um ihn abzuholen (im August
des Jahres 415 v. Chr.), schiffte sich Alcibiades ruhig ein, als wenn
er sich vor Gericht stellen wollte; in dem Hafen von Thurii in Unteritalien aber verschwand er plötzlich und wurde sodann vom athenischen
Volke abwesend zum Tode verurtheilt. Von Thurii flüchtete Alcibiades
nach Argos, wo er viele Verbindungen hatte, aber gleichwohl nicht
lange bleiben konnte, weil die Athener seine Auslieferung verlangten.
Er wandte sich also an die Spartaner, erhielt von ihnen die Zusiche-
rung einer freundlichen Aufnahme und begab sich wirklich nach Sparta.
Hier unterstützte er die Bemühungen der Syrakusaner, welche durch
eine besondere Gesandtschaft ihre Mutterstadt Korinth und die spartanische Gerusie um Hülfe angingen und gab zu gleicher Zeit an, wie
man auf eine für Athen höchst verderbliche Art den Krieg in Griechenland wieder beginnen könne. Zunächst wurde von Sparta ein Heer
von etwa 3000 Mann, größtentheils Korinthern, ausgerüstet, welches
unter der Anführung des Spartaners Gylippus nach Syrakus
abgehen sollte.

Nicias und Lamachus hatten unterdessen den Krieg in Sicilien mit
Glück fortgesetzt und die Stadt Syrakus selbst eingeschlossen. Lamachus
verlor zwar bald in einem Gefechte das Leben; Nicias aber, dem aus
Athen die nöthige Mannschaft Reiter und eine Summe von etwa einer
Million Gulden zugeschickt worden war, hatte die Syrakusaner fast
schon bis zur Uebergabe gebracht, als Gylippus in Syrakus erschien
und durch seine Maaßregeln die Lage der Dinge völlig änderte (414 v.

Chr.). Dieser gewandte und energische spartanische General wußte nicht allein den Muth der Syrakusaner wieder neu zu beleben und die besten Maaßregeln zur Vertheidigung ihrer Stadt zu treffen, sondern er verstand es auch, die Kräfte der verschiedenen dorischen Staaten Siciliens zu vereinigen und zusammenzuhalten. Nicias kam dadurch in große Verlegenheit und wurde bald von den Belagerten zu Wasser und zu Land bedrängt. Schon am Ende des laufenden Jahres (414) erklärte er in einem schriftlichen Bericht den Athenern, daß er die Belagerung aufgeben müsse, wenn sie ihn nicht durch eine umfassende Verstärkung seines Heeres und seiner Flotte unterstützten. Die Athener, statt in dem Augenblick, wo der Krieg in der Heimath wieder begann, Flotte und Heer zurückzurufen, schickten wirklich im Anfang des folgenden Jahres (413 v. Chr.) ihren besten General, Demosthenes, mit der gewaltigen Macht von 73 Schiffen und 5000 Schwerbewaffneten dem Nicias zu Hülfe. Die Macht der Syrakusaner aber, deren Flotte damals schon aus 180 Segeln bestand, wurde ebenfalls durch Schiffe aus dem Peloponnes verstärkt. Nach Demosthenes Ankunft machten die athenischen Truppen einen entscheidenden Angriff auf die Stadt Syrakus, sie wurden aber mit sehr großem Verlust zurückgeschlagen. Hierauf folgte Unglück auf Unglück. Die athenische Flotte ward in vier unglücklichen Treffen vernichtet und das Landheer endlich zum Rückzug in das Innere der Insel genöthigt. In zwei Abtheilungen brachen die Athener auf und zogen erschöpft, an Lebensmitteln Mangel leidend und von den nachsetzenden Syrakusanern unaufhörlich angegriffen, durch Gegenden, in welchen ihnen Alles fremd und widerwärtig, dem Feinde aber jeder Weg bekannt und geöffnet war. Zuletzt wurden sogar beide Abtheilungen von einander getrennt und Demosthenes mit der seinigen gezwungen, die Waffen zu strecken. Nun war auch für Nicias aller Widerstand unmöglich und er ergab sich nach kurzem Kampfe ebenfalls am Flusse Asinarus den Feinden (im September des Jahres 413 v. Chr.).

Schrecklich war das Loos der Gefangenen, deren Zahl sich auf etwa 7000 belief. Die beiden Anführer wurden das Opfer des wüthenden Hasses der Syrakusaner, welche damals sich demokratisch eingerichtet hatten. Gylippus hatte vergebens beide Männer zu retten gesucht, um sie mit nach Sparta zu führen und durch sie daselbst seinen Einzug zu verherrlichen. Demosthenes war dem syrakusanischen Volke und seinen peloponnesischen Verbündeten als ein zu allen Zeiten feindlicher und gefährlicher Gegner verhaßt; Nicias hatte sich zwar stets dem spartanischen Wesen und dem Frieden mit dem peloponnesischen Bunde gewogen gezeigt, allein die Korinther waren gegen ihn erbittert, und von den syrakusanischen Bürgern waren früher manche mit ihm in geheime Unterhandlung getreten, welche, wenn er am Leben erhalten ward, für sich selbst in Besorgniß gerathen mußten. So wurden beide Anführer zum Tode verurtheilt und hingerichtet. Alle übrigen Gefangenen fielen in eine harte Sklaverei. Sie wurden in die syrakusanischen Steinbrüche gebracht, wo gewöhnlich nur Verbrecher arbeiteten. Hier mußten sie nicht allein schwere Arbeit verrichten, sondern sie hatten auch Jammer und Elend aller Art zu erdulden. Sie waren am Tage der Gluth der Sonnenhitze preisgegeben und hatten Nachts keinen Schutz gegen die Kälte, sie erlitten Hunger und Durst und wurden zum Schlafen stets in einen sehr engen Raum zusammengedrängt; viele von ihnen erkrankten nach wenigen Tagen; diese erhielten durchaus keine Pflege und man entfernte, als sie dem Elend erlegen waren, nicht einmal ihre Leichen aus den Steinbrüchen. Erst nach 70 Tagen wurde ein Theil der Unglücklichen aus dieser großen Noth errettet; man schenkte nämlich allen Siciliern unter ihnen die Freiheit. Außer denen, welche in den Steinbrüchen arbeiten mußten, waren nach und nach auch alle diejenigen Athener, die vor der Unterwerfung des Heeres sich durch die Flucht zu retten gesucht hatten, in Gefangenschaft gerathen und zu Sklaven gemacht worden. In allen Städten Siciliens fand man athenische Bürger als Sklaven. Nur wenige von ihnen sahen ihre Vaterstadt wieder. Einige sollen ihre Freiheit den Trauerspielen des Euripides verdankt haben. Sie suchten nämlich durch das Singen einzelner Stellen aus den Werken dieses Dichters ihr Loos zu mildern und erwedten durch dieselben das Mitleid ihrer Herren. Die auf diese Weise mit der Freiheit Beschenkten statteten gleich nach ihrer Rückkehr in die Vaterstadt dem Dichter persönlich ihren Dank ab.

In Athen brachte die Nachricht von dem jammervollen Ausgang der sicilischen Unternehmung die größte Bestürzung hervor, nachdem man anfangs derselben gar keinen Glauben hatte schenken wollen. Das Volk, das sich durch seinen Uebermuth selbst um die schönste Flotte und um den Kern seines Heeres gebracht sah, ließ seinen Zorn an denjenigen aus, welche einst zu diesem Kriegszug gerathen, oder als weissagende Priester demselben einen glücklichen Ausgang verheißen hatten. Zugleich bemächtigte sich der Gemüther die größte Besorgniß wegen der Folgen des erlittenen Schlages; denn die Blüthe der Jugend war in Sicilien untergegangen, die noch übrigen Schiffe des Staates reichten für den gegenwärtigen Bedarf nicht hin, der Staatsschatz war leer, und doch befand sich Athen nicht allein schon wieder im offenen Kriegszustand mit den Peloponnesiern, sondern es waren auch die in den Unterhandlungen treuloser Politik wenig gewandten Spartaner durch Alcibiades mit den Persern und den unzufriedenen Bundesgenossen Athens in Verbindung gebracht worden. Der Gedanke an

die vielen Gefahren, die den Staat bedrohten, trieb die Athener zu den
größten Anstrengungen und bewog das Volk, allen den Maaßregeln
seine Zustimmung zu geben, welche zur Rettung seines Ranges unter
den griechischen Staaten nöthig schienen. Es wurden Einschränkungen
im Staatshaushalte eingeführt, neue Schiffe gebaut, die zur Bewachung
der Bundesgenossen erforderlichen Vorkehrungen getroffen und für
alles dies eine besondere, aus älteren Männern bestehende Behörde
eingesetzt. So ging man der dunkeln Zukunft entgegen und man muß
gestehen, daß die Kraft und Festigkeit, welche das athenische Volk in
dem letzten Theile dieses furchtbaren Krieges bewies, ein glänzendes
Blatt in seiner Geschichte bildet.

**12. Der peloponneſiſche Krieg im eigentlichen Griechenland
von ſeinem Wiederausbruch bis zur Rückkehr des Alcibiades
nach Athen.**

Im griechischen Mutterlande war im Frühling des Jahres 413
v. Chr. der Krieg von neuem ausgebrochen. Dieser nahm durch den
Rath, welchen Alcibiades den Spartanern gegeben hatte, gleich anfangs
eine für Athen sehr gefährliche Gestalt an. Alcibiades hatte nämlich
die Feinde seiner Vaterstadt darauf aufmerksam gemacht, daß durch
die jährlichen Einfälle in Attika, wie sie von ihnen früher gemacht
worden waren, nichts gewonnen werde, sondern daß die Spartaner
statt dessen einen festen Ort in der Nähe von Athen besetzen und von
da aus, vermittelst einer bleibenden Besatzung, Attika beständig verheeren und seine Bewohner in Schrecken halten müßten. Die Spartaner nahmen diesen Rath an und wählten zur Ausführung desselben
Decelia, einen etwa drei deutsche Meilen von Athen und von Theben
entfernten Ort in Attika, der sich leicht befestigen ließ. Man legte
eine starke Besatzung dorthin, hielt durch dieselbe die Athener in einer
beständigen Unruhe und erschwerte ihnen allen Verkehr in ihrem eigenen
Lande so sehr, daß sie bis zum Jahre 407 v. Chr., in welchem Alcibiades wieder nach Athen zurückkehrte, ihre feierlichen Processionen
von Athen nach Eleusis nur zu Wasser machen konnten.

Während die Athener auf diese Weise in Attika selbst bedrängt
wurden, erwuchsen ihnen auch von der Seeseite her große Gefahren.
Einige ihrer wichtigsten Verbündeten, Euböa, Lesbos, Chios und die
Stadt Erythrä in Jonien unterhandelten insgeheim mit den Feinden
und erwarteten nur das Erscheinen der spartanischen Flotte, um von
Athen abzufallen. Zu gleicher Zeit wurden die Athener auch von dem
Perserkönige bedroht. In Persien regierte seit dem Jahre 423 v. Chr.
Darius II., ein Sohn Artaxerxes I., dem die Griechen den Beinamen
Nothus d. i. der Unechte gaben, weil er nicht aus rechtmäßiger Ehe

entsprungen war. Die Perser sahen in der jetzigen Bedrängniß der
Athener eine günstige Gelegenheit, die Städte Kleinasiens wieder unter
ihre Botmäßigkeit zu bringen und zwei Satrapen, Pharnabazus,
der Statthalter am Hellespont und Tissaphernes, der Statthalter
von Jonien und Karien, schickten zu gleicher Zeit mit den Erythräern,
Chiern und Lesbiern Gesandte nach Sparta, um mit den Peloponnesiern zu unterhandeln. Im Jahre 412 v. Chr. segelte, in Folge dieser
Verhältnisse, eine peloponnesische Flotte unter dem Spartaner Chal-
cibeus in die Gewässer von Jonien. Diese Flotte, auf welcher sich
auch der Meister in den Künsten der Unterhandlung und Verführung,
Alcibiades, befand, war kaum erschienen, als Chios und Erythrä von
Athen abfielen. Klazomenä, eine andere ionische Stadt, folgte diesem
Beispiele bald nach und es währte nicht lange, so wurden auch Teos
und Milet und einige Zeit nachher die mächtige Insel Rhodus dem
peloponnesischen Bunde gewonnen.

Die Athener mußten, um eine hinreichend starke Flotte an die
kleinasiatische Küste schicken zu können, zu ihrer Nothkasse oder zu den
1000 Talenten (2,600,000 fl. oder 1,450,000 Thalern) greifen, welche
sie beim Beginne des peloponnesischen Krieges für den Augenblick der
höchsten Gefahr zurückgelegt hatten. Die Spartaner aber schlossen mit
Tissaphernes kurz nacheinander zwei Verträge, in welchen die persische
Oberherrschaft über die griechischen Städte Kleinasiens von den Lace-
dämoniern zugestanden wurde und Tissaphernes sich dagegen verpflichtete, den für die Mannschaft der peloponnesischen Flotte erforderlichen
Sold zu bezahlen. Die Spartaner, welche zu gleicher Zeit von Sicilien
her eine Unterstützung an Schiffen erhielten, waren jetzt den Athenern
auch zur See überlegen. Es wurden mehrere Treffen mit abwechselndem Erfolge geliefert; doch war keines für den Gang des Krieges selbst
entscheidend. Dagegen kam es bald über einige Artikel der zwischen
Sparta und Tissaphernes abgeschlossenen Tractate zu sehr unangeneh-
men Erörterungen. Diese Streitigkeiten wurden zwar ausgeglichen,
hatten aber wichtige Folgen, weil sie dem Alcibiades, dessen Verhältniß
zu den Spartanern damals sich änderte, die Verfolgung seiner weiteren
Pläne erleichterten.

Alcibiades nämlich hatte früher in Sparta, wo die Frauen der
vornehmen Klasse schon damals ein ziemlich freies Leben führten, mit
der Gemahlin des Königs Agis I in einem sehr vertrauten Verhältniß gelebt und dadurch den ganzen Haß dieses Königs auf sich
geladen. Der große Einfluß, den er in den Angelegenheiten des
Staates erhielt, hatte diesen Zwist noch mehr verstärkt. Außerdem war
sein Freund, der Admiral Chalcideus, welchem er bei der Abfahrt der
Flotte nach Kleinasien beigegeben worden war, in einem Treffen ge-

blieben. Alcibiades verlor daher, als mit dem Eintritt des Winters neue Ephoren ihr Amt antraten, nicht blos seinen ganzen seitherigen Einfluß, sondern man fing auch an, Verdacht gegen seine Zuverläſſigkeit zu hegen und ihm geheime Abſichten der ſchlimmſten Art zuzutrauen. Die neuen Gewalthaber ſchickten deshalb an den Admiral der Flotte, Aſtyochus, den Befehl, ihn heimlich aus dem Wege zu räumen, und Alcibiades, dem dies nicht verborgen blieb, mußte alſo auch für ſein Leben fürchten. Er wich den Nachſtellungen ſeiner Feinde dadurch aus, daß er ſich zuerſt zu Tiſſaphernes begab und dann durch geeignete Maaßregeln ſich den Weg zur Rückkehr nach Athen zu bahnen ſuchte. Zuerſt bewog er den perſiſchen Satrapen mit Hinweiſung auf die Athener, welche ihren Seeleuten von jeher nur halb ſo viel Sold gegeben hätten, als Tiſſaphernes den Peloponneſiern zahlte, den vertragsgemäß von ihm zu beſtreitenden Sold der peloponneſiſchen Flotte zu verringern. Dann zeigte er ihm, wie das wahre Intereſſe des perſiſchen Reiches nicht darin beſtehe, daß man die Spartaner auf Koſten Athens hebe, ſondern daß man die beiden Hauptmächte Griechenlands in einem gewiſſen Gleichgewicht und in beſtändiger Feindſchaft gegen einander erhalte. Durch dieſe Vorſtellungen brachte Alcibiades den Satrapen wirklich dahin, daß er die verſprochene Zuſendung phönieiſcher Schiffe verweigerte und dadurch die Flotte der Peloponneſier zur Unthätigkeit zwang.

Zu gleicher Zeit ſuchte Alcibiades in Athen ſelbſt ſeine Rückkehr vorzubereiten. Er bediente ſich dazu des Scheins von Einfluß, den er auf Tiſſaphernes ausübte und wandte ſich insgeheim an einige der angeſehenſten Männer der atheniſchen Flotte mit dem Anerbieten, die Perſer von der Verbindung mit Sparta abzubringen. Er zeigte ihnen, daß er jenen Satrapen, ebenſo, wie er ihn zur Verringerung des Soldes der Spartaner gebracht habe, auch bewegen könne, denſelben die Subſidien ganz und gar zu entziehen, daß aber die Spartaner ohne perſiſches Geld den Seekrieg nicht würden fortſetzen können. Die angeſehenſten Bürger auf der atheniſchen Flotte und alle Anführer derſelben, mit Ausnahme von zweien, Phrynichus und Stironibes, vor denen die Sache geheim gehalten wurde, ließen ſich hierauf in Unterhandlungen ein. Alcibiades verabredete mit ihnen dasjenige, was nöthig war, um ſeine Rückkehr nach Athen möglich zu machen. Er ſah, daß, ſo lange in Athen die Demagogen herrſchten, welche ihn vertrieben hatten, an eine Heimkehr für ihn nicht zu denken ſei; dieſe konnten aber ohne eine Veränderung der beſtehenden Verfaſſung des Staates nicht entfernt werden und es wurde alſo zwiſchen Alcibiades und den Führern der atheniſchen Flotte verabredet, daß eine Oligarchie eingeführt und zu dieſem Behufe Piſander nebſt einigen anderen

Abgeordneten des Heeres nach Athen geschickt werden solle. Phrynichus hatte zwar, sobald er von dem, was zu Gunsten des Alcibiades und der Oligarchie im Heere vorging, Kenntniß erhielt, die ganze Sache dadurch zu hintertreiben gesucht, daß er den spartanischen Admiral Astyochus davon benachrichtigte; dieser aber, der eine Creatur des Tissaphernes war und im Solde desselben gestanden haben soll, machte von der erhaltenen Anzeige nicht den Gebrauch, welchen Phrynichus erwartet hatte, sondern theilte sie dem Tissaphernes und Alcibiades selbst mit. Phrynichus erreichte also seine Absicht nicht, sondern brachte vielmehr sich selbst in große Gefahr; denn Alcibiades setzte seine Verbündeten im athenischen Heere von der Sache in Kenntniß, und Phrynichus vermochte nur durch ein äußerst schlaues Benehmen diese zu täuschen und sich aus den von ihm selbst gelegten Schlingen zu befreien. Die Abgeordneten des Heeres kamen im Anfang des Jahres 411 v. Chr. zu Athen an und trafen daselbst die nöthigen Einrichtungen zur Rückkehr des Alcibiades und zur Aenderung der Verfassung. Anfangs wollte das Volk durchaus nichts davon hören; Pisander mußte aber durch Hinweisung auf die schwierige Lage, in der sich Athen den Peloponnesiern und den Persern gegenüber befand, die Feinde des Alcibiades und alle Bürger von bedeutendem Einfluß zum Schweigen zu bringen und dem Volke den Gedanken der Oligarchie erträglicher zu machen. Die Volksversammlung faßte den Beschluß, daß Pisander mit zehn andern Bürgern abreisen sollte, um mit Alcibiades und Tissaphernes zu unterhandeln. Zugleich wurden Phrynichus und Skironides abgesetzt und zwei neue Strategen an ihre Stelle ernannt. Damit die Sache, die im besten Zuge war, nach der Abreise der Gesandten nicht wieder rückgängig werde, wandte sich Pisander an die Synomosien oder die aristokratischen Klubbs, welche unter den reicheren Bürgern zur gemeinschaftlichen Verfolgung ihrer Pläne bestanden, weil in Athen auch die Besseren gewisse Dinge nur auf diese Weise gegen die Demagogen durchsetzen konnten. Diese suchten nun das, was Pisander vorbereitet hatte, zu vollenden.

Als Pisander zur Flotte zurückkam, zeigten die Verhältnisse sich anders, als man früher gedacht hatte. Alcibiades hatte den Tissaphernes nicht ganz in seiner Gewalt und dieser hielt für besser, die Peloponnesier auch fernerhin zu unterstützen. Der persische Satrap machte, als die athenischen Gesandten zu ihm kamen, so große Forderungen, daß diese unmöglich darauf eingehen konnten. Sie kehrten unverrichteter Sache wieder zur Flotte zurück und Tissaphernes schloß gleich darauf einen neuen Vertrag mit den Spartanern, durch welchen das frühere Verhältniß wieder hergestellt wurde. Diese Umstände bewogen Pisander und seine Mitverschworenen im Heere, sich um

Alcibiades nicht weiter zu bekümmern, sondern ihren Plan einer Verfassungsveränderung, welche zugleich in Athen und in den Bundesstaaten vorgenommen werden sollte, für sich allein durchzusetzen. Pisander und die eine Hälfte der mit ihm von der Volksversammlung abgeschickten Comnissäre wurden sogleich nach Athen gesandt, um dort und in allen den Bundesstädten, in denen sie unterwegs landen würden, die Demokratie umzustoßen; die andere Hälfte aber begab sich einzeln in die übrigen Bundesstaaten, um daselbst eine oligarchische Verfassung einzuführen. Diese Versuche gelangen, wie es scheint, in allen Bundesstaaten, hatten aber zur Folge, daß in vielen derselben die neuen oligarchischen Gewalthaber von den Athenern abfielen und sich an die Spartaner anschlossen, deren Bündniß ihnen für den Fortbestand der Oligarchie sicherere Bürgschaft gewährte, als Athen.

In Athen hatten die Verbündeten Pisander's schon Alles für seine Ankunft vorbereitet. Die berühmtesten von diesen waren: der Redner Antiphon, welcher die eigentliche Seele der ganzen Partei war, der nachher als einer der 30 sogenannten Tyrannen noch berühmter gewordene Theramenes, der frühere Stratog Phrynichus, welcher sobald man den Alcibiades aufgegeben hatte, ebenfalls mit Eiser der oligarchischen Partei sich anschloß und endlich Aristarchus, Aristokrates und Alexilles. Diese und ihre Mitverbündeten hatten bereits Androkles, den einflußreichsten der Demagogen und andere Häupter der Gegenpartei aus dem Wege geräumt und bedrohten jeden Bürger, der in der Volksversammlung ihnen widersprach, mit dem gleichen Schicksal. Sie hielten die ganze Stadt in so großer Furcht, daß Volk und Rath nichts mehr zu beschließen wagten, was den Oligarchen mißfiel, ja, daß man sogar sich nicht getraute, wegen der geschehenen Mordthaten eine gerichtliche Untersuchung vorzunehmen. Unter diesen Umständen war es den Verschworenen gleich nach Pisander's Ankunft (im März 411 v. Chr.) um so leichter, die Verfassungsänderung durchzusetzen, als kurz zuvor die von den Spartanern unter Derchylidas an den Hellespont geschickten Truppen die Städte Abydus, Sestus und Lampsakus den Athenern entrissen hatten und auch die euböischen Städte sich in vollem Aufstande befanden. Man löste den Rath und die Volksversammlung auf und setzte an die Stelle des Ersteren 400 Männer, indem man fünf Männer mit der Befugniß aufstellte, sich weitere bis zu 100 zuzugesellen und jeden von diesen 100 wieder drei Bürger erwählen ließ. Dieser neue Rath, unter dem Einfluß der Furcht und aus lauter oligarchisch Gesinnten zusammengesetzt, welcher sich eine bewaffnete Macht zu seinem Schutze einrichtete, sollte die ganze Regierung in seiner Gewalt haben und nur so oft es ihm gutdünke, eine aus 5000 Bürgern bestehende Versamm-

lung zusammenberufen, um mit dieser die Hauptangelegenheiten des
Staates zu berathen. Die Oligarchen begannen ihre Regierung mit
großer Härte und Grausamkeit: sie ließen einige Verdächtige umbrin-
gen, warfen andere in den Kerker oder verbannten sie, versammelten
aber die 5000 Bürger auch nicht ein einziges Mal; ebensowenig riefen
sie einen der in früheren Zeiten Verbannten nach Athen zurück, damit
nicht auch Alcibiades heimkehre und durch seine Talente ihnen gefährlich werde. Dagegen schickten sie an den spartanischen König Agis zu
Decelia und nach Sparta Gesandte, um wegen der Herstellung des
Friedens zu unterhandeln.

Das athenische Heer, welches mit der Flotte in Samos sich befand
und bei dem schon vorher die demokratische Partei das Uebergewicht
erhalten hatte, nahm die Nachricht von der in Athen stattgehabten Verfassungsänderung in oligarchischem Sinne sehr übel auf. Von zwei
jungen Offizieren, Thrasibulus und Thrasyllus, geleitet, erklärte
dasselbe, daß es keine Befehle von den gegenwärtigen Gewalthabern
zu Athen annehmen werde. Der Aufforderung jener Beiden gemäß
schworen alle Soldaten den Eid des Hasses gegen die Oligarchie und
zugleich der festen Anhänglichkeit an das Vaterland und der Bereitwilligkeit, gegen die Spartaner Alles zu wagen. Sie setzten hierauf
ihre Anführer und alle verdächtigen Offiziere ab und übertrugen dem
Thrasybulus und Thrasyllus den Oberbefehl über das Heer und die
Flotte. In demselben Monat, in welchem dies geschah (April), fiel die
Stadt Byzanz von Athen ab, und dieser Abfall mußte, in Verbindung
mit der ganzen Lage der Dinge, die athenischen Truppen zur Zurückberufung des Alcibiades drängen. Die Meinung von den Talenten
dieses Mannes war so allgemein und so groß, daß selbst ein Mann
wie Trasibul, der zum Feldherrn geboren war, nur durch die Wiederaufnahme desselben dem drohenden Verderben wehren zu können
glaubte. Thrasybul trug also bei dem Heere, welches sich als das wahre
athenische Volk ansah, auf die Zurückrufung des Alcibiades an. Die
Soldaten nahmen seinen Vorschlag bereitwillig an. Alcibiades kam
sofort nach Samos, das Heer stellte ihn neben Thrasybul und Thrasyllus an seine Spitze und der Erfolg entsprach vollkommen den von ihm
gehegten Erwartungen.

Das Erste, was Alcibiades that, war, daß er den Ungestüm des
von Rache glühenden Heeres beschwichtigte und dasselbe von dem
Vorsatz, sofort nach Athen zu segeln und die Oligarchen zu vernichten,
zurückbrachte. Er bewahrte dadurch Athen vor einem furchtbaren
Bürgerkrieg und vor dem Untergang durch den äußeren Feind. Auf
seinen Antrag ließ das Heer den Oligarchen in der Vaterstadt erklären,
daß man sich eine nur aus 5000 Bürgern bestehende Volksversamm-

lung gefallen lassen wolle, dagegen die Auflösung der Behörde der
Vierhundert und die Wiederherstellung des alten Rathes verlange,
und keinerlei Art von Nachgiebigkeit gegen die Peloponnesier gestatte.
Unter den oligarchischen Herrschern von Athen war unterdessen bereits
große Zwietracht entstanden und die meisten derselben, mit Theramenes und Aristokrates an der Spitze, waren zum Einlenken geneigt.
Als daher jene Botschaft des Heeres in Athen anlangte, wurden die
Letzteren dadurch in ihren Bestrebungen ermuthigt und nahmen sich
nun, von den Demokraten unterstützt, der öffentlichen Sache um so
entschiedener an. Die Andern dagegen, an deren Spitze Antiphon,
Phrynichus, Pisander und Aristarch standen, suchten auf jede Weise
einen Frieden mit Sparta zu Stande zu bringen und ließen am Eingang in den Piräus ein Fort errichten, um Athen gegen einen etwai-
gen Angriff der zu Samos befindlichen Flotte zu schützen und zugleich
sich selbst gegen ihre Feinde in der Stadt sicher zu stellen. Sie reizten
dadurch ihre Gegner noch mehr auf und erregten den Verdacht verrätherischer Unterhandlungen mit Sparta. Als daher der als Gesandter
nach Sparta geschickte Phrynichus kaum zurückgekehrt war, wurde er
auf offenem Markte ermordet. Die Aufregung ward immer größer
und es kam endlich zu einem förmlichen Aufstand. Das am Piräus
erbaute Fort wurde von den Aufständischen der demokratischen Partei
geschleift und nur mit Mühe gelang es den Oligarchen, die Ruhe
wieder herzustellen. Als aber gleich darauf durch die spartanische
Flotte, welche nach Euböa segelte, die von Athen ausgesandten Schiffe
gänzlich geschlagen wurden, und die Insel Euböa, aus welcher die
Athener damals ihre meisten Lebensmittel bezogen, in die Gewalt der
Feinde gerieth, war das Volk nicht länger zu halten. Die Bürger
kamen auf der Pnyx, dem gewöhnlichen Orte für die Volksversammlungen zusammen, erklärten den Rath der Vierhundert für aufgehoben und übertrugen die Leitung der Dinge 5000 Bürgern, unter
welche alle, die zu den Schwerbewaffneten gehörten, aufgenommen
werden konnten (gegen Ende Juni 411 v. Chr.). Pisander, Alexikles,
Aristarch und die meisten ihrer Anhänger ergriffen sogleich die Flucht
und begaben sich zu den Spartanern in Decelia; Aristarch hatte auf
seiner Flucht noch schnell mit einigen Truppen Oenoë, eine kleine Burg
an der böotischen Grenze, besetzt und übergab dieselbe den Feinden.
Das Volk seinerseits beschloß jetzt, wo die Oligarchen gestürzt waren,
sogleich die Zurückrufung des Alcibiades.

Die neue Verfassung, welche das athenische Volk sich damals gab,
war eine gemäßigte Demokratie und wird von dem Geschichtschreiber
Thucydides als eine sehr verständige Mischung von Oligarchie und
Volksherrschaft gepriesen, deren Einführung der erste Schritt zur Ret-

tung Athens aus seiner verzweifelten Lage gewesen sei. Nach dieser
Verfassung leitete der Rath der Fünfhundert, welcher wieder eingeführt
wurde, die Regierung, und die Fünftausend vertraten die Stelle der
früheren, alle Bürger umfassenden Volksversammlung. Es war aber
auch hohe Zeit, daß der Friede im Innern wieder hergestellt wurde:
denn durch den Verlust der Insel Euböa, auf welcher die Athener nur
noch eine einzige Stadt besaßen, war Athens Macht bis auf den Grund
erschüttert worden. Alcibiades, Thrasybul und Thrasyllus wurden
jetzt die Retter ihrer Vaterstadt. Die beiden Letzteren fochten in der
Mitte Juli zwischen Sestus und Abydus am Hellespont, Alcibiades
im September bei Abydus einen Sieg über Mindarus, den neuen
Admiral der Spartaner. Alcibiades wurde zwar bald nachher (im
Anfang des Jahres 410 v. Chr.), als er sich zu Tissaphernes begab,
von diesem verhaftet und gefangen nach Sardes gebracht; er entrann
aber schon nach einem Monat und kehrte wieder zur athenischen Flotte
zurück. Es war indessen jetzt klar, daß die Athener auf persische Subsidien oder auch nur auf eine Auflösung der Verbindung zwischen den
Persern und Peloponnesiern nicht rechnen konnten. Alcibiades erklärte
deshalb dem Heere, daß man das Aeußerste wagen und eine entscheidende Hauptschlacht liefern müsse, da man, bei der gänzlichen Hülfs-
losigkeit Athens auf längere Zeit sich gegen das persische Geld nicht
halten könne. Er segelte hierauf, durch 40 neu angekommene Schiffe
unter Thrasybul und Theramenes verstärkt, gegen die feindliche Flotte
und lieferte derselben (Juli 410 v. Chr.) bei Cyzikus eine Schlacht,
in welcher Mindarus selbst fiel und alle Schiffe der Peloponnesier
vernichtet oder weggenommen wurden. Wie wichtig dieser von Alcibiades errungene Vortheil für Athen war, geht am besten aus dem
von den Athenern aufgefangenen Briefe hervor, welchen der feindliche
Unter-Admiral nach der Schlacht an den spartanischen Senat abschickte.
Derselbe bestand nach lakonischer Sitte bloß in den wenigen Worten:
„Das Glück ist dahin; Mindarus todt; die Leute hungern; wir wissen
nicht, was zu thun!" Alcibiades bemächtigte sich, in Folge des errungenen Sieges, der Stadt Cyzikus und einiger anderen am Hellespont
gelegenen Orte und verschaffte sich durch Contributionen das nöthige
Geld.

Das nächste Jahr (409 v. Chr.) verging ohne bedeutende Ereignisse. Thrasyllus, welcher soeben erst in Attika selbst einen Angriff des
Agis auf Athen zurückgeschlagen hatte, erschien mit einer Verstärkung
von 1000 Schwerbewaffneten und 50 Schiffen in den kleinasiatischen Gewässern. Er und Alcibiades erfochten jeder für sich einige
kleine Vortheile über die Spartaner und ihre Verbündeten, welche
fortwährend von den Persern unterstützt wurden, die aber am Ende

des vorhergehenden Jahres den tüchtigen Admiral Hermokrates von
Syrakus verloren hatten, weil eine Faction seiner Vaterstadt ihn
seines Amtes entsetzte. Im Herbste vereinigten sich die beiden athenischen Anführer und schlugen, nachdem sie ihre Schiffe bereits auf
das Land gezogen hatten, das Heer des Pharnabazus bei der Stadt
Abydus.

Im folgenden Jahr (408 v. Chr.) hatten die Athener in ihren
Unternehmungen großes Glück. Alcibiades und Thrasyllus belagerten
im Frühling die am Eingang des Bosporus gelegene Stadt Chalcedon,
schlugen den ihr zu Hülfe eilenden Pharnabazus zurück und zwangen
ihn zu einem Vergleiche, durch welchen derselbe zur Zahlung von 20
Talenten (52,000 fl. oder 29,000 Thlrn.) und zur Einstellung der
Feindseligkeiten verpflichtet wurde. Chalcedon, die thracische Stadt
Selymbria an der Küste der Propontis und endlich selbst die wichtige
Stadt Byzanz wurden hierauf von Alcibiades erobert. Thrasybul
unterwarf nachher auch die andern zu den Spartanern abgefallenen
Städte Thraciens, und Alcibiades trieb an der karischen Küste Contri-
butionen ein, während die Flotte der Peloponnesier nichts zu unter-
nehmen wagte.

In der Mitte des nächsten Jahres (407 v. Chr.) kehrte Alcibiades
in seine Vaterstadt zurück, deren Bewohner, wegen der spartanischen
Besatzung in Decelia, noch immer sich kaum aus deren Mauerkreis
herauswagen durften. Da die gänzliche Umgestaltung der Dinge, die
völlige Wiederherstellung der athenischen Macht ihm ganz allein zugeschrieben wurde, so war sein Triumph wie der Jubel des Volks
grenzenlos. Der größte Theil der Einwohner Athens strömte, als
sein mit Waffen und Schiffsschnäbeln der besiegten feindlichen Flotte
geschmücktes Geschwader landete, in dem Hafen Piräus zusammen.
Man empfing ihn mit Jubelgeschrei, warf ihm Kränze zu und zeigte ihn
den Jüngeren als den sieggekrönten Retter der Vaterstadt. Die Volksversammlung, in welcher er gleich nach seiner Landung auftrat, ernannte
ihn zum Oberanführer des Heeres und der Flotte mit ganz unumschränkter Gewalt und rüstete für ihn eine sehr große Kriegsmacht aus, für
welche alle Kräfte des Staates aufgeboten wurden. Als die Zeit des
großen Festes der eleusinischen Mysterien herannahte, beschloß Alcibiades, vermittelst desselben sein Ansehen im Volk noch mehr zu vergrößern
und zugleich den ihm einst gemachten Vorwurf der Entweihung dieses
heiligen Gottesdienstes auf eine glänzende Weise zu tilgen. Seit der
Besetzung Decelias durch die Spartaner hatte der große Festzug des
Volkes nach Eleusis nicht mehr zu Lande gehalten werden können.
Alcibiades stellte das leichte Fußvolk an verschiedenen Punkten des
Weges und der umliegenden Höhen auf, ließ die Umgegend von der

Reiterei durchstreifen, deckte den Zug durch die Schwerbewaffneten, und geleitete so das entzückte Volk glücklich nach Eleusis und wieder zurück.

13. Die letzten Jahre des peloponnesischen Krieges.

Die übermäßige Freude der Athener über den Mann, der, wie man glaubte, alles konnte, was er wollte, war indeß nur sehr kurz. Denn als Alcibiades, im dritten Monat nach der Rückkehr in seine Vaterstadt, wieder auf dem Schauplatz des Krieges erschien, fand er dort eine sehr veränderte Lage der Dinge. An der Spitze der peloponnesischen Flotte stand als Admiral der Spartaner, Lysander, welcher Alles in sich vereinigte, was zu einer glücklichen Fortsetzung des Krieges nöthig war, und die persische Regierung war jetzt mehr als jemals dem Interesse der Spartaner gewogen. Lysander besaß nicht allein große Feldherrntalente, sondern auch, was unter den damaligen Umständen noch mehr werth war, die größte Gewandtheit und Schlauheit. Er war einer der verschlagensten Männer, deren die Geschichte gedenkt und wußte sehr geschickt den Stolz und die Härte des Spartaners mit der Geschmeidigkeit und diplomatischen List eines persischen Höflings zu verbinden. Von seinem brutalen Stolze, seiner heimtückischen Hinterlist und seiner gewissenlosen Schlauheit werden manche Anekdoten erzählt, deren Wahrheit und Zuverlässigkeit freilich sehr verdächtig ist, die aber, wie die meisten solcher Erzählungen von hervorragenden Männern, den Charakter dieses Mannes und die Meinung, welche man allgemein von ihm hegte, treffend bezeichnen. Lysander soll als Grundsatz ausgesprochen haben, daß man da, wo die Löwenhaut nicht ausreiche, den Fuchspelz umhängen müsse, und daß Knaben durch Würfel, Männer aber durch Eidschwüre zu täuschen wären. Als einst bei einem Grenzstreite der Spartaner mit den Argivern die Letzteren ihre Ansprüche besser zu begründen wußten, als die Ersteren, deutete er auf sein Schwert mit den Worten hin, das sei das beste Beweismittel. Einem megarischen Gesandten, der sich bei einer Unterredung mit ihm sehr freimüthig ausdrückte, erwiderte er, seine Worte bedürften einer größeren Stadt. Als einst die Böotier den Spartanern den Durchzug durch ihr Land nicht gestatten wollten, erklärte er ihnen, es sei nur davon die Rede, ob sie wünschten, daß die Spartaner mit aufgerichteten oder mit gesenkten Speeren durch Böotien zögen.

Ein solcher Mann war ganz und gar zu den Unterhandlungen mit dem Hofe und den Satrapen des persischen Reichs befähigt, in welchem damals das Interesse der Spartaner noch dazu durch einen Prinzen auf das eifrigste vertreten wurde. Cyrus der Jüngere, ein Sohn des Königs Darius Nothus und der Liebling seiner Mutter Parysatis,

warb von dieser zum Nachtheil seines älteren Bruders, des nachherigen Königs Artaxerxes Mnemon, auf jede Weise begünstigt und
erhielt durch ihren Einfluß die Würde eines Oberstatthalters in den
westlichen See-Provinzen Kleinasiens, wo Tissaphernes nur Unterstatthalter von Jonien und Karien war. Parysatis wünschte, daß
Cyrus nach Darius Tode den Thron erhalte, und da Artaxerxes
als der älteste Sohn schon zum Nachfolger ernannt war, so hatte sie
ihrem Liebling jene Statthalterschaft in der Absicht verschafft, damit
er in Kleinasien mit den Griechen in Verbindung komme und später,
beim Tode des Königs, seinen Bruder mit Hülfe griechischer Soldtruppen gewaltsam verdrängen könne. Cyrus suchte nun als Ober-
statthalter die Griechen, besonders die Spartaner, für diesen ehrgeizigen
Plan zu gewinnen und Lysander, welcher gleich nach seiner Ernennung
zum spartanischen Admiral nach Ephesus und von da zu dem Prinzen
nach Sardes reiste, wußte denselben ganz und gar für sich und die
Spartaner einzunehmen. Er verstand vortrefflich, die Rolle eines
Höflings zu spielen und den Weg einzuschlagen, auf welchem man bei
persischen Fürsten allein zum Ziele gelangen konnte. Er erhielt von
den Persern eine Erhöhung des täglichen Soldes seiner Matrosen bis
auf vier Obolen (etwas über 16 Kreuzer oder gegen vier Groschen),
und die nächste Folge davon war, daß die Matrosen der Athener, welche
nur drei Obolen erhielten, in großer Zahl zu ihm überliefen.

Alcibiades wurde dadurch in große Verlegenheit gebracht. Seine
Flotte war zwar der spartanischen an Zahl der Schiffe überlegen, allein
Lysander, welcher wohl wußte, daß die Athener endlich dem persischen
Golde erliegen müßten, suchte jedes Zusammentreffen sorgfältig zu
vermeiden. Alcibiades errieth seinen Gegner und traf danach seine
Maaßregeln, wurde aber durch die Verwegenheit und den Ungehorsam
eines Untergebenen ins Verderben gestürzt. Er wollte nämlich, da es
ihm an Geld fehlte, dieses an der feindlichen Küste eintreiben und zugleich mit Thrasybul, der mit einem Geschwader vom Hellespont nach
Phokäa gesegelt war, eine Berathung halten und entfernte sich deshalb
von der Flotte, deren Commando er für die Dauer seiner Abwesenheit
dem Unter-Admiral Antiochus übertrug. Er befahl diesem, unter
keiner Bedingung sich in einen Kampf einzulassen; Antiochus aber
war ein eitler Mann und konnte der Versuchung nicht widerstehen: er
bot der in der Nähe seines Hafens vor Anker liegenden Flotte Lysander's ein Treffen an, wurde mit einem Verlust von 15 Schiffen
geschlagen und verlor selbst das Leben (im Oktober 407 v. Chr.).
Dieser Sieg der Spartaner bei Ephesus war an und für sich unbedeutend; desto bedeutender aber wurde er durch seinen Eindruck auf die
Athener, durch den Ruhm, den er dem Lysander verschaffte und durch

die dadurch bewirkte größere Bereitwilligkeit der Perser, diesen zu
unterstützen. Die Athener, welche von der Ernennung des Alcibiades
zum Oberanführer die glänzendsten Resultate erwartet hatten, wurden
durch die Nachricht von der Schlacht bei Ephesus nicht wenig überrascht; und obgleich er selbst an dem üblen Ausgang derselben ganz
unschuldig war, so wurde ihm dieser doch zum Vorwurf gemacht.
Seine Feinde klagten ihn in der Volksversammlung an, daß er die
Flotte nur wegen seines Hanges zur Schwelgerei verlassen, das Commando derselben nachlässiger Weise einem ganz unfähigen Genossen
seiner Lüste anvertraut und außerdem auch die erhobenen Contributionen zum Theil unterschlagen habe. Die leichtsinnigen Athener, deren
Vertrauen auf Alcibiades durch die Befestigung des Bündnisses zwischen Persien und Sparta bereits einen Stoß erlitten hatte, ließen sich
durch diese Verläumdungen berücken; sie setzten Alcibiades, ohne ihn
gehört zu haben, ab und beraubten so sich selbst ihres besten Anführers. Alcibiades zog sich, um weiterer Verfolgungen zu entgehen, auf
seine in Thracien gelegenen Güter zurück, auf welchen er in der letzten
Zeit eine kleine Burg als Zufluchtsstätte angelegt hatte.

An die Stelle des Alcibiades wurden zehn Strategen oder Anführer
ernannt, unter welchen Konon und Thrasyllus die fähigsten waren.
Zum Glück für Athen war damals auch für Lysander die Zeit des
Oberbefehls abgelaufen und der Nachfolger desselben, Kallikratidas,
seinem Vorgänger sehr unähnlich. Kallikratidas war ein Mann von
rauhen spartanischen Sitten, der sich nicht dazu verstehen konnte, in
den Vorzimmern persischer Satrapen zu erscheinen und durch unwürdige
Schmeicheleien dasjenige durchzusetzen, was auf geradem Wege nicht
zu erlangen war. Als er bald nach seiner Ankunft auf der Flotte sich
an das Hoflager des Cyrus in Sardes begeben hatte und dort einige
Tage hindurch die verlangte Audienz nicht erhalten konnte, reiste er,
ohne den Prinzen gesehen zu haben, mit der Erklärung ab, daß es eine
Schande für die Griechen sei, sich um des Geldes willen vor Barbaren
zu demüthigen. Kallikratidas wurde wegen dieses Benehmens von den
Persern nur sehr lau unterstützt. Nichtsdestoweniger führte er den
Krieg mit Glück. Er eroberte zuerst die Stadt Methymna auf Lesbos,
schnitt hierauf den Konon von der übrigen Flotte der Athener ab, nahm
ihm 30 Schiffe weg und schloß ihn in den Hafen von Mytilene ein
(406 v. Chr.). Der athenische Admiral Diomedon, welcher mit zwölf
Schiffen Konon entsetzen wollte, wurde von Kallikratidas ebenfalls
geschlagen und verlor zehn seiner Schiffe.

Auf die Nachricht von Konon's sehr bedenklicher Lage machte man
zu Athen die größten Anstrengungen, um ihn zu retten. Eine neue
Flotte von 110 Schiffen wurde in nicht weniger als dreißig Tagen

26*

ausgerüstet und man bot alle waffenfähigen Bewohner der Stadt, Sklaven wie Freie, zur Bemannung derselben auf. Diese Flotte vereinigte sich mit den Schiffen der Samier und anderer Bundesgenossen und bot hierauf, 150 Segel stark, zwischen Lesbos und dem festen Lande von Kleinasien, bei den arginusischen Inseln, dem Feinde eine Schlacht an. Kallikratidas nahm, ungeachtet der geringeren Zahl seiner Schiffe, die Schlacht an. Die athenische Flotte, auf welcher sich acht von den zehn Strategen befanden, wurde vortrefflich angeführt und trug einen glänzenden Sieg davon. Die Spartaner verloren 70 Schiffe und Kallikratidas selbst fiel im Kampfe; er hatte in der Schlacht die Aufforderung seines Steuermanns zur Flucht mit den Worten zurückgewiesen, es werde um Sparta nicht schlechter stehen, auch wenn er falle, sich durch die Flucht zu retten aber sei Schande (Juli 405 v. Chr.).

Bei den arginusischen Inseln hatte das Glück den Athenern zum letzten Male gelächelt. Lysander, der gefährlichste ihrer Gegner, erschien jetzt wieder auf der Bühne und das athenische Volk beraubte sich selbst der sieggekrönten Generale, die das Vertrauen der Flotte besaßen. Diese hatten gleich nach der Schlacht eine Berathung darüber gepflogen, ob man den Sieg benutzen und sogleich gegen die mit der Besiegung Konon's beschäftigten Feinde nach Mytilene segeln, oder dies unterlassen solle, um die vielen auf den halbzertrümmerten Schiffen im Meere umhertreibenden Mitbürger zu retten und die Leichen der Gebliebenen zum Behuf der Beerdigung aufzufischen. Man war zuletzt übereingekommen, das Erstere zu thun und 46 Schiffe unter dem Commando der Unteranführer Thrasybul und Theramenes zurückzulassen, um die Schiffbrüchigen zu retten und die Todten aufzusammeln. Als man aber jenen Beschluß ausführen wollte, entstand ein starker Sturm, welcher sowohl die Fahrt nach Mytilene, als auch die Rettung der Gescheiterten und die Aufbringung der Todten unmöglich machte. Die Zahl der Ersteren war sehr groß, da in der Schlacht 25 athenische Schiffe zertrümmert worden waren, von deren Bemannung sich nur Wenige ans Land hatten retten können. In Athen machte man aus dem Untergang der vielen schiffbrüchigen Bürger und aus der Nicht-Erfüllung der den Todten schuldigen Pflicht den Anführern ein Verbrechen. Theramenes und Thrasybul, auf welche die Strategen in ihrem schriftlichen Berichte die Schuld der versäumten Pflicht gegen die Unglücklichen geschoben hatten, traten als Ankläger auf und die acht Anführer, welche in der Schlacht den Oberbefehl gehabt hatten, wurden sogleich ihrer Stellen entsetzt. Als hierauf die Letzteren, mit Ausnahme von zweien, welche der drohenden Gefahr gleich von der Flotte aus durch die Flucht ausgewichen waren, nach Athen zurück-

kamen, wurden sie unmittelbar nach ihrer Ankunft in der Stadt verhaftet und vor der Volksversammlung angeklagt. Zum Unglück für
sie ward gerade ein Fest gefeiert, bei dem nun die Anverwandten der
in der Schlacht Umgekommenen in Trauerkleidern erschienen und durch
ihr Aussehen und ihre Zahl einen tiefen Eindruck auf die Gemüther
machten. Die Feinde der Angeklagten benutzten dies und wußten außerdem noch einen, der Verfassung des Staates widerstreitenden, Beschluß
des von dem Volke übereilt dazu bevollmächtigten Senats durchzusetzen,
nach welchem in der nächsten Volksversammlung über Leben und Tod
der sämmtlichen Anführer abgestimmt und die Verurtheilten hierauf
sogleich, ohne sich, wie das Gesetz doch bei Anklage auf Leben und
Tod vorschrieb, einzeln vertheidigen zu dürfen, hingerichtet, ihre Güter
aber eingezogen werden sollten. Die damaligen Prytanen widersetzten
sich zwar einem Verfahren, welches die Verfassung des Staates und
die heiligsten Rechte jedes Bürgers untergrub; allein sie wurden von
den Demagogen durch Drohungen eingeschüchtert und zum Schweigen
gebracht, mit Ausnahme eines einzigen von ihnen, des Philosophen
Sokrates, welcher dessen ungeachtet fortfuhr, auf das nachdrücklichste
gegen ein solches Verfahren zu protestiren. Alle acht Anführer wurden
zum Tode verurtheilt und die sechs anwesenden sogleich hingerichtet
(im Oktober 405 v. Chr.). Dieses Verfahren gegen verdiente Feldherren
erscheint bei der Nachwelt als ein Flecken der ganzen athenischen Verfassung; wer aber bedenkt, daß die in jener Schlacht Gebliebenen ihre
Vaterstadt aus der größten Gefahr gerettet haben, daß in einem Staate,
dessen Bestehen ganz und gar nur auf der Tüchtigkeit seiner Bürger
beruhte, eine Vernachlässigung der den Tapferen schuldigen Rücksicht
entmuthigend auf die Uebrigen wirkt und daß nach griechischen Volks-
begriffen die Seele dessen, welcher unbestattet blieb, Qualen erleiden
mußte, der wird, abgesehen von der Verletzung der gesetzlichen Formen,
die unglücklichen Feldherren bedauern, ohne das Volk zu verdammen.
Dieses ließ übrigens einige Zeit nachher die Demagogen, welche die
Anklage betrieben und die Volksversammlung zur Verletzung der Verfassung gedrängt hatten, in Untersuchung ziehen; es gelang denselben
aber, der Strafe durch die Flucht zu entgehen.

Die Bundesgenossen der Spartaner hielten bald nach der erlittenen
Niederlage in Ephesus eine Versammlung, in welcher sie den Beschluß
faßten, die Spartaner aufzufordern, daß sie dem Lysander von neuem
den Oberbefehl übertrügen. Auch in Sparta erkannte man diese Nothwendigkeit; da jedoch die Gesetze des Staates nicht erlaubten, einem
und demselben Manne zweimal das Ober-Commando der Flotte zu
geben, so half man sich mit einer Umgehung derselben, durch welche
der Form nach das Gesetz aufrecht erhalten wurde. Man ernannte den

Aratus, einen unbedeutenden Mann, der wohl wußte, daß er nur zum Schein gebraucht werde, zum Admiral, Lysander aber zu dessen Epistoleus oder Unter-Admiral. Der Letztere eilte sogleich nach Sardes zu Cyrus, brachte große Summen Geldes von da zurück, stellte die peloponnesische Flotte wieder her und suchte dann die reichen Seestädte am Hellespont, aus welchen die Athener einen großen Theil ihrer Staatseinkünfte zogen, zu erobern. In diese Gegend segelte deshalb auch die athenische Flotte, welche von Konon und fünf anderen Strategen befehligt wurde. Sie ging der von Lysander kurz zuvor eroberten Stadt Lampsakus gegenüber, an der Mündung des Flüßchens Aegospotamos (d. i. Ziegenfluß), vor Anker. Diese Stellung war sehr schlecht gewählt, weil der nächste Ort, aus dem man die Lebensmittel beziehen konnte, zu weit entfernt lag und weil die Flotte dort weder in einem eigentlichen Hafen sich befand, noch auch selbst, wie die Spartaner im Hafen von Lampsakus, an einer festen Stadt einen Rückhalt hatte. Alcibiades, welcher nicht weit von diesem Orte auf einem seiner Güter lebte, begab sich zur Flotte und warnte die Anführer; allein er wurde schnöde zurückgewiesen, nicht ihn hätten die Athener zum Feldherrn bestellt. Lysander hatte sogleich beschlossen, die Unvorsichtigkeit der Athener zu benutzen und hatte sie, indem er die wiederholt von ihnen angebotene Schlacht nicht annahm, noch sorgloser gemacht. Am fünften Tage endlich, als ein großer Theil der athenischen Mannschaft die Schiffe verlassen und sich am Ufer zerstreut hatte, überfiel er die feindliche Flotte und bemächtigte sich derselben fast ohne Schwertstreich. Von den athenischen Schiffen entkamen nur neun, welche unter Konon's Befehl standen und bei Lysander's Angriff allein vollständig bemannt waren; alle andern, 170 an der Zahl, wurden eine Beute des Siegers (Dezember 405 v. Chr.). Auch der größte Theil des Heeres gerieth nebst einigen Strategen in die Gewalt desselben. Die Gefangenen wurden in einem Kriegsrath, welchen Lysander mit seinen verbündeten Führern hielt, insgesammt zum Tode verurtheilt, weil, wie es hieß, auch die athenischen Admirale beschlossen hatten, allen Gefangenen die rechte Hand abzuhauen und weil kurz zuvor die gesammte Mannschaft zweier peloponnesischen Schiffe von ihnen getödtet worden war. Alle athenischen Gefangenen, deren Zahl auf 3000 angegeben wird, wurden hierauf wirklich hingerichtet, mit alleiniger Ausnahme des Strategen Adimantus, der in dem Kriegsrath der Athener jenem grausamen Beschlusse sich widersetzt hatte.

Mit diesem Schlage war die Macht Athens vernichtet und die Stadt selbst so wenig zu retten, daß auch Konon daran verzweifelte und mit seinem kleinen Geschwader nicht nach Athen floh, sondern nach der Stadt Salamis auf Cypern, deren Beherrscher Evagoras ihm

befreundet war. Lysander wandte sich nach dem Siege zuerst gegen
die den Athenern unterworfenen Seeplätze und Inseln; er nahm fast
alle attenischen Städte am Hellespont und in Thracien, sowie alle
Inseln der Athener, mit Ausnahme von Samos, welches allein sich ihm
nicht unterwarf. Von der Insel Aegina aus, die er dem kleinen Reste
der vertriebenen früheren Einwohner zurückgab, segelte er nach Salamis und von da endlich nach der Stadt Athen, welche er sogleich, in
Verbindung mit den Königen Agis und Pausanias II., zu Wasser und
zu Land enge einschloß. Die Athener waren durch die Nachricht von
dem Untergang ihrer Flotte in die größte Bestürzung gebracht worden
und hatten jetzt eine Belagerung zu bestehen, welche um so schwerer
auszuhalten war, da Lysander die athenischen Bürger in den eroberten Städten absichtlich nach Athen entlassen hatte, damit dort möglichst
viele Menschen zusammengedrängt würden. Die Spartaner schnitten
der Stadt alle Zufuhr ab, und da die Athener ihrer Flotte und aller
ihrer Bundesgenossen beraubt waren, so mußten sie sich bald ergeben.
Doch suchten sie, erst als sie auf das Aeußerste gebracht und viele
Hungers gestorben waren, um eine Capitulation nach. Ihre Gesandten
boten die Aufgebung aller athenischen Besitzungen außerhalb Attikas
und eine Bundesgenossenschaft mit Sparta an. Die Spartaner wiesen
dieses Anerbieten zurück und verlangten als Hauptbedingung des
Friedens die Schleifung der langen Mauern; lieber duldete man aber
noch eine Zeitlang die Qualen des Hungers, als daß man sich hierzu
verstand. Endlich, als wieder Viele aus Mangel an Lebensmitteln
gestorben waren, erbot sich Theramenes, als Abgesandter zu Lysander
zu gehen, um, wie er sagte, die eigentlichen Absichten der Spartaner
zu erforschen, der Wahrheit nach aber, um die Sache so lange hinzuhalten, bis man sich unter jeder Bedingung unterwerfen mußte und
dann die oligarchische Partei mit Hülfe der Spartaner die Herrschaft
erlangen könnte. Theramenes, dessen Vorschlag angenommen wurde,
blieb länger als drei Monate bei Lysander, schob nach seiner Rückkehr
die Schuld seiner langen Abwesenheit auf diesen und brachte die Erklärung mit, daß man zur Unterhandlung sich an die spartanischen
Ephoren wenden müsse. Nun wurde eine Gesandtschaft, an deren Spitze
der Verräther Theramenes selbst stand, mit unbeschränkter Vollmacht
nach Sparta geschickt und hier unter den härtesten Bedingungen ein
Vertrag abgeschlossen, welchen das athenische Volk alsbald bestätigte.
Zu Ende April des Jahres 404 v. Chr. wurde die Stadt den Feinden übergeben. Die Friedensbedingungen waren: die Schleifung der
langen Mauern und der übrigen Festungswerke, die Auslieferung
aller Schiffe bis auf zwölf, die Wiederaufnahme aller Flüchtigen und
Verbannten, die Herstellung eines engen Bundes mit Sparta oder mit

anderen Worten die Unterwerfung unter Sparta, und was das Aller-
härteste war, die Aufhebung der seitherigen Verfassung des Staates
und ihre Ersetzung durch eine Oligarchie von 30 Männern. Diese
Bedingungen wurden sogleich in Ausführung gebracht. Nachdem
Lysander unter Flötenspiel die Festungswerke der Stadt hatte schleifen
lassen, segelte er nach Samos, dessen Bewohner sich bald gleichfalls
unterwarfen. Sie mußten bis auf wenige, die zur oligarchischen Partei
gehörten, mit Zurücklassung aller ihrer Habe aus der Insel auswan-
dern. Damit endigte der peloponnesische Krieg, nachdem er 27 und
ein halbes Jahr gedauert hatte, mit der vollständigen Niederlage Athens
und der Demokratie.

———

V. Geschichte der Griechen

in der nächsten Zeit nach dem peloponnesischen Kriege.

—

1. Bis zur Wiederherstellung der früheren Verfassung Athens.

In der auf den peloponnesischen Krieg folgenden Zeit besaßen die
Spartaner wieder die Hegemonie von Griechenland; sie konnten
dieselbe aber nicht lange behaupten, sondern verloren sie an die
Thebaner, welche einige Jahrzehnte nach jenem Kriege durch Pelopidas und Epaminondas aus ihrer untergeordneten Stellung emporgehoben wurden. Mit dem Tode dieser beiden Männer sanken die
Thebaner wieder von ihrer Höhe herab und die Herrschaft von Griechenland ging an die Macedonier über. Zugleich mit diesem Wechsel
der Oberherrschaft, welcher den leitenden Faden der Ereignisse in den
nächsten 70 Jahren bildete, wurde allmälig eine große Veränderung
in dem Staatswesen der Griechen herbeigeführt, indem im Verlauf
des vierten Jahrhunderts v. Chr. die republikanische Verfassung der
griechischen Welt unterging und die in der nachfolgenden Zeit vorherrschende monarchische Einrichtung derselben vorbereitet wurde.

Dieser allmälige Uebergang zur monarchischen Staatsform ist die
wichtigste Seite der griechischen Geschichte in den ersten Zeiten nach
dem peloponnesischen Kriege. Er wurde dadurch herbeigeführt, daß
die Sitten sich geändert hatten und bei der veränderten Gesinnung und
dem Mangel an Vaterlandsliebe und Uneigennützigkeit das Bedürfniß
der entscheidenden Autorität eines Regenten überall gefühlt ward.

Griechenland verkannte seine bisherige Freiheit und deren Grundsätze, und so zog der Verfall der Sitten und des eigentlich griechischen Geistes auch den Verfall der Verfassungen nach sich. Zu gleicher Zeit veranlaßte die Eifersucht der einzelnen Glieder des griechischen Stammes ebenso, wie früher, fortwährend Krieg zwischen seinen Staaten, welche vieles von der Wuth bürgerlicher Kriege an sich hatten, und beschleunigte dadurch den Untergang der Republiken. Die Möglichkeit eines längeren selbstständigen Fortbestehens der griechischen Freistaaten war schon am Ende der vorhergehenden Zeit geschwunden. Zwar traten noch bedeutende Männer, wie Agesilaus in Sparta, Epaminondas und Pelopidas in Theben, Iphikrates und Andere in Athen auf, welche ihre eigenen Staaten vom Untergange retteten; aber sie waren nicht im Stande, die allgemeine Verwirrung aufzuheben und die Ordnung in dem gesammten Vaterland wieder herzustellen. Dies konnte nur durch eine dictatorische Gewalt geschehen, an eine solche war aber in griechischen Republiken nicht zu denken. Der Geist der Zeit und die Umstände erforderten, um Griechenlands Blüthe zu erhalten, eine monarchische Regierung, welche nicht einen widerrechtlichen und gewaltsamen Ursprung hatte, sondern gesetzlich, herkömmlich, volksmäßig und deshalb auch fest gegründet und kräftig war. Macedonien war das Land, aus welchem eine solche Regierung den Griechen kommen konnte, weil dort von jeher eine Art constitutioneller Monarchie bestanden hatte; und die göttliche Vorsehung lenkte deshalb den Gang der Dinge so, daß zuletzt, als die Kraft der griechischen Staaten sich durch gegenseitige Bekämpfung verbraucht hatte, dieses Land die Oberherrschaft in Griechenland erhielt.

Dies ist der innere Zusammenhang der Ereignisse, welche die Geschichte Griechenlands in den nächsten 70 Jahren nach dem peloponnesischen Krieg bilden und mit dem Mißbrauch der von den Spartanern wieder erlangten Oberherrschaft ihren Anfang nehmen. Die Spartaner waren ebenso, wie die übrigen Griechen, entartet und ihrer eigenen Natur untreu geworden. Die höheren Klassen dieses Volkes hatten, statt der Einfachheit und strengen Zucht früherer Zeiten, sich der Genußsucht und Geldgier ergeben. Sie fingen damals an, die Syssitien oder die gemeinschaftlichen öffentlichen Mahle nicht mehr zu besuchen, schwelgten statt dessen zu Hause in großer Ueppigkeit und trieben in ihrer häuslichen Einrichtung Aufwand der mannigfaltigsten Art. Mit dieser eingetretenen Aenderung in der Gesinnung und Lebensweise der einzelnen Bürger änderte sich auch der Charakter des Staates, sowohl in seinen inneren als äußeren Verhältnissen. Der spartanische Staat, welcher Jahrhunderte lang von inneren Unruhen frei geblieben, und deshalb als Gegensatz gegen die unruhigen Demo-

kratieen oft gepriesen worden war, gerieth von jetzt an in bedenkliche
Bewegungen und Erschütterungen, so daß mit dem Beginn des vierten
Jahrhunderts v. Chr. auch jene Lobreden verstummten. In den Beziehungen zu anderen Staaten aber waren Habgier und Herrschsucht
die Charakterzüge der spartanischen Regierung geworden. Statt als
das Hauptvolk Griechenlands mit Gerechtigkeit, Billigkeit und Enthalt-
samkeit den gemeinsamen Angelegenheiten vorzustehen, mißbrauchten
die Spartaner, auf militärische Gewalt sich stützend, ihr Uebergewicht
und mißhandelten selbst ihre alten Bundesgenossen. Sie traten ganz
und gar in die Fußstapfen der Athener, machten sich aber dadurch nicht
allein ebenso sehr verhaßt, sondern kamen auch mit sich selbst und mit
ihrer ursprünglichen Staatseinrichtung in Widerspruch, da diese durchaus nicht auf ein eroberndes Volk berechnet war. Sie geriethen also
durch ihre neue Stellung und die daraus hervorgehenden Unternehmungen in eine unruhige Bewegung, die weder ihrem Charakter, noch
den Grundgesetzen ihres Staates angemessen war.

In allen eroberten Städten der asiatischen Küsten und auf den
unterworfenen griechischen Inseln hatte Lysander eine aus allemal
zehn Männern bestehende oligarchische Regierung der gehässigsten und
drückendsten Art eingesetzt, welche ohne allen Gedanken daran, daß
jede Regierung für die Gesammtheit der Bürger da ist, als eine bloße
Partei austrat und die erlangte Gewalt zur Verfolgung der Gegenpartei mißbrauchte. Lysander war den wüthenden Oligarchen zur
Befriedigung ihrer Rachgier behülflich und benutzte sogar für sich allein
seine Macht, um die verhaßten Demokraten grausam zu bestrafen. In
Thasos z. B. ließ er 800 Einwohner erwürgen und ihre Weiber und
Kinder in die Sklaverei verkaufen, von der Insel Samos verjagte er
alle demokratischen Einwohner und in Milet tödtete die oligarchische
Partei mit seiner Hülfe 340 ihrer Mitbürger und zwang nicht weniger
als 1000 andere, nach Kleinasien zu fliehen. An der Spitze der von
Lysander eingesetzten Regierungen, welche Dekarchieen oder Regierungen der Zehn genannt wurden, stand je ein Spartaner unter dem
Namen eines Harmosten oder Befehlshabers, welcher meistens
zugleich eine größere oder kleinere spartanische Besatzung zu seiner
Verfügung hatte. Die Harmosten übten eine rohe Gewalt, und ihr
willkürliches Verfahren war für die ihnen unterworfenen Städte und
Inseln um so drückender, als die Spartaner von Hause aus zu Strenge
und Härte viel mehr geneigt waren, als die Athener. Ja, es mußte
sogar, nach der ganzen Verschiedenheit beider Staaten, der Druck,
welchen die griechischen Städte durch die spartanische Oberherrschaft
zu erleiden hatten, viel peinlicher sein, als er vorher bei ihrer Unterwerfung unter die Athener gewesen war, weil Sparta weit weniger im

Stande war, auswärtige Besitzungen ohne Bedrückung der Bundesgenossen zu behaupten, als die durch Handel und Industrie blühende
Stadt Athen, welche in wichtigen Beziehungen die gleichen Interessen
hatte, wie ihre Unterworfenen.

Auch Athen war durch die Spartaner unter das Joch schändlicher
Oligarchen gekommen. Die Einsetzung einer Regierung, welche ganz
oligarchisch und durch die Zahl ihrer Glieder der spartanischen ähnlich
sein sollte, war schon vor der Uebergabe der Stadt zwischen Lysander
und Theramenes verabredet worden, und das Volk hatte sich dazu
verstehen müssen, weil der Erstere drohte, daß, wenn man diese Oligarchie nicht annähme, es sich nicht mehr um die Staatsverfassung,
sondern um die Existenz Athens handeln würde. Die dreißig Männer,
aus welchen die neue Regierungsbehörde bestand, führten gewöhnlich
den Namen der dreißig Tyrannen oder auch blos der Dreißig.
Eigentlich waren dieselben nur ernannt, um die vorhandenen Gesetze
durchzusehen und eine neue Verfassung einzurichten, sie hatten aber,
nach dem bei Griechen und Römern in solchen Fällen herrschenden
Gebrauche, während der Dauer dieses Geschäftes zugleich die ganze
Regierung und Verwaltung des Staates in Händen. Ihre Ernennung geschah nur scheinbar durch die Stimme des Volkes; denn zwei
Drittel derselben waren schon vorher von Lysander und der oligarchi-
schen Partei in Athen dazu bestimmt worden. Zehn derselben nämlich hatte Theramenes als Mitglieder der neuen Behörde bezeichnet,
zehn andere waren von einem oligarchischen Klubb ernannt worden,
der sich gleich nach der unglücklichen Schlacht bei Aegospotamoi in
Athen gebildet hatte, und nur die zehn übrigen wurden von dem
Volke selbst neu erwählt. Alle dreißig Tyrannen hatten zu jenen
Vierhundert gehört, welche im Jahre 411, in Folge der oligarchischen
Verschwörung Pisander's und seiner Verbündeten, sich der Regierung
auf einige Monate bemächtigt hatten, und verdankten zum Theil ihre
Rückkehr aus der Verbannung dem Siege der Spartaner über ihre
Vaterstadt.

Die Dreißig ernannten gleich nach ihrer Einsetzung die Beamten
und einen neuen mit Gerichtsbarkeit bekleideten Rath, und zwar natürlich aus der Zahl ihrer Anhänger. Ihre ersten Handlungen waren
hart, aber nicht geradezu ungerecht: sie bezweckten die Vernichtung des
sogenannten Sykophanten-Wesens, und diese wurde auf gesetzlichem
Wege, nämlich durch den Rath, bewerkstelligt. Die Klasse von Menschen, welche man Sykophanten nannte, war in der letzten Zeit
sehr zahlreich und ein wahrer Krebsschaden des Staates geworden.
Der diesen Leuten beigelegte Name bedeutet wörtlich so viel als Feigen-
Anzeiger und soll ursprünglich solchen Bürgern gegeben worden

ſein, welche die gegen das Verbot der Feigen-Ausfuhr Handelnden
aufſpürten und anzeigten. Man übertrug aber dieſen Namen nachher
auf alle diejenigen, die daſſelbe bei den Gerichten thaten, was die
Demagogen in der Volksverſammlung betrieben, d. h. welche einzelne
Mitbürger aus Bosheit oder Gewinnſucht verleumdeten und durch
falſche, ränkevolle Anklagen zu verderben ſuchten. Dieſe Menſchen,
die ſeit Perikles Zeit immer mehr an Zahl zunahmen und ihr Weſen
auf eine für die rechtlichen Bürger ſehr verderbliche Weiſe trieben,
waren ebenſo, wie die Demagogen, ein gefährliches Uebel, deſſen
Ausrottung zum Gedeihen des Staates nothwendig war. Die dreißig
Tyrannen begannen daher ihre Regierung nicht mit Unrecht damit,
daß ſie alle, welche auf dieſe Weiſe das Volk aufgehetzt und irre geleitet hatten, verhaften und vor dem Senat anklagen ließen. Es wurden eine Anzahl derſelben durch richterlichen Spruch verurtheilt und
hingerichtet.

Die beſſeren Bürger waren mit dieſem Verfahren der Dreißig zufrieden und fühlten ſich anfangs durch die Herrſchaft derſelben nicht
beeinträchtigt; allein einige der neuen Herrſcher hatten ganz andere
Abſichten, als die bloße Einrichtung der Verfaſſung. Sie wollten ſich
im Beſitze der höchſten Macht befeſtigen, und dies war ohne gewaltſame
Mittel nicht möglich, zumal da mehrere ihrer Collegen, namentlich
Theramenes, die eigentliche Aufgabe der Dreißig im Intereſſe der
oligarchiſchen Partei erfüllt haben wollten und zu dieſem Zwecke in
der Bürgerſchaft ſich eine Stütze zu ſchaffen ſuchten. Die Erſteren ſetzten daher unter ihren Collegen ſehr bald den Beſchluß durch, daß
die Spartaner um die Zuſendung einer bewaffneten Macht erſucht
werden ſollten. Ihr Geſuch wurde erfüllt und die von Sparta geſandte
Schaar, welche unter dem Oberbefehl des mit Lyſander befreundeten
Harmoſten K a l l i b i u s, eines rohen Soldaten, ſtand und ihren Sold
aus dem athenischen Staatsschatz erhielt, beſetzte die Burg von Athen.

An der Spitze der gewaltthätigen Partei unter den dreißig Herrſchern ſtand K r i t i a s, ein genialer Mann in ſeiner Art und durch
Geburt, Reichthum und Bildung ausgezeichnet. Er war wie Alcibiades eine Zeitlang Schüler des Sokrates geweſen, hatte aber, wie
dieſer, niemals für die moraliſchen Beſtrebungen ſeines Lehrers Sinn
gehabt, ſondern im Verkehr mit ihm blos geiſtige Gewandtheit und die
für einen Staatsmann nöthige Bildung zu erlangen geſucht. Er war
ein Mann voll Herrſchſucht und war außerdem von Rachgier getrieben,
weil ihn das Volk früher einmal aus Gründen, die uns unbekannt
ſind, auf einige Jahre aus Athen verbannt hatte. Dieſer Mann,
welcher unter den Dreißig die Hauptrolle ſpielte und die eigentliche
Seele der damaligen Regierung war, hatte ſich ein conſequentes Syſtem

der Tyrannei entworfen und wollte dasselbe ohne irgend welche Rücksicht und Scheu und mit einem Muthe, der eine bessere Sache geehrt
hätte, gewaltsam durchsetzen. Darüber gerieth er alsbald mit Theramenes in Zwist, es hatte aber dies anfangs keine weiteren Folgen,
weil Kritias seinen Gegner eine Zeitlang stets wieder zu beschwichtigen
und seine übrigen Collegen zu gewinnen und mit sich fortzureißen
wußte.

Die dreißig Tyrannen richteten nun allmälig unter Kritias Leitung
eine systematische Verfolgung gegen alle diejenigen ein, welche ihrer
Herrschaft gefährlich waren, oder durch großes Vermögen ihre Habgier reizten. Dabei waren ihnen die spartanischen Truppen unter
Kallibius als Schergen behülflich, und spartanische Raubsucht hatte an
den Gräueln, welche begangen wurden, eben so sehr Antheil, als die
Habgier, die Herrschsucht und der Racheburst der dreißig Tyrannen
und ihrer Anhänger. Unter dem Vorwand, den Staat von unruhigen
und schlechten Menschen zu befreien, wurde eine so große Menge von
Bürgern und Beisassen der Raubgier und Herrschsucht der Dreißig
zum Opfer gebracht, daß die Zahl aller damals Hingerichteten 13 bis
1500 betragen haben soll. Unter ihnen waren Niceratus, der durch
edlen Sinn und zu seinem Unglück zugleich durch Reichthum ausgezeichnete Sohn des Nicias, der reiche Antiphon, welcher nicht mit
dem berühmten Redner dieses Namens zu verwechseln ist, und der
wegen seines unbescholtenen Lebenswandels gepriesene Leon von Salamis die Angesehensten. Viele Bürger, unter ihnen namentlich auch
Thrasybul, wurden aus der Stadt verbannt, oder entzogen sich durch
freiwillige Flucht der Wuth der grausamen Herrscher. Die Verfolgungen und Hinrichtungen nahmen zu, da trotz der vielen Güter-
einziehungen, welche stets damit verbunden waren, die durch den Krieg
erschöpfte Staatskasse zur Bestreitung der laufenden Ausgaben durchaus nicht hinreichte.

Mitten unter diesen Grausamkeiten und durch dieselben entstand
zwischen den beiden bedeutendsten Häuptern der Regierung, Kritias
und Theramenes, ein neuer Zwist, welcher die wichtigsten Folgen hatte.
Kritias wollte Alles außer seinen Anhängern vernichten und durch
Schrecken niederhalten, Theramenes dagegen wollte Maaß und Ziel
gehalten wissen. Der Letztere drang darauf, daß man mit Schonung
verfahre und so der Oligarchie in der Bürgerschaft einen größeren
Anhang und dadurch Dauer verschaffte, er machte sich aber dadurch
seinem herrschsüchtigen Gegner verdächtig. Kritias fürchtete, Theramenes mache Partei gegen ihn und wolle sich der Gemäßigten bedienen, um die Schreckensmänner zu stürzen. Um dem zuvorzukommen,
benutzte er jene Forderung des Theramenes zu seinem eigenen Vortheil,

und ließ durch seine Collegen den Beschluß fassen, daß alle Bürger
mit Ausnahme von 3000, auf die man sich verlassen zu können glaubte,
entwaffnet und von jedem Amte und jedem Antheile an der Regierung
ausgeschlossen werden sollten. Nachdem dies geschehen und die von
der Masse der Bürgerschaft abgelieferten Waffen auf der Burg niedergelegt worden waren, verfolgten die Tyrannen ihren Zweck noch rücksichtsloser und ließen ihrer Raubgier und Herrschsucht völlig die Zügel
schießen. Sie kamen untereinander überein, die dreißig wohlhabendsten
Metöken oder Beisassen zu tödten und ihre Güter einzuziehen und
faßten den Beschluß, daß jeder der dreißig Tyrannen einen derselben
auf die Liste setzen sollte. Theramenes weigerte sich dies zu thun und
trat nachdrücklich gegen jede auf bloßer Habgier beruhende Verfolgung
auf. Dies wurde von Kritias benutzt, um ihn zu verderben. Er berief
den Rath, welcher damals zugleich der einzige Gerichtshof von Athen
war, umgab denselben mit bewaffneten Haufen seiner Anhänger und
klagte Theramenes als einen gegen die bestehende Regierung feindseligen Mann an. Dieser wußte sich aber so gut zu vertheidigen, daß
der Rath, obgleich seither ein williges Werkzeug jeder Gewaltthat, sich
auf seine Seite neigte.

Zu einer Freisprechung des Theramenes durfte Kritias es nicht
kommen lassen, wenn er nicht selbst sein Leben in Gefahr bringen
wollte; er mußte also das Aeußerste wagen. Er erklärte dem Rath,
indem er auf die an den Schranken stehenden und seines Winkes ge-
wärtigen Bewaffneten hinwies, daß er in seinem und seiner Collegen
Namen Theramenes von der Liste der Dreißig streiche. Da früher
festgesetzt worden war, daß nur die dreißig Tyrannen und die 3000
Bürger, die das Recht Waffen zu tragen behalten hatten, von dem
Rathe gerichtet werden, alle andern Athener aber dem Gutbünken der
Ersteren überlassen sein sollten, so war dadurch Theramenes der Willkür seiner Collegen preisgegeben. Auch fügte Kritias seinen Worten
sogleich die weitere Erklärung hinzu, daß er und seine Amtsgenossen
den Angeklagten zum Tode verurtheilten. Theramenes, welcher von
den schwachen und eingeschüchterten Menschen, die den Rath bildeten,
keine Hülfe gegen des Kritias Schergen hoffen konnte, nahm nach dieser
unerwarteten Wendung seine Zuflucht zu dem im Versammlungssaale
stehenden Altar. Vergebens erinnerte er die Anwesenden daran, daß,
wenn man das willkürliche Ausstreichen seines Namens dulde, auch
jeder von ihnen seines Lebens nicht mehr sicher sei; vergebens sagte
er, er wisse zwar, daß Kritias auf Altäre und Götter keine Rücksicht
nehme, wolle aber wenigstens seinen Mitbürgern zeigen, daß derselbe
nicht blos die menschliche Gerechtigkeit, sondern auch die Ehrfurcht
vor den Göttern mit Füßen trete. Niemand wagte, sich für ihn zu

erheben und Kritias ließ ihn vom Altar wegreißen und ins Gefängniß schleppen, wo er sogleich den Giftbecher trinken mußte. Als er
den Becher geleert hatte, goß er die noch übrigen Tropfen auf den
Boden, indem er ausrief: „Dies ist für den Ehrenmann Kritias!"

Theramenes ist im Alterthum oft gepriesen und bewundert worden,
weil er den Tod mit männlichem Muth erlitt und weil er als ein
Opfer seiner eigenen Mäßigung und der rücksichtslosen Wuth seiner
Collegen starb; unverdient ist aber sein Tod nicht gewesen. Er selbst
hatte sich in seiner politischen Laufbahn ungesetzlicher und zum Theil
abscheulicher Mittel bedient und wurde mit Recht von der Oligarchie
vernichtet, weil er selbst, nachdem er vor allen Andern dieselbe gegründet hatte, sie untergrub. Auch unter der Demokratie wäre er nicht mit
Unrecht verurtheilt worden; denn er hatte zweimal dieselbe zerstören
helfen und um dies zu erreichen, einmal sogar seine Vaterstadt an die
Feinde verhandelt.

Von jetzt an überstiegen die Grausamkeiten, Beraubungen, Hin-
richtungen und Verbannungen jedes Maaß. Man wollte zuletzt sogar
Niemanden mehr den Aufenthalt in der Stadt erlauben, außer den
Dreitausend, denen das Recht Waffen zu tragen gewährt worden war,
und vertrieb viele auch aus ihren Landgütern, welche dann von den
Dreißigen und ihren Anhängern in Besitz genommen wurden. Theben,
Megara und andere Städte füllten sich mit athenischen Flüchtlingen.

In das traurige Schicksal seiner Vaterstadt, welche von wüthenden
Gewalthabern gepeinigt ward, wurde auch Alcibiades verwickelt, obgleich er fern von ihr in der Verbannung lebte. Doch sind die Nachrichten über das Lebensende dieses Mannes widersprechend und es ist
nicht ausgemacht, ob die Spartaner und die ihnen befreundeten Herrscher in Athen oder der persische Statthalter Pharnabazus die Schuld
seines Todes tragen. Er soll nach einer dritten Nachricht sogar als
das Opfer einer bloßen Privatrache gefallen sein. Die Spartaner
hatten ihm, aus Furcht vor seinem Talent und Ehrgeiz, den Aufenthalt auf seinen thracischen Gütern nicht lange gestattet und er war nach
Kleinasien geflohen, wo Pharnabazus ihn freundlich aufnahm. Auch
hier soll ihn der Haß und die Furcht der Spartaner verfolgt haben,
welche noch überdies von Kritias und seinen Collegen angereizt wurden, weil diese von der Gewandtheit und dem Ansehen dieses Mannes
mehr, als von irgend einem anderen Vertriebenen, Gefahr für ihre
Herrschaft befürchten mußten. Alcibiades wurde in einem phrygischen
Dorfe getödtet, entweder weil einige Privatleute, die er durch seine
grenzenlosen Ausschweifungen beleidigt hatte, sich durch seine Ermordung rächten, oder weil Pharnabazus der Aufforderung der Spartaner,
den für die Ruhe Griechenlands und Persiens gefährlichen Mann aus

dem Wege zu räumen, Folge leistete, oder endlich weil Alcibiades von
den geheimen Rüstungen des Prinzen Cyrus gegen den König Artaxerxes II. Kenntniß erhalten hatte, und Pharnabazus die Absicht desselben, sich nach Susa zu begeben und einen Krieg des Königs gegen
die mit Cyrus befreundeten Spartaner herbeizuführen, hintertreiben
wollte. Die zur Ermordung des Alcibiades abgeschickte Schaar wagte
nicht, in dessen Wohnung einzubringen und ihn geradezu anzugreifen,
sondern umzingelte das Haus und steckte es in Brand. Alcibiades
stürzte mit gezücktem Schwerte aus seiner brennenden Wohnung heraus; die Soldaten wichen erschreckt vor ihm zurück, tödteten ihn aber
aus der Ferne mit ihren Pfeilen. Seine Leiche ward von der Hetäre
Timandra bestattet, welche ihm nach Kleinasien gefolgt war.

Die dreißig Tyrannen bereiteten durch ihre Schreckensregierung,
namentlich aber durch die Vertreibung so vieler Bürger sich selbst den
Untergang, und schon acht Monate nach ihrer Einsetzung wurden sie
der Herrschaft wieder verlustig. Thrasybul überrumpelte mit 70 andern
Flüchtlingen von Theben aus, wo man, mit Sparta unzufrieden,
den Flüchtlingen eine Zuflucht gewährt hatte, die attische Grenzfeste
Phyle. Hier sammelten sich so viele Vertriebene und Unzufriedene
um ihn, daß er bald über eine Schaar von 700 Mann gebot und
daß die Dreißig, um die weitere Ausbreitung des Uebels zu hindern,
einen Angriff auf diesen Zufluchtsort nöthig fanden. Der Angriff
scheiterte, Thrasybul dagegen bemächtigte sich des Hafens Piräus und
der Vorstadt Munychia. Von diesem Augenblick an fanden täglich
Gefechte Statt und Bürgerblut floß in Strömen. In einem dieser
Gefechte fielen Kritias und Hippomachus, die beiden gewaltthätigsten
der dreißig Tyrannen und die einzigen, welche im Stande gewesen
wären, das Begonnene mit Muth und Kraft durchzusetzen. Dadurch
ward es möglich, die Parteien zu vergleichen; Kleokritus, ein Beamter
der Mysterien, suchte die Dreitausend, welche unter der Herrschaft der
Dreißig allein politische Rechte besaßen, mit den übrigen Bürgern
auszusöhnen. Seine Bemühung hatte einigen Erfolg; schon am folgenden Tag entflohen die Tyrannen und ihre Anhänger nach Eleusis,
und an ihrer Stelle ward eine andere Regierungs-Behörde eingesetzt,
welche aus zehn Männern, je einem aus jeder Phyle oder Bürger-
classe, bestand (im Frühjahr 403 v. Chr.).

Um gegen Regierungsgrundsätze der vertriebenen Oligarchen und
ihren Einfluß gesichert zu sein, hatte man zu dieser neuen Obrigkeit
absichtlich solche Männer gewählt, welche Feinde des Kritias gewesen
waren, weil man annahm, daß sie eben deshalb Freunde der Vertriebenen wären. Allein man hatte sich in ihnen geirrt: sie wollten
als neue Oligarchen ebenso unumschränkt wie die verjagten Tyrannen

herrschen und dachten ebenso wenig, wie die Dreitausend, daran, sich mit den von jenen Vertriebenen zu verständigen oder gar, wie Viele gehofft hatten, die alte Demokratie wiederherzustellen. Die Freunde der Volksherrschaft strömten daher, über die zehn Männer erbittert, in den Piräus zu Thrasybul hinaus, um in Verbindung mit ihm und seiner Schaar durch die Waffen zu erlangen, was man in Güte nicht gewähren wollte.

Die zehn Männer verzweifelten bald an der Möglichkeit, sich mit eigenen Mitteln im Besitz der Herrschaft und der Stadt Athen zu behaupten und erbaten sich Hülfe von den Spartanern, an welche auch die 30 Tyrannen von Eleusis aus Abgeordnete geschickt hatten. Von Sparta aus erschien alsbald Lysander und sein Bruder Libys, jener als Anführer zu Lande, dieser als Admiral einer kleinen Flotte von 40 Schiffen. Libys sperrte den Hafen Piräus und Lysander schloß denselben von der Landseite ein. Die unglückliche, dreifach getheilte Stadt Athen sah sich also von neuem mit dem Untergang bedroht. Ein glücklicher Zufall rettete sie. Der spartanische König Pausanias II. und die Mehrzahl der damaligen Ephoren waren nämlich keine Freunde Lysander's, sie sahen ein, daß diese herrschsüchtigen Parteiführer ihrem Staate überall einen für die Behauptung der spartanischen Uebermacht bedenklichen Haß zugezogen habe und neigten sich deshalb zu einer friedlichen und gemäßigten Politik. Jener Haß hatte bereits so sehr zugenommen, daß selbst das kleine Megara es wagte, einem Schiffskapitain, der am meisten zum Siege der Aegospotamoi beigetragen hatte, trotz der Verwendung Lysander's, das nachgesuchte Bürgerrecht zu verweigern und daß Sparta selbst im vorhergehenden Winter für gut befunden hatte, einen Theil der von Lysander in verschiedenen Städten eingesetzten Oligarchieen wieder aufzuheben. Die Gegner Lysander's bewirkten demgemäß die Absendung eines neuen Heeres nach Attika, dessen Commando dem Könige Pausanias übertragen ward, welcher zugleich die oberste Leitung der ganzen, den athenischen Zwist betreffenden Angelegenheit erhielt. Pausanias hemmte nach seiner Ankunft in Attika sogleich Lysander's gewaltsame Schritte und suchte so schnell als möglich den Frieden herzustellen. Er veranlaßte Thrasybul's Partei zur Absendung von Gesandten, welche in Sparta über die Beilegung der Zwistigkeiten unterhandeln sollten. Von hier wurden gleich nach der Ankunft dieser Abgeordneten fünfzehn Commissäre nach Attika geschickt, um in Verbindung mit Pausanias die ganze Angelegenheit in Ordnung zu bringen.

Auf diese Weise kam sehr bald ein Friede zwischen den Spartanern und Athenern zu Stande, in Folge dessen (im Sommer des Jahres 403 v. Chr.) die Truppen der Ersteren nach Hause zurückkehrten und

Thrasybul mit seinen Anhängern in die Stadt einzog. Pausanias hatte bei diesem für Athen günstigen Friedensvertrage übersehen, Spartas Einfluß sicher zu stellen, nicht weil er Athen schonen wollte, sondern weil er hierbei, wie in seinem ganzen Verfahren sich blos von der Eifersucht auf Lysander leiten ließ. Deshalb wurde er, als er nach Sparta zurückgekehrt war, der Vernachlässigung seiner Pflicht angeklagt und entging der Verurtheilung nur durch eine sehr geringe Mehrzahl von Stimmen. Nach dem mit Pausanias abgeschlossenen Vertrage wurden die vertriebenen Demokraten wieder in die Stadt aufgenommen und erhielten ihr eingezogenes Eigenthum zurück, die 30 Tyrannen aber und die Theilnehmer ihrer Gewaltthaten mußten die Stadt verlassen und sich in Eleusis niederlassen; für alle andern Bürger wurde eine Amnestie in Betreff alles seither Vorgefallenen ausgesprochen und denjenigen von den Dreitausend, welche nicht in Athen zu bleiben wagten, ward die Erlaubniß gegeben, sich nach Eleusis überzusiedeln. Die Entscheidung über ihre künftige Verfassung blieb den Athenern allein überlassen.

Durch den Friedensvertrag war also Attika in zwei feindliche Staaten getheilt worden, welche aus einer und derselben Stadt hervorgegangen waren. Diese konnten natürlich auf einem so engen Raume nicht lange neben einander bestehen. Die Oligarchen in Eleusis fingen bald an, Rüstungen zu einem neuen Kampfe gegen die Demokraten in Athen zu machen, und auf die Nachricht davon zogen die Letzteren mit gesammter Macht gegen sie aus. Zum eigentlichen Kampfe kam es jedoch nicht, sondern die Anführer derer von Eleusis ließen sich durch Friedensvorschläge täuschen, kamen zu einer angebotenen Unterhandlung mit den Häuptern der Gegenpartei zusammen und wurden treuloser Weise erschlagen; allen andern Bürgern aber, welche nach Eleusis ausgewandert waren, wurde die Erlaubniß zur Rückkehr in ihre Vaterstadt und eine vollkommene Amnestie gewährt (Oktober 403 v. Chr.). Jene Ermordung der angesehensten Oligarchen war der letzte der Gräuel, den das athenische Volk in dieser Zeit ausübte. Die ganze Bürgerschaft schwur einen Eid, daß alles, was vor oder unter der Herrschaft der Dreißig und der Zehn geschehen sei, vergessen werden und daß keinem irgend etwas aus der früheren Zeit zum Verbrechen gemacht werden solle, außer den Resten der Dreißig, sowie den elf Männern, welche während ihrer Herrschaft die Hinrichtungen zu vollziehen gehabt hatten, und zehn anderen Bürgern, die unter der Herrschaft der Dreißig als deren Stellvertreter im Piräus regiert hatten. Selbst diesen aber, hieß es, solle nichts zu Leib gethan werden, wenn sie ihre Amtshandlungen zu rechtfertigen vermöchten. Diese Amnestie, in welche auch die Kinder der von ihr Ausgeschlossenen mit aufgenommen waren, wurde

hauptsächlich auf Betreiben Thrasybul's erlassen und ist um so mehr
mit Lob hervorzuheben, als sonst die Revolutionen griechischer Staaten
durchgängig mit Hinrichtungen und Verbannungen der unterliegenden
Partei verbunden waren. Sie galt übrigens nur kurze Zeit; denn
bald nachher wurden manche Bürger wegen ihres Verhaltens unter
und selbst vor der Herrschaft der Dreißig gerichtlich belangt und dem
Sokrates machten seine Feinde vor Gericht nochmals einen Vorwurf
daraus, daß Kritias sein Schüler gewesen sei.

Nach Verkündigung der Amnestie wurde beschlossen, daß man zur
früheren Staatsordnung und zu der Solonischen Verfassung zurückkehren wolle. Für die nöthigen Zusätze und Aenderungen ward eine
aus 500 Bürgern bestehende Gesetzgebungs-Commission erwählt,
welche alle neuen Verbesserungen zuerst öffentlich aufstellte und dann
mit dem Rathe besprach und beschloß. Jedem Bürger wurde bei diesen
Verhandlungen der Eintritt in den Rath und die Theilnahme an
der Verhandlung gestattet. Die auf diese Weise durchgesehene und
verbesserte Verfassung wurde unter die Obhut des Areopagus gestellt,
welcher darüber zu wachen hatte, daß die Obrigkeiten streng nach den
Vorschriften derselben verfuhren. Die einzelnen Bestimmungen und Gesetze der Verfassung wurden auf der Burg an die Wand einer Säulenhalle geschrieben, wo sie auch früher gestanden hatten, in der letzten
Zeit aber zum Theil unlesbar geworden oder gemacht waren und wo
jeder die Stellen, die er vor Gericht oder zu anderen Zwecken brauchte,
sich abschreiben durfte. Bei dieser Gelegenheit zeigt sich recht deutlich
der große Nutzen, den uns Neueren die Buchdruckerkunst gewährt, nicht
blos in Betreff dieser Schwierigkeit für jeden Einzelnen, welcher irgend
einen Theil der Gesetze schriftlich in Händen haben wollte, sondern
auch wegen der großen und langwierigen Mühe, welche die Ausfer-
tigung eines authentischen und gegen Verfälschung gesicherten Gesetz-
buches machte. Die Athener waren genöthigt, alle ihre Gesetze an eine
Wand anschreiben zu lassen und mußten die Besorgung dieses Geschäfts,
mit welchem nothwendiger Weise eine Art von Redaction verbunden
war, einem einzigen Manne übertragen, welcher dabei so willkürlich
verfuhr, daß nach langen Zögerungen das entscheidende Gesetzbuch doch
eigentlich nie zu Stande kam, weil, ehe dies geschehen konnte, die Umstände sich schon völlig geändert hatten. Dieser Mann, Nikomachus,
brauchte statt der vier Monate, welche ihm vorgeschrieben waren, sechs
Jahre zur Vollziehung seines Auftrages und während der ganzen Zeit
seines Geschäfts konnten die Abschriften jedes einzelnen, zu einem
Processe nöthigen Gesetzes nur von ihm erlangt werden; man behauptete, daß er sich dabei allerlei Verfälschungen erlaubt habe und mitunter sollen sogar die beiden Parteien eines Processes widersprechende

27*

Gesetze vorgelegt haben, welche Beide von ihm erhalten zu haben
behaupteten. Zuletzt sah man sich genöthigt, ihm das übertragene
Geschäft abzunehmen und ihn wegen seines Verfahrens zur Rechenschaft zu ziehen.

Mit der Rückkehr zur alten demokratischen Verfassung Athens und
mit dem Abzug der spartanischen Truppen war keineswegs auch die
eigentliche Unabhängigkeit des Staats wiederhergestellt; denn Athen
war, seitdem auf Lysander's Geheiß die Festungsmauern zerstört waren,
ein offener Ort, welcher als solcher der Willkür der Spartaner preisgegeben blieb und ihren Geboten Folge leisten mußte. Die Wiederherstellung jener Werke war, so lange der Friede dauerte, unmöglich,
weil die Spartaner sie niemals zugegeben haben würden und wirklich
gelangten auch die Athener erst durch einen neuen Krieg in Griechenland dazu.

Uebrigens erhoben sich die Athener, auch nachdem sie durch den
Wiederaufbau ihrer Festungsmauern ihre völlige Selbstständigkeit zurück erlangt hatten, doch nie wieder zu ihrer früheren Macht und Größe;
denn sie selbst waren und blieben entartet und kehrten nicht mehr zu
dem Geiste und der Gesinnung ihrer Väter zurück. Die Verdorbenheit
des Charakters und der Sitten, in welche das athenische Volk durch
seine Herrschaft und durch den langen Krieg verfallen war, hatte mit
dem Untergange jener Herrschaft nicht aufgehört und schwand noch viel
weniger mit der Wiederkehr des Glückes; sie dauerte im Gegentheil
nicht allein durch alle folgenden Zeiten fort, sondern nahm sogar immer
mehr zu. Reichthum und Ueppigkeit hatten die Kraft des athenischen
Volkes gebrochen, die Bürger hatten sich jeder nachhaltigen Anstrengung
entwöhnt und die besten Lebenssäfte Athens verdarben durch weichliche
Muße. Durch das in der vorhergehenden Zeit aufgekommene Söldnerwesen füllte sich die Stadt mit dem Auswurf von ganz Griechenland,
die Bürger wurden durch dasselbe dem Kriegsdienst immer mehr entzogen und an schlaffe Trägheit gewöhnt, ihre Kraft und ihr Geist ge-
lähmt und vergiftet. Müßiges Volk, welches kein Vaterland hatte,
Leute, die mit allen möglichen Lastern und Verbrechen sich befleckt
hatten, strömten nach Attika und bildeten den Kern des athenischen
Heeres und die streitbare Mannschaft der Flotte, obgleich man wohl
wußte, daß dieselben mit jedem, der ihnen einen höheren Sold bot,
auch gegen Athen ziehen würden. Während die früheren Athener,
selbst als in ihrer Burg Gold und Silber in Menge aufgehäuft lag,
dennoch für die Herrschaft, die sie zu erlangen strebten, selbst kämpfen
zu müssen glaubten, bestand jetzt, obgleich die Stadt noch immer sehr
volkreich war, das Heer gleich dem der Perserkönige häufig zum größten
Theile aus Söldnern und auch die Seesoldaten der athenischen Flotte

waren Fremde, nur die Ruderer und Matroſen wurden aus den Bürgern genommen. Dabei war der Staat ſo geldarm, daß die Ausgaben
aus den eigenen Mitteln deſſelben nicht beſtritten werden konnten,
ſondern daß man genöthigt war, die Bundesgenoſſen, die ihm geblieben
waren, mit Auflagen zu drücken. Auf dieſe Weiſe ſchwächte Athen, als
es einen Theil ſeiner früheren Macht wieder erlangte, dieſe ſogleich
wieder eben ſo ſehr, wie ehemals. Das Streben nach der Herrſchaft
über Griechenland gab man, ungeachtet aller Scheu vor den Mühſelig-
keiten des Krieges, nicht auf, man ließ ſich vielmehr, um die Ueberlieferungen aus früherer Zeit feſtzuhalten, ſtets in neue Kämpfe ein,
wollte aber das erſehnte Ziel nicht durch eigene Kraft, ſondern durch
bezahlten fremden Muth erreichen. Zu dieſem Allem kommt noch hinzu,
daß durch die Kriege, welche Athen in den letzten 50 Jahren geführt
hatte, eine ſehr große Zahl alt-atheniſcher Familien völlig ausgetilgt
worden war. An die Stelle derſelben waren Fremde getreten, welche
durch eben dieſelben Kriege nach Athen gezogen wurden und ein großer
Theil der Bürgerſchaft beſtand alſo nicht mehr aus dem alt-attiſchen
Stamm, ſondern aus einem Gemiſche von Menſchen der verſchiedenſten
griechiſchen Stämme und Länder.

2. Perſiſche Angelegenheiten und der Rückzug der Zehntauſend.

Das perſiſche Reich war ſeit Darius I. in jenen Zuſtand gerathen, der früher dargeſtellt worden iſt und die Kriege deſſelben mit
Griechenland, durch welche das Letztere in ſeiner Entwickelung ſo ungemein gefördert wurde, hatten den Verfall dieſer Macht beſchleunigt.
Das Reich hatte unter Darius I. ſeinen höchſten Glanz erreicht, ſank
aber unmittelbar nach dieſem König ſchnell von dieſer Höhe herab. Die
Geſchichte der Perſer unter den Nachfolgern des Darius iſt deshalb
beſonders dadurch intereſſant und belehrend, daß ſie den großen Vorzug des griechiſch-europäiſchen Weſens und Lebens vor dem perſiſch-
orientaliſchen zeigt und uns einen deutlichen Begriff von dem Verhältniß gibt, in welchem die von Darius eingeführten Grundſätze der
perſiſchen Regierung und die in manchem Betracht vortrefflichen Vorſchriften ihrer Religion zu dem ſtanden, was im Staat und im Leben
wirklich ausgeübt wurde. Von einer Verwaltung in unſerem Sinne
des Wortes war, trotz der geregelten Ordnung, welche Darius I. einzuführen geſucht hatte, im perſiſchen Reiche kaum eine Spur zu finden.
Eben ſo wenig war der Staat auf das Nationalgefühl und die Tüchtigkeit ſeiner Bürger geſtützt und ſchon aus dieſem Grunde hätten die
Unternehmungen gegen Griechenland ſcheitern müſſen, deſſen Bewohner

in ihrem Nationalgeiſt, ihrer Vaterlandsliebe und in der Regſamkeit
und freien Entwickelung ihrer Kräfte eine ganz andere Macht beſaßen,
als der Perſerkönig in der zahlloſen Menge ſeiner Unterthanen und in
der großen Maſſe edler Metalle, die aus den Provinzen ſeines ausgedehnten Reichs in die Reichskaſſe zuſammenfloß. Was nützten ihm
die vielen Landſtriche, die er beherrſchte, und die große Menge ſeiner
Unterthanen, welche zum Unterſchied von den Freiheit liebenden
Griechen gern und willig dienten und ſogar ſtolz auf ihre Dienſtbarkeit
gegen einen Herrſcher waren, deſſen Glanz und Pracht ihr Auge
blendete? Gab es doch mitten in ſeinem weiten Reiche große Striche
Landes, deren Bevölkerung entweder außer etwa der Heeresfolge im
Kriege ihm keine Dienſte leiſtete, oder ſelbſt völlig unbezwungen und
ungebunden war! Andererſeits löſte ſich in vielen Theilen des Reiches
ſchnell das Band des Gehorſams und der Unterwürfigkeit auf, ſobald
unter Xerxes I. durch das Mißlingen des griechiſchen Feldzuges der
Zauber verſchwunden war, der den Thron umgab und den Herrſcher
als einen Halbgott erſcheinen ließ. Unmittelbar nach dieſem Unglück
des Xerxes fielen Macedonien, Thracien und ganze Striche der kleinaſiatiſchen Küſte ab, und die ſeither demſelben tributpflichtig geweſenen
griechiſchen Seepläße dieſer Länder wurden ebenſo viele Feſtungen
und Kriegshäfen, aus welchen man mit Erfolg das Reich befehdete
und ſich auf Koſten deſſelben bereicherte. So wurden die mächtigen
und ſtolzen Perſer gleichſam eine Beute der kleinen griechiſchen Staaten;
denn jene beſaßen weder Schiffe, um ihre Feinde zur See zu verfolgen,
noch beſeelte ſie mehr ein thatkräftiges Nationalgefühl, welches einen
Theil der Nation oder auch nur irgend einen Satrapen angetrieben
hätte, die Schmach zu rächen. In Aegypten brach ſeit Darius I. eine
Empörung nach der andern aus und es währte nicht lange, ſo wußten
die Führer derſelben ſich eine bleibende Unabhängigkeit zu verſchaffen,
ſo daß uns eine ganze Reihe von aegyptiſchen Herrſchern genannt
wird, die faſt hundert Jahre lang ſich gegen die perſiſche Macht in
ihrer unabhängigen Stellung behaupteten.

Die Regierung ſelbſt ward ein Spielball der mannigfaltigſten
Ränke und an dem Hofe zu Suſa entſchied nur die Stimme deſſen, der
durch Schmeichelei und Gewandtheit ſich einen Einfluß zu verſchaffen
und denſelben zu behaupten wußte. Trat einmal ein tüchtiger Mann
auf, machte er ſich um das Reich verdient, wie Megabyzus unter
Artaxerxes I., ſo wurde er durch Weiber und elende Höflinge geſtürzt
und, wenn er anders am Leben blieb, an die Grenzen des Reiches
verbannt. Ein Ausländer konnte ſich noch weniger halten, wie das
Beiſpiel des Atheners Konon zeigt, welcher etwa zehn Jahre nach dem
peloponneſiſchen Kriege Admiral der Perſer ward, ihre Seemacht zum

erſten Male furchtbar machte und ihnen die Herrſchaft im aegäiſchen
Meer entrang, zum Lohn dafür aber von einem Satrapen verrätheri-
ſcher Weiſe in Feſſeln gelegt wurde. So war denn das perſiſche Reich
im Beginn des vierten Jahrhunderts v. Chr., trotz ſeiner Größe und
ſeines Reichthums, um den größten Theil ſeiner eigentlichen Kraft und
Bedeutung gebracht und glich ſchwachen und feigen Menſchen, welche
immer ſich zu dem hinzuneigen pflegen, der die meiſte Macht hat
oder in ihnen am meiſten Furcht erweckt. Das Letztere galt damals von
den Spartanern und deshalb wurden ſie die Verbündeten Perſiens.
Kurz nach jener Zeit erhielt das perſiſche Reich, ohne im geringſten
an Macht gewonnen zu haben oder beſſer regiert zu ſein, nach Außen
eine größere Bedeutung und Wichtigkeit, weil, wie ſich in der ſpäteren
Darſtellung der griechiſchen Geſchichte zeigen wird, die damals unter
den Griechen entſtehenden Verhältniſſe den Perſern eine andere Stellung gaben.

Die perſiſche Geſchichte der Zeiten nach Darius I., für welche die
Schriften der Griechen unſere einzige Quelle ſind, bietet in ihrem Verlauf immer häufiger den Anblick von Grauſamkeiten, Verräthereien,
Ermordungen und ſcheußlichen Barbareien dar. Dieſe können in einer
allgemeinen Geſchichte nicht einzeln berichtet werden, zumal da überdies elende und geſunkene Naturen und ſelbſtſüchtige Schwächlinge,
wie die damaligen perſiſchen Hofleute waren, nur für ihres Gleichen
eine Bedeutung haben, für jeden beſſeren Menſchen aber ein Gegenſtand des Abſcheus ſind. Der Hauptgang der perſiſchen Geſchichte aber,
wie er in der Zeit vom Tode Darius I. bis auf Artaxerxes II. ſich an
das früher Erzählte anſchließt, ſoll in der Kürze angegeben werden.

Der Sohn des Darius, Xerxes I., begann ſeine Regierung (485
v. Chr.) mit der Unterdrückung einer aegyptiſchen Empörung, welche
ſchon unter ſeinem Vater ausgebrochen war und führte hierauf jenen
unglücklichen Krieg mit Griechenland, welcher unter dem Namen des
dritten Perſerkrieges ausführlich dargeſtellt worden iſt. Die Griechen
konnten ihre Siege um ſo ungeſtörter benutzen, da Xerxes durch ſeine
häuslichen Verhältniſſe in die verdrießlichſten Händel verwickelt wurde
und die Kriegsangelegenheiten ganz ſeinen Satrapen überlaſſen mußte.
Zuerſt zerfiel er mit ſeinem Bruder Maſiſtes, weil ſeine eigene Gemahlin deſſen Gattin aus Eiferſucht grauſam hatte verſtümmeln laſſen
und als Maſiſtes auf Empörung ſann, ſah Xerxes ſich genöthigt, ihn
mit ſeiner ganzen Familie aus dem Wege zu räumen. Dann ſchöpfte
er gegen ſeinen älteſten Sohn Darius, der mit einer Tochter des
Maſiſtes vermählt war, Verdacht und rief denſelben aus der ihm
anvertrauten Statthalterſchaft zurück. Ferner führte ſeine Tochter
Amytis, die Gemahlin des mächtigen Megabyzus oder Mega-

bazus, einen ſo anſtößigen Lebenswandel, daß der Vater ihr öffentlich Vorwürfe machen mußte. Endlich verſchworen ſich des Königs
Günſtlinge, Artabanus, der Anführer der Leibwache und der Ober-
kammerherr Spamitres, gegen Xerxes und brachten ihn ums Leben.
Die Mörder gaben die That dem älteſten Sohn des Königs, Darius,
ſchuld und trachteten, als deſſen Bruder Artaxerxes ihn getödtet
hatte, auch dieſem nach dem Leben, wurden aber verrathen und umgebracht.

Der neue König Artaxerxes I., welchem die Griechen den Beinamen Langhand gaben, beſtieg auf dieſe Weiſe einen Thron, an
den er kein Recht hatte und behauptete denſelben von 476 bis 424
v. Chr. Seine Regierung begann mit einem gefährlichen Kriege, den
Artaban's Söhne und Anhänger erregten und in welchem der General Megabyzus nur mit Mühe die Sache des Königs rettete. Hierauf
hatte Artaxerxes eine zweite ebenſo gefährliche Empörung zu dämpfen,
die von einem anderen älteren Bruder deſſelben ausging, welcher
Statthalter in Baktrien war und ſein näheres Recht an den Thron
geltend machte. Auch dieſer Aufſtand konnte nur durch einen förmlichen Kriegszug und zwei Schlachten unterdrückt werden.

Die nächſte Aufgabe für den neuen König war die Niederwerfung
einer abermaligen Empörung. Aegypten nämlich hatte unmittelbar nach
Xerxes Tode nicht nur das perſiſche Joch abgeworfen und unter der
Anführung des Inarus und Amyrtäus für ſich unabhängig
erklärt, ſondern auch ein Bündniß mit den Athenern geſchloſſen und
von dieſen eine Hülfsflotte von 200 Schiffen erhalten. Der König
des großen perſiſchen Reichs ſchickte zur Bezwingung der Aegypter
ſeinen Oheim Achämenes, einen Sohn des Königs Darius I.,
mit einer ungeheuren Land- und Seemacht ab. Er ſetzte jedoch ſelbſt
in dieſes große Heer, welches gegen eine einzige Provinz und einen
von den Athenern unterſtützten Rebellen auszog, ſo wenig Vertrauen,
daß er ſeine Zuflucht noch zu Beſtechungen griechiſcher Regierungen
nahm. Er ſandte nämlich, als die Wiederunterwerfung Aegyptens
nicht gelingen wollte, einen vornehmen Perſer mit großen Summen
in den Peloponnes, um die Spartaner zu einem Einfall in Attika zu
vermögen und dadurch die Athener zu nöthigen, ihre Flotte aus dem
Nillande zurückzurufen; dieſer Verſuch ſchlug aber fehl.

In Aegypten war es bald nach der Ankunft des perſiſchen Heeres
bei dem Orte Papremi im Delta zu einer Schlacht gekommen, in
welcher Achämenes eine ſchwere Niederlage erlitt und ſelbſt fiel. Auch
zur See wurden die Perſer mit großem Verluſte geſchlagen. Nach
dem Siege der Aegypter ſchickte Artaxerxes ein neues, aus 200,000
Mann beſtehendes Heer unter Megabyzus und eine Flotte von nicht

weniger als 300 Schiffen gegen fie. Diefes Heer mußte aber erst in
Afien ein ganzes Jahr lang in den Waffen geübt und für den Krieg
vorbereitet werden, ehe Megabyzus mit ihm nach Aegypten marfchiren
konnte. Die Aegypter bedrängten unterdeffen die Refte des früheren
perfifchen Heeres, welche fich in einen Theil der Stadt Memphis zurückgezogen hatten und denfelben mit ausdauerndem Muthe bis zur
Ankunft des Megabyzus vertheidigten. Der neue perfifche Feldherr
wußte den Krieg bald glücklich zu Ende zu bringen. Er befiegte in
einer Schlacht das verbündete Heer der Aegypter und Athener, vertrieb die Feinde aus Memphis, brachte dadurch, daß er dem Inarus
vortheilhafte Bedingungen anbot, die Erfteren zur Unterwerfung und
trieb fodann durch kluge Maaßregeln die Athener fo fehr in die Enge,
daß fie alle ihre Schiffe verloren und nur wenige von dem Heere nach
Haufe zurückkehrten. Inarus hatte fich gefangen geben müffen; obgleich
ihm aber dabei fein Leben verbürgt worden war, fo wurde er doch fünf
Jahre später, auf Betreiben einer Prinzeffin des perfifchen Hofes, die
wegen des Todes des Achämenes gegen ihn erbittert war, ans Kreuz
gefchlagen.

So war die aegyptifche Empörung nach einem fechsjährigen Kampfe
allerdings unterdrückt worden (455 v. Chr.); aber einer der Anführer
derfelben, Amyrtäus, hatte fich in dem Sumpfland des Delta verfteckt
und beunruhigte bald nachher wieder den perfifchen Statthalter des
Landes. Auch er wurde im Jahr 450 von Athen mit einer kleinen
Flotte unterftützt; da jedoch die Athener dabei nur die Abficht hatten,
einen Theil der perfifchen Macht von Cypern abzulenken und bei dem
im nächften Jahre erfolgten Tode Cimon's (449 v. Chr.) den Krieg
mit den Perfern für eine Zeit lang einftellten, fo hatte diefe Unter-
ftützung keine weiteren Folgen. Allein die aegyptifchen Unruhen dauerten von jetzt an hundert Jahre lang fort. Unter der Regierung des
Darius Nothus, eines Sohnes von Artaxerxes I., ward das Land
fogar völlig unabhängig und es herrfchten feitdem dafelbft längere Zeit
hindurch Könige, welche meiftens den Perfern blos einen jährlichen
Tribut bezahlten.

Bald nach der Unterwerfung der Aegypter durch Megabyzus hatte
Artaxerxes in einem andern Theile des Reichs eine Rebellion zu bekämpfen, welche durch den am perfifchen Hofe ftets großen Einfluß der
Frauen der königlichen Familie veranlaßt wurde. Megabyzus wurde
nämlich durch die Mutter des Königs bitter an feiner Ehre gekränkt; er
begab fich deshalb in feine Statthalterfchaft Syrien und erhob dafelbft
die Waffen gegen den König. Zwei Heere wurden nacheinander gegen
ihn ausgefchickt, aber Megabyzus fchlug beide. Endlich föhnte er fich,
durch die Vermittelung feiner Gemahlin, mit dem König aus. Er fiel

jedoch kurze Zeit nachher wegen eines Verstoßes gegen das Hofceremoniell schon wieder in Ungnade und ward in eine Stadt am rothen Meer verbannt. Auch diesmal wurde er, durch den Einfluß seiner vielvermögenden Gemahlin, nach fünf Jahren wieder begnadigt. Er kehrte an den Hof zurück, starb aber bald nachher. Auch sein Sohn Zopyrus empörte sich nach des Vaters Tode und entfloh, als er sich nicht behaupten konnte, nach Athen. Von Athen aus wollte er sich eine eigene Herrschaft in Karien gründen, verlor aber bei diesem Versuch das Leben.

Artaxerxes I., welcher 424 v. Chr. eines natürlichen Todes starb, hatte von seiner rechtmäßigen Gemahlin nur einen einzigen Sohn. Er hinterließ aber außerdem noch 17 Söhne von Kebsweibern und diese hatten insgesammt Statthalterschaften oder sonstige hohe Stellen inne. Der rechtmäßige Erbe, Xerxes II., hatte daher kaum den Thron bestiegen, als er von einem dieser Halbbrüder, Sogdianus, gestürzt wurde. Sogdianus verschwor sich nämlich mit einem angesehenen Höfling gegen ihn und ermordete 45 Tage nach Artaxerxes Tode den König Xerxes während eines festen Schlafes, in welchen er durch Trunkenheit verfallen war. Der Mörder bestieg hierauf den Thron und suchte sich auf demselben vor Allem dadurch zu befestigen, daß er den mächtigsten seiner Halbbrüder, Ochus, welcher Statthalter einer Provinz war und am Hofe viele Verbindungen hatte, nach Susa lockte. Dieser aber rüstete und zog mit seinem Heere gegen Sogdianus aus. Einige andere Satrapen schlossen sich ihm an und der Anführer der königlichen Reiterei ging zu ihm über. Sogdianus ließ sich hierauf durch angebotene Unterhandlungen täuschen, fiel so in seines Bruders Gewalt und ward von diesem, nach einer Regierung von sechs und einem halben Monat, aus der Welt geschafft.

Ochus bestieg jetzt unter dem Namen Darius II. den Thron. Er erhielt von den Griechen, zur Unterscheidung von anderen persischen Königen, den Namen Nothus, d. i. der Unechte oder der Bastard. Unter seiner Regierung, welche von 421 bis 404 währte, sank das Reich stets tiefer: die Satrapen wurden in ihren Provinzen fast zu unabhängigen Fürsten und der König ließ sich ganz von seiner Gemahlin Parysatis, einem herrschsüchtigen Weibe, und einigen Günstlingen leiten. Die Geschichte Persiens ist namentlich unter diesem Könige mit Grausamkeiten, Verräthereien, Empörungen angefüllt, bei welchen besonders die Königin Parysatis thätig war. Das für die allgemeine Geschichte Wichtigste ist die Kabale der Parysatis zu Gunsten ihres Lieblingssohnes, Cyrus des Jüngeren, und deren Folgen.

Parysatis, welche in Wahrheit unter Darius II. Namen die Regierung führte, hatte 13 Kinder gehabt, von denen jedoch neun schon früh starben. Von den übrigen vier ward der älteste Sohn, Artaxerxes, von seinem Vater zu seinem Nachfolger in der Regierung bestimmt; einen der jüngeren aber, welchem die Mutter den, sonst nur von Königen oder Thronerben geführten, Namen Cyrus gegeben hatte, suchte diese auf jede Weise zum Nachtheil seines Bruders zu heben. Sie verschaffte ihm die Stelle eines Oberstatthalters in den westlichen Provinzen von Kleinasien, weil diese ihn mit den Griechen in Verbindung brachte und ihn in den Stand setzte, seinem Bruder durch griechische Soldtruppen gefährlich zu werden. Cyrus suchte vor Allem die Spartaner für sich zu gewinnen, und übte dadurch, wie erzählt worden ist, auch einen großen Einfluß auf den Ausgang des peloponnesischen Krieges.

Kaum war Darius Nothus gestorben, als Tissaphernes, der Unterstatthalter von Jonien und Karien, dem neuen Könige Artaxerxes II., welcher seines starken Gedächtnisses wegen den Beinamen Mnemon erhielt, die Anzeige machte, daß Cyrus mit Empörungsgedanken umgehe. Auf diese Nachricht wollte Artaxerxes seinen Bruder hinrichten lassen. Parysatis wußte ihn aber davon abzubringen und bewog ihn sogar, daß er dem Cyrus seine seitherige Stelle von neuem übertrug. Der junge Prinz konnte sich also nun mit aller Muße gegen seinen Bruder rüsten. Vergebens wiederholte Tissaphernes seine Warnung; Cyrus benutzte einen Zwist, den er um einiger jonischen Städte willen mit Tissaphernes hatte, um einen schicklichen Vorwand zur Fortsetzung seiner Rüstungen zu haben und der König ließ sich dadurch um so leichter täuschen, als er den nun ausbrechenden Krieg zwischen Cyrus und Tissaphernes nicht ungern sah, weil Beide, um ihre Rechte zu wahren, die Abgaben für die streitigen Städte an die königliche Schatzkammer pünktlich entrichteten. Als Cyrus auf diese Weise ein großes Heer gesammelt hatte, brach er unter dem Vorwande, Unruhen in Pisidien und Cilicien dämpfen zu wollen, nach dem Innern des Reiches auf. Den Kern seines Heeres bildeten 13,000 griechische Söldner, welche mit Unterstützung der Spartaner in verschiedenen Theilen Griechenlands angeworben worden waren und an deren Spitze ein spartanischer Flüchtling Klearchus stand.

Cyrus drang tief in das persische Reich ein und traf neun deutsche Meilen von Babylon, bei dem Orte Kunaxa, mit dem von Artaxerxes selbst angeführten königlichen Heere, das wie gewöhnlich aus einer ganz ungeheuren Menschenmasse bestand, zusammen. Hier kam es zu einer Schlacht, in welcher Cyrus selbst, nachdem er seinen Bruder, im heftigen Nahkampf des Gefolges der beiden feindlichen Brüder, mit eigener Hand verwundet hatte, von dessen Umgebung getödtet ward. Der asiatische Theil seiner Truppen ergriff nach des Prinzen Tod die

Flucht, die 13,000 Griechen aber hatten während dessen nicht nur den ihnen gegenüberstehenden Flügel der Feinde geschlagen, sondern erfochten, nach der Niederlage ihrer asiatischen Mitkämpfer, auch über den übrigen Theil des persischen Heeres einen glänzenden Sieg (401 v. Chr.). Die Griechen, deren Lager während der Schlacht geplündert worden war, wiesen nach derselben die Aufforderung des Perserkönigs, sich ihm auf Gnade und Ungnade zu unterwerfen, zurück und faßten, obgleich ihre Zahl jetzt nur noch 10,000 betrug, den Beschluß, mit den Waffen in der Hand sich mitten durch das fremde und feindliche Land in die Heimath durchzuschlagen, von welcher sie ein Marsch von 300 deutschen Meilen trennte.

Dieser Marsch, welcher gewöhnlich der Rückzug der Zehntausend heißt, ist von Xenophon, einem der Führer derselben, in einem besonderen Werk beschrieben worden. Er ist eine der berühmtesten Kriegsthaten des Alterthums und zeigt die Vorzüge der griechischen Welt in ihrem vollsten Glanze; denn die kühne und glücklich ausgeführte Unternehmung der 10,000 Griechen gehört nicht etwa ihnen allein, sondern ihrer Zeit, ihrer Nation und der damaligen Bildung derselben als Gemeingut an, und macht den Kontrast zwischen dem Werthe persischer und griechischer Staatseinrichtung und Cultur auf das Klarste anschaulich. Eine Handvoll Griechen bot dem König des ungeheuren persischen Reiches, seinen großen Heeresmassen und allen Ränken seiner Satrapen Trotz; griechische Bildsamkeit und Gewandtheit, ihre heimische Freiheit, deren veredelnde Kraft sich auch bei diesen Söldnern nicht verleugnete, trug den Sieg über das Mechanische und Unverrückte persischer Einrichtungen davon, griechische Wissenschaft über orientalische Geistesarmuth, griechische Taktik über persische Unordnung, wahres Ehrgefühl endlich und echter Nationalstolz über Ränke, Feigheit und knechtischen Sinn.

Der Weg, welchen die Zehntausend einschlugen, war nicht der ihres Marsches nach Kunaxa, sondern er ging durch Mesopotamien, Medien, Armenien und am südlichen Ufer des schwarzen Meeres hin nach Thracien. Die tapferen Griechen kannten in diesen Ländern weder Weg noch Sieg, hatten keine Karten und keine zuverlässigen Wegweiser, mußten durch Wüsten und Wildnisse, durch verschneite Gebirge und Schluchten, durch barbarische Völker und durch die zu den Waffen aufgerufene Bevölkerung ganzer Landstriche sich ihre Straße bahnen und erreichten nichtsdestoweniger mit einem verhältnißmäßig nur geringen Verluste die Grenzen ihres heimathlichen Welttheils.

Bald nachdem sie ihren Marsch angetreten hatten, schloß Artaxerxes durch den Satrapen Tissaphernes, welchem die Statthalterschaft des Cyrus übertragen worden war, einen Vertrag mit ihnen, kraft dessen sie ungestört nach Hause ziehen, von Letzterem an der Spitze eines persischen Heeres begleitet und allenthalben mit den nöthigen Lebensmitteln versehen werden sollten. Tissaphernes ließ aber die Griechen mehr als zwanzig Tage auf seine Rückkehr aus dem Lager des Königs warten. Als er endlich zurückgekommen war und die Griechen auf dem Wege durch Medien begleitete, zeigte er sich sehr argwöhnisch und veranlaßte immer häufigere Reibungen zwischen seinen und den griechischen Truppen, weshalb Klearchus, der Oberanführer der Letzteren, den Satrapen um eine Unterredung ersuchte. Tissaphernes gewährte dieselbe, und Klearchus begab sich voll Vertrauen auf die Redlichkeit des feindlichen Führers mit seinem ganzen, aus 24 Ober-Offizieren bestehenden Kriegsrath in das persische Lager. Hier wurden alle gleich nach ihrer Ankunft treuloser Weise verhaftet und ihr Gefolge niedergehauen. Bald nachher wurden sie selbst in die Residenz des Königs geschleppt und hier insgesammt hingerichtet.

Die Perser hatten gehofft, daß durch ihren treulosen Streich die Griechen in Verwirrung gebracht und so mit leichter Mühe besiegt werden würden; sie waren aber nicht wenig erstaunt, als, zum Unterschied von der Beschaffenheit und dem Geiste ihrer eigenen Heere, auf einmal und wie von selbst aus den Gemeinen und Subaltern-Offizieren der Griechen eine neue Generalität und neue Unteranführer hervorgingen. Im griechischen Heere wurden nämlich alle Stellen jährlich neu besetzt, es fand bei ihnen nicht, wie bei den unsrigen, ein Vorrücken statt, und kein Offizier hatte einen bleibenden Rang, sondern derjenige, welcher in dem einen Jahre die Stelle eines Offiziers bekleidet hatte, diente nicht selten im darauf folgenden als Gemeiner. Aus diesem Grunde konnte fast jeder gemeine Soldat den Offizier ersetzen, und es war ein Leichtes, neue Anführer für die größeren und kleineren Abtheilungen des Heeres zu ernennen. Xenophon, welcher seither den Zug weder als Offizier noch als Gemeiner, sondern blos als Freund und Begleiter eines der Generale mitgemacht hatte, war der Erste, der nach der treulosen That des Tissaphernes bei seinen Landsleuten darauf drang, daß man der persischen Aufforderung zur Unterwerfung nicht Folge leiste, sondern mit den Waffen in der Hand sich durch das feindliche Land durchschlage. Von den um ihn versammelten Obersten und Hauptleuten trat nur ein einziger gegen diesen Vorschlag auf; er erweckte deshalb bei den Uebrigen Verdacht, und als man ihn genauer betrachtete, erkannte man an seinen durchbohrten Ohren, daß er von Geburt kein Grieche, sondern ein Perser sei. Sogleich wurde er ausgestoßen und Xenophon nebst vier Anderen zu Nachfolgern der von den Persern gefangen genommenen Generale ernannt.

Xenophon war seitdem die Seele des griechischen Heeres, und ihm, der das Zutrauen desselben mit vollem Rechte besaß, verdankte dieses seine Rettung. Er war so klug, nur in des Spartaners Cheirisophus Namen als Führer des Nachtrabs zu commandiren, obgleich es diesem an allem Talente und an den nöthigen Kenntnissen fehlte, um seine Landsleute aus dem Innersten des persischen Reichs nach Hause zurück zu führen. Xenophon wollte nämlich, da die Spartaner durch den peloponnesischen Krieg die Herren von Griechenland geworden waren, eines Theils sich selbst ihnen nicht verhaßt machen und konnte anderen Theils seine eigenen Leute durch die Furcht vor einem spartanischen Anführer besser in Zucht halten. Unter einer trefflichen taktischen Leitung, die den jedesmaligen Umständen und Lokalitäten angemessen war, setzten die Griechen, von den Persern beständig verfolgt und angegriffen, ihren Marsch bis in die schroffen und unwirthlichen Gebirge um den oberen Tigris fort. Hier stießen sie auf das wilde, kriegerische Volk der Karduchen, welche gleich den heutigen Kurden, die vielleicht ihre Nachkommen sind, noch nie unterworfen worden waren und jede friedliche Unterhandlung über den Durchzug durch ihr Land zurückwiesen. Die Perser, welche nicht in dasselbe einzudringen wagten, gaben jetzt die Verfolgung der Zehntausend auf; diese aber zogen in das steile und rauhe Felsenland der Karduchen und gelangten, trotz der steten Angriffe seiner Bewohner, durch die Ueberlegenheit ihrer Disciplin und Kriegserfahrung, in sieben Tagen bis zur entgegengesetzten Seite des Gebirges und an die Grenze von Armenien. Der Marsch durch das Land der Karduchen war der schwierigste Theil ihres ganzen Zuges gewesen und hatte ihnen mehr Leiden und Verluste gebracht, als alle Angriffe des persischen Heeres.

Auf dem Marsche durch Armenien hatten die Griechen wieder durch persische Ränke zu leiden. Tiribazus, der persische Statthalter dieses Landes, schloß mit ihnen einen Vertrag, welcher dem des Tissaphernes gleich war, brach denselben aber bald wieder. Er wurde dafür mit dem Verluste seines Lagers bestraft, welches die Griechen erstürmten und plünderten. Mehr, als durch die Hinterlist feiger Feinde, litten die Griechen, welche im Monat Januar Armenien durchzogen, durch die Winterkälte und große Schneefälle, sowie durch den Kampf mit einigen kleineren Volksstämmen dieses Landes. Endlich gelangten sie, vier Monate nach der Schlacht bei Kunaxa, ans schwarze Meer, das sie als heimathliche See mit tiefer Bewegung und lautem Freudenruf begrüßten, und nach Trapezunt, der ersten griechischen Stadt, wo sie eine freundliche Aufnahme fanden und ihre glückliche Ankunft auf heimathlichem Boden durch Opfer und Kampfspiele feierten. Von hier setzte ein Theil von ihnen zu Land, ein anderer zur See den Rückmarsch weiter fort. Jetzt aber, wo griechische Luft sie wieder umwehte und die Furcht vor den Barbaren geschwunden war, riß Zwietracht und Raubgier unter ihnen ein, und selbst die Bürger griechischer Pflanzstädte am Südufer des schwarzen Meeres suchten ihrer, als sehr drückender Gäste, sobald als möglich wieder los zu werden. Unter häufigen Plünderungen und nicht ohne großen Verlust gelangten sie durch Bithynien nach Byzanz und von da in das Innere von Thracien, dessen damaliger Beherrscher, Seuthes, die zu rohen, kriegslustigen Abenteurern ausgearteten Ueberreste der Zehntausend in seine Dienste nahm. Sie halfen demselben während einiger Monate seine Herrschaft über verschiedene thracische Stämme ausbreiten. Endlich ließen sie sich von den Spartanern, welche damals das persische Reich bekriegten, anwerben, und kehrten so wieder nach Asien zurück.

Der Ueberrest der ganzen Schaar belief sich auf 6000 Mann; der Weg, den dieselbe vom Schlachtfeld bei Kunaxa an bis etwa in die Mitte der Südküste des schwarzen Meeres zurückgelegt hatte, betrug nicht weniger als 464 deutsche Meilen. Sie hatten diesen Weg in acht Monaten gemacht. Ihr ganzer Zug aber von Ephesus bis Kunaxa und von da bis in jene Gegend des schwarzen Meeres umfaßte 15 Monate (vom Februar des Jahres 401 bis zum Beginn des Juni 400 v. Chr.), der Marsch von hier an bis zu ihrer Vereinigung mit dem spartanischen Heere in Kleinasien (im März 399 v. Chr.) neun Monate.

Xenophon, der bei diesem denkwürdigen Zuge am meisten sich verdient gemacht hatte, kehrte, nachdem er den Rest der Zehntausend zu dem spartanischen Heere in Kleinasien geführt hatte, nach Griechenland zurück. Einige Jahre nachher nahm er an dem Zuge, den sein Freund, der spartanische König Agesilaus, gegen die Perser machte, Antheil und focht bei dessen Rückkehr auch an seiner Seite in der Schlacht bei Koronea mit. Während er mit Agesilaus in Asien war, wurde er durch einen Volksbeschluß aus seiner Vaterstadt verbannt, weil er an einem Kriege gegen den damals mit Athen verbündeten Perser-König Antheil genommen und durch seine aristokratische Gesinnung und seine Vorliebe für das spartanische Staatswesen den Haß der Demagogen und die Eifersucht des Volkes erregt hatte. Nach der Schlacht bei Koronea ging er mit Agesilaus eine Zeit lang nach Sparta, und ließ sich dann auf einem in der Nähe von Olympia gelegenen Landgute nieder, welches er entweder von den Spartanern zum Geschenk erhalten, oder mit seinen in Asien erworbenen Reichthümern sich gekauft hatte. Hier und in Korinth, wo er später lebte, schrieb er einen Theil seiner Werke. Die gegen ihn ausgesprochene Verbannung aus Athen wurde zwar nach langer Zeit wieder zurückgenommen, wahrscheinlich

kehrte er aber nie wieder in seine Vaterstadt zurück; er bewog jedoch
später seinen Sohn Gryllus, an einem Kriegszuge der Athener Theil
zu nehmen. Gryllus fiel in der Schlacht bei Mantinea, und es wird
erzählt, daß dem greisen Vater die Nachricht von dem Tode seines
Sohnes gerade in dem Augenblicke hinterbracht worden sei, als er am
Altare stand, um den Göttern zu opfern. Xenophon war nach dem bei
den Griechen üblichen Brauche, daß man sich bei festlichen Gelegenheiten bekränzte, mit einem Kranze geschmückt. Er nahm seinen Kranz
vom Haupte, hörte aber die Nachricht vom Tode seines Sohnes mit
der größten Fassung an und sagte: er wisse, daß er nur einen Sterblichen erzeugt habe. Als man ihm erzählte, daß Gryllus sehr tapfer
gefochten habe, setzte er den Kranz wieder auf, vollbrachte sein Opfer
und verknüpfte dasselbe mit einem Gebete, in welchem er den Göttern
für die Trefflichkeit seines Sohnes dankte. Xenophon starb zu Korinth
im 90. Jahre seines Lebens (355 v. Chr.).

3. Geschichte Griechenlands von der Wiederherstellung der athenischen Verfassung bis zum Ausbruch des böotischen Krieges.

Die Theilnahme der 13,000 Griechen an des Cyrus Empörung
war nur eine Privatsache solcher Griechen gewesen, die sich von Cyrus hatten anwerben lassen, und hatte deshalb keinen unmittelbaren
Einfluß auf das zwischen Persien und Griechenland bestehende Verhältniß. Der Krieg selbst aber, zu welchem diese Söldner geworben
worden waren, war allerdings nicht ohne Einfluß auf den Gang
der griechischen Geschichte und gab namentlich zur Wiederherstellung
der Unabhängigkeit Athens die entfernte Veranlassung. Tissaphernes
hatte nämlich seinem Könige in diesem Kriege sehr wesentliche Dienste
geleistet und war zum Dank dafür mit der angesehenen und mächtigen
Satrapenstellung, welche Cyrus besessen hatte, bekleidet worden. Sobald er nach Kleinasien gekommen war, machte er von seiner neu-
erlangten Macht dadurch Gebrauch, daß er die griechischen Städte Joniens, die in der letzten Zeit unabhängig gewesen waren, zu unterwerfen
suchte. Diese wandten sich sogleich nach Sparta um Hülfe, und hier
ging man auf ihr Gesuch ein. 1000 Heloten, denen man zur Belohnung für ihre im Kriege geleisteten Dienste vorher das Bürgerrecht
geschenkt hatte, und 4000 Mann aus anderen peloponnesischen Staaten
wurden, unter der Anführung Thimbron's, nach Kleinasien geschickt
(im Herbst des Jahres 400 v. Chr.). Thimbron, welcher sein Heer
noch durch die Truppen griechischer Städte Kleinasiens und durch die
Reste der Zehntausend verstärkte, führte zwar den Krieg nicht ohne
Glück, war aber in der Belagerungskunst zu unerfahren, als daß er

für die Umstände getaugt hätte. Außerdem drückte er durch die Plün-
derungssucht seines aus allerlei Volk bestehenden Heeres die mit Sparta
verbündeten Städte in Kleinasien so sehr, daß diese ihn in Sparta
verklagten und man sich veranlaßt sah, ihn bald wieder abzurufen.
An Thimbron's Stelle ward (im Herbst des Jahres 399 v. Chr.)
Derkyllidas gewählt, welcher seinen Vorgänger an Gewandtheit
und Schlauheit übertraf und bis zum Jahre 397, wo er einen Waffenstillstand schloß, einen glücklichen Krieg mit Tissaphernes führte.

So standen die Angelegenheiten Kleinasiens, als der spartanische
König Agis I. starb und dessen Bruder Agesilaus mit Hülfe Lysander's auf den Thron von Sparta gelangte (397 v. Chr.) Lysander
hatte damals in seiner Vaterstadt viel von seinem seitherigen Einfluß
verloren und auch auf den Inseln und in den kleinasiatischen Städten
waren die von ihm gemachten Einrichtungen nach und nach in Verfall
gerathen oder abgeschafft worden. Er wollte aber um jeden Preis
wieder eine Rolle spielen, und die Erfüllung dieses Wunsches konnte
er nur dann erreichen, wenn er von neuem an die Spitze eines Heeres
gestellt wurde. Dazu bot sich ihm beim Tode des Agis, wie es schien,
eine treffliche Gelegenheit dar. Agis nämlich, welcher nur einen einzigen Sohn, Leotychides, hinterließ, hatte während seines Lebens
selbst stets behauptet, daß dieser nicht sein Sohn, sondern ein Bastard
des Alcibiades sei. Obgleich er nun auf dem Todbette diesen Leotychides
noch als seinen Sohn anerkannt hatte, so machte doch Agis Bruder
Agesilaus diesem seinem Neffen die Aechtheit seiner Geburt streitig.
Lysander unterstützte dabei den Oheim gegen den Neffen, weil Agesilaus hinkend und von unansehnlichem Aeußern war und es deswegen
schien, als wenn er keine Bedeutung im Kriege erhalten und überhaupt
ein Werkzeug dessen, der ihm zur Regierung verholfen habe, sein werde.
Allein Lysander sah bald, daß er sich in seinen Erwartungen betrogen
habe. Agesilaus bemühte sich nicht allein gleich nach seiner Thronbesteigung, den Oberbefehl in Asien zu erhalten, sondern er war auch
einer der ausgezeichnetsten Feldherrn der Spartaner und überhaupt
einer der bedeutendsten Männer, welche ihre Geschichte kennt. Zunächst
begrenzte er mit Kraft eine Verschwörung, welche unter den unterdrückten Klassen gährte und an deren Spitze ein gewisser Kinadon stand,
erhielt das gewünschte Commando, und obgleich Lysander ihn anfangs
auf seinem Feldzuge begleitete, so entspann sich doch bald heftige Zwietracht zwischen beiden Männern, und Lysander nährte den Gedanken,
durch eine förmliche Revolution in Sparta seinem Ehrgeize Befriedigung zu gewähren.

Agesilaus hatte bei dem asiatischen Kriegszuge, dessen Leitung ihm
übertragen worden war, die geheime Absicht, die Perser nicht, blos

aus dem Besitze der griechischen Städte Kleinasiens zu verdrängen,
sondern auch in ihrem eigenen Lande anzugreifen und im Innern von
Asien Eroberungen zu machen. Der spartanische König entwickelte
gleich bei dem Beginn seines Zuges die größten militärischen Talente,
und Xenophon, der sich seinem Heere anschloß, unterstützte ihn durch
seinen Rath und die kurz zuvor bei dem berühmten Rückzug von ihm
gemachten Erfahrungen. Agesilaus landete im Frühling des Jahres
396 v. Chr. bei Ephesus und überraschte den Satrapen Tissaphernes,
welcher im Vertrauen auf den mit Derkyllidas abgeschlossenen Waffenstillstand seine Rüstungen nur langsam betrieben hatte, nicht wenig.
Der Perser bat sogleich um die Fortdauer des Waffenstillstandes und
versprach dagegen dem Agesilaus, die verlangte Anerkennung der
Unabhängigkeit der kleinasiatischen Griechen von seinem Könige zu
erwirken; Agesilaus gewährte deshalb das Gesuch des Satrapen und
blieb mit seinem Heere in Ephesus. In der kurzen Zeit, während
welcher der spartanische König hier verweilte, entwickelte sich jener
Zwist zwischen ihm und Lysander. Der Letztere nämlich, welcher eine
wichtige Stelle im Kriegsrathe bekleidete, stellte bei den kleinasiatischen
Griechen, unter denen er ehemals fast wie ein Gebieter aufgetreten
war, sein früheres Ansehen wieder her und bildete eine Art von Hof
um sich. Er war beständig von einem großen Gefolge von Dienst-
beflissenen und von Leuten, die um seine Gunst buhlten, umgeben, so
daß er öffentlich gewissermaßen als König, Agesilaus aber als ein
bloßer Privatmann erschien. Dadurch erbitterte Lysander sowohl den
Agesilaus, als auch seine Collegen im Kriegsrath aufs höchste, verlor,
indem Agesilaus jedem Gesuch, das von ihm unterstützt wurde, geflis-
sentlich die Gewährung versagte, allen Einfluß, und spielte zuletzt in
den Augen des Heeres und der Kleinasiaten eine so demüthige Rolle,
daß er selbst seine Entfernung wünschte. Agesilaus gab ihm eine
Sendung nach dem Hellespont, von wo Lysander bald darauf nach
Sparta zurückkehrte.

Als Tissaphernes seine Rüstungen beendigt und aus dem Innern
des Reiches eine bedeutende Verstärkung erhalten hatte, kündigte er
den Spartanern den Waffenstillstand auf und verlangte ihren augenblicklichen Abzug aus Kleinasien. Agesilaus, der ihm an Kräften durchaus nicht gewachsen war, wußte während des Sommers die zwischen
Tissaphernes und Pharnabazus, den beiden Satrapen Kleinasiens,
bestehende Uneinigkeit trefflich zu seinem Vortheile zu benutzen und
zugleich auf eine sehr schlaue Weise einem entscheidenden Kampfe
auszuweichen. Die darauf folgende Winterszeit benutzte er, um sein
Heer einzuüben, es zu verstärken und sich von den griechischen Städten
Kleinasiens die ihm fehlende Reiterei zu verschaffen. Im nächsten

Sommer rückte er, während Tissaphernes sich von ihm täuschen ließ, schnell gegen Sardes vor, schlug die dieser Stadt zu Hülfe eilenden Truppen und machte große Beute. Tissaphernes hatte in der Königin Parysatis, die ihm den Tod ihres Lieblingssohnes Cyrus nicht verzeihen konnte, längst eine gefährliche Feindin am Hofe und mußte jetzt die Vortheile, welche Agesilaus über ihn erhalten hatte, mit dem Leben büßen. Tithraustes ward an seine Stelle ernannt und nahm ihm auf Befehl des Königs das Leben. Der neue Statthalter trat sogleich mit Agesilaus in Unterhandlung, schloß mit ihm einen halbjährigen Waffenstillstand und bewog ihn, sich mit seinem Heer in die Provinz des Pharnabazus zu begeben. Agesilaus zog hierauf plündernd nach Phrygien, wo Pharnabazus sich durch einen Waffenstillstand aus der Verlegenheit half, und traf sodann die nöthigen Vorkehrungen, um mit seinem sieggewohnten Heere in das Herz von Asien vorzudringen. Schon wollte er, im Frühjahr 394 v. Chr., aus Phrygien dahin aufbrechen, schon war auf diese Weise die Axt an den morschen Stamm des persischen Reichs gelegt, als die Verhältnisse Griechenlands den spartanischen König zur Rückkehr nach Europa nöthigten.

4. Der böotische Krieg.

In den meisten Staaten Griechenlands nämlich herrschte große Unzufriedenheit mit der Art, wie Sparta seine wiedererlangte Oberherrschaft die Schwächeren fühlen ließ, und manche Staaten, wie namentlich Athen, hegten überdies den lebhaften Wunsch, ihre seit dem Ende des peloponnesischen Krieges nur scheinbare Unabhängigkeit wieder in eine wirkliche zu verwandeln. Diese Stimmung wurde durch die Brutalität der Beamten, welche Sparta von Zeit zu Zeit mit Aufträgen in die eine oder die andere Stadt sandte, immer wieder von neuem angeregt. Außerdem erweckte die Härte, mit welcher die Spartaner an einigen ihnen verhaßten Staaten Rache nahmen, einerseits zwar Furcht vor ihrer Uebermacht, andererseits aber auch großen Haß und die Sehnsucht nach einer Veränderung, durch welche die schwächeren Staaten gegen eine ähnliche Behandlung gesichert würden. Die Spartaner hatten unter Andern, gleich nach dem peloponnesischen Krieg, die Eleer und die in Naupaktus und auf der Insel Kephallenia angesiedelten Messenier ihren Groll auf eine sehr rohe Art fühlen lassen. Die Ersteren wurden zur Strafe dafür, daß sie im Jahre 420 v. Chr. ein Bündniß mit Argos und Athen geschlossen und nachher den spartanischen Bürgern den Zutritt zu den olympischen Spielen verwehrt hatten, nicht allein mit großer Kriegsmacht angegriffen, sondern ihr Land wurde auch ein ganzes Jahr hindurch auf systematische Weise

verwüſtet, bis ſie endlich durch ſehr drückende Zugeſtändniſſe ſich Ruhe
und Frieden erkauften. Unmittelbar nach dieſer grauſamen Beſtrafung der Eleer wandte ſich das ſpartaniſche Heer gegen die einzigen
freien Ueberreſte des unglücklichen meſſeniſchen Volkes; dieſe wurden
aus ihren beiden Wohnſitzen vertrieben und mußten den Boden des
griechiſchen Mutterlandes ganz verlaſſen. Sie begaben ſich theils nach
Sicilien, theils nach der Pflanzſtadt Cyrene in Africa, wo ſie Söldner-
dienſte nahmen.

Auf dieſe Weiſe erregten die Spartaner durch ihren Druck und
ihre Mißhandlung griechiſcher Staaten faſt überall einen ſo großen
Unwillen, daß derſelbe nothwendiger Weiſe bei der erſten Veranlaſſung
in einen Krieg ausbrechen mußte. Dieſer Anlaß wurde durch des
Ageſilaus Unternehmungen in Aſien gegeben. Der Satrap Tithrau-
ſtes hatte nämlich nicht ſobald die Abſicht des ſpartaniſchen Königs,
das perſiſche Reich durch einen Zug ins Innere von Aſien ſelbſt
anzugreifen, erkannt, als er den Beſchluß faßte, den in Griechenland
unter der Aſche glimmenden Funken des Haſſes gegen Sparta zur
Flamme anzufachen. Er ſchickte einen gewandten Mann, Timokrates
von Rhodus, mit bedeutenden Geldſummen nach Griechenland, um
daſelbſt Unruhen zu erregen, und dieſem fiel es nicht ſchwer, die leitenden Männer in Theben, Korinth, Argos und anderen Staaten zu
gewinnen.

Zu gleicher Zeit drohte der ſpartaniſchen Uebermacht von Aſien
her noch eine andere große Gefahr. Der atheniſche Feldherr und
Admiral Konon, welcher mit dem kleinen Ueberreſt der bei Aegospotamoi vernichteten Flotte nach Cypern entflohen war, hatte daſelbſt
bei dem Beherrſcher der Stadt Salamis, Evagoras, eine freundliche
Aufnahme gefunden. Konon ſtrebte, auch fern von ſeiner Vaterſtadt,
nach der Wiederherſtellung der Unabhängigkeit derſelben und erkannte,
daß dies am ſicherſten vermittelſt einer gehörig ausgerüſteten und gut
angeführten perſiſchen Flotte erreicht werden könne, weil Sparta nur
zur See beſiegbar war. Evagoras, der ein Vaſall des perſiſchen Königs
war, hatte deshalb, in Verbindung mit Pharnabazus, den erfahrenen
atheniſchen Seemann ſeinem Oberherrn als einen Mann empfohlen,
der die perſiſche Seemacht wiederherſtellen und im Kriege mit Sparta
wichtige Dienſte leiſten könne, und Konon war ſelbſt an den Hof des
Königs gereiſt, um ſeinen Plan beſſer durchſetzen zu können. Artaxerxes
ging auf Konons Vorſchläge ein und ließ die zur Ausrüſtung einer
genügenden Zahl von Schiffen nöthigen Gelder anweiſen. In kurzer
Zeit war eine anſehnliche Flotte in See, welche von Pharnabazus und
Konon befehligt wurde.

In Griechenland brach ſchon im Jahre 395 v. Chr. der Krieg gegen

Sparta aus. Ein Streit zwischen den Phokiern und den opuntischen Lokrern, welcher an und für sich nur einer jener vielen Zwiste war, die in Griechenland zwischen den einzelnen Landschaften fast ohne Aufhören Statt fanden, wurde als Vorwand gebraucht. Die Thebaner leisteten den Lokrern Hülfe und nöthigten dadurch die Phokier, sich an die Spartaner zu wenden. In Sparta war man längst gegen die Thebaner aufgebracht und konnte es ihnen nicht verzeihen, daß sie, stolzer als die übrigen Griechen, die Gebote der Spartaner einige Male zurückgewiesen und auf diese Weise ihren Entschluß, sich der herrschenden Macht nicht unbedingt zu fügen, zu erkennen gegeben hatten. Man wollte also den dargebotenen Anlaß benutzen, um die Thebaner zu bemüthigen, und gewährte den Phokiern die gewünschte Hülfe. Lysander erhielt den Auftrag, nach Phokis zu reisen und daselbst ein Heer zu sammeln, während der König Pausanias II. die Truppen der peloponnesischen Bundesgenossen zusammenziehe. Beide sollten an einem bestimmten Tage bei der böotischen Stadt Haliartus zusammentreffen. Die Thebaner ihrerseits hatten sich an die Athener um Hülfe gewandt und diese schickten zu ihrer Unterstützung ein Heer ab. So entstand ein Krieg gegen Sparta, welcher der böotische Krieg genannt wird, weil Böotien fast ausschließlich sein Schauplatz war.

Lysander erschien an dem bestimmten Tage vor Haliartus, Pausanias aber zog in langsamem Marsche nach Böotien und kam nicht zur rechten Zeit an. Lysander ließ sich ohne ihn in einen Kampf ein, weil er entweder seinem Glücke zu sehr traute, oder einer Schlacht nicht länger ausweichen konnte. In dieser Schlacht bei Haliartus (395 v. Chr.), in welcher der Sieg unentschieden blieb, verlor Lysander selbst das Leben, sein aus Phokis und einigen benachbarten Staaten zusammengerafftes Heer aber ging, seines Führers beraubt, in der darauf folgenden Nacht aus einander. Am nächsten Tage erschienen zu gleicher Zeit Pausanias und die von Thrasybul commandirte Hülfsschaar der Athener auf dem Schlachtfeld. Pausanias und sein Kriegsrath wagten nicht, den Feind anzugreifen, sondern ließen sich mit demselben in eine Unterhandlung ein, um die Leichen ihrer in dem Treffen gebliebenen Landsleute bestatten zu können. Es wurde eine Uebereinkunft getroffen, in welcher zum ersten Mal seit undenklicher Zeit ein spartanischer König sich dazu verstand, die Auslieferung der Gefallenen durch das Versprechen des Abzugs aus dem feindlichen Lande zu erkaufen. Auf diese Weise verließ Pausanias zum Triumph der Athener und Thebaner, welche das abziehende spartanische Heer mit Spottreden überhäuften, das Schlachtfeld und kehrte nach Sparta zurück. Er wurde deshalb zu Hause vor Gericht gestellt und zum Tode verurtheilt, wich aber, wie einst sein Vater Plistonax, der Strafe durch die Flucht aus.

Er begab sich nach der arkabischen Stadt Tegea, wo er nach einigen Jahren starb.

Jetzt bildete sich in Griechenland unter dem Einfluß persischer Intriguen und persischen Geldes ein mächtiger Bund gegen Sparta. Theben, welches an der Spitze der böotischen Städte stand, Athen, Korinth und Argos vereinigten sich, um die spartanische Oberherrschaft zu brechen und bald schlossen sich auch die euböischen Städte, die Akarnanen und andere Völkerschaften an diesen Bund an. Dies nöthigte die Spartaner, Agesilaus mit seinem Heere aus Asien zurückzurufen. Ein Eilbote brachte ihm, gerade als er die Ausführung seines großen Eroberungsplanes beginnen wollte, den Befehl der Rückkehr, und Agesilaus durfte nicht säumen, diesem Befehle Folge zu leisten. Er zog sich schnell aus Phrygien zurück und setzte, nachdem er 4000 Mann zur Beschützung der griechischen Städte in Kleinasien zurückgelassen hatte, über den Hellespont. Während er von hier in Eilmärschen weiterzog, war es in Griechenland bereits zu einem weiteren Zusammenstoße gekommen. Ein aus mehr als 25,000 Mann bestehendes Heer der Verbündeten nämlich war aufgebrochen, um in Lakonien einzufallen, und die Spartaner hatten demselben etwa 15,000 Mann unter dem Commando des Aristodemus, welcher als Vormund seines Vetters, des jungen Sohnes des Pausanias, die Regierung führte, entgegengeschickt. Beide Theile trafen bei Sikyon zusammen, wo dann (im Juli 394 v. Chr.) ein Treffen geliefert wurde, in welchem das spartanische Heer zwar einige Vortheile erkämpfte, keineswegs aber entscheidend siegte.

Während auf diese Weise in Griechenland das Glück die Spartaner wenigstens nicht geradezu verließ, wandte sich dasselbe auf dem Meere ganz von ihnen ab. Agesilaus hatte die Unvorsichtigkeit begangen, das Commando der spartanischen Flotte dem tüchtigen Seemann Pharax abzunehmen, um es seinem Schwager Pisander zu übertragen, der zwar Muth und Kühnheit besaß, aber nicht Erfahrung genug im Seekrieg hatte. Dieser traf in der Nähe der karischen Stadt Knidus mit der von Konon und Pharnabazus befehligten persischen Flotte zusammen und erlitt eine Niederlage, durch welche die spartanische Ueberlegenheit zur See gänzlich vernichtet ward. Pisander selbst verlor dabei mit vielen seiner Leute das Leben und 50 große Kriegsschiffe mit 500 Mann geriethen in die Gewalt der Sieger (im Anfang des August 394 v. Chr.). In Folge dieser Schlacht mußten die Harmosten der Spartaner aus fast allen Städten der kleinasiatischen Küste und der benachbarten Inseln weichen, ihre Schiffe waren nicht mehr im Stande, das Meer zu behaupten, und die Athener konnten ungehindert ihre Flotte wiederherstellen.

Agesilaus, welcher bei seinem Rückzug aus Asien denselben Weg nahm, den einst Xerxes genommen, erhielt die Nachricht von dieser unglücklichen Schlacht an der Grenze von Böotien. Er hatte sich durch Thessalien mit den Waffen durchschlagen müssen, weil die mit Theben verbündeten Bewohner der dortigen Städte Larissa, Skotussa und Pharsalus seinen Marsch durch ihr Land aufzuhalten suchten. In Böotien erwartete ihn die vereinte Macht der Böotier, Athener, Argiver, Korinther, Aenianen und Euböer, sowie der ozolischen und opuntischen Lokrer. Um der entmuthigenden Wirkung, welche die Nachricht von Pisander's Niederlage auf den bevorstehenden Kampf hätte ausüben können, zuvorzukommen, täuschte er seine Truppen durch die Anzeige, daß zwar sein Schwager geblieben sei, daß aber die Flotte desselben einen Sieg errungen habe. Bei der böotischen Stadt Koronea lieferte er hierauf, im August 394 v. Chr., eine Schlacht, über deren Ausgang die Berichte der griechischen Geschichtschreiber einander widersprechen. Nach der Versicherung des mit Agesilaus befreundeten Xenophon trugen die Spartaner einen vollständigen Sieg davon, nach anderen Angaben aber waren sie blos im Stande, das Schlachtfeld zu behaupten. Beide Theile fochten mit großer Tapferkeit und Erbitterung, und der Verlust an Todten war für die Spartaner und ihre Feinde gleich groß; Agesilaus empfing selbst mehrere Wunden und seine aus 50 jungen Männern bestehende Umgebung verlor größtentheils das Leben. Das spartanische Heer behauptete indeß den Wahlplatz und errichtete am nächsten Tage ein Siegeszeichen auf demselben; die Feinde aber trugen, um ihre Todten beerdigen zu können, auf einen kurzen Waffenstillstand an, was bei den Griechen als ein Eingeständniß der Niederlage angesehen wurde. Dagegen sah sich aber auch Agesilaus außer Stand, den Krieg fortzusetzen, und zog sich alsbald nach der Schlacht in seine Vaterstadt zurück. Mag man nun den Ausgang der Schlacht ansehen, wie man will, so steht doch außer allem Zweifel, daß durch dieselbe die spartanische Uebermacht zu Lande nicht wieder hergestellt ward.

5. Der korinthische Krieg.

Die Fortsetzung des Krieges nach der Schlacht bei Koronea wird gewöhnlich mit dem Ausdruck korinthischer Krieg bezeichnet, weil der Kampf seitdem hauptsächlich in der Umgebung der Stadt Korinth geführt wurde; denn die Spartaner machten Sicyon, ihre Gegner aber Korinth zu ihrem Haupt-Waffenplatz. In diesem Kriege wurde keine größere Schlacht geliefert und meistens behielten die Spartaner zu Lande, die Verbündeten zur See die Oberhand. Den größten Vortheil hatten die Athener, weil sie durch diesen siebenjährigen Kampf

der Spartaner mit einem Theile von Griechenland Zeit und Gelegenheit erhielten, ihre Flotte wieder herzustellen. Ueberhaupt lag die
Haupt-Entscheidung im Kampfe zur See. Der Landkrieg hat nur
dadurch eine allgemeine Wichtigkeit, daß damals zuerst der athenische
General Iphikrates die ganze neue Taktik, welche er geschaffen hatte,
anwandte, und daß überhaupt in diesem Kriege zuerst die große Aenderung, die jetzt in dem griechischen Militärwesen eintrat, sichtbar zu
werden anfing.

Diese Aenderung in dem Kriegswesen hing mit der gesammten
Entwickelung des griechischen Volks zusammen und bestand hauptsächlich
darin, daß der Krieg jetzt mehr und mehr ein Handwerk und eine
Wissenschaft ward. Bis zur Zeit des Iphikrates hatte das griechische
Militärwesen mit den Einrichtungen jedes einzelnen Staates im innig-
sten Zusammenhange gestanden und war deshalb auch von den Erfindungen Einzelner weniger abhängig gewesen. Die Taktik, das Auf-
schlagen des Lagers, die Marschordnung, die Wahl der Stellungen
und viele andere Dinge dieser Art änderten sich allerdings den Fortschritten der Zeit gemäß, die Kriegsübungen aber, sowie die Zusammensetzung und Bewaffnung der Heere waren eine rein nationale Sache
und in Sitte und Verfassung gegründet. Jeder Bürger war zum
Kriegsdienste verpflichtet und dieser wurde durchaus nicht als ein besonderer, für sich bestehender Beruf, sondern als ein Theil der bürgerlichen Pflichten und des Staatslebens angesehen. Deswegen war auch
diejenige Klasse der Bürger, welche den Kern des Staates bildete und
denselben vorzugsweise leitete, zugleich der Kern des Heeres oder das
schwerbewaffnete Fußvolk, neben welchem es nur wenige leichte Truppen gab. Aus eben demselben Grunde war auch bei allen griechischen
Völkerschaften außer den Thessaliern die Reiterei ihrer Zahl nach so
unbedeutend, daß ihr Verhältniß zum Fußvolk in unseren Zeiten oft
lächerlich, wenn nicht geradezu unmöglich sein würde. Die Ursache
davon lag zwar zum Theil in dem Boden des Landes, weil auf diesem
eine große Reitermenge weder zu gebrauchen, noch auch leicht zu ernähren war, zum Theil aber auch darin, daß alle Bürger zum Kriegsdienst verpflichtet waren, die Mehrzahl derselben aber nicht im Stande
war, ein Pferd zu unterhalten. Die Spartaner behielten dieses geringe
Verhältniß der Reiterei immer bei und fühlten das Bedürfniß einer
starken Cavallerie nie, außer auf des Agesilaus Feldzug in Asien, wo
sie sich von den Einwohnern des Landes mit leichter Mühe die nöthigen Reiter verschafften. Die Athener dagegen, welche viel weniger
als die Spartaner an ihren alten Einrichtungen festhielten, sahen schon
früh den Nutzen der Reiterei ein, und bedienten sich in ihrem ersten
Kriege mit den Spartanern ihrer thessalischen Bundesgenossen mit

dem besten Erfolg; bald nachher aber eroberten sie auf der Insel Euböa
ebene Laubstriche, welche sich zur Pferdezucht besser eigneten, als das
felsige Attika, und seitdem unterhielten sie selbst eine Reiterei.

So dauerte das alte Kriegssystem der Griechen mit nur wenigen
Veränderungen bis zur Zeit des Iphikrates fort. Durch Iphikrates
aber, durch den thessalischen Herrscher Jason, durch die Thebaner Epaminondas und Pelopidas und durch die beiden großen Könige von
Macedonien, Philipp II. und Alexander den Großen, ward dasselbe
völlig umgestaltet. Diese Veränderungen wurden dadurch herbeigeführt,
daß die freien Bürger sich dem Kriegsdienst immer mehr entzogen und
durch Söldner ersetzt werden mußten. Seitdem war der Kriegsdienst
ein besonderer Beruf und das Militärwesen von den Staatseinrichtungen weniger abhängig; dieses mußte sich also auch von jetzt an
selbstständiger entwickeln und ward zugleich ein eigentliches Gewerbe
und eine Wissenschaft: gerade wie im 14. und 15. Jahrhundert unserer
Zeitrechnung die Condottieri oder Söldner-Hauptleute Italiens die
Schöpfer der neuern Taktik und Strategie wurden, oder vielmehr zu
beiden Wissenschaften den ersten Grund legten.

Die Kriege des griechischen Volkes wurden von dem Beginn des
vierten Jahrhunderts v. Chr. an größtentheils durch Soldtruppen
geführt. Es gab seitdem in Griechenland gewissermaßen ganze Heere
von Söldnern. Diese lebten von den ewigen Fehden der griechischen
Staaten, bei welchen sie sich den Meistbietenden verkauften, sowie von
dem persischen Kriegsdienste, den sie als ein Haupterwerbsmittel ansahen und aus welchem sie ebenso, wie in neuerer Zeit die Schweizer-
Offiziere aus Frankreich oder Italien, mit fremdem Gelde und fremden
Lastern in ihre Heimath zurückkehrten. Die griechischen Staaten mußten diese Soldtruppen natürlich ganz anders disciplinieren und einrichten, als es die alten Bürgerheere gewesen waren, deren Beschaffenheit und Uebung dem Herkommen und den Gesetzen ihres Staates
entsprochen hatte. Dadurch kam ebenso, wie in den angegebenen Zeiten
in Italien, das ganze Kriegswesen in die Hände der Hauptleute oder
Führer der Söldnerschaaren. Unter diesen ragt am meisten Iphikrates aus Athen hervor, indem die von ihm gebildeten Soldaten
damals ebenso sehr gesucht wurden, wie in der ersten Hälfte des 15.
Jahrhunderts in Italien die Truppen eines Braccio, Carmagnola
und Franz Sforza.

Iphikrates gehörte, als der Sohn eines Schusters, der unter den
Griechen verachteteten Klasse freier Bürger an; er hob sich aber, wie
Franz Sforza, vermittelst seiner kriegerischen Verdienste zu fürstlichem
Glanze empor. Er vermählte sich zuletzt mit der Tochter eines durch
Pracht und Luxus ausgezeichneten thracischen Fürsten und führte in

diesem Lande ein höchst schwelgerisches Leben. Seine große Bedeutung in der Geschichte der Griechen besteht darin, daß er mit athenischem Geiste die Taktik und Bewaffnungsart seiner Landsleute vervollkommnete und, wie Friedrich der Große, aus zuverlässigen geworbenen Volke ein brauchbares Heer schuf. Jphikrates führte zuerst in den griechischen Heeren die sogenannten Peltasten als ein Haupt-Corps ein. Diese Waffenart stand in der Mitte zwischen den Schwerbewaffneten und den leichten Truppen, und führte statt des schweren Ovalschildes der Bürgerhopliten einen leichtern Rundschild (Pelta), leichtere Brust- und Beinbedeckung, leichtern Helm, dagegen schwerere Angriffswaffen, einen längeren Speer und längeren Degen als die früher Schwerbewaffneten. Die Peltasten vereinigten so in gewisser Art die Vorzüge beider Waffenarten, und Jphikrates erreichte durch die Einführung und Einübung derselben zwei wichtige Vortheile: er erleichterte nämlich dadurch seinem Heere die Bewegung in den Fällen, in welchem es darauf ankam, nicht sowohl eine entscheidende Schlacht zu liefern, als vielmehr zu überraschen, einzuschließen, hinzuhalten und zu übervortheilen, und die Peltasten dienten ihm außerdem ganz besonders dazu, einen Feind, dem man in seiner ihm eigenthümlichen Kriegsart nicht gleichkommen konnte, durch eine ihm fremde zu verwirren. Dies gelang dem Jphikrates vollkommen, und er verdankte einen großen Theil seines beginnenden Ruhmes der Ueberraschung eines spartanischen Regiments, welches er 392 v. Chr. in der Nähe von Korinth plötzlich überfiel und die Waffen zu strecken zwang, eine Sache, die an und für sich und als bloße Waffenthat betrachtet, nicht von großer Bedeutung war.

Der korinthische Krieg, in welchem des Jphikrates Aeuderungen zuerst angewandt wurden, dauerte bis zum Jahre 387 v. Chr., und ward nicht auf dem festen Lande, sondern durch die Ereignisse zur See entschieden. Die Spartauer wurden durch die Unternehmung des Pharnabazus und Konon gleich anfangs (394 v. Chr.) aller ihrer Besitzungen jenseits des aegäischen Meeres beraubt, es blieben ihnen nur die am Hellespont gelegenen Städte Abydus und Sestus unterworfen. Im Frühling des nächsten Jahres (393 v. Chr.) ward die Küste von Lakonien selbst durch die feindliche Flotte verheert und die wichtige Insel Cythere von den Persern besetzt. Zugleich brachte Konon dem Pharnabazus die Ueberzeugung bei, daß die Wiederherstellung der Festungswerke von Athen für die Perser vortheilhaft sei, weil durch die Wiederbelebung der Macht Athens der spartanischen Uebermacht der festeste Wall entgegengesetzt werden würde. Konon erhielt von dem Satrapen die persische Flotte und eine bedeutende Summe Geld, um dies auszuführen, und segelte sogleich nach Athen. Hier bot die ganze Bürgerschaft ihre Kräfte auf, um die Mauern so schnell als

möglich wiederherzustellen, die Matrosen der persischen Flotte und
viele mit dem persischen Golde gedungene Arbeiter, sowie die Böotier
und einige andere befreundete Staaten legten mit Hand an, und so erhielt Athen in kurzer Zeit seine Festungswerke wieder. Auch die Mannschaft der athenischen Flotte ward seitdem mit persischem Gelde bezahlt.

Von diesem Augenblick an verzweifelten die Spartaner, daß sie ihre
alte Stellung in Griechenland würden behaupten können, wenn nicht
die persische Unterstützung den Athenern entzogen und ihnen selbst zu-
gewendet würde. Sie suchten deshalb das Letztere auf diplomatischem
Wege mit der Aufopferung der Freiheit ihrer kleinasiatischen Landsleute zu erreichen, und schickten einen besonders gewandten und in den
persischen Hofkünsten erfahrenen Mann, Antaleidas, nach Kleinasien, um den Satrapen Tiribazus, welcher neben Pharnabazus
einen Theil von Kleinasien als Statthalter regierte, für Sparta zu
gewinnen und mit dessen Hülfe dem Freunde der Athener, Pharnabazus, entgegenzuarbeiten. Auf die Nachricht hiervon schickten sogleich
auch die Athener, Böotier, Korinther und Argiver Gesandte an Tiribazus. Antaleidas erklärte dem Letzteren, daß die Spartaner dem
persischen König alle Städte Kleinasiens überlassen, und außerdem
auch über keine Insel und keinen Staat Griechenlands die Herrschaft
in Anspruch nehmen, sondern diese völlig unabhängig lassen wollten,
und daß also die Perser thöricht handeln würden, wenn sie fortführen,
Geld und Menschen auf einen Krieg gegen Sparta zu verschwenden.
Dies leuchtete dem Tiribazus ein, und wer die Beschaffenheit des heutigen türkischen Reichs kennt, wird es nicht auffallend finden, daß
jetzt dieser Satrap, obgleich des Pharnabazus Einfluß in Susa sehr
groß war, dennoch geradeswegs gegen denselben auftrat. Er wagte
zwar nicht, dem Letzteren ganz offen entgegen zu handeln, unterstützte
aber die Spartaner einstweilen insgeheim mit Geld und vertröstete
die Athener und ihre Bundesgenossen damit, daß er erst die weiteren
Befehle des Königs einholen wolle. Ehe er jedoch zur weiteren Verfolgung seines Planes nach Susa abreiste, ließ er den gefährlichsten
Gegner der Spartaner, Konon, in's Gefängniß werfen. Zum Vorwande der Verhaftung nahm er irgend eine demselben angedichtete
Handlung. Das weitere Schicksal Konon's ist nicht zuverlässig bekannt;
er wurde der einen Nachricht zu Folge nach Susa geschleppt und dort
getödtet, nach einer andern aber entkam er später aus seiner Haft und
starb bald darauf eines natürlichen Todes.

Um dieselbe Zeit etwa verloren die Athener auch einen anderen
ausgezeichneten Feldherrn, ihren ehemaligen Befreier vom Joche der
Dreißig, Thrasybul. Dieser hatte im Jahre 390 v. Chr. mit einer
kleinen Flotte glückliche Unternehmungen an der Küste von Thracien

und Kleinaſien gemacht, wurde aber im Frühling des folgenden Jahres, als er an der pamphyliſchen Küſte Contributionen erhob, von
den Einwohnern überfallen und in ſeinem Zelte erſchlagen.

Tiribazus erreichte am Hofe des Perſerkönigs aus unbekannten
Gründen ſeinen Zweck nicht und der Krieg zwiſchen den Perſern und
Spartanern dauerte noch einige Jahre fort. Allein im Jahre 388 v.
Chr. erſchien Antalcidas wieder zu demſelben Zweck, wie früher, an
der kleinaſiatiſchen Küſte, reiſte ſogleich in Begleitung des Tiribazus
nach Suſa und war diesmal glücklicher. Tiribazus wurde von dem
König bevollmächtigt, die Friedensunterhandlungen zu führen und
Antalcidas erlangte in Snſa Bedingungen, wie er ſie wünſchte. Er
erhielt zugleich die Erlaubniß, die Annahme dieſes Friedens von
Seiten der Griechen mit der Drohung zu fordern, daß, wenn die
Athener und ihre Verbündeten denſelben zurückwieſen, der König die
Spartaner gegen ſie unterſtützen würde.

Die Athener, welche wieder ſo mächtig geworden waren, daß ſie
die Herrſchaft zur See behaupten zu können hofften, wollten anfangs
dieſer Drohung Trotz bieten und ſich nicht zu dem im Namen des
perſiſchen Königs gebotenen Frieden bequemen; allein ſie konnten ihr
Widerſtreben nicht lange durchführen, weil das Glück ſich gegen ſie
gewendet hatte. Ihr Freund Pharnabazus war nach Suſa gegangen,
wo er ſich mit einer Tochter des Königs vermählte und ſein Nachfolger
oder Stellvertreter in Kleinaſien, Ariobarzanes, war mit Antalcidas befreundet und den Spartanern gewogen. Der Letztere und Tiribazus vermehrten die kleine ſpartaniſche Flotte, welche damals von
Antalcidas commandirt wurde, durch perſiſche Schiffe, ſo daß dieſelbe
in den Stand geſetzt ward, nicht allein die See zu halten, ſondern auch
den atheniſchen Getreideſchiffen die Fahrt aus dem ſchwarzen Meer zu
verwehren und ſo die Stadt Athen wegen ihrer Verſorgung mit Lebensmitteln in Verlegenheit zu bringen. Dieſe Lage der Athener benutzte
der ſchlaue ſpartaniſche Senat, um den mächtigſten der verbündeten
Gegner von den übrigen zu trennen. Er ließ die perſiſche Regierung
oder vielmehr den mit dem Ordnen der griechiſchen Angelegenheiten
beauftragten Tiribazus bewegen, in Einem Punkte den Athenern nach-
zugeben. Dieſe nahmen nämlich die Herrſchaft der Inſeln Lemnos,
Imbros und Skyros, welche ſie ſeit Cimon's Zeit unausgeſetzt beſeſſen
hatten, auch fernerhin in Anſpruch, während der zwiſchen Antalcidas
und Tiribazus verabredete Friedensvorſchlag die Unabhängigkeit aller
griechiſchen Inſeln ausſprach. Durch die Abänderung dieſes Artikels
wurden die Athener zufriedengeſtellt, ſo daß jetzt die Perſer den Griechen
den Frieden geradezu dictiren konnten (im Juli 387 v. Chr.).

Von allen griechiſchen Staaten, welche an dem Kriege Antheil

genommen hatten, waren Gesandte an Tiribazus geschickt worden.
Diese beschied der Satrap wie ein Gebieter vor sich, um seine Befehle
über die Art, wie es mit ihren Angelegenheiten gehalten werden solle,
zu vernehmen. Als sie versammelt waren, zeigte er ihnen das an der
Friedens-Acte befindliche Siegel seines Königs und las ihnen dann
den Inhalt desselben vor, oder mit anderen Worten, er verkündete
ihnen, gleich als wenn er es mit Untergebenen zu thun hätte, den Befehl des Königs. Dieser Friede des Antalcidas, wie er gewöhnlich genannt wird, lautet wörtlich: „Artarerres der König erkennt für
Recht, daß alle Städte Kleinasiens, von den Inseln aber Klazomenä
und Cypern ihm angehören, alle übrigen griechischen Städte dagegen,
kleine wie große, unabhängig sein sollen, außer Lemnos, Imbros und
Skyros; diese sollen wie vor Alters den Athenern gehören. Alle
Staaten aber, welche diesen Frieden nicht annehmen, werde ich in
Verbindung mit denen, die ihn annehmen, bekriegen, zu Wasser und zu
Lande, mit Schiffen und mit Geld.“ Von allen griechischen Staaten
nahmen nur die Thebaner diesen Frieden nicht an; allein die Spartaner gaben sich zu Vollstreckern des persischen Willens her und rüsteten
ein Heer unter der Anführung des Agesilaus aus, um Theben zur
Unterwerfung unter die Gebote des Perserkönigs zu zwingen. Da
fügten sich auch die Thebaner, welche, von allen Bundesgenossen verlassen, es nicht zum Aeußersten kommen lassen durften.

Dieser für Griechenland schmachvolle Friede brachte wichtige Aenderungen in den Verhältnissen der Griechen und der Perser hervor.
Die Spartaner, die sich bei der ganzen Betreibung der Sache, ohne
alle Rücksicht auf die Nationalehre und das allgemeine Wohl des griechischen Volkes blos von selbstsüchtiger Klugheit hatten leiten lassen,
erhielten durch den Antalcidischen Frieden die Sorge für die Vollziehung desselben und erlangten auf diese Weise ihr früheres Uebergewicht in Griechenland wieder. Die griechischen Staaten aber kamen
durch diesen Frieden in ein ganz neues Verhältniß zu dem persischen
Reich, welches seinerseits durch denselben auf einmal nach Außen hin
eine viel größere Bedeutung erhielt. Jetzt war eine Zeitlang der Perserkönig der Leiter der allgemeinen Angelegenheiten Griechenlands, und
jene ewigen Zwiste der einzelnen griechischen Staaten unter einander
hatten stets den Erfolg, daß der Hof zu Susa und die Satrapen in
Kleinasien als Wächter, Schiedsrichter und Gebieter den Zustand der
Dinge ordneten und lenkten.

Diese neue Stellung, welche das persische Reich jetzt einnahm,
dauerte fort, bis die großen macedonischen Könige Philipp und
Alexander die Macht des griechischen Volkes in ihrer Hand vereinigten,
und endlich das Schattenbild eines Reiches zerstörten, welches nur

durch die Uneinigkeit der Griechen fortgedauert und wieder einen Schein von Macht gewonnen hatte. Auf den inneren Zustand des Staates hatte diese größere Bedeutung desselben nach Außen gar keinen Einfluß, sondern dieser Zustand blieb wie er war, oder vielmehr er verschlimmerte sich noch mehr. Was wir in jener Zeit von der inneren Geschichte Persiens erfahren, gibt ein schauderhaftes Bild von Verwirrung und Entartung. Es wurden unter Andern auf Betreiben der Parysatis alle diejenigen qualvoll gemordet, welche in irgend einer Weise zum Untergang des jungen Cyrus beigetragen hatten, selbst solche, die vorher vom König für ihre Mitwirkung belohnt worden waren. Auch Tissaphernes ward ein Opfer der rachgierigen Parysatis, welche seine Ueberlistung durch Agesilaus benutzte, um bei Artaxerxes den Verdacht eines geheimen Einverständnisses mit den Spartanern gegen ihn zu erregen und so den Befehl seiner Hinrichtung zu erwirken. Dagegen bewirkte Statira, die Gemahlin des Königs, welche ihre Schwiegermutter bitter haßte, daß, trotz der Fürbitten der Letzteren, die von Tissaphernes gefangen genommenen Ober-Offiziere der griechischen Söldner als Freunde des Cyrus getödtet wurden. Zur Strafe dafür wurde sie aber von Parysatis vergiftet, obgleich sie auf jede Weise sich gegen die Rache derselben zu sichern gesucht hatte. Statira nahm nämlich, wenn sie einem Gastmahl der Parysatis beiwohnte, keine Speise an, von welcher nicht diese zuvor ein Stück gegessen hatte. Die in allen Listen erfahrene Parysatis aber ließ eines Tages die eine Seite des zum Zerlegen des Fleisches dienenden Messers mit Gift bestreichen, und das von dieser berührte Stück der Königin reichen, während sie selbst das andere nahm. Auf diese Weise gelang es ihr, die gehaßte Feindin aus dem Wege zu räumen. Der König schöpfte beim plötzlichen Tode seiner Gemahlin Verdacht gegen seine Mutter, ließ deshalb die Diener derselben auf qualvolle Weise foltern und tödtete, um sich zu rächen, ihre Freundinnen.

Ebenso, wie am Hofe, drehte sich auch in den Provinzen die Regierung um persönliche Interessen und Ränke. Gegen das Ende der Regierung Artaxerxes II. empörten sich zu gleicher Zeit der damalige Beherrscher von Aegypten und die durch die Spartaner unterstützten Satrapen von Phrygien, Mysien und Lydien, welche mit einigen kleineren Vasallen des Königs und mit den griechischen Städten der Küste sich gegen ihre Oberherren verschworen hatten. Der Statthalter von Mysien aber, den diese zu ihrem Oberanführer erwählt hatten, benutzte den Aufstand, um seine Verbündeten zu verderben und sich selbst auf ihre Kosten zu heben. Er trat mit dem König in geheime Unterhandlung und gewährte demselben dadurch die Möglichkeit, den Aufstand wieder zu unterdrücken. Ebenso versuchte bei einer Empörung des

Stallhalters von Kappadocien, Dalames, der eigene Schwager
desselben, diesen zu verrathen, um sich selbst empor zu bringen. Mit
den tributpflichtigen Herrschern von Aegypten, die den Empörern in
Kleinasien und Syrien stets Hülfe leisteten, wurden ebenfalls mehrere
Kriege geführt, welche insgesammt keinen andern Erfolg hatten, als
daß die Perser Geld und Menschen verschwendeten, ohne dieses Land
wieder unterwerfen zu können.

6. Das Verfahren der Spartaner gegen Theben und Olynth nach dem Frieden des Antalcidas.

Die Spartaner gebrauchten das Uebergewicht, welches der Antalcidische Frieden ihnen wieder verschafft hatte, nicht weniger übermüthig,
als sie nach der Unterwerfung Athens gethan hatten, und brachten
sich dadurch bald von neuem um ihre Machtstellung. Schon im ersten
Jahre nach dem Abschluß jenes Friedens verlangten sie unter dem
Vorwande, daß Mantinea in der letzten Zeit feindliche Gesinnungen
gegen Sparta zu erkennen gegeben habe, von den Bürgern dieser arkadischen Stadt, welche nach und nach aus fünf offenen Flecken entstanden
und den Spartanern zu mächtig geworden war, daß sie ihre Mauern
schleifen und so in ihren frühern machtlosen Zustand zurückkehren
sollten. Als die Mantineer sich weigerten, dies zu thun, ward ein
Heer unter dem König Agesipolis I., dem Sohne des Pausanias II.,
gegen sie ausgeschickt, ihr Gebiet verwüstet und ihre Stadt belagert.
Agesipolis brachte hierauf vermittelst eines durch Mantinea fließenden
Flüßchens eine plötzliche Ueberschwemmung hervor, durch welche nicht
nur die Häuser der Stadt sehr Noth litten, sondern auch die aus ungebrannten Ziegeln erbaute Festungsmauer einstürzte. Jetzt waren die
Mantineer der Willkür der Spartaner preisgegeben. Sie mußten ihre
Stadt, welche von den Spartanern zerstört wurde, verlassen, und sich
wieder in ihre Dorfgemeinden auflösen (385 v. Chr.). Ebenso gewaltsam verfuhr Sparta gegen den im nördlichen Theil des Peloponnes
liegenden kleinen Staat von Phlius, welcher unter Androhung eines
Krieges genöthigt wurde, seine verbannten Mitbürger wieder aufzunehmen, obgleich der Antalcidische Friede allen Staaten Griechenlands Unabhängigkeit und Selbstständigkeit zuerkannt hatte.

Am rücksichtslosesten schritt der herrschsüchtige spartanische Senat
da ein, wo das Streben nach einer Vereinigung mehrerer Staaten
sich zeigte. Auch unter den Arkadern, deren Städte und Flecken seither
durch kein gemeinsames Band vereinigt waren, war damals die Neigung
zu einem Föderationssystem aufgekommen und dies namentlich hatte die
Macht von Mantinea für Sparta gefahrdrohend erscheinen lassen. Eine
Föderation bildete sich auch auf der Halbinsel Chalcidike im Norden.

Dort war die Stadt Olynth durch ihren Handel so reich geworden, daß sie ein Heer von 10,000 Mann unterhalten konnte. Sie beherrschte damals auch ein Stück des benachbarten Landes Macedonien und hatte den Plan einer Verbindung der sämmtlichen griechischen Städte von Chalcidike entworfen, nach welchem die Abgeordneten von diesen in Olynth sich versammeln und gemeinschaftlich die Regierung des Bundes der chalcidischen Städte führen sollten. Diese Art von Staatenverbindung, zu welcher die Olynthier bereits eine beträchtliche Zahl von Städten bewogen hatten, war eine eigentliche Conföderation im engeren und neueren Sinne des Wortes; eine solche aber war bis dahin den Griechen wesentlich fremd geblieben, da alle ihre Vereine entweder so locker waren, daß sie kaum diesen Namen verdienten, oder von den mächtigeren Staaten als ein Mittel und Name für die Unterwerfung der schwächeren gebraucht wurden. Zwei chalcidische Städte, Akanthus und Apollonia, sahen auch den von den Olynthiern vorgeschlagenen Verein als eine Verbindung der letzteren Art an, zumal da Olynth ihnen im Fall der Weigerung des Beitritts mit Gewalt drohte. Sie riefen daher, dem angeborenen Trieb der Griechen nach Vereinzelung und unbeschränkter städtischer Unabhängigkeit folgend, die Spartaner um Beistand an, indem sie sich auf den Antalcidischen Frieden stützten, welcher für alle Griechen bindend sei, und für dessen Aufrechthaltung Sparta sich verbürgt habe.

Die Spartaner, welche durch den Frieden des Antalcidas wieder als leitender Staat an die Spitze von Griechenland gestellt worden waren, hätten, wenn es ihnen um die griechische Freiheit zu thun gewesen wäre, die Olynthier unterstützen müssen, statt sie zu bekriegen; denn Olynth hatte einen mächtigen Bund griechischer Staaten gebildet, den benachbarten macedonischen König aus seiner Residenz Pella verdrängt, ihn in die größte Verlegenheit gebracht, und auf diese Weise die griechische Freiheit von der Grenze Thessaliens an bis tief nach Macedonien hinein und bis an den Bosporus auf sichere Sitze gestellt. Allein die Spartaner sahen sich durch das Gedeihen dieses Staatenbundes in ihrer eigenen Machtstellung gefährdet und sagten daher den Akanthiern und Apolloniern ihre Hülfe bereitwillig zu. Sie schickten sogleich eine Anzahl Truppen unter Eudamidas als Hülfs-Corps voraus (382 v. Chr.) und beauftragten den Phöbidas, den Bruder des Eudamidas, aus den mit Sparta verbündeten Städten ein Heer zusammenzuziehen und mit demselben seinem Bruder nachzufolgen. Eine Partei in Sparta verband mit diesem Feldzuge zugleich den Plan, die Stadt Theben, welche an der Spitze von vierzehn böotischen Städten stand und wegen dieser Macht gefährlich schien, durch einen plötzlichen, mitten im Frieden unternommenen Ueberfall zu demüthigen und an

Sparta zu fesseln: und Phöbidas führte die Sache wirklich aus. Ob
der spartanische Anführer dabei mit oder ohne Erlaubniß seiner Regierung handelte, ist ungewiß und kann auch nicht aus dem nachherigen Verfahren der Letzteren gegen Phöbidas erkannt werden; denn
dieser wurde zwar, nachdem er die Burg von Theben, die Kadmea,
besetzt hatte, in Sparta zu einer Geldbuße verurtheilt, weil er einen
so wichtigen Schritt ohne Auftrag des Senats gethan habe, die
Spartaner zogen aber ihre Besatzung nicht wieder aus der Burg zurück.

In Theben war, wie überall in den griechischen Städten, die Bürgerschaft in zwei Parteien getheilt, und von den beiden Polemarchen
oder höchsten Beamten der Stadt stand der eine, Ismenias, an der
Spitze der demokratisch Gesinnten, der andere, Leontiades, war
das Haupt der oligarchischen Partei. Der Erstere ließ ein Verbot
ergehen, nach welchem kein Bürger von Theben an dem spartanischen
Kriegszuge Theil nehmen sollte; der Letztere dagegen trat mit Phöbidas,
der auf seinem Marsch in Böotien Halt gemacht und nahe bei Theben
sein Lager aufgeschlagen hatte, in geheime Unterhandlungen und versprach ihm eine bedeutende Verstärkung seines Heeres, wenn er ihm
und seiner Partei zur Unterdrückung ihrer Gegner und zur Herrschaft
von Theben behülflich sein wolle. Phöbidas verstand sich dazu und
Leontiades wählte zur Ausführung des mit dem spartanischen Anführer
verabredeten Schlages einen Tag, an welchem alle Weiber der Stadt
sich zur Feier eines religiösen Festes auf der Burg versammelten und
deßhalb deren Thore geöffnet waren. Die Spartaner erschienen plötzlich vor Theben und Leontiades führte sie ohne Widerstand in die
Stadt ein.

Mit Hülfe der spartanischen Besatzung auf der Burg nahmen hierauf Leontiades und seine Partei die beabsichtigten Aenderungen in der
Regierung vor. Diese oligarchische Revolution wurde ohne Schwierigkeit und in der bei solchen Gelegenheiten gewöhnlichen Art und Weise
ausgeführt: Ismenias ward verhaftet, seine Partei aufs Grausamste
verfolgt und viele Bürger dadurch zur Flucht bewogen. Diese, 400
an der Zahl, wandten sich zum größten Theile nach Athen. Leontiades
reiste sogleich nach Sparta, um dort das Verfahren des spartanischen
Heeres beschönigen zu helfen. Phöbidas wurde zwar zur Bezahlung
einer Geldsumme verurtheilt, aber nicht weil er etwas Ungerechtes
unternommen, sondern weil er gegen die spartanische Kriegszucht
gefehlt und ohne höheren Auftrag gehandelt habe; die Sache selbst
wurde also nicht mißbilligt und eben so wenig die Besatzung aus der
Burg von Theben zurückgezogen. Man schickte im Gegentheil drei
spartanische Commissäre nach Theben, welche mit Abgeordneten der
Verbündeten Spartas ein Gericht bilden sollten, um über des Leontiades

und seiner Partei Anlage gegen Jsmenias zu entscheiden. Dadurch, daß auch Männer aus andern griechischen Städten zu dem Gerichte hinzugezogen wurden, wollte man sich den Schein der Gerechtigkeit geben; allein diese Richter wurden von den drei spartanischen Commissären beobachtet und geleitet und standen also ganz unter dem Einflusse Spartas. Dem Jsmenias ward vorgeworfen, daß er in verrätherischer Absicht mit dem Perserkönig in Verbindung getreten sei, Geld von ihm erhalten habe und vorzugsweise an dem Ausbruch des böotischen und korinthischen Krieges schuld gewesen sei. Man machte also dem Jsmenias Verbindungen zum Verbrechen, welche Antalcidas und andere Griechen in noch viel ausgedehnterem Maaße gesucht und unterhalten hatten und erhob gegen ihn blos die ganz allgemeine Beschuldigung, daß er ein hochstrebender Kopf und ein Unruhstifter sei. Die Ankläger konnten auf seine Vertheidigung nichts erwidern, Jsmenias wurde aber dessen ungeachtet als ein unruhiger und gefährlicher Mensch für schuldig erklärt und hingerichtet.

Nachdem auf diese Weise auch Theben unter das Joch der Spartaner gebeugt war, wandten sich diese mit großer Macht gegen Olynth. Die Olynthier waren den Spartanern auf die Dauer nicht gewachsen, obgleich sie eine Eidgenossenschaft der griechischen Städte an der macedonischen und thracischen Küste gegründet und eine furchtbare Macht in ihren Mauern vereinigt hatten. Eudamidas selbst hatte den Krieg mit Glück begonnen, war aber nach kurzem Kampfe vor der Stadt Olynth gefallen. Hierauf erschien Teleutias, der Bruder des Agesilaus, welcher an Phöbidas Stelle den Oberbefehl erhalten hatte, mit 10,000 Mann in Chalcidike. Sein Heer wurde noch durch die Soldtruppen des macedonischen Königs und anderer benachbarten Fürsten unterstützt, welche alle wegen der wachsenden Macht Olynths in Gefahr waren, von der Küste abgesperrt zu werden. Teleutias erfocht zwar einige kleine Vortheile, verlor aber im Jahr nach seiner Ankunft (381 v. Chr.) ein Haupttreffen vor den Thoren von Olynth und kam selbst dabei ums Leben. Die Spartaner sahen jetzt ein, daß zur Besiegung der Olynthier eine größere Anstrengung erforderlich sei, als sonst die Unterwerfung eines einzelnen griechischen Staates erheischte und schickten ihren König Agesipolis I. mit einer beträchtlichen Verstärkung gegen Olynth.

Dies geschah in demselben Jahre, in welchem auch der zweite König von Sparta, Agesilaus, abgesandt wurde, um einen andern freien Staat mit ungerechtem Kriege zu bedrängen. Die Phliasier nämlich, welche kurz vorher zur Wiederaufnahme ihrer verbannten Mitbürger genöthigt worden waren, hatten diesen die eingezogenen Güter nicht zurückgegeben und sollten mit Gewalt dazu gezwungen werden. Sie

leisteten zwar einen verzweifelten Widerstand, wurden aber nach einer
Belagerung von 20 Monaten durch Hunger zur Unterwerfung gebracht.
Den Olynthiern erging es nicht besser. Agesipolis selbst führte den
Krieg gegen sie nicht lange, da er bald nach seiner Ankunft in Chal-
cidike an einer Krankheit starb; sein Nachfolger im Commando aber,
Polubiades, schloß die Stadt Olynth zu Wasser und zu Lande
enge ein. Die Olynthier konnten sich gegen die überlegene Macht
ihrer Feinde nicht behaupten, und da bald auch der Hunger in ihrer
Stadt wüthete, so mußten sie nach einer langen Einschließung sich den
Umständen fügen. Sie erhielten den Frieden unter der Bedingung,
daß sie Bundesgenossen Spartas würden, dem macedonischen König
die eroberten Theile seines Landes zurückstellen und ihren Bund mit
den andern Städten der thracisch-macedonischen Küste auflösen sollen.
So wurde die Macht dieser Städte wieder vereinzelt und damit der
Herrschaft der Spartaner unterworfen.

VI. Thebanische Zeit.

1. Die Befreiung Thebens von der Herrschaft der Spartaner.

Als die Macht der Olynthier gebrochen und Theben den Spartanern unterworfen worden war, schien Spartas Ansehen und Herrschaft größer als je zu sein. Um so überraschender war es, als
die an sich unbedeutende Verschwörung einiger thebanischen Flüchtlinge auf einmal an's Licht brachte, wie hohl das Gebäude der spartanischen Macht durch ihren Mißbrauch geworden sei. Dies ging besonders daraus hervor, daß die thebanische Revolution gerade in dem
Augenblick erfolgte, als Sparta sich von neuem in der Herrschaft von
Griechenland festgesetzt hatte. Die Befreiung Thebens, welche drei
Jahre nach der Besetzung der Stadt durch die Spartaner plötzlich bewerkstelligt ward, ging, wie das in Revolutionen der Fall zu sein
pflegt, vermuthlich nicht gerade von Freunden der Freiheit oder von
moralisch hochstehenden Menschen aus; denn von den drei großen
Männern, welche allein von allen Thebanern zugleich das wahre In-
teresse ihrer Vaterstadt erkannten, und sich von der Rücksicht auf die
Ehre und Freiheit derselben unbedingt leiten ließen, war der eine,
Pelopidas, bei jener Verschwörung anfangs nur eine Nebenperson,
die beiden andern Epaminondas und Gorgidas aber stellten sich
erst nach dem Sturz der herrschenden Partei der neuen Ordnung der
Dinge zur Verfügung.
Die in Theben herrschende oligarchische Partei, deren Leiter Leon-

tiades und die beiden Polemarchen Archias und Philippus waren, überließ ſich im Vertrauen auf die ſpartaniſche Beſatzung auf der Burg einer großen Sorgloſigkeit, und ſtürzte dadurch ſich ſelbſt ins Verderben. Ein ſcheinbarer Anhänger der Oligarchie, Phyllidas, der Staatsſchreiber und Vertraute der Polemarchen, beſchloß, die Sicherheit, mit welcher die Beherrſcher von Theben im Beſitze der erlangten Gewalt lebten, zu ihrem Sturze zu benützen und verband ſich zu dieſem Zwecke mit einigen Flüchtlingen in Athen. Mit dieſen, an deren Spitze Mellon ſtand, verabredete Phyllidas einen Plan, nach welchem die Häupter der Oligarchie theils bei einem Gaſtmahle, theils in ihren eigenen Wohnungen überfallen und getödtet werden ſollten; denn er hielt ſich überzeugt, daß nach dem Tode derſelben das zur Freiheit aufgerufene thebaniſche Volk ſich augenblicklich zu Gunſten der Demokratie erheben werde.

Nur ſieben der Verſchworenen, unter ihnen Mellon und Pelopidas nahmen an der Ausführung dieſes Planes Theil. Sie verließen als Jäger verkleidet Athen, nahmen den Weg nach Böotien, näherten ſich dann in Bauerntracht der Stadt Theben, gingen mit anbrechender Nacht unerkannt durch die Thore, und begaben ſich in das Haus ihres Mitverſchworenen Charon. Hier hielten ſie ſich den ganzen folgenden Tag hindurch verborgen. Am Abend dieſes Tages wohnten die beiden Polemarchen einem ſchwelgeriſchen Mahle bei, während deſſen ſie von den Verſchworenen ermordet werden ſollten. Sie hatten ſich, wie es heißt, kaum niedergelaſſen, als ihnen angezeigt wurde, daß in der Stadt das Gerücht gehe, es wären einige Vertriebene heimlich zurückgekehrt und hätten ſich in das Haus Charon's verſteckt. Sogleich wurde dieſer vorbeſchieden; Charon wußte ſich aber ſo geſchickt zu verſtellen, daß die nur auf den Genuß bedachten Polemarchen ſich von ihm täuſchen ließen und die gemachte Anzeige für ein leeres Gerede hielten. Selbſt einen von Athen geſchickten Brief, welcher die Anzeige der Pläne der Verſchworenen enthielt, ſoll Archias mit den Worten, es ſei jetzt keine Zeit für Geſchäfte, uneröffnet bei Seite gelegt haben. Phyllidas hatte den Polemarchen verſprochen, zu dem Mahle auch Frauen kommen zu laſſen, und ohne daß jene etwas Arges ahnten, traten nun plötzlich die als Weiber verkleideten Verſchworenen in das Zimmer. Sie fielen über die Polemarchen her und ermordeten dieſelben mit leichter Mühe. Hierauf begaben ſie ſich ſogleich nach der Wohnung des Leontiades und anderer Oligarchen, und tödteten auch dieſe ohne Schwierigkeit. Leontiades, ein mäßiger Mann, hatte ſo eben geſpeiſt und ſaß bei ſeiner Gattin, welche nach der Sitte griechiſcher Frauen ſich mit Spinnen beſchäftigte. Phyllidas ließ ihm von außen ſagen, daß er eine Meldung von den Polemarchen

zu überbringen habe; er wurde hierauf sogleich in das Haus einge-
lassen, und drang mit drei Begleitern schnell nach dem Zimmer des
Leontiades. Dieser griff zwar sogleich zu den Waffen, und tödtete
auch einen der Gegner, erlag aber doch bald den Streichen der Anderen (December 379 v. Chr.). Als auf diese Weise die Führer der
Gegenpartei aus dem Wege geräumt waren, befreite man die zahlreichen Staatsgefangenen aus ihren Kerkern und rief die Bürger der
Stadt zur Freiheit auf. Diese Aufforderung fand allgemeinen An-
klang; alsbald kamen auch die übrigen Verbannten von der attischen
Grenze her nach Theben, und die Demokratie wurde wieder hergestellt.

Von diesem Augenblick an traten die meisten Verschworenen in den
Schatten, und Pelopidas, Epaminondas und Gorgidas erhielten die
Leitung der Dinge. Zum großen Glück für Theben war die Burg
nicht genügend mit Lebensmitteln versorgt, weil man an die Möglichkeit eines plötzlichen Ueberfalles gar nicht gedacht hatte. Die Burg
ward eingeschlossen und die Besatzung derselben schon im Januar zu
einer Capitulation gezwungen, nach welcher sie freien Abzug erhielt.
Diese Capitulation wurde in Betreff der Spartaner selbst gewissenhaft
gehalten, die in die Burg geflüchteten Thebaner aber wurden von ihren
Gegnern getödtet, und sogar die Kinder derselben mit kaltem Blute
niedergemetzelt. Der spartanische Befehlshaber ward in Sparta hingerichtet, weil er die Burg übergeben hatte, ohne die Ankunft von Ent-
satz-Truppen abzuwarten.

Nach dem Abzug der Spartaner mußten die Führer des thebanischen Volkes vor allen Andern drei Dinge ins Auge fassen, die Hülfe
der Athener für den bevorstehenden Krieg mit Sparta zu gewinnen,
ihre Mitbürger gegen den unausbleiblichen Angriff der Spartaner gehörig zu rüsten, und zur Behauptung der wieder erlangten Freiheit
die frühere Hegemonie Thebens über die böotischen Freistädte wieder
herzustellen. Die beiden letzteren Punkte wurden durch das Talent
der großen Männer Epaminondas und Pelopidas erreicht, den Beistand der Athener aber verschaffte den Thebanern ein glücklicher Zufall. Die thebanischen Demokraten hatten nämlich in Athen viele
Freunde, zwei von den damaligen Strategen oder höchsten Militär-
beamten Athens hatten dieselben bei ihrem Versuche zum Sturz der
Oligarchie sogar insgeheim unterstützt, und die den Thebanern gewogenen Bürger in Athen warteten nur darauf, daß ihnen ein passen-
der Vorwand gegeben würde, um das Volk zum Kriege mit Sparta
bewegen zu können. Diesen Vorwand verschaffte ihnen die Unvorsichtigkeit des Spartaners Sphodrias. Der König Kleombrotus I.
nämlich, welcher im vorhergehenden Jahre (380 v. Chr.) beim Tode
seines Bruders Agesipolis I. den spartanischen Thron bestiegen hatte,

war auf die erſte Nachricht von der Belagerung der thebaniſchen Burg
mit Truppen nach Böotien geeilt, zum Glück für Theben aber zu ſpät
gekommen, weil die Athener ihm den Durchgang durch Attika nicht
geſtatteten, und er deshalb einen Umweg machen mußte. Er kehrte
daher bald wieder nach Hauſe zurück, nachdem er eine kleine Schaar
unter Sphodrias in der böotiſchen Stadt Theſpiä zurückgelaſſen hatte.
In Athen war die Mehrzahl der Bürger zur Unterſtützung der Thebaner ſo wenig geneigt, daß man ſogar, um mit den Spartanern nicht
in Feindſchaft zu gerathen, die beiden Strategen, welche die thebaniſche
Revolution unterſtützt hatten, zur Verantwortung zog, und daß der
eine derſelben hingerichtet wurde, während der andere durch die Flucht
der gleichen Strafe entging. Das unkluge Benehmen des Sphodrias
aber erleichterte das Beſtreben derer, welche in Athen auf den Krieg
mit Sparta hinarbeiteten, und hätte das atheniſche Volk auch wider
Willen zur Unterſtützung der Thebaner nöthigen müſſen. Sphodrias
glaubte entweder ſelbſt oder ließ ſich durch Leute, die den Thebanern
gewogen waren, zu dem Glauben verleiten, daß er durch einen ſchnellen
Marſch den atheniſchen Hafen Piräus überrumpeln und dann durch
den Beſitz des Haupthafens von Athen dieſe Stadt von jedem für
Sparta nachtheiligen Beſchluſſe abhalten könne. Er mußte zwar den
gemachten Verſuch gleich nach ſeinem Einmarſch in Attika wieder
aufgeben, beleidigte aber durch denſelben die Athener auf das empfind-
lichſte, und gab den Freunden Thebens unter ihnen einen rechtmäßigen
Vorwand zum Kriege an die Hand, zumal da Sphodrias wegen des
eigenmächtigen Bruches des zwiſchen Sparta und Athen beſtehenden
Friedens nicht beſtraft, ſondern in Folge der Verwendung des Königs
Ageſilaus vor Gericht freigeſprochen wurde. Die Athener rüſteten
alſo eine Flotte aus und verbanden ſich mit Theben und einigen anderen Staaten zur gemeinſchaftlichen Bekriegung Spartas. In den
nächſten Jahren, in welchen Sparta zuerſt unter Ageſilaus und dann
unter Kleombrotus Truppen gegen Theben ausſandte, konnten dieſe,
hauptſächlich wegen des Beiſtandes der Athener, die damals von Chabrias zu Lande wie zur See mit ebenſoviel Glück als Geſchicklichkeit
angeführt wurden, nichts ausrichten, ſondern ſie mußten immer wieder
unverrichteter Sache nach Hauſe zurückkehren.

· 2. Epaminondas und Pelopidas.

Theben erhielt durch das Talent der beiden einzigen großen
Männer, welche es beſeſſen hat, diejenige Einrichtung und Stellung,
vermöge deren es nicht nur den Spartanern die Spitze bieten konnte,
ſondern auch auf einige Zeit die Hauptſtadt von Griechenland wurde
und die Hegemonie in Griechenland erlangte, welche ſeither die Spar-

taner und vor diesen die Athener besessen hatten. Der leitende Geist
dieser Männer ist in dem Gange der thebanischen Angelegenheiten
überall unverkennbar, und Theben wäre ohne sie ebensowenig zu der
Stellung gelangt, die es in den nächsten Jahrzehnten einnahm, als es
dieselbe nach dem Tode dieser beiden großen Bürger behaupten konnte.

Die Thebaner, sowie die Bewohner des Landes Böotien überhaupt
waren ihrem Stamm-Charakter nach von den Athenern und Spartanern sehr verschieden und durchaus nicht geeignet, eine Bedeutung,
wie diese sie hatten, dauernd zu behaupten. Sie waren von jeher den
gröberen Genüssen ebensosehr ergeben, wie man dies von den Bewohnern eines gesegneten Landes im südlichen Deutschland behauptet, und
hatten sich durch das Wohlgefallen an Schwelgereien stets so sehr vor
den übrigen Griechen ausgezeichnet, daß sie deshalb bei diesen sogar
sprichwörtlich geworden waren. Ein Volk aber, bei welchem das Essen
und Trinken eine so große Bedeutung hat, ist nicht im Stande, einen
geistigen Aufschwung auf die Dauer zu bewahren und längere Zeit
hindurch große Anstrengungen für höhere Güter zu machen. Jene vorherrschende Richtung der Böotier erhielt durch alle Zeiten hindurch
eine gewisse Rohheit und Härte bei ihnen; ihre Genußsucht machte sie
außerdem egoistisch, und bannte aus ihrem Gemeinwesen die Trieb-
federn der Ehre und Vaterlandsliebe, so daß in ihrem Staatsleben
nichts enthalten war, was ganze Generationen hätte antreiben können,
alle ihre Kräfte dem Staate zu widmen. In Böotien bestanden z. B.
ebenso, wie überall in Griechenland, jene Einrichtungen, welche aus
dem Streben des griechischen Volkes, das Leben und den Genuß mit
den Künsten, dem Staat und seinen höchsten Zwecken zu verbinden, hervorgegangen waren, und es fanden deshalb auch in den böotischen
Städten gemeinschaftliche Mahle der einzelnen Gemeinden und ihrer
Unterabtheilungen, wie auch größere Gastereien bei Gelegenheit religiöser Feste Statt; allein diese echt griechische Sitte verlor bei den Böotiern schon früh ihre ursprüngliche Bedeutung, und nahm einen ganz
anderen Charakter an, als bei den Athenern und anderen Griechen.
In Athen entstanden selbst in der späteren Zeit, in welcher der Geist
dieser Stadt bereits entartet war, neben solchen öffentlichen Schmausereien und Bewirthungen viele Privat-Vereinigungen, welche von einzelnen Mitgliedern Stiftungen für Mahle, die an bestimmten Tagen
gehalten werden sollten, erhielten; solche Vermächtnisse wurden aber
nicht des bloßen Schmausens wegen gemacht, sondern um beim geselligen Mahle sich der Vereinigung zu freuen oder geistreiche und
gelehrte Unterhaltungen zu pflegen. Die philosophischen Secten oder
Schulen zu Athen, wie z. B. die Anhänger des Plato und Aristoteles
hatten solche gemeinschaftlichen Mahle und Fonds für dieselben, und

die Stifter machten besondere Vorschriften, wie es mit diesen gehalten
werden sollte: ganz anders in Theben. Es wurden dort zu jenen Zeiten
viele Klubbs und Brüderschaften errichtet und von einzelnen Mitgliedern derselben Stiftungen gemacht, aber der Zweck war nicht die
Unterhaltung und die Freude des Zusammenseins, sondern die größere
Ueppigkeit und Wohlfeilheit des Genusses; diese bloßen Schmause-
gesellschaften nahmen in Böotien so sehr an Zahl zu, daß es daselbst
viele Bürger gegeben haben soll, welche als Mitglieder solcher Vereine
jeden Monat zu mehr Schmausereien berechtigt waren, als der Monat
Tage hatte.

Bei diesem Geiste des thebanischen Volkes ist es nicht zu verwundern, daß die unter des Epaminondas und Pelopidas Leitung
errungene Macht desselben nur kurze Zeit dauerte, oder daß, wie ein
griechischer Schriftsteller sich ausdrückt, Thebens Macht mit der Leiche
des Epaminondas zu Grabe getragen wurde. Auf der andern Seite
stellt aber eben diese angeborene Unfähigkeit der Thebaner, die Hegemonie von Griechenland zu behaupten, die Größe jener beiden Männer
erst recht ins Licht.

Epaminondas und Pelopidas, welche schon früh durch innige
Freundschaft mit einander verbunden waren und mit vereinter Kraft
für die Erhebung Thebens arbeiteten, waren ihren äußeren Verhältnissen wie ihrem inneren Wesen nach von einander sehr verschieden.
Pelopidas war, wie Epaminondas, von vornehmer Geburt, und er
besaß einen großen ererbten Reichthum, während sein Freund von
Hause aus arm war und es sein ganzes Leben hindurch blieb. Pelopidas war eine verständige und mehr nach außen als nach innen
gerichtete Natur, welche nur für das praktische Leben geschaffen war,
und liebte neben den Staatsgeschäften und dem Kriege vorzugsweise
die Uebungen der Ringschule und die Jagd. Er stand seinem Freunde
an Bildung des Geistes weit nach, war aber wegen seiner rein praktischen Richtung und der erlangten Gewandtheit im äußeren Leben
mehr als Epaminondas für diplomatische Verhandlungen befähigt, und
zeichnete sich in diesen um so mehr aus, als er neben seiner großen
Geschicklichkeit im Unterhandeln zugleich die Ehre eines von edleren
Motiven geleiteten Mannes aufrecht zu erhalten mußte. Beide Männer
besaßen einen angeborenen höheren Adel, welcher den Grundzug ihres
Wesens bildete, und welcher der Betrachtung ihres Handelns und Wir-
kens eine in rein menschlicher Hinsicht wohlthuende Seite gibt. Beide
gehörten zu den größten Staatsmännern des griechischen Alterthums,
sowohl dem Endziele ihrer Bestrebungen nach, als auch in Betreff
der Einsicht und Gewandtheit, mit welcher sie dasselbe zu erreichen
suchten. Beide, namentlich aber Epaminondas, waren als Feldherren

ausgezeichnet, und ragen über ihre Zeitgenossen Agesilaus, Iphikrates und Chabrias nicht blos durch ihre Kriegsthaten hervor, sondern auch durch den umfassenden und schöpferischen Geist, mit welchem sie die Kriegskunst auf eine neue Stufe der Entwickelung hoben. Sie schufen ein ganz neues System der Taktik und Strategie, welches bald nach- her von den macedonischen Königen Philipp und Alexander weiter ausgebildet wurde; und obgleich der damals in Griechenland herr- schende Geist und die ganz veränderte Kriegskunst fast überall das Anwerben von Miethstruppen herbeigeführt hatte, so setzten Epami- nondas und Pelopidas doch ihre Heere nur aus Bürgern zusammen, wußten diesen aber nicht blos Geschicklichkeit und Gewandtheit im Gebrauche der Waffen und in den Bewegungen zu geben, sondern auch einen Geist einzuhauchen, vermöge dessen dieselben ebensowohl der Tapferkeit der Spartaner, als der kriegerischen Tüchtigkeit der berühmtesten Söldnerschaaren gewachsen waren.

Epaminondas zeichnete sich nicht weniger durch seine sittliche Größe und seine wissenschaftliche Bildung, als durch seine Feldherrn-Eigen- schaften und seine praktischen Kenntnisse im Staatswesen aus. Er be- saß philosophische Erkenntniß und widmete sein ganzes Leben hindurch die Zeit der Muße ebenso den wissenschaftlichen Beschäftigungen, wie sein Freund Pelopidas den Vergnügungen der Jagd und der Ring- schule. Seine Beredsamkeit und seine Einsicht in das menschliche Wesen und die Verhältnisse der griechischen Völkerschaften waren so groß, daß er einst, als er zugleich mit den Gesandten anderer Staaten den Frie- densunterhandlungen in Sparta beiwohnte (372 v. Chr.), durch seine Darstellung der spartanischen Herrschsucht und Tyrannei den Spar- tanern vielleicht ebensosehr schadete, als Pelopidas einige Jahre früher durch den Sieg bei Tegyra ihrem militärischen Rufe geschadet hatte. Des Epaminondas Grundsätze waren denen der athenischen und spar- tanischen Generale seiner Zeit so durchaus entgegengesetzt, daß man sie mit den Grundsätzen der pythagoräischen Schule verglich, und ihn selbst zuweilen einen Pythagoräer nannte, weil er den Unterricht des Lysis oder eines der wenigen Männer genossen hatte, die sich rühmen konnten, die Lehren dieser Schule rein bewahrt zu haben. Seine von Natur milde und menschenfreundliche Seele wurde stets von Motiven edlerer und höherer Art geleitet. Namentlich aber bildete seine Ein- fachheit, Mäßigkeit und Uneigennützigkeit einen schneidenden Gegensatz gegen den herrschenden Geist seiner Zeit.

Die auf diesen sittlichen Vorzügen beruhende äußere Erscheinung des Epaminondas zeigt zugleich in der Art, wie die Mit- und Nach- lebenden seines Volkes dieselbe beurtheilten, einen großen Unterschied zwischen den Lebensansichten der alten und neueren Zeit. Epaminondas

war ein Mann, welcher, arm geboren, auch arm bleiben wollte, ungeachtet dessen aber durch seine äußere Erscheinung seinen Landsleuten
nicht allein keinen Anstoß gab, sondern sogar in ganz Griechenland bis
an sein Ende die erste Rolle spielte. Während selbst in den republikanischen Staaten unserer Zeit äußere Repräsentation von hohen
Staatsämtern unzertrennlich scheint, konnte dagegen unter den Griechen
auch in den Zeiten des Verfalls der Reichthum nirgends den Rang
geben, auf welchen das Verdienst ein Recht hat und das griechische Volk
war und blieb weit entfernt, das Festhalten an der einfachsten und
natürlichsten Lebensweise für lächerlich zu halten und einen, der dies
that, einen Sonderling zu nennen, wie dies bei uns zu geschehen pflegt.
Den besten Beweis davon gibt das Beispiel des Epaminondas, welches
diese rühmliche Seite des griechischen Nationalgeistes auf das glänzendste anschaulich macht. Epaminondas ward, wie die Philosophen
Sokrates, Antisthenes und Diogenes, unter seinen Landsleuten gerade
dadurch ein Gegenstand der Bewunderung, daß er die Geringschätzung
der äußeren Zierden des Lebens bis zum Uebermaße trieb. Ja,
Epaminondas übte sogar, gerade weil dieser, der neueren Zeit fremde
Charakterzug den Griechen eigenthümlich war, durch diese Einfachheit
seines äußeren Lebens einen besonders großen Einfluß auf sein Volk
aus und fühlte sich zum Theil eben durch diese Wahrnehmung zu derselben bewogen. Er besaß, wie berichtet wird, manches Hausgeräthe
nicht, welches selbst in den Wohnungen ganz geringer Leute sich fand,
und er soll, auch als er an der Spitze seiner Vaterstadt stand, nur
einen einzigen Mantel besessen haben, so daß er, so oft dieser gewaschen
wurde, einige Tage hindurch nicht ausgehen konnte; er hatte aber bei
dieser Aermlichkeit, die er doch leicht hätte beseitigen können, den edlen
Zweck, daß er seinen Landsleuten zeigen wolle, wie wenig das Leben
eigentlich erfordere, und wie thöricht es sei, sich beständig zu plagen,
um sich die Mittel zum Leben zu verschaffen, die man doch so wohlfeil
haben könne.

Als einst ein persischer Gesandter ihn durch ein Geschenk von
30,000 Goldstücken für das Interesse seines Königs gewinnen wollte,
nahm Epaminondas dies nicht nur nicht an, sondern er verbot auch
dem Gesandten den ferneren Aufenthalt in Theben. „Wenn deines
Herrn Absichten", sprach er zu ihm, „meinem Vaterlande vortheilhaft
sind, so bedarf es keiner Geschenke; sind sie es aber nicht, so vermag
alles Gold der Welt mich nicht für dieselben zu gewinnen. Ich selbst
verzeihe dir, daß du mein Herz nach dem deinigen beurtheilt hast; aber
ich kann dir den Aufenthalt in Theben nicht länger gestatten, weil du
mit deinem Golde auch Andere in Versuchung führen könntest." Ein
anderes Mal wies er 2000 Goldstücke, welche der mächtige thessalische

Fürst Jason bei seiner Anwesenheit in Theben ihm geben wollte, gerade weil sie von diesem ihm angeboten wurden, zurück, obgleich er in
großer Geldverlegenheit war, und bei dem bevorstehenden Ausmarsch
des Heeres sich genöthigt sah, zur Anschaffung seines Feldgeräthes
zwölf Thaler von einem Freunde zu borgen. Als er einst auf einem
Feldzuge erfuhr, daß sein Waffenträger einen Gefangenen für vieles
Geld freigegeben habe, verabschiedete er denselben mit den Worten:
„Gib mir meinen Schild zurück und laufe dir eine Tröblerbube; denn
da du jetzt ein Reicher geworden bist, so wirst du nicht ferner Muth
und Lust haben, dich der Todesgefahr auszusetzen." Wer so handelte,
der konnte mit mehr Erfolg, als jeder Andere, gegen die Entartung
seiner Landsleute, die Rohheit und Sinnlichkeit seiner Böoter und
die in ganz Griechenland herrschende Habgier und Eigennützigkeit auftreten. In diesem Sinne antwortete Epaminondas selbst einst, als
an einem festlichen Tage in Theben Alle sich beim Weine belustigten,
einem seiner Bekannten auf die Frage, warum er allein sich der Theilnahme an der allgemeinen Lust entziehe: „Damit ihr Andern euch
desto ruhiger der Sorglosigkeit überlassen könnet." Auch mußte ein
Staat, an dessen Spitze ein solcher Mann stand, ganz anders in seinen
Unternehmungen gedeihen, als z. B. Athen, dessen damals größte
Männer, ein Iphikrates, Chabrias und Timotheus, vorzugsweise nach
Reichthum, Genuß und Glanz strebten, so daß sie zugleich den Gesetzen der
Moral ungetreu und in ihren Vermögensumständen zerrüttet wurden.

3. Von der Befreiung Thebens an bis zur Schlacht bei Leuktra.

Die beiden großen Thebaner verschafften ihrer Vaterstadt, bald
nachdem auch die Athener die Waffen gegen Sparta erhoben hatten,
die nöthige Macht und militärische Einrichtung, durch welche sie dem
Kampfe mit dem Feinde gewachsen waren. Durch die Theilnahme der
Athener am Kriege wurden die Spartauer gleich anfangs von einem
Angriff auf Theben abgehalten und Pelopidas und Epaminondas
nahmen diese Zeit wahr, um die erforderlichen Maaßregeln für den
Krieg zu treffen. Epaminondas vervollkommnete das ganze Kriegswesen seiner Vaterstadt, Pelopidas aber bildete die sogenannte heilige
Schaar, welche Gorgidas errichtet hatte, vollständig aus. Dieses
Corps, das später in den Schlachten sich einen ausgezeichneten Ruhm
erwarb, bestand aus 300 auserlesenen jungen Männern, welche durch
eine besonders enge Kameradschaft inniger mit einander verbunden
waren, als sonst die Soldaten der einzelnen Truppen-Abtheilungen
zu sein pflegten, und die zugleich durch Vaterlandsliebe und durch das
stolze Bewußtsein, die ersten und tapfersten im thebanischen Heere zu
sein, begeistert und angetrieben wurden. Anfangs fochten sie unter die

anderen Truppen vertheilt, seit dem Treffen bei Tegyra aber stets als ein besonderes unzertrennliches Corps.

Unterdessen hatten die Spartaner zweimal (378 und 377 v. Chr.) ein Heer unter Agesilaus gegen die Thebaner und Athener ausgeschickt, ohne etwas ausrichten zu können. Das eine Mal war Agesilaus am Berge Cithäron mit den Feinden zusammengetroffen, wurde aber durch ein neu ausgedachtes Manöver des Athenischen Generals Chabrias genöthigt, sich ohne einen eigentlichen Kampf wieder zurückzuziehen. Chabrias hatte nämlich, als Agesilaus zum Angriff vorrückte, seine Truppen mit auf das Knie gestemmten Schilden und mit gefällten Speeren in einer geschlossenen Masse aufgestellt, und ihnen befohlen, nicht vom Platze zu weichen, sondern die Feinde ruhig gegen sich heranziehen zu lassen. Agesilaus, welcher bereits die seitwärts stehenden Thebaner vergebens zurückzubrängen versucht hatte, konnte nicht hoffen, diese feste Masse zu durchbrechen und zog sich daher zurück. Bald darauf führte er nach einigen unbedeutenden Scharmützeln sein Heer wieder nach Hause. Chabrias erlangte durch diesen Erfolg seiner taktischen Erfindung einen so großen Ruhm, daß die Athener, als sie später ihm eine Ehren-Statue errichteten, ihn in der erwähnten Stellung abbilden ließen. Auch im nächsten Jahre, wo er wieder in Böotien erschien, konnte Agesilaus nichts ausrichten: er wurde, als er sich der Stadt Theben näherte, sogleich zum Rückzug genöthigt, und kehrte nach einiger Verwüstung des Landes wieder nach Sparta zurück.

Im dritten Jahre (376 v. Chr.) wurde Agesilaus selbst durch eine Krankheit an der Anführung des Heeres gehindert, und die Spartaner übertrugen sie deshalb seinem Mitkönig Kleombrotus I. Auch dieser wurde am Cithäron durch die vereinte Macht der Thebaner und Athener zu baldiger Rückkehr genöthigt. Nun rüstete Sparta eine Flotte aus, um Athen der nöthigen Zufuhr von Lebensmitteln zu berauben und dadurch von seinem Verbündeten abzuziehen; allein auch dieser Versuch mißlang: die spartanische Flotte wurde bei der Insel Naxos von der stärkeren athenischen unter Chabrias gänzlich geschlagen und verlor die Hälfte ihrer Schiffe. Als hierauf (375 v. Chr.) die Spartaner ein neues Landheer nach Böotien schickten, suchten ihnen die Athener durch einen Seezug zuvorzukommen. Sie rüsteten nämlich schnell eine zweite Flotte aus und sandten dieselbe, während die andere im Norden des ägäischen Meeres kreuzte, unter dem ausgezeichneten General Timotheus, einem Sohne Konon's, zur Beunruhigung des Peloponnes ab. Timotheus führte seinen Auftrag mit großem Erfolge aus: er umschiffte den Peloponnes, eroberte die Insel Korcyra, und gewann, als die Spartaner endlich eine Flotte gegen ihn auslaufen ließen, einen bedeutenden Erfolg zur See wider sie.

Um dieselbe Zeit wurden die Spartaner auch zu Lande in einem Treffen geschlagen. Pelopidas hatte sich mit der heiligen Schaar und einer kleinen Zahl Reiter bei dem böotischen Städtchen Tegyra gelagert; hier stießen unerwartet zwei spartanische Regimenter auf ihn, und Pelopidas brachte diesen, obgleich dieselben seinen Truppen an Zahl mindestens um das doppelte überlegen waren, eine gänzliche Niederlage bei. Es war dies seit lange wieder das erste Mal, daß ein spartanisches Corps auf offenem Felde von einer schwächeren feindlichen Macht besiegt wurde, und Pelopidas erwarb sich deshalb durch diesen Sieg den größten Ruhm bei allen griechischen Völkerschaften, welche, wie ein alter Schriftsteller übertreibend sich ausdrückt, damals zuerst überzeugt wurden, daß nicht blos die Ufer des Eurotas streitbare und tapfere Männer hervorbrächten. Auch gab diese Schlacht zuerst den Thebanern das vollständigste Vertrauen zu sich selbst. Insbesondere nahm seitdem die heilige Schaar den höchsten Rang der Tapferkeit für sich in Anspruch: und in der That blieb sie von jenem Treffen an bis zu der Schlacht bei Chäronea, in welcher sie zugleich mit der Unabhängigkeit Griechenlands ruhmvoll unterging, stets unbesiegt.

Diese glücklichen Ereignisse und Umstände der ersten Kriegsjahre wurden von Epaminondas und Pelopidas, welche dieselben mit herbeiführen halfen, sehr geschickt benutzt, um ihrer Vaterstadt den verlorenen Vorrang unter den böotischen Städten wieder zu verschaffen, und auf diese Weise aus den vereinten Kräften der Landschaft eine große Macht zu bilden. Böotien, dessen Einwohnerzahl nicht geringer war, als die von Attika, bildete von alten Zeiten her einen Staatenbund, dessen Abgeordnete sich auf dem Gebiete der Stadt Koronea zu versammeln pflegten, und welchem besondere vom Bunde erwählte Beamte, Böotarchen genannt, vorstanden. Theben war früher das Haupt des böotischen Bundes gewesen, hatte aber durch den Frieden des Antalcidas diese Stellung verloren. Epaminondas und Pelopidas verschafften ihrer Stadt den früheren Vorrang wieder, und Theben leitete von jetzt an nicht etwa blos als Vorort die gemeinsamen Angelegenheiten des Bundes, sondern es wurde überhaupt Herr und Meister in Böotien. Hätte Athen damals nicht seine ganze Aufmerksamkeit auf den Krieg mit Sparta gerichtet gehabt, so würde es schwerlich zugegeben haben, daß die gesammte Macht eines so beträchtlichen Nachbarlandes in die Hände der Thebaner überging. Erst als dies geschehen war, richteten die Athener ihre Aufmerksamkeit auf diese sie so nahe berührende Veränderung, erst dann gaben sie, wiewohl zu spät, die Verbindung mit Theben auf und näherten sich den Spartanern. Die Veranlassung zu diesem Bruche zwischen beiden Staaten wurde von den Thebanern ſelbſt gegeben, und zwar durch den Mißbrauch, welchen ſie von ihrem erlangten Uebergewichte machten, und durch die Herrſchſucht, mit der ſie ihre Macht auch über die Grenzen von Böotien auszubreiten ſuchten.

Die Thebaner überfielen und eroberten nämlich die gegen ſie feindlich geſinnten Städte Platää und Theſpiä, ſchleiften die Mauern der letzteren und machten die erſtere dem Erdboden gleich. Die vertriebenen Bürger von Platää flüchteten mit ihren Weibern und Kindern nach Athen, und baten dieſe von Alters her ihnen befreundete Stadt, welche bereits auf die wachſende Macht Thebens eiferſüchtig war, um Hülfe. Die Athener nahmen nicht allein die heimathloſen Platäer in ihre Stadt auf und ertheilten ihnen das Bürgerrecht, ſondern ſie wurden durch das Verfahren der Thebauer auch zu dem Gedanken eines Friedens mit Sparta getrieben, weil ſie zu keiner Zeit den Thebanern den Beſitz von Theſpiä und Platää geſtatten zu dürfen glaubten. Dazu kam, daß damals die Thebaner auch die Selbſtſtändigkeit von Photis bedrohten und zugleich eine Seemacht einzurichten anfingen. Sie bereicherten ſich damals im Kriege, während Athen ärmer ward, weil das naheliegende Aegina durch ſeine Kapereien ſeinen Handel beunruhigte. Die Athener fingen alſo Unterhandlungen mit Sparta an, und zogen auch den Perſer-König, den ſie ſchon vorher mit Geſandtſchaften beſtürmt hatten, von neuem in die griechiſchen Angelegenheiten. Dieſe Verhandlungen führten nach einigen Zwiſchenvorfällen, durch welche dieſelben unterbrochen wurden, endlich zu einem Kongreß der griechiſchen Staaten, der in Sparta gehalten ward (372 v. Chr.).

Auch die Thebaner hatten der Einladung zu dieſem Kongreß Folge geleiſtet und ihren Epaminondas als Geſandten geſchickt. Bei dieſer Gelegenheit gab ſich die Beredſamkeit dieſes Mannes auf die glänzendſte Weiſe vor den Vertretern des geſammten Griechenlands kund. Die Selbſtſtändigkeit aller griechiſchen Staaten, wie der Antalcidiſche Friede ſie verlangte, war jetzt für Athen, welches durch die wachſende Macht der ganz Böotien beherrſchenden Thebaner bedroht ward, ebenſo vortheilhaft und erwünſcht, als für Sparta, deſſen Einfluß außerhalb des Peloponnes ganz aufgehört hatte. Nur Theben mußte dabei verlieren, weil ihm dadurch jene Herrſchaft genommen worden wäre. Sparta und Athen kamen alſo über einen dem des Antalcidas ähnlichen Friedensſchluß überein, welcher, wie es ſcheint, überdies noch durch die Drohungen perſiſcher Geſandten unterſtützt wurde. Alle griechiſchen Staaten nahmen dieſen Friedensvertrag an, Theben aber erklärte ſich hierzu nur unter der Bedingung bereit, daß es denſelben ebenſo im Namen von ganz Böotien unterzeichnen dürfe, wie Athen ihn für das Land Attika und Sparta zugleich für Lakonien und Meſſe-

nicht unterzeichnet hatte. Epaminondas stellte zugleich den Gesandten der griechischen Staaten mit eindringlichen Worten die eigentlichen Absichten dar, welche dem Begehren der Selbstständigkeit der böotischen Städte von Seiten Spartas zu Grunde lagen, indem er, mit Hinweisung auf die Vergangenheit und auf die politischen Verhältnisse Griechenlands, seine Landsleute vor der spartanischen Herrschsucht warnte. Er brachte dadurch ebensosehr den König Agesilaus, der im Namen Spartas die Verhandlung zu leiten hatte, in Verlegenheit, als er die Gesandten der anderen Staaten in Erstaunen setzte, und durch seine Darstellung den Spartanern dauernd schadete. Der Vertrag wurde zwar von allen anderen Staaten, aus Furcht vor Sparta, angenommen; allein der Eindruck, den des Epaminondas Worte gemacht hatten, blieb, und äußerte bald nachher, als Spartas Ansehen durch einen großen Sieg der Thebaner einen Stoß erlitt, seine Wirkung.

Nachdem auf diese Weise Theben sich vom Frieden ausgeschlossen hatte, war der Augenblick gekommen, wo es sich zeigen mußte, ob Epaminondas und Pelopidas ihren Staat wirklich ganz umgeschaffen und zu einer der größeren Mächte Griechenlands erhoben hätten. Von jetzt an erscheinen deshalb auch beide Männer als Hauptpersonen der allgemeinen Geschichte, zumal da Agesilaus durch seine Kränklichkeit mehrfach verhindert wurde, persönlich im Felde zu erscheinen. Zu einem entscheidenden Kampfe mußte es der ganzen Lage der Dinge nach sehr bald kommen. Die Spartaner zogen in Folge des Friedens ihre Truppen und Harmosten aus allen Orten zurück, befahlen aber ihrem Könige Kleombrotus, welcher mit einem Heere in Phokis stand, aus diesem Lande nicht sogleich nach Sparta zurückzukehren, sondern zuerst in Böotien einzubrechen, und die Thebaner zur Wiederherstellung der Unabhängigkeit der dortigen Städte, zur Annahme des Landfriedens, wie er auf dem Congreß zu Sparta festgesetzt worden, zu zwingen. Kleombrotus marschirte daher mit seinem ganzen Heere nach Böotien. Die Thebaner schickten sogleich ihre Kriegsmacht unter der Anführung des Epaminondas und Pelopidas gegen ihn aus, obgleich ihr Heer dem spartanischen an Zahl weit nachstand, und doch der offene Kampf, den sie jetzt mit dem Kerne der spartanischen Macht auszufechten hatten, nothwendiger Weise ein entscheidender werden mußte. Man erzählt, daß das thebanische Volk nicht ohne Bangigkeit diesem Kampfe entgegengesehen habe, und die alten Schriftsteller haben uns manche wahre oder erdichtete Anekdote überliefert, welche diese Stimmung und im Gegensatz gegen dieselbe, die Festigkeit und Entschiedenheit der beiden Leiter des thebanischen Volkes bezeichnen. Als z. B. Pelopidas beim Abmarsch des Heeres aus Theben von seiner Gattin Abschied nahm, und diese ihn mit Thränen bat, auf die Erhaltung seines Lebens bedacht zu sein, soll er ihr die Antwort gegeben haben: „Daran mag der gemeine Soldat denken, des Anführers Pflicht aber ist es, Sorge zu tragen, daß das Leben der Anderen erhalten werde!" Als auf dem Marsche des Heeres ein übles Vorzeichen die Truppen erschreckte, rief ihnen Epaminondas sogleich den berühmten Homer'schen Vers zu: „Ein Wahrzeichen nur gilt, das Vaterland zu erretten!"

In der Ebene von Leuktra, zwischen den Gebirgszügen des Kithäron und des Helikon, war es, wo die beiden Heere zusammentrafen (6. Juli 371 v. Chr.): nachdem Epaminondas und Pelopidas die Mehrzahl der Böotarchen, von welchen ein Theil kein Vertrauen zum Kampfe hatte fassen können, für den kühneren Beschluß gewonnen hatten. Von beiden Seiten wurde mit großer Tapferkeit gefochten; der Muth der heiligen Schaar aber, die Tüchtigkeit und Gewandtheit der thebanischen Reiterei und vor Allem das große Feldherrntalent des Epaminondas, welcher bei Leuktra zum ersten Male die von ihm ausgedachte schiefe Schlachtordnung anwandte, entschieden den Sieg für die Thebaner. Kleombrotus hatte sein Heer in der Form eines halben Mondes aufgestellt und aus dem von ihm selbst commandirten Kern desselben die rechte Seite gebildet. Epaminondas gab deswegen seinem Heere eine schiefe Stellung und vereinigte an der fünfzig Mann tiefen Spitze derselben, auf dem äußersten linken Flügel, den tüchtigsten Theil seiner Truppen. So griff er mit dem Kern und der größten Masse seiner Krieger den rechten Flügel der Spartaner an und suchte hier die Entscheidung, während sein eigener rechter Flügel das Gefecht nur hinzuhalten bestimmt war. Die spartanische Schlachtlinie wurde durch die unerwartete Art des Angriffes, die Ueberlegenheit der thebanischen Reiterei und die Tapferkeit der heiligen Schaar bald durchbrochen und in Unordnung gebracht, und als auch der König und seine Umgebung nach einem hartnäckigen Kampfe gefallen waren, vermochte keine Anstrengung den verlorenen Sieg wieder zu erringen. Die Spartaner zogen sich fliehend zurück und erkannten, indem sie durch einen abgesandten Herold um einen Waffenstillstand und um die Auslieferung der Todten baten, selbst ihre Gegner als Sieger an.

Dieser Sieg der Thebaner bei Leuktra war der härteste Schlag, der den spartanischen Staat treffen konnte; denn zum ersten Male seit dem Beginn der sicheren Geschichte wurden die Spartaner von einem an Zahl schwächeren Heere in einer großen offenen Feldschlacht geschlagen, und der Eindruck, welchen diese Niederlage auf die andern griechischen Staaten machte, war, ungeachtet des in der Schlacht erlittenen verhältnißmäßig geringen Verlustes, für das Ansehen und den Einfluß der Spartaner entscheidend: der Zauber, der die spartanischen Heere seither unüberwindlich gemacht hatte, war jetzt für immer zer-

stört. In Sparta selbst war man, auf die Nachricht von dieser Niederlage, vor allem Andern darauf bedacht, zur Rettung der geschlagenen
Truppen rasch ein neues Heer auszurüsten. Der Oberbefehl über dasselbe wurde dem Archidamus, einem Sohne des Agesilaus, übertragen, da dieser selbst von seiner Krankheit noch nicht wieder hergestellt
war. Die Thebaner hatten gleich nach der Schlacht einen Herold an die
Athener gesandt, um dieselben zu einer neuen Bundesgenossenschaft aufzufordern, und mit ihrer Hülfe dem geschlagenen spartanischen Heere
den Rückzug abzuschneiden; allein die auf Thebens Macht eifersüchtigen Athener wiesen das Gesuch zurück, und so gelangten die besiegten
Spartaner ungefährdet aus Böotien nach Megaris, wo Archidamus
mit seinen Truppen sich mit ihnen vereinigte und sie nach Hause zurückführte. Man hätte gegen sie nun eigentlich die Bestimmungen eines
alten Gesetzes, welches die Flucht auf dem Schlachtfelde mit entehren-
den Strafen belegte, anwenden sollen; allein man ließ wegen der
Menge der Schuldigen diesmal die Sache auf sich beruhen, dem Rath
des Agesilaus gemäß, der mit dem Ausruf: „Laßt das Gesetz heute
schlafen und erst morgen wieder erwachen", das rechte Wort für das,
was die Staatsnothwendigkeit verlangte, traf.

4. Von der Schlacht bei Leuktra bis zum neuen Frieden des Perserkönigs.

Die Schlacht bei Leuktra würde allen Kampf in Griechenland geendigt haben, wenn die Thebaner sich zu dem Gedanken hätten erheben
können, den so lange schon der Willkür der Spartaner unterworfenen
Peloponnes zu befreien, ohne dabei für sich selbst einen Vortheil zu
suchen. Dazu bot sich ihnen unmittelbar nach jener Schlacht durch die
Bestrebungen der Arkadier eine treffliche Gelegenheit dar. In fast
allen Staaten dieses Volkes regte sich nämlich damals das Streben
nach der Vereinigung zu einem engen Bunde. Ein großer Theil der
Arkadier, an dessen Spitze Lykomedes von Mantinea stand, wünschte,
daß alle Städte ihres Landes zu einem Bund unter einer gemeinschaftlichen demokratischen Regierung zusammentreten. Dieser Plan hatte
aber nicht allein die Aristokraten der einzelnen Staaten gegen sich,
sondern mußte auch gleich anfangs die Spartaner bewegen, alles Mögliche zur Hintertreibung einer Sache aufzubieten, durch welche eine Anzahl vereinzelter schwacher Nachbarorte in eine große und gefährliche
Gesammtmacht vereinigt werden sollte. Sie nahmen von dem Hülfegesuch der aristokratischen Regierungen des Landes Veranlassung, diese
für sie so bedenklichen Bestrebungen zu unterdrücken, und schickten,
369 v. Chr., ein Heer unter Agesilaus nach Arkadien. Dieses vermochte aber nichts auszurichten und kehrte im Beginne des Winters

nach Lakonien zurück. Unterdessen hatte der demokratische Theil der
Arkadier die Eleer, Argiver und Thebaner um Hülfe ersucht, und die
Letzteren erschienen bald nach dem Abzug der Spartaner in Arkadien,
wo die Truppen der beiden ersteren Kantone sich an sie anschlossen.

Dieses Heer war von Epaminondas und Pelopidas, denen die übrigen Böotarchen den Oberbefehl allein überlassen hatten, befehligt, und
bestand aus nicht weniger als 40,000 Schwerbewaffneten. Der Umstand, daß sich in demselben auch Truppen der Lokrer, Phokier, Akarnanen, sowie der Thessalier und aller Städte Euböas befanden, zeigt,
wie bedeutend damals die Macht Thebens war. Mit diesem Heere
und einem großen Theil der Arkadier beschloß Epaminondas in Lakonien selbst einzufallen, obgleich die Athener sich bereits wieder mit den
Spartanern verbunden und unter des Iphikrates Anführung ein Heer
abgeschickt hatten, welches die Thebaner in Arkadien beunruhigen und
ihnen den Rückweg aus dem Peloponnes versperren sollte. Die Eroberung des spartanischen Landes konnte deshalb Epaminondas durchaus
nicht hoffen, zumal da auch einige peloponnesische Staaten den Spartanern Hülfstruppen schickten; allein er drang doch bis in die Nähe
der Stadt Sparta selbst, deren Boden seit mehr als 500 Jahren kein
auswärtiger Feind betreten hatte, und verherrlichte dadurch den Namen der Thebaner in den Augen des gesammten Griechenlands (im
Januar 368 v. Chr.). Auch führte er damals die glänzendste That aus,
die im ganzen Kriege geschah; er rief ein 300 Jahre früher durch
die Spartaner vernichtetes Volk wieder ins Leben. Nachdem nämlich
Epaminondas Lakonien in verschiedenen Richtungen durchstreift und
verwüstet hatte, rückte er in Messenien ein und rief die unterdrückten
Bewohner dieses Landes zur Freiheit, zu neuem staatlichen Leben auf.
Mit Hülfe der Arkadier und einiger andern Verbündeten gründete er
an einem passenden Orte eine neue Stadt, die den Namen Messene
erhielt, legte eine Anzahl Thebaner als bleibende Besatzung in dieselbe,
vertheilte die Felder unter die befreiten Bewohner der Umgegend und
ließ durch ausgesandte Boten die in der Fremde lebenden Nachkommen
der alten Messenier zur Rückkehr in ihre wiederaufgerichtete Heimath
auffordern. Mit der Einigung der Arkadier, mit der Wiederherstellung Messeniens wurde der Grund zur dauernden Ohnmacht Spartas
gelegt.

Nachdem auf diese Weise die Thebaner auch im Peloponnes als die
erste Macht Griechenlands aufgetreten waren, zog Epaminondas mit
seinem Heere wieder nach Böotien zurück, ohne daß die Athener ihn
daran zu hindern versucht hätten. Noch in demselben Jahre fiel Epaminondas zum zweiten Male in den Peloponnes ein. Die Athener
und Spartaner hatten sich nämlich enger als je mit einander verbun-

ben und den Perser-König, sowie den mächtigen Beherrscher von
Syralus, Dionysius I., um Hülfe gebeten; der Erstere hatte Geld, der
Letztere Hülfstruppen geschickt, und ein zahlreiches Heer war von den
verbündeten Feinden Thebens ausgerüstet worden. Epaminondas
wurde deßhalb von neuem in den Peloponnes gesandt, wo die Arkabier unter der Anführung des Lykomedes durch einen verheerenden Zug
nach Lakonien den Krieg bereits begonnen hatten. Die Athener und
Spartaner besetzten schnell die korinthische Landenge, um die Thebaner
vom Einfall in den Peloponnes und von der Verbindung mit den
ihnen befreundeten Arkadiern, Eleern und Argivern abzuhalten; allein
Epaminondas eröffnete sich durch die große Einsicht und Gewandtheit,
mit welcher er den schwächsten Punkt der feindlichen Linien erkannte
und benutzte, mit leichter Mühe den Durchgang, verwüstete einen Theil
der feindlichen Gebiete und hätte beinahe das wichtige Korinth erobert,
wenn nicht die Tüchtigkeit des athenischen Generals Chabrias diese
Stadt noch gerettet hätte. Bald nachher kehrten die Thebaner wieder
aus dem Peloponnes nach Hause zurück; wahrscheinlich war die Unzuverlässigkeit der Arkadier und die drohende Stellung, welche Alexander, der Beherrscher der thessalischen Stadt Pherä, im Norden von
Theben annahm, die Ursache dieses schleunigen Rückzuges.

Die Arkadier hatten durch ihre Vereinigung in einen Bundesstaat,
durch die im Peloponnes eingetretene Verwirrung, sowie durch die
Schwächung der Spartaner und das unangefochtene Aufblühen der
neuen Stadt Messene eine Wichtigkeit erhalten, wie sie sie früher niemals gehabt hatten. Im Bewußtsein dieser Bedeutung war ihr Zutrauen zu sich selbst gewachsen, sie fingen an, nach dem Vorrang unter
den Peloponnesiern zu streben, und Lykomedes von Mantinea, ein
Mann von Kopf und Unternehmungsgeist, der die Umstände sehr geschickt zu benutzen wußte, leitete seine Landsleute in diesem Streben
ganz vortrefflich. Er hatte den Bau einer neuen Hauptstadt Arkadiens
bewirkt, welche den Namen Megalopolis erhielt, und in der ein aus
10,000 Bürgern bestehender Ausschuß des arkadischen Volkes seinen
Sitz erhielt, um die allgemeinen Angelegenheiten zu leiten. Auf den
Rath des Lykomedes suchten diese Zehntausend im Interesse der Arkadier
der Zunahme der thebanischen Macht vorzubeugen, und vereitelten so
die Absichten des Epaminondas, der an Spartas Stelle Theben zum
Oberhaupt der peloponnesischen Völkerschaften machen wollte.

Die Lage der Dinge erhielt durch diese in Arkadien eingetretene
Wendung, durch die Einmischung der Perser in die griechischen Angelegenheiten und durch die unten näher anzugebenden Vorfälle in
Thessalien eine ganz neue Gestalt. Die Verhältnisse Griechenlands
verwickelten sich immer mehr, und die drei großen Männer Thebens,

Epaminondas, Pelopidas und Gorgidas, hatten oft jeder auf einer andern Seite und mit andern Feinden zu thun. Wegen dieser Verwickelungen aber und wegen der zunehmenden Bedeutung, welche dadurch die Perser als Schiedsmacht in den Angelegenheiten Griechenlands erlangten, erhielten jetzt die diplomatischen Waffen das Uebergewicht über die kriegerischen. Die Thebaner sahen sich genöthigt, einen Gesandten an den persischen König zu schicken, dessen Satrap Ariobarzanes im Herbst des Jahres 368 v. Chr. den Anführer seiner griechischen Söldner, Philiskus, zur Herstellung des Friedens nach Griechenland gesandt hatte, und den die Thebaner durch die Zurückweisung der von Philiskus überbrachten Bedingungen beleidigt hatten. Zu dieser wichtigen Sendung wurde Pelopidas ausersehen, und in Folge derselben schickten auch die übrigen Staaten Gesandte nach Susa (367 v. Chr.). Der persische König hatte dadurch die Freude, eine ganze Schaar griechischer Gesandten an seinem Hofe zu sehen, die von ihm einen Frieden erbaten und sich die Bedingungen desselben vorschreiben ließen.

Die Unterhandlungen am persischen Hofe haben Pelopidas fast berühmter gemacht, als alle seine Feldzüge; denn er verstand, auf eine zugleich sehr geschickte und durchaus ehrenhafte Weise die Perser ganz und gar für das Interesse seiner Vaterstadt zu gewinnen. Dies wurde ihm freilich durch den Charakter der persischen Regierung, sowie durch die gemeine Gesinnung des einen der beiden Gesandten von Athen sehr erleichtert. Die feigen Schwächlinge, welche in Persien die Regierung in Händen hatten, waren gewohnt, sich an den Stärkeren anzuschmiegen; sobald sie daher das spartanische Uebergewicht in Griechenland durch die Thebaner zerstört sahen, wandte sich ihr Vertrauen den Letztern zu. Von den athenischen Gesandten suchte nur der Eine, Leon, das Interesse seines Staates zu wahren; der Andere, Timagoras, dagegen dachte blos an die Ehren und Reichthümer, welche seine Anwesenheit am persischen Hofe ihm brachte. Pelopidas benutzte die Zwietracht der beiden athenischen Gesandten und die niedrige Denkungsart des einen derselben ganz vortrefflich: er überließ dem Timagoras alle Geschenke, Ehren und Bequemlichkeiten, welche die Perser boten, und gewann dadurch diesen gemeinen Menschen so sehr für sich, daß derselbe aus Freude über die eingeernteten Reichthümer und Ehren sich ganz und gar an Pelopidas anschloß. So erhielt dieser das Uebergewicht bei den Verhandlungen, und die Perser überließen ihm, die Friedensbedingungen selbst anzugeben, welche den griechischen Staaten im Namen des Königs auferlegt werden sollten. Die betrogenen Athener verurtheilten zwar den Timagoras, der mit einer großen Menge von Gold, Silber, Teppichen, Sklaven und anderen Geschenken nach Hause zurückkehrte, wegen seines Verrathes zum Tode; dies hielt aber bei der

herrschenden sittlichen Entartung Andere nicht ab, solche Gesandt-
schaften nach wie vor zu ihrer eigenen Bereicherung zu benutzen. Hatte
doch einige Zeit vorher der athenische Gesandte Epikrates, als er in
der Volksversammlung der Bestechung durch den Perserkönig beschuldigt ward, statt aller Rechtfertigung sich mit dem scherzhaften Antrage
geholfen, daß man jährlich, anstatt neun Archonten zu wählen, die
neun ärmsten Bürger als Gesandte nach Persien schicken solle! Das
Volk lachte über den launigen Vorschlag und verzieh dem treulosen
Gesandten seine Verkäuflichkeit.

Der von Pelopidas erlangte Friedensvertrag, welcher mit dem
persischen Staatssiegel versehen und den Gesandten im Namen des
Königs vorgelesen wurde, enthielt die Bestimmung, daß Sparta die
Unabhängigkeit Messeniens anerkennen, Athen seine Kriegsschiffe aus
der See zurückziehen und abtakeln solle, und daß im Weigerungsfalle
beide Staaten von den übrigen Griechen und vom Perserkönig bekriegt
werden sollten. Mit dieser Friedens-Akte reiste Pelopidas, von einem
vornehmen Perser begleitet, nach Griechenland zurück und die Thebaner ließen hierauf sogleich durch Boten alle Staaten zu einer Versammlung in Theben einladen. Die Athener und Spartaner wiesen
diese Aufforderung zurück; die anderen Staaten aber schickten Gesandte
nach Theben. Hier las der persische Begleiter des Pelopidas, im Namen seines Herrn und mit Hinweisung auf das königliche Siegel, den
Friedensvertrag vor und verlangte die sofortige Annahme und Be-
schwörung desselben. Die Versammelten trennten sich jedoch mit der
Erklärung, daß sie hierzu keine Vollmacht hätten. Die Thebaner schickten
hierauf Gesandte an die einzelnen griechischen Staaten, um sie zur
Annahme des königlichen Friedens zu bewegen; allein die Korinther,
zu welchen diese Gesandten zuerst kamen, gaben ihnen die vernünftige
Antwort, sie sähen nicht ein, warum sie eine Vorschrift des persischen
Königs, der sie ja gar nichts angehe, annehmen und beschwören sollten.
Alle andern Staaten folgten dem Beispiele der Korinther. Dadurch
ward freilich nichts aus dem Frieden, welchen Pelopidas zu erlangen
gesucht hatte; allein seine Unterhandlungen hatten doch den wichtigen
Erfolg, daß der Perserkönig jetzt seiner eigenen Ehre wegen das Geld,
welches bisher den Spartanern zugeflossen war, den Thebanern geben
mußte.

5. Geschichte der Thessalier bis zu dieser Zeit.

Um dieselbe Zeit, als die Thebaner sich zur Hauptmacht in Griechenland erhoben, erhielten auch die Thessalier zum ersten Mal eine größere Bedeutung in der Geschichte des griechischen Volkes. Ja, es hatte
damals sogar eine Zeitlang das Ansehen, als wenn die Thessalier eine

Hauptrolle in Griechenland spielen sollten; sie wurden aber durch die
Art ihres Volkscharakters und ihrer staatlichen Zustände daran gehindert. Hätten sie eine andere politische Einrichtung, eine Betriebsamkeit, wie sie bei so vielen griechischen Staaten sich fand, und Einigkeit
unter sich selbst gehabt, so würden die Thessalier vielleicht statt der
Macedonier zur Herrschaft von Griechenland gelangt sein.

Die Thessalier waren in ihren Sitten und Einrichtungen von den
übrigen Griechen sehr verschieden und dagegen den Macedoniern ähnlich. Ihr Land zerfiel in eine Anzahl kleiner Staaten, welche in einem
Bund vereinigt waren, und eine gemeinschaftliche Oberbehörde oder
vielmehr das Schattenbild einer gemeinsamen Regierung hatten. Es
wurde nämlich von Zeit zu Zeit eine Bundesversammlung von Abgeordneten aller Staaten und Völkerschaften gehalten, mit dieser hatte
es aber eben dieselbeBewandtniß, wie mit den Bundesversammlungen
aller Staaten von ungleichen Kräften: sie waren eine leere Form,
welche nur dann, wenn einmal ein fähiger und kräftiger Mann sich
zum Herrn aufgeworfen hatte, durch militärischen Zwang auf kurze
Zeit eine Bedeutung erhielt.

Die einzelnen Staaten hatten eine Art Feudalverfassung, welche
auf die seit uralter Zeit bestehende Leibeigenschaft der sogenannten
Penesten oder der unterdrückten Bauern gegründet war. Der herrschende Theil des Volkes war ein Adel, dem das Grundeigenthum und
die leibeigenen Bebauer desselben gehörten, und welcher dadurch, sowie
durch seine Bewaffnung, seine Sitten und Gewohnheiten eine auffallende Aehnlichkeit mit der Ritterschaft des Mittelalters hatte. Der
thessalische Adel bildete zugleich mit dem macedonischen die einzige
schwere Reiterei, die im alten Griechenland vorkommt, während die
Vasallen desselben in großen Schaaren als Leichtbewaffnete dienten.
Von Kopf bis zu Fuß gepanzert und auf gepanzerten Rossen reitend,
glichen die Edlen des thessalischen Volkes auch in dieser Hinsicht den
Rittern des germanischen Mittelalters. Ritterliche Spiele und beute-
reiche Kriegszüge waren ihre Lust, und die in den macedonischen Heeren
Philipp's und Alexander's des Großen dienenden thessalischen Ritter
erhielten deswegen, gleich den in die Fremde ziehenden nordischen Helden und den Warägern in Konstantinopel, immer den glänzendsten
Theil der Beute, und wurden von Zeit zu Zeit mit diesen Schätzen
nach Hause entlassen, um dieselben im Kreise der Ihrigen zu genießen
und jüngere Ritter in den gewinnbringenden Dienst nachzuziehen.

Ein kriegerisches Leben ist bei einem schnellen und bequemen Erwerb von Reichthümern und bei dem Bestehen großer, adeliger Häuser,
von denen eins das andere überglänzen will, leicht mit Genußsucht
und mit dem Streben nach Pracht und Aufwand verbunden. Diese

bildeten daher auch Haupt-Charakterzüge des thessalischen Adels, und
zwar bis zu dem Grade, daß die Schwelgerei desselben bei den übrigen Griechen zum Sprichworte ward. Der thessalische Adel hatte aber
deswegen auch das Schicksal, welches der venetianische, römische und
spanische im Mittelalter und der polnische in der neueren Zeit gehabt
hat. Er ward nämlich schon frühe einigen wenigen Familien dienstbar, welche die größten Güter oder, nach der Weise des Mittelalters
zu reden, die ersten Baronieen des Landes besaßen, in deren Händen
deshalb auch gewöhnlich die Regierung war. Dazu kommt noch, daß,
wie das Beispiel der späteren Spartaner zeigt, eine verdorbene Oligarchie, besonders in militärischen Staaten, ebenso leicht in Tyrannei
übergeht, als eine entartete Demokratie. Es gelang aus diesem Grunde
in Thessalien von Zeit zu Zeit einem der Edlen, sich zum alleinigen
Gebieter in einem Staate aufzuwerfen. Solche Herrscher machten
dann auch andere Staaten des Landes von sich abhängig und schufen
sich auf diese Weise mitunter ein ausgedehntes und mächtiges Fürsten-
thum. Diese Herrschaften hatten jedoch insgesammt nur eine kurze
Dauer, theils weil zufällige Umstände bald ihren Untergang herbeiführten, theils aber auch wegen der Schwierigkeit, einen an zügellose
Willkür gewöhnten Adel, wie der thessalische war, in Gehorsam zu
halten; auch trug die Unzuverlässigkeit und der Mangel an Anhänglichkeit, welche ebenfalls einen Haupt-Charakterzug des thessalischen
Volkes bildete, nicht wenig zum schnellen Untergang solcher Fürstenthümer bei.

Zur Zeit der Befreiung Thebens vom Joche der Spartaner hatte
sich in der Stadt Pharsalus Polydamas und in Pherä Jason der
Regierung bemächtigt. Polydamas gründete seine Herrschaft auf Rechtlichkeit, auf Vaterlandsliebe und auf jene glänzende Gastfreundlich-
keit, welche dem ritterlichen Adel Thessaliens eigenthümlich war, ganz
besonders aber auf das persönliche Zutrauen und die Ergebenheit, die
er sich bei den adeligen Familien seiner Vaterstadt zu erwerben gewußt hatte. Diese vertrauten ihm aus freien Stücken die Burg von
Pharsalus an und überließen ihm die Verwaltung aller Einkünfte des
Staates nebst der Entscheidung über die Ausgaben desselben. Polydamas legte ihnen nur ein Mal jährlich Rechenschaft ab und verwaltete die Staatsgelder so, daß er das Fehlende aus seinem eigenen
Vermögen ergänzte und nachher, wenn Ueberschuß da war, die vor-
gestreckten Summen wieder zurücknahm. Ganz verschieden von diesen
Stützen der Gewalt waren die Mittel, welche Jason zur Befestigung
seiner Herrschaft anwandte. Auch er hatte, was bei den Herrschern
jener Zeit selten war, Moralität und einen edleren Sinn, allein die
sittlichen Rücksichten mußten bei ihm zurückstehen, so oft sie mit seiner

Herrschsucht in Widerspruch geriethen. Außerdem suchte er seine Herrschaft vor allen anderen Dingen besonders dadurch zu sichern, daß er
bedeutende Schätze sammelte, ein starkes Söldnerheer unterhielt und
sich Verbindungen in Theben verschaffte.

Jason, welcher sein Gebiet durch die Unterwerfung vieler anderen
Städte nach und nach sehr erweiterte und den Beherrscher von Pharsalus an Macht, Reichthum und Glanz weit übertraf, wünschte beide
Fürstenthümer mit einander zu vereinigen und aus Thessalien einen
einzigen Staat zu bilden. Er sah aber keine Möglichkeit, den Beherrscher von Pharsalus zu verderben und suchte daher dadurch seinen
Zweck zu erreichen, daß er denselben durch Freundschaft an sich knüpfte.
Er lud, nicht lange nach der Schlacht bei Leuktra, den Polydamas zu
einer Zusammenkunft ein, um mit ihm zu berathen, wie man den Krieg
zwischen Sparta und Theben zum Besten Thessaliens benutzen könne.
Jason wußte dem Beherrscher von Pharsalus die Ueberzeugung beizubringen, daß man mit den vereinten Kräften Thessaliens ganz Griechenland unterwerfen könne und gewann ihn dadurch ganz und gar
für seine Pläne. Beide schlossen eine enge Verbindung mit einander,
deren nächstes Ziel die Vereinigung Thessaliens in einen einzigen
Staat bildete. Durch den Beistand des Polydamas wurde hierauf
Jason von dem Adel zum Tagos oder Oberanführer von ganz Thessalien ernannt.

Jetzt schuf sich Jason eine stehende Kriegsmacht, welche in Griechenland ihres Gleichen nicht hatte, und bildete dieselbe so aus, daß
sie sich mit jedem andern Heere messen konnte. Seine Truppen bestanden zuletzt aus nicht weniger als 20,000 Hopliten oder Schwer-
gerüsteten, einem zahllosen Heere von Leichtbewaffneten und einer gut
organisirten schweren Reiterei. Die Letztere war ganz national und
ritterlich, Pferd und Mann mit schwerer Rüstung versehen. Jason
selbst, ein körperlich kräftiger und durch Anstrengungen abgehärteter
Mann, leitete, wie später der große macedonische König Philipp, un-
ablässig die Uebungen dieses Heeres. Er hielt auch im Frieden die
Truppen in beständiger Bewegung und suchte durch Belohnungen und
Strafen, durch sorgsame Pflege der Soldaten und durch stete Aus-
sonderung aller nur einigermaßen untauglich Gewordenen unter ihnen
die Disciplin, die Kraft und den Geist seines Heeres zu erhalten.
Seiner großen militärischen Einsicht gemäß nahm er auch nicht selten
Aenderungen in der Organisation seiner Truppen vor und vervollkommnete dadurch ihre Tüchtigkeit immer mehr. Mit diesem Heere
breitete Jason seine Herrschaft weit über die Grenzen von Thessalien
hin aus. Die Dryoper, Doloper und andere kriegerische Völkerschaften
der thessalischen Grenzgebirge wurden von ihm unterworfen, und der

Beherrscher des macedonischen Reiches, welches damals durch innere Zwistigkeiten zerrissen war, ward unter der Form einer Bundesgenossenschaft sein Vasall. Auch die rohen Bewohner von Epirus mußten seinen Fahnen folgen und begannen in Folge davon damals zum ersten Mal, sich zu einer Civilisation zu erheben und dadurch einen Rang unter den Staaten der alten Welt einzunehmen.

Von den nördlichen und westlichen Nachbarländern Thessaliens wandte Jason sein Auge auf die Staaten des eigentlichen Griechenlands und suchte sich allmälig den Weg zur Herrschaft über die südlichen Griechen zu bahnen. Er machte mehrere Reisen nach Athen und Theben, trat mit den großen Feldherren dieser Staaten, Pelopidas und Timotheus, in freundschaftliche Verbindung und suchte durch fürstliche Großmuth und königlichen Glanz die gebildeteren Völkerschaften Griechenlands und ihre leitenden Staatsmänner für sich zu gewinnen. Dem Thebaner Epaminondas bot er einst, wiewohl vergebens, ein Geschenk von 2000 Goldstücken an; dem Athener Timotheus zu Gefallen eilte er, als dieser vor seinem Volke eine für seine Ehre und sein Leben gefahrdrohende Anklage zu bestehen hatte, nach Athen, um gleich einem Privatmann durch seine persönliche Verwendung ihm die Gunst des Volkes gewinnen zu helfen. Jason war übrigens durch die Anwendung solcher Mittel dem bald nach ihm auftretenden macedonischen König Philipp ähnlich und schlug auch in anderer Beziehung denselben Weg ein, auf welchem der Letztere zur Herrschaft von Griechenland gelangte. Wie dieser, so suchte auch Jason zuerst in dem Lande Phokis festen Fuß zu fassen, um von dort aus zur gelegenen Zeit in Böotien einbringen zu können; und wie Philipp, begann auch er, als seine Pläne gegen Griechenland reif waren, damit, daß er die Festungswerke der Städte, die ihm im Wege lagen, schleifen ließ. Unmittelbar nach der Schlacht bei Leuktra luden ihn die Thebaner zu einem Bündniß ein; er nahm die Einladung an und erschien mit seinen Truppen bei Leuktra; statt aber den Thebanern zur Vernichtung des geschlagenen spartanischen Heeres behülflich zu sein, suchte er die Rolle eines Vermittlers zu spielen, um sich durch den Namen eines Friedensstifters ein größeres Ansehen, das einer selbstständigen Stellung in den Augen der Griechen zu geben.

Jason hatte nicht das Glück, das von ihm erstrebte Ziel zu erreichen: der Tod riß ihn vor der Zeit hinweg und Thessalien verlor dadurch die Ehre, diejenige Stelle in der Weltgeschichte einzunehmen, welche nachher Macedonien durch seinen König Philipp erhielt. Jason's Bestreben wäre indessen, auch wenn nicht ein plötzlicher Tod seinem Leben ein Ende gemacht hätte, wohl dennoch erfolglos geblieben; denn es standen ihm drei Umstände als unüberwindliche Hindernisse im

Wege, mit welchen der glücklichere Philipp nicht zu kämpfen hatte. Er war ein großer Usurpator und sein Adel war also eifersüchtig auf seine Macht, wogegen der macedonische dem Philipp als seinem rechtmäßigen König ergeben war und seinen Geboten Folge leistete. Jason stützte ferner seine Herrschaft vorwiegend auf Miethvölker, nicht, wie Philipp, auf eine nationale Heeresmacht; er war also stets der Gefahr ausgesetzt, daß seine Truppen bei der geringsten Unzufriedenheit ihn verließen. Er lebte endlich in einer Zeit, wo die Thebaner zwei Männer an ihrer Spitze hatten, welche weit mehr Talent und Einfluß besaßen, als Jason, und wo auch Sparta und Athen größere Feldherren aussenden konnten, als zu Philipp's Zeit.

Jason fiel durch Meuchelmord. Er hatte ungeheure Anstalten gemacht, um bei den bevorstehenden pythischen Spielen dem griechischen Volke seine ganze Macht und allen seinen Glanz zu zeigen; er hatte für die bei diesen Spielen zu haltenden Opfer nicht weniger als 1000 Stiere und 10,000 Stück kleineres Vieh zusammenbringen lassen. Seine gesammte Kriegsmacht war bereits zusammengezogen worden, um mit ihm nach Delphi zu ziehen, als er in öffentlicher Audienz durch sieben junge Thessalier, die sich gegen ihn, den Wohlthäter ihres Landes, verschworen hatten, ermordet ward (370 v. Chr.). Zwei von den Mördern wurden gleich nach geschehener That durch die Garden Jason's niedergehauen; den fünf andern gelang es, durch schnelle Flucht dem gleichen Schicksal zu entgehen. Diese wurden in Athen und in andern griechischen Städten, wohin sie sich flüchteten, als TyrannenMörder mit lautem Jubel und großen Ehren empfangen. Keinem der Jubelnden fiel es ein, daß diese Jünglinge durch die Ermordung eines menschenfreundlichen Regenten ihr Heimathland in endlose Verwirrung, in fortdauernde Zwiste und in die Gewalt blutdürstiger Räuber stürzten.

Jason's Brüder, Polydor und Polyphron, folgten ihm nach seinem Tode ohne irgend eine Schwierigkeit im Besitz seiner Herrschaft nach. Sie glichen aber ihrem Vorgänger nicht im mindesten. Polyphron räumte seinen Bruder bald aus dem Wege und ermordete auch den pharsalischen Fürsten Polydamas, ward aber selbst nicht lange nachher von einem nahen Anverwandten, Alexander, getödtet (369 v. Chr.). Dieser, einer der ruchlosesten Tyrannen Griechenlands, herrschte elf Jahre lang über Thessalien; er behauptete die durch Mord erlangte Herrschaft durch Gräuelthaten der ärgsten Art und seine Regierung bestand in einer fortlaufenden Reihe von entsetzlichen Grausamkeiten und unaufhörlichen Kriegen. Gleich anfangs empörte sich ein Theil der thessalischen Städte, an deren Spitze die Stadt Larissa und die daselbst ansässige mächtige Familie der Aleuaden stand. Die Empörten riefen den König von Macedonien, Alexander II., zu Hülfe, dieser aber benutzte die dargebotene Gelegenheit, um vielmehr seine eigene Herrschaft auszubreiten. Er besetzte Larissa und andere Städte mit seinen Truppen. Es wandten sich daher die Thessalier, um seiner wieder los zu werden, nach Theben, und die Thebaner schickten ihnen ein Heer unter Pelopidas, kurz zuvor, ehe dieser als Gesandter nach Susa reiste.

Pelopidas kam unter sehr günstigen Umständen nach Thessalien. Der macedonische König hatte selbst fremde Hülfe nöthig, weil sein Halbbruder Ptolemäus Alorites ihm den Thron streitig machte. Er gab daher freiwillig den Besitz der thessalischen Städte auf. Pelopidas reiste, nachdem er die Thessalier mit ihrem Herrn ausgesöhnt hatte, nach Macedonien, um auch hier als Vermittler aufzutreten. Er legte die Streitigkeiten der macedonischen Prinzen bei und kehrte dann nach Theben zurück (367 v. Chr.). Wahrscheinlich war es bei dieser Gelegenheit, daß er den nachher so berühmt gewordenen König Philipp, einen jüngeren Bruder Alexander's II., als Geisel mit sich nach Theben nahm, wo derselbe einige Zeit blieb und durch den Verkehr mit Epaminondas und Pelopidas in seiner Entwickelung und Bildung nicht wenig gefördert wurde.

Die von Pelopidas in Macedonien gemachten Anordnungen bestanden nur kurze Zeit und er mußte, unmittelbar nach seiner Rückkehr aus Persien, sich abermals mit den Angelegenheiten dieses Landes befassen. Der König Alexander wurde nämlich von seinen nächsten Anverwandten ermordet. Ptolemäus Alorites bemächtigte sich des Thrones und die Thebaner sahen sich dadurch veranlaßt, zwei Commissäre, Pelopidas und Ismenias, nach Macedonien zu schicken, um den minderjährigen Brüdern des Ermordeten, Perdikkas und Philipp, ihre Rechte zu sichern. Die Sendung der beiden Thebaner hatte den gewünschten Erfolg: Ptolemäus verstand sich dazu, die Regierung nur im Namen und als Vormund des Perdikkas zu führen und sie demselben seiner Zeit zu übergeben.

Als Pelopidas und Ismenias durch Thessalien nach Theben zurückreisten, begingen sie im Vertrauen auf den Glanz und die Größe der thebanischen Macht die Unvorsichtigkeit, einer Einladung Alexander's von Pherä Folge zu leisten und mit demselben ohne militärische Begleitung zu einer Unterredung zusammenzukommen. Alexander ließ beide festnehmen und gebunden ins Gefängniß werfen. Eine solche Verletzung des Völkerrechts konnten die Thebaner nicht ungerächt lassen, sie schickten zur Bestrafung derselben sogleich ein Heer unter dem Böotarchen Kleomenes ab. Dieser Zug gab durch seinen Ausgang auf eine recht anschauliche Weise zu erkennen, daß nicht Theben, sondern Epaminondas und Pelopidas es waren, welche den Spartanern und Athenern den Vorrang in Griechenland entrissen hatten; denn die Unternehmung mißglückte nicht allein ganz und gar, sondern das Heer selbst kam auch in die größte Gefahr und wurde nur dadurch vom Untergang gerettet, daß zuletzt Epaminondas statt jenes Böotarchen den Oberbefehl übernahm. Die Athener schlossen nämlich, obgleich sie selbst wenige Jahre zuvor die Mörder des edlen, gerechten und ihnen befreundeten Jason mit Ehren überhäuft hatten, ein Bündniß mit dem ruchlosen Tyrannen Alexander und schickten ihm eine kleine Flotte nebst 1000 Mann Truppen gegen Pelopidas, den Befreier von Griechenland, zu Hülfe. Andererseits aber wurde der thebanische Anführer, welcher im Vertrauen auf die Thessalier sich bis tief in ihr Land vorgewagt hatte, von diesen nicht unterstützt. Dadurch gerieth das thebanische Heer in die größten Verlegenheiten und es wäre verloren gewesen, wenn nicht Epaminondas, welcher damals kein Amt bekleidete, sich freiwillig an dem Zuge betheiligt gehabt hätte. Ihm überließ der Böotarch, als er sich gar nicht zu helfen wußte, das Commando und Epaminondas führte das Heer glücklich nach Hause zurück. Die Thebaner unternahmen sogleich einen zweiten Zug nach Thessalien und dieser hatte besseren Erfolg. Alexander fand es klüger, die beiden Gefangenen wieder freizugeben, als sich in einen längeren Kampf mit Theben einzulassen; die Thebaner aber waren zu sehr mit andern griechischen Staaten beschäftigt, als daß sie mehr als eine billige Genugthuung verlangt hätten.

Uebrigens ist die thessalische Geschichte zur Zeit Alexander's von Pherä durch einige Schriftsteller des Alterthums auf eine romanhafte Weise ausgeschmückt worden. Diese haben uns von dem Tyrannen und seinem Gefangenen, Pelopidas, Anekdoten überliefert, welche das deutliche Gepräge der Unwahrheit an sich tragen, weil sie uns einen, erwiesener Maaßen durch kalte Klugheit ausgezeichneten, Tyrannen als einen höchst unbesonnenen Herrscher und den verständigen und überlegten Staatsmann Pelopidas als einen thörichten Prahler darstellen. Der Letztere soll nach diesen erdichteten Berichten dem Alexander aus dem Gefängniß haben sagen lassen, daß es widersinnig von ihm sei, so viele unschuldigen Menschen unter seinen Unterthanen zu tödten, während er einen Feind am Leben lasse, welcher den ersten Augenblick seiner Befreiung benutzen würde, um sich zu rächen. Als dem Alexander die Aeußerung überbracht wurde, sagte derselbe, wie es heißt, zu seiner Umgebung: „Warum ist denn Pelopidas so begierig zu sterben?" Pelopidas aber soll dem Gefangenwärter diese Frage mit der Erklärung beantwortet haben: „Damit der Tyrann durch meine Tödtung den Göttern und Menschen noch mehr verhaßt werde und dadurch um so eher seinen Untergang erleide!" Ebenso, wie mit dieser Anekdote, verhält es sich auch mit der Erzählung von dem Verhältniß, in welches Thebe, die Gemahlin Alexander's, zu Pelopidas getreten sein sollte. Diese Frau, eine Tochter Jason's, welche später die Ermordung ihres Gemahls veranlaßte, soll aus Bewunderung der Größe des Pelopidas sich von Alexander die Erlaubniß erbeten haben, denselben im Gefängniß zu besuchen. Als sie dem Pelopidas sagte, sie bedaure sein Weib und seine Kinder, soll dieser ihr erwidert haben: „Du selbst bist zu beklagen, daß du die Gattin eines Wütherichs bist." Ja, der Erzähler dieser Anekdote geht sogar so weit, zu behaupten, daß die Unterredung der Thebe mit Pelopidas ihr zuerst Abneigung gegen ihren Gemahl eingeflößt und sie zur Hinwegräumung desselben bewogen habe.

Alexander, dem die verwickelten Verhältnisse Griechenlands sehr zu Statten kamen, drückte die Thessalier so hart, daß sie zuletzt seine Tyrannei nicht länger ertragen konnten und die Thebaner um ein Hülfsheer ersuchten. Da jetzt bei der allgemeinen Unzufriedenheit eine mächtige Gegenpartei gegen Alexander entstanden war und deßhalb ein neuer Zug gegen diesen die größte Wahrscheinlichkeit des Erfolges für sich hatte, so gewährten die Thebaner die erbetene Hülfe und sandten den Pelopidas mit einem starken Heere ab, an welches gleich nach seiner Ankunft im Lande sich viele Thessalier anschlossen. Es kam bald zu einem Treffen, in welchem Alexander den Vortheil der Oertlichkeit und der überlegenen Truppenzahl für sich hatte, die Thebaner aber dessen ungeachtet den Sieg davon trugen. Pelopidas selbst verlor in diesem Treffen das Leben. Von dem Wunsche getrieben, Rache an seinem Feinde zu nehmen, hatte er sich durch seinen Ungestüm und die Hitze des Kampfes zu sehr hinreißen lassen und war, den Tyrannen selbst aufsuchend, bis zur Leibwache desselben vorgedrungen, wurde aber von dieser umzingelt und nach einem heldenmüthigen Kampfe getödtet (364 v. Chr.). Sein Tod und der Wunsch, ihn zu rächen, trieb die Thebaner zu einer außerordentlichen Anstrengung an und sie erfochten einen vollständigen Sieg. Pelopidas Leiche wurde in feierlichem Zuge nach Theben gebracht und die thessalischen Verbündeten verherrlichten nicht allein durch zahlreiche Begleitung und glänzende Feierlichkeiten sein Leichenbegängniß, sondern sie ehrten auch sein Andenken durch Statuen, die sie ihm setzen ließen.

Durch die von Alexander erlittene Niederlage erlangten zwar viele thessalischen Städte ihre Freiheit wieder, doch war die Macht des Tyrannen noch keineswegs gebrochen; denn er erscheint in der nächsten Zeit wieder so mächtig, daß er sogar eine kleine Flotte ausrüsten, griechische Inseln berauben und den Athenern Schiffe wegnehmen konnte. Er setzte seine Räubereien zu Wasser und zu Lande noch Jahre lang fort, bis er endlich das Opfer einer Verschwörung warb. Seine eigene Gemahlin verband sich mit ihren Brüdern Tisi-phonus und Lylophron zu seinem Sturze; sie versteckte dieselben im Schlafgemach und Alexander wurde, als er durch Trunkenheit in tiefen Schlaf verfallen war, von ihnen ermordet. Das ganze Land jubelte über diese That, Thebe und ihre Brüder riefen die Thessalier zur Freiheit auf und wurden dafür mit Ehrenbezeugungen überhäuft; allein die Mörder des Tyrannen, die sich seines Schatzes bemächtigt und seine Miethstruppen gewonnen hatten, wollten nichts weniger als die Freiheit des thessalischen Volkes wiederherstellen. Sie rissen viel-mehr selbst die Herrschaft an sich und geriethen dadurch in einen Kampf mit den Städten des Landes, durch welchen Philipp von Ma-cedonien herbeigezogen und zum Herrn von Thessalien gemacht wurde.

6. Geschichte der Griechen vom Frieden des Perserkönigs bis zur Schlacht bei Mantinea.

Während die Thebaner mit einem Theile ihrer Macht durch die Angelegenheiten Thessaliens öfters in Anspruch genommen wurden, hatte sich bei den Arkadiern die Aenderung im demokratischen Sinne, welche sie zugleich von der alten Verbindung mit Sparta loslöste, immer mehr entwickelt und die zwischen Theben und dem Peloponnes bestehenden Verhältnisse erhielten dadurch eine andere Gestalt. Der Kongreß des arkadischen Volkes faßte, ungeachtet des fortdauernden Krieges mit Sparta, auf Lykomedes Rath den Beschluß, den Athenern ein Bündniß anzutragen. Die Letzteren trugen anfangs Bedenken, darauf einzugehen, weil es ein seltsamer Widerspruch war, daß sie zugleich mit den Spartanern und mit deren Feinden im Bunde sein sollten. Endlich aber nahmen sie den Vorschlag an, da sie den Spar-tanern einen Dienst zu erweisen glaubten, wenn sie die Arkadier dem Bunde mit Theben ganz und gar entzögen. Lykomedes reiste selbst nach Athen, um die näheren Bedingungen einzuleiten und brachte die Sache auch zu Stande; allein unglücklicher Weise landete er bei seiner Rückkehr in einem peloponnesischen Hafen, in welchem sich viele durch die Demokraten vertriebenen arkadischen Aristokraten befanden; diese erschlugen ihn (366 v. Chr.) und mit seinem Tode zerrann sein ganzer Plan. Die Arkadier begnügten sich seitdem mit Raubzügen gegen die Spartaner und andere benachbarte Völkerschaften. Besonders suchten sie die Eleer, mit denen sie damals in einen heftigen Zwist gerathen waren, durch verheerende Einfälle heim und plünderten dabei einst auch den reichen Tempel von Olympia; an der heiligen Stätte selbst, wo sonst alle griechischen Stämme vereint ihre Feste feierten, kam es zu einem blutigen und erbitterten Kampfe. Jenen Tempelraub mißbilligten die Mantineer und ein Theil der andern arkadischen Städte und so geriethen jetzt die Arkadier unter sich selbst in Zwietracht. Diejenigen Städte, welche sich des Tempelraubes schuldig gemacht hatten, wandten sich an die Thebaner und ersuchten sie um Hülfstruppen. Obgleich der größere übrige Theil der Arkadier für einen allgemeinen Frieden war und sich die Einmischung der Thebaner verbat, so setzte doch Epaminondas, aus Furcht, daß Theben seinen Einfluß im Peloponnes ganz verlieren möchte, den Beschluß eines Kriegszuges nach Arkadien durch. Mantinea und die andern arkadischen Städte der Gegenpartei schickten hierauf Gesandte nach Athen und Sparta und erhielten von beiden Staaten die Zusage einer kräftigen Unterstützung.

Im Frühling des Jahres 362 v. Chr. zog Epaminondas mit einem aus Böotiern, Euböern, Lokrern und Thessaliern zusammengesetzten starken Heere in den Peloponnes, wo außer dem thebanisch gesinnten Theil der arkadischen Städte auch noch die Sikyonier, Argiver und Messenier ihre Truppen mit demselben vereinigten. Epaminondas schlug bei der arkadischen Stadt Tegea sein Lager auf. Er hoffte, daß der Schrecken des thebanischen Namens den feindlich gesinnten Theil des arkadischen Volkes zur freiwilligen Unterwerfung bringen würde, sah sich aber bald in seiner Erwartung getäuscht. Als er hierauf erfuhr, daß Agesilaus mit seinen Truppen in Arkadien eingerückt sei, beschloß er die Entfernung des spartanischen Heeres aus Sparta zu benutzen, um diese Stadt zu überrumpeln. Er brach plötzlich auf, marschirte eine ganze Nacht hindurch und erschien mit Tagesanbruch vor Sparta. Allein Agesilaus hatte noch zur rechten Zeit von dem heimlichen Abzuge des Epaminondas Kenntniß erhalten und nach Sparta Eilboten geschickt, welche dem feindlichen Heere um wenige Augenblicke zuvorkamen. Archidamus, des Agesilaus Sohn, traf sogleich die nöthigen Maaßregeln und alle Einwohner, selbst Knaben und Greise, griffen zu den Waffen. Die Thebaner drangen zwar in die durch keine Mauern geschützte Stadt ein und gelangten bis auf den Marktplatz; die außerordentliche Tapferkeit der Spartaner aber und die plötzliche Erscheinung des Agesilaus, welcher mit seinen Truppen herbeigeeilt war, verbreiteten Schrecken unter die Thebaner und Epaminondas mußte wieder aus der Stadt zurückweichen. Er schlug in der Nähe derselben ein Lager auf; da aber die ganze Kriegsmacht der Mantineer den Agesilaus begleitet hatte, so zog Epaminondas bald wieder weiter, um gegen Mantinea dasselbe zu versuchen, was ihm gegen Sparta mißlungen war. Das Schicksal war ihm auch hierbei entgegen; denn kurz vor ihm war ein athenisches Corps in Mantinea angelangt. Dieses schlug die angreifenden Thebaner zurück und rettete so die Stadt.

Epaminondas hatte durch sein Erscheinen im Peloponnes bis dahin noch gar nichts bewirken können, im Gegentheil, das Mißlingen zweier

Züge hatte seinem Feldherrnruhm Eintrag gethan. Diesen konnte er nicht besser als durch einen Kampf im offenen Felde wieder herstellen; er entschloß sich daher zu einer Schlacht. Diese Schlacht, welche am 4. Juli des Jahres 362 v. Chr. bei Mantinea geliefert wurde, war die blutigste des ganzen Krieges; denn es ward in derselben zum zweiten Mal um den ersten Ehrenplatz in Griechenland entscheidend gekämpft. Der Kern der spartanischen Bundesmacht stand, 22,000 Mann stark, dem aus 33,000 Mann bestehenden Heere der Thebaner und ihrer Verbündeten gegenüber. Von beiden Seiten wurde mit der größten Tapferkeit gestritten, der Sieg aber ward den Thebanern zu Theil. Sie verdankten denselben nicht ihrer überlegenen Zahl, sondern der Erfahrung und dem Talente des Epaminondas, des größten Feldherrn seiner Zeit. Dieser wußte zuerst durch eine Scheinbewegung seine Gegner zu täuschen, dann wandte er auf eine schnelle und unerwartete Weise diejenige Schlachtordnung an, durch welche er auch bei Leuktra gesiegt hatte, und durchbrach auf diese Weise die feindlichen Linien. Die Schlacht war bereits vollständig gewonnen und die Feinde wichen überall zurück, als Epaminondas selbst eine tödtliche Wunde erhielt. Sein Fall brachte in dem thebanischen Heere Verwirrung und Schrecken hervor und hatte zur Folge, daß der bereits errungene Sieg nicht benutzt ward; die Schaaren der Feinde stellten sich von neuem auf und der Rest des Tages verging unter einzelnen Kämpfen mit abwechselnden Siegen und Niederlagen. Beide Theile, und zwar die Spartaner zuerst, baten um die Auslieferung ihrer Todten, beide errichteten Trophäen und nahmen auf diese Weise die Ehre des Tages für sich in Anspruch; die Wahrheit ist, daß die Thebaner siegten, sich aber durch den Tod des Epaminondas abhalten ließen, den Sieg zu ihrem Vortheile zu benutzen.

Epaminondas war nach seiner Verwundung aus dem Schlachtgewühle getragen worden und lag, von seinen Freunden umgeben, in einem Zelte. Ein Wurfspeer war in seine Brust gedrungen und die Aerzte erklärten, daß er rettungslos verloren sei und in demselben Augenblicke sterben müsse, in welchem der Speer herausgezogen werde. Epaminondas fragte nach seinem Schilde und war sehr erfreut, als er die Gewißheit erhielt, daß der Schild nicht in die Hände der Feinde gefallen war. Hierauf äußerte er einige Besorgniß über den Ausgang der Schlacht; als man ihm aber sagte, daß die Thebaner gesiegt hätten, befahl er den Speer aus der Wunde herauszuziehen und starb wenige Augenblicke nachher mit der Ruhe und Freudigkeit, welche das Bewußtsein eines thätigen und segensreichen Lebens gewährt. Die Geschichtswerke der späteren rhetorischen, d. h. nur auf schöne Darstellung und auf Erregung des Gemüths bedachten Schriftsteller, zu welchen auch der durch seine Biographieen berühmt gewordene Plutarch gehört, sind mit interessanten Anekdoten und mit erdichteten geistreichen Reden der Helden älterer Zeiten angefüllt und sie haben auch den Tod des Epaminondas mit solchen Erzählungen ausgeschmückt. Sie berichten von dem sterbenden Helden unter Anderem Folgendes: einer von denen, welche den Epaminondas in seinen letzten Augenblicken umgaben, habe ihn laut beklagt, daß er kinderlos sterbe; Epaminondas aber habe demselben die Worte zugerufen: „Nein, ich sterbe nicht kinderlos, denn ich hinterlasse ja zwei unsterbliche Töchter, die Schlachten bei Leuktra und Mantinea!"

Die Schlacht bei Mantinea war die letzte des langen Krieges, welcher zwischen Sparta und Theben geführt wurde. Beide Theile fühlten sich so erschöpft, daß unmittelbar nachher von selbst Ruhe eintrat. Eben diese allgemeine Ermattung aber führte vor Ablauf des Jahres einen Frieden herbei, welcher unter der Vermittlung persischer Gesandten geschlossen wurde. Durch ihn ward jedem Staate seine Selbstständigkeit gesichert und auch das messenische Volk für unabhängig erklärt. Der spartanische Stolz ließ eine solche Bedingung nicht zu und deshalb wies Sparta allein von allen griechischen Staaten diesen Frieden zurück. Dessen ungeachtet stellten auch die Spartaner die Befehdungen der andern Griechen ein, sie nahmen auf diese Weise den Frieden der That nach an, ohne ihren Beitritt zu demselben auszusprechen. Sie suchten dafür auf eine andere Weise ihr Ansehen wieder herzustellen und zugleich ihre erschöpfte Staatskasse zu füllen; sie schickten nämlich einen Theil ihrer Truppen nach Aegypten, wo der König Tacho nicht allein seine Unabhängigkeit von dem persischen Reiche behauptete, sondern auch die empörten Satrapen Vorderasiens in ihrem Kampfe unterstützte. Da die Letzteren um die Zeit der Schlacht bei Mantinea wieder unterworfen worden waren, und Tacho deshalb einen Angriff durch die gesammte persische Macht befürchten mußte, so hatte er sich an die Spartaner gewandt und sie um die Zusendung von Hülfstruppen unter dem Commando des Agesilaus gebeten. Seine Bitte wurde erfüllt und Agesilaus fuhr mit 1000 spartanischen Schwerbewaffneten nach Aegypten, wohin auch der von Tacho geworbene athenische General Chabrias als Admiral der aegyptischen Flotte kam.

Agesilaus gerieth bald mit Tacho in Zwist, weil dieser sein Versprechen, ihn an die Spitze seiner ganzen Kriegsmacht zu stellen, nicht hielt, und dem spartanischen König nur das Commando über die griechischen Soldtruppen gab. Als daher Tacho mit einem Theil seines Heeres nach Syrien gezogen war und ein herrschsüchtiger Aegypter Nektanebus II., die Abwesenheit desselben zu einer Empörung benutzte, erklärte sich Agesilaus mit seinen Truppen für diesen. Tacho verzweifelte, weil er gegen griechische Truppen nichts ausrichten konnte, an der Wiedererlangung der verlorenen Herrschaft und nahm, im Gedränge zwischen den Persern und seinem Nebenbuhler, seine Zuflucht zu der Gnade des persischen Königs. Agesilaus befestigte seinen Schützling im Besitz des aegyptischen Thrones und schiffte sich sodann, mit großen Schätzen belohnt, zur Rückreise nach Sparta ein. Ein Sturm zwang ihn unterwegs, in einem Hafen der Cyrenäer zu landen; hier erkrankte er und starb im 80. Jahre seines Lebens (361 v. Chr.).

7. Der Bundesgenossenkrieg der Athener.

Wenige Jahre nach dem Ende des Kampfes mit Theben geriethen die Athener in einen gefährlichen Krieg mit einer Anzahl griechischer Seestaaten, welche zwar ihre Bundesgenossen waren, durch das Verfahren Athens aber sich genöthigt sahen, mit vereinter Kraft gegen sie aufzutreten. Die Athener hatten nämlich seit Konon's Rückkehr aus Asien nach und nach ihr ehemaliges Uebergewicht zur See wieder erlangt; sie sahen aber nicht ein oder wollten nicht einsehen, daß die Zeiten nicht mehr dieselben waren, und statt gegen die mit ihnen verbündeten Seestädte, von welchen einige sehr mächtig geworden waren, mit der größten Behutsamkeit zu verfahren, legten sie denselben einen übermäßigen Tribut auf und duldeten sogar, daß ihre Feldherren bei der Eintreibung desselben die härtesten Erpressungen übten. Selbst die einsichtsvolleren unter diesen, ein Timotheus und Iphikrates, hatten sich solche Mißhandlungen erlaubt, um die Staatskasse und sich selbst zu bereichern. Die große Erbitterung, welche diese Raubsucht erzeugte, war schon von Epaminondas zu dem Versuche benützt worden, eine Verbindung der griechischen Seestaaten unter Thebens Schutze zu Stande zu bringen. Der Erfolg dieser Bemühung, welche er durch Errichtung einer eigenen thebanischen Seemacht unterstützte, war jedoch unbedeutend. Dagegen gelang es im Jahre 358 v. Chr. dem König Mausolus, welcher als persischer Vasall über Karien herrschte, einige mächtigen Seestädte zu einem Kriege gegen Athen zu vereinigen.

Das Land Karien bestand längere Zeit hindurch aus mehreren kleinen Fürstenthümern und von den Herrschern derselben war jene Artemisia I., die in der Schlacht bei Salamis so viel Klugheit und Entschlossenheit gezeigt hatte, am berühmtesten geworden. Einer der Nachfolger dieser Fürstin von Halikarnassus war Mausolus. Dieser Mann machte sich ebensosehr durch verschmitzte und arge Erpressungen, wie sie in neuerer Zeit nur irgend ein türkischer Pascha üben kann, als durch seinen Glanz und die großartigste Unterstützung der Künste und Wissenschaften berühmt. Seine Gemahlin Artemisia II., welche ihm in der Regierung nachfolgte, überbot ihn sogar noch in der letzteren Beziehung. Um das Andenken ihres Gemahls, den sie ungemein liebte, auf die glänzendste Art zu ehren, setzte sie den griechischen Rednerkünstlern einen Preis für die beste Lobrede auf ihn aus und ließ außerdem durch die größten Künstler ihrer Zeit ein Grabmal erbauen, welches so prachtvoll war, daß es zu den sieben Wundern der Welt gerechnet wurde, und daß der Name desselben, Mausoleum, bis auf unsere Tage zur Bezeichnung eines besonders prächtigen Grabmals gebräuchlich geblieben ist.

Mausolus, der während seines ganzen Lebens seine Herrschaft zu erweitern trachtete, strebte auch nach dem Besitze der wichtigen Insel Rhodus, und entwarf, um diese zu erlangen, den Plan zu einem Bunde gegen Athen. Er wußte die Inseln Chios, Rhodus und Kos und die mächtige Stadt Byzanz zu dem Entschlusse zu bewegen, daß sie sich mit ihm zu gegenseitiger Hülfeleistung wider die Athener verbanden. Diese schickten auf die Nachricht davon sogleich eine Flotte mit Landungstruppen unter Chabrias und Chares nach der Insel Chios. So begann 358 v. Chr. der sogenannte Bundesgenossenkrieg der Athener, welcher drei Jahre hindurch mit großer Erbitterung geführt wurde. Die Verbündeten schickten den Chiern eiligst Hülfe und machten es den Athenern unmöglich, etwas gegen diese auszurichten. Bei der vergeblichen Belagerung der Hauptstadt der Insel verlor sogar der eine der athenischen Anführer, Chabrias, gleich anfangs sein Leben. Er war bei dem Versuch der Flotte, in den Hafen der Stadt einzubringen, mit seinem Schiffe allein in denselben gelangt und sobann von seinen Landsleuten abgeschnitten worden. Die Mannschaft seines Schiffes rettete sich größtentheils durch Schwimmen, er selbst aber zog einen ehrenvollen Tod der Flucht vor und erlag tapfer fechtend den Pfeilen der Feinde. Dieser Mann war, ungeachtet seines schwelgerischen Lebens, einer der tüchtigsten Feldherren der Athener gewesen; man rühmte von ihm, daß er im Laufe seines Lebens nie eine Schlacht verloren, daß er 15 Städte erobert, 70 feindliche Schiffe nach Athen gebracht, 3000 Gefangene gemacht und mehr als 120 Talente oder 312,000 Gulden (173,000 Thaler) als Beute in die Staatskasse geliefert habe. Selbst die Feinde sollen ihn so sehr geachtet haben, daß die Chier, obgleich er zuletzt gegen sie focht, doch die von ihnen ihm früher zuerkannten Ehren aufrecht erhielten.

Chares sah sich genöthigt, die Belagerung von Chios nach großem Verluste wieder aufzugeben und die Bundesgenossen gingen jetzt von der Vertheidigung zum Angriff über. Sie verheerten die Inseln Imbros und Lemnos, die ältesten Besitzungen der Athener im ägäischen Meere, machten auf das wichtige Samos einen Angriff und plünderten auch andere ben Athenern befreundete Inseln. Athen rüstete daher, zu Anfang des zweiten Kriegsjahres, eine neue Flotte aus, welche von Iphikrates und Timotheus commandirt wurde. Diese vereinigte sich mit den Schiffen des Chares, und griff, 120 Segel stark, die Stadt Byzanz an. Dadurch wurden die Feinde genöthigt, die Belagerung der Hauptstadt von Samos aufzuheben, um den Byzantiern zu Hülfe zu eilen. Als beide Flotten im Hellespont zusammentrafen, erhob sich zufällig ein heftiger Sturm. Iphikrates und Timotheus hielten es daher für rathsam, von dem Beschluß, eine Schlacht zu liefern, abzugehen. Chares dagegen wollte dem Winde zum Trotz durchaus ein Treffen geliefert haben und ließ seine beiden Collegen, als sie sich nicht in seinen Willen fügten, deshalb in Athen verklagen. Iphikrates und Timotheus wurden abberufen und vor Gericht gestellt, weil sie, wie ihnen vorgeworfen ward, sich von den Rhodiern und Chiern hätten bestechen lassen. Iphikrates wußte durch die vielen Leute in Athen, welche unter ihm gedient hatten, den Richtern zu imponiren und wurde freigesprochen, Timotheus dagegen zu einer Geldbuße verurtheilt, die von so ungeheurer Höhe war, daß ihre Bezahlung unmöglich war und er als Verbannter seine Vaterstadt verlassen mußte, in welche er nie wieder zurückkehrte.

Durch die Entfernung dieser beiden ausgezeichneten Generale — denn auch Iphikrates zog sich vom öffentlichen Leben zurück — ward das Ende des Krieges unerwartet schnell herbeigeführt. Chares hatte näm- lich jetzt den Oberbefehl allein und ließ sich in eine Unternehmung ein, welche die Athener bald zum Frieden zwang. Artabazus, der Sa- trap von Jonien, der sich gegen seinen Herrn empört hatte, bat den athenischen Anführer um Hülfe und dieser leistete ihm dieselbe, ent- weder weil er dem erschöpften Athen durch die Bezahlung seiner Trup- pen mit dem Gelde des Satrapen einen Dienst zu leisten glaubte, oder weil sein aus Miethlingen bestehendes Heer, dem der Sold nicht regel- mäßig ausgezahlt wurde, ihn dazu zwang. Chares unterstützte den empörten Perser mit seiner ganzen Macht und erhielt dafür von diesem alle Gelder, die zur Besoldung und Unterhaltung seiner Matrosen und Soldaten erfordert wurden. Anfangs hatten die Athener darüber große Freude; sie erfuhren aber bald zu ihrem Schrecken, daß sie da- durch in eine große Gefahr gebracht worden waren. Der Perserkönig, Artaxerxes III. oder Ochus, ließ ihnen nämlich durch eine beson- dere Gesandtschaft drohen, daß er, wenn sie nicht auf der Stelle ihre Schiffe und Truppen aus den Gewässern von Kleinasien zurückzögen, ihre Feinde sowohl mit Geld, als auch mit 300 Schiffen unterstützen würde. Den Athenern blieb jetzt nichts Anderes übrig, als den Krieg mit ihren früheren Bundesgenossen durch einen schleunigen Frieden zu beendigen, zumal da auch der König Philipp II. von Macedonien ihnen von Tag zu Tag furchtbarer wurde, und da außerdem in Griechenland selbst ein neuer Krieg entstanden war. Im Friedensvertrage mußten sie sich dazu verstehen, ihre Feinde als völlig freie und unabhängige Staaten anzuerkennen (355 v. Chr.) und sie verloren das kaum wiederhergestellte Uebergewicht zur See zum zweitenmale.

VII. Die Unterwerfung Griechenlands
unter die Oberherrschaft der Macedonier.

1. Geschichte Macedoniens bis auf König Philipp II.

Der Anfang der macedonischen Geschichte verliert sich, wie die älteste Geschichte jedes Volkes, in Sagen und Mythen. Die Macedonier, deren Abstammung nicht sicher bekannt ist, scheinen dem eigentlichen Kerne des Volkes nach griechischen Ursprungs gewesen zu sein; darauf deutet wenigstens der Umstand, daß die macedonischen Könige den Herkules für ihren Stammvater hielten. Auch die übrigen Griechen hatten diese Ansicht und ließen deshalb die Könige von Macedonien zu den olympischen Spielen zu, an denen Niemand Theil nehmen durfte, der nicht seine griechische Abkunft beweisen konnte. Die Sage nennt uns eine ganze Reihe von Königen, welche in der ersten Zeit über Macedonien geherrscht haben sollen. Die älteste Dynastie führt den Namen der Temeniden, weil Karanus, der erste jener Könige, ein Nachkomme des Heracliden Temenus gewesen sein soll. Macedonien bestand in der ältesten Zeit aus dem Lande Emathia, welches im Hintergrunde des Busens von Salonichi um die Flüsse Axius oder Wardar und Haliakmon oder Bistritza lag. Die Bewohner desselben hatten schon früh mit den Päoniern und anderen benachbarten Völkern von illyrischer oder thracischer Abkunft blutige Kriege zu führen und wurden durch die an der Küste gegründeten griechischen Colonieen fast gänzlich vom Meere abgeschnitten. Jene Völkerschaften waren in kleine und von einander unabhängige Staaten zertheilt und die Macedonier konnten sich daher leicht gegen dieselben behaupten, zumal da sie Anhänglichkeit an ihre Könige besaßen und diese weniger darnach strebten, die benachbarten Völker zu unterdrücken, als vielmehr ihnen einige Bildung mitzutheilen und sie dem macedonischen Staate förmlich einzuverleiben. Die Macedonier selbst standen zwar

den Bewohnern des eigentlichen Griechenlands und ſeiner Colonieen
an Bildung nach, hatten aber doch ſchon früh Antheil an der unter
denſelben aufblühenden Cultur, und unterſchieden ſich dadurch ſtets
von den roheren Stämmen, welche ihr Land umgaben. Dies geht
daraus hervor, daß ihre Könige ſchon früh an den olympiſchen Spielen
Theil nahmen, zur Zeit der Perſerkriege das atheniſche Bürgerrecht
erhielten, mit Athen von alter Zeit her im Verhältniß der Staatsgaſt-
freundſchaft ſtanden und alſo ſchon längſt mit den übrigen Griechen
in einem fortdauernden Verkehr waren. Auch mußten die griechiſchen
Pflanzſtädte, welche an ihrer Küſte gegründet wurden, einen förder-
den Einfluß auf die Cultur des macedoniſchen Adels und Volkes haben,
da ja die Blüthe und der Handel dieſer Colonieen auf ihrem Zuſammenhang mit dem inneren Lande beruhten.

Das macedoniſche Volk war wegen der beſtändigen Kriege mit
ſeinen rohen Nachbaren arm und ward dadurch lange Zeit in ſeiner
weiteren Entwicklung gehemmt. Unter Darius I. mußte es ſich den
Perſern unterwerfen und ihnen Tribut zahlen, es erhielt aber dafür
eine bedeutende Erweiterung ſeines Gebiets nach Thracien hin. Dieſe
Tributpflichtigkeit begann unter dem Könige Amyntas I. und endete
unter deſſen Sohne Alexander I. Der Letztere mußte mit einem
perſiſchen Heere gegen die Griechen ziehen und ward von Mardonius
zu der früher erwähnten Botſchaft an die Athener gebraucht. Nach
der verderblichen Niederlage der Perſer bei Platää erwarb er ſich
um ſeine griechiſchen Landsleute das Verdienſt, daß er die nach dem
Hellespont entfliehenden Reſte des perſiſchen Heeres bei ihrem Durchzug durch ſein Land überfiel und größtentheils vernichtete. Sein
Sohn Perdiklas II., welcher in der erſten Hälfte des peloponneſiſchen Krieges lebte, trat in eine noch nähere Verbindung mit den
Griechen und befolgte eben dieſelben Grundſätze, welchen ſpäter Philipp ſeine erſten Fortſchritte verdankte. Während nämlich die freien
griechiſchen Staaten blutigen Krieg mit einander führten, ſuchte er
zuerſt Herr in ſeinem eigenen Lande zu werden, ſeine Unterthanen an
einen regelmäßigen Kriegsdienſt zu gewöhnen, und dann die Zwietracht der Griechen zur Befeſtigung und Erweiterung ſeiner Macht zu
benutzen. Er nahm im Beginn des peloponneſiſchen Krieges lebhaften
Antheil an dem Zwiſte zwiſchen Potidäa und Athen, ſchloß ſich nachher ganz an die Spartaner an und unterſtützte die griechiſchen Colonieen auf der Halbinſel Chalcidike in ihrem Bemühen, ſich dem Drucke
der Athener zu entziehen. Freilich ahnte er nicht, daß er, als er jene
Pflanzſtädte ermunterte, Olynth zu befeſtigen und zu ihrem Vereinigungspunkt zu machen, ſeinen Nachfolgern gefährlichere Feinde gebe,
als die Athener jemals geweſen waren.

Nach seinem Tode entstanden heftige Thronstreitigkeiten, welche, nach der Ermordung des rechtmäßigen Kronerben, damit endeten, daß Archelaus, ein natürlicher Sohn des Perdikkas, den Thron bestieg. Dieser König ist von allen macedonischen Herrschern bis auf Philipp II. der wichtigste und berühmteste, weil er das von seinen Vorgängern oft versuchte und immer wieder durch die Umstände gehemmte Unternehmen, das macedonische Volk bleibend auf eine höhere Stufe der Cultur zu erheben und den übrigen Griechen näher zu bringen, wirklich durchführte. Er legte die ersten Städte, Landstraßen und Festungswerke an, ermunterte den Ackerbau und die Gewerbe und richtete sein Heer nach griechischen Grundsätzen ein. Außerdem verschaffte er auch der höheren Bildung der griechischen Nation einen Einfluß in seinem Lande, und machte sich bei den übrigen Griechen durch den thätigen Antheil, den er an ihrer Poesie und Kunst nahm, sehr beliebt. Er gewährte Dichtern und Künstlern die freundlichste Aufnahme, so daß sein Hof ein Sammelplatz der gebildeten griechischen Welt ward. Er trat mit Euripides und andern Tragikern seiner Zeit in persönlichen Verkehr, erwies ihnen an seinem Hofe ausgezeichnete Ehren und ließ ihre Stücke mit großer Pracht aufführen. Die Zimmer seines Palastes ließ er durch den berühmten Maler Zeuxis ausmalen, und er bezahlte für diese Arbeit gegen sieben Talente oder fl. 17,300 (9600 Thlr.), eine Summe, die man nach dem damals viel größeren Werth des Geldes bis auf das Sechs- oder Achtfache erhöhen muß, um sie nach unsern Begriffen schätzen zu können. Aus allen Gegenden Griechenlands strömte man an des Archelaus Hof, um diese berühmten Gemälde zu sehen.

Nach dem Tode dieses Königs brachen von neuem blutige Zwistigkeiten um den Thron aus. Nicht weniger als fünf Prinzen des königlichen Hauses machten auf denselben Anspruch und stritten lange gegen einander, bis endlich einer derselben, Amyntas II., sich mit Hülfe der Thessalier im Besitze der Herrschaft behauptete. Auch dieser König stand in ununterbrochenem Verkehr mit den Griechen und suchte, wie sein Vorgänger, die Sitten und Künste derselben in seinem Lande einzuführen. Unter ihm gerieth Macedonien durch den Plan der Olynthier, eine Eidgenossenschaft aller griechischen Städte an der macedonischen und thracischen Küste zu bilden, in die Gefahr, für immer von der Küste ausgeschlossen und in einen Zustand der Abhängigkeit versetzt zu werden. Die Olynthier hatten bereits ihre Macht auf Kosten des macedonischen Königs sehr ausgebreitet, und diesen sogar schon aus seiner Residenz Pella vertrieben, als die beiden Pflanzstädte Apollonia und Akanthus die Spartaner zu Hülfe riefen. Amyntas unterstützte in dem Kriege, welcher hierauf zwischen den Olynthiern und

Spartanern geführt wurde, die Letzteren ſehr eifrig, und erhielt nach
der Beſiegung der Erſteren den Beſitz von Pella wieder. Doch blieben
die Olynthier auch als ſpartaniſche Bundesgenoſſen immer noch ſehr
beſchwerliche Nachbaren.

Nach Amyntas Tode trat wieder eine Zeit der Verwirrung ein.
Die Gemahlin deſſelben, Eurydike, welche ſchon ihm ſelbſt nach dem
Leben getrachtet hatte, ſuchte auch ihre eigenen Söhne, die ſie dem
Amyntas geboren hatte, den Alexander II., Perdikkas III. und
Philipp II., zu verdrängen, um den Thron ihrem Geliebten Ptolemäus, welcher von ſeiner Geburtsſtadt den Beinamen des Aloriten
führte, zu verſchaffen. Dies und die Herrſchſucht des Ptolemäus, deſſen
verwandtſchaftliches Verhältniß zu Amyntas und ſeinen Söhnen nicht
ſicher bekannt iſt, veranlaßte viele Verwicklungen und einen öfteren
Thronwechſel. Dadurch wurden die Theſſalier, Athener, Thebaner
und Thracier in die Angelegenheiten Macedoniens gezogen, ſie über-
nahmen wechſelsweiſe eine mehr oder weniger entſcheidende Rolle und
machten zum Theil die macedoniſchen Könige von ſich abhängig. Alexander II. beſtieg nach Amyntas Tode zuerſt den Thron, wurde aber,
während er ſeine Macht auf Koſten der Theſſalier auszubreiten ſuchte,
von Ptolemäus bedroht. Dadurch ward Pelopidas, den die Theſſalier
gegen Alexander zu Hülfe gerufen hatten, nach Macedonien gezogen.
Er legte den Zwiſt Alexander's mit Ptolemäus bei, zwang den Erſteren, welcher im Beſitz des königlichen Thrones befeſtigt wurde, allen
Anſprüchen auf Theſſalien zu entſagen, und nahm den jungen Prinzen
Philipp II. als Geiſel mit nach Theben. Es iſt jedoch nicht ganz ausgemacht, ob Philipp damals oder bei einer andern Gelegenheit den
Thebanern als Geiſel übergeben wurde.

Die durch Pelopidas bewirkte Ausſöhnung hatte nicht lange Beſtand. Ptolemäus Alorites tödtete, in Verbindung mit Eurydike, den
König Alexander und bemächtigte ſich, unter dem Namen eines Vor-
mundes des jungen Perdikkas, der Regierung. Die Macedonier wollten
ihn aber nicht als Regenten anerkennen, und erklärten ſich der Mehrzahl nach für einen gewiſſen Pauſanias, über deſſen Recht an den
Thron uns Nichts bekannt iſt. Ptolemäus und Eurydike riefen gegen
dieſen den atheniſchen General Iphikrates zu Hülfe, welcher damals
die auf der thraciſchen Küſte gelegene Stadt Amphipolis bekriegte, deren
Verluſt die Athener noch immer nicht verſchmerzen konnten. Pauſanias
wurde durch Iphikrates vertrieben, kehrte aber bald wieder zurück. Er
hatte jedoch kaum den Thron wieder beſtiegen, als eine thebaniſche Ge-
ſandtſchaft in Macedonien erſchien, um die Rechte des in Theben lebenden Philipp und ſeines Bruders Perdikkas zu ſichern. Pelopidas und
Ismenias, die beiden thebaniſchen Geſandten, verjagten den Pauſanias

zum zweiten Male und ordneten die Angelegenheiten des Landes in der Weise, daß Ptolemäus gegen das Versprechen, die Regierung nur als Vormund des Perdikkas führen zu wollen, den Thron bis zur Großjährigkeit desselben behalten sollte. Ptolemäus regierte nur noch kurze Zeit; er wurde schon im nächsten Jahr (366 oder 365 v. Chr.) von seinem Mündel Perdikkas ermordet.

Perdikkas III. herrschte ebenfalls nicht lange: er ward im Kampfe mit den Illyriern erschlagen. Sein Sohn Amyntas war, als der Vater starb, noch ein Kind. Aus diesem Umstand suchten die Feinde Macedoniens Vortheile zu ziehen, und das Land gerieth dadurch in die größte Gefahr. Die räuberischen Illyrier hatten bereits unter ihrem Häuptling Bardyllis einen Theil von Macedonien besetzt; Athen schickte ein Heer, um Argäus, einen Enkel des Archelaus, auf den Thron zu erheben, weil sie nachher mit dessen Hülfe die Stadt Amphipolis wieder erobern zu können hofften; die Thracier rüsteten sich zu einem Einfall in das Land und wollten den von Iphikrates und den Thebanern vertriebenen Pausanias als Herrscher einsetzen; endlich verwüsteten auch die rohen Päonier die ihnen benachbarten Striche von Macedonien. In dieser bedenklichen Lage trat Philipp II. auf (361 v. Chr.), und rettete nicht allein das Land aus den ihm drohenden Gefahren, sondern erhob dasselbe auch nach und nach zur ersten Macht des ganzen südöstlichen Europas. Er war anfangs nur vormundschaftlicher Regent an seines jungen Neffen Amyntas Stelle, wurde aber bald nachher, als er die Freiheit der Macedonier gerettet hatte, von dem Volke als wirklicher König anerkannt. Den bei Seite geschobenen Amyntas vermählte Philipp später mit einer seiner Töchter.

2. Philipp II. von Macedonien.

Philipp II., der durch seine 25jährige Regierung (von 361 bis 336 v. Chr.) einer der wichtigsten Männer der alten Geschichte geworden ist, war schon als kleines Kind von seinem Vater Amyntas II. den Illyriern als Geisel übergeben worden und hatte beim Beginn seiner Jünglingsjahre noch einmal dasselbe Loos. Er ward nämlich, wie angegeben, von Pelopidas als Geisel mit nach Theben genommen. In welchem Jahre und bei welchem Anlasse dies geschah, ist nicht sicher bekannt; wahrscheinlich brachte ihn Pelopidas im Jahre 367 v. Chr. nach Theben. Eben deshalb weiß man auch nicht mit Bestimmtheit, wie lange Philipp in Theben verweilte; sein Aufenthalt daselbst umfaßte aber wenigstens drei Jahre, ein alter Schriftsteller versichert sogar, daß Philipp neun Jahre in Theben geblieben sei. Philipp's längere Anwesenheit in Theben ist in jedem Fall einer der wichtigsten Umstände seines Lebens; denn er erhielt hier eine geistige Entwickelung und Anregung, wie sie ihm seine eigene Heimath nie hätte geben können. Er lebte zu Theben mit Epaminondas und dessen Freunden in täglichem Verkehr, besuchte von dort aus andere griechische Freistaaten, ward mit dem athenischen Redner Isokrates, mit den Philosophen Plato und Aristoteles und andern großen Männern Griechenlands bekannt, und hatte so die beste Gelegenheit, griechische Kunst und Wissenschaft, sowie die bürgerlichen Einrichtungen und das Kriegswesen seiner Zeit mit Muße zu studiren. Die einzelnen Umstände seines Lebens in Theben sind freilich gänzlich unbekannt.

Ueber seinem ersten Erscheinen in Macedonien schwebt dasselbe Dunkel, wie über seinem Aufenthalt in Theben. Nach der einen Angabe wäre er auf die Nachricht von dem Tode seines Bruders Perdikkas III. aus Theben nach Macedonien entflohen; nach einer andern und viel wahrscheinlicheren aber war er schon vorher nach seiner Heimath zurückgekehrt. Je dunkler indessen Philipp's frühere Geschichte ist, besto glänzender und gewisser ist sein Verdienst in der folgenden Zeit. Er rettete, obgleich er bei seiner Thronbesteigung erst 23 Jahre alt war, Macedonien vom drohenden Untergang, und ordnete die ganze Verwaltung auf eine neue und festere Weise, nachdem alles, was seine Vorfahren gethan hatten, um Land und Volk nach griechischer Art einzurichten und griechisch zu bilden, in den letzten Jahren untergegangen und das Reich seiner Auflösung nahe gebracht worden war.

Philipp befreite Land und Thron mit großer Gewandtheit bald von ihren Feinden. Er benutzte die Habsucht des thracischen Königs und brachte ihn durch Geld dahin, daß er den Kronprätendenten Pausanias nicht länger unterstützte. Nachdem er so seine Herrschaft gegen die Thracier sicher gestellt hatte, wandte er sich gegen den furchtbarsten seiner Feinde, die Athener, welche dem Argäus 3000 Mann Hülfstruppen geschickt hatten. Er verfolgte den Schützling der Athener, der in Macedonien nirgends Anhang gefunden hatte, und sich deshalb mit seinen Truppen wieder zurückzog, besiegte ihn in einem Treffen, in welchem Argäus selbst das Leben verlor, und machte dabei viele Gefangene. Diesen gab er insgesammt ohne Lösegeld die Freiheit, gegen die Athener unter ihnen aber benahm er sich besonders aufmerksam und freigebig, weil er durch Großmuth die Freundschaft Athens zu gewinnen wünschte. Er behandelte dieselben sehr freundlich, gab ihnen ihr ganzes Gepäck zurück und entließ sie mit einem Schreiben, in welchem er dem athenischen Volke seinen Wunsch aussprach, die freundschaftlichen Verhältnisse, die einst zwischen seinem Vater und Athen bestanden hätten, wiederherzustellen. Er versprach zugleich, daß er die Stadt Amphipolis, welche mit Athen seit langer Zeit um ihre

Unabhängigkeit kämpfte, nicht unterstützen wolle. Die durch Philipp's Großmuth zur Dankbarkeit verpflichteten Athener nahmen sein Anerbieten an, und erneuerten den mit Amyntas geschlossenen FreundschaftsVertrag.

Nachdem Philipp auf diese Weise sich seines gefährlichen Feindes nicht nur entledigt, sondern denselben auch für sich gewonnen hatte, richtete er seine Waffen gegen die Barbaren. Er benutzte den glücklichen Umstand, daß der König der Päonier kurz vorher gestorben war, und wandte sich zuerst gegen dieses Volk. Mit leichter Mühe wurde dasselbe in einer offenen Feldschlacht besiegt, aus Macedonien verjagt und sogar zur Tributpflichtigkeit gezwungen. Hierauf marschirte er mit seiner ganzen Kriegsmacht gegen die Illyrier, welche durch Bardyllis bereits an eine regelmäßige Kriegführung gewöhnt worden waren. In einer blutigen Schlacht, in welcher beide Theile aufs hartnäckigste stritten, und in der Philipp den ersten Beweis seines großen Feldherrntalents ablegte, wurden die Illyrier gänzlich geschlagen. Sie sollen in derselben nicht weniger als 7000 Mann verloren haben, und mußten sich zu einem Frieden bequemen, in welchem sie alle von ihnen besetzten Städte Macedoniens wieder herausgaben.

Diese Begebenheiten fielen in die drei ersten Regierungsjahre Philipp's. Als wirklicher König war Philipp von seinem Volke schon ein Jahr nach dem Tode seines Bruders Perdikkas anerkannt worden. Seit der Besiegung der Illyrier war er nicht allein darauf bedacht, sein Reich zu erweitern, sondern er begann auch im Innern desselben Einrichtungen zu machen, durch welche der Grund zur macedonischen Weltherrschaft gelegt wurde. Diese Aenderungen in der Organisation des Staates und des Heeres, welche Philipp nach und nach vornahm, bedürfen wegen ihrer großen Wichtigkeit einer ausführlicheren Darstellung.

Philipp vereinigte alle Tugenden und alle Fehler seiner Zeit in sich. Er war seinen angeborenen Talenten nach zum Feldherrn, Staatsmann und Alleinherrscher geschaffen, und besaß alle Mittel, um den Griechen die monarchische Regierung, die eine unabweisbare Nothwendigkeit geworden war, annehmlich zu machen. Sein letztes Ziel war die Herrschaft über Griechenland und die Vereinigung der, seither durch stete innere Kriege gelähmten Kräfte des griechischen Volks zur Eroberung des persischen Reiches; aber Philipp wollte seine Herrschaft nicht auf die Unterdrückung der Freiheit gründen, sondern die bestehenden Verfassungen und Formen erhalten, und als oberster Leiter an der Spitze einer wahrhaft freien Nation stehen, weil er nicht verkannte, daß die Kraft des griechischen Wesens, die er sich dienstbar machen wollte, eben auf dieser Freiheit beruhte. Dieses Ziel erreichte er nicht etwa durch die außerordentliche Klugheit, welche ihn bei seinen einzelnen Unternehmungen leitete, sondern durch seinen Scharfblick, seine tiefe Kenntniß der menschlichen Natur und Verhältnisse, und durch die Stellung, die er vermittelst seiner geistigen Bildung der Zeit und der Nation gegenüber einnahm. Seine hohe Bildung und sein angeborener Sinn für jede Wissenschaft und Kunst machten ihn der Ehre würdig, das Oberhaupt des gebildetsten Volkes zu sein. Sie leuchten aus seiner ganzen Handlungsweise hervor, und geben sich in allen seinen Unternehmungen zu erkennen. Philipp zeigte stets hohe Achtung gegen jede Art geistiger Bestrebungen, erwies Dichtern, Künstlern, Schauspielern und Rednern von Talent ausgezeichnete Ehren, und suchte in seinem eigenen Lande griechische Sitten und griechischen Geist dadurch zu verbreiten, daß er die Bürger der eroberten griechischen Küstenstädte seines Landes in das Innere des Reiches versetzte, und dagegen Macedonier in die Küstenstädte verpflanzte. Am schönsten zeigte sich diese Seite von Philipp's Wesen in dem Umstand, daß er den Philosophen Aristoteles, welcher alle Kenntnisse und geistigen Bestrebungen der Griechen in sich vereinigte, zum Lehrer und Erzieher seines Sohnes Alexander auserkor, besonders aber in der seinen Art und Weise, mit der er diesen Mann um die Uebernahme dieser Stellung ersuchte. Philipp schrieb nämlich unmittelbar nach der Geburt seines Sohnes dem Aristoteles, mit welchem er schon in seiner Jugend in Verkehr getreten war, einen Brief, der hier Platz finden mag, obgleich seine Echtheit nicht unbezweifelt ist: „Ich zeige dir an, daß ich einen Sohn erhalten habe. Ich bin den Göttern dankbar, nicht sowohl daß mir ein Sohn geworden ist, als vielmehr daß derselbe gerade in der Zeit geboren ward, in welcher ein Aristoteles lebt; denn ich hoffe, daß er von dir erzogen und gebildet und dadurch meiner selbst und seiner hohen Bestimmung würdig werden wird. Ich halte nämlich für besser, gar keine Kinder zu hinterlassen, als solche, die ihren Vorfahren Unehre machen!"

In sittlicher Rücksicht stand Philipp höher, als die entarteten Republikaner seiner Zeit; seine wahrhaft königliche Großmuth, seine Freundlichkeit und selbst sein Privatleben bildeten einen auffallenden Kontrast gegen die gewinnsüchtige, sophistische Gemeinheit der meisten Staatsmänner, welche damals die Republiken der griechischen Welt leiteten. Philipp war jedoch nicht frei von einzelnen und zum Theil groben Lastern, und steht in dieser Beziehung seinem Sohne weit nach. Allein auch diese Sittenlosigkeiten waren gewiß nicht so arg, als sie in den uns erhaltenen Schriften des Alterthums von politischen Gegnern des großen Königs oder von republikanisch gesinnten Geschichtschreibern dargestellt werden. Philipp liebte unter Anderem den Trunk; aber die Sitten und Einrichtungen des macedonischen Volkes waren von der Art, daß bei ihnen, gerade wie unter den germanischen Völkern des Mittelalters, Gelage und Feste eine wichtige Rolle spielten, und daß, sowie noch im Anfange des 18. Jahrhunderts an deutschen und nordischen Höfen, ein guter Staatsmann und Diplomat auch ein starker Trinker sein mußte. Diese Eigenschaft war also einem macedonischen König ebenso unentbehrlich, wie die Gewandtheit und Feinheit im geselligen Leben, welche Philipp ebenfalls in hohem Grade besaß; und auch Philipp's Sohn, Alexander, der den Trunk nicht liebte, nahm deshalb doch wenigstens den Schein davon an, und suchte durch seine Unterhaltung den Generalen und Hofleuten Zeit und Gelegenheit des Trinkens zu verlängern. Außerdem erzählt aber auch derselbe Schrift-steller, welcher den König Philipp wegen seiner Neigung zum Trunk am heftigsten tadelt, daß Philipp, wenn er zur Unzeit dem Weine gefröhnt, sich auf die Nüchternheit seines Feldherrn und Staatsmannes Antipater verlassen habe.

Ebenso, wie mit der Trunksucht Philipp's, verhält es sich mit den andern Lastern, welche von ihm berichtet werden. Sie waren ihm zur Erreichung seiner politischen Zwecke förderlich, weil dadurch der mace-donische Adel enger an ihn gefesselt, und die Griechen, die an seinen Hof kamen, für ihn eingenommen wurden. Er selbst trug aber außer-dem Sorge, daß diese Laster seine Staatsgeschäfte und Interessen nicht beeinträchtigten. Philipp hatte an Possenreißern Gefallen, und trieb selbst öfters Possen; dies hing aber theils mit seiner Liebe zur Gesellig-keit und mit seiner Laune zusammen, theils erfrischt ja oft nichts den männlichen Geist mehr und hält ihn mehr munter, als eine Kinderei zur rechten Zeit. Auch machten gerade die Sänger, Tänzer, Lustig-macher und Spieler, welche er zuweilen vor sich ließ, sowohl seinen eige-nen Leuten, als auch den entartetengriechischen Rednern und Partei-häuptern und dem an dergleichen von jeher gewöhnten thessalischen Adel den Aufenthalt an seinem Hofe in hohem Grade angenehm. Außer-dem sagt derselbe Schriftsteller des Alterthums, dessen Bemerkung über Philipp's Trunksucht so eben erwähnt wurde, zur Ehre dieses Königs, daß Philipp den Anblick des Antipater gescheut habe, wenn er einmal zur Unzeit sich mit dergleichen Dingen abgab. Bedenkt man endlich noch, welche Kraft und welches Temperament Philipp besaß, und wie angestrengt und umfassend zu allen Zeiten seine Thätigkeit war, so wird man in Betreff dieser Laster eher geneigt sein, einen solchen Mann zu entschuldigen, als die meisten zugleich entarteten und müßigen Griechen seiner Zeit.

Auch die Art und Weise des äußeren Lebens dieses Königs zeigt den großen Staatsmann und Feldherrn, der im Verfolgen eines

würdigen Zieles die leeren Formen und eitlen Genüsse, welche dem
Alltagsmenschen das Wichtigste sind, verschmäht und nur dann, wenn
sie wirklich einen Werth haben, zuläßt. Philipp lebte im Kreise seiner
Generale und Freunde einfach; wenn aber Feste gehalten oder Fremde
und Gesandte griechischer Staaten empfangen werden sollten, dann
mußte sein Hof die glänzendste Gestalt annehmen. Er suchte bei solchen
Gelegenheiten den eitlen Athenern und anderen Griechen durch Groß-
artigkeit und Pracht zu imponiren; alles Kleinliche und alle Kargheit
waren dann verbannt; und die für die Gesandten getroffenen Einrichtungen, die Bewirthung derselben, die Sorge für ihre Behaglichkeit und
die ganze Art seiner Gastfreundschaft überhaupt war so beschaffen, daß
sie auf alle, selbst auf die feindlich Gesinnten, den beabsichtigten Eindruck nicht verfehlten.

Bei dem Streben nach der Oberherrschaft in Griechenland hatte
Philipp den Vortheil, daß die Griechen selbst ihm durch ihre Zersplitte-
rung dazu behülflich waren. Schon durch die in dem Geiste und den
Verhältnissen dieses Volkes eingetretene Veränderung war dem mace-
donischen Eroberer vorgearbeitet. Die herrschende Genußsucht und
Geldgier verschafften seinem Golde Eingang; das mehr und mehr in
Aufnahme gekommene Söldnerwesen lieferte seinem Heere die besten
Rekruten; und endlich mußte schon allein das Treiben des um Sold
dienenden Raubgesindels und seiner Hauptleute viele unter den Griechen zu der Ueberzeugung drängen, daß es bei weitem besser sei, wenn
einem erblichen und durch verfassungsmäßige Formen eingeschränkten
Herrscher auch die freien Staaten unterworfen würden, als wenn
irgend ein roher Soldat oder Glücksritter sich denselben als Gebieter
und Herr aufdränge.

Wie der neue Zustand der Dinge, welchen Philipp und sein Sohn
in Griechenland herbeiführten, von diesen beiden Königen nicht etwa
dem eigentlichen Sinne des Wortes nach geschaffen wurde, sondern in
der Zeit selbst lag, und durch die Bemühungen Beider nur benutzt und
entwickelt ward, so waren auch die Veränderungen und Einrichtungen,
welche Philipp in seinem Stammlande Macedonien machte, schon längst
vorbereitet. Philipp sammelte und ordnete die Ergebnisse dessen, was
seine Vorfahren für die Umbildung des macedonischen Volkes stückweise gethan hatten, förderte die seither durch mancherlei Hindernisse
zurückgehaltene Entwickelung desselben auf eine schnelle Weise, und
führte die Bestrebungen früherer Könige zum Ziele.

Um diese von Philipp vollendete Umbildung und neue Einrichtung
des macedonischen Königreichs klar zu erkennen und richtig zu beurtheilen, muß man den Nationalcharakter und die herkömmlichen Sitten
der Macedonier berücksichtigen. Die macedonischen Einrichtungen hatten

ursprünglich viel Aehnlichkeit mit den thessalischen, und in den Sitten wie in der Verfassung hatte sich bei den Macedoniern vieles aus der ältesten heroischen Zeit erhalten. Die Macedonier hatten, wie die Griechen des Homerischen Zeitalters, eine große Menge von Sklaven, sie liebten, wie diese, die Jagd, die Kriegsübung und den Waffentanz, und hatten auch die in der älteren griechischen Zeit allgemein herrschende Sitte, bei Tische zu sitzen, statt sich, wie die späteren Griechen thaten, zu lagern. Ebenso war auch das starke Trinken, welches überhaupt von jeder ritterlichen Heldenzeit unzertrennlich zu sein scheint, unter den Macedoniern herrschend; man pflegte viel und aus großen Humpen zu trinken, und die Trunkenheit war bei den Mahlen dieses Volkes eine nicht seltene Erscheinung, die Niemanden anfiel.

Auch die Einrichtung des Reiches hatte viel Aehnliches mit der der alten Griechen und Germanen. Der König, obwohl der erste Mann des Volks, verkehrt mit dem Adel auf dem Fuße der Gleichheit, wie in der Heroenzeit, und auch das Volk hatte dieselbe Stellung wie in den Tagen Homer's. Es konnte z. B. in Macedonien, wie bei den Homerischen Helden, kein Beschluß ohne die Zustimmung des Volkes oder doch wenigstens ohne den Schein einer solchen Zustimmung gefaßt werden. Ferner gehörte das Leben des Einzelnen der gesammten Nation an; deshalb war auch in Macedonien die Steinigung, d. h. eine durch die Hand Aller vollzogene Hinrichtung die herkömmliche Art, die Todesstrafe zu vollziehen. Der macedonische Adel war kriegerisch und mächtig, wie der thessalische; allein er hatte nicht, wie dieser, Leibeigene, sondern die Bauern waren freie Grundbesitzer, die sich jedoch dem Adel gern anschlossen, wenn dabei Ehre und Vortheil zu erlangen war. Das Volk stand also zu den edlen Familien des Landes in einem ähnlichen Verhältniß, wie diese zu dem König.

Nach allem diesem war ein macedonischer König das Oberhaupt einer mehr oder weniger militärischen Aristokratie. Er besaß, wie ein König der Homerischen Zeit, nur dann eine selbstständige Macht, wenn er kriegerische Talente, also eine mächtige Persönlichkeit hatte, also die dictatorische Gewalt eines Generals sich anzueignen wußte, und nöthigenfalls den ihm ergebenen und von ihm bezahlten Haufen zu seinen Zwecken zu benutzen verstand. Die beständigen Unruhen, von welchen die macedonische Geschichte redet, rührten daher, daß die in ihrem Einfluß auf den Staat gehemmten Könige nach einer unumschränkten Gewalt strebten, Widerstand in der Nation fanden, und mit Prätendenten zu kämpfen hatten, welche diese ihnen entgegensetzte. Durch solche unaufhörlichen inneren Zwistigkeiten sank, wie in Deutschland, das Ansehen und die Kraft der Nation fremden Völkern gegenüber sehr herab. Die Thessalier, sobald sie einmal unter sich einig geworden waren, überwältigten Macedonien, und erhoben daselbst Könige auf den Thron oder stürzten sie. Die rohen Illyrier und andere räuberische Nachbarvölker brachen häufig in das Land ein und plünderten. Auf diese Weise unterlag das kräftige und kriegerische Volk der Macedonier nicht selten der Willkür anderer Nationen, weil durch seine politischen Einrichtungen häufig innere Zwiste hervorgerufen wurden, welche seine Kraft lähmten und zersplitterten.

Philipp änderte die bisherige Verfassung von Macedonien; aber er that dies in einer wahrhaft nationalen Weise und so, daß seine Aenderungen nicht als eine völlig neu geschaffene politische Einrichtung, sondern nur als eine kräftigere und eigenthümlichere Entwickelung der Nation anzusehen sind. Er ließ die Macedonier in ihren Rechten ungekränkt, wandelte aber die mehr oder weniger militärische Aristokratie, welche von jeher im Reiche bestanden hatte, in eine völlig militärische um, und suchte sie von dem Herrscher abhängig zu machen. Den Adel wußte er dadurch, daß derselbe ihn bei seinen Jagden, Kriegen und Festen umgab, an seine Person zu fesseln. Philipp nahm sich dabei wohl in Acht, die Hofordnung des persischen Königs und seiner Satrapen nachzuahmen, oder Schranken und Klassen zu errichten; denn seiner Ueberlegenheit bewußt, bedurfte er solcher Formen nicht, er blieb deshalb immer der Erste unter Gleichen. Außer seinen Macedoniern, die den Kern seiner Macht bildeten, verschaffte er sich in Thracien, in den eroberten griechischen Städten und in Thessalien noch eine andere, weit größere Macht, über welche er, obgleich auch diesen Völkern mit nur wenigen Abänderungen ihre Rechte gelassen wurden, unumschränkt gebieten konnte. Ungeachtet es möglich gewesen wäre, mit Hülfe dieser Macht sich eine unbeschränkte Regierung in Macedonien zu schaffen, fiel es doch weder dem König Philipp noch seinem Sohne Alexander ein, ihre Monarchie in eine Despotie umzuwandeln. Beide zeigten im Gegentheil stets Achtung für freie griechische Kraft und für die bei ihrem eigenen Volke bestehenden constitutionellen Formen. Dadurch hatten beide Könige aber auch den Vortheil, daß ihre Macht und ihre Bestrebungen nicht die Macht und Angelegenheit eines Einzelnen, sondern die der Nation waren. Das alte Recht und das Selbstgefühl der Macedonier blieb bestehen, und der macedonische Adel in Philipp's Heer bildete einen politischen und militärischen Rath, den man fast mit dem römischen Senat der früheren Zeiten vergleichen kann. Auch die fremden Völker, welche Philipp seinem Scepter unterwarf, die Thessalier, Griechen und Thracier, behandelte er auf die ihnen eigenthümliche Weise. Er ließ denselben ihre Rechte und gewohnten Einrichtungen, und änderte nur so viel an denselben, als nöthig war, um seine Herrschaft sicher zu stellen und über die erworbene Macht unge-

hindert verfügen zu können. Bei jedem dieser Völker hatte er einen
besonderen, dem Charakter desselben angemessenen Hauptzweck: das
eine diente ihm vorzugsweise für seine Kriege, das andere zur Vermehrung seiner Einkünfte, oder auch bloß, um durch dasselbe einen
Berührungspunkt mit andern Völkern zu erhalten.

Philipp's Macht war, ungeachtet aller beibehaltenen Freiheit und
Gesetzmäßigkeit, eine eigentliche Militärmacht. Eben deshalb ist die von
ihm gemachte Einrichtung des Heeres von großer Wichtigkeit. Sie hing
enge mit Philipp's politischer Einrichtung des Reiches zusammen, und
beide Dinge zusammengenommen waren das, was ihm vorzugsweise
die Oberherrschaft in Griechenland verschaffte und sicherte. Philipp
bildete die Kriegswissenschaft selbst weiter aus und gründete darauf,
daß er sie bei seinem Heere anwandte, die Macht, welche nachher
seinem Sohne die Herrschaft der Welt verschaffte. Er benutzte dabei
alle Erfindungen der ausgezeichneteren Söldner-Hauptleute, ihrer
selbst aber bediente er sich nur dann, wenn sie in seinem Heere auf die
höchsten Ehrenplätze Verzicht leisteten und mit bloßem Geld-Vortheil
vorlieb nahmen.

Die verschiedenen Truppengattungen, aus welchen Philipp sein
Heer zusammensetzte, behielten die eigenthümliche Bewaffnungsart der
einzelnen Theile des Landes, denen sie angehörten, und diese wurden
nur soweit abgeändert, als es die Verbindung zu einem geordneten
Ganzen und die militärische Nothwendigkeit erforderte. Wir finden
daher in Philipp's Heer alle Truppengattungen, von der schwer gerüsteten Ritterschaft, wie sie das Mittelalter kennzeichnet, an bis zu
den Panduren und Kosaken des 18. Jahrhunderts. Alexander und
die aus seiner Schule hervorgegangenen Generale schritten auf dieser
von Philipp betretenen Bahn weiter fort und benutzten alles, was sie
auf ihren Eroberungszügen bei irgend einem Volk Passendes fanden,
für ihre militärischen Einrichtungen.

Den eigentlichen Grundbestandtheil von Philipp's Heer bildete die
macedonische Nationalmacht, welche er nach der Art der griechischen
schwerbewaffneten Bürgermacht oder der sogenannten Hopliten eingerichtet hatte. Er fügte derselben aber, zum Unterschied von dieser, auch
eine nationale Reiterei oder eine Garde zu Pferd bei, welcher nicht
allein die Griechen nichts Aehnliches entgegenstellen konnten, sondern
die sogar vor den Rittern des römischen Volkes, die wir später kennen
lernen werden, in Rücksicht auf Zahl, Uebung und Bewaffnung, Vorzüge hatte. Das Fußvolk war aus dem Volke geworben und bildete
die sogenannte Phalanx; die Reiterei dagegen war der auserlesene
Theil des macedonischen Adels. Beide stellten gleichsam den Kern
der macedonischen Nation vor, und fochten als solcher, nicht aber

als bloße Soldaten im Dienſte eines Eroberers. Philipp's und Alexander's Heer war alſo eine Nation und hatte Nationalgefühl und
einen eigenen Willen; daſſelbe ward daher auch nie zum todten Werkzeug, und Alexander mußte auf ſeinem Zuge in das ferne Indien um-
kehren, ſobald ſeine Truppen ſich weigerten, weiter mit ihm zu ziehen.
Die Phalanx ſtellte die Maſſe des Volkes vor und wurde als ſolche
auch dann jedes Mal verſammelt, wenn ein Gericht über Leben und
Tod zu halten oder ein Beſchluß von allgemeiner Wichtigkeit zu faſſen
war. Ebenſo repräſentirte die zur Phalanx gehörige Reiterei, in Verbindung mit einer Garde zu Fuß, welche für den beſonderen Dienſt
um die Perſon des Königs beſtimmt war, den macedoniſchen Adel und
ſetzte dem Freiheitsſtolz der Griechen ein nicht minder kräftiges Nationalgefühl und Nationalſtolz entgegen.

Die Phalanx, bei welcher Philipp die in Macedonien von alter
Zeit her gebräuchlichen Evolutionen beibehielt, Alexander aber die
der Spartaner einführte, war anfangs nur 16,000 Mann ſtark, wurde
aber ſpäter ſehr vermehrt. Sie ward, wenn der Boden und die Umſtände es erlaubten, 16 Mann hoch aufgeſtellt und bildete dann
eine eng verbundene eiſerne Maſſe, welche auch als Maſſe wirkte.
Ihre Beweglichkeit erhielt ſie durch die Leichtbewaffneten und Reiter,
die ſtets auf den Flügeln ſtanden. Die Soldaten hatten Schwerter,
welche, wie die römiſchen, zugleich zu Hieb und Stich eingerichtet,
jedoch größer und ſchwerer zu handhaben waren, als dieſe. Die Haupt-
waffe aber war die Sariſſa, ein nicht weniger als 21 Fuß langer Speer.
Wegen dieſer Länge ragten die Sariſſen der fünf erſten Glieder vorn
an der Fronte hervor; die übrigen Glieder legten ihre Speere auf
die Schultern der vor ihnen Stehenden, wodurch die Schwenkungen
erleichtert wurden. Die Schilde waren ſo groß, daß ſie den ganzen
Körper deckten.

Die zur Phalanx gehörende Reiterei, welche das Agema der
Hetären, d. h. die „Schaar der Freunde" und Genoſſen des Königs
genannt wurde, und zugleich auch einen Theil der königlichen Garde
bildete, ſcheint nie ſtärker als 1200 Mann geweſen zu ſein. Sie war
in Ilen oder Schwadronen abgetheilt, die den Abtheilungen der Phalanx entſprachen. Die einzelnen Schwadronen waren wahrſcheinlich
ſo zuſammengeſetzt, daß jede aus dem Adel einer andern Gegend
Macedoniens beſtand. Die Anführer der Schwadronen hatten wegen
dieſes Umſtandes und vermöge ihrer Geburt einen angeſehenen Rang.
Dieſe Reiterei war durchaus ſchwer gerüſtet, wie die der Theſſalier,
deren Einrichtung wahrſcheinlich zum Muſter genommen war.

Die Garde zu Fuß oder die königliche Leibwache führte den Namen
Pezetären, d. h. Freunde oder Genoſſen zu Fuß, und wurde wegen

ihrer langen Schilde oft auch das Corps der Hypaspisten d. h. der Schildtragenden genannt. Sie bestand aus 3000 Mann, und ihre Bewaffnungsart war von der der Phalanx einigermaßen verschieden und glich derjenigen, welche Iphikrates seinen Peltasten gegeben hatte: Linnenpanzer, leichte Fußbekleidung, langes Schwert, Schild wie die Phalangiten, statt der Sarisse einen kürzeren Handspieß. Außer diesem Corps gab es noch eine andere Garbe zu Fuß, welche aus dem niederen macedonischen Adel genommen war, und die Schaar der Argyraspiden, d. h. der Garbe mit silbernen Schilden, hieß, weil sie Schilde hatte, die mit silbernen oder übersilberten Platten belegt waren. Die Argyraspiden scheinen nach dem Muster der sogenannten Peltasten oder halb schwer, halb leicht bewaffneten Fußgänger des Iphikrates gebildet worden zu sein; sie hatten einen leichteren Schild und einen weniger schwer zu handhabenden Speer, als die Soldaten der Phalanx. Die dadurch bewirkte größere Beweglichkeit machte, daß dieses Corps besonders häufig verwandt wurde und nicht wenig zum Kriegsruhm der Macedonier beitrug.

Aus diesen verschiedenen Truppenarten bestand der rein macedonische Theil von Philipp's Heer. Die Truppen der unterworfenen und verbündeten Völker benutzte Philipp je nach ihrer besonderen nationalen Bewaffnungs- und Streitart. Aus dem thessalischen Adel z. B. bildete er eine schwer gerüstete Garbe zu Pferde, welche ebenso stark war, als die des macedonischen Adels und dieser an Tüchtigkeit gleichstand; die halbrohen thracischen Stämme dagegen lieferten ihm theils Bogenschützen, theils eine leichte Reiterei, die etwa mit den Kosacken und Husaren der neueren Zeit zu vergleichen ist.

3. Philipp's II. Verhältniß zu Griechenland bis zum dritten heiligen Krieg.

Nachdem Philipp die Angriffe innerer und äußerer Feinde auf sein Reich zurückgeschlagen hatte, suchte er die Macht und die Grenzen desselben zunächst nach der Küste hin zu erweitern, und namentlich die Athener von derselben zu verdrängen. Diese führten mit der Stadt Amphipolis, welche sich ihnen nicht unterwerfen wollte, schon seit langer Zeit Krieg, sie waren aber gerade damals nicht allein zugleich mit den Euböern und Thebanern in Zwist gerathen, sondern ihre ganze Macht wurde auch durch den ausbrechenden Bundesgenossenkrieg in Anspruch genommen. Philipp benutzte diese Lage der Athener, und bot ihnen an, Amphipolis für sie zu erobern, wenn sie dagegen die in ihrer Gewalt befindliche macedonische Küstenstadt Pydna, einen Ort von viel geringerer Bedeutung, ihm überlassen wollten. Die Athener ließen sich durch dieses Anerbieten täuschen, und Philipp brach sogleich auf, um Amphipolis zu erobern. Durch das Einverständniß mit einer Partei in Amphipolis gelang es ihm, sich dieser Stadt zu bemächtigen (358 v. Chr.); er trat dieselbe aber nicht den Athenern ab, sondern vereinigte sie mit dem macedonischen Reich.

Hierauf war Olynth, obgleich diese Stadt vorher den Königen von Macedonien stets feindlich gewesen war, durch ein Bündniß an Philipp's Interesse geknüpft. Der König trat den Olynthiern die Stadt Anthemus, welche von ihnen schon so lange in Anspruch genommen wurde, ab, und versprach ihnen bei der Eroberung der am Busen von Salonichi gelegenen und den Athenern unterworfenen Städte Pydna und Potidäa Hülfe zu leisten, weil er diese lieber in ihrer als der Athener Gewalt sehe. Beide Städte wurden von ihm eingenommen und hierauf sogleich den Olynthiern übergeben; denn es galt dem schlauen König damals noch nicht, diese Plätze selbst zu besitzen, sondern blos darum, daß die Athener ihrer Festungen in seinem Lande und dessen Nähe beraubt würden. Die Eroberung von Pydna fand wahrscheinlich im Jahre 358 v. Chr. Statt, die der Stadt Potidäa aber, welche eine lange und hartnäckige Belagerung aushielt, im folgenden Jahre. Einige Geschichtschreiber des späteren griechischen Alterthums erzählen, daß Philipp an demselben Tage, an welchem er Potidäa einnahm, zugleich drei freudige Nachrichten erhalten habe, nämlich die von der Geburt seines Sohnes Alexander, die von dem Siege seines Viergespanns in den olympischen Spielen und die Nachricht von einem andern Siege, welchen sein General Parmenio über die von neuem in Macedonien eingebrochenen Illyrier erfochten hatte. Eine sorgfältige Untersuchung der Begebenheiten lehrt jedoch, daß jene Schriftsteller die wirkliche Zeitfolge der Ereignisse dem theatralischen Effect, welchen ein solches Zusammentreffen hervorbringen mußte, aufgeopfert haben. Der Sieg über die Illyrier und der in Olympia mögen wohl kurz vor der Eroberung von Potidäa gewonnen worden sein; die Einnahme von Pydna aber fällt vermuthlich in das vorhergehende Jahr, und Alexander wurde höchstwahrscheinlich erst im Jahre 356 v. Chr. geboren.

Philipp benahm sich bei dem Streben, die athenische Macht aus der Nähe von Macedonien zu verbannen, sowie bei seinen ferneren Bemühungen um die Erweiterung seiner Herrschaft mit bewunderungswürdiger Schlauheit. Er kannte seine Feinde genau und wußte sie im Interesse seiner Pläne sehr geschickt zu täuschen. Namentlich gelang ihm dies vollkommen mit den Athenern, welche sich in einem Zustande beginnender Entartung befanden. Die Athener waren damals so erschlafft, daß sie nicht allein den gemeinen Kriegsdienst, sondern sogar die Anführung großer Heere gedungenen Fremdlingen überließen.

Von einem Streben für das gemeine Beste waren überhaupt nur
wenige Bürger Athens beseelt, jeder dachte an sich und seinen eigenen
Vortheil; Ueppigkeit und Prachtliebe Einzelner nahmen in demselben
Grade zu, in welchem der allgemeine Reichthum und die Handelsgröße
Athens abnahmen; manche Bürger lebten wie Fürsten und prahlten mit
dem Glanze und den Sitten verdorbener Höfe; das Unzureichende der
rechtlichen Mittel der Existenz endlich trieb die angesehensten Männer
des Staates zu argen Betrügereien und zu einer schmählichen Verkäuflichkeit, so daß ein längeres Fortbestehen der rein demokratischen Verfassung eine Unmöglichkeit war und der Staat in allen seinen Unternehmungen, so lange diese demokratische Verfassung ohne demokratische
Tugend bestand, schlecht geleitet sein mußte. Philipp zog aus diesen
Zuständen und Verhältnissen den besten Nutzen. Durch Geld verschaffte
er sich in Athen eine Partei, welche das Volk für ihn bearbeitete und,
wenn dieses etwa nicht für ihn zu gewinnen war, wenigstens jede entscheidende Maaßregel gegen ihn verzögerte. Diese macedonische Partei
in Athen, an deren Spitze in der ersten Zeit Philipp's, Philokrates,
später aber der Redner Aeschines stand, und welcher eine andere
Partei unter der Leitung des Demosthenes entgegenwirkte, ward
durch Philipp's Schlauheit und Gewandtheit auf jede Weise und bei
jeder Gelegenheit unterstützt. So gab er ihr z. B. bei der Eroberung
von Potidäa dadurch ein treffliches Mittel an die Hand, ihn zu loben
und das Volk irre zu führen, daß er damals ebenso, wie früher bei der
Besiegung des Kron-Prätendenten Argäus, die gefangen genommene
athenische Mannschaft auf eine freundliche und ehrenvolle Weise entließ. Und wie in Athen, so verschaffte Philipp sich auch in anderen
griechischen Staaten vermittelst der Bestechlichkeit und Eitelkeit der
leitenden Männer eine Partei, und machte dadurch nach und nach
Griechenland von sich abhängig, noch ehe er dasselbe mit den Waffen
unterwerfen konnte.

4. Philipp's Unternehmungen in Thracien und die frühere Geschichte dieses Landes.

Philipp's Pläne richteten sich, nach der Eroberung von Potidäa,
zunächst auf Thracien, und dieses seither in Bezug auf die Menschheit
im Allgemeinen ganz bedeutungslose Land erhielt jetzt als Provinz
von Macedonien, sowie unmittelbar nachher als besonderes Königreich
zum ersten Male eine Wichtigkeit für die Weltgeschichte. Deswegen
ist es nöthig, vor der Erzählung des weiteren Verlaufs der Begebenheiten die Verhältnisse des thracischen Volks und seine seitherige Geschichte mit wenigen Worten anzudeuten.

Die Thracier bewohnten ein Land, welches im Alterthum seiner vielen Wälder und Sümpfe wegen ein rauheres Klima hatte, als jetzt. Sie waren in viele Völkerschaften zertheilt und durch die an ihrer Küste gegründeten griechischen Pflanzstädte vom Meere abgeschnitten. Diese Verhältnisse hatten die Wirkung, daß das thracische Volk lange auf einer niederen Stufe der Cultur stehen blieb und sich der übrigen Welt nur durch seine wilde Tapferkeit und durch die ewigen Kriege der verschiedenen Stämme unter einander bekannt machte. Unter Darius I. wurde Thracien, welches damals sehr stark bevölkert war, den Persern unterworfen. Dies war für das Land von großer Wichtigkeit; denn durch die persische Herrschaft, welche mehr als dreißig Jahre in Thracien bestehen blieb, wurden manche der dortigen Völkerschaften an eine regelmäßige Regierung gewöhnt und die wilden Bergvölker auf ihre ursprünglichen Sitze eingeschränkt. Der unglückliche griechische Feldzug des Xerxes und die Vernichtung seiner Herrschaft auf der europäischen Seite des aegäischen Meeres hatte für Thracien den wichtigen Erfolg, daß dem Lande dadurch der Anlaß zur Entstehung eines eigentlichen Staates und größeren Reiches gegeben wurde.

Dieses neugeschaffene Reich war das der O b r y s e n, einer in der östlichen Hälfte von Süd-Thracien, um den Hebrus-Fluß oder die heutige Maritza wohnenden Völkerschaft. Das wichtigste der Völker, welche neben den Obrysen im Westen des südlichen Thraciens ihre Sitze hatten, waren die P ä o n i e r, welche nordöstlich von Macedonien, gegen den oberen Axius oder Warbar-Fluß hin wohnten, und zu denen auch die als Bogenschützen und leichte Truppen berühmt gewordenen A g r i a n e r gehörten. Die längs der Donau hin sich erstreckende nördliche Hälfte von Thracien hatten zu Darius Zeit die T r i b a l l e r und G e t e n inne; jene wohnten im heutigen Serbien, diese im Osten dieses Landes bis zur Küste des schwarzen Meeres. Die Letzteren verließen aber zur Zeit Alexander's des Großen ihren seitherigen Wohnsitz und siedelten sich auf der Nordseite der Donau an.

Als die persische Herrschaft aus Thracien schwand, erhoben sich die Obrysen unter einem König, welcher T e r e s hieß. Sie unterwarfen sich einige kleinere Völkerschaften, und traten auch mit den benachbarten griechischen Colonieen in näheren Verkehr. Teres Sohn, S i t a l k e s, welcher zur Zeit des peloponnesischen Krieges lebte und mit Athen verbündet war, breitete seine Herrschaft noch weiter aus. Unter S e u t h e s aber, dem Neffen und Nachfolger des Sitalkes, erreichte die Macht der Obrysen ihre größte Höhe; das Reich erstreckte sich damals von der Südküste Thraciens und vom Nestus- oder Karasu-Flusse an bis zur Donau; auch griechische Colonieen wurden dem Beherrscher desselben tributpflichtig und die Einkünfte des Staates beliefen sich auf mindestens 800 Talente oder zwei Millionen Gulden

(1,160,000 Thlr.). Die odrysische Macht hatte aber kaum ihren Gipfel erreicht, als sie auch schnell zu sinken begann. Schon Sitalkes hatte am Ende seiner Regierung eine schwere Niederlage durch die Triballer erlitten, von seinem nächsten Nachfolger aber fielen schon einige der unterworfenen Stämme ab. Ihrem Beispiele folgten bald andere Stämme, und die Odrysen verloren auf diese Weise schnell ihre ganze Macht und Bedeutung. Diese Odrysen waren übrigens während ihrer Herrschaft nur bis zum Beginne einer Cultur gekommen und ihr Reich hatte aus einem Gemische vieler Völkerschaften bestanden, welche nur durch äußere Gewalt zusammengehalten wurden und nothwendiger Weise beim ersten Stoß, den die ihnen gebietende Macht erlitt, sich von einander trennen mußten. So viele Truppen auch der König der Odrysen in den Krieg führen konnte, so bildeten dieselben doch kein eigentliches Heer, sondern eine untergeordnete, zuchtlose Masse, welche nur mit den Schwärmen der Kosacken, der Tataren und ähnlicher Völker verglichen werden kann. Der Kern der Macht war sehr klein, und die odrysischen Könige der folgenden Zeit hingen deswegen auch ganz von gemietheten griechischen Truppen und deren Generalen ab.

Die von Seuthes abgefallenen Völkerschaften sanken in ihre frühere Verwilderung zurück; nur eines derselben bildete ein kleines Reich im südlichen Thracien, welches neben dem odrysischen fortbestand, es erlangte aber niemals die Bedeutung, welche dieses gehabt hatte. Der Zustand von Thracien überhaupt war in den Zeiten des Seuthes wieder, wie früher, ein verworrenes, räuberisches Treiben der einzelnen Stämme, deren Macht mit dem Glück stieg und mit dem Unglück sank. Zur Zeit des Iphikrates herrschte im südlichen Thracien Kotys, der Häuptling eines dieser Stämme. Dieser wurde durch griechische Soldtruppen, welche er in seine Dienste genommen hatte, so mächtig, daß er durch die Pracht seines Hofes und die Ueppigkeit seiner Mahle selbst die Griechen in Erstaunen zu setzen vermochte. Kotys war übrigens ein bloßer Raubfürst, der seine Herrschaft blos darum auszudehnen suchte, um seine schwelgerischen Genüsse vermehren zu können; er zeichnete sich außer seinem Reichthum und roh sinnlichen Leben nur durch Wuth und Grausamkeit aus. In Onokarsis, einer seiner Sommer-Residenzen, hatte er die schönsten Gärten und Lustwälder anlegen lassen und hier fröhnte er vorzugsweise seiner Schwelgerei und Wollust. Er trat mit Athen in Verbindung, gerieth aber nachher, wegen seiner Raubzüge gegen die athenischen Bundesstädte in Thracien, mit den Athenern in Krieg, und so sehr hatte das Nationalgefühl der Griechen sich abgestumpft, daß damals Iphikrates diesem Barbaren gegen seine Vaterstadt Hülfe leistete. Iphikrates heirathete Kotys Tochter, wurde aber dessen ungeachtet später von ihm entlassen, und durch Charidemus, einen der rohesten und ausschweifendsten Söldner-Häuptlinge, ersetzt. Kotys trieb zuletzt seine Völlerei, Wollust und Grausamkeit bis zum Wahnsinn, und starb durch die Hand zweier Bürger der thracisch-griechischen Seestadt Aenos.

Der Tod des Kotys brachte im südlichen Thracien eine große Verwirrung hervor, welche den Athenern sehr zu Statten kam. Die drei Söhne dieses Königs, Kersobleptes, Berisades und Amabokus, welche nach dem Willen des Vaters die Herrschaft unter sich theilen sollten, entzweiten sich sogleich mit einander. Kersobleptes gewann den Charidemus mit seinen Söldlingen für sich, der beiden andern Brüder dagegen nahmen sich die Athener an. In dem Kriege, welcher durch diese Verhältnisse sich entspann, wurde Kersobleptes zuletzt dahin gebracht, daß er den Athenern den Besitz des Chersonesus oder der auf der Westseite des Hellesponi gelegenen Halbinsel abtreten mußte; zu gleicher Zeit aber bot die Zwietracht der Beherrscher von Süd-Thracien dem König Philipp eine vortreffliche Gelegenheit dar, seine Macht in diesem Lande auszubreiten.

Für den macedonischen König, der schon zu Kotys Zeit einen Eroberungszug nach dem südlichen Thracien gemacht hatte, war dieses Land aus mehr als Einem Grunde wichtig. Im Norden der Stadt Amphipolis, im Hochgebirg des Pangaion, befanden sich reiche Goldbergwerke, deren jährlicher Ertrag auf 1000 Talente oder 2,600,000 Gulden (1,450,000 Thlr.) angeschlagen wurde, und die, wenn Philipp sich ihrer zu bemächtigen vermochte, ihm als eine neue und überaus reiche Erwerbsquelle sehr vortheilhaft werden mußten. Außerdem verschaffte ihm die Unterwerfung thracischer Stämme ohne Mühe eine große Zahl von Truppen, die er als Leichtbewaffnete zu Fuß und zu Pferd vortrefflich gebrauchen konnte. Endlich aber mußte Philipp, daß, wenn er einmal Herr des inneren Landes sei, die griechischen Pflanzstädte auf der Küste ihm schwerlich lange würden widerstehen können und daß durch die Bezwingung dieser Städte zugleich die Athener, welchen dieselben theils unterworfen, theils verbündet waren, in ihrer Macht sehr beeinträchtigt werden würden. Philipp hatte bald nach der Einnahme von Potidäa sich der erwähnten Goldminen bemächtigt und zur Behauptung derselben in ihrer Nähe eine feste Stadt angelegt, welche den Namen Philippi erhielt und mit Griechen und Macedoniern bevölkert wurde. Nachdem er hierauf eine Zeitlang auf andern Seiten seines Reiches beschäftigt gewesen war, benutzte er den Zwist der Beherrscher von Süd-Thracien, von denen einer ihn um Hülfe gebeten hatte, zu weiteren Eroberungen in diesem Lande. Er entriß dem Kersobleptes einen Theil seines Gebietes und suchte hierauf von dort aus den Athenern den Besitz des Chersones zu verkümmern.

5. Philipp's fernere Unternehmungen und der dritte heilige Krieg bis zur Eroberung von Olynth.

Während Philipp durch Eroberungen in Thracien seine Macht vermehrte und fester gründete, hatte er auch im Süden von Macedonien seinem großen Plan der Unterwerfung von Griechenland vorgearbeitet. Er war nämlich von den Thessaliern gegen die mächtige, im Norden des Landes herrschende Familie der Aleuaden zu Hülfe gerufen worden und hatte in seinem eigenen wohlverstandenen Interesse nicht gesäumt, diesem Gesuche Folge zu leisten. Er war nach Thessalien geeilt und hatte das Land durch einen siegreichen Kampf bald von der unerträglichen Herrschaft jener Familie befreit. Dafür hatten ihm die Thessalier das Recht gewährt, in einigen ihrer Häfen und Handelsstädte Zölle zu erheben, und Philipp erfreute sich also jetzt des großen Vortheils, daß er mit Einem Fuße in diesem Lande stand und seine Herrschaft sowohl in Thessalien selbst, als auch von dort aus nach dem übrigen Griechenland hin um so leichter ausbreiten konnte.

Unmittelbar nach den Eroberungen, welche Philipp auf Kosten des Kersobleptes im südlichen Thracien gemacht hatte, wandte er sich gegen das im Lande Pierien gelegene Methone, die einzige noch unabhängige Stadt zwischen Macedonien und Thessalien. Er erschien unerwartet vor Methone, konnte die Stadt aber doch erst nach einer langen und hartnäckigen Belagerung einnehmen, bei welcher er selbst durch einen Pfeilschuß das rechte Auge verlor. Er war zwar über den Widerstand der Methoner sehr erbittert und schleifte ihre Stadt, gewährte ihnen aber freien Abzug und wies ihnen andere Wohnsitze an (353 v. Chr.).

Kaum hatte Philipp auf diese Weise die Straße nach Thessalien von allen noch übrigen Hemmnissen befreit, als ihm der phocische oder dritte heilige Krieg eine willkommene Gelegenheit darbot, zu gleicher Zeit Thessalien ganz an sein Reich zu knüpfen und einen Versuch auf das eigentliche Griechenland zu machen. Dieser Krieg, welcher von 356—346 v. Chr. geführt wurde, gab dem macedonischen König das Mittel an die Hand, auf eine gewissermaßen rechtmäßige Weise zur Oberherrschaft in Griechenland zu gelangen, und erhielt dadurch eine bei weitem größere Wichtigkeit, als die beiden anderen heiligen Kriege, welche in früheren Zeiten geführt wurden. Die Letzteren hatten für die allgemeine Geschichte nur eine sehr untergeordnete Bedeutung; der dritte heilige Krieg aber brachte nicht allein Macedonien an die Spitze der griechischen Staaten, sondern bewirkte auch, in Folge der Beraubung des reichen delphischen Orakels, welche im Laufe dieses Krieges geschah, eine große Umwälzung im religiösen und moralischen Leben der Griechen, sowie in allen ihren auf Geld und

Geldumlauf beruhenden Verhältnissen. Dieser wichtige Krieg wurde durch die Amphiktyonen selbst herbeigeführt.

Der delphische Amphiktyonen-Bund, welcher seit uralter Zeit bestand, hatte die Beschützung des Tempels und Orakels zu Delphi und die Erhaltung des alten verwandtschaftlichen Bandes von zwölf Völkerschaften, die sonst auf mannigfache Weise von einander getrennt waren, zu seinem eigentlichen Zwecke. Ein heiliger unter furchtbaren Verfluchungen geleisteter Eid verpflichtete die Glieder des Bundes zur Unterhaltung und Beschützung des Apollo-Tempels zu Delphi, zur Sorge für die gemeinschaftlichen Feste in demselben und zur Schonung der Bundesglieder bei Krieg oder Fehde. Wenn Jemand, hieß es namentlich in diesem Eide, sich an dem Eigenthum des delphischen Gottes vergreife, dann wolle man mit Hand, Fuß und Stimme und aller Macht zur Rache gegen ihn behülflich sein. Jede der zwölf Völkerschaften, aus welchen die delphische Amphiktyonie bestand, hatte in der Bundesversammlung zwei Stimmen, welche durch eine beliebige Anzahl von Gesandten abgegeben wurden, und mitunter nicht anders als durch mehrere abgegeben werden konnten, weil manche alte Völkerschaft, wie z. B. die der Dorer und Jonier, nach und nach in mehrere Staaten zerfallen war und jeder von diesen das gleiche Recht an die zwei Stimmen seines ursprünglichen Stammes hatte. Die uralten Gesetze, welche im Amphiktyonen-Bunde kleinen und großen Staaten vorgeschrieben waren, hatten sich durch alle Zeiten hindurch erhalten, obgleich in den meisten vorkommenden Fällen nicht daran zu denken gewesen war, daß dieselben streng in Ausführung gebracht wurden. Die Versammlung stand natürlich stets unter dem leitenden Einflusse desjenigen Staates, welcher gerade das Uebergewicht hatte, und die Abgeordneten brachten auch nur dann eine Anklage vor, wenn sie die Ausführung des von ihnen gegen einen der verbündeten Staaten beantragten Spruches im Voraus erwarten konnten. Die Thätigkeit der Bundesversammlung beschränkte sich daher auch bis zur thebanischen Zeit fast blos auf die Anordnung der Feste und Opfer des delphischen Tempels, und nur sehr selten übten die versammelten Amphiktyonen eine richterliche und strafende Gewalt aus. Der Grund davon lag wahrscheinlich darin, daß die drei Hauptvölker Griechenlands, die Spartaner, Athener und Thebaner, deren untergeordnete Verbündete die übrigen Theil nehmenden Staaten waren, sich in der Versammlung ungefähr das Gleichgewicht hielten, meist im offenen Kriege mit einander waren, und daher der geistlichen Waffen, welche das Gericht der Amphiktyonen darbot, nicht bedurften. Dies änderte sich nach der Schlacht bei Leuktra. Die Thebaner, welche seitdem durch die von ihnen erlangte Stellung unter den Griechen, über die Mehrzahl der

Stimmen geboten, wollten aus dem Amphiktyonen-Bunde eine politische Maschine machen, mit der sie andere Staaten demüthigen könnten. Sie suchten also der Versammlung der Amphiktyonen eine größere Bedeutung zu verschaffen, indem sie sich das Ansehen gaben, als wenn die alte Ordnung des Cultus und die Heiligkeit des geleisteten Eides wiederhergestellt werden sollte.

Gleich nach der Schlacht bei Leuktra klagten die Thebaner den spartanischen Staat bei dem Amphiktyonen-Gericht wegen der rechtswidrigen Besetzung der Burg von Theben an. Bald nachher erhoben sie eine zweite Anklage gegen die Spartaner, weil diese, was allerdings ein Bruch des amphiktyonischen Eides war, in Böotien arge Verheerungen angerichtet und sogar ganze Städte zerstört hatten. Die Versammlung der Amphiktyonen verurtheilte, auf Betreiben der Thebaner, die Spartaner zu einer Geldbuße von 500 Talenten oder 1,300,000 Gulden (723,000 Thlr.), und fügte ihrem Spruche die Erklärung bei, daß diese Summe, wenn sie nicht innerhalb einer bestimmten Frist bezahlt würde, verdoppelt werden sollte.

Um dieselbe Zeit, in welcher dieser harte Spruch erlassen wurde, bedienten sich die Thebaner des Amphiktyonen-Bundes noch gegen einen andern ihrer Feinde, nämlich gegen die mit Sparta befreundeten Phokier. Diesen ward ein Verbrechen daraus gemacht, daß sie gewisse Ländereien, welche dem delphischen Gotte gehörten und als solche unbestellt bleiben sollten, den Phokiern aber unentbehrlich geworden waren, angebaut hatten. Die Amphiktyonen geboten dem phokischen Volke, diese Ländereien wieder zu räumen und legten ihm zugleich eine Geldstrafe auf, welche ebenso, wie die den Spartanern auferlegte, die Kräfte der Verurtheilten überstieg. Da die Phokier sich dieser Strafe nicht unterwerfen wollten und konnten, so erließen die Amphiktyonen einen neuen Spruch, der zugleich auch die Spartaner traf und dahin lautete, daß alle Staaten, welche die von dem Amphiktyonen-Gericht ihnen auferlegte Summe nicht gezahlt hätten, mit dem Banne belegt wären (356 v. Chr.). Dieses trieb die Phokier und die Spartaner zum Kriege. Beide Völker rüsteten; aber die Spartaner fanden nicht für gut, sich mit den Phokiern, von welchen sie darum gebeten wurden, zu verbünden, sondern sie benutzten vielmehr den Krieg dieses Volkes mit den Thebanern, um, während die Letzteren im Norden beschäftigt waren, sich selbst ihre frühere Macht im Peloponnes wieder zu erringen. Sie griffen (354 v. Chr.) die Messenier und die arkadische Stadt Megalopolis an, jene, um sie wieder unter das alte Joch zu beugen, diese, um die Bewohner derselben zu zwingen, sich in die Dörfer zu zerstreuen, aus deren Vereinigung ihr Bundesstaat und ihre Bundeshauptstadt Megalopolis entstanden war. Die Thebaner eilten den

Angegriffenen mit einem Heer zu Hülfe und es kam nach einem kurzen, mit wechselndem Glücke geführten Kriege zu einem Vergleich, welcher die Dinge im alten Zustand ließ (352 v. Chr.).

Unterdessen hatten auch die Phokier ihren Krieg begonnen, welcher unter dem Namen des phokischen oder dritten heiligen Krieges durch seinen Ausgang eine große und allgemeine Wichtigkeit erhielt. Einer ihrer Mitbürger, Philomelus, welcher wegen der Rolle, die er selbst dabei zu spielen gedachte, einen Krieg wünschte, hatte die Phokier durch die Hoffnung auf den Beistand der Athener und Spartaner ermuthigt, und sie zugleich bewogen, den Kampf eiligst zu beginnen, um durch einen plötzlichen Ueberfall die Stadt Delphi mit ihrem reichen Tempel einzunehmen und sich dadurch gleich anfangs gegen die Feinde in Vortheil zu setzen. Philomelus war zum Oberbefehlshaber erwählt worden und sogleich nach Sparta gereist, wo er zwar die gewünschte Unterstützung nicht erhalten konnte, wohl aber das Versprechen künftigen Beistandes und eine kleine Summe Geld als Beitrag zu den Kosten, welche die Anwerbung von Truppen erforderte.

Philomelus sammelte darauf im Peloponnes 2—3000 Söldner und marschirte mit denselben sofort auf Delphi los. Er bemächtigte sich ohne Mühe der Stadt und des Tempels und schlug die Bewohner von Amphissa zurück, welche dem Tempel zu Hülfe geeilt waren. Nachdem er hierauf den gegen Phokis und Sparta geschleuderten Bannspruch, der in einer Säule des Tempels eingegraben war, hatte austilgen lassen, erklärte er den Delphiern, daß die Phokier keine feindseligen Gesinnungen gegen sie hegten, wohl aber ihr altes Recht in Betreff des Tempels zu behaupten wissen würden. Die Delphier hatten nämlich von jeher die Aufsicht über den Tempel für ein ihnen allein zustehendes Recht erklärt, die übrigen Bewohner von Phokis aber hatten dieses Recht auch für sich, als ein der gesammten Landschaft zustehendes, in Anspruch genommen. Schon früher war es darüber zu häufigen Streitigkeiten und einmal sogar zu einem Kriege zwischen Beiden gekommen. Die Phokier hatten damals mit Hülfe der Athener ihren Anspruch behauptet; zur Zeit Lysander's aber hatten sie, weil die Böotier und andere Völker feindlich gegen sie gesinnt waren, die Aufsicht über den Tempel wieder verloren. Sie gaben jedoch ihr Recht niemals auf und es war daher natürlich, daß Philomelus nach der Einnahme von Delphi dasselbe wieder geltend machte.

Die Thebaner nebst den übrigen Böotiern, die Thessalier und einige kleinere Völker ergriffen jetzt ebenfalls die Waffen, um die Phokier aus dem Besitz der Stadt Delphi und des dortigen Tempels zu vertreiben und das Ansehen des Amphiktyonen-Bundes gegen sie aufrecht zu erhalten. Auf diese Weise begann der zehnjährige Krieg.

in welchem die Phokier anfangs allein gegen eine ziemliche Zahl verbündeter Staaten kämpften und auch später eine verhältnißmäßig nur
geringe Unterstützung von außen erhielten. Es liegt auf den ersten
Blick etwas Ueberraschendes darin, daß ein kleines Land wie Phokis
im Stande war, einen so bedeutenden und langwierigen Krieg zu führen;
allein wenn man die Verhältnisse näher betrachtet, so wird es leicht
begreiflich. Phokis war ein Bergland mit nur wenigen kleinen Ebenen
und enthielt 20 Städte, welche die ganze Bevölkerung des Landes in
sich schlossen; diese Städte lagen alle auf felsigen Anhöhen, sie waren
wohlbefestigt und zwei von ihnen, welche als die Hauptfestungen des
Landes angesehen werden konnten, waren an den beiden einzigen, in
das Innere führenden Pässen erbaut, nämlich Elatea auf der von
Thessalien herkommenden Straße und Parapotamii auf der böotischen.
Die Phokier konnten also, ungeachtet ihrer geringen Zahl, wegen der
Beschaffenheit des Bodens in ihrem eigenen Lande sich leicht vertheidigen. Sie besaßen außerdem von jeher großen Muth und eine unbegränzte Liebe zur Freiheit, und wurden in dem damaligen Kriege auch
noch durch einige andere Umstände begünstigt. Ihre Gegner hatten
nämlich in den Athenern und Spartanern geschworene Feinde und wenn
diese auch anfangs den Phokiern nur eine geringfügige Hülfe leisteten,
so mußte doch schon die allgemein bekannte Stimmung der beiden früheren Hauptstaaten Griechenlands die Phokier mit Vertrauen und
Hoffnung erfüllen, auf ihre Gegner aber entmuthigend einwirken.
Endlich aber setzten sich die Phokier gleich anfangs in den Besitz des
delphischen Tempels, bemächtigten sich der großen Schätze, welche in
demselben aufgehäuft lagen und konnten also bei der Menge brodloser
Söldner, die in Griechenland umherschwärmten, leicht ein Heer anwerben, so zahlreich es die Noth erheischen mochte.

Philomelus verwandelte sogleich einen Theil der Schätze des delphischen Tempels in Geld, um sein Söldnerheer vermehren zu können. Dies war das erste Mal, daß ein griechischer Staat sich an den
Schätzen des Haupttempels von Griechenland vergriff. Der einmal
begangene Tempelraub, anfangs beschönigt durch den Namen einer
Anleihe, wurde von den Phokiern im weiteren Verlaufe ihres Kampfes
noch einige Male wiederholt und der phokische Krieg erhielt dadurch
eine Bedeutung, welche weit über die Zeit desselben hinausreichte und
auf das gesammte Griechenland umgestaltend einwirkte. Durch die
Beraubung des delphischen Gottes wurde der religiöse Glaube der
Griechen in seinem Einfluß auf die Gemüther so sehr erschüttert, daß
es unmöglich ward, sein Ansehen je wieder herzustellen. Der heiligste
Tempel von Griechenland blieb zehn Jahre lang in den Händen derer,
welche sich an dem Eigenthum desselben auf die frevelhafteste Weise

vergriffen und mit dem aus den Tempelschätzen gewonnenen Gelde
ihren Krieg führten. Welchen zerstörenden Einfluß mußte dieser zehnjährige Zustand auf das Gemüth des griechischen Volkes ausüben!
Welchen verderblichen Eindruck mußte es machen, wenn man die von
dem frommen Sinne der Voreltern geleisteten Weihgeschenke in den
Handel gebracht und zu profanen Zwecken entweiht sah; wenn, was
nicht selten geschah, feile Dirnen und andere zur tiefsten Stufe der
Erniedrigung herabgesunkene Menschen von den Anführern des tem-
pelräuberischen Heeres mit heiligen Kostbarkeiten des Apollo-Tempels
beschenkt wurden! Geschah es doch, daß solche Creaturen das Eigenthum des Gottes, die heiligen Opferspenden der Vorfahren, als Schmuck
trugen und daß, wie z. B. einmal in der Stadt Metapontum geschah,
bei Festen gemeine Citherspielerinnen mit einem Tempelgeschenk geschmückt auftraten, welches dem delphischen Gotte einst von derselben
Stadt verehrt worden war, deren Bürger jetzt diese Entweihung mit
ansehen mußten! Wie konnten endlich die vielen Griechen, welche
als Söldner im phokischen Heere dienten, noch länger etwas von
einer Religion halten, deren höchstes Heiligthum sie selbst geplündert
hatten!

Die Vernichtung des alten Glaubens, welche durch die Entartung
der vorhergehenden Zeit ohnehin bereits gelitten hatte, war die wichtigste, aber nicht die einzige Folge des unseligen Krieges. Mit der
Beraubung des heiligsten Sitzes der Gottheit schwand natürlich auch
das Vertrauen in die Sicherheit der Tempel. Diese waren von jeher
sichere Aufbewahrungsorte von Geldern, so zu sagen heilige Banken
gewesen und hatten daher auch für den Handel die größte Wichtigkeit.
Sie konnten dazu nicht länger dienen, sobald mit der Ehrfurcht vor
ihnen auch das Vertrauen in ihre Sicherheit verschwand; auch der
Handel mußte also eine große Aenderung erleiden. Diese bestand
darin, daß jetzt das Geld ganz in die Hände der sogenannten Trape-
ziten oder Wechsler kam und daß dadurch die eigentlichen Geldgeschäfte
und der Wucher in einem früher unbekannten Grade aufblühten.

Dazu kam, daß durch den Raub der delphischen Tempelschätze das
baare Geld, welches unter den Griechen im Umlauf war, sehr bedeutend und sehr schnell vermehrt wurde. Es brachte dies in Griechenland ebenso die größte allgemeine Veränderung hervor, wie im neueren
Europa die Einfuhr edler Metalle aus dem neu entdeckten Amerika,
durch welche ebenfalls das baare Geld rasch vermehrt und der Werth
desselben in gleichem Grade verringert ward. Ja, in Griechenland
war die dadurch hervorgebrachte Wirkung sogar noch größer. In
Europa erfolgte die Zunahme des baaren Geldes doch nur allmälig,
sie fand nicht in einem einzelnen Lande, sondern in einem ganzen

Welttheile statt und die vermehrte Geldmasse vertheilte sich außerdem über die meisten Gewerbe und unter alle Stände. In Griechenland dagegen blieb die Vermehrung des Geldes ganz allein auf ein verhältnißmäßig sehr kleines Land beschränkt, sie erfolgte ferner ganz plötzlich und die neu in den Verkehr gebrachten Summen kamen sogleich in die Hände solcher Menschen, welche sie auf die schnödeste Weise vergeudeten und dadurch nur diejenige Art von Betriebsamkeit förderten, die man in allen wohlgeordneten Staaten mit dem größten Nachdruck zu hemmen sucht. Das einzige einigermaßen ähnliche Beispiel von einer solchen plötzlichen Vermehrung des baaren Geldes, welche ohne belebenden Einfluß auf die Industrie war, bietet der spanische Staat dar, dessen unmittelbar nach der Entdeckung von Amerika eintretendes Sinken seinen Grund zum Theil in dem Umstande hat, daß die Masse des Geldes zu schnell zunahm und vorzugsweise in die Hände der höchsten Stände oder bloßer Abenteurer kam.

Wir haben keine zuverlässige Angabe über die Menge edler Metalle, welche im delphischen Tempel aufgehäuft lag und durch den phokischen Krieg in Umlauf gebracht wurde. Die seit alter Zeit dahin gesandten Weihgeschenke hatten allerdings einen sehr großen Werth, sie waren jedoch nicht mehr alle vorhanden, als die Phokier sich der Schätze des Tempels bemächtigten. Dürfte man den Angaben des Diodor, eines keineswegs zuverlässigen griechischen Geschichtschreibers, Vertrauen schenken, so betrüge die ganze Summe, welche während des zehnjährigen Krieges zu Delphi geraubt und in Umlauf gebracht wurde, mehr als 10,000 Talente oder 26 Millionen Gulden (14½ Mill. Thaler), oder nach dem zu jener Zeit sechs- bis achtfach höheren Werthe des Geldes mindestens 156 Millionen Gulden (87 Mill. Thaler). Wenn man nun diese Summe sogar bis auf die Hälfte verringert und dabei in Erwägung zieht, wie wenig baares Geld selbst in unserer Zeit und in den reichsten Ländern der neueren Welt im Umlauf ist, so wird man leicht beurtheilen können, welche plötzliche und verderbliche Umwälzung aller bisherigen Verhältnisse durch das Ausmünzen der delphischen Schätze herbeigeführt wurde.

Das Erste, was Philomelus nach der Besetzung des delphischen Tempels that, war die Vermehrung der phokischen Soldtruppen von 9000 auf 10,000 Mann und die Befestigung der Stadt Delphi. Der Kampf selbst, welcher hierauf sich entspann, zeichnete sich im ersten Jahre durch nichts als durch die Grausamkeit und Wildheit aus, mit der er von beiden Seiten geführt wurde. Die Feinde der Phokier ließen alle Gefangenen als Tempelräuber hinrichten und die Phokier vergalten Gleiches mit Gleichem, bis endlich die Ersteren von ihrer Grausamkeit abstanden und so das gegenseitige Morden der Gefangenen aufhörte. Im ersten Jahre des Krieges waren die beiden streitenden Heere an Macht einander ziemlich gleich; im zweiten aber rüsteten die Böotier und ihre Verbündeten ein großes Heer aus. Philomelus konnte daher das Feld nicht mehr behaupten und wich dem Kampfe aus. Nachdem ihm dies eine Zeitlang gelungen war, wurde er endlich im Thale des Kephissosflusses an höchst ungünstiger Stelle zu einem Treffen gezwungen. Er ward geschlagen, sein Heer ergriff die Flucht und er selbst verlor dabei sein Leben. Er war, nachdem er seine zersprengten Truppen vergebens zu sammeln gesucht hatte, in die Berge gedrängt worden und sah sich plötzlich am Rande eines Abgrundes den nachsetzenden Feinden preisgegeben. Rettungslos verloren, beschloß er, sich selbst den Tod zu geben, um nicht in die Gewalt seiner Feinde zu gerathen und stürzte sich nach einer tapferen Gegenwehr in den Abgrund hinab (354 v. Chr.). Sein Bruder Onomarchus sammelte die Reste des geschlagenen Heeres und führte sie glücklich nach Delphi zurück.

Ein Theil des photischen Volkes war nach dem Tode des seitherigen Anführers der Meinung, daß man den unglücklichen Krieg aufgeben und sich mit den Feinden verständigen solle; allein Onomarchus, welcher aus Privatrücksichten die Fortdauer des Krieges wünschte, wußte in der Versammlung seiner Landsleute der entgegengesetzten Meinung den Sieg zu verschaffen. Er selbst wurde hierauf zum Feldherrn mit unumschränkter Gewalt erwählt. Onomarchus griff in viel größerem Maaße als sein Bruder zu den Tempelschätzen, warb neue Truppen und suchte in Thessalien Hülfe. Die Böotier ließen ihm die dazu nöthige Zeit, da sie, durch persisches Geld bewogen, einen Theil ihres Heeres nach Bithynien schickten, um dort einem persischen Satrapen gegen seinen Herrn beizustehen. Der Krieg erhielt auf diese Weise eine andere Richtung und erhöhte Bedeutung.

In Thessalien herrschte damals Lykophron, einer der Mörder Alexander's von Pherä, in Gemeinschaft mit seinem jüngeren Bruder Pitholaus über einen beträchtlichen Theil des Landes. Diesen gewann Onomarchus durch bedeutende Summen von dem Gelde, welches er aus dem Gold und Silber der delphischen Weihgeschenke hatte schlagen lassen. Zu gleicher Zeit setzte der Söldnerführer durch eben dasselbe Mittel sich auch mit Athen und Sparta in eine engere Verbindung. Mit diesen beiden Staaten insgeheim einverstanden, von Lykophron unterstützt und außerdem auch durch die Zwietracht und theilweise Unthätigkeit seine Feinde begünstigt, machte er eine Zeitlang sehr glückliche Unternehmungen. Er verheerte einzelne Striche von Lokris und Doris, brandschatzte mehrere Städte dieser Landschaften und eroberte in Böotien selbst das wichtige Orchomenos. Diese Fortschritte der photischen

Waffen machten nicht blos den Böotiern, sondern auch den aristokratischen Familien in Thessalien bange. Die Letzteren sahen ein, daß
durch die Zunahme der phokischen Macht auch der mit Onomarchus
verbündete Tyrann Lykophron in seiner Herrschaft mehr befestigt werden würde. Sie baten daher den macedonischen König um Hülfe und
dieser ließ sich nicht lange bitten. Er erschien mit seinem Heere in
Thessalien zu derselben Zeit, als auch 7000 Mann phokischer Truppen,
welche Onomarchus unter der Anführung seines Bruders Phayllus
dem Tyrannen von Pherä zu Hülfe schickte, daselbst ankamen. Philipp schlug bald beide Gegner in einem entscheidenden Treffen und
jagte die phokischen Hülfstruppen in die Flucht.

Auf die Nachricht von der Niederlage seines Bruders stellte Onomarchus die von ihm unterdessen in Böotien begonnenen Unternehmungen sogleich ein und eilte mit seiner gesammten Macht nach Thessalien. Philipp wurde von ihm in zwei Treffen kurz nach einander
geschlagen und nur ein meisterhafter Rückzug nach Macedonien rettete
den Rest seines Heeres (353 v. Chr.). Die Macedonier mußten die
Thessalier ihrem Schicksale überlassen, und auch Onomarchus zog
wieder nach Böotien zurück. Als die Phokier hier ihre Verheerungen
von neuem begonnen hatten und endlich so glücklich gewesen waren,
die Stadt Koronea zu erobern, erschien auch Philipp wieder in Thessalien. Dadurch sah Onomarchus sich gezwungen, noch einmal mit
seiner ganzen Macht in dieses Land zu ziehen. Er brachte ein Heer von
20,000 Mann zu Fuß und 500 Reitern mit, Lykophron vereinigte
seine Truppen mit demselben, und auch die Athener, welche jetzt fühlten,
daß ihr eigenes Interesse mit dem der Phokier eng verbunden sei,
hatten eine Flotte mit Landungstruppen abgeschickt, um die Phokier
gegen Philipp und dessen thessalische Freunde zu unterstützen; diese
Hülfe kam aber zu spät an der Küste von Thessalien an, um noch in
den Kampf selbst einzugreifen. Onomarch's Fußvolk, welches nur von
500 Reitern unterstützt ward, konnte es in dem ebenen Lande mit
der schweren thessalischen Reiterei nicht aufnehmen; es wurde in zwei
Schlachten geschlagen und erlitt schweren Verlust. Gegen das Ende
der zweiten Schlacht näherte sich die athenische Flotte unter Chares der
thessalischen Küste, gerade an der Stelle, wo der Kampf Statt fand;
sie konnte jedoch blos einige wenige der fliehenden Phokier retten.
3000 wurden von Philipp zu Gefangenen gemacht, die Zahl der
Getödteten soll mehr als 6000 betragen haben. Unter den Letzteren
befand sich auch Onomarchus. Seine Leiche wurde, wie es heißt, auf
Philipp's Befehl, der sich das Ansehen gab, als führe er den Krieg
im Namen des delphischen Gottes, ans Kreuz geschlagen, die andern
gebliebenen Phokier aber ließ der macedonische König als solche, die

mit Fluch beladen seien und deshalb die Ehre der Bestattung verwirkt
hätten, ins Meer werfen (352 v. Chr.).

Die nächste Folge der von den Phociern erlittenen Niederlage war
der Sturz der Tyrannen von Pherä, Lykophron und Pitholaus. Diese
sahen jetzt keine Möglichkeit, sich länger zu behaupten, sie übergaben
daher ihre Stadt freiwillig dem Sieger und zogen mit ihren Miethstruppen
nach Phocis. Philipp hielt nicht für rathsam, seinen Sieg
zu einem sofortigen Einfall in Phocis zu benutzen, um so weniger, da
die Athener den aus Thessalien in dieses Land führenden Paß schnell
besetzt hatten. Er zog dagegen aus seinem Glücke den Vortheil, daß
er seine Herrschaft in Thessalien fester gründete. Während Phayllus,
der Nachfolger Onomarch's im Commando des phocischen Heeres,
durch nochmalige Beraubung des delphischen Gottes ein neues Heer
schuf, zu welchem bald auch 1000 Spartaner, 5400 Athener und 2000
Achäer stießen, verweilte Philipp in Thessalien, um daselbst die nöthigen
Maaßregeln zu treffen. Er sicherte sich dadurch, daß er einige
thessalische Festungen mit macedonischen Truppen besetzte, die erworbene
Herrschaft, ordnete die Verfassung der einzelnen Städte und Landschaften
und knüpfte durch die Art und Weise der von ihm gemachten
Einrichtungen nicht blos den Adel, sondern auch das Volk an das
macedonische Reich. Philipp hob nämlich vor allen Dingen die allgemeine
Bundesversammlung der Thessalier auf, führte statt derselben
die vor Alters gebräuchlich gewesene Eintheilung des Landes in vier
Districte oder Tetrarchieen wieder ein und gab jedem dieser vier Theile
seine eigene Regierung und sein besonderes Oberhaupt; in den einzelnen
Städten aber setzte er eine sehr strenge Oligarchie ein und zwar meistens
in der Weise, daß die Regierung nur in den Händen von zehn
Familien lag. Durch jene Eintheilung des Landes in vier mit einander
nicht verbundene Provinzen machte Philipp die für seine Herrschaft
gefährliche Einheit des Ganzen unmöglich; die Oligarchie aber war
diejenige Regierungsform, durch welche er ein Volk, das sehr schwer
im Gehorsam zu halten war, am besten beherrschen zu können glaubte.
Außerdem bildeten die Familien, welche in den einzelnen Städten die
oligarchische Regierung bildeten, ein Gegengewicht gegen die Beherrscher
der vier Tetrarchieen; endlich aber ward durch alle diese Einrichtungen
dem Ehrgeiz der herrschenden Klasse unter den Thessaliern ein
Spielraum geöffnet und so häufige Streitigkeiten unter dem Adel hervorgerufen,
durch welche dieser immer an Philipp, als den alleinigen
Richter, gewiesen und folglich auch in Abhängigkeit von ihm erhalten
wurde. Philipp verfuhr überhaupt mit der größten Vorsicht gegen die
Thessalier, weil er einsah, wie nützlich und fast unentbehrlich diese
Nation ihm für seine ferneren Kriegszüge war, und wie wenig er wagen

durfte, gewaltsame Truppen-Werbungen unter diesem Volke anzustellen. Er beschränkte deßhalb die gewohnten Freiheiten der Thessalier nicht mehr, als durchaus nöthig war, schenkte ihnen sogar Pässe und Gegenden, welche in der letzten Zeit nicht mehr zu ihrem Lande gehört hatten, für dasselbe aber von Wichtigkeit waren, und verlangte dafür weiter nichts, als die Theilnahme der ritterlichen Mannschaft des Landes an seinen Kriegszügen.

Während der phokische Krieg die Kräfte des eigentlichen Griechenlands noch längere Zeit in Anspruch nahm, verfolgte Philipp in andern Gegenden seine Ziele. Von dem Augenblick an, wo er in Thessalien Herr geworden war, verdoppelte er seine Thätigkeit und machte damals, wie zu jeder Zeit, durch die Art, wie er sein Glück gebrauchte, sich dieses Glückes würdig. Er eilte zunächst nach dem südlichen Thracien, wo er bereits festen Fuß gefaßt hatte, benutzte sehr geschickt die Theilung des Landes unter verschiedene kleine Fürsten, vertrieb einige derselben und machte andere dadurch, daß er sich zu ihrem Beschützer aufwarf, von sich abhängig. Zu gleicher Zeit traf er die nöthigen Maaßregeln zur Errichtung einer macedonischen Flotte. Obgleich er bald darauf in Folge seiner unaufhörlichen Anstrengungen schwer erkrankte und nach der Krankheit sich von der zurückbleibenden körperlichen Schwäche kaum erholen konnte, so ließ er sich dadurch doch nicht abhalten, die nöthigen Vorkehrungen zur Ausführung eines längst schon entworfenen großen Planes zu treffen. Dieser Plan war die Unterwerfung von Olynth, der wichtigsten Stadt auf der Halbinsel Chalcibike.

Philipp gebrauchte gegen Olynth vor allen Andern dasjenige Mittel, dessen man sich zu seiner Zeit in jeder griechischen Stadt mit sicherem Erfolge bediente und welches auch der schlaue macedonische König überall anzuwenden pflegte, — die Bestechung. Unter den vielen Aussprüchen, welche theils wirklich von Philipp herrührten, theils auch, wie dies bei allen großen Herrschern zu geschehen pflegt, von der Nachwelt ihm in den Mund gelegt worden sind, ist jenes Wort am berühmtesten geworden, daß es keine Festungsmauer gebe, über die nicht ein mit Gold beladener Esel hinüber komme. Wie richtig dieser Ausspruch in Betreff der damaligen Griechen war, beweist sowohl der Umstand, daß Philipp in allen bedeutenden griechischen Städten sich durch Geld Anhänger verschaffte, als auch namentlich die Art und Weise, wie Olynth in seine Gewalt kam. Zwei angesehene Bürger der Stadt, Lasthenes und Euthykrates, wurden nebst manchen andern von dem macedonischen König durch Geld bewogen, die Verräther ihrer Vaterstadt zu werden; und so groß war die Verdorbenheit ihrer Zeit, daß diese feilen Menschen die von Philipp erhaltenen Geschenke in Olynth öffentlich zur Schau tragen durften und daß später, als der

Krieg mit Philipp bereits ausgebrochen war, es diesen beiden Verrä-
thern gelang, sich das Command über olynthischen Reiterei zu verschaffen.

Philipp trat, nachdem er lange die Maske der Freundschaft getragen hatte, endlich offen gegen Olynth auf. Er rüstete schnell ein
Heer und eilte, die Stadt anzugreifen (349 v. Chr.). Zu spät ließen
sich die Olynthier von den Freunden der Freiheit in ihrer Stadt dahin
bringen, daß sie in Athen Hülfe suchten und zu spät setzten Demosthenes, dessen rednerische und staatsmännische Bedeutung mehr und
mehr hervortrat, und andere Gegner Philipp's bei den Athenern durch,
daß man das angebotene Bündniß der Olynthier annahm. Als dies
aber endlich geschah, waren die Athener sehr saumselig mit ihrer Hülfe,
während Philipp sich gerade durch den Abschluß dieses Bündnisses
bewegen ließ, den Krieg doppelt eifrig zu betreiben, und so schnell als
möglich die mit Olynth verbündeten kleineren Städte in Thracien
wegzunehmen. Die Athener schickten, durch des Demosthenes Beredsamkeit dazu angetrieben, den Olynthiern zweimal Truppen zu Hülfe, aber
an der Spitze derselben standen der elende Schwelger Chares und ein
noch größerer Wüstling Charidemus, der als ein feiler Miethling bald
den Athenern, bald den Thraciern, bald persischen Statthaltern seine
Dienste verkaufte. Weder diese Führer noch ihre Truppen taugten
etwas zum Kampfe mit einem Philipp; im Gegentheil, Charidemus,
welcher allein von beiden Anführern in die Stadt Olynth selbst drang,
benahm sich sammt seinen Söldnern daselbst so zügellos lüderlich und
übermüthig, daß er den Olynthiern statt der Hülfe nur eine neue Last
und Gefahr brachte. Ein drittes Heer, welches Athen auf Demosthenes Betreiben nach Olynth zu schicken beschloß, wurde zu spät ausgerüstet: die Stadt war, noch ehe diese Hülfe ankommen konnte, ihrem
Schicksale bereits erlegen.

Philipp nämlich war, nach Eroberung der mit Olynth verbündeten
thracischen Städte, mit seinem Heere schnell bis in die Nähe von Olynth
selbst vorgedrungen und hatte die Bürger zur Unterwerfung aufgefordert, wobei er ihnen zugleich seinen festen und unabänderlichen
Willen aussprach, daß sie, wie einst die Bewohner von Methone,
jedenfalls insgesammt ihre Stadt verlassen müßten. Als die Olynthier
seine Aufforderung zurückwiesen, begann er sogleich die Belagerung.
Sie vertheidigten sich, ungeachtet der Ueberlegenheit ihrer Feinde und
der Schlaffheit ihrer Freunde, aufs hartnäckigste, geriethen aber endlich
durch die in ihrer Mitte lebenden Verräther in Philipp's Gewalt.
Sie hatten an Apollonides einen sehr tüchtigen Anführer ihrer Reiterei
und verdankten bei den verschiedenen Ausfällen, welche gemacht wurden,
der Tapferkeit und Geschicklichkeit desselben manchen Vortheil; dessen
ungeachtet gelang es den von Philipp bestochenen Bürgern, ihn bei

dem Bolfe zu verdächtigen und dieses dahin zu bringen, daß es den fähigsten Mann im ganzen Heer, angeblicher hochverrätherischer Bestrebungen wegen, nicht allein seiner Stelle entsetzte, sondern auch aus der Stadt verbannte. Ja, diese Creaturen Philipp's trieben das betrogene Bolt sogar zu dem Beschlusse, daß statt des Apollonides die beiden Hauptverräther Lasthenes und Euthykrates das Commando der Reiterei erhalten sollten. Diese benutzten die erste sich darbietende Gelegenheit, um ihre Truppen in die Nähe eines feindlichen Hinterhalts zu führen und sie so den Macedoniern selbst zu überliefern. Bald nachher war die Stadt genöthigt, dem Feinde ihre Thore zu öffnen (348 v. Chr.).

Das Schicksal, welches die Olynthier zu erleiden hatten, war schrecklich. Die Stadt wurde geplündert und geschleift, die Einwohner aber zu Sklaven gemacht und theils verkauft, theils an Anhänger Philipp's in anderen griechischen Städten verschenkt. Philipp war wegen des großen Verlustes, den sein Heer durch hartnäckige Vertheidigung der Stadt erlitten hatte, sowie wegen der Aufnahme, welche zwei macedonische Hochverräther in derselben gefunden hatten, gegen die Olynthier sehr erbittert; er wollte außerdem anderen Städten ein abschreckendes Beispiel geben; er brauchte ferner Geld zur Verfolgung seiner weiteren Pläne, und endlich war die Stadt Olynth wegen ihres Reichthums, wegen ihres Ansehens unter den Griechen auf Chalcidike und wegen des stolzen Bewußtseins ihrer großen früheren Bedeutung eine allzu gefährliche Nachbarin für Macedonien, als daß Philipp sie hätte fortbestehen lassen können.

Wenn bei dem Gedanken an das schwere Geschick dieser Stadt irgend etwas tröstlich oder erfreulich sein kann, so ist es das Schicksal, welches die Verräther der Stadt zu erleiden hatten und der edle Sinn, den der macedonische König und einer seiner Gäste bei dem Siegesmahle zeigten. Lasthenes, Euthykrates und die übrigen Verräther wurden von Philipp, der sich zwar des Verrathes als eines Mittels zu seinen Zwecken bediente, die Verräther selbst aber stets, wie sie verdienten, verachtete, den Soldaten preisgegeben und von diesen getödtet. Bald nach dem Fall von Olynth hielt Philipp, bei Gelegenheit eines macedonischen Nationalfestes, auch ein Freudenmahl zur Feier der Eroberung dieser wichtigen Stadt. Beim Schlusse des Mahles wurden Geschenke an die Gäste ausgetheilt. Auch Satyrus, einer der berühmtesten Schauspieler Athens, welchen Philipp sehr schätzte, ward aufgefordert, sich eine Gunst zu erbitten und dieser ersuchte nun den König, ihm die in Olynth gefangenen und zu Sklavinnen gemachten Töchter seines Freundes Apollophanes von Pydna zu schenken, indem er sich jedes andere Geschenk verbat und die Erklärung hinzufügte, daß er, wenn der König feiner Bitte willfahre, die Abficht habe, den Unglücklichen die Freiheit und zugleich eine angemessene Ausstattung zu geben. Apollophanes war ein persönlicher Feind Philipp's gewesen, er hatte an der Ermordung feines ältesten Bruders thätigen Antheil genommen, und es schien daher dem König eine Ehrensache, die Töchter dieses Mannes zurückzuhalten. Dessenungeachtet opferte Philipp dem Satyrus seine Rache; denn er wollte sich vor den anwesenden Gästen nicht durch den edlen und hohen Sinn des Schauspielers beschämt sehen und einen hochgeschätzten Künstler nicht unbeschenkt lassen.

6. Philipp und der dritte heilige Krieg von der Eroberung Olynths bis zu dessen Ende.

Während Philipp in Thessalien und Thracien feine Herrschaft erweiterte, wurde der phokifche Krieg ohne Unterbrechung fortgesetzt, und die Lage der Dinge im eigentlichen Griechenland gestaltete sich immer mehr so, daß Philipp's Oberherrschaft zugleich unentbehrlich und unabweisbar wurde. Phayllus, welcher nach Onomarch's Tod den Oberbefehl über die Phokier übernommen und durch einen neuen Griff in die Schätze des delphischen Tempels ein bedeutendes Heer zusammengebracht hatte, verheerte einzelne Gegenden von Böotien und Lokris: so oft er aber auf offenem Felde sich mit seinen Gegnern zu messen wagte, zog er stets den Kürzeren. Schon im zweiten Jahre seines Commandos erkrankte er an der Schwindsucht und bald darauf starb er (351 v. Chr.). Die Phokier ernannten an seine Stelle Onomarch's Sohn, Phaläkus, setzten demselben aber, weil er noch sehr jung war, einen älteren Mann, Mnaseas, an die Seite. Der Letztere wurde schon im nächsten Jahre, bei einem nächtlichen Ueberfall der Thebaner, erschlagen, und Phaläkus stand seitdem allein an der Spitze des phokischen Heeres. Dieser war, wie es scheint, einem so schwierigen Geschäft, wie die Leitung eines aufgereizten Volkes es ist, nicht gewachsen; denn er wurde, obgleich er nach manchen Wechselfällen endlich große Vortheile über die Böotier erfochten hatte, von seinen Landsleuten abgesetzt (347 v. Chr.). Man hatte ihm aus der Beraubung des delphischen Tempels ein Verbrechen gemacht, und auf diesen Vorwurf hin das Commando genommen, wahrscheinlich aber geschah es blos den Athenern und Spartanern zu Gefallen, welche die Phokier damals nur sehr schwach unterstützten, und vorgeblich an der Entweihung des Tempels Anstoß nahmen.

Phaläkus mußte bald wieder in feine frühere Stelle eingesetzt werden; denn er hatte sich nicht nur eine mächtige Partei im Volke gebildet, sondern auch feine Söldner beibehalten und sich dadurch feinen Gegnern furchtbar gemacht. Der große Anhang, welchen Phaläkus

im Volke hatte, und die Menge von Soldaten, die sich als in seinen
Diensten stehend ansahen, gaben diesem Manne, sobald er den Ober-
befehl wieder erhalten hatte, eine übermächtige und für die Phokier
verderbliche Stellung. Es wurden dadurch nicht allein die Verhältnisse überhaupt verwirrt und die glückliche Führung des Krieges erschwert, sondern das gebieterische Benehmen des Phaläkus und seiner
Officiere hatte auch zur Folge, daß zuletzt selbst die Spartaner und
Athener nicht länger den Phokiern beistehen konnten und diese ihrem
Schicksale überlassen mußten. Diese wurden dadurch um so mehr in
Noth gebracht, als jetzt allmälig auch der delphische Tempelschatz erschöpft war und ihnen also das nöthige Geld zur nachdrücklichen Fortsetzung des Krieges zu mangeln begann. Zum Unglück für sie hatten
gerade um dieselbe Zeit, als Phaläkus den Oberbefehl wieder übernahm, die Thebaner den macedonischen König zu wiederholten Malen
um Hülfe gebeten, und dieser war mit den thracischen und thessalischen
Angelegenheiten bald so weit fertig geworden, daß er die Hände frei
hatte und den Kern seiner Macht nach Griechenland führen konnte.
Vergebens boten die Spartaner und Athener, als die von Macedonien
her drohende Gefahr näher heranrückte, bei den Phokiern und bei
Philipp Alles auf, um dieselbe abzuwenden. Einerseits ließ Phaläkus
die Unterhandlungen seiner Landsleute mit beiden Staaten nicht zum
Abschlusse kommen, und andererseits wußte Philipp Alle, die Athener
und Phokier wie die Thebaner, sehr geschickt zu täuschen. Auf diese
Weise blieben jene sich selbst überlassen, und als endlich Philipp mit
seinem Heere gegen sie heranzog, wurden sie noch dazu von ihren
eigenen Führern verrathen.

Philipp hatte, nach der Eroberung von Olynth, einerseits den aus
Thessalien in das mittlere Griechenland führenden Paß Thermopylä,
andererseits die Meerenge des Hellespont, welche als der Schlüssel
des schwarzen Meeres anzusehen ist, und die für Athen wegen seines
Seehandels eine besondere Wichtigkeit hatte, als diejenigen beiden
Punkte ins Auge gefaßt, durch deren Besitz die Griechen seiner Herrschaft
nothwendiger Weise unterworfen werden würden. Es mußte dem
macedonischen König, welcher seit der Einnahme von Olynth mit den
Athenern in offenem Kriege war, zunächst daran gelegen sein, dieses
Volk zu besänftigen oder einzuschläfern, und so dasselbe von der Besetzung der Thermopylen und von der nachdrücklichen Vertheidigung des
Chersones abzuhalten. Dies gelang ihm vortrefflich. Er machte durch
ausgeschickte Schiffe die See unsicher und störte den Seehandel der Athener; er ließ ihre Inseln Lemnos und Imbros verheeren; seine Flotte
setzte sogar einmal an der Küste von Attika Truppen ans Land, diese verwüsteten die Felder, und schlugen ein gegen sie ausgesandtes athenisches

Corps in die Flucht; endlich ließ Philipp auch auf den Inseln Salamis und Euböa, also in ihrem unmittelbaren Machtgebiet, die Athener
befehden. Zu gleicher Zeit knüpfte er mit einigen peloponnesischen Staaten bedenkliche Verbindungen an, bekriegte den thracischen König Kersobleptes und ließ durch seine Anhänger das athenische Volk bearbeiten.
Alles dies trieb die Athener zu dem Wunsche, Frieden mit Philipp zu
schließen, und beschlossen endlich wirklich, Gesandte nach Macedonien
zu schicken, um mit dem Könige über einen Frieden zu unterhandeln.

Alle Parteien zu Athen, auch Demosthenes, welcher die Kräfte des
Widerstands gegen Philipp erst sammeln wollte, waren in diesem Augenblick für Friede. Die erste Einleitung zu dem Friedensvorschlage
war durch die beiden athenischen Schauspieler Aristodemus und
Neoptolemus gemacht worden, welche damals häufig zwischen Macedonien und Athen hin und her reisten, und von Philipp ungemein
geschätzt wurden. Diese Männer, die übrigens, wie alle ihre Kunst-
genossen, bei den alten Griechen eine weit ehrenvollere Stellung in
der Gesellschaft einnahmen, als die Schauspieler zu unserer Zeit, wurden von Philipp so sehr geachtet, daß er es ihren Mitbürgern als eine
wirkliche Gefälligkeit anrechnete, wenn sie denselben auf eine Zeitlang
Urlaub ertheilten, um in seiner Residenz Gastrollen zu geben. Der
eigentliche Vorschlag zum Frieden, für welchen Neoptolemus und
Aristobemus vorgearbeitet hatten, wurde dem athenischen Volke durch
einige hervorragende Bürger gemacht, denen Philipp manche Freund-
lichkeiten erwiesen und namentlich ihre weggenommenen Schiffsgüter
zurückgegeben hatte, weil er wohl wußte, wie viel in Athen ein angesehener Privatmann vermöge. Das Volk nahm den Antrag dieser
Männer bereitwillig entgegen, da es bereits zum Frieden geneigt war,
und da selbst Demosthenes zu demselben rathen zu müssen glaubte.
Es wurde also beschlossen, an Philipp eine förmliche Gesandtschaft zu
schicken. Unter den zehn Männern, aus welchen diese zusammengesetzt
war, befanden sich die Führer der verschiedenen Parteien, und auch
die beiden größten Redner, Aeschines und Demosthenes, sowie Aristodemus, der erste Schauspieler seiner Zeit, welcher dem König Philipp
selbst an Würde des Benehmens und Auftretens nicht nachstand.

Die Hauptsache bei diesen Friedensunterhandlungen (347 v. Chr.)
war für die Athener, nicht sowohl den Chersones gegen Philipp's
Kriegsmacht und die Inseln und Seeplätze gegen seine Kaperschiffe
sicher zu stellen, als vielmehr den macedonischen König von weiteren
Schritten auf Euböa abzuhalten, den aufs Aeußerste gebrachten thracischen Fürsten Kersobleptes zu retten, und die Phoker, gegen welche
die Thebaner Philipp zu Hülfe gerufen hatten, in den Frieden mit
einzuschließen. Das Letztere war aber gerade das, was Philipp am

allerwenigsten zugeben konnte; er wünschte vielmehr, gerade weil er die Phokier gern bekriegen wollte, die Athener durch Friedensunter- handlungen so lange sicher zu machen, bis er von ihrer Verbindung mit den Phokiern nichts mehr zu fürchten haben würde. Um dies zu erreichen, bot Philipp seine ganze Schlauheit auf und gebrauchte mancherlei Mittel. Zuerst warf er Zwietracht unter die Gesandten. Dann bewies er vorzugsweise zweien unter ihnen die größte Aufmerk- samkeit und Freundlichkeit, nämlich den ihm längst ergebenen Philo- krates, der sich ebenfalls bei der Gesandtschaft befand, und dem großen Redner Aeschines, welcher bisher sein entschiedener Gegner gewesen war. Philipp gewann den Letzteren durch sein Benehmen ganz und gar für sich. Außerdem hielt der König die Gesandten so lange als möglich bei sich zurück, und als er sie endlich nach Hause entließ, gab er ihnen ein Schreiben an das athenische Volk mit, welches mit Ver- sicherungen der friedlichsten und freundschaftlichsten Art angefüllt war und das Anerbieten eines Friedensvertrages enthielt.

Während man in Athen über den Inhalt von Philipp's Brief und über die von den Gesandten erstatteten Berichte hin und her stritt, setzte Philipp seine Eroberungen in Thracien fort. Nach Athen schickte er seine drei besten, auch in der Handhabung der Staatsangelegenheiten ausgezeichneten Generale, Antipater, Parmenio und Eurylochus, vor- geblich um den Frieden abzuschließen, in Wahrheit aber, um durch neue Schwierigkeiten denselben so lange als möglich zu verzögern. Als die Athener, nach langen Verhandlungen, mit diesen endlich über einen Vertrag übereingekommen waren, wurde eine zweite feierliche Gesandt- schaft an Philipp abgeschickt, um den Friedensvertrag durch den König unterzeichnen und beschwören zu lassen. Die Mehrzahl dieser Ge- sandten, unter welchen auch Aeschines sich befand, war an Philipp verkauft, deshalb schoben sie ihre Abreise unter allerlei Vorwänden möglichst lange hinaus, und als sie endlich auf Demosthenes Drängen in Folge eines förmlichen Rathsbeschlusses abreisen mußten, brachten sie auf dem Wege nach Philipp's Residenz, Pella, wohin man von Athen aus in sechs Tagen gelangen konnte, nicht weniger als 23 Tage zu. In Pella selbst warteten sie mehrere Wochen lang auf die Ankunft des Königs, statt zu ihm nach Thracien zu reisen. Dadurch gewann Philipp die nöthige Zeit, um den Rest von Kersobleptes Reich und andere Gegenden Thraciens zu erobern und die wichtige Stadt Kardia im Chersones, sowie eine Anzahl athenischer Festungen an der thra- cischen Küste einzunehmen.

Nachdem es soweit gekommen war, konnte von einem Frieden, wie er zwischen Philipp's Gesandten und den Athenern verabredet wor- den war, nicht mehr die Rede sein. Philipp erklärte den athenischen

Gesandten, welchen nach ihrer Abreise von Athen noch Demosthenes zugeordnet worden war, daß er zwar den Athenern den Besitz des Chersones lassen wolle, daß aber die Phokier vom Frieden ausgeschlossen bleiben müßten. Zu gleicher Zeit täuschte er die Gesandten durch allerlei Versprechungen, die er ihnen jedoch meistens nur durch seine Leute heimlich zuflüstern ließ, und an welche er deswegen durchaus nicht gebunden war. Er erklärte ihnen z. B., es geschehe nur aus Rücksicht auf die Thebaner, daß er die Phokier nicht ausdrücklich in die Friedensurkunde aufgenommen haben wolle, seine wirklichen Absichten aber seien nicht gegen diese, sondern gegen die Thebaner selbst gerichtet. In Thessalien, wohin die athenischen Gesandten den König auf seinem Marsche nach Phokis begleiteten, kam endlich die eidliche Verpflichtung auf den Frieden zu Stande. Das betrogene athenische Volk wurde zwar bald enttäuscht, aber als es durch eine dritte Gesandtschaft gegen die Ausschließung der Phokier protestiren lassen wollte, war es bereits zu spät: noch ehe die Gesandten zu Philipp gelangten, hatte dieser an der Spitze eines kampfgerüsteten Heeres gegenüber den in Sicherheit gewiegten Athenern seinen Schlag ausgeführt.

Die Phokier selbst hatten, vor dem Abschluß des Friedens zwischen Philipp und den Athenern, den drohenden Sturm dadurch zu beschwören gesucht, daß sie die Letzteren um Hülfe ersuchten. Sie hatten den Athenern das Anerbieten gemacht, in die Festungen Nicaea, Thronium und Alpenus, welche in der Nähe der Thermopylen lagen, eine athenische Besatzung aufzunehmen. Die Athener waren auch darauf eingegangen, allein als die Sache zur Ausführung kommen sollte, verweigerte Phalälus, der in Nicaea sein Hauptquartier aufgeschlagen hatte, die Abtretung der drei Festungen und mißhandelte sogar die phokischen Gesandten, welche den Vertrag mit Athen abgeschlossen hatten. Nachdem hierauf die Athener ihren Frieden mit Philipp zu Stande gebracht hatten, wies Phalälus auch das Anerbieten des spartanischen Königs Archidamus III., jene Festungen zu besetzen und die Phokier gegen Philipp zu schützen, auf eine schnöde Weise zurück. Bei den Friedensverhandlungen zwischen Athen und Philipp endlich täuschte der Letztere durch seine Vorspiegelungen nicht weniger die Phokier als die Athener. Jene beruhigten sich, als Philipp ihnen seine vorgeblich freundliche Gesinnung aussprechen ließ, besonders deshalb, weil die Athener, die Todfeinde der Thebaner, es waren, die den Frieden mit Philipp geschlossen hatten, und weil in der athenischen Volksversammlung von den angesehensten Staatsmännern die günstigsten Versicherungen über des Königs Absichten in Betreff des phokischen Volks gegeben worden waren. In Folge dieser Erklärungen hatte das athenische Volk sogar durch einen besonderen Beschluß die Phokier aufgefordert, ihre

Sache dem Spruche der Amphiktyonen zu unterwerfen, denen Philipp die Entscheidung überlassen wolle. Da auf das bestimmteste ausgesprochen worden war, daß Philipp sich bei den Amphiktyonen der Phokier annehmen würde, so setzten die Phokier dem macedonischen Heere, als es in ihr Land eindrang, nicht einmal Widerstand entgegen. Dieser würde übrigens auch nichts gefruchtet haben, weil Philipp für alle Fälle Vorkehrungen getroffen und namentlich durch Unterhandlungen mit Phalätus sich in den Besitz der die Thermopylen beherrschenden Festungen gesetzt hatte. Phalätus war wegen der bedenklichen Lage der Dinge auf die ihm angebotene Unterhandlung sogleich eingegangen und hatte seine Landsleute verrathen, um sich selbst und seine Söldner zu retten; er übergab die Festungen den Macedoniern und erhielt dagegen für sich und sein Raubvolk freien Abzug in den Peloponnes, von wo diese rohe Horde später abenteuernd nach Kreta und weiterhin nach Sicilien segelte.

Die bedagenswerthen Phokier ergaben sich dem macedonischen König auf Gnade und Ungnade (346 v. Chr.) und mußten auf eine harte Weise für die Sünden büßen, welche hauptsächlich von den, ihnen nicht weniger als ihren Nachbarn lästig gewesenen, Söldnern begangen worden waren. Philipp ließ die Amphiktyonen zur Entscheidung über das Schicksal der Phokier zusammenkommen und diese sprachen ein hartes Urtheil über dieselben aus. Sie sollten nämlich von dem Amphiktyonen-Bunde ausgeschlossen und dagegen an ihrer Stelle Philipp in denselben aufgenommen werden und die von ihnen seither geführten zwei Stimmen im amphiktyonischen Rathe fortan führen. Ihre Pferde und Rüstungen sollten verkauft, der Erlös zum Ersatz des dem delphischen Gotte Geraubten verwendet, und von ihren Feldern eine übermäßig starke jährliche Abgabe so lange entrichtet werden, bis der Gott vollständig entschädigt sei. Außerdem sollten alle Städte des Landes zerstört werden und den Phokiern für die Zukunft nur in kleinen Dörfern zu wohnen erlaubt sein. Endlich sollte über die Landesflüchtigen dieses Volkes und über alle Andern, welche bei dem Tempelraub thätig gewesen waren, der Fluch ausgesprochen werden. Philipp, welcher mit der Ausführung dieses Beschlusses beauftragt wurde, erhielt zugleich durch die Amphiktyonen das Recht der Oberaufsicht über den delphischen Tempel und den Vorsitz bei den pythischen Spielen. Das letztere Ehrenrecht hatten seither die Korinther besessen, es wurde ihnen aber damals genommen, weil sie mit den Phokiern verbündet gewesen waren. Auch Sparta wurde aus dem gleichen Grunde von den Amphiktyonen durch Ausstoßung aus dem Bunde bestraft. Philipp verfuhr bei der Vollziehung des gegen die Phokier erlassenen Urtheilspruches, welcher natürlich ganz und gar unter seinem Einfluß gefaßt worden war, mit Härte und Grausamkeit. Die beschlossenen Zerstörungen wurden mit der größten Strenge und Rücksichtslosigkeit ausgeführt, das Land auf diese Weise halb einer Wüste gleich gemacht und Tausende von seinen Bewohnern als Sklaven nach Macedonien geschleppt, wo derselbe Schauspieler Satyrus, der beim Untergang von Olynth seine Landsleute durch Hochherzigkeit und edlen Sinn beschämt hatte, mit seinem eigenen Gelde viele von ihnen loskaufte.

Das harte Loos, welches Philipp über die unglücklichen Phokier verhängte, hat seinen Grund weniger in dem moralischen Charakter, als in der Politik dieses Mannes. Die beiden Nachbarvölker der Phokier nämlich, die Böotier und Thessalier, deren Philipp zu seinen ferneren Unternehmungen bedurfte, waren aufs heftigste gegen jene erbittert, weil sie aus Phokis eine Räuberhöhle gemacht und mit ihren wilden Söldnerschaaren zehn Jahre lang die angrenzenden Landstriche geplündert und verwüstet hatten. Wie sehr aber Philipp durch eine harte Behandlung der Phokier beiden Völkern willfahrte, kann man aus dem Umstande ermessen, daß die Abgeordneten einer thessalischen Völkerschaft bei der Amphiktyonen-Versammlung durchaus alle erwachsenen Phokier getödtet haben wollten und nur mit Mühe durch den athenischen Gesandten davon abgebracht werden konnten. Die Athener, welche durch diesen Ausgang des phokischen Krieges auf ein Mal aus ihrer Täuschung herausgerissen wurden, nahmen zwar eine erzürnte Miene an, rüsteten schnell ein Heer aus und wollten anfangs nichts von der Aufnahme Philipp's in den Bund der Amphiktyonen wissen; allein das so rasch auflodernde Feuer ihres Zornes erlosch bald wieder, sie erkannten ihre Ohnmacht der augenblicklichen unzweifelhaften Ueberlegenheit Philipp's gegenüber und fügten sich in die Umstände. Philipp selbst schickte bald darauf zur Feier der pythischen Spiele, denen Gesandte der meisten griechischen Staaten beiwohnten, macedonische Bevollmächtigte, welche in seinem Namen das Fest leiteten, und benutzte dasselbe, um diejenigen Griechen, die er mit seinen Waffen noch nicht erreichen konnte, durch die Befriedigung ihrer Eitelkeit und Schaulust für sich zu gewinnen.

7. Philipp und Griechenland in der Zeit zwischen dem dritten und vierten heiligen Krieg.

Durch die Niederwerfung der Phokier und durch die Stellung, welche Philipp infolge derselben inmitten der griechischen Staaten erhalten hatte, war für den Augenblick sein Uebergewicht entschieden, und selbst sein erbitterter Gegner Demosthenes hatte deßhalb den Athenern, als sie in Zorn und Rache über Philipp's Verfahren gegen die Phokier aufwallten, zum Frieden gerathen. Indessen schien es dem klugen König noch nicht Zeit, mit der eigentlichen Absicht, welche allen seinen Bestrebungen zu Grunde lag, hervorzutreten, sondern er wartete einen geeigneteren Zeitpunkt ab und machte es einige Jahre hindurch gerade ebenso, wie er es vor seiner Einmischung in den phokischen Krieg gemacht hatte: er bereitete durch Unternehmungen in Thracien und anderen Gegenden und durch fortwährende Schwächung der Athener die sichere Erreichung seines Hauptzweckes vor.

Er führte sein Heer aus Phokis nach Macedonien zurück, nachdem er in Nicaea und einigen thessalischen Städten eine Besatzung zurück-gelassen hatte, um sich den Weg durch die Thermopylen nach Grie-chenland offen zu halten. Sein Hauptaugenmerk richtete er hierauf zunächst auf Thracien. In diesem Lande brachte er das ganze, auf den Kriegszug nach Phokis folgende Jahr (345 v. Chr.) zu; er machte daselbst verschiedene Anordnungen zur Befestigung seiner Herrschaft, und gründete namentlich mehrere neue Städte, in welchen er viele der gefangenen Phokier mit Macedoniern vermischt ansiedelte. Im nächsten Jahre (344 v. Chr.) unternahm der rastlos thätige Mann einen Feldzug nach Illyrien, um sich auch der im Westen seines Reiches wohnenden Bergvölker zu versichern, ehe er, was sein eigentliches und letztes Ziel war, mit den vereinten Kräften Griechenlands gegen das persische Reich zöge. Er unterwarf einen beträchtlichen Theil von Illyrien. Doch in demselben Jahre begab er sich nach Thessalien, um die von ihm daselbst gemachten Einrichtungen noch sicherer zu stellen und insbesondere die Stadt Pherä zu bemüthigen, welche sich an den Gehorsam gegen ihn noch nicht hatte gewöhnen können.

In den nächsten Jahren war wieder Thracien der Hauptschauplatz seiner Unternehmungen. Während er aber dort seine Herrschaft aus-breitete, war er, wie früher, zu gleicher Zeit bemüht, rund um Griechen-land herum festen Fuß zu fassen und besonders die Macht Athens, die einzige, die er fürchtete, immer mehr zu umgarnen und zu schwächen. Er suchte seinen Einfluß in Euböa zu verstärken und diese Insel mehr von sich abhängig zu machen; er wußte sich mit seinem Gelde selbst bei den durch Fleiß und Betriebsamkeit ausgezeichneten Bewohnern von Megaris eine Partei zu verschaffen, welche für ihn um so wichtiger war, als dieses Ländchen am Eingange in den Peloponnes lag; er nahm auf der Westseite von Griechenland den Korinthern die Städte Leukas in Akarnanien und Ambracia in Epirus weg; er knüpfte endlich auch in den Staaten des Peloponnes neue Verbindungen an. Neben diesen, auf einzelne Städte gerichteten Bestrebungen und Unterneh-mungen suchte Philipp zugleich durch Glanz und Freigebigkeit dem griechischen Volke überhaupt zu imponiren und dasselbe immer mehr für sich zu gewinnen. Alle griechischen Künstler, Dichter und Gelehrte

von Talent erfreuten sich, wenn sie an seinen Hof kamen, der ehren-
vollsten Behandlung, und jeder angesehene Mann, den in seinem
Staate das Unglück der Verbannung getroffen hatte, wurde von Philipp mit offenen Armen aufgenommen.

Bei den Unternehmungen, welche Philipp während der nächsten
Jahre (343 bis 339 v. Chr.) in Thracien machte, war es nicht blos
auf die rohen Völkerschaften des Landes, welche er bis zur Donau hin
mehr oder weniger sich unterwarf, abgesehen, sondern namentlich auch
auf die athenischen Bundesgenossen und die Besitzungen der Athener
im Chersones. Dies verschaffte der Partei in Athen, welche in ihm
den Feind ihrer republikanischen Unabhängigkeit erkannte, wieder einen
größeren Einfluß und trieb die Athener bald zu einem neuen Krieg
mit Philipp. Demosthenes drang vor allen andern Rednern auf Krieg
und hielt um diese Zeit einen Theil jener berühmten Reden, welche nach
ihrem Hauptgegenstand, philippische Reden, Philippiken genannt
werden und deren Heftigkeit und schlagende Kraft die Veranlassung
gab, daß dieser Name für jede in leidenschaftlichem Tone angreifende
Rede gebräuchlich geworden ist. Der athenische General Diopeithes,
welcher mit einer beträchtlichen Flotte zur Beschützung des Chersones
abgeschickt worden war, brach zuerst den zwischen Philipp und Athen
bestehenden Frieden. Er machte nämlich, während Philipp im Norden
von Thracien beschäftigt war, einen Streifzug in die macedonischen
Besitzungen dieses Landes. Philipp verlangte die Bestrafung des
Generals wegen dieser Verletzung des Friedens, die Athener wiesen
aber das Ansinnen des Königs nicht allein zurück, sondern sie ließen
auch dem Diopeithes das Commando im Chersones, schickten Kaperschiffe gegen die macedonischen Fahrzeuge aus und übten allerlei andere
Feindseligkeiten.

Der macedonische König rächte sich dafür an den auf dem westlichen
Ufer des Marmara-Meeres gelegenen Städten Selymbria und Perinth;
er blokirte die erstere und griff mit einem sehr starken Heere die zweite
an (341 v. Chr.). Die persischen Satrapen von Kleinasien, welche mit
Besorgniß die Macedonier an den Grenzen ihres Reiches sich festsetzen
sahen, nahmen sich des bedrängten Perinth mit Nachdruck an: sie schickten ein Söldner-Corps dahin, welchem es gelang, sich in die Stadt zu
werfen und machten so die Einnahme derselben unmöglich. Andererseits
ließen die Athener zwanzig Schiffe absegeln, um Selymbria mit Lebensmitteln zu versorgen. Dieses Geschwader wurde unterwegs von Philipp's Flotte weggenommen und in einen macedonischen Hafen gebracht.
Die Athener beschwerten sich darüber bei Philipp durch eine besondere
Gesandtschaft; dieser gab zwar die Schiffe wieder heraus, schrieb aber
zu gleicher Zeit an die Athener einen bittern, höhnischen Brief, in

welchem er benselben sagte, sie möchten in Zukunft ihre obrigkeitlichen Stellen nicht solchen Männern anvertrauen, welche, wie die Absender jener Schiffe, die Macht des Staats zum Nachtheile Anbrer mißbrauchten; wenn sie dies beachteten und diejenigen, welche jetzt durch die Unterstützung einer von ihm belagerten Stadt die Verpflichtungen des athenischen Volkes gegen ihn verletzt hätten, mit der gebührenden Strafe belegten, so werde er selbst sich auch befleißigen, den Frieden zu bewahren.

Philipp's Gegner, deren Haupt Demosthenes unaufhörlich thätig war, überall eine Partei des Widerstandes gegen Philipp's Pläne zu organisiren, behielten, ungeachtet aller Bemühungen seiner Anhänger, das Uebergewicht in Athen. Sie organisirten ein förmliches Kaperwesen in dem nördlichen Theil des aegäischen Meeres, oder buldeten es doch wenigstens. Der König, welcher zu jener Zeit auch darüber, daß die Stadt Byzanz seinen Antrag auf ein Bündniß gegen Athen zurückgewiesen hatte, sehr verdrießlich war, schrieb den Athenern bald wieder einen langen Brief, der fast wie ein Kriegsmanifest lautete. Zuletzt richtete er seinen Angriff auch gegen die wichtige Stadt Byzanz. Die Athener faßten auf Demosthenes Antrag den Beschluß, daß der Friede für gebrochen erklärt und den Byzantiern Hülfe geleistet werden solle. Während nun Philipp mit ungeheuren Anstrengungen Perinth und Byzanz vergebens belagerte (341 u. 340 v. Chr.), griffen die Athener, welche ihre Flotte mit Truppen zum Entsatz von Byzanz ausgeschickt hatten, den macedonischen König auch auf der Insel Euböa an. Hier gelang es ihnen unter der Anführung Phocion's, die Besatzungen Philipp's zu vertreiben und in allen Städten der gegen ihn feindlich gesinnten Partei das Uebergewicht zu verschaffen.

Philipp war nicht im Stande, Perinth und Byzanz einzunehmen, obgleich er die größten Anstrengungen machte und alle Mittel der Belagerungskunst aufbot. Die erstere Stadt wurde durch den Muth ihrer Einwohner und die Hülfe der Perser gerettet, die Letztere durch den Beistand Athens und ihrer alten Verbündeten Rhodus, Kos und Chios. Wie sehr aber die Athener wegen der Habgier ihrer Anführer und wegen ihrer eigenen Unzuverlässigkeit allen ihren Bundesgenossen verdächtig waren, zeigte sich bei dieser Gelegenheit auf eine recht auffallende Weise. Als nämlich die athenische Flotte, deren Commando dem nichtswürdigen Chares übertragen worden war, vor Byzanz ankam, wies man ungeachtet der großen Bedrängniß, in welcher sich die Stadt befand, die von einem solchen Führer gebrachte Hülfe zurück und zwang den athenischen Admiral, mit seinen Schiffen wieder abzusegeln. Erst als der Oberbefehl der athenischen Hülfsflotte dem wackeren Phocion, dessen persönlicher Charakter überall Zutrauen einflößte, übertragen worden war, ließen die Byzantier dieselbe in ihren Hafen einlaufen.

Philipp mußte endlich die Belagerung von Byzanz, Selymbria und Perinth aufgeben und suchte jetzt vor allen Dingen das Zutrauen seines Heeres zu seinem Feldherrn-Talent durch einen andern Kriegszug wieder herzustellen. Er wandte sich mit seinen Truppen gegen einige der auf der Nordseite der unteren Donau wohnenden Nomadenstämme, welche nebst anderen ähnlichen Völkerschaften von den Griechen und Römern Scythen genannt wurden. Philipp verfolgte die Horden der Barbaren durch ihre Steppen und machte eine große Beute an Waffen, Wagen, Pferden und Menschen. Auf dem Rückmarsch aus dem Lande der Scythen wurde er durch einen Ueberfall der noch immer unbezwungenen Triballer der gemachten Beute beraubt und erhielt selbst eine gefährliche Wunde, welche eine unheilbare Lähmung nach sich zog.

8. Der vierte heilige Krieg und die Unterwerfung Griechenlands unter die Macedonier.

Man ahnte damals in Griechenland nicht, daß jetzt gerade der Augenblick nahe sei, wo Philipp Herr und Gebieter der griechischen Nation werden sollte. Er war ja kurz vorher durch die Athener gezwungen worden, ein wohlberechnetes Unternehmen aufzugeben; diese hatten alle seine Truppen aus Euböa verjagt; Phocion hatte, nach der Aufhebung der Belagerung von Byzanz, mehrere macedonische Städte an der Küste von Thracien befreit und die übrigen thracischen Besitzungen Philipp's durch einen verwüstenden Streifzug heimgesucht; endlich waren die Kapereien der Athener so bedeutend geworden, daß sogar die Ein- und Ausfuhr des eigentlichen Macedoniens gestört war. Alle diese einzelnen Nachtheile aber, welche Philipp erlitt, berührten den Kern und das eigentliche Wesen der von ihm geschaffenen Macht nicht, und die Lage der Dinge im Allgemeinen machte es den Griechen unmöglich, sich der drohenden macedonischen Oberherrschaft zu entwinden.

Es war abermals einer der sogenannten heiligen Kriege, der den macedonischen König mit seinem Heer in das Innere von Griechenland führte. Ob, wie Demosthenes versichert, Philipp selbst durch seine Anhänger den Ausbruch desselben veranlaßte, oder ob der Zufall diesen Krieg herbeiführte, ist ungewiß. Die Bewohner der lokrischen Stadt Amphissa hatten die Felder von Cirrha wieder angebaut, obgleich diese einige hundert Jahre früher dem delphischen Gott geweiht worden waren und die Amphiktyonen damals über alle, welche dieselben je wieder bebauen würden, den Fluch ausgesprochen hatten. Die Amphissäer wurden deshalb auf einer Versammlung der Amphiktyonen von Aeschines, welcher als athenischer Gesandter derselben beiwohnte, angeklagt. Es ward ihm vorgeworfen und ist wahrscheinlich, daß dies im Einverständniß mit Philipp geschehen sei; er selbst versichert in einer der Reden, die sich von ihm erhalten haben, er sei zu dieser Anklage nur durch den zufälligen Umstand veranlaßt worden, daß der amphissäische Abgeordnete in der Amphiktyonen-Versammlung die Athener der Theilnahme an dem phokischen Tempelraub beschuldigt habe. Aeschines wies diesen Vorwurf mit der Erklärung zurück, daß die Amphissäer durch die Bebauung der heiligen Felder von Cirrha vielmehr selbst sich mit Fluch beladen hätten; er zeigte den Amphiktyonen von dem Versammlungsort aus diese Felder, durch deren Besitznahme Amphissa sich an dem Eigenthum des Gottes vergangen hatte, und riß die Versammelten durch das Feuer seiner Rede zu dem Beschlusse hin, daß die Amphiktyonen selbst, in Begleitung eines Theils der Bürger von Delphi, sich hinaus begeben sollten, um die auf jenem Grundstück befindlichen Wohnungen und Pflanzungen zu zerstören. Dies wurde auch wirklich am nächsten Morgen ausgeführt; als aber die Amphiktyonen und ihre Helfer zu dem delphischen Tempel zurückkehrten, wurden sie von den erbitterten Besitzern der Felder überfallen und entgingen nur mit Mühe ihrer Rachgier und Wuth (339 v. Chr.).

Die Amphiktyonen beschlossen hierauf in einer Versammlung, welcher auf Demosthenes Antrag die athenischen Gesandten nicht mehr beiwohnten, die Bestrafung der Amphissäer, und es wurde sogleich ein Heer zusammengebracht, das diesen Beschluß ausführen sollte. Unter der Anführung des Kottyphus, eines der Amphiktyonen, rückten die Truppen in das Gebiet von Amphissa ein und unterwarfen die Bewohner desselben. Hierauf wurden die Amphissäer zur Bezahlung einer bestimmten Summe Geldes verurtheilt, sie verweigerten aber die Zahlung und jagten alle diejenigen unter ihren Mitbürgern, welche den Beschluß der Amphiktyonen billigten, aus dem Lande. Dies wurde von den Amphiktyonen, in deren Rath die von Philipp abhängigen thessalischen Stämme die Mehrzahl bildeten und er selbst zwei Stimmen hatte, benutzt, um nunmehr den macedonischen König in die Sache zu ziehen. Die Amphiktyonen faßten den Beschluß, daß der von ihnen erwählte Feldherr Kottyphus zu Philipp reisen und ihn ersuchen solle, dem Gotte Apollo und den Amphiktyonen beizustehen und nicht zuzugeben, daß der Gott von den ruchlosen Amphissäern beleidigt werde, zumal da die an der Versammlung der Amphiktyonen Theil nehmenden Griechen ihn zu ihrem Anführer mit unumschränkter Gewalt ernannt hätten.

Philipp, welcher gerade damals von seinem scythischen Feldzug zurückgekehrt war, ließ sich nicht lange bitten. Er erschien schnell an den Thermopylen, und zeigte durch die Art seines Auftretens sogleich ganz andere Absichten, als diejenigen waren, die ihn vorgeblich herbeigeführt hatten: Athen und Theben, nicht aber Amphissa, sollten der Gegenstand seines Kriegszuges sein. Philipp suchte die Herrschaft über Griechenland, nicht Rache für die beleidigte Gottheit. Die Athener hatten den Amphissäern 10,000 Söldner zu Hülfe geschickt, Philipp zog diesen entgegen und schlug sie völlig. Hierauf eroberte er die mit dem Bannfluch beladene Stadt Amphissa. Die Athener, über die jetzt nicht mehr zu verkennende Absicht Philipp's bestürzt, schickten eine Gesandtschaft an den König, welche ihn bewegen sollte, so lange Halt zu machen, bis sie Unterhandlungen mit ihm versucht hätten. Dieses Ansinnen war lächerlich und wurde auch von Philipp in seinem Antwortschreiben so behandelt.

Zu gleicher Zeit mit dieser Botschaft an Philipp hatten die Athener auch Gesandte an die meisten griechischen Staaten geschickt, um sie zu einem Bunde gegen die Macedonier zu bewegen. Die Euböer, Megarer, Korinther, Achäer und die Städte Leukas und Korcyra — so viel hatten die patriotischen Ideen und die Thätigkeit des Demosthenes und seine Gesinnungsgenossen doch gewirkt — gingen auf den Vorschlag der Athener ein, die Thebaner aber, welche durch die Lage ihres Landes zwischen Phokis, wo Philipp sich befand, und der Stadt Athen für die Letztere als Bundesgenossen gerade am wichtigsten gewesen sein würden, trugen noch Bedenken, dasselbe zu thun. Zugleich gab sich Philipp die größte Mühe, die Thebaner für sich zu gewinnen; er schrieb ihnen zu derselben Zeit, als er die athenischen Gesandten heimschickte, einen sehr freundlichen Brief und sandte Python, seinen gewandtesten Unterhändler, nach Theben, um die Verbindung mit Athen zu hintertreiben. Die Thebaner waren seit dem phokischen Kriege mit Philipp in einem gespannten Verhältniß, weil er damals nicht, wie sie gehofft hatten, Orchomenos und einige andere böotische Städte ihrer früheren Botmäßigkeit unterworfen hatte. Sie schwankten jetzt zwischen Philipp und Athen und konnten zu keinem Entschlusse kommen. Während sie noch zauderten, marschirte Philipp mit seinem Heere plötzlich auf die phokische Stadt Elatea los, welche auf der Straße von Thermopylä nach Böotien lag und deswegen für Böotien eine große militärische Wichtigkeit hatte: sie war der Schlüssel zu den östlichen Landschaften des mittleren Griechenlands. Elatea ward von den macedonischen Truppen besetzt und in aller Eile befestigt.

Der Eindruck, welchen die Nachricht von der Besetzung Elateas in Athen hervorbrachte, war ein ganz außerordentlicher. Es war Abend, als der Bote, welcher diese Nachricht überbrachte, zu Athen anlangte. Die Prytanen, welche gerade bei Tische saßen, sprangen sogleich auf und eilten fort, die einen, um die Strategen und Herolde

zu holen, die andern, um die auf dem Markte befindlichen Buden
niederzureißen und zu verbrennen, damit am andern Morgen in aller
Frühe das Volk versammelt werden könne. Sogleich gerieth die ganze
Stadt in Unruhe und Bewegung. Am folgenden Morgen kamen mit
Tagesanbruch die Buleuten und die Bürger auf dem Markt und im
Rathsgebäude zusammen. Ehe noch der Rath der Fünfhundert die
Botschaft besprochen und das gesetzlicher Weise für jede vor das Volk
zu bringende Sache nöthige Gutachten abgefaßt hatte, waren bereits
alle Bürger versammelt. Sobald hierauf der Rath mit den Prytanen
in die Volksversammlung eingetreten war, wurde die empfangene Botschaft den Bürgern verkündet und sodann die übliche Frage gestellt,
ob einer der Anwesenden etwas über diese Sache vorzutragen habe.
Mehrmals wiederholte der Herold diese Frage, aber Alle schwiegen;
selbst die Strategen, welche insgesammt anwesend waren, theilten die
allgemeine Bestürzung und wußten keinen Rath. Da erhob sich endlich Demosthenes und benützte die herrschende Stimmung, um seine
Mitbürger zu einem raschen, kriegerischen, besserer Tage würdigen Entschlusse zu treiben. Auf seinen Vorschlag wurde beschlossen, daß die
ganze Jugend der Stadt unter den Generalen Chares und Lysikles
gegen Philipp ausgeschickt und zugleich alle griechischen Staaten, besonders aber die Thebaner, nochmals zur Theilnahme am Kampfe gegen
den macedonischen König aufgefordert werden sollten. Demosthenes
selbst wurde als Gesandter nach Theben geschickt. Er bemühte sich
anfangs vergebens, seiner Vaterstadt den wichtigsten Bundesgenossen
zu gewinnen. Erst im Frühling, nachdem bereits zweimal ein kleiner
Theil des athenischen Heeres sich in unentschiedenem Kampfe mit den
Macedoniern gemessen hatte, vermochte des Demosthenes Beredsamkeit den alten Groll der Thebaner gegen Athen zu besiegen und dieses
Volk zu einem Bündnisse zu bewegen.

Jetzt erschienen die Truppen beider Staaten, durch die Macht einiger kleineren Völkerschaften verstärkt, gegen Philipp im Felde. Das
verbündete Heer war 40—50,000 Mann stark. Philipp konnte demselben nur 30,000 Mann Fußvolk und 2000 Reiter entgegenstellen,
aber dieses vortrefflich eingerichtete, in einer Reihe von Feldzügen
geübte und von Feldherren wie Philipp, Parmenio und Antipater an-
geführte, von Einem Willen gelenkte Heer konnte, im Kampfe mit der
eilig bewaffneten, des Krieges ungewohnten und von einem Chares
und Lysikles befehligten Jugend von Athen und Theben, des Sieges
schon im Voraus ziemlich gewiß sein. Demosthenes verkannte diesen
großen Unterschied beider Theile: er übersah die Ungleichheit der
Kräfte und Talente, die auf sein Betreiben jetzt mit einander in Kampf
kamen und erwartete von der schnell aufgeloderten Begeisterung für

34*

die Freiheit eine Wirkung, welche sie den Mächten der Wirklichkeit gegenüber unmöglich mehr haben konnte.

Die entscheidende Schlacht wurde im August des Jahres 338 v. Chr. bei dem böotischen Städtchen Chäronea geliefert. In derselben gelang es den Athenern, welche den linken Flügel des verbündeten Heeres bildeten, die ihnen gegenüberstehenden Macedonier zu werfen; auf der entgegengesetzten Seite des Schlachtfeldes aber drängte unterdessen der 19jährige Alexander, der den linken Flügel der Macedonier commandirte und an diesem Tage die erste Probe seiner großen Talente gab, die feindlichen Schaaren zurück und zwang sie zur Flucht. Die siegenden Athener setzten, statt die noch unbesiegte Phalanx anzugreifen, dem zurückweichenden Flügel der Macedonier nach und stürzten sich dadurch ebenfalls ins Verderben. „Unsere Feinde verstehen nicht zu siegen!" soll Philipp bei dem Anblick des unbesonnenen Benehmens der athenischen Feldherren ausgerufen haben. Er führte mit einer schnellen Schwenkung die dichtgeschlossene Phalanx gegen die des Sieges schon gewissen Feinde und brachte ihnen nunmehr eine völlige Niederlage bei. In die Flucht wurde auch Demosthenes mitgerissen, der wie alle übrigen an diesem Tage in den Reihen des Heeres seiner Bürgerpflicht genügte. Von den Athenern blieben mehr als 1000, 2000 geriethen in Gefangenschaft. Auch von den Thebanern wurden viele getödtet und nicht wenige gefangen genommen. Unter den Gefallenen befand sich auch die heilige Schaar der Thebaner, welche bis zu diesem Tage unbesiegt geblieben war, damals aber bis auf den letzten Mann den Tod erlitt. Die 300 Jünglinge, aus welchen dieselbe bestand, sollen ihrem Eide getreu nicht gewichen, sondern alle an der Stelle, auf der sie während der Schlacht standen, gefallen sein. Das thebanische Volk bestattete seine gebliebenen Mitbürger in einem großen gemeinschaftlichen Grabe und ließ auf demselben einen kolossalen Löwen von Stein aufstellen. In neuerer Zeit sind in der Gegend des alten Chäronea die Trümmer eines ungeheuren marmornen Löwen aufgefunden worden, welche man für die Ueberreste dieses Denkmales hält.

Am Abend nach der Schlacht hielt Philipp mit seinen Generalen ein Siegesmahl. Nachdem dasselbe in Verbindung mit einem Trinkgelage bis tief in die Nacht hinein sich verlängert hatte, soll Philipp mit seinen Gästen siegestrunken das Schlachtfeld durchwandert haben. Sie kamen zuerst an die Stelle, wo die Thebaner der heiligen Schaar, mit Wunden bedeckt, einer neben dem andern lagen; der Anblick der ruhmvoll gefallenen Helden erweckte Bewunderung und Theilnahme in der Seele der Sieger. Als sie dagegen die Leichen der Athener sahen, soll Philipp im Uebermuth eines vom Weine berauschten Glück-

lichen das athenische Volk verhöhnt und spottend die pomphaften und
nur Siegeshoffnungen verkündeten Worte des Kriegs-Manifestes
seiner Gegner hergesagt haben. Der athenische Redner Demades aber,
der sich unter den Gefangenen befand, soll bei diesem unwürdigen
Benehmen des Königs demselben mit der Freimüthigkeit, auf welche
die Athener zu allen Zeiten stolz waren, zugerufen haben: „Warum
willst du die Rolle des Thersites spielen, da dir das Schicksal die des
Agamemnon zugetheilt hat?" Es wird noch hinzugesetzt, daß Philipp
durch diesen Zuruf zur Besinnung gekommen sei, die Freudenkränze,
mit welchen er geschmückt gewesen, von seinem Haupte herabgerissen
und dem Demades zum Dank die Freiheit geschenkt habe.

Wie auch Philipp im trunkenen Muthe damals gehandelt oder
gesprochen haben mag, er zeigte sich in dem, was er nach der Schlacht
that, wahrhaft groß und bewies der Welt durch sein Verfahren, daß
er nicht die Freiheit der griechischen Nation zerstören, sondern mit
Schonung und Beibehaltung der bestehenden Verfassungen und Formen herrschen wolle. Vielleicht wäre Griechenland glücklich gewesen,
wenn es dem Besieger desselben vergönnt gewesen wäre, alle Staaten
des Landes in einen monarchischen Bund zu vereinigen und mit allgemeiner Zustimmung eine neue Ordnung der Dinge unter dem Volke
zu begründen!

Philipp berührte den Boden des Landes Attika nicht, obgleich dasselbe nach dem Siege bei Chäronea ihm offen stand; denn er sah ein,
daß dieser Felsenboden ohne Freiheit ein menschenarmes Land sein
würde. Er entließ sogar die athenischen Gefangenen aus freien Stücken
und ohne Lösegeld und bewilligte dem athenischen Volke einen sehr
günstigen Frieden. Sie mußten der Herrschaft über Samos entsagen,
blieben aber dafür im unbeschränkten Besitze ihrer Freiheit und Verfassung und erhielten sogar die Stadt Oropus, deren Besitz lange Zeit
der Gegenstand blutiger Zwiste zwischen ihnen und den Thebanern
gewesen war. Ganz anders verfuhr Philipp mit den Thebanern, welche
ihm für das büßen mußten, was die Athener verschuldet hatten; denn
er sah wohl ein, daß dem, der Theben besitze, Attika jederzeit offen
stehe. So mußten jene ihre hohen Beamtenstellen im Interesse und
Sinne Philipp's neu besetzen und eine macedonische Besatzung in ihre
Burg aufnehmen.

9. Lehte Zeit Philipp's.

So hatte Philipp den ersten und grundlegenden Theil seines Lebens-
planes glücklich zu Ende geführt. Als weiteres und letztes Ziel seiner
Bestrebungen hatte er sich die noch glänzendere Aufgabe gesetzt, mit
der vereinten Kraft des von ihm beherrschten Griechenlands und

Macedoniens das persische Reich zu erobern. Nachdem er durch die völlige Besiegung der Griechen die Gründung seines macedonisch-griechischen Reiches vollendet hatte, hätte überdies auch die Nothwendigkeit, sein Heer zu beschäftigen und seinen erschöpften Finanzen aufzuhelfen, ihn zu einem solchen Kriege drängen müssen. Bald nach der Schlacht bei Chäronea ließ er alle griechischen Staaten für das nächste Frühjahr zu einer Nationalversammlung in Korinth einladen, um diesen persischen Kriegszug zu berathen und zu beschließen. Noch in demselben Jahr, in welchem jene Schlacht geliefert worden war, durchzog Philipp mit einem Theile seines Heeres den Peloponnes, wiewohl die Berichte über diesen Zug so beschaffen sind, daß derselbe nur für sehr wahrscheinlich, nicht aber für unzweifelhaft gewiß gehalten werden kann. Philipp, dem es bei dieser Unternehmung hauptsächlich um eine kräftige Unterstützung der ihm befreundeten Staaten der Halbinsel, wie auch um eine Schaustellung seiner Macht auch in diesem Theile Griechenlands zu thun war, schlug bei Mantinea sein Lager auf und durchstreifte von da aus ganz Lakonien, ohne jedoch die Hauptstadt dieser Landschaft anzugreifen. Die Spartaner sahen sich dadurch genöthigt, in Bezug auf ihre Nachbarstaaten sich dem Verlangen des macedonischen Königs zu fügen, welcher damals die Grenzstreitigkeiten Spartas mit den Argivern, den Messeniern und zwei arkadischen Staaten entschied.

Im Frühling des Jahres 337 v. Chr. ward der von Philipp ausgeschriebene Kongreß der griechischen Nation zu Korinth gehalten. Alle Staaten hatten Gesandte zu demselben geschickt, mit Ausnahme der Spartaner und Arkadier. Philipp hätte mit leichter Mühe auch diese zwingen können, sich seinem Willen zu unterwerfen und an dem beabsichtigten Nationalkriege Theil zu nehmen; er that es aber ebensowenig, als er jemals auf den Gedanken kam, Griechenland zu einer Provinz seines Reiches zu machen. Gerade dadurch gab er aufs klarste zu erkennen, wie klug er im Gebrauch seiner Ueberlegenheit war und welche hohe Achtung er für freie griechische Kraft hatte. Er sah wohl ein, daß bei seinem großen Plane eines griechischen Nationalzuges gegen Persien ein erzwungener Gehorsam ihm eher nachtheilig als förderlich sein würde. Aus ebendemselben Grunde bestach er auch auf der Versammlung zu Korinth lieber einige der Gesandten, um durch sie das, was er wünschte, erbitten zu lassen, als daß er, was für den Augenblick leicht gewesen wäre, die Erfüllung seiner Wünsche mit Gewalt erzwungen hätte. Er mußte durch Freigebigkeit und Freimüthigkeit auch die übrigen Abgeordneten der Griechen für sich zu gewinnen, so daß keiner dem von ihm gemachten Vorschlage widersprach, mit vereinten Kräften einen Krieg gegen die Perser zu unternehmen, um die

Frevel, welche diese einst an dem griechischen Volke verübt hatten, endlich zu vergelten und zu rächen. Ein solcher Feldzug wurde einstimmig beschlossen, Philipp zum Oberfeldherrn mit unumschränkter Gewalt ernannt und, was das Wichtigste war, dem macedonischen König das Recht ertheilt, die Beiträge der einzelnen Staaten an Geld und an Truppen zu bestimmen. Die gesammte Kriegsmacht, welche Griechenland ohne Macedonien damals aufstellen konnte, wird von einem Geschichtschreiber des späteren Alterthums, vielleicht übertrieben, auf 200,000 Mann zu Fuß und 15,000 Reiter geschätzt.

Philipp stand jetzt am Ziele seiner Wünsche; aber die Ausführung dessen, wofür er mit rastloser Thätigkeit sein ganzes Leben hindurch gearbeitet und jetzt endlich alles vorbereitet hatte, ward ihm vom Schicksal nicht vergönnt. Schon waren die Contingente der griechischen Staaten aufgerufen, schon war eine Abtheilung des macedonischen Heeres unter den Generalen Parmenio und Attalus nach Kleinasien voraus marschirt, als Philipp vom Schauplatz abgerufen wurde, um seine Stelle einem Sohne einzuräumen, welcher mehr, als je ein anderer Sterblicher, mehr auch als Philipp selbst, zur Unterwerfung des Orients und zur Gründung einer Weltherrschaft befähigt war.

Philipp's Familienverhältnisse waren in den letzten Jahren sehr getrübt und zerrüttet. Er lebte mit seiner Gemahlin Olympias, einer Tochter des Königs Neoptolemus von Epirus, lange in Zwietracht und trennte sich zuletzt von ihr, um sich mit Kleopatra, einer Nichte seines Generals Attalus, zu vermählen. Bei dieser Vermählung kam es, als alle Theilnehmer des Festes vom Weine erhitzt waren, zu einer heftigen Scene zwischen Attalus und Alexander, dem Sohne der Olympias, und selbst Vater und Sohn geriethen mit einander in einen Zwist der ärgsten Art. Alexander zog sich in Folge davon nach Illyrien zurück und auch die verstoßene Olympias verließ Macedonien, um sich nach Epirus zu begeben, wo ihr Bruder Alexander I. den königlichen Thron inne hatte. Bald nachher söhnte sich Philipp wieder mit Alexander aus und dieser kehrte an den Hof zu Pella zurück. Olympias suchte zwar von Epirus aus das Feuer von neuem anzufachen und namentlich auch ihren Bruder für seinen Thron besorgt zu machen und zu einem Kriege mit Philipp zu bewegen; allein alle ihre Bemühungen scheiterten, sobald Philipp, dem bei Beginn des persischen Krieges Alles an einem friedlichen Verhältniß mit seinen nächsten Nachbarn gelegen sein mußte, dem epirotischen Könige seine und der Olympias Tochter, Kleopatra, verlobte. Die Vermählung wurde in der macedonischen Stadt Aegä gefeiert. Philipp, welcher bei dieser Gelegenheit, zum letzten Male vor der Abreise nach Asien, sich seinem Volke und den Griechen in seinem vollen Glanze zeigen

wollte, ließ die Vorbereitungen zu den größten und prachtvollsten
Festlichkeiten treffen und versammelte alles, was irgend in seinem
Reiche und in Griechenland ausgezeichnet war. Eine Menge griechischer Künstler, Dichter, Redner und Staatsmänner erschien, nebst dem
macedonischen Adel und den Häuptlingen der unterworfenen thracischen und illyrischen Völkerschaften, bei diesem Feste.

Der erste Tag wurde mit Empfangsfeierlichkeiten, Festzügen und
Gelagen ausgefüllt. Am zweiten sollten Wettkämpfe im Theater gehalten werden. Alle Straßen zu demselben waren durch das Gewühl
der Schaulustigen belebt, als der König selbst im festlichen Schmucke,
umgeben von seiner Leibwache und seinem Hofstaate, nach dem Theater
zog. Erfreut über den Jubel der ihm fröhlich zujauchzenden Menge,
wollte er vor dem Theatergebäude sich zutraulich dem Volke nähern
und schickte seine Begleitung in das Theater voraus. In diesem Augenblicke stürzte plötzlich ein Mensch auf Philipp zu, durchbohrte ihn mit
einem Dolche und entfloh auf einem bereitstehenden Pferde, während
der König zu Boden sank und sogleich starb. Auf diese Weise verlor
Philipp, der Gründer des macedonischen Reiches, sein Leben, und zwar
gleichsam vor den Augen von ganz Macedonien und Griechenland,
mitten in dem Glanze der größten Herrschermacht und kurz vor dem
Beginne eines Kriegszuges, der den Bestrebungen seines thatenreichen
Lebens die Krone aufsetzen sollte (336 v. Chr.).

Sein Mörder war Pausanias, ein macedonischer Edelmann
und Soldat der königlichen Leibgarde. Die große Menge, welche stets
das Außerordentlichste am liebsten glaubt, begnügte sich auch bei Philipp's Tode nicht mit der wirklichen, offenbaren Veranlassung, sondern
suchte den Mord aus weiter hergeholten Gründen zu erklären, und
manche Schriftsteller haben den Gerüchten, welche in dieser Beziehung
verbreitet wurden, Glauben geschenkt und die Ermordung Philipp's
der Rachsucht der Olympias, ja selbst der Mitwirkung seines Sohnes
Alexander zugeschrieben. Wenn wir den Nachrichten dieser Schriftsteller trauen dürsten, so wäre Pausanias nur das Werkzeug, Olympias aber die Anstifterin der That gewesen und selbst Alexander hätte
um dieselbe gewußt; allein nach einer sorgfältigen Prüfung aller Umstände scheint mit ziemlicher Gewißheit angenommen werden zu müssen,
daß Philipp einer bloßen Privatrache zum Opfer gefallen ist. Pausanias nämlich, ein junger Mensch von heftigem und stolzem Sinne,
war durch den General Attalus empfindlich beleidigt worden und hatte
den König vergebens um Genugthuung und Rache angefleht; dieser
hatte den jungen Mann, der in seinem Rechte war, mit Geschenken
und Ehren zufrieden zu stellen gesucht, weil er aus Schonung gegen
einen ausgezeichneten General von diesem selbst keine Genugthuung

verlangen wollte. Darüber grollte Pausanias dem König. Als dieser nun sich mit des Attalus Nichte vermählte, sah Pausanias alle Hoffnung schwinden, daß ihm je Genugthuung werden würde. Seine Rachgier wandte sich seitdem gegen den König selbst und er beschloß die Ermordung desselben, indem er dabei annahm, daß Olympias und ihr Sohn diese That nicht ungern sehen würden. Auf diese Weise büßte Philipp mit seinem Leben dafür, daß er der Rachgier eines hochfahrenden Jünglings keine Befriedigung gewährt hatte. Olympias scheute sich nicht, die That laut zu billigen; Alexander aber ließ den Pausanias fangen und nebst allen denen, welche um den Mord gewußt hatten, hinrichten.

Die Nachricht von Philipp's Tod wurde in vielen griechischen Staaten mit großer Freude aufgenommen, am meisten aber bei dem athenischen Volke, welches bei dieser Gelegenheit seinen Leichtsinn und seine Veränderlichkeit auf eine recht sichtbare Weise zu erkennen gab. Unter allen freien Staaten, die zu dem Hochzeitsfeste der Tochter Philipp's Ehrenkronen und schmeichelnde Adressen gesandt hatten, waren die Athener diejenigen gewesen, welche sich am niederträchtigsten benahmen. Sie hatten sogar einen Volksbeschluß gefaßt, daß Philipp unter den Schutz ihrer Gesetze gestellt und jeder, der ihm nach dem Leben trachten würde, wenn man seiner habhaft werden könne, ausgeliefert werden sollte. Kaum war aber Philipp ermordet, so ließen eben dieselben Athener sich durch Demosthenes bewegen, ein feierliches Dank- und Freudenopfer zu halten und durch einen neuen Volksbeschluß den Pausanias des Ehrenkranzes für würdig zu erklären.

Inhalt des ersten Bandes.

Druck von Ad. Spaarmann in Oberhausen.

www.ingramcontent.com/pod-product-compliance
Lightning Source LLC
Chambersburg PA
CBHW022128020426
42334CB00015B/805